国际财务报告准则

# 国际财务报告准则第 17 号

## ——保险合同

## (注释版·汉英对照)

中国会计准则委员会　组织翻译

中国财经出版传媒集团
中国财政经济出版社

图书在版编目（CIP）数据

国际财务报告准则：注释版．第17号，保险合同：汉英对照／中国会计准则委员会组织翻译． －－北京：中国财政经济出版社，2022.9
ISBN 978－7－5223－0887－6

Ⅰ. ①国… Ⅱ. ①中… Ⅲ. ①国际会计准则－汉、英 Ⅳ. ①F233.1

中国版本图书馆CIP数据核字（2021）第221738号

责任编辑：吴檬檬　　　　　　　　责任校对：胡永立
封面设计：卜建辰　　　　　　　　责任印制：党　辉

国际财务报告准则第17号——保险合同（注释版·汉英对照）
GUO JI CAI WU BAO GAO ZHUN ZE DI 17 HAO—BAO XIAN HE TONG
（ZHU SHI BAN · HAN YING DUI ZHAO）

中国财政经济出版社 出版

URL：http：//www.cfeph.cn
E－mail：cfeph@cfeph.cn

（版权所有　翻印必究）

社址：北京市海淀区阜成路甲28号　邮政编码：100142
营销中心电话：010－88191522
天猫网店：中国财政经济出版社旗舰店
网址：https://zgczjjcbs.tmall.com
北京密兴印刷有限公司印装　各地新华书店经销
成品尺寸：175mm×250mm　16开　39.25印张　841 000字
2022年9月第1版　2022年9月北京第1次印刷
定价：160.00元
ISBN 978－7－5223－0887－6
（图书出现印装问题，本社负责调换，电话：010－88190548）
本社质量投诉电话：010－88190744
打击盗版举报热线：010－88191661　　QQ：2242791300

IFRS 17 *Insurance Contracts* together with its accompanying documents is issued by the International Accounting Standards Board (the Board).

The annotations contained in this publication have not been approved by the Board.

**Disclaimer**: To the extent permitted by applicable law, the Board and the IFRS Foundation (the Foundation) expressly disclaim all liability howsoever arising from this publication or any translation thereof whether in contract, tort or otherwise to any person in respect of any claims or losses of any nature including direct, indirect, incidental or consequential loss, punitive damages, penalties or costs.

Information contained in this publication does not constitute advice and should not be substituted for the services of an appropriately qualified professional.

ISBN 978-7-5223-0887-6

© **IFRS Foundation**

All rights reserved. Reproduction and use rights are strictly limited. Please contact the Foundation for further details at licences@ifrs.org.

Copies of IASB® publications may be obtained from the Foundation's Publications Department. Please address publication and copyright matters to publications@ifrs.org or visit our webshop at http://shop.ifrs.org.

This Chinese translation of IFRS 17 has been approved by a Review Committee appointed by the IFRS Foundation. The Chinese translation is published by the Chinese Financial and Economic Publishing House with the permission of the IFRS Foundation. The Chinese translation is the copyright of the IFRS Foundation.

The Foundation has trade marks registered around the world (Marks) including 'IAS®', 'IASB®', 'IFRIC®', 'IFRS®', the IFRS® logo, 'IFRS for SMEs®', IFRS for SMEs® logo, the 'Hexagon Device', 'International Accounting Standards®', 'International Financial Reporting Standards®', 'NIIF®' and 'SIC®'. Further details of the Foundation's Marks are available from the Foundation on request.

The Foundation is a not-for-profit corporation under the General Corporation Law of the State of Delaware, USA and operates in England and Wales as an overseas company (Company number: FC023235) with its principal office at Columbus Building, 7 Westferry Circus, Canary Wharf, London, E14 4HD.

IFRS17 保险合同及其相关文件由国际会计准则委员会（IASB）发布。

本出版物包含的注释暂未获理事会批准。

**免责声明**：在适用法律允许的范围内，国际会计准则理事会和国际财务报告准则基金会（基金会）对所有因本出版物或任何与之相关的翻译所引致的涉及任何人士的责任（无论是因合同、侵权或其他方式导致的任何性质的索赔或损失，包括直接、间接、附带或结果性损失、惩罚性赔偿、处罚或费用）概不负责。

本出版物中所含内容并不构成任何建议，且不应以此取代任何适当合资格专业人士的服务。

ISBN 978–7–5223–0887–6

© IFRS Foundation

版权所有。本出版物的复制及使用权受到严格限制。如需了解进一步详情，请联系国际财务报告准则基金会（licences@ifrs.org）。

您可以从国际财务报告准则基金会的出版部门获取国际会计准则理事会（IASB®）的出版物。有关出版物和版权事宜，请发送电子邮件至publications@ifrs.org 或访问我们的电子商城http://shop.ifrs.org。

由国际财务报告准则基金会认可的审核委员会对本出版物中的国际财务报告准则、解释公告及其他相关文件的简体中文译本进行了审核。国际财务报告准则基金会授权中国财政经济出版社出版此中文译本。此中文译本的版权归国际财务报告准则基金会所有。

国际财务报告准则基金会在全球拥有多个注册商标（"商标"），包括"IAS®""IASB®""IFRIC®""IFRS®""国际财务报告准则 IFRS®"标识，中小主体国际财务报告准则 IFRS for SMEs® 标识""Hexagon Device""International Accounting Standards®""International Financial Reporting Standards®""NIIF®"和"SIC®"。可以向国际财务报告准则基金会申请提供有关国际财务报告准则基金会商标的进一步详情。

国际财务报告准则基金会是按照美国特拉华州《普通公司法》成立的非营利性公司，总部设在英格兰与威尔士并在该地以海外分公司运营（公司号码：FC023235），办公地址：Columbus Building, 7 Westferry Circus, Canary Wharf, London, E14 4HD.

# 国际财务报告准则中文翻译审核专家组

(按姓氏笔画排序)

| | |
|---|---|
| 刘　峰 | 厦门大学教授，国际财务报告准则咨询委员会委员 |
| 孙　玫 | 安永华明会计师事务所（特殊普通合伙）合伙人 |
| 杨　征 | 新华人寿保险股份有限公司副总裁，国际财务报告准则解释委员会委员 |
| 杨　梁 | 德勤华永会计师事务所（特殊普通合伙）合伙人 |
| 邱连强 | 致同会计师事务所（特殊普通合伙）技术部主管合伙人 |
| 狄　恺 | 财政部会计准则委员会副主任 |
| 应　唯 | 财政部会计司原巡视员 |
| 张　娟 | 财政部会计准则委员会副主任 |
| 张青波 | 毕马威华振会计师事务所（特殊普通合伙）执业技术部主管合伙人 |
| 胡剑飞 | 立信会计师事务所（特殊普通合伙）技术标准部负责人、合伙人 |
| 高大平 | 财政部会计司副司长 |
| 唐　昆 | 普华永道中天会计师事务所（特殊普通合伙）合伙人 |
| 黄世忠 | 厦门国家会计学院院长，教授，博士生导师 |

# 出版说明

2020年，国际会计准则理事会修订发布了《国际财务报告准则第17号——保险合同》，将于2023年1月1日起生效，允许提前采用。

我国2006年发布的企业会计准则体系实现了与国际财务报告准则的趋同。2010年，财政部发布了《中国企业会计准则与国际财务报告准则持续趋同路线图》。为借鉴国际财务报告准则完善我国企业会计准则体系，实现中国会计准则与国际财务报告准则的持续全面趋同，财政部会计准则委员会组织人员对2020年发布的《国际财务报告准则第17号——保险合同》进行了翻译。该准则中文版是经过国际财务报告准则基金会认可的国际财务报告准则官方译本，为国际财务报告准则基金会的正式出版物。

在翻译审校过程中，财政部会计准则委员会全体同志对本书译稿进行了校译；财政部会计司高大平副司长、财政部会计准则委员会张娟副主任、狄恺副主任对全部译稿进行了审阅；财政部会计司李先忠司长对全部译稿进行了审定。值本书出版之际，特别感谢安永华明会计师事务所（特殊普通合伙）以及中国财经出版传媒集团的有关同志为本书的翻译出版工作所付出的辛勤劳动！

财政部会计准则委员会<br>
2022年8月

# 总  目  录

国际财务报告准则第 17 号——保险合同 ………………………………… 1

《国际财务报告准则第 17 号——保险合同》示例 ……………………… 85

《国际财务报告准则第 17 号——保险合同》结论基础 ………………… 163

INTERNATIONAL FINANCIAL REPORTING STANDARD 17 INSURANCE
　　CONTRACTS ……………………………………………………………… 299
ILLUSTRATIVE EXAMPLES ON IFRS 17 INSURANCE CONTRACTS ………… 393
BASIS FOR CONCLUSIONS ON IFRS 17 INSURANCE CONTRACTS ………… 477

# 国际财务报告准则第 17 号——保险合同

2004 年 3 月,国际会计准则理事会(以下简称"理事会")发布了《国际财务报告准则第 4 号——保险合同》(以下简称《国际财务报告准则第 4 号》)。《国际财务报告准则第 4 号》是一个过渡性准则,旨在理事会完成其保险合同项目之前实施。《国际财务报告准则第 4 号》允许主体针对保险合同采用多种不同的会计实务,允许进行有限改进和指定披露,以反映各国会计要求以及这些要求存在的差异。

2017 年 5 月,理事会完成了保险合同项目,发布了《国际财务报告准则第 17 号——保险合同》(以下简称《国际财务报告准则第 17 号》)。《国际财务报告准则第 17 号》取代了《国际财务报告准则第 4 号》并规定了适用《国际财务报告准则第 17 号》的保险合同的确认、计量、列报和披露原则。

2020 年 6 月,理事会发布了《对〈国际财务报告准则第 17 号〉的修订》。修订的目标是协助主体实施该准则,同时不会过度影响《国际财务报告准则第 17 号》的实施或降低其所提供信息的有用性。

其他国际财务报告准则对《国际财务报告准则第 17 号》进行了少量配套修订,包括《对国际财务报告准则中〈概念框架〉的引用的修订》(2018 年 3 月发布)和《重要性定义》(对《国际会计准则第 1 号》和《国际会计准则第 8 号》的修订)(2018 年 10 月发布)。

国际财务报告准则

IFRS17
保险合同

# 目　录

起始段落

## 《国际财务报告准则第 17 号——保险合同》

| | |
|---|---|
| 目标 | 1 |
| 范围 | 3 |
| 　　保险合同的合并 | 9 |
| 　　保险合同的分拆 | 10 |
| 保险合同的汇总层级 | 14 |
| 确认 | 25 |
| 　　保险获取现金流量 | 28A |
| 计量 | 29 |
| 　　初始确认时的计量 | 32 |
| 　　后续计量 | 40 |
| 　　亏损合同 | 47 |
| 　　保费分摊法 | 53 |
| 　　持有的再保险合同 | 60 |
| 　　具有相机参与分红特征的投资合同 | 71 |
| 修订与终止确认 | 72 |
| 　　保险合同的修订 | 72 |
| 　　终止确认 | 74 |
| 在财务状况表中的列报 | 78 |
| 在财务业绩表中的确认和列报 | 80 |
| 　　保险服务业绩 | 83 |
| 　　保险财务收益或费用 | 87 |
| 披露 | 93 |
| 　　已确认金额的解释 | 97 |
| 　　应用《国际财务报告准则第 17 号》时所作的重大判断 | 117 |
| 　　适用《国际财务报告准则第 17 号》的合同所产生的风险的性质和程度 | 121 |

附录
　　附录一　术语表

附录二　应用指南
附录三　生效日期和过渡性规定
附录四　对其他国际财务报告准则的修订

**理事会批准 2017 年 5 月发布的《国际财务报告准则第 17 号——保险合同》**

**理事会批准 2020 年 6 月发布的《对〈国际财务报告准则第 17 号〉的修订》**

**以下随附指南和支持性材料，见本版 B 部分**

示例

《国际财务报告准则第 17 号》支持性材料

**以下结论基础，见本版 C 部分**

结论基础

**国际财务报告准则**

> 《国际财务报告准则第 17 号——保险合同》由第 1 段至第 132 段和附录一至附录四组成。所有段落均具有同等效力。以**粗体**标示的段落规定了主要原则。附录一所定义的术语在本准则中首次出现时，以斜体标示。其他术语的定义见《国际财务报告准则术语汇编》。本准则应结合其目标和结论基础、《国际财务报告准则前言》和《财务报告概念框架》的内容一并阅读。在缺乏明确指南的情况下，《国际会计准则第 8 号——会计政策、会计估计变更和差错》规定了选择和应用会计政策的基础。[**参照：《国际会计准则第 8 号》第 10 段至第 12 段**]

# 国际财务报告准则第 17 号——保险合同

## 目标

**1** 《国际财务报告准则第 17 号——保险合同》（以下简称《国际财务报告准则第 17 号》）确立了适用本准则的保险合同的确认、计量、列报和披露的原则。《国际财务报告准则第 17 号》的目标是为了确保主体提供如实反映这些合同的相关信息。这些信息为财务报表使用者评估保险合同对主体的财务状况、财务业绩及现金流量的影响提供了基础。

[参照：结论基础的 BC1 段至 BC15 段（发布本准则的原因）和 BC16 段至 BC62 段（本准则主要特征的说明），特别是 BC16 段说明了理事会采用的方法。]

[注释：2017 年 5 月发布的《国际财务报告准则第 17 号》的引言 IN6 段规定了《国际财务报告准则第 17 号》的关键原则。除披露目标外，这些关键原则是主体：

（1）识别主体的保险合同。

（2）从保险合同中分拆出特定的嵌入衍生工具、可明确区分的投资成分和可明确区分的履约义务。

（3）将合同分组并按下列方式进行确认和计量：

①未来现金流量经风险调整后的现值；加上（若此金额为负债），或减去（若此金额为资产）。

②合同组的未赚利润金额（合同服务边际）。

（4）在主体提供保险保障的期间内以及随着主体承担的风险的释放，确认合同组的利润。若合同组亏损或者变为亏损，主体应立刻确认损失。

（5）保险收入、保险服务费用与保险财务收益或费用分别列报。

一些保险合同除了提供保险保障外，还提供投资回报或投资相关服务。2020 年 6 月，理事会修订了《国际财务报告准则第 17 号》，要求主体在提供保险合同服务期间确认一组保险合同的利润（参照：结论基础的 BC283A 段至 BC283J 段）]。

**2** 在应用《国际财务报告准则第 17 号》时，主体应考虑其实质性的权利和义务，无论该等权利和义务源于合同、法律还是法规。合同是指双方或多方之间达成的确立可执行权利和义务的协议。[参照：结论基础的 BC69 段] 合同权利和义务的可执行性是一个法律事项。合同可能采用书面、口头形式或隐含于主体的商业惯例中。合同条款包括合同中明确的或隐含的所有条款，但主体应忽略其中无商业实质的条款（即对合同的经济意义没有可辨认的影响）。合同的隐含条款包括法律或法规的规定。不同的司法管辖区、行业和主体可能采取不同的实务与流程来确立与客户之间的合同。此外，主体内部确立合同的实务与流程也可能各不相同（例如，其可能视客户类别或所承诺的商品或服务的性质而不同）。

## 范围

[参照：结论基础的 BC63 段至 BC66 段]

**3** 主体应当将《国际财务报告准则第 17 号》应用于：

(1) 其签发的保险合同，包括签发的*再保险合同*；

(2) 其持有的再保险合同；以及

(3) 其签发的具有相机参与分红特征的投资合同（前提是主体亦签发保险合同）。

[参照：结论基础的 BC82 段至 BC86 段]

**4** 《国际财务报告准则第 17 号》中所有提及的保险合同亦指：

(1) 持有的再保险合同，但不包括：

①指明是签发的保险合同；以及

②如第 60 段至第 70A 段中的描述。

(2) 如第 3（3）段中提及的具有相机参与分红特征的投资合同，但第 3（3）段和第 71 段的描述中所提及的保险合同除外。

**5** 《国际财务报告准则第 17 号》中所有提及的签发的保险合同亦指主体通过保险合同转让或企业合并所取得的保险合同，但持有的再保险合同除外。

**6** 附录一定义了保险合同，B2 段至 B30 段为保险合同的定义提供了指引。

**7** 主体不应将《国际财务报告准则第 17 号》应用于：

(1) 制造商、经销商或零售商提供的、与向客户销售其商品或服务有关的质保（参见《国际财务报告准则第 15 号——客户合同收入》）。[参照：**结论基础的 BC89 段和 BC90 段**]

(2) 雇主在雇员福利计划中的资产和负债（参见《国际会计准则第 19 号——雇员福利》和《国际财务报告准则第 2 号——以股份为基础的支付》），以及设定受益退休计划中报告的退休福利义务（参见《国际会计准则第 26 号——退休福利计划的会计和报告》）。

(3) 取决于某一非金融项目（例如，某些许可费、特许权使用费、可变及或有租金以及类似项目：参见《国际财务报告准则第 15 号》《国际会计准则第 38 号——无形资产》《国际财务报告准则第 16 号——租赁》）未来使用情况或使用权的合同权利或合同义务。

(4) 制造商、经销商或零售商提供的余值担保以及嵌入在租赁中的承租方提供的余值担保（参见《国际财务报告准则第 15 号》和《国际财务报告准则第 16 号》）。

(5) 财务担保合同，除非签发人之前已明确将此类合同视为保险合同且对其采用了保险合同的会计处理方法。签发人应对此类财务担保合同选择采用《国际财务报告准则第 17 号》或《国际会计准则第 32 号——金融工具：列报》《国际财务报告准则第 7 号——金融工具：披露》及《国际财务报告准则第 9 号——金融工具》。签发人可就各合同逐一作出选择，但针对每份合同的选择一经选定后不可变更。
[参照：结论基础的 BC91 段至 BC94 段]

（6）企业合并中应付或应收的或有对价（参见《国际财务报告准则第 3 号——企业合并》）。

（7）主体是*保单持有人*的保险合同，除非是主体持有的再保险合同[参见第 3（2）段]。[参照：结论基础的 BC66 段]

（8）符合保险合同定义的信用卡合同或提供信用或支付安排的类似合同，当且仅当主体对此与客户之间的合同定价时不反映与该单个客户有关保险风险（参见《国际财务报告准则第 9 号》和其他适用的国际财务报告准则）的评估。但是，当且仅当《国际财务报告准则第 9 号》要求主体分拆该合同中嵌入的保险保障成分[参见《国际财务报告准则第 9 号》第 2.1（5）④段]时，主体应对该成分应用《国际财务报告准则第 17 号》。[参照：结论基础的 BC94A 段至 BC94C 段]

**8** 某些合同符合保险合同的定义但其主要目的为以固定收费方式提供服务。当且仅当满足特定的条件时，主体可以选择对其签发的此类合同采用《国际财务报告准则第 15 号》而不采用《国际财务报告准则第 17 号》。主体可以就各合同逐一作出选择，但针对每份合同的选择一经选定后不可变更。该等条件是：

（1）主体设定的与单个客户的合同价格不反映对该客户的风险评估；

（2）合同通过提供服务向客户补偿，而不是向客户支付现金；并且

（3）合同转移的保险风险主要源于客户对服务的使用而非该等服务之成本的不确定性。

[参照：结论基础的 BC95 段至 BC97 段]

**8A** 某些合同符合保险合同的定义，但其对于*保险事项*的赔偿，仅限于保单持有人因该合同（例如，含死亡豁免条款的贷款）而产生支付义务的金额。除非根据第 7 段这些合同不适用《国际财务报告准则第 17 号》，主体应选择对其签发的此类合同采用《国际财务报告准则第 17 号》或《国际财务报告准则第 9 号》。主体应当就每个保险合同组合作出该选择，且针对每个组合的选择一经选定后不可变更。[**参照：结论基础的 BC94D 段至 BC94F 段和 BC398C 段至 BC398F 段**]

## 保险合同的合并

**9** 与相同或相关联的合同的对手方订立的一个保险合同集合或一系列保险合同可能实现或旨在实现某一整体的商业效果。为了报告此类合同的实质，可能有必要将这个合同集合或这一系列合同视作一个整体。例如，如果一项合同中的权利或义务仅是完全抵销在同一时间与相同的合同的对手方订立的另一项合同中的权利或义务，则合并的结果就是不存在任何权利或义务。

### 保险合同的分拆（B31 段至 B35 段）

[参照：结论基础的 BC98 段至 BC114 段、示例 4 和示例 5]

**10** 一项保险合同可能含有一个或多个组成部分，这些组成部分如果是独立的合同，则可能适用其他国际财务报告准则。例如，一项保险合同中可能含有投资成分或保险合同服务之外的服务成分（或两者皆有）。主体应当根据第 11 段至第 13 段对合同的组成部分进行识别和会计处理。

**11** 主体应当：

（1）应用《国际财务报告准则第 9 号》来确定是否存在应分拆的嵌入衍生工具以及，若存在，如何对该衍生工具进行会计处理。[参照：结论基础的 BC104 段至 BC107 段]

（2）当且仅当投资成分可明确区分（参见 B31 段至 B32 段）时，将其从主保险合同中分拆。主体应当按照《国际财务报告准则第 9 号》对该分拆出的投资成分除非其是适用《国际财务报告准则第 17 号》的具有相机参与分红特征的投资合同 [参见第 3（3）段] 进行会计处理。[参照：结论基础的 BC108 段至 BC109 段]

**12** 主体在根据第 11 段分拆了任何与嵌入衍生工具及可明确区分的投资成分相关的现金流量后，应当应用《国际财务报告准则第 15 号》第 7 段，将向保单持有人转让可明确区分的商品或保险合同服务之外的服务的承诺从主保险合同中分拆。主体应根据《国际财务报告准则第 15 号》对此类承诺进行会计处理。在应用《国际财务报告准则第 15 号》第 7 段分拆该等承诺时，主体应当根据《国际财务报告准则第 17 号》B33 段至 B35 段，并且应当在初始确认时：

（1）根据《国际财务报告准则第 15 号》将现金流入分别归属到保险成分和提供可明确区分的商品或保险合同服务之外的服务的承诺；并且

（2）将现金流出分别归属到保险成分和按《国际财务报告准则第 15 号》进行会计处理的已承诺的商品或保险合同服务之外的服务，使得：

①将与每一成分直接相关的现金流出归属于该成分；并且

②任何剩余的现金流出在系统及合理的基础上归属，以反映若该成分为一个单独合同时主体预期将产生的现金流出。

[参照：结论基础的 BC110 段至 BC113 段]

**13** 在应用第 11 段至第 12 段后，主体应当将《国际财务报告准则第 17 号》应用到主保险合同的所有剩余组成部分。此后，《国际财务报告准则第 17 号》中所有提及的嵌入衍生工具均指未从主保险合同中分拆的衍生工具，所有提及的投资成分均指未从主保险合同中分拆的投资成分（B31 段至 B32 段所提及的投资成分除外）。

[参照：结论基础的 BC114 段]

## 保险合同的汇总层级

［参照：结论基础的 BC51 段、BC52 段和 BC115 段至 BC139T 段］

14 主体应当确定保险合同组合。一个保险合同组合由具有相似风险且合并管理的合同组成。同一产品线内的合同预期具有相似的风险，且合并管理的，那么这些合同预期属同一个组合。不同产品线的合同（例如趸缴固定年金与期缴定期寿险相比）预期不具有相似的风险，因而预期分属不同的组合。

15 第 16 段至第 24 段适用于签发的保险合同。持有的再保险合同的汇总层级的要求如第 61 段所述。

［参照：结论基础的 BC128 段］

16 主体应当将一个由其签发的保险合同组组合至少分为：

（1）一组初始确认时存在亏损的合同（如有）；

（2）一组初始确认时无显著可能性会在之后变为亏损的合同（如有）；［参照：结论基础的 BC130 段和 BC139D 段］以及

（3）由该组合中剩余的合同（如有）组成的一组。

17 如果主体有合理及可支持的信息确定一个合同集合根据第 16 段将全部被归入同一合同组，主体可以衡量这个合同集合确定其是否为亏损合同（参见第 47 段）及评估这个合同集合有无显著可能性会在之后变为亏损合同（参见第 19 段）。如果主体没有合理及可支持的信息确定一个合同集合将全部被归入同一合同组，主体应逐个合同确定其归属的合同组。

［参照：结论基础的 BC129 段］

18 对主体签发的并对其采用保费分摊法（参见第 53 段至第 59 段）的合同，主体应假设初始确认时合同组合内没有亏损合同，除非事实和情况表明并非如此。主体应通过评估所适用的事实和情况发生变化的可能性，来评定初始确认时并未亏损的合同有否显著可能性会在之后变为亏损合同。

［参照：结论基础的 BC128 段］

19 对于主体签发的且不对其采用保费分摊法（参见第 53 段至第 54 段）的合同，主体应评估在初始确认时并未亏损的合同是否无显著可能性会变为亏损合同：

（1）基于假设——这些假设如果改变，将导致合同变为亏损合同变化的可能性；

（2）使用主体内部报告提供的有关估计的信息。因此，在评估初始确认时并未亏损的合同是否无显著可能性会变为亏损合同时：

①主体不应忽视内部报告所提供的关于假设变化对不同合同变为亏损合同可能性的影响的信息；但是

②主体不必收集除内部报告所提供的关于假设变化对不同合同的影响以外的额外信息。

［参照：结论基础的 BC130 段］

20　如果根据第 14 段至第 19 段将导致一个组合中的合同被划分至不同的合同组，并且这只是因为法律或法规明确限制了主体针对不同特征的保单持有人设定不同的价格或利益水平的实际能力，那么主体可以将这些合同归入同一合同组。主体不应将此段规定类推应用到其他项目。

［参照：结论基础的 BC131 段至 BC134 段］

21　主体可以将第 16 段所述的合同组再进行细分。例如，主体可以选择将这些合同组合细分为：

（1）更多个初始确认时并非亏损的合同组——如果主体内部报告提供了信息可用于区别：

①不同程度的获利能力；或

②合同在初始确认之后变为亏损合同的不同的可能性；以及

（2）多于一个初始确认时为亏损的合同组——如果主体内部报告提供了有关合同亏损程度的更详细的信息。

22　主体不应将签发时间相隔超过一年的合同归入同一合同组。为此，主体应在必要时，进一步对第 16 段至第 21 段中所述的合同组进行细分。

［参照：结论基础的 BC136 段至 BC138 段和 BC139F 段至 BC139T 段］

23　如果应用第 14 段至第 22 段的结果是某个保险合同组中仅含一项保险合同，则应当如此。

24　主体应当将《国际财务报告准则第 17 号》中确认及计量的要求应用于按第 14 段至第 23 段确定的合同组。主体应当在初始确认时建立合同组并根据第 28 段将合同添加至合同组内。主体后续不应重新评估合同组的组成。为了进行合同组的计量，主体可以在一个高于合同组或合同组合的汇总层面上，对履约现金流量进行估计，前提是主体根据第 32（1）段、第 40（1）①段及第 40（2）段，能够通过将此类估计分摊至合同组的方式，将恰当的履约现金流量纳入合同组的计量中。

［参照：结论基础的 BC117 段］

# 确认

25　主体应在以下时点之中最早的时点确认其签发的保险合同组：

（1）该合同组的责任期开始时；

（2）该合同组中的保单持有人首次付款的到期日；以及

（3）对于亏损合同组，当该合同组成为亏损合同组时。

［参照：结论基础的 BC140 段至 BC144 段］

26　如果不存在合同的付款到期日，则将收到保单持有人首次付款时视为到期。主体须在第 25（1）段与第 25（2）段中所述日期中较早的日期之前，根据第 16

段确定是否有任何合同组成一个亏损合同组,如果事实和情况表明存在这样的合同组。

[参照:结论基础的 BC144 段]

**27** [删除]

**28** 在一个报告期内确认保险合同组时,主体应当仅包括各自符合第 25 段所列任一项标准的合同,并且应当估计初始确认日的折现率(参见 B73 段),以及报告期内提供的责任单元(参见 B119 段)。该报告期结束后,主体可能会将更多的合同包括在该合同组内,但应受第 14 至 22 段规定的制约。主体应当将各项在报告期内符合第 25 段所列任一项标准的合同添加至合同组内。根据 B73 段,这可能会改变初始确认日确定的折现率。主体应当自这些新合同加入合同组的时点所属的报告期期初起使用修改后的折现率。

[参照:结论基础的 BC139 段和 BC145A 段]

### 保险获取现金流量(B35A 段至 B35D 段)

[参照:结论基础的 BC145 段和 BC175 段至 BC184K 段]

**28A** 主体应当根据 B35A 段至 B35B 段采用系统及合理的方法将保险获取现金流量分摊至各保险合同组,[同时参照:结论基础的 BC184A 段和 BC184B 段]除非主体根据第 59(1)段选择将保险获取现金流量确认为费用。

**28B** 不采用第 59(1)段的主体应将在相关保险合同组确认之前支付的保险获取现金流量(或根据另一国际财务报告准则已确认的负债所对应的保险获取现金流量)确认为一项资产。主体应就每个相关的保险合同组确认该项资产。

**28C** 当相关保险合同组根据第 38(3)①段或第 55(1)③段进行的计量中包括保险获取现金流量时,主体应终止确认因该保险获取现金流量而确认的资产。

**28D** 如果第 28 段适用,主体应按照 B35C 段的要求适用第 28B 段至第 28C 段。

**28E** 在每个报告期末,如果事实和情况表明一项保险获取现金流量资产可能发生减值,则主体应评估该资产的可收回性(参见 B35D 段)。[参照:结论基础的 BC184I 段]如果主体识别存在减值损失,应当调整该资产的账面金额,并在损益中确认该减值损失。[参照:结论基础的 BC184J 段]

**28F** 当减值条件不再存在或有所改善时,主体应转回之前根据第 28E 段确认的部分或全部减值损失,并在损益中确认,同时增加该资产的账面金额。

## 计量(B36 段至 B119F 段)

[参照:结论基础的 BC146 段至 BC315L 段]

**29** 主体应当对适用《国际财务报告准则第 17 号》的所有保险合同组应用第 30 段至第 52 段,但有以下例外:

（1）对于符合第 53 段规定任一条件的保险合同组，主体可以通过采用第 55 段至第 59 段中所述的保费分摊法来简化合同组的计量。

（2）对于持有的再保险合同组，主体应当按照第 63 段至第 70A 段中的要求应用第 32 段至第 46 段。第 45 段（关于具有直接参与分红特征的保险合同）及第 47 段至第 52 段（关于亏损合同）不适用于持有的再保险合同组。

（3）对于具有相机参与分红特征的投资合同组，主体应当应用经第 71 段修改后的第 32 段至第 52 段。

30 当主体对产生外币现金流量的保险合同组应用《国际会计准则第 21 号——汇率变动的影响》时，应将该合同组（包括其合同服务边际）视作货币性项目。［参照：结论基础的 BC277 段至 BC278 段］

31 在签发保险合同的主体的财务报表中，履约现金流量不应反映该主体的不履约风险（不履约风险在《国际财务报告准则第 13 号——公允价值计量》中定义）。［参照：结论基础的 BC197 段］

## 初始确认时的计量（B36 段至 B95F 段）

32 在初始确认时，主体应当按下列项目之和计量保险合同组：
（1）履约现金流量，由以下项目组成：
①未来现金流量的估计（第 33 段至第 35 段）；
②反映货币时间价值及（未包含在未来现金流量估计中的）与未来现金流量有关的金融风险的调整（第 36 段）；以及
③非金融风险调整（第 37 段）。
（2）根据第 38 段至第 39 段计量的合同服务边际。
［参照：示例 1］

### 未来现金流量的估计（B36 段至 B71 段）

［参照：结论基础的 BC19 段、BC20 段和 BC147 段至 BC184N 段］

33 主体应当在保险合同组的计量中包括：该组内每一项合同边界内的所有未来现金流量（参见第 34 段）。根据第 24 段，主体可以在一个汇总程度较高的层面上估计未来现金流量，然后将得到的履约现金流量分摊至每一合同组。未来现金流量的估计应当：

（1）无偏地包含所有在无须付出过度成本或努力的情况下可获得的合理及可支持的有关该等现金流量金额、时间及不确定性的信息（参见 B37 段至 B41 段）。为此，主体应当估计全部可能结果的期望值（即概率加权平均值）。［参照：结论基础的 BC148 段至 BC152 段］

（2）反映主体的角度，前提是任何有关的市场变量的估计值与这些变量可观察的市场价格一致（参见 B42 段至 B53 段）。［参照：结论基础的 BC153 段和 BC154 段］

（3）是当前的——估计值应当反映计量日存在的情况，包括当日的关于未来的

假设（参见 B54 段至 B60 段）。［参照：结论基础的 BC155 段和 BC156 段］

（4）是显性的——主体应当将对非金融风险调整的估计与其他估计分开进行（参见 B90 段）。主体还应当将现金流量的估计与针对货币时间价值及金融风险的调整分开进行，除非合并进行这些估计是最合适的计量技术（参见 B46 段）。［参照：结论基础的 BC157 段］

**34** 如果在报告期间内，主体可以要求保单持有人支付保费或者主体有实质性的义务向保单持有人提供保险合同服务（参见 B61 段至 B71 段），那么这些在报告期间内既存的实质性权利和义务所产生的现金流量就在此项保险合同边界之内。提供保险合同服务的实质性义务终止于以下时点：

（1）主体有实际能力重新评估特定保单持有人的风险，并因此可重新设定价格或利益水平以全面反映这些风险；或者

（2）同时符合以下两项标准：

①主体有实际能力重新评估该合同所属的保险合同组合的风险，并因此可重新设定价格或利益水平以全面反映该保险合同组合的风险；且

②截至该等风险重新评估日止的保费定价并未考虑重新评估日之后期间的风险。

［参照：结论基础的 BC159 段至 BC164 段］

**35** 主体不应将在保险合同边界之外的预期保费或预期赔付确认为负债或资产。此类金额与未来的保险合同有关。［参照：结论基础的 BC159 段至 BC164 段］

折现率（B72 段至 B85 段）

**36** 主体应当调整未来现金流量的估计以反映货币时间价值及（未包含在未来现金流量估计中的）与这些未来现金流量有关的金融风险。适用于第 33 段所述的未来现金流量估计的折现率应当：

（1）反映货币时间价值、保险合同的现金流量特征及流动性特征；

（2）与具有与保险合同一致的现金流量特征（例如，就期限、币种和流动性而言）的金融工具之可观察的当前市场价格（如有）一致；以及

（3）不包括影响该等可观察市场价格但不影响保险合同未来现金流量的因素的影响。

［参照：结论基础的 BC185 段至 BC205B 段］

非金融风险调整（B86 段至 B92 段）

**37** 主体应当对未来现金流量现值的估计进行调整，以反映主体由于承担非金融风险导致的现金流量金额及时机分布不确定性而要求得到的补偿。［参照：结论基础的 BC206 段至 BC214C 段］

合同服务边际

**38** 合同服务边际是保险合同组的资产或负债的组成部分，反映主体将在未来提

供保险合同服务时确认的未赚利润。除第 47 段（关于亏损合同）或 B123A 段［与第 38（3）②段相关的保险收入］适用外，在保险合同组初始确认时，主体应当以能使以下项目不产生收益或费用的金额来计量合同服务边际：

（1）初始确认的按第 32 段至第 37 段计量的履约现金流量金额；

（2）合同组内的合同于该日所产生的任何现金流量；

（3）在该初始确认日：

①按第 28C 段终止确认的任何保险获取现金流量资产；以及

②终止确认的之前按 B66A 段规定确认的合同组相关现金流量产生的任何其他资产或负债。［参照：结论基础的 BC184L 段至 BC184N 段］

［参照：结论基础的 BC18 段、BC21 段、BC218 段和 BC219 段、示例 1］

39 对于在保险合同转让或适用《国际财务报告准则第 3 号》的企业合并中取得的保险合同，主体应当在应用第 38 段的同时符合 B93 段至 B95F 段的要求。

［参照：结论基础的 BC323 段至 BC327A 段、示例 13 和示例 14］

［同时参照：《国际财务报告准则第 17 号》支持性材料［参见 B 部分］——国际财务报告准则基金会工作人员发布的《国际财务报告准则第 17 号》会计模型一页汇总］

## 后续计量

［参照：结论基础的 BC18 段至 BC20 段和 BC22 段至 BC26 段、示例 2 和示例 3］

40 在每个报告期末，保险合同组的账面金额应当为以下之和：

（1）未到期责任负债，由以下项目组成：

①当日分摊到该合同组的与未来服务有关的履约现金流量，按第 33 段至第 37 段及 B36 段至 B92 段计量；

②该合同组当日的合同服务边际，按第 43 段至第 46 段计量；以及

（2）已发生赔款负债，由按第 33 段至第 37 段和 B36 段至 B92 段计量的当日分摊到该合同组的与过去服务有关的履约现金流量组成。

41 主体应将未到期责任负债账面金额的下列变动确认为收入和费用：

（1）保险收入——针对由当期内提供的服务而导致的未到期责任负债的减少，按照 B120 段至 B124 段进行计量；［参照：结论基础的 BC27 段至 BC37 段］

（2）保险服务费用——针对亏损合同组的损失，以及该等损失的转回（参见第 47 段至第 52 段）；以及

（3）保险财务收益或费用——针对第 87 段所述的货币时间价值的影响以及金融风险的影响。［参照：结论基础的 BC38 段至 BC41 段］

42 主体应将已发生赔款负债账面金额的下列变动确认为收入和费用：

（1）保险服务费用——针对由当期内发生的赔付和费用而导致的负债的增加，任何投资成分除外；［参照：结论基础的 BC33 段至 BC34A 段］

（2）保险服务费用——针对与已发生赔付和费用相关的履约现金流量的任何后

续变动；以及

（3）保险财务收益或费用——针对第87段所述的货币时间价值的影响以及金融风险的影响。［参照：结论基础的BC38段至BC41段］

合同服务边际（B96段至B119B段）

［参照：结论基础的BC18段、BC22段至BC26段、BC59段、BC60段和BC220段至BC283J段］

43 报告期末的合同服务边际反映了，因与保险合同组内合同项下将于未来提供的服务有关，而尚未确认为损益的保险合同组的利润。［参照：结论基础的BC18段和BC22段至BC26段］

44 对于不具有直接参与分红特征的保险合同，合同组的合同服务边际的报告期期末账面金额等于该报告期期初其账面金额进行下列调整：

（1）该合同组内任何新增合同的影响（参见第28段）；

（2）合同服务边际账面金额于报告期内计提的利息，该利息按照B72（2）段规定的折现率进行计量；［参照：结论基础的BC270段至BC276E段］

（3）B96段至B100段规定的与未来服务相关的履约现金流量的变动，但以下项目除外：［参照：结论基础的BC222段至BC237段和示例2A的IE20段］

① 因该等履约现金流量的增加超过合同服务边际账面金额而导致的亏损［参见第48（1）段］；或

② 根据第50（2）段分摊至未到期责任负债之亏损部分的该等履约现金流量的减少。

［参照：结论基础的BC284段至BC287段、示例2B的IE26段和示例8］

（4）任何货币汇兑差额对合同服务边际的影响；［参照：结论基础的BC277段］以及

（5）由于当期内保险合同服务的转让而确认为保险收入的金额，该金额系根据B119段将该报告期期末的合同服务边际（任何分摊之前）在当期与剩余责任期之间进行分摊来确定。［参照：结论基础的BC279段至BC283J段］

［参照：示例2、示例6和示例8］

45 对于具有直接参与分红特征的保险合同（参见B101段至B118段），合同组的合同服务边际的报告期期末账面金额等于该报告期期初账面金额进行下列第（1）项至第（5）项的调整后的金额。主体无须单独识别下列各项调整。主体可以对部分或者全部调整项合并确定。调整项为：

（1）该合同组内任何新增合同的影响（参见第28段）；

（2）*基础项目*的公允价值变动额中，主体按比例享有的份额［参见B104（2）①段］，［参照：结论基础的BC276段］但以下项目除外：

① B115段适用的情况（与风险缓释相关）；［参照：结论基础的BC250段至BC256H段］

②因基础项目公允价值中主体享有份额的金额的减少超过合同服务边际账面金额而导致的亏损（参见第 48 段）；[参照：结论基础的 BC247 段] 或

③因基础项目公允价值中主体享有份额的金额的增加而导致的②中亏损的转回。[参照：结论基础的 BC247 段]

（3） B101 段至 B118 段规定的与未来服务相关的履约现金流量的变动，[参照：结论基础的 BC222 段至 BC226 段和 BC240 段至 BC246 段] 但以下项目除外：

①B115 段适用的情况（与风险缓释相关）；[参照：结论基础的 BC250 段至 BC256H 段]

②因该等履约现金流量的增加超过合同服务边际账面金额而导致的亏损（参见第 48 段）；[参照：结论基础的 BC247 段] 或

③根据第 50（2）段分摊至未到期责任负债之亏损部分的该等履约现金流量的减少。[参照：结论基础的 BC247 段]

（4） 任何货币汇兑差额对合同服务边际的影响；[参照：结论基础的 BC277 段] 以及

（5） 由于在当期内保险合同服务的转让而确认为保险收入的金额，该金额系根据 B119 段将该报告期期末的合同服务边际（任何分摊之前）在当期与剩余责任期之间进行分摊来确定。[参照：结论基础的 BC279 段至 BC283A 段]

[参照：示例 9 和示例 16 的 IE184 段]

**46** 合同服务边际的某些变动与未到期责任负债的履约现金流量变动相抵销，导致未到期责任负债的账面总金额不变。而合同服务边际的一些变动与未到期责任负债的履约现金流量变动不完全抵销，主体应当按照第 41 段将未完全抵销的变动部分确认为收入和费用。

[参照：结论基础的 BC24 段至 BC26 段、示例 2、示例 6 和示例 9]

### 亏损合同

[参照：结论基础的 BC21 段和 BC284 段至 BC287 段]

**47** 于初始确认日，如果分摊到一项保险合同的履约现金流量、任何此前已确认的保险获取现金流量以及任何在当日产生的现金流量之总和为净现金流出，则该保险合同为亏损合同。根据第 16（1）段，主体应当将此类合同与非亏损合同分入不同的合同组。如果第 17 段适用，主体可通过衡量一个合同集合而非逐个合同来识别亏损合同组。[参照：结论基础的 BC129 段] 主体应当将亏损合同组的净现金流出确认为损失计入损益，使得该合同组的负债账面金额等于其履约现金流量，而其合同服务边际为零。

[参照：示例 1]

**48** 如果以下金额超过合同服务边际的账面金额，保险合同组在后续计量中变为亏损（或亏损增加）：

（1） 由于未来现金流量和非金融风险调整的估计变更而导致的分摊至该合同组

的履约现金流量与未来服务相关的不利变动；以及

［参照：示例 2B］

（2）具有直接参与分红特征的保险合同组，其基础项目公允价值中主体享有份额的金额的减少。

按照第 44（3）①段、第 45（2）②段及第 45（3）②段，主体应当将该等超过的部分确认为损失计入损益。

49　主体对亏损合同组应确认（或者增加）未到期责任负债的亏损部分，以反映按照第 47 段至第 48 段确认的损失。该亏损部分将决定列示为亏损合同组的损失转回而计入损益的金额，并因此在确定保险收入时将被排除在外。

［参照：示例 3B 和示例 8］

50　主体在确认亏损保险合同组的亏损之后，应：

（1）按系统的基础将第 51 段中所述的未到期责任负债之履约现金流量的后续变动分摊至：

①未到期责任负债的亏损部分；以及

②未到期责任负债除亏损部分以外的部分。

（2）将下列变动全部分摊至亏损部分，直至该部分减少至零：

①将由于未来现金流量和非金融风险调整的估计变更而导致的分摊至该合同组的履约现金流量与未来服务相关的任何后续减少；以及

②基础项目公允价值中主体享有份额的金额的任何后续增加。

按照第 44（3）②段、第 45（2）③段和第 45（3）③段，主体应当将按上述方式减少亏损部分之后的剩余金额，调整合同服务边际。

［参照：示例 3B 和示例 8］

51　应按第 50（1）段进行分摊的未到期责任负债之履约现金流量的后续变动是：

（1）因保险服务费用的发生，而减少的未到期责任负债中赔付和费用的未来现金流量现值估计的金额；

（2）因风险的释放，而在损益中确认的非金融风险调整的变动；以及

（3）保险财务收益或费用。

52　于合同组的责任期结束时，第 50（1）段要求的系统分摊应当使按照第 48 段至第 50 段分摊至亏损部分的总金额等于零。

## 保费分摊法

［参照：结论基础的 BC288 段至 BC295 段］

53　当且仅当于保险合同组开始时，主体可以采用第 55 段至第 59 段所述的保费分摊法来简化保险合同组的计量：

（1）主体合理预期采用该简化方法计量合同组未到期责任负债的结果与根据第 32 段至第 52 段计量该等负债的结果无重大差异；或

（2）该合同组内每项合同的责任期（包括根据第 34 段于该日确定的保险合同边界以内的所有保费对应的保险合同服务）不超过一年。

［参照：结论基础的 BC291 段］

**54** 在合同组开始时，如果主体预期影响未到期责任负债计量的履约现金流量会在赔案发生前产生重大变动，则不符合第 53（1）段的条件。例如，履约现金流量的变动性会随着下列因素而增加：

（1）未来现金流量与合同中任何嵌入衍生工具的关联程度；以及

（2）合同组的责任期的长度。

**55** 采用保费分摊法时，主体对未到期责任负债的计量应当如下：

（1）于初始确认时，该负债的账面金额是：

①初始确认时收到的保费（如有）；

②减：当日任何的保险获取现金流量，除非主体根据第 59（1）段选择将该项支出确认为费用；以及

③加或减任何下列金额：

a. 在当日按第 28C 段终止确认的任何保险获取现金流量资产；以及

b. 在当日终止确认的之前按 B66A 段规定确认的合同组相关现金流量产生的任何其他资产或负债。

（2）每个后续报告期期末的该负债账面金额等于其于该报告期期初的账面金额：

①加：当期收到的保费；

②减：保险获取现金流量；除非主体根据第 59（1）段选择将该项支出确认为费用；

③加：在该报告期内计为费用的保险获取现金流量的摊销金额；除非主体根据第 59（1）段选择将保险获取现金流量确认为费用；

④加：根据第 56 段针对融资成分的任何调整；

⑤减：由于当期提供服务而确认为保险收入的金额（参见 B126 段）；以及

⑥减：任何已支付或转入已发生赔款负债的投资成分。

［参照：示例 10］

**56** 如果合同组内的保险合同包含重大融资成分，主体应按照第 36 段所述的初始确认时确定的折现率对未到期责任负债的账面金额进行调整，以反映货币时间价值及金融风险的影响。［参照：结论基础的 BC293 段］于初始确认时，如果主体预期提供每一部分服务的时点与相关保费的到期日之间间隔不超过一年，那么主体可以不对未到期责任负债的账面金额进行调整以反映货币时间价值及金融风险的影响。［参照：结论基础的 BC292（1）段］

［参照：示例 10］

**57** 如果在责任期内的任何时点，事实和情况表明保险合同组是亏损的，［参照：结论基础的 BC292（2）段］主体应当计算以下两项的差额：

（1）按照第 55 段确定的未到期责任负债的账面金额；

（2）按照第 33 段至第 37 段和 B36 段至 B92 段确定的与该合同组剩余责任期相关的履约现金流量。但是，如果按照第 59（2）段，主体未对已发生赔款负债进行调整以反映货币时间价值及金融风险的影响，则主体不应在履约现金流量中包含任何此类调整。

**58** 对于第 57（2）段中所述的履约现金流量超过第 57（1）段所述的账面金额的部分，主体应当确认为损失计入损益并且增加未到期责任负债。

**59** 采用保费分摊法时，主体：

（1）可以选择在任何保险获取现金流量的成本发生时将其确认为费用，前提是在初始确认时合同组中每项合同的责任期都不超过一年；[**参照：结论基础的 BC292（3）段**]

（2）应当按照第 33 段至第 37 段和 B36 段至 B92 段，以与已发生赔案相关的履约现金流量计量已发生赔款负债。但是，若未来现金流量预期在赔案发生后一年或更短的期间内支付或收取，则主体无须就货币时间价值及金融风险的影响对这些未来现金流量进行调整。[**参照：结论基础的 BC294 段**]

[**参照：示例 10**]

## 持有的再保险合同

[**参照：结论基础的 BC296 段至 BC315L 段**]

**60** 第 61 段至第 70A 段阐述了《国际财务报告准则第 17 号》针对持有的再保险合同作出的修改。

**61** 主体应根据第 14 段至第 24 段将持有的再保险合同的组合进行分组，但应当将这些段落中提及的亏损合同替换成在初始确认时存在净利得的合同。[**参照：结论基础的 BC128 段**] 对于某些持有的再保险合同，应用第 14 段至第 24 段将形成一个只含一项合同的合同组。

### 确认

[**参照：结论基础的 BC304 段至 BC305A 段**]

**62** 主体应在以下时点中较早的时点，确认持有的再保险合同组，而非应用第 25 段的要求：

（1）持有的再保险合同组责任期开始时；以及

（2）根据第 25（3）段确认一组亏损标的合同的日期，如果主体在该日或之前订立持有的再保险合同组中对应的持有的再保险合同。[**参照：结论基础的 BC305A 段**]

**62A** 尽管第 62（1）段另有规定，主体仍应将持有的承担成比例责任的再保险合同组的确认延迟至任何标的合同的初始确认日（如果此日期晚于该再保险合同组的责任期开始时点）。

[**参照：结论基础的 BC304（1）段**]

## 计量

63　在将第 32 段至第 36 段的计量要求应用于持有的再保险合同时，就标的合同也适用这些段落进行的计量而言，主体应采用一致的假设来计量持有的再保险合同组的估计未来现金流量现值及其标的保险合同组的估计未来现金流量现值。此外，主体应在持有的再保险合同组的未来现金流量现值估计中考虑再保人不履约风险的影响，包括担保品的影响、争议导致的损失。

［参照：结论基础的 BC307 段至 BC309F 段］

64　主体应按照能反映再保险合同组的持有人转移给其签发人的风险的金额确定其非金融风险调整，而非应用第 37 段的要求。

65　第 38 段中与初始确认时确定合同服务边际相关的规定应进行修改，以反映持有的再保险合同组存在购买再保险产生的净成本或净利得（而不存在未赚利润）的事实。因此，除非第 65A 段适用，于初始确认时，主体应将购买再保险合同组产生的任何净成本或净利得确认为合同服务边际，其金额等于下列几项之和：

（1）履约现金流量；

（2）当日终止确认的之前因持有的再保险合同组相关的现金流量而确认的任何资产或负债的金额；

（3）当日所产生的任何现金流量；以及

（4）任何根据第 66A 段计入损益的收益。

［参照：结论基础的 BC310 段至 BC315 段、示例 11］

65A　如果购买再保险保障的净成本与购买该持有的再保险合同组之前发生的事项有关，那么，尽管 B5 段另有规定，主体仍应将该成本立即确认为费用计入损益。

［参照：结论基础的 BC312 段］

66　主体在计量持有的再保险合同组的报告期期末之合同服务边际时，应对该报告期期初合同服务边际账面金额进行下列调整，而不是应用第 44 段的要求：

（1）该合同组内任何新增合同的影响（参见第 28 段）；

（2）合同服务边际账面金额计提的利息，该利息按照 B72（2）段规定的折现率进行计量；

（2a）根据第 66A 段计入该报告期内损益的收益；

（2b）按第 66B 段确认的亏损摊回部分的转回（参见 B119F 段），如果该转回金额不是所持有的再保险合同组履约现金流量的变动；

（3）按照 B72（3）段规定的折现率计量的履约现金流量的变动中与未来服务相关的部分，除非：

①该变动是由分摊至标的保险合同组但不调整其合同服务边际的履约现金流量的变动导致的；或

②该变动是主体在根据保费分摊法计量保险合同组时采用第 57 段至第 58 段（关于亏损合同）导致的。

[参照：结论基础的 BC314 段和 BC315 段、示例 12A 和示例 12B]

（4）任何货币汇兑差额对合同服务边际的影响；[参照：结论基础的 BC277 段] 以及

（5）由于当期收到的服务而确认为损益的金额，该金额系根据 B119 段将该报告期期末的合同服务边际（任何分摊之前）在持有的再保险合同组的当期和剩余责任期之间进行分摊来确定。[参照：结论基础的 BC279 段至 BC283 段]

66A 当主体初始确认亏损标的保险合同组或将亏损标的保险合同添加至合同组而确认损失时，主体应当调整持有的再保险合同组的合同服务边际，并因此确认收益（参见 B119C 段至 B119E 段）。

[参照：结论基础的 BC315A 段至 BC315C 段、示例 12C]

66B 主体应确认（或调整）持有的再保险合同组未到期责任资产的亏损摊回部分，以反映该合同组按第 66（3）①段至第 66（3）②段和第 66A 段确认的亏损摊回。该亏损摊回部分将决定列示为持有的再保险合同亏损摊回的转回而计入损益的金额，并因此将被排除在向再保险人支付保费的分摊之外（参见 B119F 段）。

[参照：示例 12C]

67 持有的再保险合同的签发人的不履约风险的变动导致的履约现金流量的变动与未来服务无关，不应调整合同服务边际。[参照：结论基础的 BC309 段]

68 持有的再保险合同不得作为亏损合同，因此，不适用第 47 段至第 52 段的规定。[参照：结论基础的 BC311 段]

**持有的再保险合同的保费分摊法**

[参照：结论基础的 BC288 段至 BC295 段]

69 如果在合同组开始时符合以下条件之一时，主体可以采用第 55 段至第 56 段及第 59 段（经适当的调整，以反映持有的再保险合同与签发的保险合同不同的特征，例如费用的产生或费用的减少而不是收入）所述的保费分摊法来简化持有的再保险合同组的计量：

（1）主体合理预期该等计量的结果与根据第 63 段至第 68 段计量的结果无重大差异；或者

（2）该持有的再保险合同组中的每项合同的责任期（包括根据第 34 段于该日确定的保险合同边界内的所有保费对应的保险保障）不超过一年。

70 在合同组开始时，如果主体预期影响未到期责任资产计量的履约现金流量会在赔案发生前发生重大变动，就不符合第 69（1）段的条件。例如，履约现金流量的变动性会随着下列因素而增加：

（1）未来现金流量与合同中任何嵌入衍生工具的关联程度；以及

（2）持有的再保险合同组的责任期的长度。

70A 如果主体对一组持有的再保险合同采用保费分摊法进行计量，主体在应用第 66A 段时应调整未到期责任资产的账面金额，而非调整合同服务边际。

### 具有相机参与分红特征的投资合同

[参照：结论基础的 BC82 段至 BC86 段]

71 具有相机参与分红特征的投资合同未转移重大保险风险。因此，《国际财务报告准则第 17 号》中有关保险合同的规定针对具有相机参与分红特征的投资合同作出如下修改：

（1）初始确认日（参见第 25 段和第 28 段）为主体成为合同一方的日期。

（2）合同边界（参见第 34 段）修改为：如果现金流量源于主体当前或未来某一日将支付现金的实质性义务，则该现金流量在合同边界内。如果主体有实际能力为其支付现金的承诺重新定价以完全反映其承诺支付的现金金额以及相关风险，则主体没有实质性的义务支付现金。

（3）合同服务边际的分摊〔参见第 44（5）段和第 45（5）段〕修改为：主体应采用能系统地反映合同项下投资服务转让的方式，在合同组的期限内确认合同服务边际。

## 修订与终止确认

[参照：结论基础的 BC316 段至 BC322 段]

### 保险合同的修订

72 如果修订了保险合同的条款，例如因为合同各方协商同意或监管规定的变化，当且仅当满足（1）至（3）中任一条件时，主体应当根据《国际财务报告准则第 17 号》或其他适用准则终止确认原合同并将修订后的合同确认为一项新合同。行使合同条款中包含的权利并非修订。该等条件是：

（1）假设合同开始时就已包括修订后的条款：

①根据第 3 段至第 8A 段，修订后的合同本应不适用《国际财务报告准则第 17 号》；

②根据第 10 段至第 13 段，主体本应从主保险合同中分拆出不同的成分，而使《国际财务报告准则第 17 号》本应适用于一项不同的保险合同；

③根据第 34 段，修订后的合同本应具有实质性不同的合同边界；

④根据第 14 段至第 24 段，修订后的合同本应被分至不同的保险合同组。

（2）原合同符合具有直接参与分红特征的保险合同的定义，但修订后的合同不再满足该定义，或相反的情况；或者

（3）主体对原合同采用了第 53 段至第 59 段或第 69 段至第 70 段提及的保费分摊法，但修订导致该合同不再符合第 53 段或第 69 段中采用该方法的条件。

**73** 如果合同的修订不符合第 72 段所述任何条件，主体应当将合同修订引起的现金流量变动视作履约现金流量的估计变更，并根据第 40 段至第 52 段的规定进行处理。［参照：结论基础的 BC320 段］

### 终止确认

**74** 当且仅当符合以下条件时，主体应当终止确认保险合同：

（1）保险合同消除，即当保险合同规定的义务到期、解除或取消时；［参照：结论基础的 BC321 段和 BC322 段］或

（2）符合第 72 段中的任一条件。

**75** 当保险合同消除时，主体不再承担风险，因此也不再有必要转移任何经济资源来履行保险合同。例如，当主体购买再保险时，当且仅当其标的保险合同消除时，才应当终止确认其标的保险合同。［参照：结论基础的 BC306 段］

**76** 主体根据《国际财务报告准则第 17 号》的下列要求终止确认合同组中的一项保险合同：

（1）根据第 40（1）①段和第 40（2）段，调整分摊至保险合同组的履约现金流量，以剔除与已经从合同组中终止确认的权利和义务有关的未来现金流量现值和非金融风险调整；

（2）针对（1）中所述的履约现金流量的变动，在第 44（3）段和第 45（3）段要求的限度内调整保险合同组的合同服务边际，除非适用第 77 段；以及

（3）调整预期剩余保险合同服务所对应的责任单元数量，以反映从保险合同组中终止确认的责任单元，当期确认为损益的合同服务边际根据 B119 段按调整后的数量进行计算。

**77** 当主体因向第三方转让一项保险合同而终止确认该合同时，或者根据第 72 段终止确认一项保险合同并确认一项新合同时，主体不应采用第 76（2）段，而是应当：［参照：结论基础的 BC319 段］

（1）在第 44（3）段和第 45（3）段要求的限度内，对已终止确认的合同所属合同组的合同服务边际进行以下调整：对于向第三方转让的合同，该调整的金额是①与②的差额；对于根据第 72 段而终止确认的合同，该调整的金额是①与③的差额：

①根据第 76（1）段，因终止确认合同导致的保险合同组的账面金额的变动。

②由第三方收取的保费。

③主体若在修订日签订与该新合同条款相同的合同就将会收取的保费，减去因修订而收取的任何额外保费。

（2）在计量根据第 72 段确认的该新合同时，假设主体在修订日收到（1）③所述的保费。

## 在财务状况表中的列报

[参照：结论基础的 BC328 段至 BC330D 和 BC345 段]

78 主体应在财务状况表中分别列报下列合同组合的账面金额：

(1) 形成资产的签发的保险合同组合；

(2) 形成负债的签发的保险合同组合；

(3) 形成资产的持有的再保险合同组合；以及

(4) 形成负债的持有的再保险合同组合。

79 主体应当根据第 28B 段将因保险获取现金流量而确认的资产计入相关保险合同组合的账面金额，将因持有的再保险合同组合相关的现金流量而确认的资产或负债 [参见第 65（2）段] 计入持有的再保险合同组合的账面金额。[参照：结论基础的 BC175 段至 BC180 段]

## 在财务业绩表中的确认和列报（B120 段至 B136 段）

[参照：结论基础的 BC27 段至 BC49 段和 BC330 段至 BC346 段、示例 3]

80 根据第 41 段和第 42 段，主体应将在损益表和其他综合收益表（以下简称"财务业绩表"）中确认的金额分解为：

(1) 保险服务业绩 [第 83 段至第 86 段]，由保险收入和保险服务费用组成；以及

(2) 保险财务收益或费用 [第 87 段至第 92 段]。

[参照：结论基础的 BC41 段]

81 主体不必将非金融风险调整的变动分解为保险服务业绩与保险财务收益或费用。如果主体不进行这样的分解，则应当将非金融风险调整的全部变动计入保险服务业绩。

[参照：示例 2 的 IE17 段和示例 6 的 IE62 段]

82 主体应当将其签发的保险合同的收益或费用与其持有的再保险合同的收益或费用分开列报。[参照：结论基础的 BC346 段]

### 保险服务业绩

[参照：结论基础的 BC27 段至 BC37 段和 BC331 段至 BC339 段]

83 主体应在损益表中列报签发的保险合同组产生的保险收入。保险收入应反映提供保险合同组项下的服务的模式，而确认的金额应反映主体预期因交付这些服务而有权获得的对价。B120 段至 B127 段规定了主体如何计量保险收入。

［参照：结论基础的 BC27 段至 BC37 段和 BC61 段］

84  主体应在损益表中列报签发的保险合同组产生的保险服务费用，其由已发生的赔付（剔除投资成分的偿还），其他已发生的保险服务费用和第 103（2）段所述的其他金额组成。

［参照：结论基础的 BC343 段至 BC344 段、示例 3 和示例 7］

85  损益表中列报的保险收入和保险服务费用不应包括任何投资成分。主体不应在损益表中列报与第 83 段不一致的保费信息。

［参照：结论基础的 BC33 段至 BC34A 段和 BC357 段、示例 3A 的 IE33 段］

86  主体可以将源于持有的再保险合同组（参见第 60 段至第 70A 段）的，除保险财务收益或费用以外的收益或费用，作为单一金额列报；或者主体可以将从再保险人摊回的金额和支付保费的分摊分开列报，使得该等分开列报项目的合计净额等于上述单一金额。如果主体将从再保险人摊回的金额和支付保费的分摊分开列报，则应当：

（1）将取决于标的合同赔付的再保险现金流量，视为预期根据持有的再保险合同摊回款项的一部分；［参照：结论基础的 BC346（1）段］

（2）将主体预期从再保险人收到的不取决于标的合同赔付的金额（例如，某些类型的分保佣金），视为将向再保险人支付的保费的减项；［参照：结论基础的 BC346（2）段］

（2a）将根据第 66（3）①段至第 66（3）②段和第 66A 段至第 66B 段确认的与亏损摊回有关的金额视为从再保险人摊回的金额；［示例 12C 的 IE138O 段］以及

（3）不将支付保费的分摊列报为收入的减项。

## 保险财务收益或费用（B128 段至 B136 段）

［参照：结论基础的 BC38 段至 BC49 段和 BC340 段至 BC342C 段］

87  保险财务收益或费用由下列各项引起的保险合同组的账面金额的变动组成：
［参照：结论基础的 BC38 段至 BC40 段、示例 6 的 IE71 段］

（1）货币时间价值及其变动的影响；以及

（2）金融风险及其变动的影响；但

（3）剔除其中具有直接参与分红特征的保险合同组的任何本应调整合同服务边际，但由于适用第 45（2）②段、第 45（2）③段、第 45（3）②段或第 45（3）③段的规定而未对合同服务边际进行调整的变动。该等变动包含在保险服务费用中。［参照：结论基础的 BC247 段］

87A  主体应当：

（1）对因采用 B115 段（风险缓释）而产生的保险财务收益或费用应用 B117A 段；以及

（2）对全部其他保险财务收益或费用应用第 88 段和第 89 段。

［参照：结论基础的 BC256G 段至 BC256H 段］

88 在应用第87A（2）段时，除非适用第89段，主体应在以下两项中选择会计政策：

（1）将当期的保险财务收益或费用计入损益；或者

（2）将当期的保险财务收益或费用进行分解，其中计入损益的金额系根据B130段至第133段的规定、将保险财务收益或费用的预期总额在合同组的期限内进行系统分摊所确定的金额。［参照：示例15］

［参照：结论基础的BC46段至BC49段和BC62段］

89 在应用第87A（2）段时，对于主体持有基础项目的具有直接参与分红特征的保险合同，主体应在以下两项中选择会计政策：

（1）将当期的保险财务收益或费用计入损益；或者

（2）将当期的保险财务收益或费用进行分解，其中，计入损益的金额系根据B134段至B136段的规定、能够消除与持有的基础项目计入损益的收益或费用之间会计错配的金额。［参照：示例16］

90 如果选择第88（2）段或第89（2）段所述的会计政策，主体应将按该等段落中规定的基础计量的保险财务收益或费用与当期保险财务收益或费用总额之间的差额计入其他综合收益。

91 如果主体转让一保险合同组或终止确认一项保险合同适用第77段时：

（1）主体应将与该合同组（或该合同）相关的、由于选择第88（2）段所述的会计政策而在以前确认为其他综合收益的任何剩余金额作为重分类调整（参见《国际会计准则第1号——财务报表列报》）重分类计入损益。

（2）主体不应将与该合同组（或该合同）相关的、由于选择第89（2）段所述的会计政策而在以前确认为其他综合收益的任何剩余金额作为重分类调整（参见《国际会计准则第1号》）重分类计入损益。

［参照：结论基础的BC49段］

92 第30段要求在将外汇项目折算为主体的功能货币时，主体应将保险合同视为《国际会计准则第21号》下的货币性项目。主体应将保险合同组账面金额变动的汇兑差额在损益表中列报，除非该汇兑差额与保险合同组根据第90段计入其他综合收益的账面价值变动有关，在这种情况下该汇兑差额应计入其他综合收益。

## 披露

［参照：结论基础的BC347段至BC366C段］

［索引至结论基础的BC367段至BC371段中的理事会虽考虑但未包含在《国际财务报告准则第17号》中的披露］

93 披露要求旨在使主体在财务报表附注中披露的信息，与财务状况表、财务业绩表和现金流量表中的信息一起，为财务报表的使用者提供一个基础，以评估适用

《国际财务报告准则第 17 号》的合同对主体的财务状况、财务业绩和现金流量的影响。为实现这一目标，主体应当披露关于下列各项的定性和定量的信息：

（1）适用《国际财务报告准则第 17 号》的合同在财务报表中确认的金额（参见第 97 段至第 116 段）；

（2）应用《国际财务报告准则第 17 号》时所作的重大判断及其变更（参见第 117 段至第 120 段）；以及

（3）适用《国际财务报告准则第 17 号》的合同所产生的风险的性质和程度（参见第 121 段至第 132 段）。

［参照：结论基础的 BC347 段］

［索引至结论基础的 BC348 段中的《国际财务报告准则第 4 号》提出的披露要求］

94 主体应当考虑为实现披露之目标所必需的详尽程度，以及对于各项要求的强调程度。如果根据第 97 段至第 132 段要求提供的披露不足以实现第 93 段的目标，主体应当披露为实现该目标所必需的额外信息。

［参照：结论基础的 BC347 段］

95 主体应当对信息进行汇总或分解，以避免有用的信息因包括了大量不重要的细节或将具有实质性不同特征的项目予以汇总而变得模糊。

［参照：结论基础的 BC347 段］

96 《国际会计准则第 1 号——财务报表列报》的第 29 段至第 31 段规定了有关重要性和信息汇总的要求。关于保险合同的信息披露之可能恰当的汇总基础的例子如下：

（1）合同类型（例如，主要产品线）；

（2）地理区域（例如，国家或地区）；或者

（3）《国际财务报告准则第 8 号——经营分部》定义的报告分部。

**已确认金额的解释**

［参照：结论基础的 BC349 段至 BC363 段和 BC366A 段至 BC366C 段］

97 在第 98 段至第 109A 段要求的披露之中，只有第 98 段至第 100 段、第 102 段至第 103 段、第 105 段至第 105B 段和第 109A 段的规定适用于采用保费分摊法的合同。如果主体采用保费分摊法，还需要披露：

（1）其符合了第 53 段和第 69 段中的哪项条件；

（2）是否根据第 56 段、第 57（2）段和第 59（2）段对货币时间价值及金融风险的影响进行调整；以及

（3）根据第 59（1）段选择的确认保险获取现金流量的方法。

98 主体应当披露因为现金流量及财务业绩表中确认的收益和费用所导致的、适用《国际财务报告准则第 17 号》的合同之净账面金额当期变动的调节。签发的保险合同与持有的再保险合同的调节应分开披露。主体应适当地调整第 100 段至第 109 段

的要求，以反映持有的再保险合同与签发的保险合同不同的特征；例如，费用的产生或费用的减少，而不是收入。[参照：示例 12C 的 IE138N 段]

99 主体应当在该调节中提供足够的信息，以使财务报表使用者能识别现金流量以及财务业绩表中确认的金额的变动情况。为遵循此要求，主体应当：

（1）以表格形式披露第 100 段至第 105B 段所述的调节；

（2）每一调节都应列示期初和期末的净账面金额，并分解为形成资产的合同组合总金额与形成负债的合同组合总金额，该等金额等于根据第 78 段在财务状况表中列报的金额。

100 主体应当分开披露下列各项自期初余额至期末余额的调节：

（1）未到期责任部分的净负债（或资产）除亏损部分以外的部分；

（2）任何亏损部分（参见第 47 段至第 52 段及第 57 段至第 58 段）；

（3）已发生赔款负债。对于采用第 53 段至第 59 段或第 69 段至第 70A 段所述的保费分摊法的保险合同，主体应分开披露下列各项的调节：

①未来现金流量现值的估计；以及

②非金融风险调整。

[参照：结论基础的 BC350 段至 BC353 段、示例 3、示例 8 和示例 10]

101 对于未采用第 53 段至第 59 段或第 69 段至第 70A 段所述的保费分摊法的保险合同，主体还应当分开披露下列各项自期初余额至期末余额的调节：

（1）未来现金流量现值的估计；

（2）非金融风险调整；以及

（3）合同服务边际。

[参照：结论基础的 BC354 段至 BC355 段、示例 2、示例 6 和示例 8]

102 第 100 段至第 101 段所述调节的目标是提供关于保险服务业绩的不同类型信息。[参照：结论基础的 BC356 段]

103 主体应当在第 100 段所要求的调节中分开披露与服务相关的下列金额（如适用）：

（1）保险收入；

（2）保险服务费用，分开列示：

①已发生赔款（投资成分除外）及其他已发生保险服务费用；

②保险获取现金流量的摊销；

③与过去服务相关的变动，即与已发生赔款负债相关的履约现金流量变动；以及

④与未来服务相关的变动，即亏损合同组的损失及该等损失的转回。

（3）不计入保险收入和保险服务费用的投资成分（与保费返还合并，除非保费返还被列示为第 105（1）①段所述的当期现金流量的一部分）。[参照：结论基础的 BC366C（1）段]

104 主体应当在第 101 段所要求的调节中分开披露与服务相关的下列金额（如适用）：

（1）根据 B96 段至 B118 段，与未来服务相关的变动，分开列示：

①调整合同服务边际的估计变更；

②不调整合同服务边际的估计变更，即亏损合同组的损失及该等损失的转回；以及

③当期内初始确认的合同的影响。

（2）与当前服务相关的变动，即：

①在损益表中确认的反映服务转让的合同服务边际的金额；

②与未来服务或过去服务无关的非金融风险调整的变动；以及

③经验调整［参见 B97（3）段及 B113（1）段］，已包含在②中的与非金融风险调整相关的金额除外。[**参照：结论基础的 BC366C（2）段**]

（3）与过去服务相关的变动，即与已发生赔款相关的履约现金流量变动［参见 B97（2）段和 B113（1）段］。

**105** 为完成第 100 段至第 101 段所述之调节，主体还应当分开披露与当期提供的服务无关的下列各项金额（如适用）：

（1）当期现金流量，包括：

①签发的保险合同所收取的保费（或为持有的再保险合同所支付的保费）；

②保险获取现金流量；以及

③支付的已发生赔付及其他为签发的保险合同支付的保险服务费用（或持有的再保险合同所摊回的金额），保险获取现金流量除外。

（2）持有的再保险合同之签发人的不履约风险变动的影响；

（3）保险财务收益或费用；以及

（4）为理解保险合同净账面金额变动所必需的其他额外单列项目。

**105A** 主体应当披露根据第 28B 段确认的保险获取现金流量资产自期初余额至期末余额的调节。主体应当汇总该调节信息，使其与第 98 段要求的保险合同调节信息的汇总层级保持一致。

[**参照：结论基础的 BC366A 段**]

**105B** 主体应当在第 105A 段所要求的调节中分开披露任何根据第 28E 段至第 28F 段确认的减值损失和减值损失的转回。

[**参照：结论基础的 BC366A 段**]

**106** 对于未采用第 53 段至第 59 段所述的保费分摊法的签发的保险合同，主体应当披露对于当期确认的保险收入下列组成部分的分析：

（1）B124 段所述的与未到期责任负债变动相关的金额，需分开披露：

①B124（1）段所述的当期发生的保险服务费用；

②B124（2）段所述的非金融风险调整的变动；

③B124（3）段所述的由于当期保险合同服务的转让而在损益表中确认的合同服务边际的金额；以及

④其他金额（如有），例如 B124（4）段所述的与未来服务不相关的收取保费的

经验调整。

(2) 分摊的与保险获取现金流量的收回相关的部分保费（参见 B125 段）。

［参照：示例 7 的 IE80 段］

**107** 对于未采用第 53 段至第 59 段或第 69 段至第 70A 段所述的保费分摊法的保险合同，主体应分开披露在当期初始确认的签发的保险合同及持有的再保险合同对财务状况表的影响，列示它们在初始确认时对以下项目的影响：

(1) 未来现金流出现值的估计，单独列示保险获取现金流量的金额；

(2) 未来现金流入现值的估计；

(3) 非金融风险调整；以及

(4) 合同服务边际。

［参照：结论基础的 BC358 段至 BC361 段］

**108** 在第 107 段要求的披露中，主体应分开披露下列各项产生的金额：

(1) 在保险合同转让或企业合并中从其他主体取得的合同；以及

(2) 亏损合同组。

［参照：结论基础的 BC362 段］

**109** 对于未采用第 53 段至第 59 段或第 69 段至第 70A 段所述的保费分摊法的保险合同，主体应当以合适时间段的方式定量地披露报告期期末合同服务边际余额预计将在损益表中确认的时间。该信息应针对签发的保险合同和持有的再保险合同分别提供。

［参照：结论基础的 BC363 段和 BC366B 段］

**109A** 主体应当以合适时间段的方式，定量地披露其预计将根据第 28C 段终止确认保险获取现金流量资产的时间。

［参照：结论基础的 BC366A 段］

**保险财务收益或费用**

［参照：结论基础的 BC364 段至 BC366 段］

**110** 主体应当披露和解释报告期内保险财务收益或费用的总额。特别地，主体应当解释保险财务收益或费用与其资产投资回报之间的关系，以使财务报表使用者能评估在损益和其他综合收益中确认的财务收益或费用的来源。

**111** 对于具有直接参与分红特征的保险合同，主体应当描述基础项目的组成并披露其公允价值。

**112** 对于具有直接参与分红特征的保险合同，如果主体根据 B115 段选择对于某些履约现金流量的变动不调整合同服务边际，则应披露该选择对当期合同服务边际调整的影响。

**113** 对于具有直接参与分红特征的保险合同，如果主体将保险财务收益或费用分解为损益和其他综合收益的基础根据 B135 段进行变更，则应当在此变更发生的当期披露：

(1) 主体对该分解基础须进行变更的原因；
(2) 每一受影响的财务报表单列项目的任何调整金额；以及
(3) 采用该变更的保险合同组于变更当日的账面金额。

**过渡金额**

[参照：结论基础的 **BC399** 段]

**114** 主体应当提供披露，以使财务报表使用者能识别在过渡日采用经修改的追溯法（参见 C6 段至 C19A 段）或公允价值法（参见 C20 段至 C24B 段）计量的保险合同组对合同服务边际和保险收入在后续期间内的影响。因此，主体在根据第 101（3）段披露合同服务边际的调节以及根据第 103（1）段披露保险收入的金额时，应当将下列各项分开披露：
(1) 在过渡日存在的、主体采用经修改的追溯法的保险合同；
(2) 在过渡日存在的、主体采用公允价值法的保险合同；以及
(3) 所有其他的保险合同。

**115** 对所有应用第 114（1）段或第 114（2）段进行披露的期间，为了使财务报表使用者理解确定过渡金额时所使用的方法和所作出的判断的性质和重要性，主体应当解释其如何于过渡日计量保险合同。

**116** 选择将保险财务收益或费用分解为损益和其他综合收益的主体，对于进行该等分解的保险合同组，采用 C18（2）段、C19（2）段、C24（2）段及 C24（3）段确定其本应计入损益的保险财务收益或费用与保险财务收益或费用的总额于过渡日的累计差额。对于存在采用这些段落确定的金额的所有期间，主体应披露与该等保险合同组相关的、以公允价值计量且其变动计入其他综合收益的金融资产计入其他综合收益的累计金额从期初至期末的调节。该调节应当包含，例如，当期计入其他综合收益的利得或损失，以及往期计入其他综合收益但在当期重分类进入损益的利得或损失。

## 应用《国际财务报告准则第 17 号》时所作的重大判断

**117** 主体应当披露应用《国际财务报告准则第 17 号》时所作的重大判断及其变化。具体地说，主体应当披露所使用的输入值、假设及估计技术方法，包括：
(1) 用于计量适用《国际财务报告准则第 17 号》的保险合同的方法以及估计这些方法的输入值的流程。除非不切实可行，主体还应当提供关于这些输入值的定量信息。
(2) 用于合同计量的输入值估计的方法和流程的任何变化、每项变化的原因以及受影响的合同类型。
(3) 以下方法，若未在（1）中涵盖：
①对于不具有直接参与分红特征的保险合同，用于区分相机抉择导致的未来现金流量估计变更与其他未来现金流量估计变更的方法（参见 B98 段）；

②确定非金融风险调整的方法,包括是将非金融风险调整的变动分解为保险服务成分和保险财务成分,还是将该变动全部计入保险服务业绩;

③确定折现率的方法;

④确定投资成分的方法;以及

⑤确定保险保障与投资回报服务或者保险保障与投资相关服务所提供利益(参见 B119 段至 B119B 段)的相对权重的方法。[参照:结论基础的 BC366B 段]

**118** 如果采用第 88 (2) 段或第 89 (2) 段,主体选择将保险财务收益或费用分解为计入损益的金额和计入其他综合收益的金额,主体应当披露用于确定计入损益的保险财务收益或费用的方法的解释。

**119** 主体应当披露用于确定非金融风险调整的置信水平。如果主体采用置信水平法以外的其他技术方法来确定非金融风险调整,则其应当披露所采用的技术方法及其结果所对应的置信水平。

[参照:结论基础的 BC215 段至 BC217 段]

[索引至 B92 段]

**120** 主体应当披露第 36 段要求用于不随基础项目回报而变动的现金流量折现的收益率曲线(或收益率曲线的范围)。当主体汇总多个保险合同组对此进行披露时,其应当以加权平均或相对狭小的区间的形式进行披露。

[参照:结论基础的 BC198 段]

## 适用《国际财务报告准则第 17 号》的合同所产生的风险的性质和程度

**121** 主体应披露信息,以使财务报表使用者可以评估适用《国际财务报告准则第 17 号》的合同所产生的未来现金流量的性质、金额、时间和不确定性。第 122 段至第 132 段包含为了符合此要求通常所必需的披露要求。

**122** 这些披露的重点是保险合同所产生的保险及金融风险以及它们是如何被管理的。金融风险通常包括但不限于信用风险、流动性风险和市场风险。

**123** 如果主体披露的报告期末的风险敞口信息不能代表该报告期内的风险敞口,主体应当披露这一事实,期末敞口不具有代表性的原因,以及能够代表报告期内风险敞口的进一步信息。

**124** 对于适用《国际财务报告准则第 17 号》的合同所产生的每种风险,主体应披露:

(1) 风险敞口及其如何产生;

(2) 主体管理这些风险的目标、政策和流程,以及计量这些风险的方法;以及

(3) (1) 或 (2) 项自上一期以来的任何变化。

**125** 对于适用《国际财务报告准则第 17 号》的合同所产生的每种风险,主体应披露:

(1) 报告期末该风险敞口的汇总定量信息。该披露应基于提供给主体关键管理

人员的内部信息。

（2）第 127 段至第 132 段要求的，但未包含在根据本段（1）而披露的信息之中的信息。

**126** 主体应披露其运营所在地的监管框架对其的影响；例如，最低资本要求或要求的利率保证。如果主体根据第 20 段确定用于符合《国际财务报告准则第 17 号》的确认和计量要求的保险合同组，那么应当披露该事实。

### 所有类型的风险—风险集中

**127** 主体应当披露适用《国际财务报告准则第 17 号》的合同的风险集中的信息，包括主体如何确定集中的描述，以及识别每项集中（例如，保险事项类型、行业、地理区域或币种）的共有特征的描述。金融风险的集中可能来自于，例如，利率保证在同一水平上对大量合同同时产生影响。金融风险的集中也可能来自于非金融风险的集中；例如，如果主体向制药公司提供产品责任保障并且持有对这些公司的投资。

### 保险与市场风险—敏感性分析

**128** 主体应当披露适用《国际财务报告准则第 17 号》的合同风险变量变化的敏感性信息。为遵循本要求，主体应当披露：

（1）反映报告期末下列风险变量发生合理可能的变动将会对损益和权益产生的影响的敏感性分析：

①保险风险——反映对签发的保险合同（经持有的再保险合同缓释风险之前和之后）的影响；以及

②各类市场风险——以能解释保险合同风险变量变化的敏感性与主体所持金融资产风险变量变化的敏感性之间关系的方式。

（2）编制敏感性分析所使用的方法和假设；以及

（3）同前一期相比，编制敏感性分析所使用的方法和假设的变化，以及作出这些变化的理由。

**129** 如果主体编制反映不同于第 128（1）段所述的金额如何受到风险变量变化的影响的敏感性分析，并使用该敏感性分析来管理源自适用《国际财务报告准则第 17 号》的合同的风险，主体就可以使用该敏感性分析来替代第 128（1）段所述的分析。主体还应当披露：

（1）对编制该敏感性分析所使用的方法，以及作为所提供信息的基础的主要参数和假设的说明；以及

（2）对所使用方法的目标，以及所提供信息的局限性的说明。

### 保险风险—索赔进展

**130** 主体应当披露实际赔付与以前估计的未经折现的赔付金额的比较（即索赔

进展)。索赔进展的披露应当从赔付金额和时间在报告期末仍存在不确定性的最早的重大赔款的发生期间开始；但该披露不必从报告期末之前超过 10 年的时点开始。主体无须披露那些赔付金额和时间的不确定性通常在一年内解决的索赔进展信息。主体应当调节索赔进展的披露与主体按照第 100（3）段披露的保险合同组的总账面金额。

[参照：结论基础的 **BC401** 段]

### 信用风险—其他信息

**131** 对于适用《国际财务报告准则第 17 号》的合同所产生的信用风险，主体应披露：

（1）在报告期末最能代表其最大信用风险敞口的金额，将签发的保险合同与持有的再保险合同分开披露；以及

（2）形成资产的持有的再保险合同的信用质量的有关信息。

### 流动性风险—其他信息

**132** 对于适用《国际财务报告准则第 17 号》的合同所产生的流动性风险，主体应披露：

（1）对其如何管理流动性风险所作的描述。

（2）将形成负债的签发的保险合同组合与持有的再保险合同组合分开进行的到期期限分析，至少列示报告日以后的前 5 年每年的，以及 5 年后汇总的该等合同组合净现金流量。主体无须在这些分析中包括按第 55 段至第 59 段和第 69 段至第 70A 段计量的未到期责任负债。这些分析可以是：

①对于未经折现的合同剩余净现金流量，按照估计的时间进行的分析；或

②对于未来现金流量现值的估计，按照估计的时间进行的分析。

（3）具有可随时要求偿还特征的金额，若未按本段（2）的要求进行披露，则对此金额与相关保险合同组合的账面金额之间的关系进行说明。

# 附录

## 附录一　术语表

*本附录是《国际财务报告准则第 17 号——保险合同》的组成部分。*

| | |
|---|---|
| **合同服务边际** | **保险合同组**资产或负债账面金额的组成部分，反映主体根据合同组内的**保险合同**在未来提供**保险合同服务**时应确认的未赚利润。[参照：**结论基础的 BC218 段至 BC220 段**] |
| **责任期** | 主体提供**保险合同服务**的期间。该期间包括与**保险合同边界内**所有保费有关的**保险合同服务**。 |
| **经验调整** | 指：<br>（1）就收到的保费（及任何相关现金流量，如**保险获取现金流量**及保费税）而言，于期初时预计的当期金额与当期实际现金流量金额的差额；或<br>（2）就保险服务费用（不包括保险获取费用）而言，于期初时预计的当期发生额和当期实际发生额的差额。 |
| **金融风险** | 一项或多项特定利率、金融工具价格、商品价格、汇率、物价或利率指数、信用等级或信用指数或者其他变量在未来可能发生变化的风险；以及不是与合同一方特定相关的非金融变量在未来可能发生的变化的风险。[参照：**结论基础的 BC39 段**] |
| **履约现金流量** | 主体在履行**保险合同**时产生的未来现金流出的现值减去未来现金流入的现值的显性、无偏、概率加权的估计值（即期望值），并包含非金融风险调整。[参照：**结论基础的 BC19 段至 BC20 段**] |
| **保险合同组** | 由一个**保险合同组合**分割而成的，签发时间相隔不超过一年，且在初始确认时至少分为以下几组的**保险合同**的集合：<br>（1）亏损合同（如有）；<br>（2）无重大可能性会在之后变为亏损合同的合同（如有）；或<br>（3）既非（1）又非（2）的合同（如有）。<br>[参照：**结论基础的 BC51 段、BC52 段和 BC115 段至 BC139T 段**] |

| | |
|---|---|
| 保险获取现金流量 | 因销售、核保和启保一个**保险合同组**（已签发或预期签发的）而产生的，并且可直接归属于该组所属的**保险合同组合**的现金流量。该类现金流量包括无法直接归属于该保险合同组合中个别合同或**保险合同组**的现金流量。［参照：**结论基础的 BC175 段至 BC184K 段**］ |
| 保险合同 | 合同一方（签发人）同意，在某特定的不确定未来事项（**保险事项**）对**保单持有人**产生不利影响时给予其赔偿，从而承担源于合同另一方（**保单持有人**）重大**保险风险**的合同。［参照：**B2 段至 B30 段和结论基础的 BC67 段至 BC81 段**］ |
| 保险合同服务 | 主体向**保险合同**的**保单持有人**提供的下列服务：<br>（1）为**保险事项**提供保障（保险保障）；<br>（2）对于**不具有直接参与分红特征的保险合同**，为保单持有人提供投资回报（如适用）（投资回报服务）；以及<br>（3）对于**具有直接参与分红特征的保险合同**，代保单持有人管理基础项目（投资相关服务）。<br>［参照：**结论基础的 BC283A 段至 BC283J 段**］ |
| 具有直接参与分红特征的保险合同 | 在开始日符合以下条件的**保险合同**：<br>（1）合同条款规定**保单持有人**享有清晰可辨认的**基础项目**池之份额；<br>（2）主体预期会将**基础项目**公允价值回报中相当大部分份额支付给**保单持有人**；且<br>（3）主体预期支付给**保单持有人**的金额的变动中相当大部分将随**基础项目**公允价值的变动而变动。<br>［参照：**结论基础的 BC238 段至 BC249D 段**］ |
| 不具有直接参与分红特征的保险合同 | 不是**具有直接参与分红特征的保险合同**的保险合同。 |
| 保险风险 | 从合同持有人转移至合同签发人的除**金融风险**之外的风险。<br>［参照：**结论基础的 BC71 段至 BC75 段**］ |
| 保险事项 | **保险合同**所承保的、产生**保险风险**的不确定的未来事项。［参照：**结论基础的 BC71 段至 BC75 段**］ |

| | |
|---|---|
| 投资成分 | 在所有情况下,无论**保险事项**是否发生,**保险合同**要求主体偿还给**保单持有人**的金额。〔参照:结论基础的 **BC34 段**至 **BC34A 段**〕 |
| 具有相机参与分红特征的投资合同 | 一项金融工具,该金融工具赋予特定投资方合同权利收取符合以下情况的额外金额,作为不受签发人相机抉择制约的金额的补充:<br>(1)预期将为整个合同总利益的一个重要部分;<br>(2)按照合同,支付时间和金额由签发人相机抉择;且<br>(3)按照合同,这种附加利益基于:<br>①特定合同池或特定类型合同的回报;<br>②签发人所持有的特定资产池的已实现和/或未实现投资收益;或<br>③签发该合同的主体或基金产生的损益。 |
| 已发生赔款负债 | 主体因下列事项产生的义务:<br>(1)就已发生**保险事项**进行调查并支付真实有效赔款,包括已发生但尚未报告的赔款以及其他已经发生的保险费用;以及<br>(2)支付未包含在(1)中的与下列项目有关的金额:<br>①已经提供的**保险合同服务**;或<br>②与**保险合同服务**的提供无关且不是**未到期责任负债**中的任何**投资成分**或其他金额。<br>〔参照:**结论基础的 BC25 段**〕 |
| 未到期责任负债 | 主体因下列事项产生的义务:<br>(1)按照现有**保险合同**对尚未发生的**保险事项**将进行调查并支付真实有效赔款(即与保险保障未到期的部分有关之义务);以及<br>(2)按照现有**保险合同**支付未包含在(1)中的与下列项目有关的金额:<br>①尚未提供的**保险合同服务**(即与未来**保险合同服务**的提供有关的义务);或<br>②与**保险合同服务**的提供无关且尚未转入**已发生赔款负债**的任何**投资成分**或其他金额。<br>〔参照:**结论基础的 BC25 段**〕 |

**国际财务报告准则**

| | |
|---|---|
| 保单持有人 | 按照现有**保险合同**，在**保险事项**发生时有权获得赔偿的合同一方。 |
| 保险合同组合 | 具有相似风险，并纳入统一管理的**保险合同**。 |
| 再保险合同 | 由一个主体（再保险人）签发的、对另一个主体因后者签发的一项或多项**保险合同**（标的合同）所产生的赔付进行补偿的保险合同。[**参照：结论基础的 BC296 段**] |
| 非金融风险调整 | 主体在履行**保险合同**时由于承担非金融风险导致的现金流量金额及时间的不确定性而要求得到的补偿。[**参照：结论基础的 BC208 段和 BC209 段**] |
| 基础项目 | 用于确定某些应付**保单持有人**金额的项目。**基础项目**可包含任何项目；例如，参照资产组合、主体的净资产或主体净资产的一个特定的部分。 |

IFRS17
保险合同

## 附录二 应用指南

*本附录是《国际财务报告准则第17号——保险合同》的组成部分。*

**B1** 本附录为以下内容提供指南：
（1）保险合同的定义（参见 B2 至 B30 段）；
（2）保险合同成分的分拆（参见 B31 段至 B35 段）；
（2a）保险获取现金流量资产（参见 B35A 段至 B35D 段）
（3）计量（参见 B36 段至 B119F 段）；
（4）保险收入（参见 B120 段至 B127 段）；
（5）保险财务收益或费用（参见 B128 段至 B136 段）；以及
（6）中期财务报表（参见 B137 段）。

# 保险合同的定义（附录一）

[**参照：结论基础的 BC63 段至 BC81 段**]

**B2** 本部分对附录一中保险合同的定义提供指南，包括以下内容：
（1）不确定的未来事项（参见 B3 段至 B5 段）；
（2）实物支付（参见 B6 段）；
（3）保险风险和其他风险的区别（参见 B7 段至 B16 段）；
（4）重大保险风险（参见 B17 段至 B23 段）；
（5）保险风险水平的变动（参见 B24 段至 B25 段）；以及
（6）保险合同示例（参见 B26 段至 B30 段）。

### 不确定的未来事项

[**参照：结论基础的 BC73 段和 BC74 段**]

**B3** 不确定性（或风险）是保险合同的本质。因此，下列各项中至少有一项在保险合同开始日是不确定的：
（1）保险事项发生的概率；
（2）保险事项发生的时间；或
（3）如果保险事项发生，主体需要赔付的金额。

**B4** 在一些保险合同中，保险事项是在合同期限内发现的损失，即使该损失是由合同开始日之前发生的事项所引起的。在另一些保险合同中，保险事项是在合同期限内发生的事项，即使该事项所导致的损失在合同期满后才被发现。

**B5** 一些保险合同承保的是已经发生但其财务影响尚不确定的事项。例如，为已发生事项的不利发展提供保险保障的保险合同。在此类合同中，保险事项是指最终确定的赔付成本。

## 实物支付

**B6** 一些保险合同要求或允许进行实物支付。在这种情况下，主体向保单持有人提供商品或服务，以履行主体为保险事项的发生而对保单持有人进行补偿的义务。例如，主体直接重置被盗物品，以替代对保单持有人损失金额的补偿。又如，主体使用自己的医院和医务人员提供保险合同所承保的医疗服务。这些合同是保险合同，即使赔付是以实物结算的。符合第 8 段中所述条件的固定收费服务合同也是保险合同，但根据第 8 段，主体可以选择使用《国际财务报告准则第 17 号》或《国际财务报告准则第 15 号——客户合同收入》对这些合同进行会计处理。

［参照：结论基础的 BC95 段至 BC97 段］

## 保险风险和其他风险的区别

［参照：结论基础的 BC73 段至 BC75 段］

**B7** 保险合同的定义是要求一方接收来自另一方的重大保险风险。《国际财务报告准则第 17 号》将保险风险定义为"从合同持有人转移至合同签发人的除金融风险之外的风险"。仅使签发人承担金融风险而不承担重大保险风险的合同不是保险合同。

**B8** 附录一中金融风险的定义提及了金融变量和非金融变量。不与合同一方特定相关的非金融变量的例子包括，某一特定地区的地震损失指数，或某一特定城市的气温。金融风险不包括与合同一方特定相关的非金融变量，例如会对该合同方的一项资产造成损害或毁坏的火灾的发生或不发生。此外，如果一项非金融资产的公允价值不仅反映此类资产市场价格（金融变量）的变动，而且反映合同一方所持有的某项特定非金融资产的状况（非金融变量），那么该项非金融资产公允价值变动的风险不是金融风险。例如，如果对某一特定的、保单持有人拥有保险利益的车辆之残值的担保使担保人面临该车辆物理状况变动的风险，那么该风险是保险风险，而不是金融风险。

**B9** 一些合同除了使签发人面临重大保险风险外，还使签发人面临金融风险。例如，很多人寿保险合同既向保单持有人保证最低收益率（产生金融风险），又同时向保单持有人承诺可能会大大超过保单持有人的账户余额的死亡给付（保险风险从而以死亡风险的形式产生）。这些合同是保险合同。

**B10** 在一些合同中，保险事项引发的赔付金额与价格指数相连结。如果保险事项可能引发的赔付是重大的，那么这些合同是保险合同。例如，与生活消费指数相连结的或有人寿年金就转移了保险风险，因为赔付是由不确定的未来事项（即年金领受人的生存状态）所引发的。与价格指数的连结是一项衍生工具，但是它也转移了保险风险，因为与指数连结的赔付的次数取决于年金受领人的生存状态。如果由此转移的保险风险是重大的，该衍生工具也符合保险合同的定义，在这种情况下，不应从主合同中分拆［参见第11（1）段］。

**B11** 保险风险是主体从保单持有人处接受的风险。这意味着主体必须从保单持有人处接受保单持有人已面临的风险。由该合同产生的、主体的或保单持有人的任何新的风险，都不是保险风险。

**B12** 保险合同的定义提及了对保单持有人的不利影响。该定义并没有限定主体支付的金额应等于不利事项的财务影响。例如，该定义包括"以新换旧"的保险保障方式，即支付给保单持有人足够的款项，使其足以购置一项新资产来替换已损坏的使用过的资产。类似地，该定义没有限定人寿保险合同中的赔付应等于死者遗属遭受的财务损失，也没有排除明确规定了赔付预定金额、以量化因死亡或事故所造成的损失的合同。

**B13** 一些合同要求在特定不确定的未来事项发生时进行赔付，但并不要求将对保单持有人产生不利影响作为赔付的前提条件。这样的合同不是保险合同，即使合同持有人使用该合同缓释潜在风险敞口。例如，如果合同持有人使用一项衍生工具对某一基础金融变量或非金融变量（该变量与该主体的某项资产所产生的现金流量相关）进行套期，那么这项衍生工具不是保险合同，因为付款不以合同持有人是否因源于该项资产的现金流量减少而受到不利影响为条件。保险合同定义中提及的不确定的未来事项对保单持有人产生不利影响是进行赔付的合约性前提条件。这种合约性前提条件不要求主体对该事项是否确实造成了不利影响进行调查，但允许主体在不能确定该事项是否造成不利影响时拒绝赔付。

**B14** 失效或续保风险（即保单持有人取消合同的时间早于或晚于签发人在合同定价时所预期的时间所引起的风险）不是保险风险，因为由此导致的向保单持有人的赔付的变动性并非取决于某项对保单持有人造成不利影响的不确定的未来事项。类似地，费用风险（即与提供合同服务有关的管理成本而不是与保险事项有关的成本发生意外增加的风险）不是保险风险，因为这些费用的意外增长并没有对保单持有人造成不利影响。

**B15** 因此，使主体面临失效风险、续保风险或费用风险的合同不是保险合同，除非该项合同同时使主体面临重大保险风险。但是，如果主体通过使用第二项合同将部分非保险风险转移至另一方以缓释自身的风险，那么这第二项合同会使该另一方面临保险风险。

**B16** 当且仅当主体独立于保单持有人时，主体才能从保单持有人处接受重大保险风险。在互助保险的情况下，互助保险主体接受并汇集来自各保单持有人的风险。尽管保单持有人作为该主体剩余权益的持有者集体承担所汇集的风险，但互助保险主体是一个接受了风险的独立主体。

## 重大保险风险

［参照：结论基础的 **BC76** 段至 **BC80** 段］

**B17** 只有转移了重大保险风险的合同才是保险合同。B7段至B16段讨论了保险风险。B18 段至 B23 段将阐述如何评估保险风险是否重大。

**B18** 当且仅当在任一情形下,保险事项可能导致签发人支付重大的额外金额时,则保险风险是重大的,不具有商业实质的情形(即对交易的经济意义没有可辨认的影响)除外。如果保险事项意味着在任何具有商业实质的情形下应支付重大的额外金额,即使该保险事项极不可能发生,或者或有现金流量的预期(按概率加权)现值占保险合同的所有剩余现金流量的预期现值的比例很小,也可满足前一句中的条件。

**B19** 此外,仅当存在一种具有商业实质并导致签发人可能遭受按现值计量的损失的情形时,合同才转移了重大保险风险。但是,即使一项再保险合同不使其签发人有可能遭受重大损失,只要该合同将相应的标的保险合同之分保部分中几乎所有的保险风险转移给了再保险人,那么该合同仍被视为转移了重大保险风险。

**B20** B18 段所述的额外金额是按现值计量的。如果保险合同要求在某一发生时间不确定的事项发生时进行赔付,而该赔付金额不按货币时间价值进行调整,则可能会出现即使赔付的名义金额是固定的,而其现值仍会增加的情形。例如,一项没有保险到期日、一旦保单持有人死亡就支付固定死亡给付的保险(通常被称为固定金额的终身人寿保险)。保单持有人死亡是确定的,但死亡日期是不确定的。赔付可能发生在某个保单持有人比预期死亡时间更早的时间。由于该类赔付不按货币时间价值进行调整,重大的保险风险就可能存在,即使整个合同组合没有总体上的损失。类似地,某些延迟向保单持有人赔付的合同条款可能消除重大保险风险。主体应根据第 36 段要求的折现率来确定该类额外金额的现值。

**B21** B18 段中所述的额外金额,是指比没有保险事项发生情形下(缺乏商业实质的情形除外)多支付的金额的现值。这些多支付的金额包括索赔管理费和索赔评估费,但不包括:

(1)向保单持有人提供未来服务的收费能力受损。例如,在一项投资连结人寿保险合同中,保单持有人的死亡意味着主体不能再履行投资管理服务并对此收费。但是,主体的这种经济损失并非是保险风险导致的,正如共同基金经理并不承担与委托人的可能死亡相关的保险风险。因此,在评估合同转移了多少保险风险时,未来投资管理费的潜在损失是无关的。

(2)放弃因死亡而取消合同或退保应收取的手续费。因为这些手续费是因合同而产生的,所以这些手续费的放弃并不能补偿保单持有人在合同前已存在的风险。因此,在评估合同转移了多少保险风险时,这是无关的。

(3)赔付针对的是不给合同持有人造成重大损失的事项。例如,某项合同要求,如果一项资产遭到物理损坏、对持有人造成 CU[①] 的不重大的经济损失,那么签发人应当赔付 CU1 000 000。在这项合同中,持有人将损失 CU1 的不重大风险转移给签发人。同时,该合同产生了非保险风险,即如果特定事项发生,签发人需要赔付 CU999 999。

---

① CU 表示货币单位。

由于不存在保险事项导致合同持有人遭受重大损失的情形，签发人并未从持有人处接受重大保险风险，该合同不是保险合同。

（4）可能的再保险摊回。主体应当单独对此进行会计处理。

**B22** 主体应当逐项合同评估保险风险是否重大。因此，即使合同组合或合同组发生重大损失的可能性很小，保险风险也可以是重大的。

**B23** 按照 B18 段至 B22 段的规定，如果一项合同赔付的死亡给付金额大于保单持有人生存时的应付金额，那么该合同是保险合同，除非死亡时多支付的金额不是重大的（是否重大是根据该合同本身而非整个合同组合来判断的）。正如 B21（2）段所述，评估中不应考虑死亡情况下豁免的对取消合同或退保的收费，如果豁免的收费并不能补偿保单持有人在合同前已存在的风险。类似地，在保单持有人的剩余寿命期间内支付定期金额的年金合同属于保险合同，除非或有人寿支付的总金额是不重大的。

## 保险风险水平的变动

**B24** 对于某些合同，保险风险向签发人的转移是在一段时间后才发生。例如，某项合同提供特定投资收益，同时给了保单持有人使用到期投资收益购买或有人寿年金的选择权，定价与保单持有人行使选择权时主体向其他新的年金受领人收取的费率相同。该合同只在保单持有人行使选择权之后才向签发人转移保险风险，因为主体届时可根据所转移的保险风险对年金自由定价。因此，因行使选择权而将发生的现金流量不在该合同边界内，并且行使选择权之前也没有保险现金流量在该合同边界内。但是，如果这项合同规定了年金费率（或市场费率以外的确定年金费率的基础），则该合同向签发人转移了保险风险，因为签发人承担了在保单持有人行使选择权时的年金费率有可能对签发人不利的风险。在这种情况下，因行使选择权而将发生的现金流量属于合同边界内的现金流量。

**B25** 一项符合保险合同定义的合同，在其所有权利及义务消除（即解除、取消或过期）之前，一直是保险合同，除非该合同由于修订而根据第 74 段至第 77 段被终止确认。[**参照：结论基础的 BC80 段**]

## 保险合同示例

**B26** 以下是保险合同的示例，如果这些合同所转移的保险风险是重大的：

（1）失窃或损坏保险。

（2）产品责任、职业责任、民事责任或法律费用保险。

（3）人寿保险和预付殡葬计划（尽管死亡是确定的，但是死亡时间是不确定的，或者对于某些类型的人寿保险，死亡是否在保险期限内发生也是不确定的）。

（4）或有人寿年金和养老金，即为不确定的未来事项——年金受领人或养老金受领人的生存状态——提供补偿的合同，向年金受领人或养老金受领人提供一定水平的收入，否则其会受到其生存状态的不利影响。（根据第 7（2）段，设定离职后受益计划报告的源自雇员受益计划及离职后福利计划的雇主责任不适用《国际财务报告准则第17号》）。

（5）伤残及医疗保险。

（6）担保保证、忠诚保证、履约保证和投标保证，即在另一方不履行合同义务时补偿持有人的合同；例如，另一方不履行建造建筑物的义务。

（7）产品质保，另一方为制造商、经销商或零售商所售商品签发的产品质保适用《国际财务报告准则第17号》。但是，根据第7（1）段，由制造商、经销商或零售商直接签发的产品质保不适用《国际财务报告准则第17号》，而是适用《国际财务报告准则第15号》或《国际会计准则第37号——准备、或有负债和或有资产》。

[参照：结论基础的BC89和BC90段]

（8）权利资格保险（例如，为发现在保险合同签订时并不明显的土地或建筑物的权利资格缺陷而提供的保险）。在这种情况下，保险事项是发现权利资格缺陷，而非发现缺陷本身。

（9）旅游保险（对保单持有人旅行前或旅行过程中所遭受损失进行的现金或实物补偿）。

（10）巨灾债券，这种债券规定，如果特定事项对债券发行人产生不利影响，那么债券发行人可以减额支付本金、利息或本息（除非该特定事项不产生重大保险风险；例如，如果该事项是利率或汇率发生变动）。

（11）保险互换以及要求以与合同一方特定相关的气候、地质或其他物理变量的变化为基础进行赔付的其他合同。

B27 以下是非保险合同的示例：

（1）具有保险合同的法律形式，但不向签发人转移重大保险风险的投资合同。例如，主体不承担重大死亡或疾病风险的人寿保险合同不是保险合同；此类合同是金融工具或服务合同（参见B28段）。具有相机参与分红特征的投资合同不符合保险合同的定义；但是，根据第3（3）段，若签发此类投资合同的主体也同时签发保险合同，那么此类投资合同也适用《国际财务报告准则第17号》。

（2）具有保险的法律形式，但通过不可撤销并强制执行的机制，将保险损失直接调整保单持有人将来支付给签发人的款项，从而将所有重大保险风险转回保单持有人的合同。例如，一些财务再保险或团体保险合同将所有重大保险风险都转回给了保单持有人，这些合同通常为金融工具或服务合同（参见B28段）。

（3）自我保险（即保留原本可以保险的风险）。在这种情况下，由于未与另一方达成协议，因此不存在保险合同。因此，如果一个主体向其母公司、子公司或其母公司的其他子公司签发保险合同，则在合并财务报表中，由于不存在与另一方的合同，因此不存在保险合同。但是，在签发人或持有人的个别或单独财务报表中，保险合同是存在的。

（4）要求在特定的不确定的未来事项发生时进行付款，但不要求将该事项对保单持有人造成不利影响作为赔付的合约性前提条件的合同（如赌博合同）。但是，这并不从保险合同的定义中排除明确规定了赔付预定的金额、以量化因如死亡或事故等特定事项所造成的损失的合同（参见 B12 段）。

（5）使合同一方承担金融风险而不是保险风险的衍生工具，因为该衍生工具要求合同一方仅以在一项或多项特定利率、金融工具价格、商品价格、汇率、物价或利率指数、信用等级或信用指数或其他变量（如果该变量是非金融变量，则该变量不应与合同一方特定相关）发生变化时进行支付（或给予收款的权力）。

（6）即使合同持有人在其债务人到期未偿还债务时没有发生损失也要求支付款项的，与信用相关的担保。此类合同按照《国际财务报告准则第 9 号——金融工具》进行会计处理（参见 B29 段）。

（7）要求以不与合同一方特定相关的气候、地质或其他物理变量为基础而确定支付款项的合同（通常被称作天气衍生工具）。

（8）发行人以不与合同一方特定相关的气候、地质或其他物理变量为基础减额支付本金、利息或本息的合同（通常被称作巨灾债券）。

**B28** 对于 B27 段中提及的合同，主体应当根据其他适用的准则，如《国际财务报告准则第 9 号》及《国际财务报告准则第 15 号》，进行会计处理。

**B29** B27（6）中讨论的与信用相关的担保及信用保险合同可能具有多种法律形式，比如担保、某些类型的信用证、信用违约合同或保险合同。如果这些合同要求签发人对持有人支付特定的款项，以补偿持有人因特定的债务人未根据原始或经修订的债务工具条款到期偿还该债务所发生的损失，那么这些合同是保险合同。然而，这些合同不适用《国际财务报告准则第 17 号》，除非签发人之前已明确将此类合同视为保险合同且对其采用了保险合同的会计处理方法［参见第 7（5）段］。[**参照：结论基础的 BC91 至 BC93 段**]

**B30** 即使保单持有人在其债务人到期未偿还债务时并没有发生损失也要求支付款项的信用相关的担保及信用保险，不适用《国际财务报告准则第 17 号》，因为它们没有转移重大保险风险。此类合同包括在下列情况下要求付款的合同：

（1）无论交易对手方是否持有基础债务工具；或

（2）由于信用等级或信用指数发生变化，而非特定的债务人到期未偿还债务。

［**参照：结论基础的 BC94 段**］

## 保险合同成分的分拆（第 10 段至第 13 段）

［**参照：结论基础的 BC98 段至 BC103 段、示例 4 和示例 5**］

### 投资成分［第 11（2）段］

［**参照：结论基础的 BC108 段和 BC109 段**］

**B31** 第 11（2）段要求主体将可明确区分的投资成分从主保险合同中分拆。当且仅当同时满足以下条件时，投资成分就是可明确区分的：

（1）投资成分与保险成分不是高度关联的。

（2）签发保险合同的主体或其他方，已在或可以在相同的市场或相同的国家或地区内单独出售具有相同条款的合同。主体在进行以上判定时应考虑所有可合理获得的信息。主体在识别某投资成分是否单独出售时，无须详尽无遗地搜索。

**B32** 当且仅当符合以下条件之一时，投资成分与保险成分是高度关联的：

（1）主体无法在不考虑其中一种成分的情况下，计量另一种成分。因此，若一种成分的价值随另一种成分的价值而变动，主体应当运用《国际财务报告准则第17号》对投资成分与保险成分一并进行会计处理；或

（2）保单持有人无法从某一种成分单独获益，除非另一种成分也存在。因此，若合同中一种成分的失效或到期会造成另一种成分的失效或到期，主体应当运用《国际财务报告准则第17号》对投资成分与保险成分一并进行会计处理。

### 转让可明确区分的商品或保险合同服务之外的服务的承诺（第12段）

［参照：结论基础的 BC110 段至 BC113 段］

**B33** 第12段要求主体将向保单持有人转让可明确区分的商品或保险合同服务之外的服务的承诺从保险合同中分拆。在进行分拆时，主体不应考虑其为了履行合同义务而必须实施的活动，除非其在该类活动发生时向保单持有人转让了商品或保险合同服务之外的服务。例如，主体可能需要执行各类行政任务以便为订立合同做好准备。执行这些任务并未向保单持有人转让一项服务，因为任务已执行。

**B34** 如果保单持有人能够从单独使用商品或保险合同服务之外的服务，或将其与保单持有人易于获得的其他资源一起使用中获益，那么向保单持有人承诺的该商品或服务是可明确区分的。易于获得的资源是指（由主体或另一主体）单独出售的商品或服务，或是保单持有人已取得（来自主体或来自其他交易或事项）的资源。

**B35** 如果符合以下条件，向保单持有人承诺的商品或保险合同服务之外的服务不是可明确区分的：

（1）该商品或服务的相关现金流量及风险与合同中保险成分的相关现金流量及风险高度关联；并且

（2）主体提供了整合该商品或服务与保险成分的重大服务。

## 保险获取现金流量（第28A段至第28F段）

［参照：结论基础的 BC175 段至 BC184K 段］

**B35A** 在应用第28A段时，主体应当采用系统且合理的方法：

（1）将可直接归属于一个保险合同组的保险获取现金流量分摊至：

①该保险合同组；以及

②包含预期由该组内保险合同续约而产生的保险合同所组成的合同组。

（2）将可直接归属于一个保险合同组合的保险获取现金流量分摊至该组合中除（1）中所述之外的合同组。

[参照：结论基础的 BC184A 段至 BC184G 段]

**B35B** 在每个报告期末，主体应修改 B35A 段所述的分摊金额，以反映与分摊方法中确定输入值所使用假设的任何变更。[参照：结论基础的 BC184G 段] 在所有合同均已添加至一个保险合同组后，主体不应变更分摊至该组的金额（参见 B35C 段）。

**B35C** 主体可能会在一个以上的报告期内将保险合同添加至一个保险合同组（参见第 28 段）。在这种情况下，主体应终止确认与在该期间内添加至该组的保险合同有关的那部分保险获取现金流量资产，并继续确认与预期将于未来报告期内添加至该组的保险合同有关的保险获取现金流量资产。

**B35D** 在应用第 28E 段时：

（1）主体应在损益中确认一项减值损失并减少保险获取现金流量资产的账面金额，以使该项资产的账面金额不超过按第 32（1）段确定的相关保险合同组的预期净现金流入。

（2）当主体将保险获取现金流量分摊至 B35A（1）②段所述的保险合同组时，对于符合下列情形的金额，主体应当在损益中确认一项减值损失并减少相关保险获取现金流量资产的账面金额：

①主体预期这些保险获取现金流量超过预期续约所对应的按第 32（1）段确定的净现金流入；且

②尚未根据（1）确认为减值损失的，按（2）①确定的超过部分。

[参照：结论基础的 BC184I 段至 BC184K 段]

## 计量（第 29 段至第 71 段）

[参照：结论基础的 BC18 段至 BC26 段和 BC146 段至 BC315L 段]

### 未来现金流量的估计（第 33 段至第 35 段）

**B36** 本部分涉及以下内容：

（1）无偏使用所有在无须付出过度成本或努力的情况下可获得的合理及可支持的信息（参见 B37 段至 B41 段）；

（2）市场变量和非市场变量（参见 B42 段至 B53 段）；

（3）当前估计的使用（参见 B54 段至 B60 段）；以及

（4）合同边界内的现金流量（参见 B61 段至 B71 段）。

**无偏使用所有在无须付出过度成本或努力的情况下可获得的合理及可支持的信息[第 33（1）段]**

[参照：结论基础的 BC148 段至 BC152 段]

**B37** 估计未来现金流量的目标是考虑了所有在无须付出过度成本或努力的情况下在报告日可获得的合理及可支持的信息，计算出所有可能的结果的期望值或概率加权平均值。所有在无须付出过度成本或努力的情况下在报告日可获得的合理及可支持的信息，包括过去事项与当前情况的信息，以及对未来情况的预测（参见 B41 段）。从主体自身信息系统可获得的信息被认为是在无须付出过度成本或努力的情况下可获得的信息。

**B38** 现金流量估计是从反映所有可能结果的一系列情景开始。每个情景都指定了某个特定结果所对应的现金流量金额和时间，以及该结果发生的估计概率。每个情景下的现金流量都进行折现，并以发生的概率加权得到预期的现值。因此，目的并不是为了确定未来现金流量最有可能的结果或多半会发生的结果。

**B39** 当考虑所有可能的结果时，目的是以一种无偏的方式考虑所有在无须付出过度成本或努力的情况下可获得的合理及可支持的信息，而不是识别每一个可能的情景。在实务中确定平均值时，如果所得的估计与考虑了所有在无须付出过度成本或努力的情况下可获得的合理及可支持的信息的计量目的相一致，则没有必要设立明确的情景。例如，如果主体估计结果的概率分布与完全可由少量参数决定的概率分布大体相一致，那么估计这些少量参数就足够了。类似地，在某些情况下，相对简单的模型可能会给出精度处于可接受范围内的结果，从而无须进行大量详细的模拟。然而，在某些情况下，现金流量会受复杂的因素驱动并在经济情况变化时发生非线性的变化。例如，如果现金流量反映了一系列相互关联的隐性或显性的选择权的影响时，这种情况就有可能发生。在这种情况下，则有必要使用更加复杂的随机模型以实现计量目的。

**B40** 设立的情景应当包括现有合同下发生巨灾损失的概率的无偏估计。这些情景不包括可能的未来合同项下可能的赔付。

**B41** 主体应当基于获得的下列信息估计现有合同项下未来付款的概率和金额：

（1）保单持有人已报告的索赔信息；

（2）其他关于保险合同已知的或估计的特征信息；

（3）关于主体自身经验的历史数据，必要时将从其他来源得到的历史数据作为补充。历史数据应经过调整以反映当前情况，例如，如果出现下列情况时：

①被保险对象总体的特征与作为历史数据基础的总体的特征不同（或将会变得不同，例如，由于逆向选择）；

②有迹象表明历史的趋势不会延续、新的趋势将会出现，或者经济、人口特征以及其他的变化有可能影响现有保险合同的现金流量；或

③核保程序或者理赔管理程序等已经发生变化，可能影响历史数据与保险合同的

相关程度。

（4）再保险合同和其他承担类似风险的金融工具（如有，例如巨灾债券、天气衍生工具）的当前价格信息（如果可获得），以及保险合同转让的当前市场价格。这些信息应当经过调整以反映再保险合同或其他金融工具产生的现金流量和主体履行与保单持有人订立的标的合同产生的现金流量之间的差异。

**市场变量和非市场变量**

**B42** 《国际财务报告准则第 17 号》识别两种变量：

（1）市场变量——可在市场上观察到的或者直接来源于市场的变量（例如，公开交易的证券价格和利率）；

（2）非市场变量——所有的其他变量（例如，保险赔付的频率和严重程度、死亡率）。

**B43** 市场变量通常会产生金融风险（例如，可观察的利率），非市场变量通常会产生非金融风险（例如，死亡率）。然而，情况并不总是如此。例如，有可能存在与金融风险相关的假设却无法在市场上观察到或直接来源于市场（例如，无法在市场上观察到或直接来源于市场的利率）。

*市场变量〔第 33（2）段〕*

**B44** 在计量日，市场变量的估计应当与可观察的市场价格相一致。主体应当尽可能多地使用可观察的输入值，并且不应当用自己的估计替代可观察的市场数据，除非如《国际财务报告准则第 13 号——公允价值计量》的第 79 段所述。与《国际财务报告准则第 13 号》相一致，若变量需要推算（例如，因为可观察的市场变量不存在），则它们应当与可观察的市场变量尽量相一致。

〔参照：结论基础的 BC153 段〕

**B45** 市场价格是一系列关于未来可能结果的观点的融合，同时也反映了市场参与者的风险偏好。因此，它们不是未来结果的单点预测。即使实际结果与此前市场价格不同，也不意味着市场价格是"错误"的。

**B46** 市场变量一个重要的应用就是复制资产或者复制资产组合的概念。复制资产是指一项资产，其现金流量与保险合同组的合同现金流量的金额、时间和不确定性在所有情景下都完全匹配。在某些情况下，可能存在与保险合同组的某些现金流量相匹配的复制资产。该资产的公允价值同时反映了该资产的现金流量的预期现值和这些现金流量的风险。如果存在与保险合同组的某些现金流量相匹配的复制资产组合，主体可以用这些资产的公允价值来计量相关的履约现金流量，而不用对这些现金流量和折现率进行显性估计。

**B47** 《国际财务报告准则第 17 号》并未要求主体使用复制组合技术。然而，如果存在与保险合同的某些现金流量相匹配的复制资产或组合，而主体选择另一种方法，则主体应当确信使用复制组合技术不太可能导致现金流量计量出现重大差异。

**B48** 复制组合技术以外的其他技术，例如随机模型技术，当随资产回报变动而变动的现金流量与其他现金流量之间存在重大的互相依赖关系时，有可能更稳妥或更容易实施。在特定情况下确定能实现与可观察的市场变量相一致的目标的最佳技术时，必须运用判断。尤其是，使用该技术必须使保险合同中包含的任何选择权和保证的计量结果与这些选择权和保证的可观察的市场价格（如有）相一致。

*非市场变量*

**B49** 非市场变量的估计必须反映所有在无须付出过度成本或努力的情况下可获得的合理及可支持的、内部和外部的信息。

**B50** 非市场外部数据（例如，全国死亡率统计数据）与内部数据（例如，内部死亡率统计数据）两者相比，孰更相关取决于具体的情况。例如，签发人寿保险合同的主体在确定保险合同的死亡率情景的无偏估计概率时，不应仅仅依赖国家死亡率统计数据，而应当考虑所有在无须付出过度成本或努力的情况下可获得的合理及可支持的、内部和外部信息。当确定这些概率时，主体应当对更有说服力的信息给予更多的权重。例如：

（1）如果全国死亡率数据取自并不代表被保险人群的庞大人群，那么内部死亡率统计数据就有可能比全国死亡率数据更有说服力。这有可能是因为，例如，被保险人群的人口特征与全国人群的人口特征显著不同，意味着主体应当给予内部数据更多的权重，而给予全国统计数据相对少的权重；

（2）相反地，如果内部统计数据取自数量小的总体，并且相信其人口特征接近于全国人群的人口特征，全国统计数据也是当前的，那么主体应当给予全国统计数据更多的权重。

**B51** 对非市场变量的估计概率不应与观察到的市场变量相矛盾。例如，未来通货膨胀率情景的估计概率应当与市场利率所隐含的概率尽量相一致。

**B52** 在某些情况下，主体可能可以断定市场变量的变化独立于非市场变量。如果是这种情况的话，主体应当考虑能反映非市场变量结果之范围的多个情景，而其中每个情景都使用相同的市场变量观察值。

**B53** 在其他情况下，市场变量和非市场变量有可能是相关联的。例如，可能有证据表明失效率（非市场变量）与利率（市场变量）相关联。类似地，可能有证据表明房屋或车辆保险的赔付水平与经济周期有关联，因而也与利率和费用金额有关联。主体应当确保，与市场变量有关联的情景的概率以及非金融风险调整，与观察到的依赖于这些市场变量的市场价格相一致。

**当前估计的使用 [第33（3）段]**

**[参照：结论基础的BC155段至BC157段]**

**B54** 在估计每个现金流量情景及其概率时，主体必须使用所有在无须付出过度成本或努力的情况下可获得的合理及可支持的信息。主体应当检视上一个报告期末作出的估计并进行更新。在此过程中，主体应当考虑：

（1）更新的估计是否如实地反映了此报告期末的情况；

（2）估计的变更是否如实地反映当期内情况的变化。例如，假设估计值在当期期初处于合理区间的一端。如果情况没有变化，在当期期末将估计值移至该区间的另一端就不是如实反映当期的情况。如果主体最近的估计不同于其以前的估计，但是情况却没有变化，那么主体应当评估为每个情景指定的新的概率是否合理。在更新这些概率的估计时，主体应当同时考虑支持以前估计的证据和所有可获得的新证据，并对更有说服力的证据给予更多的权重。

B55 为每个情景指定的概率都应当反映报告期末的情况。因此，根据《国际会计准则第10号——报告期后事项》，报告期末之后发生的事项虽然解决了报告期末存在的不确定性，但并不为报告期末已经存在的情况提供证据。例如，在报告期末，可能有20%的概率在保险合同剩余6个月内会有大风暴来袭。在报告期末之后但财务报表公布之前，一场大风暴来袭。该合同的履约现金流量不应反映这场大风暴，虽然事后知道大风暴已经发生。相反，在计量中包括的现金流量应考虑报告期末时所估计的20%概率（根据《国际会计准则第10号》披露报告期末之后发生的非调整事项）。

B56 预期现金流量的当前估计不必与最近实际发生的经验相同。例如，假设报告期内死亡率经验与此前死亡率经验和此前死亡率预期相比出现了20%的不利变动。多个因素可能会导致这种经验的突变，包括：

（1）持续性的死亡率变化；

（2）被保险人群特征的变化（例如，核保和销售的变化，或身体非常健康的保单持有人选择了失效）；

（3）随机扰动；或

（4）可辨认的偶发因素。

B57 主体应当调查经验变化的原因，同时依据最近的经验、以前的经验以及其他信息重新估计现金流量及其概率。B56段所举例子的通常结果就是死亡给付的预期现值会发生变动，但变动幅度不会达到20%。在B56段的例子中，如果是预期会持续的原因导致死亡率继续显著地高于此前的估计，那么为高死亡率情景指定的估计概率也会上升。

B58 对于非市场变量的估计应当包括反映保险事项的当前水平及趋势的信息。例如，许多国家死亡率长期持续下降。履约现金流量的确定应当反映，经过对所有在无须付出过度成本或努力的情况下可获得的合理及可支持的信息的考虑，为每个可能的趋势情景指定的概率。

B59 类似地，如果分摊至某保险合同组的现金流量对通货膨胀敏感，履约现金流量的确定应反映对未来可能的通货膨胀率的当前估计。由于通货膨胀率很可能与利率相关联，所以履约现金流量的计量应当以一种与用于估计折现率的市场利率所隐含的概率相一致的方式，反映每个通货膨胀情景的概率（参见B51段）。

B60 估计现金流量时，主体应考虑可能影响这些现金流量的未来事项的当前预期。主体应设立反映这些未来事项的现金流量情景，以及每个情景的无偏估计概率。然而，主体不应当考虑对会导致现有保险合同的当前义务变化或解除或产生新义务的

未来法规变化的当前预期,直至相关法规的变化实质上已颁布。[**参照:结论基础的 BC156 段**]

### 合同边界内的现金流量(第 34 段)

**B61** 在各情景下的现金流量估计应仅包括现有合同的合同边界内的所有现金流量。主体应当根据第 2 段确定现有合同的边界。[**参照:结论基础的 BC159 段至 BC164 段**]

**B62** 许多保险合同具有使保单持有人能采取行动来改变其将收到款项的金额、时间、性质或金额不确定性的特征。该等特征包括续约选择权、退保选择权、转换选择权以及停止支付保费但仍享有合同项下利益的选择权。保险合同组的计量应当以期望值为基础,反映主体对该合同组的保单持有人将如何行使可行权的选择权的当前估计,而非金融风险调整应当反映主体对保单持有人的实际行为如何偏离预期的当前估计。无论合同组中的合同数量有多少,确定期望值的要求都须适用;例如,即使合同组只含单一合同,要求依然适用。因此,保险合同组的计量不应假设保单持有人有百分之百的可能性将会:

(1) 退保,如果存在部分保单持有人不这么做的概率;或

(2) 延续合同,如果存在部分保单持有人不这么做的概率。

**B63** 当合同要求保险合同的签发人续约或以其他方式延续合同时,签发人应当根据第 34 段来评估已续约的合同产生的保费和相关现金流量是否在原合同的边界内。

**B64** 第 34 段提及主体在未来某一日(续约日)重新定价,以全面反映自该日起合同风险的实际能力。主体具有该实际能力是指主体能够不受约束地设定价格,使其与在该日签发的,具有与现有合同相同特征的新合同价格相同,或者主体可以修改合同利益使其与要收取的价格相称。类似地,如果主体能给一项现有合同重新定价使价格可以反映整个合同组合的总体的风险变化,即使对每个保单持有人设定的价格无法反映该特定保单持有人的风险变化,则主体也具有重新定价的这种实际能力。在评估主体是否有实际能力重新定价以全面反映合同或合同组合的风险时,主体应当考虑在续约日就未到期服务而言核保相同的合同时将会考虑的所有风险。在报告期末确定未来现金流量估计时,主体应当重新评估保险合同的边界以包括情况的变化对主体的实质性权利和义务的影响。

[**参照:结论基础的 BC161 段至 BC164 段**]

**B65** 一项保险合同边界内的现金流量是与该合同履约直接有关的现金流量,包括主体可相机抉择决定金额或时间的现金流量。[**参照:结论基础的 BC167 段至 BC170A 段**] 合同边界内的现金流量包括:

(1) 保单持有人支付的保费(包括保费调整和分期保费)及其产生的任何额外现金流量。

(2) 向保单持有人(或代其)支付的款项,包括已报告但还未支付的赔款(即已报告赔款),已发生事项但尚未报告的赔款,以及所有将在未来发生的,主体承担

实质性义务的赔款（参见第34段）。

（3）向保单持有人（或代其）支付的随基础项目回报而变动的款项。

（4）由衍生工具产生的、向保单持有人（或代其）支付的款项，例如，合同中嵌入的选择权和保证，如果这些选择权和保证未从保险合同中分拆出来〔参见第11（1）段〕。

（5）分摊的归属于该合同所属的合同组合之保险获取现金流量。〔**参照：结论基础的 BC175 段至 BC184K 段**〕

（6）理赔处理费用（即主体进行调查、处理和解决现有保单的索赔时发生的成本，包括法律费、损失理算人费用以及调查与赔付处理的内部成本）。

（7）以实物支付合同利益时发生的成本。

（8）保单管理与维持成本，如保费账单和保单变更处理（例如，保单转换和复效）成本。这些成本也包括当某特定保单持有人继续支付保险合同边界内的保费时预期向中介支付的持续佣金。

（9）现有保险合同直接产生的或能够以合理及一致的基础分摊至现有保险合同的，基于交易的税款（例如，保费税、增值税和商品及劳务税）和征收项目（例如，消防服务费和保障基金收费）。

（10）承保人以受托人身份支付的以满足保单持有人之纳税义务的款项，以及相关收款。

（11）对现有保险合同的未来赔付进行追偿产生的潜在现金流入（例如损余价值和代位追偿），以及对过去赔付进行追偿产生的、无法作为单独资产确认的潜在现金流入。

（11a）因下列事项而将发生的成本：

①主体为提高保单持有人的保险保障利益而进行的投资活动。如果主体进行的这些投资活动预期获取能使保单持有人在保险事项发生时获益的投资回报，则该类投资活动提高保险保障利益。〔**参照：结论基础的 BC283I 段**〕

②主体为不具有直接参与分红特征的保险合同的保单持有人（参见 B119B 段）提供的投资回报服务。

③主体为具有直接参与分红特征的保险合同的保单持有人提供的投资相关服务。

（12）分摊的可直接归属于履行保险合同的固定及可变的支出（例如会计、人力资源、信息技术和支持、建筑物折旧、租金、维修和公用事业开支等成本）。这些支出使用系统、合理、一致地应用于特征相似的成本的方法，分摊至保险合同组。

（13）合同条款明确规定向保单持有人收取的任何其他成本。

**B66** 在估计因主体履行一项现有保险合同而产生的现金流量时，不应包括下列现金流量：

（1）投资回报。投资是单独确认、计量和列报的。

（2）持有的再保险合同产生的现金流量（付款或收款）。持有的再保险合同是单独确认、计量和列报的。

（3）未来保险合同可能产生的现金流量，即现有合同边界以外的现金流量（参见第34段至第35段）。

（4）不可直接归属于包含该合同的保险合同组合的成本，例如一些产品开发和培训成本。此类成本在发生时计入损益。

（5）履约过程中因劳动力或其他资源发生非正常损耗产生的现金流量。这些成本在发生时计入损益。

（6）承保人不以受托人身份支付或收到的所得税纳税额，或者合同条款未明确向保单持有人收取的所得税纳税额。[参照：结论基础的 BC170A 段]

（7）报告主体不同成分之间，如保单持有人资金账与股东资金账之间，往来的现金流量，如果这些现金流量不改变将向保单持有人支付的金额。

（8）从保险合同中分拆出的其他成分产生的且适用于其他准则的现金流量（参见第10段至第13段）。

**B66A** 在一个保险合同组确认之前，由于现金流量的发生或由于另一国际财务报告准则的要求，主体可能须将与该保险合同组相关的（保险获取现金流量以外的）现金流量确认为一项资产或负债。假如某现金流量在合同组初始确认日后支付或收取就将会被计入该日的履约现金流量之中，则该现金流量与该保险合同组相关。假如该现金流量或该国际财务报告准则的应用发生在保险合同组的初始确认日，该资产或负债就将不会与保险合同组分开进行确认，那么主体在应用第38（3）②段时应当终止确认该资产或负债。

[参照：结论基础的 BC184L 段至 BC184N 段]

*所含现金流量会影响其他合同向保单持有人支付的现金流量或受其影响的合同*

[参照：结论基础的 BC171 段至 BC174 段]

**B67** 某些保险合同会通过下列方式影响其他合同向其保单持有人支付的现金流量：

（1）要求这些保单持有人与其他合同的保单持有人共享同一个基础项目池之回报；以及

（2）以下二者之一：

①要求这些保单持有人承受因向共享同一基础项目池之回报的其他合同保单持有人付款而导致的其享有的基础项目回报之份额的减少，该类向那些其他合同保单持有人的付款包括源于向其所作出的保证的付款；或者

②要求其他合同的保单持有人承受因向这些保单持有人支付而导致的其基础项目回报份额的减少，该等向这些保单持有人的付款包括源于向这些保单持有人所作出的保证的付款。

**B68** 有时，这些合同会影响其他合同组内合同向其保单持有人支付的现金流量。每个合同组的履约现金流量反映了该组内合同使主体受到预期现金流量影响的程度，无论这些预期现金流量是向该合同组还是向其他合同组的保单持有人支付。因此，一个合同组的履约现金流量：

（1）包括根据现有合同的条款向其他合同组的保单持有人支付的款项，无论这些款项预期是支付给当前的保单持有人还是未来的保单持有人；并且

（2）不包括根据（1）已经包含在其他合同组的履约现金流量内的，却向此合同组的保单持有人支付的款项。

**B69** 例如，如果向某一合同组的保单持有人支付的基础项目回报之份额因向另一合同组的保单持有人支付保证的金额而从 CU350 减至 CU250，那么第一组的履约现金流量将包括支付的 CU100（即，将是 CU350），而第二组的履约现金流量将不包括 CU100 的保证的金额。

**B70** 可以采用不同的实用方法，以确定会影响其他合同向其保单持有人支付的现金流量或受其影响的保险合同组的履约现金流量。在某些情况下，主体可能仅能在一个高于合同组的汇总层面上识别基础项目的变动及其导致的现金流量的变动。在这种情况下，主体应当将基础项目变动的影响系统及合理地分摊至每个合同组。

**B71** 在一个合同组内合同的所有的保险合同服务都已提供之后，履约现金流量仍可能包括预期将支付给其他合同组的当前保单持有人或未来保单持有人的款项。主体无须继续将这些履约现金流量分摊至特定的合同组，而是可以将这些由所有合同组产生的履约现金流量确认和计量为一项负债。

## 折现率（第 36 段）

［参照：结论基础的 BC185 段至 BC205B 段］

**B72** 主体在应用《国际财务报告准则第 17 号》时应当使用下列折现率：

（1）用于计量履约现金流量——根据第 36 段确定的当前折现率；

（2）用于确定根据第 44（2）段对不具有直接参与分红特征的保险合同的合同服务边际所计提的利息——在保险合同组初始确认日，将第 36 段的规定应用于不随任何基础项目回报而变动的名义现金流量所确定的折现率；

［参照：示例 6 的 IE71 段］

（3）用于计量应用 B96（1）段至 B96（2）段和 B96（4）段所导致的不具有直接参与分红特征的保险合同的合同服务边际的变动——在初始确认日根据第 36 段确定的折现率；

［参照：示例 6 的 IE71 段］

（4）用于对采用保费分摊法、包含重大融资成分的合同组的未到期责任负债之账面金额根据第 56 段进行的调整——在初始确认日根据第 36 段确定的折现率；

（5）若主体选择将保险财务收益或费用分解为损益与其他综合收益（参见第 88 段），用于确定保险财务收益或费用计入损益的金额：

①根据 B131 段，对于金融风险相关假设变更对支付给保单持有人的金额不具有重大影响的保险合同组——在保险合同组初始确认日，将第 36 段的规定应用于不随任何基础项目回报而变动的名义现金流量所确定的折现率；

②根据 B132（1）①段，对于金融风险相关假设变更对支付给保单持有人的金额

具有重大影响的保险合同组——将剩余的经修改的预期财务收益或费用在合同组的剩余期限内以某一固定比率进行分摊的折现率;以及

③根据第59(2)段和B133段,对于采用保费分摊法的合同组——在赔案发生日,将第36段的规定应用于不随任何基础项目回报而变动的名义现金流量所确定的折现率。

**B73** 为了确定B72(2)段至B72(5)段中所述的在保险合同组初始确认日的折现率,主体可使用合同组内合同签发时点所在期间(根据第22段,该期间不得超过一年)内的加权平均折现率。

**B74** 折现率的估计应当与保险合同计量所用的其他估计相一致,以避免重复计算或者遗漏;例如:

(1)不随基础项目回报而变动的现金流量所使用的折现率应当不反映任何该等变动性;

(2)随任何金融基础项目之回报而变动的现金流量,应当:

①使用反映该变动性的折现率进行折现;或者

②对于该变动性的影响进行调整,并使用已反映该调整的折现率进行折现。

(3)名义现金流量(即包含通货膨胀影响的现金流量),应当使用包含通货膨胀影响的折现率进行折现;以及

(4)实际现金流量(即不包含通货膨胀影响的现金流量),应当使用不包含通货膨胀影响的折现率进行折现。

**B75** B74(2)段要求随基础项目回报而变动的现金流量使用反映该变动性的折现率进行折现,或者对于该变动性的影响进行调整并使用已反映该调整的折现率进行折现。该变动性是一个相关的因素,而无论其是源于合同条款还是源于主体的相机抉择,也无论主体是否持有该类基础项目。

[参照:结论基础的BC199段至BC205段]

**B76** 随具有可变回报的基础项目之回报而变动的,但保证最低回报的现金流量,即使保证的金额低于基础项目的预期回报,也不是仅随基础项目回报而变动的。因此,主体应当对反映变动性的折现率进行调整以反映该保证的影响,即使保证的金额低于基础项目的预期回报。

[参照:结论基础的BC202段至BC203段]

**B77** 《国际财务报告准则第17号》并不要求主体将估计的现金流量拆分成随基础项目回报而变动的现金流量和不随基础项目回报而变动的现金流量。若主体不以这种方式拆分估计的现金流量,主体就应当采用适用于估计的全部现金流量的折现率;例如,使用随机建模技术或风险中性计量技术。

[参照:结论基础的BC205段]

**B78** 折现率应当仅包含相关的因素,即由货币时间价值、现金流量特征以及保险合同的流动性特征产生的因素。这样的折现率可能在市场上不能直接可观察到的。因此,若不能获得具有相同特征的工具的可观察的市场利率,或者虽然可以获得类似

工具的可观察的市场利率但不能单独识别使该工具区别于保险合同的因素，则主体应当估计合适的比率。《国际财务报告准则第 17 号》不要求将某一特定的估计技术用于确定折现率。在运用估计技术时，主体应当：

（1）尽可能多地使用可观察的输入值（参见 B44 段），并反映所有在无须付出过度成本或努力的情况下可获得的合理及可支持的、内部与外部的、非市场变量的信息（参见 B49 段）。尤其是，使用的折现率不应与任何可获得的相关市场数据相矛盾，并且使用的任何非市场变量不应与可观察的市场变量相矛盾。

（2）从市场参与者的角度反映当前市场状况。

（3）运用判断来评估所计量的保险合同的特征与存在可观察的市场价格的工具的特征之相似程度，并调整价格来反映两者之间的差异。

［参照：结论基础的 BC193 段至 BC197 段］

**B79** 对于不随基础项目回报而变动的保险合同现金流量，其折现率应当反映适当币种的、使持有人不承担信用风险或承担可忽略的信用风险的金融工具的收益率曲线，并进行调整以反映保险合同组的流动性特征。该调整应当反映保险合同组的流动性特征与用来确定收益率曲线的资产的流动性特征之间的差异。收益率曲线反映的是在活跃市场上交易的资产，持有人通常可以随时在无须付出重大成本的情况下出售这种资产。与此不同，在某些保险合同项下，在保险事项发生或合同规定的时点之前，主体并不能被强制要求付款。

［参照：结论基础的 BC193 段至 BC196 段］

**B80** 因此，对于不随基础项目回报而变动的保险合同现金流量，主体可以通过对高流动性的无风险收益率曲线进行调整来确定折现率，该调整应反映作为市场上观察到的利率之基础的金融工具的流动性特征与保险合同的流动性特征之间的差异（自下而上的方法）。

［参照：结论基础的 BC193 段至 BC196 段］

**B81** 或者，主体也可以以反映一个以公允价值计量的参照资产组合内含的当前市场回报的收益率曲线作为基础，确定对保险合同合适的折现率（自上而下的方法）。主体应当调整此收益率曲线以剔除与该保险合同不相关的任何因素，但是主体不必对保险合同与参照资产组合在流动性特征上的差异进行调整。

［参照：结论基础的 BC193 段至 BC196 段］

**B82** 在估计 B81 段所述的收益率曲线时：

（1）若参照组合中的资产在活跃市场上有可观察的市场价格，主体应使用这些市场价格（与《国际财务报告准则第 13 号》的第 69 段相一致）。

（2）若市场是不活跃的，则主体应当调整类似资产可观察的市场价格，使之与被计量的资产的市场价格具有可比性（与《国际财务报告准则第 13 号》的第 83 段相一致）。

（3）若不存在参照组合中资产的市场，主体应当使用估计技术。对于此类资产（与《国际财务报告准则第 13 号》的第 89 段相一致），主体应当：

①基于这种情况下可获得的最佳信息来确定不可观察的输入值。这些输入值可能包括主体自身的数据，而且在应用《国际财务报告准则第 17 号》时，主体可能更侧重于长期的估计而非短期的波动；并且

②调整这些数据以反映所有可合理获得的关于市场参与者假设的信息。

B83 在对收益率曲线进行调整时，主体应当从具有相似特征的工具的最近交易所观察到的市场利率进行调整以反映交易日之后的市场因素变动，主体还应当调整观察到的市场利率，以反映被计量的工具与交易价格可观察的工具之间的差异程度。对于不随参照组合中的资产的回报而变动的保险合同现金流量，这些调整包括：

（1）对组合内资产现金流量的金额、时间和不确定性与保险合同现金流量的金额、时间和不确定性之间的差异进行调整；以及

（2）剔除仅与参照组合内资产有关的信用风险之市场风险溢价。

B84 原则上，对于不随参照组合中的资产的回报而变动的保险合同现金流量，应当仅存在一条剔除了现金流量金额和时间所有不确定性的、缺乏流动性的无风险收益率曲线。但在实务中，即使币种相同，自上而下的方法与自下而上的方法得到的收益率曲线可能并不相同。这是因为每种方法对调整的估计都存在固有限制，而且自上而下的方法可能缺乏针对流动性特征差异的调整。主体无须对根据其选定的方法确定的折现率与假设用另一种方法确定的折现率进行调节。

B85 《国际财务报告准则第 17 号》并未规定对采用 B81 段时使用的参照资产组合的限制。但是，当参照资产组合具有相似特征时，为剔除与保险合同不相关的因素所须进行的调整就会比较少。例如，对于不随基础项目回报而变动的保险合同现金流量，若主体选择使用债务工具而非权益工具为起点，所需进行的调整就会比较少。对于债务工具，目的是为了从债券总收益率中剔除信用风险以及其他与保险合同不相关的因素的影响。估计信用风险影响的一种方法是使用信用衍生工具的市场价格作为参照。

### 非金融风险调整（第 37 段）

[参照：结论基础的 BC206 段至 BC217 段]

B86 非金融风险调整与保险合同产生的除金融风险以外的风险有关。金融风险包含在未来现金流量或用于调整这些现金流量的折现率的估计之中。非金融风险调整所涵盖的风险是保险风险以及其他非金融风险，例如，失效风险及费用风险（参见 B14 段）。

B87 对于保险合同中非金融风险调整计量的是主体为使其视以下两种情形无差别所要求得到的补偿：

（1）履行一项由于非金融风险导致一系列可能结果的负债；以及

（2）履行一项产生与保险合同预期现值相同的固定现金流量的负债。

例如，非金融风险调整计量的是主体为使其视以下两种情形无差别所要求得到的补偿：因非金融风险，履行的负债有 50% 的概率为 CU90，有 50% 的概率为 CU110；

履行的负债金额是固定的 CU100。因此，非金融风险调整给财务报表使用者传递了主体对非金融风险导致的现金流量金额和时间的不确定性所收取金额的信息。

B88 由于非金融风险调整反映了主体承担由现金流量金额和时间的不确定性产生的非金融风险而要求的补偿，非金融风险调整也反映了：

（1）主体在确定因承担该风险而要求的补偿时所包含的因风险分散而获益的程度；以及

（2）有利的和不利的结果，以体现主体的风险厌恶程度。

B89 非金融风险调整的目标是为了计量保险合同产生的现金流量不确定性的影响，但金融风险产生的不确定性除外。因此，非金融风险调整应当反映与保险合同有关的所有非金融风险。它不应当反映并非由保险合同产生的风险，例如，一般操作风险。

B90 非金融风险调整应当以显性的方式包含于计量之中。非金融风险调整在概念上不同于对未来现金流量及用于调整这些现金流量的折现率的估计。主体不应当重复计算非金融风险调整，例如，在确定未来现金流量或折现率的估计时还隐含了非金融风险调整。为遵循第120段的要求所披露的折现率不应包含任何针对非金融风险的隐性调整。

B91 《国际财务报告准则第17号》未指定用于确定非金融风险调整的估计技术。但是，为了反映主体承担非金融风险所要求得到的补偿，非金融风险调整应当具有以下特征：

（1）频率低但严重程度高的风险比频率高但严重程度低的风险将导致更高的非金融风险调整；

（2）对于相似的风险，期限较长的合同比期限较短的合同将导致更高的非金融风险调整；

（3）概率分布较分散的风险比概率分布较集中的风险将导致更高的非金融风险调整；

（4）对当前的估计及其趋势了解得越少，非金融风险调整就越高；以及

（5）当新的经验使现金流量金额和时间的不确定性减少时，非金融风险调整也将减少，反之亦然。

[参照：结论基础的 **BC213** 段和 **BC214A** 段]

B92 主体应当运用判断来确定适用于非金融风险调整的估计技术。在运用判断时，主体也应当考虑该技术是否提供了准确、有用的信息披露以使财务报表使用者能将主体的业绩与其他主体的业绩进行比较。第119段要求采用置信水平法之外的其他技术方法来确定非金融风险调整的主体披露所采用的技术方法及其结果所对应的置信水平。

[参照：结论基础的 **BC215** 段至 **BC217** 段]

### 保险合同转让及企业合并的初始确认（第39段）

[参照：结论基础的 BC323 段至 BC3271 段、示例 13 和示例 14]

**B93** 当主体在不构成业务的保险合同转让中或者在适用《国际财务报告准则第3号》的企业合并中取得签发的保险合同或持有的再保险合同时，[参照：结论基础的 BC327A 段] 主体应当犹如其在交易日订立该类合同一样，根据第14段至第24段来识别取得的保险合同组。

**B94** 主体应当将为这些合同收到或支付的对价视同为收到的保费。为这些合同收到或支付的对价不包括同一交易中取得任何其他资产和负债所收到或支付的对价。在适用《国际财务报告准则第3号》的企业合并中，收到或支付的对价是当日合同的公允价值。在确定公允价值时，主体不应当采用《国际财务报告准则第13号》的第47段（与可随时要求偿还的特征有关）。

[参照：结论基础的 BC165 和 BC166 段]

**B95** 除非对未到期责任负债采用第55段至第59段和第69段至第70A段所述的保费分摊法，在初始确认日，对于取得的签发的保险合同根据第38段、对于取得的持有的再保险合同根据第65段，将合同收到或支付的对价视同为收到或支付的保费来计算合同服务边际。

**B95A** 根据第47段，如果取得的签发的保险合同是亏损的，那么主体应当将履约现金流量超过收到或支付的对价的部分，对于在适用《国际财务报告准则第3号》的企业合并中取得的合同确认为商誉或廉价购买利得的一部分，或者对于在转让中取得的合同在损益中确认为损失。主体应当将该超过部分确认为未到期责任负债的亏损部分，并按照第49段至第52段将履约现金流量的后续变动分摊至该亏损部分。

**B95B** 对于适用第66A段至第66B段的持有的再保险合同组，主体应当将下列两项相乘，以确定于交易日的未到期责任资产的亏损摊回部分：

（1）标的保险合同于交易日的未到期责任负债的亏损部分；以及

（2）主体于交易日预期从持有的再保险合同组摊回该标的保险合同的赔付比例。

[参照：结论基础的 BC315D（2）①段]

**B95C** 主体应当将根据 B95B 段确定的亏损摊回部分之金额，对于在适用《国际财务报告准则第3号》的企业合并中取得的持有的再保险合同确认为商誉或廉价购买利得的一部分，或者对于在转让中取得的合同在损益中确认为收益。

**B95D** 在应用第14段至第22段时，于交易日，主体可能在一个亏损保险合同组中既包含由持有的再保险合同组承保的亏损保险合同，又包含未由该持有的再保险合同组承保的亏损合同。为在此情况下应用 B95B 段，主体应在系统及合理的分摊基础上确定该保险合同组的亏损部分中由持有的再保险合同组承保的保险合同相关的份额。[参照：结论基础的 BC315H 段和 BC315 段]

**保险获取现金流量资产**

［参照：结论基础的 BC327H 段至 BC327I 段］

**B95E** 当主体在不构成业务的保险合同转让中或者在适用《国际财务报告准则第 3 号》的企业合并中取得签发的保险合同时，对于下列权利，主体应以交易日的公允价值确认一项保险获取现金流量资产：

（1）有权获得在交易日确认的保险合同续期所形成的未来保险合同；以及

（2）有权获得除（1）中所述之外的未来保险合同，而不必在交易日后再次支付被购买方已经支付的、可直接归属于相关保险合同组合的保险获取现金流量。

**B95F** 在交易日，采用 B93 段至 B95A 段对取得的保险合同组的计量中不应包含任何保险获取现金流量资产的金额。

## 不具有直接参与分红特征的保险合同的合同服务边际账面金额的变动（第 44 段）

［参照：结论基础的 BC22 段至 BC26 段、BC59 段至 BC60 段和 BC218 段至 BC237 段］

**B96** 对于不具有直接参与分红特征的保险合同，第 44（3）段要求将与未来服务相关的履约现金流量的变动调整保险合同组的合同服务边际。这些变动由下列项目组成：

（1）按 B72（3）段中规定的折现率计量的，由当期收到的与未来服务相关的保费及与之相关现金流量（如保险获取现金流量和基于保费的税）所导致的经验调整。［参照：结论基础的 BC233 段］

（2）按 B72（3）段中规定的折现率计量的，对未到期责任负债未来现金流量现值估计的变更，但 B97（1）段中所述的除外。［参照：结论基础的 BC233 段和 BC234 段］

（3）任何投资成分的预期本期应付金额与本期实际应付金额之间的差额。该差额根据以下两项的比较进行确定：①投资成分本期实际应付金额；②本期期初预期的当期付款金额加上在该预期付款成为应付款之前与其相关的任何保险财务收益或费用。［参照：结论基础的 BC235 段］

（3a）任何对保单持有人的贷款预期本期应还款金额与本期实际应还款金额之间的差额。该差额根据以下两项的比较进行确定：①对保单持有人的贷款的本期实际应还款金额；②本期期初预期的当期应还款金额加上在该预期还款成为应还款之前与其相关的任何保险财务收益或费用。

（4）非金融风险调整与未来服务相关的变动。主体不必将非金融风险调整的变动分解为①与非金融风险相关的变动和②货币时间价值及其变动的影响。主体如果进行这样的分解，则应当按 B72（3）段中规定的折现率计量与非金融风险相关的变动，并调整合同服务边际。［参照：结论基础的 BC224（4）段］

[参照：示例 2A 的 IE20 段、示例 2B 的 IE26 段、示例 6 的 IE71 段、示例 8 的 IE94 段]

B97 对于不具有直接参与分红特征的保险合同组的以下履约现金流量的变动，由于这些变动与未来服务无关，主体不应调整合同服务边际：

（1）货币时间价值及其变动的影响、金融风险及其变动的影响。这些影响由下列项目组成：

①其对估计的未来现金流量的影响（如有）；

②其对非金融风险调整（若进行分解）的影响；以及

③折现率变动的影响。

[参照：结论基础的 BC228 段至 BC231 段]

（2）已发生赔款负债的履约现金流量估计的变更。[参照：结论基础的 BC232 段]

（3）除 B96（1）段中所述以外的经验调整。[参照：结论基础的 BC233 段]

[参照：示例 2A 的 IE20 段、示例 2B 的 IE26 段、示例 6 的 IE71 段、示例 8 的 IE94 段]

B98 一些不具有直接参与分红特征的保险合同的条款使主体可以相机确定向保单持有人支付的现金流量。该类相机现金流量的变动被视为与未来服务相关，因而调整合同服务边际。为了确定识别相机现金流量变动的方法，在合同开始时，主体应当阐明其预期用来确定合同项下承诺的基础；例如，基于固定利率或基于随特定资产回报而变动的回报。

[参照：结论基础的 BC237 段]

B99 主体应根据上述阐明的基础来区分金融风险相关假设的变更对合同项下承诺的影响（该影响不调整合同服务边际）和相机抉择的变更对该承诺的影响（该影响调整合同服务边际）。

[参照：结论基础的 BC237 段、示例 6]

B100 如果主体不能在合同开始时阐明合同中其视为承诺的部分和其视为可相机抉择的部分，则主体应当将合同开始时估计的履约现金流量中隐含的回报视为其承诺的部分，并进行更新以反映与金融风险相关的当前假设。

[参照：结论基础的 BC237 段]

## 具有直接参与分红特征的保险合同的合同服务边际账面金额的变动（第 45 段）

[参照：结论基础的 BC218 段至 BC226 段和 BC238 段至 BC269C 段]

B101 具有直接参与分红特征的保险合同实质上是投资相关服务合同，主体就基于基础项目的投资回报作出承诺。因此，它们是符合下列条件的保险合同：

（1）合同条款规定保单持有人享有清晰可辨认的基础项目池之份额（参见 B105 段至 B106 段）；

（2）主体预期会将基础项目公允价值回报中的相当大部分份额支付给保单持有

人（参见 B107 段）；且

(3) 主体预期支付给保单持有人的金额的变动中相当大部分将随基础项目公允价值的变动而变动（参见 B107 段）。

**B102** 主体应当根据其在合同开始日的预期来评估合同是否满足 B101 段中所列条件，并且在后续不应再进行重新评估，除非因合同的修订而适用第 72 段。

**B103** 主体应根据一合同组内的保险合同对其他合同组中合同向其保单持有人支付现金流量的影响的程度（参见 B67 段至 B71 段），考虑应用 B68 段至 B70 段而确定的主体预期支付给保单持有人的现金流量，以评估是否满足 B101 段的条件。

**B104** B101 的条件确保了在具有直接参与分红特征的保险合同项下，主体对保单持有人的义务是以下两项之差：

(1) 向保单持有人支付与基础项目公允价值等值的金额之义务；以及

(2) 主体将从（1）中扣取的、因交付该保险合同将于未来提供的服务而获得的浮动收费（参见 B110 段至 B118 段），即：

①主体在基础项目公允价值中所享有份额的金额；减去

②不随基础项目回报而变动的履约现金流量。

**B105** B101（1）中提及的份额并不排除主体可相机改变支付给保单持有人的金额的权利。但是，与基础项目的联系必须具有可执行性（参见第 2 段）。

**B106** B101（1）段提及的基础项目池可包含任何项目，例如，一个参照资产组合，主体的净资产，或主体净资产之具体指明的一部分，只要合同清晰地指明即可。主体不需要持有该可辨认的基础项目池。然而，在下列情况中，清晰可辨认的基础项目池并不存在：

(1) 当主体可以改变基础项目，从而改变由基础项目确定的支付义务金额，并且具有追溯既往的效力时；或者

(2) 当可识别的基础项目不存在时，即使保单持有人得到的回报通常反映了主体整体的或主体所持部分资产的业绩和期望。例如，某期间对应的回报是主体在该期期末时才设定的结算利率或红利金额。在这种情况下，主体对保单持有人的义务反映的是主体设定的结算利率或红利金额，而不反映所识别的基础项目。

**B107** B101（2）段要求主体预期会将基础项目公允价值回报中相当大部分的份额支付给保单持有人，并且 B101（3）段要求主体预期支付给保单持有人的金额的变动中相当大部分将随基础项目公允价值的变动而变动。主体应当：

(1) 在解释这两段中"相当大部分"的含义时，应基于具有直接参与分红特征的合同的目的，即主体提供投资相关服务并以基于基础项目确定的收费作为该等服务的报酬；且

(2) 对于 B101（2）段和 B101（3）段中金额的变动性的评估：

①基于该保险合同的期限进行；[**参照：结论基础的 BC249D 段**] 且

②基于概率加权平均现值，而非基于最好或最坏的结果（参见 B37 段至 B38 段）进行。

**B108** 例如，如果主体预期会支付基础项目公允价值回报中相当大部分的份额，但须以保证最低回报为前提，则将会出现以下不同的情景：

（1）由于保证的回报以及其他不随基础项目回报而变动的现金流量未超过基础项目的公允价值回报，主体预期向保单持有人支付的现金流量会随基础项目的公允价值变动而变动；以及

（2）由于保证的回报以及其他不随基础项目回报而变动的现金流量超过了基础项目的公允价值回报，主体预期向保单持有人支付的现金流量不随基础项目的公允价值变动而变动。

主体在本例中对 B101（3）段中变动性的评估将反映基于所有这些情景的概率加权平均现值。

**B109** 在应用《国际财务报告准则第 17 号》时，主体签发和持有的再保险合同均不是具有直接参与分红特征的保险合同。[**参照：结论基础的 BC248 段、BC249 段、BC249A（2）段和 BC249C 段**]

**B110** 对于具有直接参与分红特征的保险合同，合同服务边际的调整将反映收费的可变动性质。因此，B104 段所述金额的变动按照 B111 段至 B114 段进行处理。

[参照：示例 9 和示例 16 的 IE184 段]

**B111** 向保单持有人支付与基础项目公允价值等值的金额之义务［B104（1）段］的变动，与未来的服务无关，不调整合同服务边际。

[参照：示例 9 和示例 16 的 IE185 段]

**B112** 主体在基础项目公允价值中所享有份额［B104（2）①段］的金额的变动与未来服务相关，根据第 45（2）段调整合同服务边际。

[参照：示例 9 和示例 16 的 IE184 段]

**B113** 不随基础项目回报而变动的履约现金流量［B104（2）②段］的变动由下列项目组成：

（1）除（2）中所述的以外的该等履约现金流量的变动。主体应当根据 B96 段至第 97 段，采用与不具有直接参与分红特征的保险合同相一致的方法确定与未来服务有关的部分，并根据第 45（3）段调整合同服务边际。所有的调整均以当前折现率计量。

（2）不由基础项目产生的货币时间价值及金融风险影响的变动；例如，财务担保的影响。这些与未来服务相关，根据第 45（3）段调整合同服务边际，但 B115 段中适用的情况除外。

[参照：示例 9]

**B114** 主体无须分别识别 B112 段和 B113 段要求的合同服务边际的调整。主体可根据部分或全部调整项确定合并金额。

[参照：示例 9]

风险缓释

[**参照：结论基础的 BC250 段至 BC256H 段**]

**B115** 如果满足 B116 段中所述的条件，对于部分或全部的、货币时间价值及金融风险对下列金额影响的变动，主体就可以选择不调整合同服务边际：

（1）主体在基础项目中所享有份额的金额（参见 B112 段），如果主体使用衍生工具或持有的再保险合同缓释金融风险对该金额的影响；以及

（2）B113（2）段中所述的履约现金流量，如果主体使用衍生工具、以公允价值计量且其变动计入当期损益的非衍生金融工具或持有的再保险合同缓释金融风险对这些履约现金流量的影响。

［参照：结论基础的 BC251 段、BC253 段和 BC256A 段］

**B116** 在应用 B115 段时，主体必须有之前已记录的针对如 B115 段所述的缓释金融风险的风险管理目标和策略，并且在应用该目标和策略时：

（1）保险合同与衍生工具、以公允价值计量且其变动计入当期损益的非衍生金融工具或持有的再保险合同之间存在经济上相互抵销的关系（即保险合同与这些风险缓释工具的价值总体上呈相反方向变动，因为它们对所缓释的风险的变动的反应方式类似）。主体在评估经济上相互抵销的关系时，不应考虑会计计量的差异。

（2）经济上相互抵销的关系中，信用风险不占主导地位。

**B117** 主体应当在每个报告期内以一致的方式确定采用 B115 段的一个合同组内的履约现金流量。

**B117A** 如果主体使用衍生工具或以公允价值计量且其变动计入当期损益的非衍生金融工具对金融风险的影响予以缓释，则应当将因应用 B115 段而产生的当期保险财务收益或费用计入损益。如果主体使用持有的再保险合同对金融风险的影响予以缓释，那么因应用 B115 段而产生的保险财务收益或费用的列报所采用的会计政策，应当与这些持有的再保险合同根据第 88 段和第 90 段所采用的会计政策相同。

［参照：结论基础的 BC256G 段至 BC256H 段］

**B118** 当且仅当主体不再符合 B116 段中的任一条件，主体应当从该日起停止采用 B115 段。主体不应调整之前在损益中确认的变动。

## 合同服务边际在损益中的确认

［参照：结论基础的 BC279 段至 BC283J 段］

**B119** 保险合同组的合同服务边际每期确认为损益的金额反映了当期所提供保险合同组项下的保险合同服务［参见第 44（5）段、第 45（5）段及第 66（5）段］。该金额的确定如下：

（1）识别合同组中的责任单元。合同组中责任单元的数量为合同组中的合同所提供的保险合同服务的数量，通过考虑每项合同所提供的利益及其预期责任期确定。

（2）将该期期末的合同服务边际（在任何反映当期提供保险合同服务的金额确认为损益之前）平均分摊至当期提供的和未来预期提供的每一责任单元。

（3）将分摊至当期所提供责任单元的金额确认为损益。

［参照：示例 2、示例 6、示例 7、示例 8、示例 9 和示例 16］

**B119A** 在应用 B119 段时，投资回报服务期或投资相关服务期在与这些服务相关的应付当前保单持有人的金额全部支付的当日或之前终止，而不考虑根据 B68 段包括在履约现金流量中的向未来保单持有人支付的款项。

［参照：结论基础的 BC283A 段至 BC283F 段、示例 6 的 IE58 段］

**B119B** 当且仅当符合下列条件时，不具有直接参与分红特征的保险合同可能提供了投资回报服务：

（1）投资成分存在或者保单持有人有权收回一项金额；

（2）主体预期该投资成分或保单持有人有权收回的金额中包含投资回报（投资回报可能小于零，例如，在负利率环境下）；以及

（3）主体预期将从事投资活动以获取该投资回报。

［参照：结论基础的 BC283C 段至 BC283E 段、示例 6 的 IE58 段］

### 持有的再保险合同——标的保险合同亏损对应的摊回的确认（第 66A 段至第 66B 段）

［参照：结论基础的 BC315A 段至 BC315L 段、示例 12C］

**B119C** 当且仅当持有的再保险合同是在亏损标的保险合同确认时或之前订立时适用第 66A 段。［参照：结论基础的 BC315C 段］

**B119D** 主体在应用第 66A 段时应当将下列两项相乘，以确定对持有的再保险合同组的合同服务边际的调整及由此确认的收益：

（1）标的保险合同确认的损失；以及

（2）主体预期从持有的再保险合同组摊回该类标的保险合同的赔付比例。

［参照：结论基础的 BC315A 段］

**B119E** 在应用第 14 段至第 22 段时，主体可能在一个亏损保险合同组中既包含由持有的再保险合同组承保的亏损保险合同，又包含未由该持有的再保险合同组承保的亏损合同。为在此情况下应用第 66（3）①段至第 66（3）②段和第 66A 段，主体应采用系及合理的分摊方法，以确定该保险合同组确认的损失中由持有的再保险合同组承保的保险合同相关的份额。［参照：结论基础的 BC315H 段和 BC315I 段］

**B119F** 在按第 66B 段确认亏损摊回部分之后，主体应当调整亏损摊回部分以反映亏损标的保险合同组亏损部分的变动（参见第 50 段至第 52 段）。亏损摊回部分的账面金额不应超过主体预期从持有的再保险合同组摊回亏损标的保险合同组亏损部分的相应份额。

## 保险收入（第 83 段和第 85 段）

［参照：结论基础的 BC27 段至 BC37 段、BC61 段和 BC331 段至 BC339 段、示例 3、示例 8 和示例 9］

**B120** 保险合同组的保险收入总额是这些合同的对价,即向主体支付的保费:

(1)调整融资的影响;且

(2)剔除任何投资成分。[参照:结论基础的 BC33 段至 BC34A 段]

[参照:示例 3A 的 IE37 段、示例 3B 的 IE41 段、示例 9 的 IE112 段]

**B121** 第 83 段要求主体在某一期间内确认的保险收入金额反映转让的已承诺的服务的模式,并反映主体预期因交付这些服务而有权获得的对价。保险合同组的总对价涵盖以下金额:

(1)与提供该类服务相关的金额,由下列项目组成:

①保险服务费用,但已包含在②中的与非金融风险调整相关的金额以及分摊至未到期责任负债亏损部分的金额除外;

①a 与明确向保单持有人收取的所得税有关的金额;

②非金融风险调整,分摊至未到期责任负债的亏损部分的金额除外;以及

③合同服务边际。

(2)与保险获取现金流量相关的金额。

**B122** 与 B121(1)段所述金额有关的某一期间内的保险收入,按照 B123 段至 B124 段确定。与 B121(2)段所述金额有关的一个期间内的保险收入,按照 B125 段确定。

**B123** 根据《国际财务报告准则第 15 号》,当主体提供服务时,主体终止确认这些服务所对应的履约义务,并确认收入。同样地,根据《国际财务报告准则第 17 号》,当主体在一个期间内提供服务时,应减少已提供的服务所对应的未到期责任负债,并确认保险收入。因未到期责任负债的减少而确认的保险收入,应剔除与主体收取的对价预期所涵盖的服务不相关的负债之变动,这些变动是:

(1)与当期内提供的服务不相关的变动,例如:

①收取保费的现金流入导致的变动;

②与投资成分当期相关的变动;

②a 对保单持有人贷款的现金流量导致的变动;

③代第三方收取的基于交易的税款(如保费税、增值税、商品及劳务税)[参见 B65(9)段]的变动;

④保险财务收益或费用;

⑤保险获取现金流量(参见 B125 段);以及

⑥转让给第三方的负债的终止确认。

(2)虽与服务相关,但主体预期不收取对价的变动,即未到期责任负债亏损部分的增加和减少(参见第 47 段至第 52 段)。

[参照:示例 3A 的 IE33 段、示例 3B 的 IE39 段、示例 8 的 IE96 段、示例 9 的 IE112 段]

**B123A** 于保险合同组的初始确认日,在终止确认除保险获取现金流量外的现金流量形成的资产[参见第 38(3)②段和 B66A 段]的同时,主体应按该终止确认的

金额确认保险收入和费用。［参照：结论基础的 BC184N 段］

B124 因此，当期的保险收入也可以被分析为与主体预期将收取的对价所对应的服务有关的未到期责任负债当期变动的总和。这些变动是：

（1）当期发生的保险服务费用（以当期期初预期的金额计量），不包括：

①根据第 51（1）段分摊至未到期责任负债亏损部分的金额；

②投资成分的偿还；

③代第三方收取的基于交易的税款（如保费税、增值税、商品及劳务税）［参见 B65①段］的金额；

④保险获取费用（参见 B125 段）；以及

⑤与非金融风险调整相关的金额［参见（2）］。

（2）非金融风险调整的变动，不包括：

①根据第 87 段计入保险财务收益或费用的变动；

②根据第 44（3）段和第 45（3）段，因为与未来服务相关而调整合同服务边际的变动；以及

③根据第 51（2）段分摊至未到期责任负债亏损部分的金额。

（3）根据第 44（5）段和第 45（5）段，在当期损益中确认的合同服务边际的金额。

（4）其他金额（如有），例如与未来服务不相关的收取保费的经验调整［参见 B96（1）段］。

［参照：示例 3A 的 IE33 段、示例 3B 的 IE39 段、示例 8 的 IE96 段、示例 9 的 IE112 段］

B125 主体应当将与保险获取现金流量的收回相关的部分保费，按系统的方法、基于时间的推移分摊至各报告期，以确定与保险获取现金流量相关的保险收入。主体应当确认相同金额的保险服务费用。

［参照：结论基础的 BC175 段至 BC184K 段、示例 7 的 IE78 段］

B126 当主体采用第 55 段至第 58 段所述的保费分摊法时，当期的保险收入是预期收取的保费（剔除任何投资成分以及，如适用，根据第 56 段进行调整以反映货币时间价值及金融风险的影响）分摊至当期的金额。主体应将预期收取的保费分摊至每个保险合同服务期：

（1）以时间的推移作为分摊的基础；但

（2）如果风险在责任期内预期释放的方式与时间的推移存在重大差异，那么以保险服务费用预期发生的时间作为分摊的基础。

［参照：示例 10 的 IE123 段］

B127 如果事实和情况改变，必要时，主体应当将该分摊基础由 B126（1）段和 B126（2）段所述的其中一个基础变更为另一个基础。

## 保险财务收益或费用（第 87 段至第 92 段）

[参照：结论基础的 BC38 段至 BC49 段、BC62 段和 BC340 段至 BC342C 段］

**B128** 第 87 段要求主体将货币时间价值和金融风险及其变动的影响计入保险财务收益或费用。在应用《国际财务报告准则第 17 号》时：

（1）基于价格或比率的指数，或基于收益挂钩通货膨胀的资产的价格之通货膨胀假设是与金融风险相关的假设；

[参照：结论基础的 BC39 段和 BC40 段］

（2）基于主体对特定价格变化的预期之通货膨胀假设不是与金融风险相关的假设；以及

[参照：结论基础的 BC39 段和 BC40 段］

（3）由基础项目价值变动（添加和提取除外）所导致的保险合同组计量的变动，是货币时间价值、金融风险及其变动的影响所引起的变动。

[参照：结论基础的 BC342A 段］

**B129** 第 88 段至第 89 段要求主体选择会计政策，决定是否将当期保险财务收益或费用分解为损益和其他综合收益。主体应当针对各保险合同组合选择会计政策。在评估保险合同组合的适当的会计政策时，按照《国际会计准则第 8 号——会计政策、会计估计变更和差错》第 13 段，主体应当就每一保险合同组合考虑主体持有的资产及其如何对这些资产进行会计处理。[参照：结论基础的 BC44 段］

**B130** 若第 88（2）段适用，主体应当将根据保险财务收益或费用的预期总额在合同组的期限内进行系统分摊所确定的金额计入损益。此处所述的系统分摊是指将保险合同组的保险财务收益或费用的预期总额在合同组的期限内进行符合下列要求的分摊：[参照：结论基础的 BC46 段至 BC49 段］

（1）分摊应基于合同的特征，但不考虑不影响合同项下现金流量的因素。例如，如果资产预期确认的回报不影响合同组内合同的现金流量，则保险财务收益或费用的分摊不应基于该类回报。

（2）在合同组的期限内，在其他综合收益中确认的保险财务收益或费用总金额为零。在任何日期，在其他综合收益中确认的累计金额，为合同组的账面金额与合同组采用系统分摊计量所得金额之间的差额。

[参照：示例 15］

**B131** 对于金融风险相关假设变更对支付给保单持有人的金额不具有重大影响的保险合同组，系统分摊应当根据 B72（5）①段所述的折现率进行。

**B132** 对于金融风险相关假设变更对支付给保单持有人的金额具有重大影响的保险合同组：

（1）未来现金流量的估计产生的财务收益或费用的系统分摊，可按下列方法之一确定：

①将剩余的经修改的预期财务收益或费用在合同组的剩余期限内以某一固定比率进行分摊；或

[参照：示例 15A]

②对于使用结算利率确定应付保单持有人金额的合同——使用基于当期结算金额与未来期间预期结算金额的分摊方法。

[参照：示例 15B]

（2）非金融风险调整产生的财务收益或费用，如果采用第 81 段，从非金融风险调整的其他变动中被单独分解出来，则其系统分摊应使用与未来现金流量产生的财务收益或费用的分摊相一致的方法。

（3）合同服务边际产生的财务收益或费用的系统分摊按下列方法确定：

①对于不具有直接参与分红特征的保险合同，使用 B72（2）段所述的折现率进行分摊；以及

②对于具有直接参与分红特征的保险合同，使用与未来现金流量产生的财务收益或费用的分摊相一致的方法进行分摊。

**B133** 对保险合同采用第 53 段至第 59 段所述的保费分摊法时，主体可能必须或可能选择对已发生赔款负债进行折现。在这种情况下，主体可以选择采用第 88（2）段将保险财务收益或费用进行分解。如果主体作出该选择，则应当使用 B72（5）③段所述的折现率来确定应计入损益的保险财务收益或费用。[参照：结论基础的 BC295 段]

**B134** 如果主体选择或被要求持有具有直接参与分红特征的保险合同对应的基础项目，则适用第 89 段的规定。如果主体选择采用第 89（2）段对保险财务收益或费用进行分解，则应将与基础项目之计入损益的收益或费用完全匹配的费用或收益计入损益，以使这些分别列示的项目的净额为零。[参照：结论基础的 BC48 段]

[参照：示例 16]

**B135** 由于主体是否持有基础项目的情形发生变化，主体可能在某些期间内符合进行第 89 段所述的会计政策选择的条件而在其他期间内不符合。如果发生该变化，主体能进行的会计政策选择就将从第 88 段所述的选择变为第 89 段所述的选择，或相反的情况。因此，主体可能将其会计政策由第 88（2）段和第 89（2）段所述的其中一个政策变更为另一个政策。在作出这样的变更时，主体应当：

（1）将变更当日之前计入其他综合收益的累计金额，以下列方式作为重分类调整计入变更当期及未来期间的损益：

①如果主体之前应用第 88（2）段——主体应当视同继续采用第 88（2）段所述之方法并基于该变更发生前最近时点的假设，将变更前计入其他综合收益的累计金额计入损益；以及

②如果主体之前应用第 89（2）段——主体应当视同继续采用第 89（2）段所述之方法并基于该变更发生前最近时点的假设，将变更前计入其他综合收益的累计金额

计入损益。

（2）不重述以前期间的比较信息。

**B136** 在应用 B135（1）段时，主体不应视同更新后的分解方法一直适用而重新计算之前计入其他综合收益的累计金额；并且，不应在变更日之后更新用于确定未来期间重分类调整的假设。

## 中期财务报表中会计估计的影响

**B137** 如果主体按照《国际会计准则第 34 号——中期财务报告》编制中期财务报表，则主体应当作出一项会计政策选择，即是否在后续的中期财务报表中和年度报告期内应用《国际财务报告准则第 17 号》时改变之前的中期财务报表中对会计估计的处理。主体应将其会计政策的选择应用于所有其签发的保险合同组和其持有的再保险合同组。

[参照：结论基础的 BC236 段至 BC236D 段]

## 附录三  生效日期和过渡性规定

[参照：结论基础的 BC372 段至 BC407 段]

*本附录是《国际财务报告准则第 17 号——保险合同》的组成部分。*

# 生效日期

**C1** 主体应当对自 2023 年 1 月 1 日或以后日期开始的年度报告期间应用《国际财务报告准则第 17 号》。[参照：**结论基础的 BC402 段至 BC404F 段**] 主体如提前采用《国际财务报告准则第 17 号》，则应当披露这一事实。对于在《国际财务报告准则第 17 号》的首次执行日或之前执行《国际财务报告准则第 9 号——金融工具》的主体，允许提前采用《国际财务报告准则第 17 号》。[参照：**结论基础的 BC405 段和 BC406 段**]

**C2** 就 C1 段以及 C3 段至 C33 段的过渡性规定而言：

（1）首次执行日是指主体首次采用《国际财务报告准则第 17 号》的年度报告期间的起始日；以及

（2）过渡日是指首次执行日前的最近一个年度报告期间的起始日。

# 过渡性规定

**C3** 除非不切实可行或适用 C5A 段，主体应当追溯应用《国际财务报告准则第 17 号》，以下例外：

（1）主体无须根据《国际会计准则第 8 号——会计政策、会计估计变更和差错》的第 28（6）段的要求列报量化信息；[参照：**结论基础的 BC400 段**] 以及

（2）对于《国际财务报告准则第 17 号》的过渡日之前的期间，主体不应采用 B115 段中的选择权。当且仅当主体在采用 B115 段中的选择权之日或之前指定了风险缓释关系，主体可以在过渡日或之后以未来适用方式采用该选择权。[参照：**结论基础的 BC393 段和 BC393A（1）段**]

**C4** 为了追溯应用《国际财务报告准则第 17 号》，主体应当在过渡日：

（1）识别、确认和计量每个保险合同组，如同《国际财务报告准则第 17 号》一直适用；[参照：**结论基础的 BC390 段**]

（1a）识别、确认和计量任何保险获取现金流量资产，如同《国际财务报告准则第 17 号》一直适用（但主体无须根据第 28E 段评估过渡日之前的可收回性）；

（2）终止确认任何、若一直采用《国际财务报告准则第 17 号》则不应存在的现有余额；以及

（3）在权益中确认任何由此产生的净差额。

[参照：结论基础的 BC374 段至 BC378 段]

**C5** 当且仅当主体对保险合同组应用 C3 段不切实可行时，主体应当采用下列方法，而不是应用 C4（1）段：

（1）符合 C6（1）段规定之情况的除外，C6 段至 C19A 段所述的经修改的追溯法；或者

（2）C20 段至 C24B 段所述的公允价值法。

[参照：结论基础的 BC373 段至 BC373B 段]

**C5A** 尽管 C5 段另有规定，当且仅当符合下列条件时，对于可以追溯应用《国际财务报告准则第 17 号》的一组具有直接参与分红特征的保险合同，主体仍可选择采用 C20 段至 C24B 段所述的公允价值法：

（1）主体选择自过渡日起对该保险合同组以未来适用方式采用 B115 段中的风险缓释选择权；以及

（2）在过渡日前，主体已根据 B115 段所述，使用衍生工具、以公允价值计量且其变动计入当期损益的非衍生金融工具或持有的再保险合同对该保险合同组所产生的金融风险予以缓释。

[参照：结论基础的 BC393A 段至 BC393E 段]

**C5B** 当且仅当对一项保险获取现金流量资产采用 C4（1a）段不切实可行时，主体应当采用如下方式计量该保险获取现金流量资产：

（1）C14B 段至 C14D 段和 C17A 段中经修改的追溯法 [符合 C6（1）段规定之情况的除外]；或

（2）C24A 段至 C24B 段中的公允价值法。

## 经修改的追溯法

[参照：结论基础的 BC379 段至 BC384B 段]

**C6** 经修改的追溯法的目标是使用在无须付出过度成本或努力的情况下可获得的合理及可支持的信息，得到最接近追溯法的结果。因此，在采用此方法时，主体应当：

（1）使用合理及可支持的信息。如果主体不能获得采用经修改的追溯法所必需的合理及可支持的信息，则应当采用公允价值法。

（2）尽可能多地使用可用于全面追溯法的信息，不过只需使用无须付出过度成本或努力就可获得的信息。

[参照：结论基础的 BC380A 段至 BC380D 段]

**C7** C9 段至 C19A 段允许在下列方面对追溯的应用进行修改：

（1）本应在合同开始日或初始确认日对保险合同或者保险合同组进行的评估；

（2）对于不具有直接参与分红特征的保险合同，与合同服务边际或亏损部分相关的金额；

（3）对于具有直接参与分红特征的保险合同，与合同服务边际或亏损部分相关的金额；以及

（4）保险财务收益或费用。

C8 为了实现经修改的追溯法的目标，对于 C9 段至 C19A 段中的每一项修改，主体仅仅在没有合理及可支持的信息来应用追溯法时，才被允许采用该项修改。

**合同开始日或初始确认日的评估**

[参照：**结论基础的 BC381 段至 BC382B 段和 BC390 段至 BC392A 段**]

C9 在 C8 段允许的范围内，主体应当使用在过渡日可获得的信息来确定以下事项：

（1）如何根据第 14 段至第 24 段识别保险合同组；[参照：**结论基础的 BC391 段至 BC392A 段**]

（2）根据 B101 段至 B109 段，保险合同是否符合具有直接参与分红特征的保险合同的定义；

（3）如何根据 B98 段至 B100 段识别不具有直接参与分红特征的保险合同中的可相机抉择的现金流量；以及

（4）根据第 71 段，投资合同是否符合适用《国际财务报告准则第 17 号》的具有相机参与分红特征的投资合同的定义。

C9A 在 C8 段允许的范围内，主体应当将因结算在不构成业务的保险合同转让中或者在适用《国际财务报告准则第 3 号》的企业合并中取得保险合同之前已发生的赔付所产生的负债分类为已发生赔款负债。[参照：**结论基础的 BC382A 段至 BC382B 段**]

C10 在 C8 段允许的范围内，主体不应采用第 22 段进行合同分组（第 22 段会使合同组内不包含签发时间相隔超过一年的合同）。[参照：**结论基础的 BC391 段和 BC392A 段**]

**确定不具有直接参与分红特征的保险合同的合同服务边际或亏损部分**

[参照：**结论基础的 BC383 段、示例 17**]

C11 在 C8 段允许的范围内，对于不具有直接参与分红特征的保险合同，主体应当根据 C12 段至 C16C 段确定在过渡日的合同服务边际或者未到期责任负债的亏损部分（参见第 49 段至第 52 段）。

C12 在 C8 段允许的范围内，主体应当通过将过渡日未来现金流量的金额[或更早的日期，如果采用 C4（1）段可以追溯确定该更早日期的未来现金流量]，经过调整保险合同组初始确认日与过渡日（或更早的日期）之间已知的已发生的现金流量，来估计在保险合同组初始确认日的未来现金流量。该类已知的已发生的现金流量包括过渡日之前已不存在的合同产生的现金流量。

C13 在 C8 段允许的范围内，主体应当用以下方法来确定保险合同组在初始确

认日（或之后）适用的折现率：

（1）如果存在某一可观察的收益率曲线，且在过渡日前最近的至少三个年度内该曲线近似于根据第 36 段和 B72 段至 B85 段估计的收益率曲线，那么使用此收益率曲线。

（2）如果（1）中的可观察的收益率曲线不存在，则主体应当通过确定某一可观察的收益率曲线与根据第 36 段和 B72 段至 B85 段估计的收益率曲线之间的平均利差，并将该利差应用到该可观察的收益率曲线上来估计初始确认日（或之后）适用的折现率。该利差应当是过渡日前最近的至少三个年度内的平均值。

**C14** 在 C8 段允许的范围内，主体应当通过将过渡日的非金融风险调整，经过调整过渡日之前的预期风险释放，来确定保险合同组在初始确认日（或之后）的非金融风险调整。该预期风险释放应当参照主体在过渡日签发的类似保险合同的风险释放来确定。

**C14A** 根据 B137 段，主体可以选择不改变之前的中期财务报表中对会计估计的处理。在 C8 段允许的范围内，该主体在确定过渡日的合同服务边际或亏损部分时，应视同主体在过渡日之前未编制过中期财务报表。[**参照：结论基础的 BC236D 段**]

**C14B** 在 C8 段允许的范围内，主体应采用与其预期在过渡期后将根据第 28A 段使用的方法相同的系统及合理的方法，分摊过渡日前支付的（或根据另一国际财务报告准则已确认的负债所对应的）任何保险获取现金流量（不包括与过渡日之前已不存在的保险合同有关的任何金额）至：

（1）在过渡日确认的保险合同组；以及

（2）预期在过渡日之后确认的保险合同组。

**C14C** 过渡日前支付的、分摊至在过渡日确认的保险合同组的、与预期属于该组并于该日已确认的那些保险合同有关的保险获取现金流量（参见第 28C 段和 B35C 段），调整该组的合同服务边际。过渡日前支付的其他保险获取现金流量，包括分摊至预期在过渡日之后确认的保险合同组的保险获取现金流量，根据第 28B 段确认为资产。

**C14D** 如果主体没有合理及可支持的信息来应用 C14B 段，主体应在过渡日将下列金额确定为零：

（1）对在过渡日确认的保险合同组的合同服务边际的调整和任何与该组相关的保险获取现金流量资产；以及

（2）预期在过渡日之后确认的保险合同组所对应的保险获取现金流量资产。

**C15** 如果采用 C12 段至 C14D 段得到初始确认日的合同服务边际，那么为了确定过渡日的合同服务边际，主体应当：

（1）如果主体根据 C13 段来估计初始确认时适用的折现率，则应使用这些折现率来计提合同服务边际的利息；以及

（2）在 C8 段允许的范围内，通过比较合同组在过渡日的剩余责任单元和过渡日之前的责任单元，确定在过渡日之前由于服务转让而在损益中确认的合同服务边际的

金额（参见 B119 段）。

**C16** 如果采用 C12 段至 C14D 段得到初始确认日的未到期责任负债的亏损部分，主体应当采用 C12 段至 C14D 段，并且按系统的分摊基础来确定分摊至过渡日前的亏损部分的任何金额。

**C16A** 对于一个为亏损保险合同组承担责任的、在该等保险合同签发的同时或之前订立的持有的再保险合同组，主体应当在过渡日确认未到期责任资产的亏损摊回部分（参见第 66A 段至第 66B 段）。[同时参照：**结论基础的 BC315A 段和 BC315D 段**] 在 C8 段允许的范围内，主体应将下列两项相乘，以确定亏损摊回部分：

（1）标的保险合同在过渡日的未到期责任负债的亏损部分（参见 C16 段及 C20 段）；以及

（2）主体预期从持有的再保险合同组摊回该类标的保险合同的赔付比例。

**C16B** 在应用第 14 段至第 22 段时，于过渡日，主体可能在一个亏损保险合同组中既包含由持有的再保险合同组承保的亏损保险合同，又包含未由该持有的再保险合同组承保的亏损合同。为在此情况下应用 C16A 段，主体应在系统及合理的分摊基础上确定该保险合同组的亏损部分中由持有的再保险合同组承保的保险合同相关的份额。

**C16C** 如果主体没有合理及可支持的信息来应用 C16A 段，则主体不应在过渡日识别持有的再保险合同组的亏损摊回部分。

**确定具有直接参与分红特征的保险合同组的合同服务边际或亏损部分**

[参照：**结论基础的 BC383 段至 BC383B 段、示例 18**]

**C17** 在 C8 段允许的范围内，对于具有直接参与分红特征的合同，主体应当确定过渡日的合同服务边际或未到期责任负债的亏损部分如下：

（1）基础项目在该日的公允价值总额；减

（2）该日的履约现金流量；加或减

（3）如下调整：

①在该日之前主体向保单持有人收取的金额（包括从基础项目中扣取的金额）。

②在该日之前支付的、不随基础项目变动的金额。

③在该日之前的风险释放而导致的非金融风险调整的变动。主体应当通过参照主体在过渡日签发的类似保险合同的风险释放来估计这一金额。

④分摊至该组的、在过渡日前支付的（或根据另一国际财务报告准则已确认的负债所对应的）保险获取现金流量（参见 C17A 段）。

（4）若（1）至（3）得到合同服务边际——则减去该日前与已提供服务相关的合同服务边际的金额。（1）至（3）的合计值代表了合同组提供的所有服务对应的合同服务边际总额，即任何与已提供的服务相关的金额本应在损益中确认之前的金额。主体应当通过比较合同组在过渡日的剩余责任单元和过渡日之前的责任单元来估计对于已提供服务的本应在损益中确认的金额；或者

（5）若（1）至（3）得到亏损部分——将亏损部分调整为零，并将未到期责任负债除亏损部分以外的部分增加相同的金额。

C17A 在 C8 段允许的范围内，主体应当根据 C14B 段至 C14D 段，确认保险获取现金流量资产及保险获取现金流量对应的对具有直接参与分红特征的保险合同组的合同服务边际的任何调整［参见 C17（3）④段］。

**保险财务收益或费用**

［参照：结论基础的 BC384 段至 BC384B 段］

C18 对于应用了 C10 段而包含签发时间相隔超过一年的合同的保险合同组：

（1）允许主体在过渡日，而不是在初始确认日或在赔案发生日，确定 B72（2）段至 B72（5）②段所述的合同组初始确认日的折现率和 B72（5）③段所述的赔案发生日的折现率。

（2）如果采用第 88（2）段或第 89（2）段，主体选择将保险财务收益或费用分解为计入损益的金额和计入其他综合收益的金额，主体需要确定计入其他综合收益的保险财务收益或费用于过渡日的累计金额，以便在未来应用第 91（1）段。允许主体通过应用 C19（2）段或以下方式来确定该累计金额：

①为零，除非②适用；以及

②对于适用 B134 段的具有直接参与分红特征的保险合同，等于基础项目计入其他综合收益的累计金额。

C19 对于不含签发时间相隔超过一年的合同的保险合同组：

（1）如果主体根据 C13 段估计初始确认日（或之后）的折现率，该主体也应当根据 C13 段来确定 B72（2）段至 B72（5）段所述的折现率；以及

（2）如果采用第 88（2）段或第 89（2）段，主体选择将保险财务收益或费用分解为计入损益的金额和计入其他综合收益的金额，主体需要确定计入其他综合收益的保险财务收益或费用于过渡日的累计金额，以便在未来应用第 91（1）段。主体应当确定该累计金额，如下：

①对于主体将应用 B131 段中所述的系统分摊方法的保险合同——如果主体根据 C13 段估计初始确认时的折现率——通过使用也是根据 C13 段得出的初始确认日适用的折现率来确定；

②对于主体将应用 B132 段中所述的系统分摊方法的保险合同——以初始确认日适用的与金融风险相关的假设就是过渡日适用的该等假设为基础来确定，即为零；

③对于主体将应用 B133 段中所述的系统分摊方法的保险合同——如果主体根据 C13 段来估计初始确认时（或之后）的折现率——通过使用也是根据 C13 段得出的赔案发生日适用的折现率来确定；以及

④对于应用 B134 段的具有直接参与分红特征的保险合同——等于基础项目计入其他综合收益的累计金额。

C19A 根据 B137 段，主体可以选择不改变之前的中期财务报表中对会计估计的

处理。在 C8 段允许的范围内，该主体在确定于过渡日与保险财务收益或费用有关的金额时，应视同主体在过渡日之前未编制过中期财务报表。［参照：结论基础的 BC236D 段］

## 公允价值法

［参照：结论基础的 BC385 段和 BC386 段］

**C20** 在采用公允价值法时，主体应当将过渡日保险合同组的公允价值和该日的履约现金流量的差额确定为该日的合同服务边际或者未到期责任负债的亏损部分。在确定公允价值时，主体不应采用《国际财务报告准则第 13 号——公允价值计量》的第 47 段（与可随时要求偿还的特征相关）。

**C20A** 对于适用第 66A 段至第 66B 段的持有的再保险合同组（无须符合 B119C 段所述的条件），主体应将下列两项相乘，以确定在过渡日的未到期责任资产的亏损摊回部分：

（1）标的保险合同在过渡日的未到期责任负债的亏损部分（参见 C16 段及 C20 段）；以及

（2）主体预期从持有的再保险合同组摊回该类标的保险合同的赔付比例。

**C20B** 在应用第 14 段至第 22 段时，于过渡日，主体可能在一个亏损保险合同组中既包含由持有的再保险合同组承保的亏损保险合同，又包含未由该持有的再保险合同组承保的亏损合同。为在此情况下应用 C20A 段，主体应在系统及合理的分摊基础上确定该保险合同组的亏损部分中由持有的再保险合同组承保的保险合同相关的份额。

**C21** 在采用公允价值法时，主体可以应用 C22 段来确定：

（1）如何根据第 14 段至第 24 段识别保险合同组；

（2）根据 B101 段至 B109 段，保险合同是否符合具有直接参与分红特征的保险合同的定义；

（3）如何根据 B98 段至 B100 段识别不具有直接参与分红特征的保险合同中的可相机抉择现金流量；以及

（4）根据第 71 段，投资合同是否符合适用《国际财务报告准则第 17 号》的具有相机参与分红特征的投资合同的定义。

**C22** 主体可选择使用以下信息来确定 C21 段中的事项：

（1）主体本应在开始日或初始确认日（如适当）根据合同条款和市场情况可以确定的合理及可支持的信息；或者

（2）在过渡日可获得的合理及可支持的信息。

**C22A** 在采用公允价值法时，主体可选择将因结算在不构成业务的保险合同转让中或者在适用《国际财务报告准则第 3 号》的企业合并中取得保险合同之前已发生的赔付所产生的负债分类为已发生赔款负债。［参照：结论基础的 BC382A 段］

**C23** 在采用公允价值法时，主体不必采用第 22 段，从而可以将签发时间相隔超过一年的合同归入同一组。仅当主体拥有合理及可支持的信息、以使主体可以决定按合同组内只包含签发时间相隔不超过一年（或者更短）的合同的方式进行分组时，才应当如此进行分组。无论主体是否采用第 22 段，允许主体在过渡日，而不是在初始确认日或在赔案发生日，确定 B72（2）段至 B72（5）②段所述的合同组初始确认日的折现率和 B72（5）③段所述的赔案发生日的折现率。

**C24** 在采用公允价值法时，如果主体选择将保险财务收益或费用分解为损益和其他综合收益，则允许主体确定计入其他综合收益的保险财务收益或费用于过渡日的累计金额，如下：

（1）通过追溯来确定——仅当主体拥有合理及可支持的信息来进行追溯时；或者

（2）为零，除非（3）适用；以及

（3）对于应用 B134 段的具有直接参与分红特征的保险合同——等于基础项目计入其他综合收益的累计金额。

**保险获取现金流量资产**

**C24A** 对于保险获取现金流量采用公允价值计量法［参见 C5B（2）段］时，在过渡日，主体应当以与若在过渡日为取得下列权利而会发生的保险获取现金流量相同的金额，确定保险获取现金流量资产：

（1）有权根据过渡日已签订但未确认的保险合同收取保费，以从其中收回保险获取现金流量；

（2）有权获得在过渡日确认的保险合同及（1）中所述的保险合同的续期所形成的未来保险合同；以及

（3）有权获得除（2）中所述之外的未来保险合同，而不必在过渡日之后再次支付主体已经支付的、可直接归属于相关保险合同组合的保险获取现金流量。

**C24B** 在过渡日，主体在任何保险合同组的计量中不应包含任何保险获取现金流量资产的金额。

## 比较信息

［**参照：结论基础的 BC387 段至 BC389A 段**］

**C25** 尽管 C2（2）段中提及的是首次执行日前的最近一个年度报告期间，主体仍可以列报经采用《国际财务报告准则第 17 号》调整的任何更早期间的比较信息，但主体不必如此做。如果主体确实列报经调整的任何更早的期间的比较信息，则 C2（2）段提及的"首次执行日前的最近一个年度报告期间的期初"就应被解读为"列报的最早经调整比较期间的期初"。

**C26** 对于首次执行日前的最近一个年度报告期间的期初之前列报的任何期间，主体不必提供第 93 段至第 132 段所述的披露信息。

**C27** 如果主体对于任何更早的期间列报了未经调整的比较信息和披露信息，该主体应当明确地识别未经调整的信息、披露这些信息是按不同的基础编制，并解释该基础。

**C28** 主体不需要披露以前未公开的、关于早于首次执行《国际财务报告准则第17号》的年度报告期末之前五年发生的赔付进展的信息。但是，该主体如果不披露这些信息，则应当披露该事实。[参照：结论基础的 BC401 段]

## 金融资产的重新指定

[参照：结论基础的 BC394 段至 BC398B 段]

**C29** 在《国际财务报告准则第17号》的首次执行日，已在《国际财务报告准则第17号》首次执行前的年度报告期间采用《国际财务报告准则第9号》的主体：

（1）可以重新评估一项符合条件的金融资产是否符合《国际财务报告准则第9号》第4.1.2（1）段或第4.1.2A（1）段中的条件。金融资产只有在不是为了与适用《国际财务报告准则第17号》的合同无关的活动而持有的情况下，才是符合条件的。不符合金融资产重新评估条件的金融资产的例子是为银行活动而持有的金融资产，或者是与不适用《国际财务报告准则第17号》的投资合同相关的基金所持有的金融资产。

（2）如果由于采用《国际财务报告准则第17号》而导致不再符合《国际财务报告准则第9号》第4.1.5段的条件，则应当撤销之前对金融资产作出的以公允价值计量且其变动计入损益的指定。

（3）如果符合《国际财务报告准则第9号》第4.1.5段的条件，则可以指定一项金融资产以公允价值计量且其变动计入损益。

（4）应用《国际财务报告准则第9号》第5.7.5段，可以将一项权益工具投资指定为以公允价值计量且其变动计入其他综合收益。

（5）应用《国际财务报告准则第9号》第5.7.5段，可以撤销之前对权益工具投资作出的以公允价值计量且其变动计入其他综合收益的指定。

**C30** 在应用 C29 段时，主体应当基于《国际财务报告准则第17号》首次执行日的既存事实和情况。主体应当追溯应用这些指定和分类。主体在这样做时应当采用《国际财务报告准则第9号》中相关的过渡性规定。《国际财务报告准则第17号》的首次执行日应当被认定为用于该目的之首次执行日。

**C31** 应用 C29 段的主体不必重述前期信息以反映指定和分类的此类变化。仅当无须后见之明便可能重述前期信息时，主体才可以重述前期信息。如果主体重述前期信息，经重述的财务报表必须对于受影响的金融资产反映《国际财务报告准则第9号》的所有要求。如果主体不重述前期信息，主体应当在首次执行日的期初未分配利润（或权益的其他部分，如适当）中确认以下两者的差额：

（1）这些金融资产以前的账面金额；和

（2）这些金融资产在首次执行日的账面金额。

**C32** 当主体应用 C29 段时，应当在年度报告期间按这些金融资产的分类来披露：

（1）如果 C29（1）段适用——其用于确定符合条件的金融资产的基础；

（2）如果 C29（1）段至 C29（5）段中的任何一段适用：

①在《国际财务报告准则第 17 号》首次执行日之前的最近时点确定的受影响的金融资产的计量类别和账面金额；以及

②应用 C29 段之后确定的受影响的金融资产的新的计量类别和账面金额。

（3）如果 C29（2）段适用——之前应用《国际财务报告准则第 9 号》第 4.1.5 段指定为以公允价值计量且其变动计入损益，但不再如此指定的金融资产，在财务状况表上的账面金额。

**C33** 当主体应用 C29 段时，主体应当在该年度报告期间披露定性的信息以使财务报表的使用者能够理解：

（1）对于首次执行《国际财务报告准则第 17 号》以后分类发生改变的金融资产，如何应用 C29 段；

（2）应用《国际财务报告准则第 9 号》第 4.1.5 段，任何指定或者撤销指定金融资产为以公允价值计量且其变动计入损益的原因；以及

（3）主体为何在应用《国际财务报告准则第 9 号》第 4.1.2（1）段或第 4.1.2A（1）段进行新的评估中得出不同的结论。

## 其他国际财务报告准则的撤销

**C34** 《国际财务报告准则第 17 号》取代了《国际财务报告准则第 4 号——保险合同》（2020 年修订）。

## 附录四　对其他国际财务报告准则的修订

本附录描述了理事会于 2017 年发布及 2020 年修订《国际财务报告准则第 17 号》时对其他准则的修订。主体应当对自 2023 年 1 月 1 日或之后开始的年度期间应用这些修订。如果主体在较早期间应用《国际财务报告准则第 17 号》，则此类修订应在较早期间应用。

\* \* \* \* \*

2017 年发布及 2020 年修订本准则时包含在本附录中的修订已经被收录于本书相关准则的文本内容中。

## 理事会批准 2017 年 5 月发布的《国际财务报告准则第 17 号——保险合同》

国际会计准则理事会 12 位理事中的 11 位于 2017 年 3 月同意批准发布《国际财务报告准则第 17 号——保险合同》。Flores 女士鉴于近期才接受理事会的委任而弃权。

| | |
|---|---|
| Hans Hoogervorst | 主席 |
| Suzanne Lloyd | 副主席 |
| Stephen Cooper | |
| Martin Edelmann | |
| Françoise Flores | |
| Amaro Luiz de Oliveira Gomes | |
| Gary Kabureck | |
| Takatsugu Ochi | |
| Darrel Scott | |
| Chungwoo Suh | |
| Mary Tokar | |
| Wei – Guo Zhang | |

国际财务报告准则

# 理事会批准 2020 年 6 月发布的《对〈国际财务报告准则第 17 号〉的修订》

**IFRS17 保险合同**

国际会计准则理事会全部 14 位理事同意批准发布《对〈国际财务报告准则第 17 号〉的修订》。

| | |
|---|---|
| Hans Hoogervorst | 主席 |
| Suzanne Lloyd | 副主席 |
| Nick Anderson | |
| Tadeu Cendon | |
| Martin Edelmann | |
| Françoise Flores | |
| Gary Kabureck | |
| Jianqiao Lu | |
| Darrel Scott | |
| Thomas Scott | |
| Chungwoo Suh | |
| Rika Suzuki | |
| Ann Tarca | |
| Mary Tokar | |

# 《国际财务报告准则第 17 号 ——保险合同》 示 例

# 目　录

起始段落

### 《国际财务报告准则第17号——保险合同》示例

| | |
|---|---|
| 引言 | **IE1** |
| 保险合同组会计处理的主要特征 | **IE4** |
| 　　示例1——初始确认时的计量 | IE4 |
| 　　示例2——后续计量 | IE12 |
| 　　示例3——损益表列报 | IE29 |
| 保险合同的分拆 | **IE42** |
| 　　示例4——含有账户价值的人寿保险合同的分拆 | IE43 |
| 　　示例5——提供理赔处理服务的停止损失合同的分拆 | IE51 |
| 后续计量 | **IE56** |
| 　　示例6——合同服务边际的更多特征 | IE56 |
| 　　示例7——保险获取现金流量 | IE72 |
| 　　示例8——亏损保险合同组的损失转回 | IE81 |
| 具有直接参与分红特征的保险合同组的计量 | **IE99** |
| 　　示例9——具有直接参与分红特征的保险合同组的初始和后续计量 | IE100 |
| 采用保费分摊法的保险合同组的计量 | **IE113** |
| 　　示例10——采用保费分摊法的保险合同组的初始和后续计量 | IE113 |
| 持有的再保险合同组的计量 | **IE124** |
| 　　示例11——持有的再保险合同组的初始计量 | IE124 |
| 　　示例12A和示例12B——持有的再保险合同组的后续计量 | IE130 |
| 　　示例12C——对于为标的保险合同组（包括一个亏损合同组）承担责任的持有的再保险合同组的计量 | IE138A |
| 取得的保险合同的计量 | **IE139** |
| 　　示例13——从其他主体转让取得的保险合同的初始计量 | IE139 |
| 　　示例14——在企业合并中取得的保险合同的初始计量 | IE146 |
| 保险财务收益或费用 | **IE152** |
| 　　示例15——保险财务收益或费用预期总额的系统分摊 | IE152 |

示例16——消除持有的基础项目产生的财务收益或费用的
　　　　　会计错配的金额 ·················································· IE173

**过渡性规定** ························································································ **IE186**

示例17——应用经修改的追溯法计量不具有直接参与分红特征的
　　　　　保险合同组 ···················································· IE186

示例18——应用经修改的追溯法计量具有直接参与分红特征的
　　　　　保险合同组 ···················································· IE192

附录

对其他准则指南的修订

**国际财务报告准则**

# 《国际财务报告准则第 17 号——保险合同》示例

下列示例与《国际财务报告准则第 17 号》一并发布,但不构成其组成部分。这些示例说明了《国际财务报告准则第 17 号》的某些方面,但并非旨在提供解释性指南。

## 引言

**IE1** 以下示例描述了一些假设情形,基于其所列示的有限的事实,说明了主体可如何将《国际财务报告准则第 17 号》的某些要求应用于适用《国际财务报告准则第 17 号》的合同的会计处理的特定方面。每一示例中的分析并非旨在反映应用有关要求的唯一方式,这些示例也并非只能适用于所提及的特定产品。尽管这些示例的某些方面可能在实际案例中出现,但示例中的案例已被简化,在应用《国际财务报告准则第 17 号》时,主体需要评价特定案例的所有相关事实和情况。

**IE2** 这些示例说明了《国际财务报告准则第 17 号》的特定要求:
(1) 保险合同会计处理的主要特征(参见示例 1 至示例 3);以及
(2) 《国际财务报告准则第 17 号》的特定要求(参见示例 4 至示例 18)。

**IE3** 在这些示例中:
(1) 贷方金额以正数列示,借方金额以负数列示(列示在括号内);
(2) 金额以货币单位(CU)表示;
(3) 除非另有说明,所有的段落编号都与《国际财务报告准则第 17 号》相关;
(4) 有些数据包含因四舍五入所导致的差异;以及
(5) 假设保险合同符合第 14 段至第 23 段的条件在初始确认时作为一个合同组一起评估。假设主体应用第 24 段:

①在初始确认时建立保险合同组,后续不对保险合同组的组成进行重新评估;以及

②可以在一个高于保险合同组的汇总层面估计履约现金流量,前提是主体能够通过将此类估计分摊至合同组的方式,将恰当的履约现金流量纳入合同组的计量中。

**IE3A** 2020 年 6 月,国际会计准则理事会("理事会")修订了《国际财务报告准则第 17 号》,并对示例作出如下修改:
(1) 新增示例 12C;
(2) 修订了示例 4、示例 6、示例 7、示例 9、示例 11、示例 12、示例 13、示例 14 和示例 16;以及
(3) 修订了示例 2B、示例 3B、示例 6、示例 8 和示例 9 的解释。

## 保险合同组会计处理的主要特征

### 示例1——初始确认时的计量（第32段、第38段以及第47段）

**IE4** 本示例说明了主体在初始确认时如何计量初始确认时存在亏损的保险合同组、以及初始确认时并未亏损的保险合同组。

*假设*

**IE5** 主体签发了100份责任期为三年的保险合同。责任期从保险合同签发时开始。为简化起见，假设在责任期结束前没有合同失效。

**IE6** 该主体预计在初始确认后立即收到CU900的保费；因此，未来现金流入现值的估计为CU900。

**IE7** 该主体估计在每年末的年度现金流出的情况如下：

（1）在示例1A中，未来现金流出为每年CU200（总计CU600）。该主体使用根据第36段确定的、反映这些现金流量特征的折现率5%，估计出未来现金流量的现值为CU545。

（2）在示例1B中，未来现金流出为每年CU400（总计CU1 200）。该主体使用根据第36段确定的、反映这些现金流量特征的折现率5%，估计出未来现金流量的现值为CU1 089。

**IE8** 该主体在初始确认时，估计非金融风险调整为CU120。

**IE9** 为简化起见，在这个示例中忽略所有的其他金额。

*分析*

**IE10** 初始确认时，保险合同组的计量如下：

|  | 示例1A<br>CU | 示例1B<br>CU |
|---|---|---|
| 未来现金流入现值的估计 | （900） | （900） |
| 未来现金流出现值的估计 | 545 | 1 089 |
| 未来现金流量现值的估计 | （355） | 189 |
| 非金融风险调整 | 120 | 120 |
| 履约现金流量[1] | （235） | 309 |
| 合同服务边际 | 235 [2] | — [3] |

续表

|  | 示例 1A<br>CU | 示例 1B<br>CU |
|---|---|---|
| 初始确认时的保险合同（资产）/负债[4] | – | 309 [3] |
| 初始确认时对损益的影响如下： |  |  |
| 保险服务费用 | – | (309) [3] |
| 当年确认的损失 | – [2] | (309) |

(1) 第 32 段要求履约现金流量包含未来现金流量的估计，反映货币时间价值及与未来现金流量有关的金融风险的调整，以及非金融风险调整。

(2) 根据第 38 段，在保险合同组初始确认时，主体以能使履约现金流量在初始确认时不产生收益或费用的金额来计量合同服务边际。因此，合同服务边际等于 CU235。

(3) 由于在初始确认时履约现金流量为净流出，根据第 47 段，主体断定这些保险合同在初始确认时是亏损的。根据第 16（1）段，主体将此类合同分入与非亏损的合同不同的合同组。主体将该净流出在损益中确认为损失，使该合同组的负债账面金额等于履约现金流量，并且该合同组的合同服务边际为零。

(4) 根据第 32 段，主体在初始确认时以履约现金流量与合同服务边际之和计量保险合同组。

**IE11** 主体在初始确认后即刻收到了保费 CU900，保险合同组的账面金额变动如下：

|  | 示例 1A<br>CU | 示例 1B<br>CU |
|---|---|---|
| 未来现金流入现值的估计 | – | – |
| 未来现金流出现值的估计 | 545 | 1 089 |
| 未来现金流量现值的估计 | 545 | 1 089 |
| 非金融风险调整 | 120 | 120 |
| 履约现金流量 | 665 | 1 209 |
| 合同服务边际 | 235 | – |
| 初始确认后即刻的保险合同（资产）/负债 | 900 | 1 209 |

## 示例2——后续计量（第40段、第44段、第48段、第101段以及B96段至B97段）

**IE12** 本示例说明了主体如何对保险合同组进行后续计量，包括保险合同组在初始确认后变为亏损的情形。

**IE13** 本示例也说明了根据第101段的要求，主体披露保险合同组的负债之各组成部分自期初余额至期末余额的调节。

*假设*

**IE14** 示例2在初始确认时使用与示例1A相同的事实情况。另外：
（1）在第1年内，所有事项按预期发生，主体不改变与未来期间有关的任何假设；
（2）在第1年内，反映合同组现金流量特征的折现率在每年年末维持在年利率5%（这些现金流量不会随任何基础项目的回报而变动）；
（3）非金融风险调整在责任期内每年均匀地确认为损益；以及
（4）费用预计在每年年末发生后立即支付。

**IE15** 于第2年末，发生的费用与预期的费用不同。主体也变更了第3年的履约现金流量，如下：
（1）在示例2A中，履约现金流量出现有利变动，这些变动增加了保险合同组的预期盈利能力；以及
（2）在示例2B中，履约现金流量出现不利的，且超过剩余合同服务边际的变动，产生了亏损保险合同组。

*分析*

**IE16** 初始确认时，主体计量保险合同组并估计后续每一年末的履约现金流量如下：

|  | 初始确认 CU | 第1年 CU | 第2年 CU | 第3年 CU |
|---|---|---|---|---|
| 未来现金流入现值的估计 | （900） | — | — | — |
| 未来现金流出现值的估计 | 545 | 372 | 191 | — |
| 未来现金流量现值的估计 | （355） | 372 | 191 | — |
| 非金融风险调整 | 120 | 80 | 40 | — |
| 履约现金流量 | （235） | 452 | 231 | — |
| 合同服务边际 | 235 |  |  |  |
| 初始确认时的保险合同（资产）/负债 | — |  |  |  |

**国际财务报告准则**

**IE17** 于第 1 年末，根据 B96 段至 B97 段，主体分析年内履约现金流量变动的来源，以确定每一变动是否调整合同服务边际。使用这些信息，第 101 段要求的保险合同负债调节的可能的格式如下：

| | 未来现金流量的现值估计 | 非金融风险调整 | 合同服务边际 | 保险合同负债 |
|---|---|---|---|---|
| | CU | CU | CU | CU |
| 期初余额 | – | – | – | – |
| 与未来服务相关的变动：新合同 | (355) | 120 | 235[(1)] | – |
| 现金流入 | 900 | – | – | 900 |
| 保险财务费用 | 27[(2)] | –[(3)] | 12[(4)] | 39 |
| 与当期服务相关的变动 | – | (40)[(3)] | (82)[(5)] | (122) |
| 现金流出 | (200) | – | – | (200) |
| 期末余额 | 372 | 80 | 165 | 617 |

（1）根据第 44（1）段，主体对于合同组内任何新增合同调整合同组的合同服务边际。

（2）在本示例中，保险财务费用 CU27 是由 CU545（初始确认时未来现金流量现值的估计 CU（355）与第 1 年初收到的现金流入 CU900 之差额）乘以根据第 36 段和 B72（1）段确定的当前折现率 5% 计算而得。

（3）根据第 81 段，主体选择不将非金融风险调整的变动分解为保险服务业绩与保险财务收益或费用，因此，主体将非金融风险调整的全部变动列报为损益表中保险服务业绩的一部分。

（4）根据第 44（2）段以及 B72（2）段，主体通过将期初余额 CU235 乘以折现率 5% 计算出合同服务边际账面金额所计提的利息 CU12。该折现率适用于不随任何基础项目回报而变动的名义现金流量，并于保险合同组初始确认时确定。

（5）根据第 44（5）段以及 B119 段，主体每期在损益中确认合同服务边际的金额反映了当期所提供保险合同组项下的服务。此金额通过识别该合同组中的责任单元进行确定。这些责任单元反映了合同组中每项合同所提供的利益及其预期责任期。主体将该期期末的合同服务边际（在任何金额确认为损益之前）平均分摊至当期提供的和未来预期提供的每一责任单元，并将分摊至当期提供的责任单元的金额确认为损益。在本示例中，保险合同组提供的服务在各期都是相等的，因为预计所有的合同在全部三个责任期间内提供相等金额的利益。因此，在当期损益中确认的合同服务边际金额为 CU82，即 CU247（CU235 + CU12）除以三个责任期间。

*续表*

主体可以使用一个不同的模式实现基于责任单元确认合同服务边际的目标。例如，主体可以将包含了预计在责任期内计提的利息总额的合同服务边际在每个期间内平均分摊。在本示例中，使用此方法的分摊模式计算的每期金额为 $CU86 = CU235 \times 1.05 \div (1 + 1 \div 1.05 + 1 \div 1.05^2)$，而不是第 1 年为 CU82、第 2 年为 CU86、第 3 年为 CU91 的递增模式。

示例 6 说明了当主体预计合同组中的合同具有不同期限时合同服务边际的分摊。

## 示例 2A——增加未来盈利能力的履约现金流量变动

*假设*

**IE18** 于第 2 年末，以下事项发生：

（1）实际赔付 CU150，比原先预计的本期内赔付减少了 CU50；

（2）主体将第 3 年的未来现金流出的估计修改为预计支付 CU140，而不是 CU200（现值是 CU133，而不是 CU191，现值减少了 CU58）；以及

（3）主体将与未来现金流量的估计有关的非金融风险调整修改为 CU30，而不是最初估计的 CU40。

*分析*

**IE19** 因此，修改后的第 2 年末的履约现金流量估计如下（作为比较，提供第 1 年和第 3 年的履约现金流量）：

|  | 初始确认 | 第 1 年 | 第 2 年 | 第 3 年 |
|---|---|---|---|---|
|  | CU | CU | CU | CU |
| 未来现金流入现值的估计 | (900) | – | – |  |
| 未来现金流出现值的估计 | 545 | 372 | 133 | – |
| 未来现金流量现值的估计 | (355) | 372 | 133 |  |
| 非金融风险调整 | 120 | 80 | 30 |  |
| **履约现金流量** | **(235)** | **452** | **163** | **–** |

**IE20** 于第 2 年末，根据 B96 段至 B97 段，主体分析年度内履约现金流量变动的来源，以确定每一变动是否调整合同服务边际。使用这些信息，第 101 段要求的保险合同负债调节的可能的格式如下：

|  | 未来现金流量的现值估计 | 非金融风险调整 | 合同服务边际 | 保险合同负债 |
| --- | --- | --- | --- | --- |
|  | CU | CU | CU | CU |
| 期初余额 | 372 | 80 | 165 | 617 |
| 保险财务费用 | 19[1] | – | 8[1] | 27 |
| 与未来服务相关的变动 | (58) | (10) | 68[2] | – |
| 与当期服务相关的变动 | (50)[3] | (40) | (121)[1] | (211) |
| 现金流出 | (150) | – | – | (150) |
| 期末余额 | 133 | 30 | 120 | 283 |

（1）关于计算的方法，参见第 1 年。

（2）根据第 44（3）段，对于与未来服务相关的履约现金流量的变动，主体调整保险合同组的合同服务边际。根据 B96 段，主体将未来现金流量现值估计的变动（以保险合同组初始确认时确定的折现率计量）CU58 以及与未来服务相关的非金融风险调整 CU10，调整合同服务边际。示例 6 说明了合同组初始确认以后，当折现率发生变动时，未来现金流量现值的估计变动的会计处理。

（3）根据 B97（3）段，对于经验调整 CU50（定义为期初估计保险服务费用在期内的发生额 CU200 与保险服务费用在期内的实际发生额 CU150 之间的差额），主体不调整合同服务边际。根据第 104 段，主体将这些变动分类为与当期服务相关的变动。

**IE21** 于第 3 年末，责任期结束，所以剩余的合同服务边际确认为损益。在本示例中，所有的赔付于发生时支付；所以，于第 3 年末，当支付了修改后的现金流出时，剩余的义务就消除了。

**IE22** 于第 3 年末，根据 B96 段至 B97 段，主体分析年内履约现金流量变动的来源，以确定每一变动是否调整合同服务边际。使用这些信息，第 101 段要求的保险合同负债调节的可能的格式如下：

|  | 未来现金流量的现值估计 | 非金融风险调整 | 合同服务边际 | 保险合同负债 |
| --- | --- | --- | --- | --- |
|  | CU | CU | CU | CU |
| 期初余额 | 133 | 30 | 120 | 283 |
| 保险财务费用 | 7[1] | – | 6[1] | 13 |
| 与当期服务相关的变动 | – | (30) | (126)[1] | (156) |

续表

| | 未来现金流量的现值估计 | 非金融风险调整 | 合同服务边际 | 保险合同负债 |
|---|---|---|---|---|
| | CU | CU | CU | CU |
| 现金流出 | （140） | – | – | （140） |
| 期末余额 | – | – | – | – |

（1）关于计算的方法，参见第1年。

**IE23** 在财务状况表和损益表中确认的金额汇总了以上表格分析的金额，如下：

| 财务状况表 | 第1年 | 第2年 | 第3年 | 合计 |
|---|---|---|---|---|
| | CU | CU | CU | CU |
| 现金(1) | （700） | （550） | （410） | |
| 保险合同负债 | 617 | 283 | – | |
| 权益 | 83 | 267 | 410 | |
| 损益表(2) | | | | |
| 与当期服务相关的变动 | 122 | 211 | 156 | 489 |
| 保险财务费用 | （39） | （27） | （13） | （79） |
| 利润 | **83** | **184** | **143** | **410** |

（1）第1年中，现金金额CU（700）等于收到的保费CU（900）以及支付的赔款CU200。更多的赔款支付：第2年CU150和第3年CU140。为简化起见，现金账户不计提利息。

（2）本示例说明了损益表中确认的金额。示例3A说明了这些金额可以如何列报。

## 示例2B——使合同组产生亏损的履约现金流量变动

**IE24** 于第2年末，以下事项发生：

（1）实际赔付CU400，比原先预计的本期内赔付增加了CU200。

（2）主体将第3年的未来现金流出的估计修改为CU450，而不是CU200（现值增加了CU238）。主体在第2年末也将与那些未来现金流量有关的非金融风险调整修改为CU88（比最初估计的CU40高出CU48）。

**IE25** 因此，修改后的第2年末和第3年末的履约现金流量估计如下（作为比较，提供第 1 年的履约现金流量）：

|  | 初始确认 | 第 1 年 | 第 2 年 | 第 3 年 |
|---|---|---|---|---|
|  | CU | CU | CU | CU |
| 未来现金流入现值的估计 | （900） | – | – | – |
| 未来现金流出现值的估计 | 545 | 372 | 429 | – |
| 未来现金流量现值的估计 | （355） | 372 | 429 | – |
| 非金融风险调整 | 120 | 80 | 88 | – |
| **履约现金流量** | **（235）** | **452** | **517** | **–** |

**IE26** 于第 2 年末，根据 B96 段至 B97 段，主体分析年度内履约现金流量变动的来源，以确定每一变动是否调整合同服务边际。使用这些信息，第 101 段要求的保险合同负债调节的可能的格式如下：

|  | 未来现金流量的现值估计 | 非金融风险调整 | 合同服务边际 | 保险合同负债 |
|---|---|---|---|---|
|  | CU | CU | CU | CU |
| 期初余额 | 372 | 80 | 165 | 617 |
| 保险财务费用 | 19[(1)] | – | 8[(1)] | 27 |
| 与未来服务相关的变动 | 238 | 48 | （173）[(2)] | 113 |
| 与当期服务相关的变动 | 200 | （40） | –[(3)] | 160 |
| 现金流出 | （400） | – | – | （400） |
| **期末余额** | **429** | **88** | **–** | **517** |

（1）关于计算的方法，参见第 1 年。

（2）根据第 44（3）段，对于与未来服务相关的履约现金流量的变动，主体调整保险合同组的合同服务边际，除非该等履约现金流量的增加超过合同服务边际的账面金额而导致损失。根据第 48 段，主体在损益中确认这损失。因此，主体对于与未来服务相关的履约现金流量的变动 CU286（未来现金流出现值的估计 CU238 加上非金融风险调整的变动 CU48）进行如下会计处理：

①合同服务边际调整 CU173，从而使合同服务边际减少至零；以及

②剩余的履约现金流量的变动 CU113 在损益中确认。

（3）根据第 44（5）段，主体在该年内不在损益中确认任何合同服务边际，因为合同服务边际（在任何分摊前）余额等于零（CU0 = CU165 + CU8 − CU173）。

**IE27** 于第3年末,责任期结束,该合同组终止确认。根据 B96 段至 B97 段,主体分析年内履约现金流量变动的来源,以确定每一变动是否调整合同服务边际。使用这些信息,第 101 段要求的保险合同负债调节的可能的格式如下:

| | 未来现金流量的现值估计 | 非金融风险调整 | 合同服务边际 | 保险合同负债 |
|---|---|---|---|---|
| | CU | CU | CU | CU |
| 期初余额 | 429 | 88 | – | 517 |
| 保险财务费用 | 21[(1)] | – | – | 21 |
| 与当期服务相关的变动 | – | (88) | – | (88) |
| 现金流出 | (450) | – | – | (450) |
| 期末余额 | – | – | – | – |

(1)关于计算的方法,参见第1年。

**IE28** 在财务状况表和损益表确认的金额汇总了以上表格分析的金额,如下:

| 财务状况表 | 第1年 | 第2年 | 第3年 | 合计 |
|---|---|---|---|---|
| | CU | CU | CU | CU |
| 现金[(1)] | (700) | (300) | 150 | |
| 保险合同负债 | 617 | 517 | – | |
| 权益 | 83 | (217) | (150) | |
| **损益表**[(2)] | | | | |
| 与当期服务相关的变动 | 122 | (160) | 88 | 50 |
| 与未来服务相关的变动:亏损合同组的损失 | – | (113) | – | (113) |
| 保险财务费用 | (39) | (27) | (21) | (87) |
| **利润/(亏损)** | **83** | **(300)** | **67** | **(150)** |

(1)第1年中,现金金额 CU(700)等于收到的保费 CU(900)以及支付的赔款 CU200。第2年和第3年中支付的赔款分别为 CU400 以及 CU450。为简化起见,现金账户不计提利息。

(2)本示例说明了损益表中确认的金额。示例 3B 说明了这些金额可以如何列报。

## 示例3——损益表列报[第49段至第50(1)段、第84段至第85段、第100段以及B120段至B124段]

**IE29** 本示例说明了主体在损益表中可以如何列报由保险收入减去保险服务费用构成的保险服务业绩。

**IE30** 本示例也说明了第100段提及的保险合同账面金额调节的披露要求：(1)每一组成部分从期初到期末余额的调节和(2)到损益表中单列项目的调节。

*假设*

**IE31** 示例3A和3B中对列报要求的说明分别基于示例2A和2B。

**IE32** 在示例3A和3B中，根据第85段，主体估计每年将从在损益中列报的保险收入和保险服务费用中剔除投资成分CU100。

### 示例3A——增加未来盈利能力的履约现金流量变动

*分析*

**IE33** 于第1年末，主体对于未到期责任负债和已发生赔款负债，根据第100段的要求，分别提供财务状况表确认的金额与损益表确认的金额之间的调节。第1年的调节的可能格式如下：

|  | 未到期<br>责任负债<br>CU | 已发生<br>赔款负债<br>CU | 保险<br>合同负债<br>CU |
|---|---|---|---|
| 期初余额 | – | – | – |
| 现金流入 | 900 | – | 900 |
| 保险收入 | (222)[(1)] | – | (222) |
| 保险服务费用 | – | 100[(2)] | 100 |
| 投资成分 | (100)[(3)] | 100[(3)] | – |
| 保险财务费用 | 39[(4)] | – | 39 |
| 现金流出 | – | (200) | (200) |
| 期末余额 | **617** | **–** | **617** |

续表

> （1）保险收入 CU222 是：
>
> ①主体根据 B123 段确定的未到期责任负债的变动，剔除与当期内提供的服务不相关的变动（例如收取保费的现金流入导致的变动，与投资成分相关的变动及与保险财务收益或费用相关的变动）。
>
> 因此，在本示例中，保险收入是未到期责任负债期初与期末账面金额的差额 CU617，剔除保险财务费用 CU39，现金流入 CU900 及投资成分 CU100（CU222 = CU0 − CU617 + CU39 + CU900 − CU100）。
>
> ②主体根据 B124 段分析为与主体预期将收取的对价所对应的服务相关的未到期责任负债当期变动的总和。那些变动是：
>
> A 当期发生的保险服务费用（以当期期初预期的金额计量），但不包括投资成分的偿还；
>
> B 非金融风险调整的变动，但不包括因为与未来服务相关而调整合同服务边际的变动，即风险释放引起的变动；以及
>
> C 在当期损益中确认的合同服务边际的金额。
>
> 因此，在本示例中，保险收入是保险服务费用 CU100，风险释放引起的非金融风险调整的变动 CU40，及在损益中确认的合同服务边际 CU82 之和（CU222 = CU100 + CU40 + CU82）。
>
> （2）根据第 84 段，主体列报保险服务费用 CU100，即当期发生的赔付 CU200 减去投资成分 CU100。
>
> （3）根据第 85 段，主体在损益中列报的保险收入和保险服务费用不包括与投资成分相关的金额。在本示例中，投资成分等于 CU100。
>
> （4）保险财务费用与示例 2 一致。保险财务费用的总金额与未到期责任负债有关，因为已发生赔款负债在费用发生后立即支付（参见示例 2 中的假设）。

IE34 在第 2 年内，实际赔付 CU150，比预计的要少。主体也修改了与第 3 年履约现金流量有关的估计。因此，主体在损益中确认与第 2 年有关的赔付修改的影响，并将第 3 年履约现金流量的变动调整合同服务边际。这个变动仅与已发生赔款有关，不影响投资成分。

IE35 第 2 年的财务状况表确认的与损益表确认的金额之间，第 100 段所要求的调节的可能格式如下：

国际财务报告准则

|  | 未到期<br>责任负债 | 已发生<br>赔款负债 | 保险<br>合同负债 |
|---|---|---|---|
|  | CU | CU | CU |
| 期初余额 | 617 | – | 617 |
| 保险收入 | (261)[1] | – | (261) |
| 保险服务费用 | – | 50[2] | 50 |
| 投资成分 | (100) | 100 | – |
| 保险财务费用 | 27[3] | – | 27 |
| 现金流量 | – | (150) | (150) |
| 期末余额 | **283** | – | **283** |

（1）保险收入 CU261 是：

① 主体根据 B123 段确定的未到期责任负债期初与期末账面金额的差额 CU334（CU617 – CU283），剔除保险财务费用 CU27 及投资成分 CU100（CU261 = CU334 + CU27 – CU100）；以及

② 主体根据 B124 段分析为保险服务费用 CU50、经验调整 CU50、风险释放引起的非金融风险调整的变动 CU40，以及在损益中确认的合同服务边际 CU121 之总和（CU261 = CU50 + CU50 + CU40 + CU121）。

（2）根据第 84 段，主体列报保险服务费用 CU50，即当期发生的赔付 CU150 减去投资成分 CU100。

（3）保险财务费用与示例 2A 一致。保险财务费用的总金额与未到期责任负债有关，因为已发生赔款负债在费用发生后立即支付。

IE36 在第 3 年内，估计没有再发生变更，主体根据第 100 段的要求，提供第 3 年的财务状况表确认的与损益表确认的金额之间的调节的可能格式如下：

|  | 未到期<br>责任负债 | 已发生<br>赔款负债 | 保险<br>合同负债 |
|---|---|---|---|
|  | CU | CU | CU |
| 期初余额 | 283 | – | 283 |
| 保险收入 | (196)[1] | – | (196) |
| 保险服务费用 | – | 40[2] | 40 |

续表

|  | 未到期<br>责任负债 | 已发生<br>赔款负债 | 保险<br>合同负债 |
|---|---|---|---|
|  | CU | CU | CU |
| 投资成分 | （100） | 100 | – |
| 保险财务费用 | 13[(3)] | – | 13 |
| 现金流量 | – | （140） | （140） |
| **期末余额** | – | – | – |

（1）保险收入 CU196 是：

①主体根据 B123 段确定的未到期责任负债期初与期末账面金额的差额 CU283（CU283 – CU0），剔除保险财务费用 CU13 及投资成分 CU100（CU196 = CU283 + CU13 – CU100）；以及

②主体根据 B124 段分析为保险服务费用 CU40、风险释放引起的非金融风险调整的变动 CU30，以及在损益中确认的合同服务边际 CU126 之总和（CU196 = CU40 + CU30 + CU126）。

（2）根据第 84 段，主体列报保险服务费用 CU40，即当期发生的赔付 CU140 减去投资成分 CU100。

（3）保险财务费用与示例 2A 一致。保险财务费用的总金额与未到期责任负债有关，因为已发生赔款负债在费用发生后立即支付。

IE37 在损益表中列报的与上述表格分析的金额相对应的金额是：

| 损益表 | 第 1 年 | 第 2 年 | 第 3 年 | 合计 |
|---|---|---|---|---|
|  | CU | CU | CU | CU |
| 保险收入 | 222 | 261 | 196 | 679[(1)] |
| 保险服务费用 | （100） | （50） | （40） | （190） |
| **保险服务业绩** | **122** | **211** | **156** | **489** |
| 投资收益[(2)] | – | – | – | – |
| 保险财务费用 | （39） | （27） | （13） | （79） |
| **财务业绩** | **（39）** | **（27）** | **（13）** | **（79）** |
| **利润** | **83** | **184** | **143** | **410** |

续表

> （1）根据 B120 段，主体计算得出的保险合同组的保险收入总额为 CU679，即支付给主体的保费金额 CU900，调整融资的影响 CU79，剔除投资成分 CU300（每年 CU100，共 3 年），即 CU679 = CU900 + CU79 − CU300。
>
> （2）出于本示例之目的考虑，不包含这些数据，因它们是根据其他国际财务报告准则进行会计处理的。

### 示例 3B——使合同组产生亏损的履约现金流量变动

分析

IE38  本示例中使用的第 1 年的假设与示例 3A 相同。因此，第 1 年的分析与示例 3A 相同。第 1 年的列报要求在示例 3A 中进行了说明，在示例 3B 中不再重复。

IE39  第 2 年的财务状况表确认的与损益表确认的金额之间，第 100 段所要求的调节的可能格式如下：

| | 未到期责任负债除亏损部分外的部分 | 未到期责任负债的亏损部分 | 已发生赔款负债 | 保险合同负债 |
|---|---|---|---|---|
| | CU | CU | CU | CU |
| 期初余额 | 617 | – | – | 617 |
| 保险收入 | （140）[1] | – | – | （140） |
| 保险服务费用 | – | 113[2] | 300[3] | 413 |
| 投资成分 | （100） | – | 100 | – |
| 保险财务费用 | 27[4] | – | – | 27 |
| 现金流出 | – | – | （400） | （400） |
| **期末余额** | **404** | **113** | **–** | **517** |

（1）保险收入 CU140 是：

①主体根据 B123 段确定的未到期责任负债的变动，剔除：

A 与当年内提供的服务不相关的变动，例如，收取保费的现金流入导致的变动、与投资成分相关的变动，以及与保险财务收益或费用相关的变动；以及

B 虽与服务相关，但主体预期不收取对价的变动，即未到期责任负债亏损部分的增加和减少。

续表

因此，在本示例中，保险收入是未到期责任负债期初与期末账面金额的差额剔除与亏损部分相关的变动 CU213（CU617 – CU404）、保险财务费用 CU27 及投资成分的偿还 CU100，即 CU140 = CU213 + CU27 – CU100。

②主体根据 B124 段分析为与主体预期将收取的对价所对应的服务相关的未到期责任负债当年变动的总和。那些变动是：

A 当期发生的保险服务费用（以当期期初预期的金额计量），但不包括分摊至未到期责任负债亏损部分的金额及投资成分的偿还；

B 非金融风险调整的变动，但不包括因为与未来服务相关而调整合同服务边际的变动以及分摊至亏损部分的金额，即风险释放引起的变动；以及

C 在当期损益中确认的合同服务边际的金额。

因此，在本示例中，保险收入是保险服务费用 CU300 包括经验调整 CU200 及风险释放引起的非金融风险调整的变动 CU40 之总和，即 CU140 = CU300 – CU200 + CU40。

（2）主体修改了第 3 年履约现金流量的估计。履约现金流量的增加超过了剩余合同服务边际的账面金额，从而导致损失 CU113（参见 IE26 段后的表格）。根据第 49 段，主体确认未到期责任负债的亏损部分以反映亏损合同组的该等损失。此亏损部分将决定列示为亏损合同组的损失转回而计入损益的金额，并因此在确定保险收入时将被排除在外。

（3）根据第 84 段，主体列报保险服务费用 CU300，即当期发生的赔付 CU400 减去投资成分 CU100。

（4）保险财务费用与示例 2B 一致。保险财务费用的总金额与未到期责任负债有关，因为已发生赔款负债在费用发生后立即支付。

IE40 第 3 年的财务状况表确认的与损益表确认的金额之间，第 100 段所要求的调节的可能格式如下：

| | 未到期责任负债除亏损部分外的部分 | 未到期责任负债的亏损部分 | 已发生赔款负债 | 保险合同负债 |
|---|---|---|---|---|
| | **CU** | **CU** | **CU** | **CU** |
| 期初余额 | 404 | 113 | – | 517 |
| 保险财务费用 | 16 | 5[(2)] | – | 21[(4)] |
| 保险收入 | (320)[(1)] | – | – | (320) |

**续表**

| | 未到期责任负债除亏损部分外的部分 | 未到期责任负债的亏损部分 | 已发生赔款负债 | 保险合同负债 |
|---|---|---|---|---|
| | **CU** | **CU** | **CU** | **CU** |
| 保险服务费用 | – | (118)<sup>(2)</sup> | 350<sup>(3)</sup> | 232 |
| 投资成分 | (100) | – | 100 | – |
| 现金流量 | – | – | (450) | (450) |
| **期末余额** | – | – | – | – |

(1) 保险收入 CU320 是：

①主体根据 B123 段确定的未到期责任负债期初和期末账面金额的差额剔除与亏损部分相关的变动 CU404（CU404 – CU0）、保险服务费用 CU16 及投资成分的偿还 CU100，即 CU320 = CU404 + CU16 – CU100。

②主体根据 B124 段分析为当年发生的赔付所对应的保险服务费用 CU350 与风险释放引起的非金融风险调整的变动 CU88 之总和，剔除分摊至未到期责任负债的亏损部分的金额 CU118，即 CU320 = CU350 + CU88 – CU118。

(2) 根据第 50（1）段，主体将未到期责任负债的履约现金流量的后续变动按系统的基础分摊至未到期责任负债的亏损部分及未到期责任负债除亏损部分以外的部分。在本示例中，主体将履约现金流量的后续变动分摊至未到期责任负债的亏损部分，如下：

①保险财务费用 CU5，根据保险财务费用总额 CU21 乘以 22% 计算确定；该分摊是基于未到期责任负债的亏损部分 CU113 在未到期责任负债总额 CU517（CU404 + CU113）中所占的比例 22%。

②亏损部分的变动 CU118 是以下之和：

A 当年减少的未到期责任负债中的未来现金流量估计额 CU94，即由预期当年发生的赔付所对应的保险服务费用 CU350 乘以 27% 计算得出；以及

B 风险释放引起的非金融风险调整的变动 CU24，即由该等变动的总额 CU88 乘以 27% 计算得出。

A 和 B 中所述的亏损部分变动 CU118 的分摊金额是在保险财务费用和投资成分分摊后确定的。保险财务费用的分摊如①中所述。投资成分仅分摊至未到期责任负债除亏损部分以外的部分，这是因为保险业务收入或保险服务费用不包括投资成分。在这些分摊后，未到期责任负债的亏损部分为 CU118（CU113 + CU5），不包括投资成分的未到期责任负债为 CU438（CU517 + CU21 – CU100）。因此，②中的分摊比例 27% 是 CU118 与 CU438 的比率。

续表

有关初始确认后保险合同组亏损的更详细计算参见示例 8。

（3）根据第 84 段，主体列报保险服务费用 CU350，即当期发生的赔付 CU450 减去投资成分 CU100。

（4）保险财务费用与示例 2B 一致。保险财务费用总金额与未到期责任负债有关，因为已发生赔款负债在费用发生后立即支付。

**IE41** 在损益表中列报的与上述表格分析的金额相对应的金额是：

| 损益表 | 第 1 年 | 第 2 年 | 第 3 年 | 合计 |
| --- | --- | --- | --- | --- |
| | CU | CU | CU | CU |
| 保险收入 | 222 | 140 | 320 | 682[(1)] |
| 保险服务费用 | （100） | （413） | （232） | （745） |
| **保险服务业绩** | **122** | **(273)** | **88** | **(63)** |
| 投资收益[(2)] | – | – | – | – |
| 保险财务费用 | （39） | （27） | （21） | （87） |
| **财务业绩** | **(39)** | **(27)** | **(21)** | **(87)** |
| 利润/（亏损） | 83 | (300) | 67 | (150) |

（1）根据 B120 段，主体计算得出的保险合同组的保险收入总额为 CU682，即支付给主体的保费金额 CU900，调整融资的影响 CU82（保险财务费用 CU87 减去与亏损部分相关的 CU5），剔除投资成分 CU300（每年 CU100，共 3 年），即 CU682 = CU900 + CU82 − CU300。

（2）出于本示例之目的考虑，不包含这些数据，因它们是根据其他国际财务报告准则进行会计处理的。

# 保险合同的分拆（B31 段至 B35 段）

**IE42** 以下两个示例说明了 B31 段至 B35 段对于从保险合同中分拆非保险成分的要求。

### 示例4——含有账户价值的人寿保险合同的分拆

**假设**

**IE43** 主体签发了含有账户价值的人寿保险合同。主体在合同签发时收到保费CU1 000。账户价值每年随保单持有人自愿支付的金额而增加,并随着使用特定资产的回报计算出的金额增加或减少、因主体的收费而减少。

**IE44** 合同承诺支付:

(1)如果被保险人在责任期内死亡,死亡给付CU5 000加上账户价值的金额;以及

(2)如果合同取消,账户价值(即无退保手续费)。

**IE45** 主体有一个理赔处理部门处理收到的赔案,一个资产管理部门管理投资。

**IE46** 另一金融机构在销售一款具有与账户价值相同条款、但不具有保险保障的投资产品。

**IE47** 主体考虑是否从保险合同中分拆出非保险成分。

**分析**

**账户价值的分拆**

**IE48** 根据B31(2)段,存在一款具有相同条款的投资产品的情况表明该成分可能是可明确区分的。但是,如果保险保障提供的死亡给付的权利与账户价值同时失效或满期,那么根据B32(2)段,保险成分和投资成分就是高度关联的,因此就不是可明确区分的。因此,账户价值不应从保险合同中分拆,而应采用《国际财务报告准则第17号》进行会计处理。

**理赔处理成分的分拆**

**IE49** 理赔处理活动是主体为了履行合同而必须实施的活动的一部分,且主体没有因为执行这些活动而向保单持有人转让商品或服务。因此,根据B33段,主体不应从保险合同中分拆理赔处理成分。

**资产管理成分的分拆**

**IE50** 资产管理活动,与理赔处理活动类似,是主体为了履行合同而必须实施的活动的一部分,且主体没有因为执行这些活动而向保单持有人转让保险合同服务之外的商品或服务。因此,根据B33段,主体不应从保险合同中分拆资产管理成分。

### 示例5——提供理赔处理服务的停止损失合同的分拆

**假设**

**IE51** 主体向一雇主(保单持有人)签发一项停止损失合同。合同向保单持有人

的雇员提供健康保障，并具有以下特征：

（1）对于雇员的合计赔付超过 CU2 500 万（"停止损失合同的起赔点"）的部分，提供 100%的保险保障。雇主将自行承保 CU2 500 万以内的向雇员的赔付。

（2）下一年度内为雇员赔付提供理赔处理服务，无论赔付是否超过作为停止损失合同的起赔点的 CU2 500 万。主体负责代表雇主处理雇员的健康保险赔付。

**IE52** 主体考虑是否分拆该理赔处理服务。主体注意到在市场上有代表客户处理理赔的类似服务出售。

分析

**理赔处理服务的分拆**

**IE53** 本示例符合 B34 段中关于识别可明确区分的非保险服务的标准：

（1）与代表雇主处理雇员赔付的服务相似的理赔处理服务，有以不含保险保障的方式单独出售；以及

（2）理赔处理服务使保单持有人获得的利益独立于保险保障。如果主体没有同意提供该等服务，保单持有人就需要自行处理雇员的医疗赔付或者雇佣其他服务供应商提供该服务。

**IE54** 另外，因为理赔处理服务相关的现金流量与保险保障的现金流量不是高度关联的，且主体未提供整合理赔处理服务和保险成分的重大服务，所以不符合 B35 段中的关于服务不是可明确区分的标准。此外，主体可以将保险保障与承诺的理赔处理服务分开提供。

**IE55** 因此，主体从该保险合同中分拆出理赔处理服务，并根据《国际财务报告准则第 15 号——客户合同收入》对其进行会计处理。

# 后续计量

### 示例 6——合同服务边际的更多特征（第 44 段、第 87 段、第 101 段、B96 段至 B99 段及 B119 段至 B119B 段）

**IE56** 本示例说明了对不具有直接参与分红特征的保险合同之合同服务边际所进行的调整，涉及以下项目：

（1）使主体可以相机确定向保单持有人预期支付的现金流量的保险合同之相机现金流量的变动，包括该等现金流量变动（与金融假设的变更区分）的确定；

（2）在利率发生变动的情况下，与货币时间价值及金融风险相关的调整；以及

（3）当主体预计合同组中的合同具有不同的期限时，在损益中确认的对应于当期内所提供服务的金额。

*假设*

**IE57** 主体签发了 200 份保险合同，责任期为 3 年。责任期起始于保险合同签发时。

**IE58** 本示例中的合同：

（1）由于在死亡时给付固定金额，所以满足保险合同的定义。但是，为单独说明本示例中事项的影响，且为简化起见，忽略死亡时应付的任何固定现金流量。

（2）由于合同中未规定资产池，根据 B101（1）段，不满足具有直接参与分红特征的保险合同的标准。

（3）根据 B119B 段，提供投资回报服务。

（4）在 3 年责任期内，均匀地提供保险保障服务和投资回报服务。

**IE59** 主体在责任期期初收到趸缴保费 CU15。保单持有人会在以下情况下收到账户价值：

（1）如果被保险人在责任期内死亡；或者

（2）如果被保险人在责任期结束时仍生存，于责任期期末收到（满期价值）。

**IE60** 主体计算每年年末保单持有人的账户价值如下：

（1）期初余额；加上

（2）当期期初收到的保费（如有）；减去

（3）年初账户价值与收到的保费（如有）之和 3% 的年度收费；加上

（4）年末结算的利息（每年账户价值结算的利息由主体相机确定）；减去

（5）当被保险人死亡或责任期结束时，向保单持有人支付剩余账户价值的金额。

**IE61** 根据 B98 段，主体阐明其在合同项下的承诺是以等于内部特定资产池的回报率减去 2 个百分点所得出的利率向保单持有人账户价值结算利息。

**IE62** 在合同组的初始确认时，主体：

（1）预计特定资产池的回报率为每年 10%。

（2）确定适用于不随任何基础项目回报而变动的名义现金流量的折现率为每年 4%。

（3）预计每年年末会有 2 位被保险人死亡。赔付立即结清。

（4）预计非金融风险调整为 CU30，并预计其在责任期内均匀地确认为损益。根据第 81 段，主体不将非金融风险调整的变动分解为保险服务业绩与保险财务收益或费用。

**IE63** 第 1 年内特定资产池的回报率为 10%，与预期一致。但是，第 2 年内特定资产池的回报率仅为 7%。因此，于第 2 年末，主体：

（1）将第 3 年内特定资产池的预期回报率的估计修改为 7%。

（2）针对第 2 年内和第 3 年内向保单持有人账户价值结算的利息采用相机决择。主体确定其将以等于特定资产池的回报率减去 1 个百分点所得出的利率向保单持有人账户价值结算利息，即主体在第 2 年内和第 3 年内每年放弃 1 个百分点的利差收益。

（3）向保单持有人账户价值结算6%的利息（而不是最初预计的8%）。

IE64  为简化起见，本示例忽略所有其他金额。

*分析*

IE65  在初始确认时，主体计量保险合同组并估计后续各年末的履约现金流量如下：

|  | 初始确认 | 第1年 | 第2年 | 第3年 |
|---|---|---|---|---|
|  | CU | CU | CU | CU |
| 未来现金流入现值的估计 | (3 000) | – | – | – |
| 未来现金流出现值的估计[(1)] | 2 596 | 2 824 | 3 074 | – |
| 未来现金流量现值的估计 | (404) | 2 824 | 3 074 | – |
| 非金融风险调整 | 30 | 20 | 10 | – |
| 履约现金流量 | (374) | 2 844 | 3 084 | – |
| 合同服务边际 | 374 |  |  |  |
| 初始确认时的保险合同（资产）/负债 | – |  |  |  |

（1）主体根据第36段和B72（1）段确定的反映未来现金流量特征的当前折现率10%来计算未来现金流出现值的估计。

IE66  根据B98段至B99段，为了确定识别相机现金流量的变动的方法，在合同开始时，主体应当阐明其预期用来确定合同项下的承诺的基础，例如，基于固定的利率或基于随特定资产回报而变动的回报。主体根据上述阐明的基础来区分金融风险相关假设的变更对合同项下的承诺的影响（该影响不调整合同服务边际）和相机决择的变更对该等承诺的影响（该影响调整合同服务边际）。

IE67  在本示例中，主体合同开始时阐明其在合同项下的承诺是以等于特定资产池的回报率减去2个百分点所得出的利率向保单持有人账户价值结算利息。由于主体于第2年末作出的决定，该利差从2个百分点下降为1个百分点。

IE68  因此，于第2年末，主体将保单持有人账户价值的变动分析为金融假设变更的影响及相机决择的变更的影响，如下：

国际财务报告准则

| 保单持有人的账户价值 | 初始确认时的预期 | | 因金融假设变更而作的修改后 | | 因金融假设变更及相机决择变更而作的修改后 | |
|---|---|---|---|---|---|---|
| | | CU | | CU | | CU |
| 第 1 年初余额 | | – | | – | | – |
| 收到保费 | | 3 000 | | 3 000 | | 3 000 |
| 年度收费[(1)] | 3% | (90) | 3% | (90) | 3% | (90) |
| 结算利息[(2)] | 8% | 233 | 8% | 233 | 8% | 233 |
| 死亡给付[(3)] | 2/200 | (31) | 2/200 | (31) | 2/200 | (31) |
| 结转至第 2 年初的余额 | | **3 112** | | **3 112** | | **3 112** |
| 年度收费[(1)] | 3% | (93) | 3% | (93) | 3% | (93) |
| 结算利息[(2)] | 8% | 242 | 5% | 151 | 6% | 181 |
| 死亡给付[(3)] | 2/198 | (33) | 2/198 | (32) | 2/198 | (32) |
| 结转至第 3 年初的余额 | | **3 228** | | **3 138** | | **3 168** |
| 年度收费[(1)] | 3% | (97) | 3% | (94) | 3% | (95) |
| 结算利息[(2)] | 8% | 250 | 5% | 152 | 6% | 184 |
| 死亡给付[(3)] | 2/196 | (35) | 2/196 | (33) | 2/196 | (33) |
| 第 3 年末余额（满期价值） | | **3 346** | | **3 163** | | **3 224** |

（1）年度收费等于每年年初余额（包括年初收到的保费）的一定比例。例如，第 1 年的年度收费 CU90 是 3% × CU3 000。

（2）每年结算利息等于每年年初余额减去年度收费后的一定比例。例如，第 1 年结算利息 CU233 是 8% × (CU3 000 – CU90)。

（3）死亡给付等于每年年初余额减去年度收费加上结算利息后的一定比例。例如，第 1 年的死亡给付 CU31 是 2/200 × (CU3 000 – CU90 + CU233)。

IE69 主体在以下表格中汇总了对于第 2 年和第 3 年的未来现金流量估计：

|  | 如初始确认时的预期 | 因金融假设变更而作的修改后 | 因金融假设变更及相机决择变更而作的修改后 |
|---|---|---|---|
|  | CU | CU | CU |
| 第 2 年死亡给付 | 33 | 32 | 32 |
| 第 3 年死亡给付 | 35 | 33 | 33 |
| 第 3 年满期价值给付 | 3 346 | 3 163 | 3 224 |
| 第 2 年初未来现金流量的估计 | **3 414** | **3 228** | **3 289** |

IE70 根据 B98 段至 B99 段，主体区分金融风险相关假设变更的影响和履约现金流量相机决择变更的影响，如下：

| 第 2 年未来现金流量估计的变动 | 未来现金流量估计 | 未来现金流量现值的估计 |
|---|---|---|
|  | CU | CU |
| 第 2 年初（用 10% 折现的现值） | 3 414[(1)] | 2 824[(2)] |
| 金融假设变更的影响（以及计提的利息） | (186)[(3)] | 195[(4)] |
| 因金融假设变更而作的修改后（用 7% 折现的现值） | 3 228[(1)] | 3 019[(2)] |
| 相机决择的影响（用 7% 折现的现值） | 61[(5)] | 57 |
| 因金融假设变更及相机决择变更而作的修改后（用 7% 折现的现值） | 3 289[(1)] | 3 076[(2)] |
| 现金流量支付 | (32)[(1)] | (32) |
| 第 2 年末 | **3 257** | **3 044** |

（1）参见 IE69 段后的表格。

（2）主体根据第 36 段和 B72（1）段确定的反映未来现金流量特征的当前折现率来计算未来现金流出现值的估计。除了第 2 年末应付的死亡给付，所有现金流量应在第 3 年末支付。

（3）未来现金流量估计的变动 CU186 等于因金融假设变更而作的修改后的未来现金流量估计 CU3 228 减去金融假设变更之前的未来现金流量估计 CU3 414。因此它仅反映了金融假设的变更。

续表

> （4）未来现金流量现值估计的变动 CU195 等于第 2 年末未来现金流量现值估计（因金融假设变更而作的修改后）CU3 019 与第 2 年初未来现金流量现值估计（在金融假设变更之前）CU2 824 的差额。因此，它反映了第 2 年内计提利息的影响以及金融假设变更的影响。
>
> （5）相机决择的影响 CU61 等于因相机决择而作的修改后的未来现金流量估计 CU3 289 以及相机决择的影响之前的未来现金流量估计 CU3 228 的差额。

IE71 第 101 段要求的第 2 年的保险合同负债调节的可能的格式如下：

|  | 未来现金流量现值的估计 | 非金融风险调整 | 合同服务边际 | 保险合同负债 |
|---|---|---|---|---|
|  | CU | CU | CU | CU |
| 期初余额 | 2 824 | 20 | 258 | 3 102 |
| 保险财务费用 | 197[1] | – | 10[2] | 207 |
| 与未来服务相关的变动：相机决择 | 55[3] | – | (55)[3] | – |
| 与当期服务相关的变动 | – | (10) | (107)[4] | (117) |
| 现金流出 | (32) | – | – | (32) |
| **期末余额** | **3 044** | **10** | **106** | **3 160** |

（1）根据 B97 段，对于与货币时间价值与金融风险及其变动的影响有关的履约现金流量的变动，即①对未来现金流量估计的影响（如有）；②若进行分解，对非金融风险调整的影响；以及③折现率变动的影响，主体不调整合同服务边际。这是因为这些变动与未来服务无关。根据第 87 段，主体将这些变动确认为保险财务费用。因此，保险财务费用 CU197 是以下之和：

①利息计提的影响以及金融假设变更的影响 CU195（参见 IE70 段后的表格）；以及

②与金融风险有关的假设变更对相机现金流量变动的影响 CU2，等于：

A 使用当前折现率折现的相机现金流量变动的影响 CU57（参见 IE70 段后的表格）；减去

B 使用在保险合同组初始确认时确定的折现率［参见脚注（3）］折现的相机现金流量变动的影响 CU55。

续表

（2）根据第 44（2）段以及 B72（2）段，主体通过将期初余额 CU258 乘以保险合同组初始确认时的折现率 4% 来计算合同服务边际的账面金额所计提的利息 CU10。该折现率适用于不随任何基础项目回报而变动的名义现金流量。

（3）根据第 44（3）段以及 B98 段，主体视相机现金流量的变动与未来服务相关，因而调整合同服务边际。根据 B96 段以及 B72（3）段，合同服务边际的调整是通过对未来现金流量的变动 CU61 使用保险合同组初始确认时确定的反映现金流量特征的折现率 10% 折现来计算。因此，调整合同服务边际的相机现金流量的金额为 CU55，即 CU61÷（1＋10%）。

（4）根据第 44（5）段以及 B119 段，主体通过将期末的合同服务边际（在任何金额确认为损益之前）平均分摊至当期提供的和未来预期提供的每一责任单元来确定合同服务边际在损益中确认的金额，如下：

①分摊至损益之前的合同服务边际金额是 CU213（期初余额 CU258 加上利息 CU10、减去与未来服务相关的变动 CU55）；

②本示例中责任单元的数量是每期预计承担责任的合同的总数（因为每份合同提供的利益的数量是相同的）。因此，在当年和最后一年内责任单元的数量为 394（第 2 年有 198 份合同，第 3 年有 196 份合同）；

③每一责任单元对应的合同服务边际是 CU0.54（CU213÷责任单元的数量 394）；以及

④在第 2 年的损益中确认的合同服务边际 CU107 是每一责任单元对应的合同服务边际 CU0.54 乘以第 2 年的责任单元的数量 198。

## 示例 7——保险获取现金流量［第 106 段、B65（5）段以及 B125 段］

**IE72** 本示例说明了初始确认时保险获取现金流量的确定以及之后保险收入的确定，包括与保险获取现金流量的收回相关的部分保费。

**IE73** 本示例也说明了根据第 106 段对当期确认的保险收入的分析的披露要求。

*假设*

**IE74** 主体签发了一组保险合同，责任期为 3 年。责任期从保险合同签发时开始。

**IE75** 初始确认时，主体确定了如下事项：
（1）未来现金流入的估计为 CU900，在初始确认后立即支付；
（2）估计未来现金流出的组成如下：
①未来赔付的估计为 CU600（每年发生并支付 CU200）；以及
②获取现金流量为 CU120（其中 CU90 可直接归属于合同所属的合同组合），在

责任期期初支付。

③非金融风险调整是CU15，主体预计非金融风险调整在责任期内均匀地在损益中确认。

**IE76** 为简化起见，在本示例中假设：

（1）所有的费用按照预期发生；

（2）在责任期内无合同失效；

（3）无投资成分；

（4）可直接归属于合同所属的合同组合的保险获取现金流量CU90，可直接归属于合同所属的合同组，且预期这些合同将无续约；以及

（5）为简化起见，忽略所有其他金额，包括折现的影响。

分析

**IE77** 在初始确认时，主体计量保险合同组并估计后续每年年末的履约现金流量如下：

|  | 初始确认 | 第1年 | 第2年 | 第3年 |
|---|---|---|---|---|
|  | CU | CU | CU | CU |
| 未来现金流入现值的估计 | （900） | – | – | – |
| 未来现金流出现值的估计 | 690[(1)] | 400 | 200 | – |
| 未来现金流量现值的估计 | （210） | 400 | 200 | – |
| 非金融风险调整 | 15 | 10 | 5 | – |
| 履约现金流量 | （195） | 410 | 205 | – |
| 合同服务边际 | 195 |  |  |  |
| 初始确认时的保险合同(资产)/负债 | – |  |  |  |

（1）根据B65（5）段，未来现金流量现值的估计CU690是由预期赔付CU600与分摊至可直接归属于合同所属的合同组合之保险获取现金流量CU90组成。

**IE78** 主体在每年损益中确认合同服务边际以及保险获取现金流量如下：

| 在每年损益中确认的金额 | 第1年 | 第2年 | 第3年 | 合计 |
|---|---|---|---|---|
|  | CU | CU | CU | CU |
| 合同服务边际[(1)] | 65 | 65 | 65 | 195 |
| 保险获取现金流量[(2)] | 30 | 30 | 30 | 90 |

续表

> （1）根据第44（5）段以及B119段，主体每期在损益中确认的保险合同组的合同服务边际金额反映了当期所提供的服务。每期确认的金额系根据将该报告期期末的合同服务边际（任何分摊之前）在当期与剩余责任期之间进行分摊来确定。在本示例中，每期承担的责任是相同的，因为每期承担责任的合同数量是相同的。因此，合同服务边际CU195平均分摊至每个责任年度（即CU65 = CU195÷3年）。
>
> （2）根据B125段，主体将与保险获取现金流量的收回相关的部分保费，按系统的方法、基于时间的推移分摊至各会计期间，以确定与保险获取现金流量相关的保险收入。主体确认相同金额的保险服务费用。在本示例中，合同的责任期是3年，因此，每年在损益中确认的费用是CU30（CU90÷3年）。

**IE79** 主体在损益中确认以下金额：

| 损益表 | 第1年 | 第2年 | 第3年 | 合计 |
| --- | --- | --- | --- | --- |
|  | CU | CU | CU | CU |
| 保险收入[1] | 300 | 300 | 300 | 900 |
| 保险服务费用[2] | (230) | (230) | (230) | (690) |
| 保险服务业绩 | 70 | 70 | 70 | 210 |
| 其他费用[3] | (30) | – | – | (30) |
| **利润** | **40** | **70** | **70** | **180** |

（1）对于保险收入的成分更详细的信息，参见IE80段后的表格。

（2）根据第84段，主体列报的保险服务费用为每年已发生赔款CU200加上分摊至每年的保险获取现金流量CU30。

（3）其他费用包含不可直接归属于合同所属的保险合同组合的获取现金流量。它们是按获取现金流量CU120与可直接归属的保险获取现金流量CU90之差额计算而得。

**IE80** 第106段要求的保险收入分析的可能的格式如下：

| | 第1年 | 第2年 | 第3年 | 合计 |
| --- | --- | --- | --- | --- |
| | CU | CU | CU | CU |
| 与未到期责任负债相关的金额： | | | | |
| －发生的保险服务费用[1] | 200 | 200 | 200 | 600 |

续表

|  | 第1年 | 第2年 | 第3年 | 合计 |
|---|---|---|---|---|
|  | CU | CU | CU | CU |
| －在损益中确认的合同服务边际 | 65 | 65 | 65 | 195 |
| －风险释放引起的非金融风险调整的变动 | 5 | 5 | 5 | 15 |
| 保险获取现金流量收回的分摊 | 30 | 30 | 30 | 90 |
| 保险收入[2] | 300 | 300 | 300 | 900 |

（1）根据 B124 段，主体以年初的预期来计量这些金额。

（2）本示例说明了第 106 段要求的保险收入的分析。关于如何确定保险收入，参见示例 3。

## 示例8——亏损保险合同组的损失转回（第49段至第50段以及B123段至B124段）

**IE81** 本示例说明了当一个亏损合同组变为盈利时，主体如何从未到期责任负债的亏损部分转回损失。

*假设*

**IE82** 主体签发了 100 份保险合同，责任期为 3 年。责任期从保险合同签发时开始，并且服务将在责任期内均匀地提供。为简化起见，假设在责任期结束之前没有合同失效。

**IE83** 该主体预计在初始确认后立即收到 CU800 的保费；因此，未来现金流入现值的估计为 CU800。

**IE84** 主体估计的年度未来现金流出为每年年末 CU400（合计 CU1 200）。主体使用根据第 36 段确定的、反映不随任何基础项目回报而变动的名义现金流量特征的折现率每年 5%，估计出未来现金流出的现值为 CU1 089。主体预计赔付于发生时支付。

**IE85** 初始确认时非金融风险调整等于 CU240，假设主体的风险在 3 年的责任期内均匀释放。

**IE86** 在本示例中，为简化起见，忽略所有其他金额，包括投资成分。

**IE87** 在初始确认时，主体计量保险合同组并估计后续每年年末的履约现金流量如下：

|  | 初始确认 | 第1年 | 第2年 | 第3年 |
|---|---|---|---|---|
|  | CU | CU | CU | CU |
| 未来现金流入现值的估计 | （800） | – | – | – |
| 未来现金流出现值的估计 | 1 089 | 743 | 381 | – |
| 未来现金流量现值的估计 | 289 | 743 | 381 | – |
| 非金融风险调整 | 240 | 160 | 80 | – |
| 履约现金流量 | 529 | 903 | 461 | – |
| 合同服务边际 | – |  |  |  |
| 保险合同负债 | **529** |  |  |  |

**IE88** 在第1年内，所有事项按初始确认时的预期发生。

**IE89** 在第2年末，主体将第3年的未来现金流出的估计修改为CU100，而不是CU400（现值减少CU286）。与该等现金流量有关的非金融风险调整不变。

**IE90** 在第3年内，所有事项按第2年末的预期发生。

分析

**IE91** 在第1年末，根据B96段至第97段，主体分析年内履约现金流量变动的来源，以确定每一变动是否调整合同服务边际。使用这些信息，第101段要求的保险合同负债调节的可能的格式如下：

|  | 未来现金流量现值的估计 | 非金融风险调整 | 合同服务边际 | 保险合同负债 |
|---|---|---|---|---|
|  | CU | CU | CU | CU |
| 期初余额 | – | – | – | – |
| 与未来服务相关的变动：新合同 | 289 | 240 | – | 529 |
| 现金流入 | 800 | – | – | 800 |
| 保险财务费用 | 54[1] | –[2] | – | 54 |
| 与当期服务相关的变动 | – | （80）[2] | –[3] | （80） |
| 现金流出 | （400） | – | – | （400） |
| 期末余额 | **743** | **160** | **–** | **903** |

续表

> （1）在本示例中，保险财务费用 CU54 等于 CU1 089（初始确认时未来现金流量现值的估计 CU289 与第 1 年初收到的现金流入 CU800 之和）乘以根据第 36 段和 B72（1）段确定的当前折现率每年 5%。
>
> （2）根据第 81 段，主体选择不将非金融风险调整的变动分解为保险服务业绩与保险财务收益或费用；因此，主体将非金融风险调整的全部变动在损益表中列报为保险服务业绩的一部分。
>
> （3）根据第 44（5）段，主体在该年内不在损益中确认任何合同服务边际，因为合同服务边际（在任何分摊前）等于零。

IE92　第 1 年的财务状况表确认的与损益表确认的金额之间，第 100 段所要求的调节的可能格式如下：

|  | 未到期责任负债除亏损部分外的部分 | 未到期责任负债的亏损部分 | 已发生赔款负债 | 保险合同负债 |
|---|---|---|---|---|
|  | CU | CU | CU | CU |
| 期初余额 | – | – | – | – |
| 现金流入 | 800 | – | – | 800 |
| 保险服务费用：亏损合同的损失 | – | 529[(1)] | – | 529 |
| 保险财务费用 | 33 | 21[(2)] | – | 54[(3)] |
| 保险收入 | (289)[(2)] | – | – | (289) |
| 保险服务费用：已发生费用 | – | (191)[(2)] | 400 | 209 |
| 现金流出 | – | – | (400) | (400) |
| **期末余额** | **544** | **359** | **–** | **903** |

> （1）根据第 49 段，主体针对亏损合同组确认未到期责任负债的亏损部分。此亏损部分将决定列示为亏损合同组的损失转回而计入损益的金额，并因此在确定保险收入时将被排除在外。
>
> （2）将履约现金流量的变动分摊至未到期责任负债除亏损部分外的部分及未到期责任负债的亏损部分。关于此计算，参见 IE93 段后的表格以及其脚注。
>
> （3）关于此计算，参见 IE91 段后的表格。保险财务费用总金额与未到期责任负债有关，因为已发生赔款负债在费用发生后立即支付。

**IE93** 根据第 50（1）段，主体将未到期责任负债的履约现金流量特定的后续变动按系统的基础分摊至未到期责任负债的亏损部分及未到期责任负债除亏损部分以外的部分。以下表格说明了第 1 年内未到期责任负债的履约现金流量变动的系统分摊。

| | 未到期责任负债除亏损部分外的部分 | 未到期责任负债的亏损部分 | 合计 |
|---|---|---|---|
| | CU | CU | CU |
| 因当年发生的赔付而释放的预期保险服务费用 | （241） | （159）[1] | （400） |
| 风险释放引起的非金融风险调整的变动 | （48） | （32）[1] | （80） |
| 保险收入 | （289）[2] | – | |
| 保险服务费用 | – | （191） | |

（1）根据第 50（1）段，主体将未到期责任负债的履约现金流量的后续变动按系统的基础分摊至未到期责任负债的亏损部分及未到期责任负债除亏损部分以外的部分。在本示例中，系统分摊是基于 39.8% 的比例，该比例是在保险合同初始确认时计算的，未到期责任负债的亏损部分 CU529 与未来现金流出现值加上非金融风险调整的估计的合计 CU1 329（CU1 089 + CU240）之相对比例。因此，主体将履约现金流量的后续变动分摊至未到期责任负债的亏损部分，如下：

①当年减少的未到期责任负债中的未来现金流量估计额 CU159，由预期当年发生的赔付所对应的保险服务费用 CU400 乘以 39.8% 计算得出；

②风险释放引起的非金融风险调整的变动 CU32，由该等变动的总额 CU80 乘以 39.8% 计算得出；以及

③保险财务费用 CU21，根据保险财务费用总额 CU54 乘以 39.8% 计算。

（2）保险收入 CU289 是：

①主体根据 B123 段确定的未到期责任负债的变动，剔除：

A 与当年内提供的服务不相关的变动，例如，收取保费的现金流入导致的变动以及与保险财务收益或费用相关的变动；以及

B 虽与服务相关、但主体预期不收取对价的变动，即未到期责任负债亏损部分的增加和减少。

因此，在本示例中，保险收入 CU289 是未到期责任负债期初与期末账面金额的差异 CU544（CU0 – CU544），剔除保险财务费用 CU33 及现金流入 CU800，即 CU289 =（CU544 – CU800 – CU33）。

续表

②主体根据 B124 段分析为与主体预期将收取的对价所对应的服务相关的未到期责任负债当年变动的总和。那些变动是：

［1］当期发生的保险服务费用（以期初预期的金额计量），但不包括分摊至未到期责任负债亏损部分的金额；

［2］非金融风险调整的变动，但不包括因为与未来服务相关而调整合同服务边际的变动以及分摊至亏损部分的金额，即风险释放引起的变动；以及

［3］在当期损益中确认的合同服务边际的金额。

因此，在本示例中，保险收入 CU289 是，当年发生的赔付所对应的保险服务费用 CU400 与风险释放引起的非金融风险调整的变动 CU80 之和，再减去分摊至未到期责任负债亏损部分的金额 CU191（CU159 + CU32），即 CU289 = CU400 + CU80 − CU191。

IE94 于第 2 年末，根据 B96 段至 B97 段，主体分析年内履约现金流量变动的来源，以确定每一变动是否调整合同服务边际，如下：

| | 未来现金流量现值的估计 | 非金融风险调整 | 合同服务边际 | 保险合同负债 |
|---|---|---|---|---|
| | CU | CU | CU | CU |
| 期初余额 | 743 | 160 | – | 903 |
| 保险财务费用 | 37[1] | – | – | 37 |
| 与未来服务相关的变动 | (286)[2] | – | 103[2] | (183) |
| 与当期服务相关的变动 | – | (80) | (52)[3] | (132) |
| 现金流出 | (400) | – | – | (400) |
| **期末余额** | **94** | **80** | **51** | **225** |

（1）在本示例中，保险财务费用 CU37 是第 2 年初时未来现金流量现值的估计 CU743 乘以根据第 36 段和 B72（1）段确定的当前折现率 5%。

（2）根据第 50（2）段，将由于与未来服务相关之未来现金流量的估计变更而导致的分摊至该合同组的履约现金流量的任何后续的减少 CU286，全部分摊至亏损部分直到该亏损部分减少至零（履约现金流量的减少 CU183 分摊到亏损部分使亏损部分减少至零，参见 IE95 段后的表格）。主体将按上述方式减少亏损部分之后仍有剩余的金额 CU103（CU286 − CU183）调整合同服务边际。

续表

> (3) 根据 B119 (2) 段，主体将期末的合同服务边际（在任何金额确认为损益之前）平均分摊至当期提供的和未来预期提供的每一责任单元；根据 B119 (3) 段，主体确认分摊至当期的合同服务边际在损益中确认的金额为 CU52，即 CU103 除以 2 年计算而得。

**IE95** 第 2 年的财务状况表确认的与损益表确认的金额之间，第 100 段所要求的调节的可能格式如下：

|  | 未到期责任负债除亏损部分外的部分 | 未到期责任负债的亏损部分 | 已发生赔款负债 | 保险合同负债 |
|---|---|---|---|---|
|  | CU | CU | CU | CU |
| 期初余额 | 544 | 359 | – | 903 |
| 保险财务费用 | 22 | 15<sup>(1)</sup> | – | 37<sup>(2)</sup> |
| 保险收入 | (341)<sup>(1)</sup> | – | – | (341) |
| 保险服务费用：已发生费用 | – | (191)<sup>(1)</sup> | 400 | 209 |
| 保险服务费用：亏损合同的损失转回 | – | (183)<sup>(3)</sup> | – | (183) |
| 现金流量 | – | – | (400) | (400) |
| 期末余额 | **225** | **–** | **–** | **225** |

(1) 根据第 50 (1) 段，主体将未到期责任负债的履约现金流量的后续变动按系统的基础分摊至未到期责任负债的亏损部分及未到期责任负债除亏损部分以外的部分。关于更加详细的计算，参见 IE96 段后的表格以及脚注。

(2) 关于此计算，参见 IE94 段后的表格。保险财务费用总金额与未到期责任负债有关，因为已发生赔款负债在费用发生后立即支付。

(3) 根据第 50 (2) 段，将由于与未来服务相关之未来现金流量的估计变更而导致的分摊至该合同组的履约现金流量的任何后续的减少 CU286（参见 IE94 段后的表格），全部分摊至亏损部分直到该亏损部分减少至零。《国际财务报告准则第 17 号》未规定主体进行脚注（1）中的履约现金流量分摊［根据第 50 (1) 段］与本脚注中的分摊［根据第 50 (2) 段］的顺序。本示例说明了在进行第 50 (2) 段要求的分摊之前进行第 50 (1) 段要求的分摊情况下的结果。

**国际财务报告准则**

IE96 以下表格说明了第 2 年内未到期责任负债的履约现金流量变动的系统分摊。

| | 未到期责任负债除亏损部分外的部分 | 未到期责任负债的亏损部分 | 合计 |
|---|---|---|---|
| | **CU** | **CU** | **CU** |
| 因当年发生的赔付而释放的预期保险服务费用 | (241) | (159)[(1)] | (400) |
| 风险释放引起的非金融风险调整的变动 | (48) | (32)[(1)] | (80) |
| 当年损益中确认的合同服务边际 | (52) | — | (52) |
| 保险收入 | (341)[(2)] | — | |
| 保险服务费用 | — | (191) | |
| 保险财务费用 | 22[(2)] | (15)[(1)] | |

（1）根据第 50（1）段，主体将未到期责任负债的履约现金流量的后续变动按系统的基础分摊至未到期责任负债的亏损部分及未到期责任负债除亏损部分以外的部分。在本示例中，系统分摊是基于 39.8% 的比例，该比例是在保险合同初始确认时计算的，未到期责任负债的亏损部分 CU359 与未来现金流出现值加上非金融风险调整的估计和合计 CU903（CU743 + CU160）之相对比例。因此，主体将履约现金流量的后续变动分摊至未到期责任负债的亏损部分，如下：

①当年减少的未到期责任负债中的未来现金流量估计额 CU159，由预期当年发生的赔付所对应的保险服务费用 CU400 乘以 39.8% 计算得出；

②风险释放引起的非金融风险调整的变动 CU32，由该等变动的总额 CU80 乘以 39.8% 计算得出；以及

③保险财务费用 CU15，根据保险财务费用总额 CU37 乘以 39.8% 计算。

（2）保险收入 CU341 是：

①主体根据 B123 段确定的未到期责任负债期初与期末账面金额的差额，剔除与亏损部分相关的变动 CU319（CU544 − CU225），再剔除保险财务费用 CU22，即 CU341 = CU319 + CU22；以及

②主体根据 B124 段分析为当年发生的赔付所对应的保险服务费用 CU400，风险释放引起的非金融风险调整的变动 CU80 以及在当期损益中确认的合同服务边际 CU52 之和，减去未到期责任负债亏损部分的转回 CU191（CU159 + CU32），即 CU341 = CU400 + CU80 + CU52 − CU191。

IE97 于第3年末,责任期结束,该保险合同组终止确认。根据B96段至B97段,主体分析年内履约现金流量变动的来源,以确定每一变动是否调整合同服务边际,如下:

|  | 未来现金流量现值的估计 | 非金融风险调整 | 合同服务边际 | 保险合同负债 |
|---|---|---|---|---|
|  | CU | CU | CU | CU |
| 期初余额 | 94 | 80 | 51 | 225 |
| 保险财务费用 | 5[(1)] | – | 3[(2)] | 8 |
| 与当期服务相关的变动 | – | (80) | (54)[(3)] | (134) |
| 现金流出 | (100) | – | – | (100) |
| 因四舍五入导致的差异 | 1 | – | – | 1 |
| **期末余额** | – | – | – | – |

(1) 在本示例中,保险财务费用 CU5 是第3年初的未来现金流量现值估计 CU94 乘以根据第36段和B72(1)段确定的当前折现率5%。

(2) 根据第44(2)段,主体通过将期初余额 CU51 乘以根据第44(2)段以及 B72(2)段确定的折现率5%计算出合同服务边际账面金额所计提的利息 CU3。

(3) 所有的合同服务边际全确认在损益中,因为第3年是责任的最后1年。

IE98 第3年的财务状况表确认的与损益表确认的金额之间,第100段所要求的调节的可能格式如下:

|  | 未到期责任负债除亏损部分外的部分 | 未到期责任负债的亏损部分 | 已发生赔款负债 | 保险合同负债 |
|---|---|---|---|---|
|  | CU | CU | CU | CU |
| 期初余额 | 225 | – | – | 225 |
| 保险收入 | (233)[(1)] | – | – | (233) |
| 保险服务费用 | – | – | 100 | 100 |
| 保险财务费用 | 8[(2)] | – | – | 8 |
| 现金流量 | – | – | (100) | (100) |
| **期末余额** | – | – | – | – |

续表

> （1）保险收入 CU233 是：
> ①主体根据 B123 段确定的未到期责任负债期初与期末账面金额的差额，剔除与亏损部分相关的变动 CU225（CU225 – CU0），再剔除保险财务费用 CU8，即 CU233 = CU225 + CU8；以及
> ②主体根据 B124 段分析为保险服务费用 CU100，风险释放引起的非金融风险调整的变动 CU80，以及在损益中确认的合同服务边际 CU54 之总和，即 CU233 = CU100 + CU80 + CU54 – CU1 因四舍五入所导致的差异。
> （2）关于此计算，参见 IE97 段后的表格。保险财务费用总金额与未到期责任负债有关，因为已发生赔款负债在费用发生后立即支付。

## 具有直接参与分红特征的保险合同组的计量

### 示例 9——具有直接参与分红特征的保险合同组的初始和后续计量（第 45 段和 B110 段至 B114 段）

**IE99** 本示例说明了具有直接参与分红特征的保险合同组的计量。

*假设*

**IE100** 主体签发了 100 份合同，根据 B101 段，符合具有直接参与分红特征的保险合同的标准。责任期为 3 年。责任期从保险合同签发时开始。

**IE101** 对于每一合同，主体在责任期期初收到趸缴保费 CU150。保单持有人会收到：
（1）CU170 或（当账户价值更高时）账户价值，如果被保险人在责任期内死亡；或者
（2）责任期期末的账户价值，如果被保险人在责任期结束时仍生存。

**IE102** 主体计算每年年末每一合同（基础项目）的账户价值，如下：
（1）期初余额；加上
（2）收到的保费（如有）；加上
（3）特定资产池公允价值的变动；减去
（4）年初账户价值加上公允价值变动的 2% 作为年度收费；减去
（5）当被保险人死亡或者责任期结束时，剩余的账户价值。

**IE103** 主体购买特定资产池，并该等资产以公允价值计量且其变动计入损益。本示例假设主体出售资产来收取年度收费以及支付赔款。因此，主体持有的资产等于

基础项目。

**IE104** 在合同的初始确认时,主体:

(1) 预计特定资产池的公允价值每年增加 10%;

(2) 确定反映不随任何基础项目回报而变动的名义现金流量特征的折现率为每年 6%;

(3) 预计非金融风险调整为 CU25,并预计其于第 1 年至第 3 年确认在损益中的金额分别为:CU12,CU8 和 CU5;

(4) 预计最低死亡给付所隐含的保证的时间价值;① 以及

(5) 预计每年年末将会有 1 位被保险人死亡,赔付会立即结算。

**IE105** 在责任期内,该保证的时间价值的变动及基础项目公允价值回报的变动如下:

(1) 第 1 年内,特定资产池的公允价值增加 10%,与初始确认时的预期一致;

(2) 第 2 年内,公允价值增加 8%,比初始确认时的预期低;以及

(3) 第 3 年内,公允价值增加又回到了初始预期的 10%。

**IE106** 为简化起见,本示例忽略所有其他金额。

*分析*

**IE107** 在初始确认时,主体计量保险合同组并估计后续每年年末的履约现金流量如下:

| | 初始确认 | 第 1 年 | 第 2 年 | 第 3 年 |
| --- | --- | --- | --- | --- |
| | **CU** | **CU** | **CU** | **CU** |
| 未来现金流入现值的估计 | (15 000) | – | – | – |
| 未来现金流出现值的估计[1] | 14 180 | 15 413 | 16 757 | – |
| 未来现金流量现值的估计 | (820) | 15 413 | 16 757 | – |
| 非金融风险调整 | 25 | 13 | 5 | – |
| 履约现金流量 | (795) | 15 426 | 16 762 | – |
| 合同服务边际 | 795 | | | |
| 初始确认时的保险合同(资产)/负债 | – | | | |

---

① 保证的时间价值的计算没有规定的方法,而且该金额的计算与其他履约现金流的计算不必分开进行。

续表

> （1）主体根据第 36 段和 B72（1）段确定的，反映未来现金流量特征的当前折现率来计算未来现金流出现值的估计。未来现金流出现值的估计包括了最低死亡给付所隐含的保证的时间价值的估计，并且该保证的计量与可观察的市场价格相一致。

**IE108** 根据第 45 段以及 B110 段至 B114 段，为了对具有直接参与分红特征的保险合同的合同服务边际（关于合同服务边际的调节，参见 IE111 段后的表格）进行会计处理，主体需要：

（1）计算保单持有人参与分红的基础项目的公允价值，并将其变动调整合同服务边际；以及

（2）分析履约现金流量的变动，对于每一变动决定是否调整合同服务边际。

**IE109** 主体确定每一个报告期末基础项目的公允价值如下：

| 基础项目[1]（保单持有人的账户价值） | 第 1 年 | 第 2 年 | 第 3 年 | 合计 |
|---|---|---|---|---|
| | CU | CU | CU | CU |
| 期初余额（A） | – | 16 008 | 16 772 | 不适用 |
| 现金流入：保费 | 15 000 | – | – | 15 000 |
| 公允价值变动（B = 10% × A（第 1 年和第 3 年），8% × A（第 2 年）） | 1 500 | 1 281 | 1 677 | 4 458 |
| 年度收费（C = 2% ×（A + B）） | (330) | (346) | (369) | (1 045) |
| 现金流出：死亡给付（1/100，1/99，1/98 ×（A + B + C）） | (162) | (171) | (184) | (517) |
| 现金流出：合同满期给付 | – | – | (17 896) | (17 896) |
| 期末余额 | 16 008 | 16 772 | – | 不适用 |

（1）在本示例中，基础项目等于主体持有的资产。《国际财务报告准则第 17 号》定义基础项目为用于确定某些应付保单持有人金额的项目。基础项目可包含任何项目；例如，参照资产组合。

IE110  主体确定履约现金流量的变动如下：

| 履约现金流量 | 第 1 年 | 第 2 年 | 第 3 年 | 合计 |
| --- | --- | --- | --- | --- |
| | CU | CU | CU | CU |
| 期初余额 | – | 15 426 | 16 461 | 不适用 |
| 与未来服务相关的变动：新合同 | （795） | – | – | （795） |
| 货币时间价值、金融风险及其变动的影响(1) | 1 403 | 1 214 | 1 624 | 4 241 |
| 与当期服务相关的变动：风险释放 | （12） | （8） | （5） | （25） |
| 现金流量(2) | 14 830 | （171） | （18 080） | （3 421） |
| 期末余额 | 15 426 (3) | 16 461 (3) | – | 不适用 |

（1）货币时间价值、金融风险及其变动的影响包括：

①提供最低死亡给付所隐含的保证的时间价值的变动；以及

②第 2 年和第 3 年内，由于基础项目公允价值的变动导致的向保单持有人支付义务的变动的影响。

（2）第 1 年内，主体收到保费 CU15 000，并支付了死亡给付 CU170（CU162 来自于账户价值以及 CU8 来自于主体的账户）。第 2 年内，主体仅从账户价值中支付赔款 CU171，因为账户价值高于保证的金额 CU170。第 3 年，主体从账户价值中支付死亡给付 CU184，并在合同满期时支付 CU17 896（关于从账户价值中支付的金额，参见 IE109 段后的表格）。

（3）主体根据第 36 段和 B72（1）段确定的，反映未来现金流量特征的当前折现率来计算未来现金流出现值的估计。未来现金流出现值的估计包括了最低死亡给付所隐含的保证的时间价值的估计，并且该保证的计量与可观察的市场价格相一致。

IE111  根据第 45 段，主体确定每一个报告期期末的合同服务边际的账面金额如下：

| 合同服务边际 | 第 1 年 | 第 2 年 | 第 3 年 | 合计 |
| --- | --- | --- | --- | --- |
| | CU | CU | CU | CU |
| 期初余额 | – | 592 | 328 | 不适用 |
| 与未来服务相关的变动：新合同 | 795 | – | – | 795 |
| 浮动收费的变动(1)： | | | | |
| – 基础项目公允价值的变动 | 1 500 | 1 281 | 1 677 | 4 458 |

续表

| 合同服务边际 | 第 1 年 | 第 2 年 | 第 3 年 | 合计 |
| --- | --- | --- | --- | --- |
| | CU | CU | CU | CU |
| －货币时间价值、金融风险及其变动的影响 | (1 403) | (1 214) | (1 624) | (4 241) |
| 与当期服务相关的变动：在损益中确认[(2)] | (300) | (331) | (381) | (1 012) |
| 期末余额 | **592** | **328** | **－** | **不适用** |

(1) 根据 B110 段至 B113 段，对于以下项目变动的净额，主体调整合同服务边际：

①主体在基础项目公允价值中享有份额的金额；以及

②根据 B96 段确定与未来服务相关的，不随基础项目回报而变动的履约现金流量，加上货币时间价值、金融风险及其不由基础项目产生的变动之影响。

B114 段允许主体无须分别识别合同服务边际的每一项调整，而可以将这些调整合并。另外，在本示例中，根据 B96 段确定的不随基础项目回报而变动的履约现金流量无变动。因此，主体可以按照以下项目变动的净额来估计合同服务边际的净调整：

③基础项目的公允价值（等于①加上向保单持有人支付与基础项目公允价值等值的金额之义务）；以及

④与货币时间价值、金融风险及其变动之影响有关的履约现金流量（等于②加上向保单持有人支付与基础项目公允价值等值的金额之义务）。

因此，本示例中，因与未来服务相关的变动而对合同服务边际进行的调整，是基础项目公允价值的变动以及与货币时间价值、金融风险及其变动之影响有关的履约现金流量的变动的净额。

(2) 根据第 45（5）段以及 B119 段，主体通过将期末的合同服务边际（在任何金额确认为损益之前）平均分摊至当期提供的和未来预期提供的每一责任单元来确定合同服务边际在损益中确认的金额，如下：

①第 1 年内，在确认为损益之前的合同服务边际金额是 CU892（与新合同相关的变动 CU795 加上与浮动收费相关的变动净额 CU97（CU1 500 – CU1 403））；

②第 1 年内主体为 100 份合同承担了责任，预计第 2 年为 99 份合同承担责任，第 3 年为 98 份承担责任（责任单元的数量总计为 297）；因此

③第 1 年内主体在损益中确认的合同服务边际是 CU300（由合同服务边际 CU892 乘以第 1 年的责任单元的数量 100，再除以责任单元总计 297 计算而得）。

主体采用相同的方法论计算第 2 年和第 3 年在损益中确认的金额。示例 6 更详细地说明了合同服务边际在损益中的确认。

**IE112** 该期内在损益表中确认的金额如下:

| 损益表[1] | 第1年 | 第2年 | 第3年 | 合计 |
|---|---|---|---|---|
| | CU | CU | CU | CU |
| 保险收入 | 320[1] | 339 | 386 | 1 045[2] |
| 保险服务费用[3] | (8) | – | – | (8) |
| **保险服务业绩** | **312** | **339** | **386** | **1 037** |
| 投资收益[4] | 1 500 | 1 281 | 1 677 | 4 458 |
| 保险财务费用[5] | (1 500) | (1 281) | (1 677) | (4 458) |
| 财务业绩 | – | – | – | – |
| 利润[6] | 312 | 339 | 386 | 1 037 |

(1)保险收入计算方法的详细描述在 IE33 段后的表格中提供。第 1 年内的保险收入 CU320 是:

①主体根据 B123 段确定的未到期责任负债期初与期末账面金额的差额 CU(16 018),剔除收到的保费 CU15 000、保险财务费用 CU1 500 以及投资成分 CU162〔CU320 = CU(16 018) + CU15 000 + CU1 500 − CU162〕。未到期责任负债账面金额在第 1 年内的变动 CU(16 018) 是期初余额 CU0 减去期末余额 CU16 018(第 1 年末的履约现金流量 CU15 426 加上第 1 年末的合同服务边际 CU592)。在本示例中,未到期责任负债等于保险负债总额,因为已发生赔款负债是零;以及

②主体根据 B124 段分析为当期预期的保险服务费用 CU8、风险释放引起的非金融风险调整的变动 CU12,以及在损益中确认的合同服务边际 CU300 之总和(CU320 = CU8 + CU12 + CU300)。

(2)根据 B120 段,主体计算出的保险收入总额 CU1 045 是支付给主体的保费金额 CU15 000,调整融资影响 CU4 458(在本示例中等于保险财务费用),并剔除从账户价值中支付的投资成分 CU18 413(CU517 + CU17 896)。在本示例中,保险收入总额等于从保单持有人账户价值中扣取的收费。

(3)保险服务费用 CU8 等于当期应付保单持有人的金额 CU170 减去从账户价值中支付的投资成分 CU162。而在第 2 年和第 3 年内,保险服务费用为零,因为应付保单持有人的所有金额都从账户价值中支付(即为投资成分的偿还)。

(4)与主体持有的资产相关的投资收益,按照另一准则进行会计处理。

续表

（5）根据 B111 段，向保单持有人支付与基础项目公允价值等值的金额之义务的变动，与未来的服务无关，不调整合同服务边际。根据第 87 段，主体将这些变动确认为保险财务收益或费用。例如，在第 1 年内，基础项目公允价值的变动是 CU1 500。

（6）本示例假设主体根据第 89 段选择将当期所有的保险财务收益或费用计入损益。

## 采用保费分摊法的保险合同组的计量

### 示例 10——采用保费分摊法的保险合同组的初始和后续计量（第 55 段至第 56 段、第 59 段、第 100 段以及 B126 段）

IE113 本示例说明了用于简化保险合同组计量的保费分摊法。

*假设*

IE114 主体于 20×1 年 7 月 1 日签发了保险合同。保险合同的责任期为 10 个月，于 20×2 年 4 月 30 日结束。主体的年度报告期间于每年的 12 月 31 日结束，主体每年编制截至 6 月 30 日的中期财务报表。

IE115 在初始确认时，主体预计：
（1）收到保费 CU1 220；
（2）支付可直接归属的获取现金流量 CU20；
（3）在责任期内均匀地发生赔付并释放风险；以及
（4）责任期内没有合同失效。

IE116 另外，在本示例中：
（1）根据第 57 段，事实和情况未表明保险合同组是亏损的；以及
（2）为简化起见，忽略所有其他金额，包括投资成分。

IE117 此后：
（1）初始确认后，主体立即收到所有保费并支付所有的获取现金流量；
（2）在截至 20×1 年 12 月 31 日的 6 个月报告期内，发生赔付 CU600，与这些赔付相关的非金融风险调整是 CU36；
（3）在截至 20×2 年 6 月 30 日的 6 个月报告期内，发生赔付 CU400，与这些赔付相关的非金融风险调整是 CU24；
（4）于 20×2 年 8 月 31 日，主体修改了与所有赔付相关的估计，并支付 CU1 070 以

结算这些赔付；以及

（5）为简化起见，当赔款支付时，与已发生赔款相关的非金融风险调整确认为损益。

**IE118** 根据第 53（2）段，该保险合同组可以采用保费分摊法。另外，主体预计：

（1）承担每一部分责任的时点与相关保费的到期日之间间隔不超过一年。因此，根据第 56 段，主体选择不对未到期责任负债的账面金额进行调整以反映货币时间价值以及金融风险的影响（因此，不折现或计提利息）。

（2）赔案发生后一年内支付赔款。因此，根据第 59（2）段，主体选择不对已发生赔款负债的账面金额进行调整以反映货币时间价值以及金融风险的影响。

**IE119** 另外，根据第 59（1）段，主体选择将保险获取现金流量在其相关成本发生时确认为费用。

分析

**IE120** 该保险合同组对财务状况表的影响如下：

| 财务状况表 | 20×1 年 12 月 | 20×2 年 6 月 | 20×2 年 12 月 |
|---|---|---|---|
| | CU | CU | CU |
| 现金 | (1 200)[(1)] | (1 200) | (130)[(2)] |
| 保险合同负债[(3)] | 1 124 | 1 060 | – |
| 权益 | 76 | 140 | 130 |

（1）20×1 年 12 月末的现金金额为 CU（1 200），等于 20×1 年 7 月 1 日收到的保费 CU（1 220）加上 20×1 年 7 月 1 日支付的获取现金流量 CU20。

（2）20×2 年 12 月末的现金金额为 CU130，等于 20×1 年 7 月 1 日的净现金流入 CU1 200 减去 20×2 年 8 月 31 日支付的赔款 CU1 070。

（3）如 IE122 段后的表格所示，保险合同负债是未到期责任负债与已发生赔款负债之和。

**IE121** 根据第 100 段，主体提供如下调节：

（1）对于未到期责任负债以及已发生赔款负债，分别调节财务状况表和损益表确认的金额；以及

（2）对于已发生赔款负债，分别披露未来现金流量现值的估计和非金融风险调整的调节。

国际财务报告准则

IE122 第 100 段要求的调节的可能的格式如下：

| | 20×1 年 12 月 | 20×1 年 12 月 | 20×2 年 6 月 | 20×2 年 6 月 | 20×2 年 12 月 | 20×2 年 12 月 |
|---|---|---|---|---|---|---|
| | CU | CU | CU | CU | CU | CU |
| **未到期责任负债** | | | | | | |
| 期初余额 | | – | | 488 | | – |
| 现金流入 | | 1 220 | | – | | – |
| 保险收入 | | (732)[(1)] | | (488) | | |
| 期末余额 | | 488[(2)] | | – | | – |
| **已发生赔款负债** | | | | | | |
| 未来现金流量现值的估计 | | – | | 600 | | 1 000 |
| 非金融风险调整 | | – | | 36 | | 60 |
| 期初余额 | | – | | 636 | | 1 060 |
| 未来现金流量现值的估计 | 600 | | 400 | | 70 | |
| 非金融风险调整 | 36 | | 24 | | (60) | |
| 保险服务费用 | | 636[(3)] | | 424[(4)] | | 10[(5)] |
| 未来现金流量现值的估计 | | – | | – | | (1 070) |
| 现金流出 | | – | | – | | (1 070) |
| 期末余额 | | 636 | | 1 060 | | – |

（1）关于保险收入的计算，参见 IE123 段后的表格。

（2）根据第 55 段，主体计量的 20×1 年 12 月末的未到期责任负债 CU488 为当期收到的保费 CU1 220 减去保险收入 CU732。主体未将获取现金流量包含在未到期责任负债中，因为根据第 59（1）段，主体选择将其在发生时计为费用。

（3）20×1 年 7 月至 20×1 年 12 月的期间内的保险服务费用 CU636 由已发生赔款 CU600 与非金融风险调整 CU36 组成。

续表

> （4）20×2年1月至20×2年6月的期间内的保险服务费用CU424由已发生赔款CU400与非金融风险调整CU24组成。
> 
> （5）保险服务费用CU10的组成如下：
> 
> ①利得CU60——由于风险释放，与已发生赔款负债相关的非金融风险调整确认为损益；以及
> 
> ②损失CU70——此前对已发生赔款的估计CU1 000与支付的赔款CU1 070之差额。

**IE123** 计入损益表的金额如下：

| 损益表 | 20×1年12月 | 20×2年6月 | 20×2年12月 |
|---|---|---|---|
| 截至所列日期的6个月期间 | | | |
| CU | CU | CU | |
| 保险收入 | 732[1] | 488[1] | – |
| 保险服务费用 | (656)[2] | (424)[2] | (10)[2] |
| 利润/(亏损) | 76 | 64 | (10) |

（1）根据B126段，主体当期确认的保险收入是预期收取的保费分摊至当期的金额。在本示例中，预期收取的保费以时间的推移为基础分摊至每一责任期间，因为风险在责任期内预期释放的方式与时间的推移不存在重大的差异。因此，截至20×1年12月的6个月内，保险收入等于CU732（CU1 220的60%）；以及截至20×2年4月的4个月内，保险收入等于CU488（CU1 220的40%）。

（2）关于保险服务费用的计算，参见IE122段后的表格。截至20×1年12月的6个月内，保险服务费用由已发生赔款负债的变动金额CU636以及根据第59（1）段确认为费用计入损益的获取现金流量CU20组成。

# 持有的再保险合同组的计量

### 示例11——持有的再保险合同组的初始计量（第63段至第65A段）

**IE124** 本示例说明了主体持有的一组再保险合同在初始确认时的计量。

假设

**IE125** 主体签订了一项再保险合同,该再保险合同对标的保险合同的每一笔赔付摊回30%以获得固定保费。

**IE126** 在初始确认时,主体计量标的保险合同组如下:

|  | 初始确认 |
|---|---:|
|  | CU |
| 未来现金流入现值的估计 | (1 000) |
| 未来现金流出现值的估计 | 900 |
| 未来现金流量现值的估计 | (100) |
| 非金融风险调整 | 60 |
| 履约现金流量 | (40) |
| 合同服务边际 | 40 |
| 初始确认时的保险合同(资产)/负债 | – |

**IE127** 根据第23段,主体建立了一个仅由单一的持有的再保险合同所组成的合同组。与该持有的再保险合同相关的项目:

(1) 根据第63段,主体采用与计量标的保险合同组的未来现金流量现值的估计相一致的假设来计量持有的再保险合同组的未来现金流量现值的估计。因此,未来现金流入现值的估计是CU270(摊回标的保险合同组未来现金流出CU900的30%);

(2) 根据第64段,主体按照能反映再保险合同的持有人转移给该合同签发人的风险的金额来确定非金融风险调整。因此,主体估计非金融风险调整为CU18,因为主体预计其可以将标的保险合同的风险的30%转移给再保险人(30% × CU60);以及

(3) 支付给再保险人的逐缴再保险保费是:

①在示例11A中—CU260;以及

②在示例11B中—CU300。

**IE128** 为简化起见,本示例忽略再保险人的不履约风险以及所有其他金额。

分析

**IE129** 持有的再保险合同的计量如下:

|  | 示例 11A<br>再保险合同资产 | 示例 11B<br>再保险合同资产 |
|---|---|---|
|  | CU | CU |
| 未来现金流入现值的估计（摊回） | （270） | （270） |
| 未来现金流出现值的估计（支付的保费） | 260 | 300 |
| 未来现金流量现值的估计 | （10） | 30 |
| 非金融风险调整 | （18） | （18） |
| 履约现金流量 | （28） | 12 |
| 持有的再保险合同的合同服务边际[(1)] | 28 | （12） |
| 初始确认时的再保险合同资产 | — | — |
| 对损益的影响是： |  |  |
| 初始确认时的利润/（亏损） | — | — |

(1) 根据第 65 段，主体按照履约现金流量与当日产生的任何现金流量之和来计量持有的再保险合同的合同服务边际。对持有的再保险合同而言，不存在（保险合同会有的）未赚利润，而是存在购买再保险的净成本或净利得。

### 示例 12A 和示例 12B——持有的再保险合同组的后续计量（第 66 段）

**IE130** 本示例分别说明了当标的保险合同组不是亏损合同组以及是亏损合同组的不同情况下，持有的再保险合同产生的合同服务边际的后续计量。

**IE131** 本示例不是示例 11 的延续。

*假设*

**IE132** 主体签订了一项再保险合同，该再保险合同对标的保险合同所产生的每一笔赔付摊回 30% 以获得固定保费（主体假设其可以将标的保险合同之非金融风险的 30% 转移至再保险人）。

**IE133** 为简化起见，本示例忽略折现的影响、再保险人的不履约风险以及其他金额。

**IE134** 根据第 23 段，主体建立了一个仅由单一的持有的再保险合同所组成的合同组。

**IE135** 紧临第 1 年末前，主体计量保险合同组和持有的再保险合同，如下：

|  | 保险合同负债 | 再保险合同资产 |
|---|---|---|
|  | CU | CU |
| 履约现金流量（估计变更的影响之前） | 300 | (90) |
| 合同服务边际 | 100 | (25)[1] |
| 紧临第1年末前的保险合同负债/（再保险合同资产） | **400** | **(115)** |

（1）在本示例中，持有的再保险合同的合同服务边际CU（25）与标的保险合同的CU30（30%×CU100）之间的差异，是由于标的保险合同与持有的再保险合同之间不同的定价政策而产生的。

**IE136** 于第1年末，主体修改了标的保险合同组的履约现金流量的估计，如下：

（1）在示例12A中——主体估计标的保险合同组的履约现金流量增加CU50，合同服务边际减少了相同的金额（标的保险合同组不是亏损的合同组）。

（2）在示例12B中——主体估计标的保险合同组的履约现金流量增加CU160。该变动导致标的保险合同组成为亏损的合同组，主体将合同服务边际减少了CU100至零，并将剩余的CU60在损益中确认为损失。

分析

### 示例12A——标的保险合同组不是亏损的合同组

**IE137** 于第1年末，主体计量保险合同负债和再保险合同资产如下：

|  | 保险合同负债 | 再保险合同资产 |
|---|---|---|
|  | CU | CU |
| 履约现金流量（包括了估计变更的影响） | 350 | (105)[1] |
| 合同服务边际 | 50 | (10)[2] |
| 第1年末的保险合同负债/（再保险合同资产） | **400** | **(115)** |
| 估计变更对损益的影响是： |  |  |
| 第1年末的利润/（亏损） | – | – |

续表

（1）主体按标的保险合同组履约现金流量变动的30%增加了持有的再保险合同的履约现金流量（CU15 = 30% × CU50）。

（2）根据第66段，主体使用持有的再保险合同履约现金流量变动的总金额CU15来将持有的再保险合同的合同服务边际从CU（25）调整为CU（10）。这是因为分摊至标的保险合同组的履约现金流量的全部变动调整了这些标的保险合同组的合同服务边际。

### 示例12B——标的保险合同组是亏损的合同组

IE138 于第1年末，主体计量保险合同负债和再保险合同资产如下：

|  | 保险合同负债 | 再保险合同资产 |
|---|---|---|
|  | CU | CU |
| 履约现金流量（包括了估计变更的影响） | 460 | (138)[1] |
| 合同服务边际 | – | 5[2] |
| **第1年末的保险合同负债/(再保险合同资产)** | **460** | **(133)** |
| 对损益的影响是： |  |  |
| **第1年末的利润/(亏损)** | **(60)** | **18**[2] |

（1）主体将持有的再保险合同的履约现金流量增加了CU48，该金额等于标的保险合同组履约现金流量变动的30%（CU48 = 30% × CU160）。

（2）根据第66段，主体将与未来服务相关的履约现金流量变动（以标的保险合同组的调整其合同服务边际的那部分履约现金流量变动引起的变动为限），调整持有的再保险合同的合同服务边际。因此，主体确认持有的再保险合同的履约现金流量变动CU48，如下：

①将履约现金流量变动中的CU30调整持有的再保险合同的合同服务边际。该CU30对应于标的保险合同组因其履约现金流量变动而调整其合同服务边际的CU100（CU30 = 30% × CU100）。因此，持有的再保险合同的合同服务边际为CU5，等于初始确认时的合同服务边际CU25，调整了履约现金流量的部分变动CU30〔CU5 = CU（25）+ CU30〕。

②将持有的再保险合同履约现金流量的剩余变动CU18立即在损益中确认。

## 示例12C 对于为标的保险合同组（包括一个亏损合同组）承担责任的持有的再保险合同组的计量（第66A段至第66B段和B119C至B119F段）

**IE138A** 本示例说明了当标的保险合同组的一组亏损时，持有的再保险合同组的初始及后续计量。

*假设*

**IE138B** 第1年初，主体签定了一项再保险合同，该再保险合同对标的保险合同组的每一笔赔付摊回30%以获得固定保费。这些标的保险合同在主体签订该再保险合同时签发。

**IE138C** 在本示例中，为简化起见，假设：
（1）在责任期结束前没有合同失效；
（2）除IE138J段所述之外，无其他估计变更；以及
（3）忽略所有其他金额，包括折现的影响、非金融风险调整以及再保险人不履约风险。

**IE138D** 一些标的保险合同在初始确认时是亏损的。因此，根据第16段，主体建立了一个亏损合同组。其余的标的保险合同预期将盈利，在本示例中，主体根据第16段建立了一个由盈利合同组成的合同组。

**IE138E** 标的保险合同和再保险合同的责任期为自第1年初开始的3年。服务在责任期内均匀提供。

**IE138F** 主体预期在初始确认后立即收到标的保险合同的保费CU1 110。标的保险合同的赔付预期将在责任期内均匀发生，并在发生后立即支付。

**IE138G** 主体在标的保险合同组初始确认时，对其计量如下：

|  | 盈利保险合同组 | 亏损保险合同组 | 合计 |
|---|---|---|---|
|  | CU | CU | CU |
| 未来现金流入现值的估计 | (900) | (210) | (1 100) |
| 未来现金流出现值的估计 | 600 | 300 | 900 |
| 履约现金流量 | (300) | 90 | (210) |
| 合同服务边际 | 300 | – | 300 |
| **初始确认时的保险合同负债** | **–** | **90** | **90** |
| **初始确认时的亏损** | **–** | **(90)** | **(90)** |

**IE138H** 根据第61段，主体建立了一个仅由单一的持有的再保险合同所组成的合同组。主体在初始确认后立即向再保险人支付保费CU315。主体预计在其支付标的保险合同赔款的同一天从再保险公司收到摊回赔款。

**IE138I** 根据第63段，主体采用与计量标的保险合同组的未来现金流量现值的估计相一致的假设来计量持有的再保险合同组的未来现金流量现值的估计。因此，未来现金流入现值的估计是CU270（摊回标的保险合同组未来现金流出CU900的30%）。

**IE138J** 于第2年末，主体修改了其对标的保险合同组剩余履约现金流出的估计。主体估计标的保险合同组的履约现金流量增加10%，从未来现金流出CU300增至未来现金流出CU330。因此，主体估计持有的再保险合同的履约现金流量也增加，从未来现金流入CU90增至未来现金流入CU99。

*分析*

**IE138K** 在持有的再保险合同组初始确认时，主体对其计量如下：

|  | 初始确认<br>CU |
|---|---:|
| 未来现金流入现值的估计（摊回） | (270) |
| 未来现金流出现值的估计（保费） | 315 |
| **履约现金流量** | **45** |
| 持有的再保险合同的合同服务边际（亏损摊回调整前） | (45) |
| 亏损摊回部分 | (27)[1] |
| **持有的再保险合同的合同服务边际（亏损摊回调整后）** | **(72)[2]** |
| 初始确认时的再保险合同资产 | (27)[3] |
| **初始确认时的收益** | **27[1]** |

（1）根据第66A段，主体调整了持有的再保险合同的合同服务边际，并确认收益来反映亏损的摊回。根据B119D段，主体确定合同服务边际调整与确认收益的金额为CU27（亏损标的保险合同组所确认的亏损CU90乘以主体预期摊回赔付的比例30%）。

（2）合同服务边际由CU45调整CU27后变为CU72，反映了持有的再保险合同的净成本。

（3）再保险合同资产为CU27，由履约现金流量CU45（净流出）和反映净成本的合同服务边际CU72组成。根据第66B段，主体确认未到期责任资产的亏损摊回部分为CU27，反映了根据第66A段确认的亏损摊回。

国际财务报告准则

**IE138L** 于第1年末，主体计量保险合同负债和再保险合同资产如下：

|  | 保险合同负债 | | 再保险合同资产 |
|---|---|---|---|
|  | 盈利保险合同组 | 亏损保险合同组 | |
|  | CU | CU | CU |
| 未来现金流入现值的估计（摊回） | – | – | (180) |
| 未来现金流出现值的估计（赔付） | 400 | 200 | – |
| 履约现金流量 | 400 | 200 | (180) |
| 合同服务边际 | 200 | – | (48)[1] |
| 保险合同负债 | **600** | **200** | |
| 再保险合同资产 | | | **(228)** |

（1）根据第66（5）段以及B119段，主体确定在第1年因提供服务而在损益中确认的合同服务边际金额为CU24，即由初始确认时合同服务边际CU72除以3年责任期计算而得。因此，第1年年末持有的再保险合同的合同服务边际CU48等于初始确认时的合同服务边际CU72减去CU24。

**IE138M** 于第2年末，主体计量保险合同负债和再保险合同资产如下：

|  | 保险合同负债 | | 再保险合同资产 |
|---|---|---|---|
|  | 盈利保险合同组 | 亏损保险合同组 | |
|  | CU | CU | CU |
| 未来现金流入现值的估计（摊回） | – | – | (99)[1] |
| 未来现金流出现值的估计（赔付） | 220[1] | 110[1] | – |
| 履约现金流量 | 220 | 110 | (99) |
| 合同服务边际 | 90[2] | – | (21)[5] |
| 保险合同负债 | **310** | **110** | |
| 再保险合同资产 | | | **(120)** |
| 确认亏损和亏损摊回 | | (10)[3] | 3[4] |

续表

> （1）主体将各标的保险合同组的预期剩余现金流出增加 10%（总计 CU30），并将持有的再保险合同的预期剩余现金流入（预期摊回 CU90）增加 10%（CU9）。
>
> （2）根据第 44（3）段，主体将合同服务边际的账面金额 CU200 调整了（未来服务相关的履约现金流量的变动）CU20。根据第 44（5）段，主体还对合同服务边际的账面金额调整了 CU90，该调整是确认为保险收入的金额［(CU200 − CU20) ÷ 2］。因此，第 2 年末的合同服务边际为 CU90（CU200 − CU20 − CU90）。
>
> （3）根据第 48 段，主体在损益中确认 CU10，该金额是亏损标的保险合同组与未来服务相关的履约现金流量变动。
>
> （4）根据第 66（3）①段，对于与未来服务相关的履约现金流量的变动，主体调整持有的再保险合同组的合同服务边际，除非该变动是由分摊至标的保险合同组但不调整其合同服务边际的履约现金流量的变动导致的。因此，主体以下列方式确认持有的再保险合同的履约现金流量的变动 CU9：
>
> ①立即在损益中确认持有的再保险合同履约现金流量变动 CU3（亏损标的保险合同组履约现金流量变动 CU10 的 30%，这 CU10 的变动不调整该组的合同服务边际）；并且
>
> ②将持有的再保险合同履约现金流量变动 CU6（CU9 − CU3），调整其合同服务边际。
>
> （5）因此，持有的再保险合同的合同服务边际 CU21 等于第 1 年末的合同服务边际 CU48 调整 CU6 以及因第 2 年内获得服务而在损益中确认的合同服务边际 CU21［CU21 =（CU48 − CU6）÷ 2］。

**IE138N** 根据第 100 段的要求，第 2 年财务状况表中与损益表中确认金额之间调节的可能的格式如下：

| | 未到期责任资产除亏损摊回部分外部分 | 未到期责任资产的亏损摊回部分 | 已发生赔款资产 | 再保险合同资产 |
|---|---|---|---|---|
| | CU | CU | CU | CU |
| 期初金额 | (210) | (18)[(2)] | – | (228) |
| 支付再保险保费的分摊 | 102[(3)] | – | – | 102 |
| 从再保险人摊回的金额 | – | 6[(4)] | (90) | (84) |
| 现金流量 | – | – | 90 | 90 |
| 期末金额 | (108) | (12) | – | (120) |

续表

（1）根据第 86 段，主体决定将从再保险人摊回的金额和支付保费的分摊分开列报。

（2）第 2 年初的亏损摊回部分 CU18 是由初始确认时亏损摊回部分 CU27 减去第 1 年内亏损摊回部分的转回 CU9 计算而得。

（3）支付再保险保费的分摊 CU102 是：

①根据 B123 段，由未到期责任资产的期初与期末账面价值的差额确定的，即 CU210 – CU108。

②根据 B124 段分析为，标的保险合同已发生赔款的摊回 CU90 扣减亏损摊回部分的转回 CU9 后，与当期损益中确认的再保险合同的合同服务边际 CU21 之和（参见 IE138M 段后的表格），即 CU102 = CU90 – CU9 + CU21。

（4）与亏损摊回部分有关的从再保险人摊回的金额 CU6，是亏损摊回部分的转回 CU9 减去额外的亏损摊回部分 CU3 的净额；根据第 86（2 – 1）段，确认的与亏损摊回有关的金额，视为从再保险人摊回的金额。

**IE138O** 与上述表格中分析的金额相对应的，在损益表中列报的金额是：

| 损益表 | 第 1 年 | 第 2 年 | 第 3 年 | 合计 |
|---|---|---|---|---|
| | CU | CU | CU | CU |
| 保险合同收入 | 370 | 360 | 380 | 1 110 |
| 保险服务费用 | (360) | (280) | (290) | (930) |
| **签发的保险合同合计** | **10**[2] | **80**[4] | **90**[6] | **180** |
| 支付再保险保费的分摊[1] | (105) | (102) | (108) | (315) |
| 从再保险人摊回的金额 | 108 | 84 | 87 | 279 |
| **持有的再保险合同合计** | **3**[3] | **(18)**[5] | **(21)**[7] | **(36)** |
| **保险服务业绩** | **13** | **62** | **69** | **144** |

（1）根据第 86 段，主体决定将从再保险人摊回的金额和支付再保险保费的分摊分开列报。

（2）第 1 年，标的保险合同组产生的利润 CU10 计算如下：

①保险合同收入 CU370，分析为已发生赔款产生的保险服务费用 CU270（CU300 减去亏损部分的转回 CU30）与在当期损益中确认的合同服务边际 CU100 之和（CU370 = CU270 + CU100）；减去

续表

②保险服务费用 CU360，即亏损合同组的亏损部分 CU90 加上当期已发生赔款 CU300 减去亏损部分的转回 CU30（CU360 = CU900 + CU300 – CU30）。

（3）第 1 年，持有的再保险合同产生的收益 CU3 是以下两项之差：

①支付再保险保费的分摊 CU105，即标的保险合同已发生赔款的摊回 CU90 扣减亏损摊回部分的转回 CU9 后，与在当期损益中确认的持有的再保险合同的合同服务边际 CU24 之和（CU105 = CU90 – CU9 + CU24）；以及

②从再保险人摊回的金额 CU108，即初始确认时的收益 CU27 加上标的保险合同已发生赔款的摊回 CU90 减去亏损摊回部分的转回 CU9（CU108 = CU27 + CU90 – CU9）。

（4）第 2 年，标的保险合同组产生的利润 CU80 计算如下：

①保险合同收入 CU360，分析为已发生赔款产生的保险服务费用 CU270（CU300 减去亏损部分的转回 CU30）与在当期损益中确认的合同服务边际 CU90 之和（CU360 = CU270 + CU90）；减去

②保险服务费用 CU280，即亏损合同组履约现金流量变动导致的亏损部分的增加 CU10 与已发生赔款 CU300 之和，减去亏损部分的转回 CU30（CU280 = CU10 + CU300 – CU30）。

（5）第 2 年，持有的再保险合同产生的费用 CU18 是以下两项之差：

①支付再保险保费的分摊 CU102，即标的保险合同已发生赔款的摊回 CU90 扣减亏损摊回部分的转回 CU9 后，与在当期损益中确认的持有的再保险合同的合同服务边际 CU21 之和（CU102 = CU90 – CU9 + CU21）；以及

②从再保险人摊回的金额 CU84，即标的保险合同已发生赔款的摊回 CU90 减去亏损摊回部分的转回 CU9，加上额外的亏损摊回部分 CU3（CU84 = CU90 – CU9 + CU3）。

（6）第 3 年，标的保险合同组产生的利润 CU90 计算如下：

①保险合同收入 CU380，分析为已发生赔款产生的保险服务费用 CU290（CU330 减去亏损部分的转回 CU40）与在当期损益中确认的合同服务边际 CU90 之和（CU380 = CU290 + CU90）；减去

②保险服务费用 CU290，即已发生赔款 CU330 减去亏损部分的转回 CU40（CU290 = CU330 – CU40）。

（7）第 3 年，持有的再保险合同产生的费用 CU21 是以下两项之差：

①支付再保险保费的分摊 CU108，即标的保险合同已发生赔款的摊回 CU99 扣减亏损摊回部分的转回 CU12 后，与在当期损益中确认的持有的再保险合同的合同服务边际 CU21 之和（CU108 = CU99 – CU12 + CU21）；以及

②从再保险人摊回的金额 CU87，即标的保险合同的摊回赔款 CU99 减去亏损摊回部分的转回 CU12（CU87 = CU99 – CU12）。

国际财务报告准则

# 取得的保险合同的计量（第 38 段以及 B94 段至 B95A 段）

### 示例 13——从其他主体转让取得的保险合同的初始计量

**IE139** 本示例说明了在不构成企业合并的转让中取得的一组保险合同的初始确认。

*假设*

**IE140** 主体从其他主体转让取得了保险合同。卖方向主体支付了 CU30 以使主体承担这些保险合同。

**IE141** 根据 B93 段，犹如主体在交易日订立该等合同，主体按第 14 段至第 24 段确定在转让中取得的保险合同形成一个合同组。

**IE142** 在初始确认时，主体估计履约现金流量为：

（1）在示例 13A 中—净流出（或者负债）CU20；以及

（2）在示例 13B 中—净流出（或者负债）CU45。

**IE143** 主体不采用保费分摊法计量这些保险合同。

**IE144** 为简化起见，本示例忽略所有其他金额。

*分析*

**IE145** 根据 B94 段，从卖方收到的对价视同为收到的保费。因此，在初始确认时，主体计量保险合同负债如下：

|  | 示例 13A | 示例 13B |
|---|---|---|
|  | CU | CU |
| 履约现金流量 | 20 | 45 |
| 合同服务边际 | 10 [(1)] | – [(2)] |
| 初始确认时的保险合同负债 | 30 [(3)] | 45 [(2)] |
| 对损益的影响是： |  |  |
| 初始确认时的利润/（亏损） | – | (15) [(2)] |

（1）根据第 38 段，主体以能使初始确认的履约现金流量以及合同组内的合同于该日所产生的任何现金流量不产生收益或费用的金额，来计量保险合同组初始确认时的合同服务边际。初始确认时，履约现金流量是净流入（或者资产）CU10（视同收到的保费 CU30 减去履约现金流量 CU20）。因此，合同服务边际是 CU10。

（2）根据第 47 段和 B95A 段，主体确定在初始确认时该合同组是亏损的合同组。这是因为履约现金流量是 CU45 的净流出与该日产生的现金流量（视同保费的净流入 CU30）合计是净流出 CU15。主体将净流出 CU15 在损益中确认为损失，使得合同组负债的账面金额 CU45 是履约现金流量 CU45 与合同服务边际 0 的合计。

（3）根据第 32 段，在初始确认时，主体按照履约现金流量与合同服务边际的合计计量保险合同组。因此，主体确认的保险合同负债 CU30 是履约现金流量 CU20 与合同服务边际 CU10 的合计。

## 示例 14——在企业合并中取得的保险合同的初始计量

**IE146** 本示例说明了在适用《国际财务报告准则第 3 号——企业合并》的企业合并中取得的一组保险合同的初始确认。

*假设*

**IE147** 主体在适用《国际财务报告准则第 3 号》的企业合并中取得保险合同，并且：

（1）根据《国际财务报告准则第 3 号》，确定交易产生商誉。

（2）根据 B93 段，犹如主体在交易日订立该等合同，且与第 14 段至第 24 段相一致，主体确定取得的保险合同形成一个合同组。

**IE148** 在初始确认时，主体估计保险合同组的公允价值是 CU30，履约现金流量如下：

（1）在示例 14A 中—流出（或者负债）CU20；以及

（2）在示例 14B 中—流出（或者负债）CU45。

**IE149** 主体不采用保费分摊法计量保险合同。

**IE150** 为简化起见，本示例忽略所有其他金额。

*分析*

**IE151** 根据 B94 段，保险合同组的公允价值视同为收到的保费。因此，在初始确认时，主体计量保险合同负债如下：

|  | 示例 14A | 示例 14B |
|---|---|---|
|  | CU | CU |
| 履约现金流量 | 20 | 45 |
| 合同服务边际 | 10<sup>(1)</sup> | –<sup>(2)</sup> |
| **初始确认时的保险合同负债** | 30<sup>(3)</sup> | 45<sup>(4)</sup> |
| 对损益的影响是： |  |  |
| **初始确认时的利润/（亏损）** | – | –<sup>(2)</sup> |

（1）根据第 38 段，主体以能使初始确认的履约现金流量以及合同组内的合同于该日所产生的任何现金流量不产生收益或费用的金额，来计量保险合同组初始确认时的合同服务边际。初始确认时，履约现金流量是净流入（或者资产）CU10（视同收到的保费 CU30 减去履约现金流量 CU20）。因此，合同服务边际是 CU10。

（2）根据第 38 段和第 47 段，主体确认的合同服务边际为零，因为履约现金流量与初始确认日的现金流量的合计是净流出 CU15。根据 B95A 段，主体将履约现金流量 CU45 超过收到的对价 CU30 的部分 CU15 确认为企业合并中商誉的一部分。

（3）根据第 32 段，主体按照履约现金流量与合同服务边际的合计计量保险合同组。因此，在初始确认时，主体确认的保险合同负债 CU30 是履约现金流量 CU20 与合同服务边际 CU10 的合计。

（4）根据第 32 段，主体按照履约现金流量与合同服务边际的合计计量保险合同组。因此，在初始确认时，主体确认的保险合同负债 CU45 是履约现金流量 CU45 与合同服务边际 0 的合计。

## 保险财务收益或费用

### 示例 15——保险财务收益或费用预期总额的系统分摊 ［B130 段以及 B132（1）段］

**IE152** 第 88 段允许主体作出会计政策选择，将当期的保险财务收益或费用进行分解，其中计入损益的金额是将保险财务收益或费用的预期总额在合同组的期限内进行系统分摊所确定的金额。

**IE153** 本示例说明了对于金融风险相关假设变更对支付给保单持有人的金额有重大影响的保险合同，根据 B132（1）段，有两种方法来系统分摊保险财务收益或费用预期总额。

*假设*

**IE154** 主体签发了 100 份保险合同，责任期为 3 年。这些合同：

（1）由于在死亡时给付固定金额，满足保险合同的定义。但是，为了单独说明本示例中事项的影响，且为简化起见，忽略死亡时应付的任何固定现金流量。

（2）根据 B101 段，不满足具有直接参与分红特征的保险合同的标准。

**IE155** 在保险合同组的初始确认时：

（1）对于每一合同，主体收到趸缴保费 CU15（合同组合计是 CU1 500）。

（2）主体将收到的保费投资于固定收益债券，期限为 2 年，预计年回报率为 10%。主体预计将债券到期收回的资金再投资于相似的预计年回报率为 10% 的金融工具。

（3）主体预计于第 3 年末向保单持有人支付 CU1 890（现值 CU1 420）。该金额是基于向保单持有人支付回报的政策，计算如下：

①在示例 15A 中，主体预计在责任期结束时支付投资资产累积价值的 94.54%；以及

②在示例 15B 中，主体预计每年将保单持有人的账户价值增长 8%（预期结算利率）。

**IE156** 于第 1 年末，市场利率从每年 10% 下降到每年 5%，主体修改了预期第 3 年内支付的未来现金流量。

**IE157** 在本示例中，为简化起见，忽略所有其他金额，包括非金融风险调整。

**IE158** 根据第 88 段，主体选择将当期的保险财务收益或费用进行分解，其中计入损益的金额系将保险财务收益或费用的预期总额在合同组的期限内进行系统分摊所确定的金额，如下：

（1）在示例 15A 中，根据 B132（1）①段，主体使用一个可以将剩余的经修改后的预期财务收益或费用分摊至合同组剩余期限的固定比率；以及

（2）在示例 15B 中，根据 B132（1）②段，主体使用基于当期结算金额与未来期间预期结算金额的分摊方法。

*分析*

### 示例 15A——实际收益率法

**IE159** 根据 B132（1）①段，主体使用一个可以将剩余的经修改后的预期财务收益或费用分摊至合同组剩余期限的固定比率（"实际收益率法"）。该实际收益率法与《国际财务报告准则第 9 号——金融工具》定义的实际利率法不同。

**IE160** 合同初始确认日的固定比率为每年 10%，由 $(CU1\,890 \div CU1\,420)^{1/3} - 1$ 计算得出。因此，在第 1 年末，包含在保险合同负债账面金额中的未来现金流量现值

的估计是 CU1 562，由 CU1 420×1.1 计算得出。

**IE161** 于第 1 年末，市场利率从每年 10% 下降至每年 5%。因此，主体修改了对于未来现金流量的预期如下：

（1）主体预期将第 2 年末到期的固定收益证券的到期资金进行再投资后，在第 3 年内实现 5% 的回报（而不是 10%）；

（2）主体预期于第 2 年末将要购买的固定收益证券于第 3 年末将产生 CU1 906；以及

（3）主体将于第 3 年末向保单持有人支付 CU1 802（94.54%×CU1 906）。

**IE162** 于第 1 年末，主体修改了用于分摊预期保险财务收益或费用的固定比率，以反映第 3 年末未来现金流量的预期从 CU1 890 下降至 CU1 802：

（1）主体针对第 1 年末包含在保险合同负债账面金额中的未来现金流量现值的估计，即 CU1 562，使用修改后的固定比率来计提利息，以使计息至第 3 年末时达到经修改后现金流量 CU1 802；以及

（2）该修改后的固定比率为每年 7.42%，由 $(1\,802 \div 1\,562)^{1/2} - 1$ 计算得出。

**IE163** 折现率的变动对包含在保险合同负债账面金额中的未来现金流量现值估计的账面金额的影响，如以下表格所示：

|  | 初始确认 CU | 第 1 年 CU | 第 2 年 CU | 第 3 年 CU |
|---|---|---|---|---|
| 第 3 年末未来现金流量的估计 | 1 890 | 1 802 | 1 802 | 1 802 |
| 以当前折现率折现的未来现金流量现值的估计（A） | 1 420 | 1 635[(1)] | 1 716 | 1 802 |
| 以固定比率折现的未来现金流量现值的估计（B） | 1 420 | 1 562[(2)] | 1 678 | 1 802 |
| **累计计入其他综合收益的金额 (A – B)** | – | **73** | **38** | – |

（1）CU1 635 等于第 3 年末的未来现金流量估计 CU1 802 按照每年 5% 的当前市场利率折现，即 $CU1\,802 \div 1.05^2 = CU1\,635$。

（2）CU1，562 等于第 3 年末的未来现金流量估计 CU1 802 按照每年 7.42% 的固定比率折现，即 $CU1\,802 \div 1.0742^2 = CU1\,562$。

IE164 履约现金流量产生的、计入损益和其他综合收益的保险财务收益和费用，如下：

| 履约现金流量产生的保险财务收益和费用 | 第 1 年 | 第 2 年 | 第 3 年 |
|---|---|---|---|
| | CU | CU | CU |
| 计入损益 | (142)[1] | (116) | (124) |
| 计入其他综合收益 | (73)[2] | 35 | 38 |
| 计入综合收益总额 | (215)[3] | (81) | (86) |

(1) 根据 B132（1）①段，主体在损益中确认的保险财务费用是按照固定比率计算的未来现金流量现值估计的变动。第 1 年内，财务费用 CU142 是第 1 年末按照原固定比率 10% 计算的未来现金流量现值估计 CU1 562 与期初相对应的金额 CU1 420 之差额。

(2) 根据 B130（2）段，主体将在综合收益总额中确认的金额与在损益中确认的金额的差额计入其他综合收益。例如，第 1 年计入其他综合收益的金额 CU（73）是 CU（215）减去 CU（142）。第 1 年至第 3 年，其他综合收益的总额等于零［CU0 = CU（73）+ CU35 + CU38］。

(3) 主体在综合收益总额中确认按照当前折现率计算的未来现金流量现值估计的变动。第 1 年内，保险财务费用总额 CU（215）是第 1 年初按照当前折现率计算的未来现金流量现值估计 CU1 420 与第 1 年末相对应的金额 CU1 635 之差额。

**示例 15B——预期结算利率法**

IE165 根据 B132（1）②段，主体使用基于当期结算金额与未来期间预期结算金额的分摊方法（"预期结算利率法"）。另外，根据 B130（2）段，主体需要确保分摊使得在合同组的期限内，在其他综合收益中确认的金额为零。为达此目的，主体计算适用于每个报告期间的一系列的折现率，使得将这些折现率应用于负债的初始账面金额时，等于未来现金流量的估计。这一系列的折现率通过将每个期间的预期结算利率乘以固定因子（K）计算得出。

IE166 在初始确认时，主体预期基础项目每年实现 10% 的回报，并将按每年 8%（预期结算利率）结算计入保单持有人的账户价值。因此，主体预计在第 3 年末会向保单持有人支付 CU1 890（CU1 500 × 1.08 × 1.08 × 1.08 = CU1 890）。

IE167 第 1 年内，主体向保单持有人的账户价值结算了每年 8% 的回报，与初始确认日的预期相同。

IE168 于第 1 年末，市场利率从每年 10% 下降至每年 5%。因此，主体修改了对于未来现金流量的预期如下：

(1) 主体将第 2 年末到期的债券的到期资金进行再投资后，预期在第 3 年内实现 5% 的回报；

(2) 第 2 年内主体按 8% 结算计入保单持有人的账户价值，第 3 年内 3%；以及

(3) 主体在第 3 年末会向保单持有人支付 CU1 802（CU1 500 × 1.08 × 1.08 × 1.03 = CU1 802）。

**IE169** 主体使用根据预期结算利率乘以固定因子（K）计算得出的一系列折现率在合同剩余期限内分摊剩余的预期财务收益或费用。于第 1 年末，固定因子（K）以及基于结算利率的一系列折现率如下：

(1) 第 1 年实际结算利率与第 2 年、第 3 年的预期结算利率的乘积等于 1.20（1.08 × 1.08 × 1.03）；

(2) 由于利息的计提，三年内负债账面金额的增长倍数为 1.269（CU1 802 ÷ CU1 420）；

(3) 因此，每一个结算利率需要按照如下固定因子（K）进行调整：$1.08K \times 1.08K \times 1.03K = 1.269$；

(4) 固定因子 K 等于 1.0184，由 $(1.269 \div 1.20)^{1/3}$ 计算得出；以及

(5) 第 1 年的计息利率为 10%（根据 1.08 × 1.0184 计算得出）。

**IE170** 于第 1 年末，用于将保险财务收益或费用分摊至损益之目的的负债的账面金额是 CU1 562（CU1 420 × 1.08 × 1.0184）。

**IE171** 第 2 年和第 3 年实际结算利率与第 1 年末的预期相同。第 2 年的计息利率是 10%［根据（1.08 × 1.0184）– 1 计算得出］，第 3 年的计息利率是 4.9%［根据（1.03 × 1.0184）– 1 计算得出］。

|  | 初始确认 | 第 1 年 | 第 2 年 | 第 3 年 |
|---|---|---|---|---|
|  | CU | CU | CU | CU |
| 第 3 年末的未来现金流量的估计 | 1 890 | 1 802 | 1 802 | 1 802 |
| 以当前折现率折现的未来现金流量现值的估计（A） | 1 420 | 1 635 | 1 716[(1)] | 1 802 |
| 以基于预期结算的折现率折现的未来现金流量现值的估计（B） | 1 420 | 1 562 | 1 718[(2)] | 1 802 |
| 累计计入其他综合收益的金额（A – B） | – | 73 | (2)[(3)] | – |

(1) CU1 716 等于第 3 年末的未来现金流量估计 CU1 802 按照当前市场利率每年 5% 折现，即 CU1 802 ÷ 1.05 = CU1 716。

(2) CU1 718 等于第 3 年末的未来现金流量估计 CU1 802 按照预期结算利率每年 4.9% 折现，即 CU1 802 ÷ 1.049 = CU1 718。

(3) 于第 2 年末，累计计入其他综合收益的金额是 CU2，因为基于预期结算的折现率是每年 4.9%（1.03 × K），不同于当前折现率每年 5%。

**IE172** 计入损益和其他综合收益的保险财务收益和费用如下:

| 履约现金流量产生的保险财务收益和费用 | 第1年 | 第2年 | 第3年 |
|---|---|---|---|
| | CU | CU | CU |
| 计入损益 | (142)[1] | (156) | (84) |
| 计入其他综合收益 | (73)[2] | 75 | (2) |
| 计入综合收益总额 | **(215)**[3] | **(81)** | **(86)** |

(1) 根据B132(1)②段,主体在损益中确认的保险财务费用是按照预期结算利率计算的未来现金流量现值估计的变动。第1年内,保险财务费用CU142是第1年末以原结算利率10%计算的未来现金流量现值估计CU1 562与期初相对应的金额CU1 420之差额。

(2) 根据B130(2)段,主体将在综合收益总额中确认的金额与在损益中确认的金额的差额计入其他综合收益。例如,第1年计入其他综合收益的金额CU(73)是CU(215)减去CU(142)。第1年至第3年,其他综合收益的总额等于零[CU0 = CU(73)+ CU75 + CU(2)]。

(3) 主体在综合收益总额中确认按照当前折现率计算的未来现金流量现值估计的变动。第1年内,保险财务费用总额CU(215)是第1年初按照当前折现率计算的未来现金流量现值估计CU1 420与第1年末相对应的金额CU1 635之差额。

## 示例16——消除持有的基础项目产生的财务收益或费用的会计错配的金额(第89段至第90段以及B134段)

**IE173** 本示例说明了主体应用第89(2)段的方法("当期账面收益率法")列报保险财务收益或费用。对于具有直接参与分红特征的保险合同,当主体持有基础项目时,适用该方法。

*假设*

**IE174** 主体签发了100份保险合同,责任期为3年。责任期从保险合同签发时开始。

**IE175** 本示例中的合同:

(1) 由于在死亡时给付固定金额,满足保险合同的定义。但是,为单独说明本示例中事项的影响,且为简化起见,忽略死亡时应付的任何固定现金流量。

(2) 根据B101段,满足具有直接参与分红特征的保险合同的标准。

**IE176** 主体在责任期期初收到趸缴保费CU15(未来现金流入总计CU1 500)。

**IE177** 主体承诺在合同满期时,按照当日计算的特定债券池累计回报减去等同于保费和合同满期日累计回报之和的5%的收费后支付给保单持有人。因此,生存至合同满期日的保单持有人收到保费和合同满期日累计回报之和的95%。

**IE178** 在本示例中,为简化起见,本示例忽略所有其他金额,包括非金融风险调整。

**IE179** 主体将收到的保费CU1 500投资于3年期(与承诺给保单持有人的回报一致)的零息固定收益债券。债券的回报是每年10%的市场利率。在第1年末,市场利率从每年10%下降到5%。

**IE180** 主体根据《国际财务报告准则第9号——金融工具》,以公允价值计量且其变动计入其他综合收益计量该等债券。购买的债券实际利率为每年10%,该利率用于计算损益中的投资收益。为简化起见,本示例不考虑预期信用损失的会计处理对金融资产的影响。主体持有的债券价值在以下的表格中说明:

| 持有的债券 | 初始确认 | 第1年 | 第2年 | 第3年 |
| --- | --- | --- | --- | --- |
|  | CU | CU | CU | CU |
| 公允价值 | (1 500) | (1 811) | (1 902) | (1 997) |
| 摊余成本 | (1 500) | (1 650) | (1 815) | (1 997) |
| 其他综合收益中确认的累计金额 | – | **161** | **87** | – |
| 其他综合收益的变动 |  | 161 | (74) | (87) |
| 损益中确认的投资收益(实际利率) |  | 150 | 165 | 182 |

**IE181** 根据第89(2)段,主体选择将每期的保险财务收益或费用分解,其中计入损益的金额能够消除与持有的基础项目计入损益的收入或费用之间的会计错配。

分析

**IE182** 根据第45段以及B110段至B114段对具有直接参与分红特征的保险合同进行会计处理,主体需要分析履约现金流量的变动,对于每一变动决定是否调整合同服务边际(参见IE184段后的表格对合同服务边际调节的说明)。

**IE183** 根据B110段至B114段,主体分析了履约现金流量变动的来源如下:

| 履约现金流量[1] | 第1年 | 第2年 | 第3年 |
| --- | --- | --- | --- |
|  | CU | CU | CU |
| 期初余额 | – | 1 720 | 1 806 |
| 与未来服务相关的变动:新合同 | (75) | – | – |
| 保单持有人在基础项目公允价值中所享有的份额的变动[2] | 295 | 86 | 90 |

续表

| 履约现金流量[1] | 第 1 年 | 第 2 年 | 第 3 年 |
| --- | --- | --- | --- |
| | CU | CU | CU |
| 现金流量 | 1 500 | – | (1 896) |
| 期末余额 | **1 720** | **1 806** | **–** |

（1）履约现金流量是未来现金流入现值的估计与未来现金流出现值的估计（本示例中所有的现金流出随基础项目的回报而变动）。例如，在初始确认时履约现金流量 CU（75）是未来现金流入现值的估计 CU（1 500）与未来现金流出现值的估计 CU1 425（初始确认时保单持有人在基础项目公允价值 CU1 500 中所享有的 95% 份额）之和。

（2）保单持有人在基础项目公允价值中所享有的份额的变动是基础项目公允价值变动的 95%。例如，第 1 年保单持有人在基础项目公允价值中所享有的份额的变动 CU295 是第 1 年公允价值变动 CU311（CU1 811 – CU1 500）的 95%。根据 B111 段，对于向保单持有人支付与基础项目公允价值等值的金额之义务的变动，由于与未来的服务无关，主体不调整合同服务边际。

IE184 根据第 45 段，主体确定每个报告期期末的合同服务边际的账面金额如下：

| 合同服务边际 | 第 1 年 | 第 2 年 | 第 3 年 |
| --- | --- | --- | --- |
| | CU | CU | CU |
| 期初余额 | – | 61 | 33 |
| 与未来服务相关的变动：新合同 | 75 | – | – |
| 主体在基础项目公允价值中所享有份额的金额的变动[1] | 16 | 5 | 5 |
| 与当期服务相关的变动：在损益中的确认所提供的服务 | (30)[2] | (33) | (38) |
| 期末余额 | **61** | **33** | **–** |

（1）根据 B112 段，对于主体在基础项目公允价值中所享有份额的金额的变动，由于与未来服务相关，主体调整合同服务边际。例如，第 1 年，主体在基础项目公允价值中所享有份额的金额的变动 CU16 等于基础项目公允价值变动 CU311（CU1 811 – CU1 500）的 5%。本示例不包含不随基础项目回报而变动的现金流量。关于与未来服务相关的变动调整合同服务边际的更详细的信息，参见示例 10。

续表

> (2) 根据第 45（5）段以及 B119 段，主体通过将当期期末的合同服务边际（在任何金额确认为损益之前）平均分摊至当期提供的和未来预期提供的每一责任单元来确定合同服务边际在损益中确认的金额。在本示例中，每期承担的责任是相同的；因此，第 1 年损益中确认的合同服务边际 CU30 是将分摊前的合同服务边际 CU91（CU75 + CU16）除以承担责任的 3 年而得。

**IE185** 在当期财务业绩表中确认的金额如下：

| 财务业绩表 | 第 1 年 | 第 2 年 | 第 3 年 |
| --- | --- | --- | --- |
|  | CU | CU | CU |
| **损益** | | | |
| 因提供的服务而确认的合同服务边际[1] | 30 | 33 | 38 |
| **保险服务业绩** | **30** | **33** | **38** |
| 投资收益 | 150 | 165 | 182 |
| 保险财务费用 | (150)[2] | (165) | (182) |
| **财务业绩** | – | – | – |
| 利润 | 30 | 33 | 38 |
| **其他综合收益** | | | |
| 以公允价值计量且其变动计入其他综合收益的金融资产的利得/（损失） | 161 | (74) | (87) |
| 保险合同的利得/（损失） | (161)[2] | 74 | 87 |
| **其他综合收益总额** | – | – | – |

(1) 本示例说明的是在保险服务业绩部分中确认的金额，而不是列报要求。对于列报要求更多的细节，参见示例 3 和示例 9。

(2) 根据 B111 段，因为向保单持有人支付与基础项目公允价值等值的金额之义务的变动与未来的服务无关，所以主体不调整合同服务边际。因此，根据第 87（3）段，主体将这些变动在财务业绩表中确认为保险财务收益或费用。例如，第 1 年，基础项目公允价值的变动是 CU311（CU1 811 – CU1 500）。

另外，根据第 89 段至第 90 段以及 B134 段，主体将当期的保险财务收益或费用分解为损益和其他综合收益，使计入损益的金额能够消除与持有的基础项目计入

续表

> 损益的收益或费用之间的会计错配。该金额能够与基础项目计入损益的收益或费用完全匹配,使得这两项分别列示的项目的净额为零。例如,第 1 年,保险财务费用的总金额 CU311 被分解,主体在损益中列报的金额是 CU150,与基础项目的财务收益金额相等。保险财务费用的剩余金额确认为其他综合收益。

# 过渡性规定

### 示例 17——应用经修改的追溯法计量不具有直接参与分红特征的保险合同组(C11 段至 C15 段)

**IE186** 本示例说明了不具有直接参与分红特征的保险合同在追溯应用不切实可行,主体选择应用经修改的追溯法时的过渡性规定。

*假设*

**IE187** 主体签发了不具有直接参与分红特征的保险合同,并根据 C9(1)段和 C10 段将这些合同组成一个合同组。在过渡日,主体根据第 33 段至第 37 段估计履约现金流量为以下之和:
(1) 未来现金流量现值估计 CU620(包括折现的影响 CU(150));以及
(2) 非金融风险调整 CU100。

**IE188** 主体确定追溯应用《国际财务报告准则第 17 号》是不切实可行的。因此,根据 C5 段,主体选择应用经修改的追溯法来计量过渡日的合同服务边际。根据 C6(1)段,主体使用合理及可支持的信息,得到最接近追溯应用的结果。

*分析*

**IE189** 主体根据 C12 段至 C15 段,通过估计初始确认时的履约现金流量来确定过渡日的合同服务边际,如下:

|  | 过渡日 | 调整至初始确认时 | 初始确认时 |
| --- | --- | --- | --- |
|  | **CU** | **CU** | **CU** |
| 未来现金流量估计 | 770 | (800) | (30)[1] |

续表

| | 过渡日 | 调整至初始确认时 | 初始确认时 |
|---|---|---|---|
| | CU | CU | CU |
| 折现的影响 | (150) | (50) | (200)[2] |
| 未来现金流量现值的估计 | 620 | (850) | (230) |
| 非金融风险调整 | 100 | 20 | 120[3] |
| **履约现金流量** | **720** | **(830)** | **(110)** |

(1) 根据 C12 段，主体估计保险合同组初始确认日的未来现金流量为以下之和：

①过渡日的未来现金流量估计 CU770；以及

②保险合同组初始确认日与过渡日之间已知并已发生的现金流量 CU800（包括初始确认时支付的保费 CU1 000 以及该期间支付的现金流出 CU200）。该金额包括过渡日前已不存在的合同产生的现金流量。

(2) 主体确定保险合同组初始确认日折现的影响等于 CU（200），系根据脚注（1）计算的初始确认日的未来现金流量的折现影响计算得出。根据 C13（1）段，主体通过使用一条可观察的，在过渡日前最近的至少三个年度内近似于按照第 36 段和 B72 段至 B85 段估计的收益率曲线的收益率曲线，来确定折现的影响。主体估计该金额等于 CU50，反映了保费在初始确认时已收到的事实，因此，折现的影响仅与未来现金流出的估计有关。

(3) 根据 C14 段，主体确定初始确认时的非金融风险调整为 CU120，即过渡日非金融风险调整 CU100，调整 CU20 以反映过渡日之前的预期风险释放。根据 C14 段，主体参考在过渡日签发的类似保险合同的风险释放来确定预期的风险释放。

IE190 过渡日的合同服务边际等于 CU20，其计算如下：

（1）初始确认时计量的合同服务边际是 CU110，该金额本应能使初始确认时估计的履约现金流量 CU110 不产生收益或费用（参见 IE189 段后的表格）；减去

（2）根据 C15 段估计的，在过渡日之前本应确认为损益的合同服务边际 CU90。

IE191 因此，过渡日的保险合同负债的账面金额等于 CU740，为履约现金流量 CU720 与合同服务边际 CU20 之和。

## 示例18——应用经修改的追溯法计量具有直接参与分红特征的保险合同组（C17段）

**IE192** 本示例说明了具有直接参与分红特征的保险合同在追溯应用不切实可行，主体选择应用经修改的追溯法时的过渡性规定。

*假设*

**IE193** 主体在距过渡日5年前签发了100份具有直接参与分红特征的保险合同，并根据C9（1）段和C10段将这些合同组成一个合同组。

**IE194** 在合同条款下：

（1）责任期为10年，责任期期初支付趸缴保费。

（2）主体为保单持有人维持账户价值，并在每年年末从这些账户价值中扣取收费。

（3）如果被保险人在责任期内死亡，保单持有人会收到等于账户价值和最低死亡给付孰高的金额。

（4）如果被保险人在责任期结束时仍生存，保单持有人会收到账户价值。

**IE195** 以下事项在过渡日之前的5个年度内发生：

（1）主体支付的死亡给付和其他费用CU239由以下组成：

①随基础项目的回报而变动的现金流量CU216；以及

②不随基础项目的回报而变动的现金流量CU23；以及

（2）主体从基础项目中扣取的收费CU55。

**IE196** 根据第33段至第37段，主体估计过渡日的履约现金流量为CU922，由未来现金流量现值估计CU910以及非金融风险调整CU12组成。当日基础项目的公允价值是CU948。

**IE197** 主体作出如下估计：

（1）基于对过渡日主体签发的类似合同的分析，估计过渡日之前5个年度内的风险释放引起的非金融风险调整变动为CU14；以及

（2）过渡日之前提供的责任单元约为该合同组的责任单元总计的60%。

*分析*

**IE198** 主体应用经修改的追溯法，并采用C17段，确定过渡日的合同服务边际如下：

|  | CU |
| --- | --- |
| 基础项目于过渡日的公允价值（C17（1）段） | 948 |
| 过渡日的履约现金流量（C17（2）段） | (922) |

**国际财务报告准则**

续表

|  | CU |
|---|---|
| 调整： |  |
| – 过渡日前从基础项目中扣取的收费（C17（3）①段） | 55 |
| – 过渡日前支付的、不随基础项目回报而变动的金额［C17（3）②段］ | (23) |
| – 过渡日前风险释放引起的非金融风险调整变动的估计［C17（3）③段］ | (14) |
| **合同组在损益确认之前的合同服务边际** | **44** |
| 与过渡日前提供的服务相关的合同服务边际的估计金额 | (26)[1] |
| **过渡日合同服务边际的估计** | **18** |

（1）根据 C17（4）段，主体确定与过渡日前提供的服务相关的合同服务边际 CU26，由过渡日前提供的责任单元占责任单元总计的比例 60% 乘以确认损益之前的合同服务边际 CU44 而得。

**IE199** 因此，保险合同负债于过渡日的账面金额等于 CU940，为履约现金流量 CU922 以及合同服务边际 CU18 之和。

# 附录

## 对其他国际财务报告准则的修订

本附录列示了由于理事会颁布了《国际财务报告准则第 17 号——保险合同》而对其他国际财务报告准则的示例的修订。

\* \* \* \* \*

2017 年发布本准则时包含在本附录中的修订已经被收录于本书的相关国际财务报告准则指南中。

国际财务报告准则

下列汇总由国际财务报告准则基金会工作人员发布，不属于《国际财务报告准则第 17 号》的组成部分。随附网络广播见 https：//www.ifrs.org/supporting–implementation/supporting–materials–by–ifrs–standard/ifrs–17/#webcasts

# 《国际财务报告准则第 17 号——保险合同》：会计模型一页汇总

**《国际财务报告准则第 17 号——保险合同》：会计模型一页汇总**

| 资产负债表 | | | | 损益 | | |
|---|---|---|---|---|---|---|
| 保险合同负债 | | | | 保险服务业绩 | | |
| 未到期责任负债 | | 已发生赔款负债 | | 保险收入 | 当期提供保险保障的保险收入 | |
| 履约现金流量① | | 履约现金流量① | | | 当期风险调整释放的收入 | |
| 未来现金流量现值 | 现金流量 | 未来现金流量现值 | 现金流量 | 保险服务费用 | 预期赔付和其他保险服务费用 | |
| | 折现率 | | 折现率 | | 与当期或过去期间提供的保险保障有关的现金流量和风险调整的变动③④ | |
| 风险调整 | | 风险调整④ | | 保险财务费用 | | |
| 合同服务边际 | | | | 折现效应释放 | 折现率变动 | |
| 未来提供保险保障的利润 | | | | 其他综合收益（会计政策选择） | | |
| | | | | 保险财务费用 | 折现率变动① | |

续表

| "浮动收费"合同的修改 | | | | 短期合同的简化处理（可选） | |
|---|---|---|---|---|---|
| 保险合同负债 | | | | 保险合同负债 | |
| 未到期责任负债 | | 已发生赔款负债 | | 未到期责任负债 | 已发生赔款负债 |
| 履约现金流量① | | 履约现金流量① | | 基于未赚保费的简化计量 | 履约现金流量① |
| 未来现金流量现值 | 现金流量 | 未来现金流量现值 | 现金流量 | | 现金流量（如果赔付在一年内支付，无需折现） |
| | 折现率 | | 折现率 | | 风险调整④ |
| 风险调整 | | 风险调整④ | | | |
| 合同服务边际 | | | | | |
| 未来提供保险保障的利润②（包括浮动收费的变动） | | | | | |

注：①履约现金流量为现值：在每个报告日更新现金流量、折现率以及风险调整。
②与未来提供的保险保障相关的现金流量和风险调整的变动将调整合同服务边际。
③与当期或过去期间提供的保险保障相关的现金流量和风险调整的变动计入当期损益。
④已发生赔款负债的风险调整释放将减少损益中的已发生赔款。

# 《国际财务报告准则第 17 号——保险合同》结论基础

国际财务报告准则

国际会计准则理事会发布的随附文件
国际财务报告准则第 17 号

# 保险合同

《国际财务报告准则第 17 号——保险合同》的文本内部载于本版 A 部分，发布时的生效日期为 2021 年 1 月 1 日。2020 年 6 月，国际会计准则理事会发布了《对〈国际财务报告准则第 17 号〉的修订》，将生效日期推迟至 2023 年 1 月 1 日。《国际财务报告准则第 17 号》随附指南的文本内容载于本版的 B 部分。本部分包含以下文件：

结论基础
结论基础附录
附录一　自 2013 年征求意见稿发布后的变更汇总
附录二　对其他国际财务报告准则结论基础的修订
附录三　2020 发布的修订清单

# 目　录

《国际财务报告准则第 17 号——保险合同》结论基础

| | 起始段落 |
|---|---|
| **变更此前采用的会计处理方法的必要性及项目历史** | **BC1** |
| 　项目历史 | BC2 |
| 　制定新方法的必要性 | BC7 |
| **本准则采用的方法概述** | **BC16** |
| 　保险合同的计量和利润的确认 | BC18 |
| 　保险收入的列报 | BC27 |
| 　保险财务收益或费用的列报 | BC38 |
| 　普遍问题 | BC50 |
| **本准则的范围和保险合同的定义** | **BC63** |
| 　保险合同的定义 | BC67 |
| 　具有相机参与分红特征的投资合同 | BC82 |
| 　范围排除 | BC87 |
| **分拆保险合同的各个成分** | **BC98** |
| 　嵌入衍生工具 | BC104 |
| 　投资成分 | BC108 |
| 　商品和非保险服务 | BC110 |
| 　在并无相关要求的情况下禁止分拆非保险成分 | BC114 |
| **保险合同的分组** | **BC115** |
| 　背景 | BC115 |
| 　合同组的特征 | BC119 |
| 　实务考虑事项 | BC126 |
| **确认** | **BC140** |
| 　对《国际财务报告准则第 17 号》的修订——确认 | BC145 |
| **履约现金流量的计量** | **BC146** |
| 　未来现金流量的估计 | BC147 |
| 　用于计量保险合同的现金流量 | BC158 |
| 　折现率 | BC185 |

| | |
|---|---|
| 非金融风险调整 | BC206 |
| **合同服务边际的计量** | **BC218** |
| 未来的未赚利润估计的变动 | BC222 |
| 不具有直接参与分红特征的保险合同 | BC227 |
| 具有直接参与分红特征的保险合同（浮动收费法） | BC238 |
| 合同服务边际产生的保险财务收益或费用 | BC270 |
| 外币 | BC277 |
| 在损益中确认 | BC279 |
| 亏损合同 | BC284 |
| **保费分摊法** | **BC288** |
| **再保险合同** | **BC296** |
| 持有的再保险合同组的确认 | BC304 |
| 标的合同的终止确认 | BC306 |
| 持有的再保险合同的现金流量 | BC307 |
| 购买再保险产生的利得和损失 | BC310 |
| **修订和终止确认** | **BC316** |
| 导致合同采用显著不同的会计处理的修订 | BC317 |
| 不会导致合同采用显著不同的会计处理的修订 | BC320 |
| 终止确认 | BC321 |
| **保险合同的转让和企业合并** | **BC323** |
| 对《国际财务报告准则第17号》的修订——不适用《国际财务报告准则第3号》的企业合并 | BC327A |
| 对《国际财务报告准则第17号》的修订——针对在保险合同转让中或在适用《国际财务报告准则第3号》的企业合并中取得的保险合同的反馈 | BC327B |
| 对《国际财务报告准则第17号》的修订——对在保险合同转让中或在适用《国际财务报告准则第3号》的企业合并中取得的保险获取现金流量的资产 | BC327H |
| **在财务状况表和财务业绩表内的列报** | **BC328** |
| 对《国际财务报告准则第17号》的修订——在财务状况表中的列报 | BC330A |
| 保险收入的列报 | BC331 |
| 保险财务收益或费用的列报 | BC340 |
| **披露** | **BC347** |
| 对已确认金额的说明 | BC350 |
| 理事会曾经考虑但未纳入《国际财务报告准则第17号》的披露 | BC367 |
| **首次采用本准则** | **BC372** |
| 对《国际财务报告准则第17号》的修订——针对过渡方法的反馈 | BC373A |

《国际财务报告准则第 17 号——保险合同》结论基础

| | |
|---|---|
| 追溯应用 | BC374 |
| 经修改的追溯法 | BC379 |
| 公允价值法 | BC385 |
| 比较信息 | BC387 |
| 其他过渡事项 | BC390 |
| 过渡性披露 | BC399 |
| 生效日期 | BC402 |
| 提前采用 | BC405 |
| 国际财务报告准则的首次采用者 | BC407 |

附录一　自 2013 年征求意见稿发布后的变更汇总
附录二　对其他国际财务报告准则结论基础的修订
附录三　2020 发布的修订清单

# 《国际财务报告准则第 17 号——保险合同》结论基础

*本结论基础与《国际财务报告准则第 17 号》一并发布，但不构成其组成部分。本结论基础概述了理事会在制定《国际财务报告准则第 17 号》过程中的考虑事项。理事会理事个人对有些因素比对其他因素更为重视。理事会同时发布了阐述《国际财务报告准则第 17 号》可能产生的成本与效益的影响分析。*

## 变更此前采用的会计处理方法的必要性及项目历史

BC1 有关保险合同的原国际财务报告准则《国际财务报告准则第 4 号——保险合同》允许主体针对保险合同采用多种不同的会计实务，反映各国会计要求及该等要求存在的差异。各国家和地区内会计处理的差异及多样化的保险产品令投资者及分析师难以理解及比较承保人的经营成果。大多数利益相关方（包括承保人）均赞同有必要制定一项通用的全球保险会计准则（尽管对该准则的具体内容存有不同意见）。保险风险的长期性与复杂性难以在保险合同的计量中反映。此外，保险合同通常不在市场上交易并且可能包含重大投资成分，进一步加剧了在计量方面的挑战。《国际财务报告准则第 4 号》所允许的某些原保险会计实务未能充分反映此类保险合同产生的相关财务状况或业绩的真实情况。为应对上述事项，理事会开展一个项目以促使承保人的财务报表提供更有用的信息及确保各个国家和地区内的保险会计实务保持一致。《国际财务报告准则第 17 号》是该项目完成后的成果。

### 项目历史

BC2 理事会的前身国际会计准则委员会于 1997 年着手开展有关保险合同的项目。理事会于 2001 年设立并将保险项目纳入其初始工作计划。鉴于对在 2005 年采用国际财务报告准则的许多主体而言，及时完成该项目并不切实可行，理事会将该项目分为两个阶段。

BC3 理事会于 2004 年完成该项目的第一阶段并发布《国际财务报告准则第 4 号》，该准则：

（1）对当时现行的保险合同会计实务作出有限改进；以及

（2）要求主体披露有关保险合同的信息。

BC4 然而，鉴于《国际财务报告准则第 4 号》允许采用多种不同的会计实务，理事会始终打算将其取代。特别是，《国际财务报告准则第 4 号》包含一项"临时豁免"，明确指出主体无须确保其会计政策与财务报表使用者的经济决策需求相关或该等会计政策是可靠的。据此，采用国际财务报告准则的各主体之间，以及在某些主体的财务报表内针对保险合同的财务报告存在广泛差异。此外，某些保险合同财务报告并未向财务报表使用者提供有关保险合同的有用信息。

BC5 《国际财务报告准则第 17 号》是理事会项目第二阶段的成果。《国际财务报告准则第 17 号》是一项规范保险合同会计处理的综合准则，源自于理事会此前发布的下列咨询文件所述的建议：

（1）2007 年讨论稿，阐述了理事会针对主体源自保险合同的权利和义务（资产和负债）的会计模型主要组成部分的初步意见。理事会就此类初步意见收到 162 封意见函。

（2）2010 年征求意见稿，阐述了对保险合同准则的建议。理事会就此类建议收到 251 封意见函。

（3）2013 年征求意见稿，修订了针对建议准则的既定方面的有关建议。理事会就此类建议收到 194 封意见函。

BC6 多年以来，理事会在制定《国际财务报告准则第 17 号》过程中曾咨询许多利益相关方。除考虑就 2007 年讨论稿、2010 年征求意见稿及 2013 年征求意见稿收到的意见函之外，理事会在制定《国际财务报告准则第 17 号》时同时考虑了以下各项：

（1）保险工作小组（于 2004 年设立的由承保人资深财务高管人员、分析师、精算师、审计师及监管机构组成的小组）的意见；

（2）于 2009 年、2011 年、2013 年和 2016 年开展的四轮实地工作，有助于理事会更好地了解应用建议的保险模型时面临的某些实际挑战；以及

（3）与包括财务报表使用者和编制者、精算师、审计师、监管机构及其他方在内的个人及团体举行的超过 900 场会议，以测试有关建议及了解受影响的各方就 2010 年与 2013 年征求意见稿存有的疑虑。

### 对《国际财务报告准则第 17 号》的修订

BC6A 在《国际财务报告准则第 17 号》于 2017 年 5 月发布之后，理事会开展工作为主体提供支持并关注其准则实施进展情况。这些工作包括建立一个《国际财务报告准则第 17 号》过渡工作组以讨论实施问题，会见因《国际财务报告准则第 17 号》引起的变化而受影响的包括财务报表编制者和使用者、审计师和监管机构在内的利益相关方。这些工作帮助理事会理解一些主体在实施《国际财务报告准则第 17 号》时的担忧和挑战。根据这些工作，理事会得出结论认为，如果对《国际财务报告准则第 17 号》的修订不会改变该准则的基本原则，那么提议这些有针对性的修订以应对担忧和挑战所导致的成本是值得的。理事会考虑了与 25 个议题相关的对《国际财务报告准则第 17 号》的修订建议。

BC6B 为保持《国际财务报告准则第 17 号》有利影响，理事会决定任何对《国际财务报告准则第 17 号》的修订都不应：

（1）相较采用 2017 年 5 月发布的《国际财务报告准则第 17 号》所能提供的信

息，导致对财务报表使用者有用信息的重大损失；或

（2）过度干扰正在进行的实施工作。

**BC6C** 考虑到 BC6B 段所述的标准，2019 年的《对〈国际财务报告准则第 17 号〉的修订》征求意见稿列出了理事会提议的有针对性的修订。理事会收到了针对提议修订的 123 封意见函。在考虑了针对 2019 年征求意见稿的反馈意见之后，理事会于 2020 年 6 月发布了《对〈国际财务报告准则第 17 号〉的修订》。

### 制定新方法的必要性

**BC7** 理事会曾考虑是否可以运用下列方法对保险合同进行会计处理：

（1）应用一般适用的国际财务报告准则（参见 BC9 段至 BC12 段）；以及

（2）选择现有的保险合同会计处理模型（参见 BC13 段至 BC15 段）。

**BC8** 下文各段说明了理事会否决上述方法并针对保险合同制定一项新准则的原因。

#### 应用一般适用的国际财务报告准则

**BC9** 许多原本可适用于保险合同的现行国际财务报告准则均不适用于保险合同，包括下列各项国际财务报告准则：

（1）收入（参见《国际财务报告准则第 15 号——客户合同收入》）；

（2）负债（参见《国际会计准则第 37 号——准备、或有负债和或有资产》）；以及

（3）金融工具（参见《国际财务报告准则第 9 号——金融工具》和《国际会计准则第 32 号——金融工具：列报》）。

**BC10** 如果理事会将现行国际财务报告准则的适用范围延伸至涵盖保险合同，主体将需要：

（1）针对所取得的每项保费识别其中的服务成分与投资成分。理事会认为主体难以定期对保险合同的各个成分进行分拆，而要求主体这样做将增加复杂性。这样的分拆同时会忽视各个成分之间的相互关联，导致各个成分价值的总和可能并非始终等于合同整体的价值（即使是在初始确认时）。

（2）按照《国际财务报告准则第 15 号——客户合同收入》对服务成分进行会计处理。如 BC26（1）段所述，理事会认为除了有必要进行额外的重新计量之外，按照《国际财务报告准则第 17 号》进行会计处理的结果与《国际财务报告准则第 15 号》大致相一致。但理事会同时决定：

①为确定如何对保险合同的特定方面进行会计处理，《国际财务报告准则第 17 号》的特定要求是必需的。

②有必要进行额外的重新计量以提供相关信息；例如，对于许多保险合同而言，有关保险合同金融方面的信息要比适用《国际财务报告准则第 15 号》的合同更加重要。特别是，在应用《国际财务报告准则第 17 号》时，针对某些保险合同的金融假

设变动的确认时间要早于若应用《国际财务报告准则第 15 号》将予以确认的时间。

（3）按照《国际会计准则第 37 号》对已发生赔款负债进行会计处理。《国际会计准则第 37 号》要求负债的计量反映现金流量的当前估计以及基于当前市场利率的折现率（其反映特定于负债的风险）。该计量方法与《国际财务报告准则第 17 号》针对计量已发生赔款负债的要求大致相一致。

（4）针对投资成分应用金融工具准则。如果主体按照与其他金融负债相同的核算方式对保险合同的投资成分进行会计处理，则存入的本金将不确认为收入（这与《国际财务报告准则第 17 号》相一致），并且将单独核算嵌入的选择权与担保（若《国际财务报告准则第 9 号》要求这样做）。然而，主体同时需要：

①以公允价值计量且其变动计入损益或按摊余成本（如适用）计量投资成分。理事会认为，采用与《国际财务报告准则第 17 号》的规定相同的现行价值来计量所有相互关联的现金流量将能提供更有用的信息。

②对投资成分的计量应使得投资成分的公允价值不低于可随时被要求偿还的金额，并自可被要求支付的第一天起进行折现（存款下限）。相关讨论请参见 BC165 段至 BC166 段。

③对于以公允价值计量且其变动计入当期损益的投资成分，取得合同的成本应在发生时确认为费用且在合同开始时不确认相应的利得。对于按摊余成本计量的投资成分，与投资成分相关的增量交易成本应扣减该负债的初始账面金额。有关按照《国际财务报告准则第 17 号》对保险获取现金流量的会计处理的讨论，请参见 BC175 段至 BC184K 段。

**BC11** 总体而言，对于其结果不存在重大可变性且不包含重大投资成分的保险合同，应用一般适用的国际财务报告准则将能够为财务报表使用者提供有用的信息并且相对而言较容易应用于此类合同。这是因为在该等情况下，上文所讨论因《国际财务报告准则第 15 号》和《国际财务报告准则第 9 号》所产生的问题将不会发生。然而对于其他类型的保险合同，简单地应用一般适用的国际财务报告准则将较为困难，且仅能够产生具有有限相关性的信息。相反，《国际财务报告准则第 17 号》所规定的模型可适用于所有类型的保险合同。

**BC12** 尽管理事会否决了要求按常规做法分拆保险合同各个成分的方法，但《国际财务报告准则第 17 号》规定，如果归属于合同个别成分的现金流量可明确区分，则须对保险合同的某些成分进行分拆。在该等情况下，各个成分之间的相互关联所引致的问题相对不重要。有关分拆及计量保险合同中的非保险成分的要求的讨论，请参见 BC98 段至 BC114 段。

### 选择现有的模型

**BC13** 主要来自美国的某些利益相关方建议理事会制定一个以现行针对保险合同的美国公认会计原则为基础的方法。理事会否决了这一建议，因为该方法是以签发合同的主体类型为依据并且基于在不同时间制定的多项准则。此外，尽管美国公认会计原则被广泛用于作为保险合同会计处理的基础，但其是专门针对美国的保险产品及美国的监管环境而制定。而且，在制定《国际财务报告准则第 17 号》时，美国财务会计准则委员会正在开展一个项目以改进、简化及完善针对应用美国公认会计原则的签发长期保险合同主体的财务报告要求。

**BC14** 理事会同时决定，采用其他各国保险会计模型对保险合同进行会计处理将是不恰当的，因为许多此类模型：

（1）未使用所有现金流量的当前估计；

（2）未要求明确的风险计量，即使风险是保险的本质；

（3）未能反映部分或全部嵌入选择权和担保的时间价值或内在价值，或采用与当前市场价格不符的方式来计量时间价值或内在价值。

（4）未在全球范围内被广泛接受；以及

（5）列示主体财务业绩（特别是针对人寿保险）的方式令财务报表使用者难以理解。

**BC15** 理事会曾考虑承保人现已采用的监管要求能否用于财务报告目的并作为制定《国际财务报告准则第 17 号》要求的基础。但是，理事会认为：

（1）尽管某些监管要求规定针对未来现金流量采用与当前市场一致的计量值，但其关注重点在于偿付能力且并未考虑财务业绩的报告。例如，欧盟采用的监管框架《偿付能力 II》所要求的计量方式与《国际财务报告准则第 17 号》规定的履约现金流量的计量大致相一致。然而，《偿付能力 II》并未考虑如何确定或报告主体在一段时期内的财务业绩，而《国际财务报告准则第 17 号》则通过合同服务边际实现这一目标。

（2）监管要求可能包括简化处理和便于实务操作的方法，其仅适用于制定此类要求的特定监管体系，却不一定适合国际财务报告环境。

（3）监管报告往往包括国家和地区的特定要求以配合该国家和地区的具体情况（包括政策目标）。

## 本准则采用的方法概述

**BC16** 《国际财务报告准则第 17 号》反映了理事会认为保险合同结合了金融工具和服务合同两者特征的观点。此外，许多保险合同所产生的现金流量在长期具有显著的可变性。为提供关于上述特征的有用信息，理事会制定的方法：

（1）将未来现金流量的现值计量与在依照合同提供服务的期间内确认利润相结合（参见 BC18 段至 BC26 段）；

（2）将保险服务业绩（包括保险收入的列报）与保险财务收益或费用分开列示（参见 BC27 段至 BC37 段）；以及

（3）要求主体在组合层面，作出是在损益中确认所有保险财务收益或费用，还是在其他综合收益中确认部分财务收益或费用的会计政策选择（参见 BC38 段至 BC49 段）。

**BC17** 理事会制定上述方法而不采用公允价值模型。公允价值是指市场参与者之间在计量日进行的有序交易中，出售一项资产所能收到或转移一项负债所需支付的价格（参见《国际财务报告准则第 13 号——公允价值计量》）。然而，许多利益相关方认为该方法过于注重极少发生的假定交易。因此，《国际财务报告准则第 17 号》要求主体计量保险合同的方式应当反映主体在一般情况下通过向保单持有人提供服务（而非通过向第三方转让合同）在一段时间内直接履行保险合同的事实。

### 保险合同的计量和利润的确认

**BC18** 保险合同通常结合了金融工具和服务合同两者的特征，并且该两个成分是相互关联的。因此，理事会认为主体不应分拆这些成分并单独对其进行会计处理，但 BC98 段至 BC114 段所述的情况除外。取而代之的是，理事会要求在不进行分拆的情况下同时对金融成分与服务成分进行会计处理。按现行价值计量与针对类似金融工具的要求相一致；而在服务提供的同时确认利润则与《国际财务报告准则第 15 号》保持一致。因此，《国际财务报告准则第 17 号》要求主体按下列金额计量保险合同：

（1）风险调整后的当前现值，该现值应涵盖无须付出不当成本或努力便可获得的、有关未来现金流量的所有合理及可支持的信息，并且与可观察的市场信息保持一致［履约现金流量（参见 BC19 段至 BC20 段）］；以及

（2）代表与尚未提供服务相关的合同未赚利润的金额［合同服务边际（参见 BC21 段至 BC26 段）］。

### 履约现金流量（《国际财务报告准则第 17 号》第 33 段至第 37 段）

**BC19** 分摊至保险合同组的履约现金流量的现行价值包括：

（1）反映预计履行保险合同的未来现金流量的当前无偏估计。未来现金流量的估计应反映主体的观点，前提是任何相关市场变量的估计应当与该等变量可观察的市场价格保持一致（参见 BC147 段至 BC184N 段）。

（2）针对货币时间价值以及与未来现金流量相关的金融风险（若金融风险未被纳入未来现金流量的估计）作出的调整。例如，如果现金流量是按预计的概率加权平均值（中值）折现，而该中值本身并未包含针对风险作出的调整，则任何的金融风险（即，与最终现金流量是否会等于中值的金融风险相关的不确定性）应包括在折现率之中（风险调整后的利率）。相反，如果折现后的现金流量是对中值的估计作出调整，以反映与金融风险相关的不确定性，则该折现率将是仅反映货币时间价值的利率（即，未针对风险作出调整）。折现率应当与现金流量特征和保险合同的现金流量估计相符的工具的当前市场价格保持一致。折现率也不应包括能够影响可观察市场价格，但与保险合同的现金流量估计不相关的任何因素（参见 BC185 段至 BC205B 段）。

（3）针对非金融风险的影响作出的调整（称为"非金融风险调整"）。非金融风险调整的定义为，主体由于承受非金融风险导致的现金流量金额及时间的不确定性而要求得到的补偿（参见 BC206 段至 BC217 段）。

BC20 理事会计量履约现金流量的方法目标旨在尽可能实现与当前市场信息一致的计量。与市场一致的计量包括任何嵌入保险合同的选择权和担保。理事会认为针对履约现金流量采用与市场一致的现行价值计量是可取的，因为其提供关于以下各项的最相关的信息：

（1）履约现金流量（通过及时纳入无须付出不当成本或努力便可获得的所有合理及可支持的信息）；以及，进而反映

（2）履约现金流量的变动（包括嵌入保险合同的选择权和担保的经济价值变动）。这意味着无须执行单独的负债充足性测试。

**初始确认时的合同服务边际（《国际财务报告准则第 17 号》第 38 段和第 47 段）**

BC21 在初始确认时，合同服务边际反映针对保险合同组收取的对价超过风险调整后的预计履行合同组的现金流出预期现值的金额，以及在合同组确认之前已发生的任何保险获取现金流量。合同服务边际反映主体在合同组责任期内通过提供合同组所承诺的服务预期赚取的利润。① 据此，《国际财务报告准则第 17 号》不允许主体在初始确认时将该超额部分确认为一项利得，而是要求主体在责任期内履行其提供服务的义务过程中确认该项利得。然而，如果合同组在初始确认时属于亏损合同，则《国际财务报告准则第 17 号》要求主体立即确认一项损失（参见 BC284 段）。因此，如果合同组在初始确认时属于亏损合同，将不确认任何合同服务边际。这反映了理事会的以下观点：保险合同组的账面金额应当反映主体提供未来服务的义务，并且该金额至少应等于履约现金流量。这与《国际财务报告准则第 15 号》针对客户合同收入所规定的利润和损失确认方法相一致。

**利润的后续计量和确认（《国际财务报告准则第 17 号》第 40 段至第 46 段）**

BC22 在初始确认后，《国际财务报告准则第 17 号》要求履约现金流量的计量应当反映基于当前假设的估计，相应的原因请参见 BC20 段和 BC155 段。

BC23 在初始确认后，《国际财务报告准则第 17 号》同时要求主体确认保险合同组的合同服务边际的指定变动。此类变动反映因依照合同提供服务拟赚取的未来利润的变化，并包括：

（1）与未来服务相关的履约现金流量估计的变动（参见 BC222 段至 BC269C 段）；

（2）合同服务边际的货币时间价值的影响（参见 BC270 段至 BC276E 段），以及

---

① 2020 年 6 月，理事会修订了《国际财务报告准则第 17 号》，要求主体将反映当期所提供的保险合同服务的合同服务边际金额计入当期损益（参见 BC283A 段至 BC283J 段）。

（针对具有直接参与分红特征的保险合同）主体享有的基础项目份额的变化（参见BC238段至BC263段）；

（3）外汇汇率变动对合同服务边际的影响（参见BC277段至BC278段）；以及

（4）在提供服务期间内赚取的利润（参见BC279段至BC283J段）。

**BC24** 尽管初始确认时保险合同的服务成分与金融成分无须分别单独计量，但理事会认为保险合同账面金额的变动具有不同的信息价值（取决于变动的性质）。由于将履约现金流量的变动与合同服务边际的变动合并在一起处理：

（1）与未来服务相关估计的变动仅会影响负债总额[1]的计量，除非保险合同组成为亏损合同（BC275段所述的情况除外）；

（2）与当期及过往期间服务相关估计的变动计入损益［参见BC224（3）段和BC232段至BC236段］；以及

（3）因与金融风险相关的假设导致的估计的变动（包括折现率变动的影响）在变动发生的期间内计入损益或损益及其他综合收益（除非部分此类变动涉及具有直接参与分红特征的保险合同（参见BC238段至BC247段）。

**BC25** 保险合同组的账面总额（即，履约现金流量加上合同服务边际）可被视为由下列各部分组成：

（1）未到期责任负债，即，与依照合同将在未来期间提供的保障相关的部分履约现金流量，加上剩余合同服务边际（如有）；[2] 以及

（2）已发生赔款负债，即，与已发生但尚未支付的赔款和费用相关的履约现金流量。

**BC26** 总体而言，《国际财务报告准则第17号》所规定的计量导致：

（1）未到期责任负债的计量与相应的利润和收入确认与《国际财务报告准则第15号》大致保持一致，但下列两者除外：

①对于不具有直接参与分红特征的保险合同——计量值需针对金融假设的变化作出更新；以及

②对于具有直接参与分红特征的保险合同——计量值需针对主体及保单持有人享有分红的项目公允价值变动作出更新；并且

（2）与已发生赔款相关的成分按照与《国际会计准则第37号》大体一致的方式进行计量。

## 保险收入的列报（《国际财务报告准则第17号》第83段，第85段和B120段至B127段）

**BC27** 按照原保险会计实务确定的收入在各国家和地区内存在差异，且往往导

---

[1] 保险合同可以是资产或负债（取决于相关现金流量的时间）。为简便起见，本结论基础通常将账面金额描述为一项负债。

[2] 2020年6月，理事会修订了未到期责任负债的定义，使其包括主体将提供的投资回报服务或投资相关服务所对应的金额（参见BC283A段至BC283J段）。

**国际财务报告准则**

致所列报的收入金额难以与保险业或其他行业内其他主体所报告的信息进行比较。导致缺乏可比性的两个常见因素为：

（1）将存款作为收入进行会计处理；以及

（2）按收付实现制确认收入。

**BC28** 与此相反，《国际财务报告准则第 17 号》要求主体按照与《国际财务报告准则第 15 号》的一般原则大体一致的方式确定所列示的保险合同收入。为与《国际财务报告准则第 15 号》保持一致，主体针对已承诺的保障及其他服务转让所确定的收入金额，应当反映主体因提供服务而预计有权收取的对价。这意味着主体：

（1）在保险收入中排除任何的投资成分；以及

（2）在其履行保险合同履约义务的过程中在每一期间确认保险收入。

**BC29** 与《国际财务报告准则第 15 号》相一致，《国际财务报告准则第 17 号》要求在财务状况表内报告保险合同组的资产或负债，以及在财务业绩表内报告合同履约义务的履约进度：

（1）《国际财务报告准则第 15 号》规范了在每一期间内拟确认的收入金额，并在每一期间以期初计量的合同资产或合同负债为基础，根据确认的收入金额的调整，计量期末的合同资产或合同负债；以及

（2）《国际财务报告准则第 17 号》规定的计量模型规范了在报告期初和期末保险合同组资产或负债的账面金额。所列示的保险收入金额通过参照该两个计量值来确定。

**BC30** 理事会认为，通过上述方式确定保险收入将使签发保险合同的主体的财务报表更易于理解且与其他主体更可比。该方法亦提高了签发保险合同的主体之间的可比性。该方法及较为简单的保费分摊法（参见 BC288 段至 BC295 段）分摊客户对价的方式均反映依照合同提供的服务转让。据此，针对采用《国际财务报告准则第 17 号》的一般规定核算的合同所列示的保险收入，与采用保费分摊法进行核算的合同的保险收入合并列示具有经济意义。许多财务报表使用者采用收入衡量指标来提供关于业务量和总体业绩的信息。

**BC31** 理事会曾考虑下列观点：所列示的保险经营成果与其他行业主体所报告的收入金额缺乏可比性，不会对签发保险合同的主体的财务报表使用者造成显著不便。某些观点认为，财务报表使用者通常不会将签发保险合同的主体的经营成果与其他主体进行比较，而是认为专注于保险行业的许多财务报表使用者均依赖财务报表附注提供的分解信息。因此，持有这一观点的人士预期对财务报表使用者而言财务业绩表所报告的信息仅提供很小价值，因为：

（1）与针对其他交易的会计模型不同的是，针对人寿保险合同的会计模型通常直接通过保险合同负债的变动来计量源自保险合同的利润。与此相反，源自其他交易的利润是按收入与费用之间的差额计量。

（2）某些意见认为，同时包含收入与投资成分的保费总额的计量是针对总体业绩和保险合同增长的最有意义的计量值。该计量值提供有关主体管理的资产总增加额

的信息。然而，持有这一观点的人士认同该计量值与收入的常规概念不符，因此认为该信息不应在财务业绩表内列报。根据《国际财务报告准则第 17 号》，该信息应当在财务报表附注或其他位置报告。

BC32　理事会否决了上述观点。理事会希望《国际财务报告准则第 17 号》所带来的变更将有助于更广泛的财务报表使用者理解签发保险合同的主体的财务报表，并能够将其与其他主体的财务报表进行比较。理事会曾经考虑但最终否决的列示收入的其他方法，请参见 BC332 段至 BC339 段。

**在保险收入和已发生赔款中排除投资成分（《国际财务报告准则第 17 号》第 85 段）**

BC33　投资成分是指即使保险事项不发生，保险合同也要求主体偿还给保单持有人的金额。① 此类义务若未被纳入保险合同，将按照《国际财务报告准则第 9 号》进行计量和列报。理事会决定如果保险合同中的投资成分与保险成分相互关联，则按照《国际财务报告准则第 17 号》同时计量投资成分及保险成分将是恰当的［相应原因，请参见 BC10（1）段和 BC108 段］。然而，理事会认为，如果主体将此类投资成分的收款和付款额作为保险收入和已发生赔款列示，将无法如实反映适用《国际财务报告准则第 9 号》的金融工具，与嵌入适用《国际财务报告准则第 17 号》的保险合同的投资成分之间的相似性。该做法将相当于银行将存款确认为收入并将其偿还的金额确认为费用。据此，本准则要求在保险收入和已发生赔款中排除此类投资成分。②

BC34　为避免出于计量目的而分拆投资成分的情况下实现上述目标，理事会决定仅在确认收入和已发生赔款时识别投资成分，并将已识别的投资成分金额排除在计量之外。在确定这一处理方法时，理事会曾考虑将投资成分定义为（1）在未发生任何保险事项的情况下合同仍要求偿还的金额，而非（2）即使保险事项不发生仍须偿还的金额。例如，如果主体在保单持有人死亡的情况下，支付账户余额与固定金额两者中的较高者，若运用定义（1），则因保单持有人死亡所导致的整个付款额将被视为与保险成分（而非投资成分）相关。运用定义（1）在实务中的好处是，仅当主体所支付的款项与保险事项无关时，主体才需要识别与投资成分相关的现金流量。然而，理事会认为通过此方式定义投资成分未能如实反映通过保单持有人的存款在账户余额中累积的金额，在所有情况下（包括保单持有人死亡时）均须向保单持有人支付的事实。理事会认为，保险利益是指若保险事项发生时，主体必须支付的额外金额。

---

①　2020 年 6 月，理事会修订了投资成分的定义，以明确投资成分是在所有情况下，无论保险事项是否发生，保险合同要求主体偿还给保单持有人的金额（参见 BC34A 段）。

②　2020 年 6 月，理事会修订了《国际财务报告准则第 17 号》B123 段，以明确对保单持有人贷款的现金流量导致的变动不会产生保险收入。这一处理与对投资成分的处理类似。

国际财务报告准则

*对《国际财务报告准则第 17 号》的修订——投资成分的定义*

**BC34A** 2020 年 6 月，理事会修订了投资成分的定义，以明确投资成分是在所有情况下，无论保险事项是否发生，保险合同要求主体偿还给保单持有人的金额（参见 BC34 段）。《国际财务报告准则第 17 号》过渡工作组的某次会议上的讨论表明，修订前定义的文字没有充分体现 BC34 段中的阐述。

**在主体履行履约义务过程中确认收入（《国际财务报告准则第 17 号》第 83 段和 B120 段至 B127 段）**

**BC35** 理事会指出，对于某些保险合同而言，识别和计量当期履约义务的履约进度存在固有挑战（例如，对于止损合同及包含财务担保的合同）。然而，未到期责任负债代表提供未来期间保障的义务以及为履行合同所需的其他服务。据此，规定所确认的保险收入应以未到期责任负债的扣减额为限，并作出调整以消除与履行履约义务无关的变动，将能够如实反映主体在提供服务过程中的履约情况。针对未到期责任负债作出的调整，将未到期责任负债中与预期产生收入的现金流量无关的变动部分（例如，保险财务收益或费用，以及亏损合同组所发生的损失）排除在保险收入总额之外。该等调整确保在保险合同组存续期内列示的保险收入总额与（针对融资成分作出调整后的）就服务收取的保费相同。

**BC36** 理事会曾考虑是应当将每一期间的保障作为单独的履约义务进行处理、还是应当将整项合同的保障作为在一段时间内履行的单一履约义务处理。在对《国际财务报告准则第 15 号》的原则进行考虑时，理事会认为在整个责任期内的任何特定时段提供保障的义务通常不应作为一项单独履约义务，而针对整个合同存续期内提供的保障和服务通常应作为在一段时间内履行的单一履约义务处理。因此，预期现金流量模式发生的变化将导致主体对履约进度计量的更新，并且相应调整确认的收入金额。该方法同时与《国际财务报告准则第 17 号》中针对与未来服务相关的现金流量估计的变动调整合同服务边际的要求相一致（参见 BC222 段至 BC226 段）。

**BC37** 理事会决定通过使用各期间内未到期责任负债计量值的变动来计量主体每一期间内履约义务的履约进度；该决定导致保险收入的确认，部分将基于预计产生的赔款和利益。某些意见对该做法存有疑虑，进而质疑对主体义务计量的变动能否足以反映保险合同所提供的服务。该等意见认为收入（总金额）应当与义务（净金额）的变动区分开来单独确定。实现该目标的其中一种方式为使用基于时间的方法来计量履约进度（例如，针对其他合同通常采用的方法）。然而，理事会认为基于时间的分摊保费的方法未能反映每一期间内所提供的服务价值可能有所不同的事实。取而代之的是，理事会指出作为未到期责任负债报告的金额反映拟提供服务的义务的价值。因此，理事会认为未到期责任负债的扣减额能够合理反映在一段时间内履行的提供服务的履约义务的价值。未到期责任负债的扣减额包括合同服务边际的分摊额以反映当期内提供的服务。该分摊额反映所提供的利益数量以及合同组的存续期。代表当期收入的未到期责任负债的其他变动应采用当前假设进行计量。因此，代表收入的未到期责任负债的变动总额能够如实反映主体有权获得的保险收入金额。

## 保险财务收益或费用的列报（《国际财务报告准则第 17 号》第 87 段至第 92 段和 B128 段至 B136 段）

**BC38** 保险财务收益或费用包括源自下列各项的保险合同组资产或负债的账面金额变动：
（1）货币时间价值的影响和货币时间价值的变动；以及
（2）金融风险的影响和金融风险的变动；但
（3）不包括亏损的具有直接参与分红特征的保险合同组的该等影响（具有直接参与分红特征的保险合同的上述变化一般会调整合同服务边际），该等影响作为保险服务业绩的一部分确认，相应原因请参见 BC247 段。

**BC39** 《国际财务报告准则第 17 号》并未变更《国际财务报告准则第 4 号》中金融风险的定义。为明确在应用《国际财务报告准则第 17 号》时关于通货膨胀假设的处理，理事会决定明确规定对于《国际财务报告准则第 17 号》：
（1）基于价格或利率指数，或者其回报与通货膨胀挂钩的资产价格的假设属于金融假设；以及
（2）基于主体对特定价格变动预期的假设属于非金融假设。

**BC40** 理事会并未考虑上述规定在《国际财务报告准则第 17 号》范畴之外是否恰当。

**BC41** 为与《国际会计准则第 1 号——财务报表的列报》中单独列报财务费用的要求保持一致，主体必须将保险财务收益或费用与保险服务业绩区分开来单独列报。该做法能够就主体业绩的不同方面提供有用的信息。

**BC42** 《国际财务报告准则第 17 号》要求主体就如何列报保险财务收益或费用分别针对每一个组合作出会计政策选择。保险合同组合的保险财务收益或费用应全部计入损益，或者予以分解纳入损益及其他综合收益。若进行分解，计入损益的金额应基于组合中保险合同组存续期内的预期财务收益或费用总额的系统分摊。该系统分摊方法应当基于保险合同的特征，而不应参照不会影响合同预期产生的现金流量的因素。例如，仅在预期确认的回报将影响合同现金流量的情况下，保险财务收益或费用的分摊才应以资产预期确认的回报为基础［在特定情况下，计入损益的金额是旨在消除会计错配而非基于系统分摊的金额（参见 BC48 段）］。

**BC43** 理事会决定允许主体就保险财务收益或费用的列报作出会计政策选择，以平衡某些时候可理解性与可比性之间存在的相互冲突的需求。通过允许主体作出会计政策选择，理事会：
（1）承认主体可通过运用基于保险合同特征的系统分摊方法在损益中列示保险财务收益或费用，适当地将与金融风险相关的假设变动的影响分解纳入损益及其他综合收益；

（2）但同时：

①承认在损益中进行的上述系统分摊的固有特征可能会产生会计错配；因此，作出会计政策选择允许主体通过可选择运用当前计量基础列示保险财务收益或费用来避免此类不匹配；以及

②允许主体避免使用其他综合收益所引致的成本和复杂性（如果这样做的利益并未超过相应的成本）（因为允许主体在当期损益中列示保险财务收益或费用总额，将使主体能够避免执行额外计算以得出拟纳入损益及其他综合收益的单独金额）。

BC44 理事会指出，在选择会计政策时，主体将需要运用涉及保单相对利益和成本的判断。理事会决定要求主体针对每个组合作出会计政策选择，因为作出该选择的一个关键因素在于主体认为哪些资产被视为支持保险合同的相应资产。理事会收到的反馈意见表明，许多主体认为支持保险合同资产的策略选择，受保险合同组合之间的差异影响。因此，主体的其中一个组合可能持有以公允价值计量且其变动计入其他综合收益的金融资产，而另一个组合则可能持有以公允价值计量且其变动计入损益的资产。据此，运用于各个保险合同组合的选择权将允许主体减少会计错配。理事会认为，即使允许作出会计政策选择，也很可能能够保持同一国家和地区内各主体之间的可比性，因为该等主体很可能签发类似的产品并针对该等产品采用相似的资产策略，进而很可能作出类似的会计政策选择。

BC45 理事会曾经考虑但最终否决的列示保险财务收益或费用的其他方法，请参见 BC340 段至 BC342C 段。

**分解的基础（《国际财务报告准则第 17 号》B129 段至 B136 段）**

BC46 就是否允许在损益中采用系统分摊方法列示保险财务收益或费用作出会计政策选择，产生了什么构成系统分摊的问题。

BC47 理事会曾考虑基于成本的列报方法，并讨论了确定针对保险财务收益或费用的成本计量基础的各类实际方法。然而，理事会认为某些潜在适当的方法（如某些预测信用方法）无法被描述为成本计量。取而代之的是，理事会决定制定一个基于保险合同特征的系统分摊方法，对保险财务收益或费用进行分解。鉴于保险合同的多样性以及针对不同的合同特征制定特定要求的必要性，理事会曾考虑单凭该分解目标本身是否已经足够。然而，理事会认为缺乏既定的方法可能导致缺乏可比信息。因此，理事会在《国际财务报告准则第 17 号》B130 段至 B133 段中阐述了如何确定系统分摊的限制。

BC48 基于保险合同组的特征对保险财务收益或费用的任何系统分摊的一个固有特征是可能导致保险合同与主体所持有资产的财务收益或费用之间产生会计错配。针对所有保险合同全面消除该会计错配的唯一方式是采用相同的现行价值计量同时计量保险合同与资产，并将所有财务收益或费用计入损益。理事会否决了这一方法，相应原因，请参见 BC340 段。然而，对于与所持有的资产不存在任何经济不匹配的保险合同，有可能采用不同的方式（即，通过使用当期账面收益率）来消除保险合同

与资产之间的会计错配。当期账面收益率是计入当期损益的，被视为支持保险合同的资产账面金额的变动。理事会认为，仅当保险合同组与所持有的资产不存在任何经济不匹配（即，《国际财务报告准则第 17 号》所定义的具有直接参与分红特征的保险合同组，如果主体持有基础项目）时，该方法才是适当的。理事会认为该方法对于其他保险合同而言并不恰当，相应原因，请参见 BC342 段。

BC49 如果主体履行合同组所规定的义务，《国际财务报告准则第 17 号》所规定的系统分摊意味着在合同组存续期内计入其他综合收益的累计金额等于零。为实现这一结果，如果主体在合同组中的所有合同履约之前转让了该保险合同组，《国际财务报告准则第 17 号》要求截至转让日前计入其他综合收益的累计金额应当在转让日重分类至损益。理事会曾考虑适用当期账面收益率的保险合同组是否应当应用相同的规定。然而理事会指出，在应用当期账面收益率时，在未予转让的合同组存续期内计入其他综合收益的累计金额不一定等于零。理事会认为，为实现当期账面收益率的目标（即，消除保险合同与所持有的资产之间的会计错配），在转让合同组时从其他综合收益重分类至损益的金额，不应超过因转让期间内计入损益的资产账面金额变动所导致的金额。

## 普遍问题

BC50 在制定 BC16 段所述的方法时，理事会曾考虑下列普遍问题：
（1）合同分组；
（2）会计错配；以及
（3）本准则的复杂性。

## 合同分组

BC51 主体的权利和义务源自与保单持有人签订的个别合同。然而，大多数保险活动的基本模式在于主体签发大量类似的合同并知晓部分合同将导致赔款，而部分合同则不会。大量的合同可降低全部合同产生的结果与主体的预期存在差异的风险。保险活动的这一模式连同《国际财务报告准则第 17 号》有关利得和损失的不同确认时间的要求（例如，亏损合同损失的确认时间早于盈利合同利得的确认），意味着合同在确认和计量时基于的合同分组是反映主体财务业绩的一个重要因素。

BC52 在就合同分组作出决定时，理事会权衡了因合同汇总引致的不可避免的信息损失、与汇总后的信息对反映主体保险活动的财务业绩的是否有用，及搜集此类信息的实务负担之间的关系（参见 BC115 段至 BC139T 段）。

## 会计错配

BC53 理事会决定将《国际财务报告准则第 17 号》的范围设定为涵盖保险合同而非保险业主体，相应原因，请参见 BC63 段至 BC64 段。理事会了解到由于其他准则中针对资产和负债的不同会计基础，制定针对保险合同的会计模型将不可避免地导致潜在的会计错配。尽管如此，理事会已尽可能使会计错配的程度最小化，并同时承认存在一定的限制，尤其考虑了源自下列各项的潜在或已察觉到的会计错配：

（1）保险财务收益或费用的列报（参见 BC38 段至 BC49 段）；

（2）风险缓释活动（参见 BC54 段至 BC55 段）；

（3）具有直接参与分红特征的保险合同基础项目的计量（参见 BC56 段）；以及

（4）再保险（参见 BC298 段）。

**BC54** 某些利益相关方指出，《国际财务报告准则第 17 号》对风险缓释活动进行会计处理的方法并未全面消除会计错配，特别是：

（1）某些意见要求理事会针对不具有直接参与分红特征的保险合同制定一个套期会计解决方案；

（2）某些意见指出理事会目前正在开展一个针对动态风险管理模型的研究项目，并建议与该项目保持一致；以及

（3）某些意见认为，对于在首次执行日之前开始的关系，在未来适用法的基础上应用风险缓释规定无法消除会计错配。

**BC55** 对于与具有直接参与分红特征的保险合同相关的风险缓释技术，理事会决定通过提供一个选择权，促使浮动收费法的总体影响与针对其他保险合同的模型更趋于一致，从而减少了浮动收费法所引入的会计错配（参见 BC250 段至 BC256H 段）。然而，理事会认为制定一个针对保险合同所有套期活动的定制解决方案并不恰当，指出该解决方案应构成更广范围项目的一部分。理事会不希望因该更广范围项目未能确定最终结果而推迟发布《国际财务报告准则第 17 号》。理事会同时认为，在过渡时有必要在未来适用法的基础上应用风险缓释规定，相应原因，请参见 BC393 段。

**BC56** 具有直接参与分红特征的保险合同通过参照基础项目的公允价值计量（参见 BC238 段至 BC249D 段）。该计量反映合同与投资相关的性质。通过应用国际财务报告准则，许多基础项目均将以公允价值计量。理事会同时决定修订若干国际财务报告准则，以使额外的基础项目能够以公允价值计量［参见 BC65（3）段］。然而，仍可能存在通过应用国际财务报告准则无法以公允价值计量的基础项目（例如，其他保险合同或子公司的净资产）。理事会指出，仅当所有资产和负债均以公允价值进行确认和计量时，才能够消除全部此类错配。

### 本准则的复杂性

**BC57** 理事会承认，与 2007 年讨论稿的初步建议相比，《国际财务报告准则第 17 号》的下列重要方面增加了本准则的复杂性。

（1）合同服务边际的存在及处理，包括：

①在合同的责任期内将其确认为利润（参见 BC59 段）；

②针对与未来服务相关的现金流量估计的变动对其作出调整（针对不同类型的保险合同存在不同的规定）（参见 BC60 段）；以及

③进行指定的合同分组的相应需求（参见 BC51 段至 BC52 段）。

（2）财务业绩表的列报，包括：

①按照与《国际财务报告准则第15号》相一致的基础列报收入（参见BC61段）；以及

②将保险财务收益或费用分解纳入损益及其他综合收益的选择权（参见BC62段）。

**BC58** 对于上述每一个方面，理事会收到的利益相关方反馈意见均表明《国际财务报告准则第17号》的要求对于提供有关主体签发的保险合同的有用信息是必需的。

**BC59** 将合同服务边际在责任期内确认为利润（而非在保险合同组初始确认时立即确认为一项利得）增加了财务报表编制者的复杂性，因为其需要追踪及分摊合同服务边际。确认合同服务边际的这一方法同时有可能增加财务报表使用者的复杂性，因为其需要理解在财务状况表及财务业绩表内所确认的金额。然而，理事会认为在责任期内确认保险合同组的利润是如实反映主体在责任期内的财务业绩所必需的。

**BC60** 针对与未来服务相关估计的变动以调整合同服务边际的要求同时增加了财务报表使用者以及财务报表编制者的复杂性。对于财务报表使用者，复杂性源于需要了解过往年度的事件所产生的利得和损失如何影响本年度损益；对于财务报表编制者，复杂性则源于需要识别区分那些须调整合同服务边际的未来现金流量估计的变动，以及那些不会调整合同服务边际的估计变动。对于财务报表使用者及财务报表编制者而言，区分与未来服务相关的估计变动以及与过去服务相关的变动尤为复杂。这一区分可能颇具主观性并且取决于主体何时变更估计而有所不同。主体需要针对在现金流量实际发生之前作出的现金流量估计变动对合同服务边际作出调整。相反，如果在现金流量实际发生之前估计并无任何变化，则主体将在损益中确认一项经验调整并且不调整合同服务边际。然而，鉴于所收到的反馈意见，理事会认为针对未来服务的变化调整合同服务边际将能够提供针对保险合同组的未赚利润的相关信息并且与《国际财务报告准则第15号》的方法保持一致（参见BC222段至BC224段）。

**BC61** 在财务报表内列报保险收入的要求增加了财务报表编制者的复杂性，因为主体必须识别投资成分，并将其排除在于损益表内列示的保险收入和已发生赔款之外。某些财务报表编制者就遵循该项规定在经营方面面临的挑战表示担忧。然而，理事会认为该项规定所带来的下列益处超过其引致的潜在挑战：

（1）将保险收入与投资成分进行区分能够为财务报表使用者带来重大益处。例如，许多使用者指出，如果主体将投资成分作为收入报告，将导致收入被高估及有可能扭曲诸如综合比率等的业绩衡量指标；该报告方式同时会妨碍承保人与其他行业内主体之间的可比性。

（2）计量保险收入的方式反映主体因提供服务而预计有权收取的对价，将提高保险收入计量和列报与适用《国际财务报告准则第15号》的其他类型客户合同所产生的收入之间的一致性。该计量方法将降低财务报表整体的复杂性。

**BC62** 要求主体就如何列报保险财务收益或费用作出会计政策选择，同时增加了财务报表编制者（其必须评估拟作出的选择）及财务报表使用者（其必须理解所作出的选择及其对所列报金额的影响）的复杂性。理事会曾建议要求将保险财务收益或费用分解纳入损益及其他综合收益。然而，理事会认为取决于主体签发的保险合同类型及其财务报表使用者视为最有用的信息，各主体为执行上述分解须实现的成本与效益平衡存在显著差异。因此，理事会认为应留待主体自行评估如何实现这一平衡。

## 本准则的范围和保险合同的定义（《国际财务报告准则第 17 号》第 3 段至第 8A 段和 B2 段至 B30 段）

**BC63** 某些意见认为，《国际财务报告准则第 17 号》应涵盖签发保险合同的主体财务报告的所有方面以确保财务报告的内在一致性，并指出监管规定以及各国会计要求往往涵盖主体保险业务的所有方面。然而，理事会决定《国际财务报告准则第 17 号》仅应适用于保险合同以及持有该等合同的所有主体。理事会决定所制定的方法应当基于保险活动的类型而非主体的类型，因为：

（1）难以制定一个一致适用于所有国家的针对承保人的完善定义；

（2）可能符合该定义的主体的主要经营活动往往涵盖其他领域以及保险，并且需要确定如何核算此类非保险活动（是应按照与保险活动相类似的方式，还是按照与其他主体核算其非保险活动相类似的方式进行核算）以及进行核算的具体程度；

（3）如果签发保险合同的主体采用某种方式来核算一项交易，而不签发保险合同的主体采用另一种不同的方式来核算相同交易，将降低各主体之间的可比性。

**BC64** 据此，《国际财务报告准则第 17 号》适用于（《国际财务报告准则第 17 号》所定义的）所有保险合同的整个保险合同存续期（无论签发保险合同的主体类型如何）。

**BC65** 《国际财务报告准则第 17 号》一般而言并未规范针对签发保险合同的主体其他资产和负债的要求，因为该等资产和负债适用其他国际财务报告准则。然而，《国际财务报告准则第 17 号》提供了下列例外情况：

（1）《国际财务报告准则第 17 号》适用于具有相机参与分红特征的投资合同，前提是合同签发人同时签发保险合同。理事会认为，与应用其他准则相比，应用《国际财务报告准则第 17 号》能够提供关于此类合同更为相关的信息。理事会同时指出，签发保险合同的主体几乎是唯一会签发具有相机参与分红特征的投资合同的主体（参见 BC82 段至 BC86 段）。

（2）《国际财务报告准则第 17 号》适用于财务担保合同，前提是该等合同符合《国际财务报告准则第 17 号》中保险合同的定义，并且主体之前已明确将该等合同视为保险合同且对该等财务担保合同运用适用于保险合同的会计处理。理事会指出，其此前听取了针对财务担保合同适当会计模型的不同意见，但并未将针对此领域的工作视为优先重点（参见 BC91 段至 BC94 段）。

（3）《国际财务报告准则第 17 号》修订了其他国际财务报告准则（参见《国际财务报告准则第 17 号》附录四），以允许主体将其自身股份确认为资产，并在此类资产、主体自身债务及自用房地产在投资基金中持有（该基金向投资者提供的利益是通过基金单位来确定）或者主体持有的投资属于具有直接参与分红特征的保险合同基础项目的情况下，允许以公允价值计量此类资产。理事会认为，对于具体列明与基础项目回报挂钩的许多合同而言，此类基础项目所包含的各类不同资产几乎全部均以公允价值计量且其变动计入损益。以公允价值计量且其变动计入损益的方式计量主体的自身股份、自身债务及自用房地产，将与大部分相关资产的计量方式保持一致并防止出现会计错配。

**BC66** 《国际财务报告准则第 17 号》并未规范针对保单持有人所持有的保险合同的要求（但持有的再保险合同除外）。其他国际财务报告准则包含可能适用于此类合同某些方面的要求。例如，《国际会计准则第 37 号》规范了所持有的为结算一项准备所需的支出进行保障的保险合同赔付款的要求；而《国际会计准则第 16 号——不动产、厂场和设备》则规范了所持有的为不动产、厂场和设备的减值或损失进行保障的保险合同赔付款某些方面的要求。此外，《国际会计准则第 8 号——会计政策、会计估计变更和差错》明确规定了当不存在专门适用于某一项目的国际财务报告准则时，主体在制定会计政策时应当采用的级次。据此，理事会并未将针对保单持有人会计处理的工作视为优先重点。

## 保险合同的定义（《国际财务报告准则第 17 号》第 6 段，附录一和 B2 段至 B30 段）

**BC67** 保险合同的定义界定了哪些合同适用《国际财务报告准则第 17 号》以及不适用其他国际财务报告准则。《国际财务报告准则第 17 号》中保险合同的定义与《国际财务报告准则第 4 号》中的定义相同，并明确了《国际财务报告准则第 4 号》附录二中的相关指引，规定：

（1）承保人在评估任何情形中额外的应付保险利益是否重大时，应当考虑货币时间价值（参见《国际财务报告准则第 17 号》B20 段和 BC78 段）；以及

（2）如果不存在任何具有商业实质的、导致承保人发生按现值计量形成的损失的情形，则合同并未转移重大保险风险（参见《国际财务报告准则第 17 号》B19 段和 BC78 段）。

**BC68** 下文探讨了涉及保险合同定义的以下方面：

（1）合同的定义（参见 BC69 段至 BC70 段）；

（2）保险风险（参见 BC71 段至 BC72 段）；

（3）可投保利益（参见 BC73 段至 BC75 段）；

（4）保险风险的数量（参见 BC76 段至 BC80 段）；以及

（5）保险或有权利和义务的到期（参见 BC81 段）。

### 合同的定义（《国际财务报告准则第17号》第2段）

**BC69** 《国际财务报告准则第17号》将合同定义为双方或多方之间达成的确立可执行权利和义务的协议，并指出合同可能采用书面、口头形式或隐含于主体的商业惯例中。《国际财务报告准则第17号》同时要求主体考虑所有实质性权利和义务（无论是源自合同、法律或法规的权利或义务）。因此，在提及合同条款时，同时应考虑法律和法规的影响。该等要求与《国际财务报告准则第15号》相一致，并且应当在主体考虑如何对合同进行分类及为确定合同的边界评估实质性权利和义务时加以应用。然而，在计量保险合同组时，《国际财务报告准则第17号》要求主体纳入主体相机抉择的、进而可能无法强制执行的未来现金流量的估计。理事会要求将此类现金流量纳入计量的原因，请参见BC167段至BC169段。

**BC70** 《国际财务报告准则第17号》与理事会在针对《概念框架》的2015年征求意见稿中阐述的原则相一致，规定在必要时应将合同合并以报告其实质。

### 保险风险（《国际财务报告准则第17号》附录一和B7段至B25段）

**BC71** 《国际财务报告准则第17号》中保险合同的定义着重关注保险合同的独有特征——保险风险。

**BC72** 某些合同具有保险合同的法律形式但并未向签发人转移重大保险风险。《国际财务报告准则第17号》并未将此类合同作为保险合同处理，即使此类合同传统上被描述为保险合同并且可能须接受保险监督机构的监管。类似地，某些合同可能包含重大保险风险进而符合《国际财务报告准则第17号》中保险合同的定义，即使其并不具有保险合同的法律形式。据此，《国际财务报告准则第17号》采用的保险合同定义反映了合同的经济实质而并非仅仅其法律形式。

### 可投保利益（《国际财务报告准则第17号》B7段至B16段）

**BC73** 保险合同的定义反映了主体通过同意就不确定事件对保单持有人构成不利影响的情况向保单持有人提供补偿而接受的来自保单持有人的风险（《国际财务报告准则第17号》B12段）。不确定事件必须对保单持有人构成不利影响的概念被称为"可投保利益"。

**BC74** 理事会曾考虑是否应当取消可投保利益的概念，并以保险涉及对各类风险进行归集以便共同管理的概念将其取代。某些意见认为该做法将适当地把下列各项纳入本准则的范围：

（1）若发生指定的不确定未来事件则要求进行支付的、形成类似于保险合同的经济风险敞口的合同（无论其他方是否具有可投保利益）；以及

（2）某些未包含可投保利益概念的被用作保险的合同（例如，天气衍生品）。

**BC75** 然而，理事会决定保留可投保利益的概念，因为若不提及"不利影响"，该定义可能会涵盖任何具有不确定成本的提供服务的预付合同。这样的定义将导致术

语"保险合同"延伸至涵盖超出其传统含义的范围，而这并不符合理事会的意图。纳入可投保利益的概念同时旨在避免在保险的定义中涵盖赌博活动。此外，该做法可提供以原则为导向的区分，尤其是区分保险合同与用于套期的合同。

**保险风险的数量（《国际财务报告准则第 17 号》B17 段至 B25 段）**

BC76 《国际财务报告准则第 17 号》B17 段至 B25 段探讨了在合同符合保险合同的条件之前必须存在的保险风险的数量。

BC77 在制定上述重要性概念时，理事会曾考虑美国公认会计原则中涉及将合同作为保险合同处理的标准（包括应当存在"重大损失"的"合理可能性"的概念）。理事会留意到某些从业人员在应用美国公认会计原则时采用下列指引：重大损失的合理可能性是指发生至少占保费 10% 的损失的概率至少为 10%。

BC78 然而，定量指引有可能形成一个武断的分界线，导致接近分界线但分别位于其两侧的类似交易采用不同的会计处理。定量指引同时会造成会计套利的机会，从而产生大量非常接近分界线但仅位于其中一侧的交易。鉴于上述原因，《国际财务报告准则第 17 号》并未包含定量指引，而是在指出美国公认会计原则所应用的标准的同时，理事会决定增加一项要求，规定仅当存在具有商业实质的，导致签发人有可能发生按现值计量的损失的情形时，合同才转移了重大保险风险。

BC79 理事会同时考虑了是否应通过提及《财务报告概念框架》① 描述的重要性（如下所述），来定义保险风险的重要程度：

"如果省略或误报某项信息会影响使用者基于财务信息作出的关于特定报告主体的决策，该信息就具有重要性。"②

然而，单一合同或者即使是类似合同的单一账面记录很少能够引致涉及财务报表整体的重大损失。尽管主体基于组合对合同进行管理，但合同权利和义务是源自个别合同。因此，《国际财务报告准则第 17 号》根据个别合同定义保险风险的重要程度（参见《国际财务报告准则第 17 号》B22 段）。

BC80 理事会同时否决了通过反映不利结果的预期（即，概率加权）平均现值占所有结果预期现值的比例或其占保费的比例，来定义保险风险重要程度的概念。该概念在直观上似乎较为可取，因为其同时包含金额和概率。然而，该定义将意味着合同在开始时可能是一项金融负债，并随着时间的推移或对概率的重新评估而变为一项保险合同。理事会认为，要求主体持续监控合同在存续期内是否符合保险合同的定义将造成过重的负担。取而代之的是，理事会采纳的方法规定仅在合同开始时就合同是否属于保险合同作出一次决定（除非合同条款作出修订）。《国际财务报告准则第 17 号》B18 段至 B24 段的要求着重关注保险事项是否会导致主体支付额外金额（基于

---

① 本结论基础对《财务报告概念框架》(《概念框架》) 的引用，是在本准则制定时有效的于 2010 年发布的《财务报告的概念框架》的引用。

② 2018 年 10 月发布的《财务报告概念框架》修订了重要性的定义。

个别合同分别进行判断)。此外,《国际财务报告准则第 17 号》B25 段指出,保险合同直至所有权利和义务失效之前都仍然是保险合同。

### 保险或有权利和义务的到期

**BC81** 某些利益相关方建议,如果保险或有权利和义务将在极短的时限内到期,则有关合同不应作为保险合同进行会计处理。《国际财务报告准则第 17 号》处理了这一问题:《国际财务报告准则第 17 号》B18 段指出需要忽略缺乏商业实质的情形,而《国际财务报告准则第 17 号》B21(2)段则指出,在死亡时免除退保罚金的某些合同,并未对此前已存在的风险产生重大转移。

## 具有相机参与分红特征的投资合同 [《国际财务报告准则第 17 号》第 4(2)段和第 71 段]

**BC82** 理事会决定,具有相机参与分红特征的投资合同的签发人应针对此类合同应用《国际财务报告准则第 17 号》,前提是该等签发人同时签发保险合同。由于具有相机参与分红特征的投资合同并未转移保险风险,《国际财务报告准则第 17 号》修订了针对此类合同的规定。

**BC83** 尽管具有相机参与分红特征的投资合同并不符合保险合同的定义,但在签发此类合同的主体同时签发保险合同的情况下,采用与保险合同相同的方式(而非作为金融工具)对其进行会计处理的优势在于:

(1)具有相机参与分红特征的投资合同以及具体列明与基础项目回报挂钩的保险合同有时是与相同的基础资产组合挂钩。在某些情况下,具有相机参与分红特征的投资合同与保险合同共享业绩。针对该两类合同采用相同的会计处理方法将为财务报表使用者提供更有用的信息,因为其能够提高主体内部的可比性,并同时简化针对此类合同的会计处理。例如,向参与分红的保单持有人的某些现金流量分配是同时针对具体列明与基础项目回报挂钩的保险合同以及具有相机参与分红特征的投资合同在汇总基础上进行的。针对该汇总分红的不同部分运用不同的会计模型将导致主体面临挑战。

(2)该两类合同往往具有诸如到期期限较长、保费常规缴纳,以及较高的获取现金流量等常见于保险合同(而非其他金融工具)的特征。理事会制定的针对保险合同的会计模型专门旨在形成有关包含此类特征的合同的有用信息。

(3)如果具有相机参与分红特征的投资合同不采用《国际财务报告准则第 17 号》进行会计处理,根据理事会针对金融工具的现行规定,某些相机参与分红特征可能需要被分拆成为权益成分。将此类合同分拆为采用不同会计处理的多个成分将导致产生对保险合同进行分拆的相同问题[参见 B10(1)段]。同时理事会认为,对于此类合同而言,运用其制定的保险合同会计模型[包括针对相机现金流量的会计处理(参见 BC167 段至 BC170 段)]比采用任何其他模型更加恰当。

**BC84** 据此,理事会决定签发保险合同的主体应当采用《国际财务报告准则第

17 号》对具有相机参与分红特征的投资合同进行会计处理。

**BC85** 理事会曾考虑《国际财务报告准则第 17 号》是否应当应用于全部具有相机参与分红特征的投资合同（无论此类合同是否由同时签发保险合同的主体签发）。然而，理事会担忧对于并未签发保险合同的少数主体而言，实施《国际财务报告准则第 17 号》的成本将超过所带来的益处。

**BC86** 由于具有相机参与分红特征的投资合同并未转移任何重大保险风险，《国际财务报告准则第 17 号》就此类合同对保险合同的一般规定作出下列修订（参见《国际财务报告准则第 17 号》第 71 段）：

（1）初始确认日是主体成为合同一方之日，由于不存在任何责任期前的期间，因此不会产生 BC141 段所述的实际疑虑；

（2）合同边界原则是基于既定的特征（即，是否存在相机参与分红特征），而非基于是否存在保险风险；以及

（3）在损益中确认合同服务边际的要求参照提供投资相关服务的模式。

### 范围排除（《国际财务报告准则第 17 号》第 7 段至第 8A 段）

**BC87** 《国际财务报告准则第 17 号》将可能符合保险合同定义的各类项目排除在其范围之外，例如：

（1）制造商、经销商或零售商提供的与向客户销售其商品或服务有关的质保（参见 BC89 段至 BC90 段）。

（2）雇主在雇员福利计划中的资产和负债，以及设定受益退休计划中报告的退休福利义务（参见《国际会计准则第 19 号——雇员福利》《国际财务报告准则第 2 号——股份支付》《国际会计准则第 26 号——退休福利计划的会计和报告》）。

（3）取决于某一非金融项目未来使用情况或使用权的合同权利或合同义务（参见《国际财务报告准则第 15 号——客户合同收入》《国际财务报告准则第 16 号——租赁》《国际会计准则第 38 号——无形资产》）。

（4）嵌入承租方的租赁中的，制造商、经销商或零售商提供的余值担保（参见《国际财务报告准则第 15 号——客户合同收入》《国际财务报告准则第 16 号——租赁》）。然而，转移保险风险的单独余值担保并非由其他国际财务报告准则涵盖，而是适用《国际财务报告准则第 17 号》。

（5）某些财务担保合同（参见 BC91 段至 BC94 段）。

（6）企业合并中应付或应收的或有对价（参见《国际财务报告准则第 3 号——企业合并》）。

（7）主体是保单持有人的保险合同（再保险合同除外）（参见 BC66 段）。

（8）一些信用卡合同或提供信用或支付安排的类似合同（参见 BC94A 段至 BC94C 段）。

**BC88** 《国际财务报告准则第 17 号》同时允许主体针对一些合同选择采用《国际财务报告准则第 17 号》或另一国际财务报告准则，具体而言：

国际财务报告准则

(1) 允许对某些固定收费的服务合同选择采用《国际财务报告准则第 17 号》或《国际财务报告准则第 15 号》(参见 BC95 段至 BC97 段);以及

(2) 允许对诸如含死亡豁免条款的贷款合同等特定的合同选择采用《国际财务报告准则第 17 号》或《国际财务报告准则第 9 号》(参见 BC94D 段至 BC94F 段)。

**产品质保 [《国际财务报告准则第 17 号》第 7(1)段和 B26(7)段]**

**BC89** 《国际财务报告准则第 17 号》保留此前不适用《国际财务报告准则第 4 号》的制造商、经销商或零售商提供的与向客户销售其商品或服务有关的质保。此类质保可能向客户提供相关产品符合约定规格,因而能按各方预期正常使用的保证,或可能向客户提供产品符合约定规格的保证之外的服务。

**BC90** 此类质保符合保险合同的定义。然而,理事会决定其不适用《国际财务报告准则第 17 号》。理事会指出,如果《国际财务报告准则第 17 号》适用,则主体通常应针对此类合同应用保费分摊法,从而导致与采用《国际财务报告准则第 15 号》相类似的会计处理结果。此外,理事会认为,运用与其他客户合同相同的方式对此类合同进行会计处理能够为财务报表使用者提供关于签发此类合同的主体的可比信息。因此,理事会认为变更针对此类合同的现行会计处理将增加成本及造成困扰,且并不产生重大益处。

**财务担保合同 [《国际财务报告准则第 17 号》第 7(5)段]**

**BC91** 国际财务报告准则中财务担保合同定义为"要求签发人当特定债务人不能按照最初的或修订的债务工具条款到期偿债,向发生损失的合同持有人赔付特定金额的合同"。此类合同转移了信用风险并且可能具有多种法律形式(例如,担保、某些类型的信用证、信用违约合同或保险合同)。

**BC92** 某些意见将转移信用风险的所有合同均视为金融工具。然而,BC91 段所述的合同规定进行支付的先决条件是合同持有人已发生损失——这是区分保险合同的其中一个特征。理事会听取了针对财务担保合同适当会计模型的两种不同意见:

(1) 财务担保合同符合保险合同的定义,因为合同签发人同意在对合同持有人构成不利影响的不确定未来事件(即,违约)发生时为合同持有人提供补偿。据此,主体应采用与其他保险合同相同的方式对财务担保合同进行会计处理。

(2) 财务担保合同在经济上类似于适用《国际财务报告准则第 9 号》的其他与信用相关的合同。应当针对类似的合同采用相似的会计处理方法。据此,主体应采用与其他金融工具相同的方式对财务担保合同进行会计处理。

**BC93** 《国际财务报告准则第 4 号》包含一项选择权,允许财务担保合同的签发人将此类合同视同为保险合同进行会计处理,前提是签发人之前已明确将该等合同视为保险合同。该项选择权旨在作为直至《国际财务报告准则第 17 号》发布前的一项临时解决方案。然而,尽管该选择权的条款似乎并不严谨,但在绝大多数情况下,针对财务担保合同的会计处理选择均十分明确并且在实务中似乎未产生任何实施问题。

因此，理事会决定在《国际财务报告准则第17号》中沿用将财务担保合同视同为保险合同进行会计处理的选择权且未对其作出任何实质性变更，因为该选择权在实务中运作良好，并导致由相同主体签发的在经济上类似的合同采用一致的会计处理。理事会并未将取决于签发人对财务担保合同的不同会计处理所产生的不一致性视为优先工作重点。

BC94 某些与信用相关的合同缺乏在支付前合同持有人已发生损失的先决条件。此类合同的其中一个例子为要求针对指定信用评级或信用指数的变化进行支付的合同。理事会认为，此类合同属于衍生工具且不符合保险合同的定义。因此，此类合同应继续作为衍生工具进行会计处理。理事会指出，此类合同不适用《国际财务报告准则第17号》所沿用的《国际财务报告准则第4号》中涉及会计政策选择，因此继续将其作为衍生工具进行会计处理将不会引致进一步的差异。

**对《国际财务报告准则第17号》的修订——范围排除**

*信用卡合同以及提供信用或支付安排的类似合同〔《国际财务报告准则第17号》第7（8）段〕*

BC94A 某些提供信用或支付安排的合同符合保险合同的定义——例如，某些信用卡合同、赊购卡合同、消费者融资合同或银行账户合同。2020年6月，理事会修订了《国际财务报告准则第17号》，当且仅当主体对此类与客户之间的合同定价时不反映与该单个客户有关保险风险时，此类合同不适用《国际财务报告准则第17号》。当主体不在该合同价格中反映此等评估时，理事会得出结论认为，相较《国际财务报告准则第17号》，《国际财务报告准则第9号》将提供更有用的关于这些合同的信息。

BC94B 理事会了解到，应用《国际财务报告准则第4号》时，大多数主体将这类合同中的成分进行分拆。例如，应用《国际财务报告准则第4号》的主体可能会对信用卡成分采用《国际财务报告准则第9号》、对保险成分采用《国际财务报告准则第4号》、对任何其他服务成分采用《国际财务报告准则第15号》进行会计处理。《国际财务报告准则第17号》采用与《国际财务报告准则第4号》不同的标准分拆保险合同的成分。但是，理事会承认主体已经识别了对如BC94A段所述的合同中成分进行分拆的方法，从而得出结论认为，禁止这种分拆将会增加成本并造成困扰而不产生重大的益处。

BC94C 取而代之的是，理事会决定规定此类合同产生的形成金融工具的权利和义务适用《国际财务报告准则第9号》。但是，当且仅当保险保障成分是该金融工具的一项合同条款时，主体应当分拆该成分，并对该成分应用《国际财务报告准则第17号》。理事会认为，对这些保险保障成分应用《国际财务报告准则第17号》将为财务报表使用者提供最有用的信息。此外，对这些成分应用《国际财务报告准则第17号》还将提高信用卡合同条款中提供的保险保障与单独合同提供的保险保障之间的可比性。其他国际财务报告准则，例如《国际财务报告准则第 15 号》或《国际会计准则第 37 号》，可能适用于该合同的其他成分，例如其他服务成分或法律或法规规定的保险成分。

**诸如含死亡豁免条款的贷款合同等特定的合同**（《国际财务报告准则第 17 号》第 8A 段）

**BC94D** 2020 年 6 月，理事会修订了《国际财务报告准则第 17 号》，以允许主体对符合保险合同定义但其对于保险事项的赔偿仅限于保单持有人因该合同（例如含死亡豁免条款的贷款合同）而产生支付义务金额的合同，应用《国际财务报告准则第 17 号》或《国际财务报告准则第 9 号》。

**BC94E** 理事会指出，无论是采用《国际财务报告准则第 17 号》还是《国际财务报告准则第 9 号》，主体都会提供有关此类合同的有用信息。因此，理事会得出结论认为，当主体先前一直采用与《国际财务报告准则第 9 号》或《国际会计准则第 39 号》相一致的会计政策时，要求该主体对这些合同采用《国际财务报告准则第 17 号》可能会增加成本并造成困扰而不产生重大的益处。

**BC94F** 主体需要选择对 BC94D 段描述的保险合同组合应用《国际财务报告准则第 17 号》还是《国际财务报告准则第 9 号》，且该选择不可撤销。理事会得出结论认为，这些限制将会减少同一主体签发的类似合同可能缺乏可比性情形的出现。

**固定收费的服务合同**（《国际财务报告准则第 17 号》第 8 段和 B6 段）

**BC95** 在固定收费的服务合同中，所提供的服务的数量取决于不确定的事件。相关例子包括道路救援计划，以及服务提供商同意在指定设备发生故障时进行维修的维护合同。此类合同符合保险合同的定义，因为：
（1）无法确定是否或何时需要进行救援或维修；
（2）所发生的事件对所有者造成不利影响；以及
（3）服务提供商在需要进行救援或维修的情况下向所有者提供补偿。

**BC96** 固定收费的服务合同符合保险合同的定义。然而，理事会最初建议主要目的在于提供服务的固定收费服务合同不适用《国际财务报告准则第 17 号》。取而代之的是，要求主体针对此类合同应用《国际财务报告准则第 15 号》。理事会指出，如果《国际财务报告准则第 17 号》适用，则主体通常应针对此类合同应用保费分摊法，从而导致与采用《国际财务报告准则第 15 号》相类似的会计处理结果。此外，理事会认为，运用与其他客户合同相同的方式对此类合同进行会计处理能够为财务报表使用者提供关于签发此类合同的主体的有用信息。因此，理事会认为变更针对此类合同的会计处理将增加成本及造成困扰，且并不产生重大益处。

**BC97** 然而，某些利益相关方指出，特定主体同时签发固定收费的服务合同及其他保险合同。例如，某些主体同时签发道路救援合同及涵盖因意外造成损害的保险合同。理事会决定允许主体选择针对固定收费的服务合同应用《国际财务报告准则第 17 号》或者《国际财务报告准则第 15 号》，以使该等主体能够采用相同的方式同时对该两类合同进行会计处理。

## 分拆保险合同的各个成分（《国际财务报告准则第 17 号》第 10 段至第 13 段和 B31 段至 B35 段）

BC98 保险合同形成共同产生现金流入与现金流出的权利和义务。某些保险合同可能：

（1）包含嵌入衍生工具，若进行分拆，该衍生工具将适用《国际财务报告准则第 9 号》；

（2）包含投资成分，若是在单独合同内提供，该投资成分将适用《国际财务报告准则第 9 号》；或者

（3）提供商品和非保险服务，若是在单独合同内提供，该等商品和服务将适用《国际财务报告准则第 15 号》。

BC99 从保险合同中分拆上述非保险成分能够提高可比性。采用其他适用的国际财务报告准则对这些成分进行会计处理将提高与作为单独合同签发的类似合同的可比性，并能够令财务报表使用者更好地比较从事不同业务或行业的主体所承受的风险。

BC100 然而，分拆各个成分也存在一定限制。将单一合同分拆为多个成分可能导致复杂的会计处理并且无法就归属于各个成分的相互关联的现金流量提供有用的信息。此外，如果现金流量是相互关联的，则分拆各个成分的现金流量可能较为武断（尤其是在合同包含各个成分之间的交叉补贴或折扣的情况下）。同时，如 B10（1）段所述，如果在进行分拆时忽视各个成分之间的相互关联，则各个成分价值的总和可能并非始终等于合同整体的价值（即使是在初始确认时）。

BC101 理事会最初建议主体应当分拆并非与合同中指定的保险保障紧密相关的成分，并列举了这些成分的某些常见例子。术语"紧密相关"在《国际财务报告准则第 9 号》中用以作为确定嵌入衍生工具是否必须予以分拆的标准。但利益相关方指出，有时并不确定如何诠释术语"紧密相关"针对嵌入保险合同的非保险成分的应用。理事会指出，分拆嵌入衍生工具的原则已被《国际财务报告准则第 9 号》（及此前的《国际会计准则第 39 号——金融工具：确认和计量》）采用多年。然而，《国际财务报告准则第 17 号》明确，从保险合同中分拆其他非保险成分的原则是以《国际财务报告准则第 15 号》所制定的原则为基础。

BC102 因此，《国际财务报告准则第 17 号》包含有关分拆下列非保险成分的要求：

（1）嵌入衍生工具（参见 BC104 段至 BC107 段）；

（2）投资成分（参见 BC108 段至 BC109 段）；以及

（3）商品和非保险服务（参见 BC110 段至 BC113 段）。①

**BC103** 将上述非保险成分从保险成分中分拆的标准各不相同，以反映此类非保险成分的不同特征。这与需针对按单独基础核算的同等合同运用不同会计模型的原则相符。

### 嵌入衍生工具 [《国际财务报告准则第 17 号》第 11（1）段]

**BC104** 在应用《国际财务报告准则第 9 号》（及此前的《国际会计准则第 39 号》）时，主体必须单独核算某些嵌入混合合同之中的衍生工具。理事会指出，单独核算混合合同中的某些嵌入衍生工具能够：

（1）确保对于形成类似风险敞口的合同权利和义务，无论其是否嵌入在非衍生主合同之中，均将采用类似的处理方法。

（2）减少主体寻求通过将衍生工具嵌入非衍生主合同，避免以公允价值计量且其变动计入损益的方式计量衍生工具的机会。理事会认为，以公允价值计量且其变动计入损益是能够提供衍生工具的相关信息的唯一计量基础。如果衍生工具按成本计量或以公允价值计量且其变动计入其他综合收益，将无法直观地看到其在降低或增加风险方面发挥的作用。此外，在就市场变化作出响应时，衍生工具的价值往往会产生不成比例的变动，而公允价值是最能反映此类针对风险变化的非线性响应的计量基础。该信息对于向财务报表使用者传达衍生工具固有的权利和义务的性质至关重要。

**BC105** 《国际财务报告准则第 4 号》确认，《国际会计准则第 39 号》针对嵌入衍生工具的要求适用于保险合同。理事会在《国际财务报告准则第 17 号》中对该项要求作出更新，规定主体应当应用《国际财务报告准则第 9 号》来确定一项合同是否包含须予分拆的嵌入衍生工具，并且若须进行分拆，应如何对该衍生工具进行会计处理。理事会的这一方法与针对其他混合合同（混合金融资产除外）所采用的方法相一致。这导致相对于《国际财务报告准则第 4 号》的要求发生了下列变更：

（1）对于合同与嵌入衍生工具相互关联从而主体无法单独计量该衍生工具的情况，《国际财务报告准则第 4 号》并未要求主体从主合同中分拆该嵌入衍生工具。通过应用《国际财务报告准则第 9 号》来确定合同是否包含须予分拆的嵌入衍生工具，理事会取代了该项选择权，规定禁止从主合同中分拆此类与主合同紧密相关的嵌入衍生工具。理事会认为，如果嵌入衍生工具与主保险合同紧密相关，分拆此类嵌入衍生工具所带来的益处并未超过相关成本。通过运用《国际财务报告准则第 17 号》的计量要求，此类嵌入衍生工具将采用与当前市场一致的信息来计量；以及

---

① 2020 年 6 月，理事会修订了《国际财务报告准则第 17 号》，以"保险合同服务之外的服务"取代了"非保险服务"（参见 BC283A 段至 BC283J 段）。

（2）《国际财务报告准则第 17 号》删除了《国际财务报告准则第 4 号》中关于主体无须分拆保险合同内指定的退保选择权的表述。取而代之的是，主体应当应用《国际财务报告准则第 9 号》来决定是否需要分拆退保选择权。

**BC106** 某些反馈者认为，从保险合同中分拆嵌入衍生工具将引入过多的复杂性且仅能带来很少额外益处。

**BC107** 理事会同意如果嵌入衍生工具与主保险合同紧密相关，则分拆此类嵌入衍生工具所带来的益处并未超过相关成本。然而，理事会认为如果嵌入衍生工具并非与主保险合同紧密相关，则进行分拆的益处将超过其成本。过往的实务表明，从主保险合同中分拆此类嵌入衍生工具并不会导致过高的成本。

## 投资成分［《国际财务报告准则第 17 号》第 11（2）段和 B31 段至 B32 段］

**BC108** 投资成分是指即使保险事项不发生，保险合同也要求主体偿还给保单持有人的金额。① 许多保险合同均包括隐含或明确的投资成分，该投资成分若是一项单独金融工具，将适用《国际财务报告准则第 9 号》。如 BC10（1）段所述，理事会认为难以定期从保险合同中分拆此类投资成分。因此，《国际财务报告准则第 17 号》要求主体：

（1）仅从保险合同中分拆可明确区分的投资成分。如果保险合同的现金流量与投资成分的现金流量并非高度相互关联，则投资成分可予明确区分。分拆此类投资成分不会造成 BC10（1）段所述的问题。

（2）应用《国际财务报告准则第 17 号》对现金流量与保险合同存在高度相互关联的所有投资成分进行会计处理；然而，如 BC33 段至 BC34 段所述，应从按照《国际财务报告准则第 17 号》第 85 段报告的保险收入和保险服务费用中排除任何的投资成分。

**BC109** 《国际财务报告准则第 17 号》规定，分摊至分拆后的投资成分的现金流量应在单独基础上计量（就如同主体单独签发该投资合同一样）。该项要求与分拆的目标（采用与核算具有类似特征的单独合同相同的方式来核算分拆后的成分）相一致。理事会认为，在所有情况下，主体将能够通过应用《国际财务报告准则第 9 号》计量投资成分的单独价值。②

---

① 2020 年 6 月，理事会修订了投资成分的定义，明确投资成分是在所有情况下，无论保险事项是否发生，保险合同要求主体偿还给保单持有人的金额（参见 BC34A 段）。

② 2020 年 6 月，理事会修订了《国际财务报告准则第 17 号》第 11（2）段，明确如果分拆出的投资成分符合适用《国际财务报告准则第 17 号》的具有相机参与分红特征的投资合同的定义，则主体对该成分应用《国际财务报告准则第 17 号》。

### 商品和非保险服务（《国际财务报告准则第 17 号》第 12 段和 B33 段至 B35 段）①

**BC110** 原则上，主体应当运用类似于《国际财务报告准则第 15 号》所述的原则，从主合同中分拆提供商品和非保险服务②的履约义务（无论主合同是适用《国际财务报告准则第 17 号》还是《国际财务报告准则第 15 号》）。因此，《国际财务报告准则第 17 号》要求主体仅分拆那些可与提供保险保障明确区分的商品和服务，③ 这与《国际财务报告准则第 15 号》中的分拆标准相一致。

**BC111** 与《国际财务报告准则第 15 号》相一致，《国际财务报告准则第 17 号》要求主体基于各个成分的单独售价，将保险合同的现金流入在主保险合同与可明确区分的商品或非保险服务④之间进行分摊。理事会认为，在大多数情况下，主体将能够确定保险合同中捆绑提供的商品或服务的可观察单独售价（若这些成分符合分拆标准）。

**BC112** 然而，如果无法直接观察到单独售价，为分摊交易价格，主体将需要对各个成分的单独售价作出估计。如果主体并未单独出售保险以及商品或服务成分，或者若针对该两个成分收取的对价不同于单独售价（由于主体针对捆绑合同收取的价格多于或少于各个成分的价格总和），则可能属于这种情况。根据《国际财务报告准则第 15 号》，任何折扣和交叉补贴均应按比例或基于可观察的证据分摊至各个成分。理事会认为，该方法将能确保交叉补贴和折扣/补助的分摊反映分拆后的各个成分的经济实质。

**BC113** 《国际财务报告准则第 17 号》要求现金流出应分摊至与其相关的成分，且并非与其中一个成分明确相关的现金流出应当采用系统化及合理的方式分摊至各个成分。保险获取现金流量和某些涉及间接成本的履约现金流量并非与其中一个成分明确相关。针对此类现金流量的系统化及合理分摊，与《国际财务报告准则第 17 号》有关将涵盖多个保险合同组的获取现金流量和履约现金流量分摊至各单个保险合同组的要求相一致，并同时与其他国际财务报告准则有关分摊生产成本的要求（例如，《国际财务报告准则第 15 号》和《国际会计准则第 2 号——存货》的要求）相一致。

### 在并无相关要求的情况下禁止分拆非保险成分（《国际财务报告准则第 17 号》第 13 段）

**BC114** 理事会曾考虑在《国际财务报告准则第 17 号》并无相关要求的情况下是否允许主体分拆非保险成分［例如，某些具有相互关联现金流量的投资成分（如

---

①②④ 2020 年 6 月，理事会修订了《国际财务报告准则第 17 号》，以"保险合同服务之外的服务"取代了"非保险服务"（参见 BC283A 段至 BC283J 段）。

③ 2020 年 6 月，理事会修订了《国际财务报告准则第 17 号》，要求主体仅分拆可与提供的保险合同服务明确区分的商品和服务（参见 BC283A 段至 BC283J 段）。

保单贷款)]。若应用此前的会计实务,可能会对这些成分进行分拆。然而,理事会认为无法以非武断的方式对不可与保险合同明确区分的成分进行分拆,这样做也无法达到理想的结果。允许主体分拆这些成分将意味着主体可以以武断的方式计量合同各个成分。理事会同时指出,如果在进行分拆时忽视保险与非保险成分之间的相互关联,则各个成分价值的总和可能并非始终等于合同整体的价值(即使是在初始确认时)。这将降低各主体财务报表之间的可比性。

## 保险合同的分组(《国际财务报告准则第 17 号》第 14 段至第 24 段)

### 背景

**BC115** 在制定《国际财务报告准则第 17 号》中针对合同服务边际的计量要求时,其中一个关键事项是应用该等要求时保险合同的分组。调整合同服务边际账面金额的某些方面导致利得与损失采用不同的处理方法,或者与当期和过去服务相关的估计变动和与未来服务相关的估计变动采用不同的处理方法(参见 BC21 段至 BC24 段)。该等不同的处理方法意味着会计结果将取决于作出调整时的合同分组,因为在保险合同组的计量中相互抵销的金额,若合同被单独计量将采用不同的处理方法(进而不会相互抵销)。

**BC116** 例如,假设主体签发一组完全相同的合同,并预期某些合同将比其他合同发生更多赔款,但尚未知晓哪些具体合同会发生更多赔款。随后,将能够明确哪些合同可能发生更多赔款以及哪些合同的赔款较少,而分属该两个类别的合同数量符合主体的预期。如果该等合同是被单独计量,对赔款的预期可能导致很可能发生赔款的合同变为亏损合同,而其他合同的履约现金流量则会产生一个等额但相反的减少额。主体将在损益中立即确认亏损合同的损失,并针对其他合同确认合同服务边际的增加额。该合同服务边际的增加额不会立即计入损益,而是在当前及未来责任期内予以确认。相反,如果该等合同是作为一个合同组计量,将不存在亏损合同组的损失,也无须确认合同服务边际的增加额。

**BC117** 在履约现金流量的计量中并未产生上述问题。履约现金流量包括估计的所有变动(无论是利得或损失,还是与过去服务、当期服务或未来服务相关)。因此,《国际财务报告准则第 17 号》允许主体基于任何从实务角度而言最恰当的整体层面上对履约现金流量进行估计。有必要确保的是主体能够将此类估计分摊至各保险合同组,以使该保险合同组相应的履约现金流量能够遵循《国际财务报告准则第 17 号》的要求。

**BC118** 对于合同服务边际,理事会曾考虑是否应在单独基础上计量合同,即使这样做将导致无法抵销。该做法与《国际财务报告准则第 9 号》和《国际财务报告准则第 15 号》的一般要求相符，并且反映主体的权利和义务是源自与保单持有人订立的个别合同的事实。单独计量合同同时能够提供一个清晰的计量目标。然而，理事会认为该方法无法提供关于保险活动的有用信息（保险活动往往有赖于主体签发一系列类似的合同以降低风险）。因此，理事会认为合同服务边际应在合同组层面进行计量。

### 合同组的特征

**BC119** 在决定合同服务边际应当基于合同组进行计量之后，理事会曾考虑合同组所处的具体层面。理事会曾考虑是否应借鉴保险监管机构制定的关于合同组的规定。然而，如 BC15 段所述，监管机构规定的关注重点在于偿付能力而非财务业绩的报告。《国际财务报告准则第 17 号》中关于合同分组的决策源于有关在适当报告期内报告利润和亏损的考虑。例如，在某些情况下，主体签发两组保险合同，并且预期平均而言，其中一组合同将比另一组合同产生更多盈利。在该情况下，理事会决定在原则上，该两组保险合同不应相互抵销，因为抵销可能会导致损失有用的信息。特别是，理事会指出，盈利能力较差的合同组承受估计的不利变动的能力较弱，并且会比盈利能力较好的合同更快地成为亏损合同。理事会认为有关亏损合同的信息是关于主体的合同定价决策以及关于未来现金流量的有用信息，并希望主体能够及时报告这一信息。理事会并不希望因一组亏损合同与另一组盈利能力较好的合同相互抵销而导致这一信息变得模糊。

**BC120** 合同分组同时与合同服务边际在损益中的确认相关。BC279 段指出，根据理事会分摊合同服务边际的原则，主体应当采用系统化的方法，在当前及剩余责任期内在损益中确认剩余合同服务边际，以反映保险合同拟提供的服务的剩余转让。

**BC121** 在许多情况下，合同组内个别合同的责任期将不同于该合同组的平均责任期。如果属于这种情况：

（1）在单独基础上计量合同意味着与短于平均责任期的合同相关的合同服务边际，将在该较短的责任期内全额计入损益；

（2）在合同组基础上计量合同意味着与短于平均责任期的合同相关的合同服务边际，不会在该较短的责任期内全额计入损益。

**BC122** 据此，基于合同组计量合同，将引致合同组的合同服务边际可能并未反映与合同组的剩余责任[①]相关的利润的风险，除非主体单独追踪下列保险合同组的合同服务边际的分摊：

（1）在初始确认时具有类似的预期盈利能力，并且现金流量的金额和时间预计将以相似的方式对关键风险驱动因素作出响应的合同。原则上，该项条件将确保对于合同组内盈利能力特别好的个别合同，合同服务边际在合同过期之后不会予以结转。

---

① 2020 年 6 月，理事会修订了《国际财务报告准则第 17 号》，要求主体计入各期损益的合同服务边际金额，反映该期内提供的保险合同服务（参见 BC283A 段至 BC283J 段）。

（2）预计责任期将在类似时间结束的合同。原则上，该项条件将确保已过期的个别合同的合同服务边际在合同过期之后不会予以结转。

**BC123** 理事会认为，有必要在 BC119 段和 BC121 段至 BC122 段所述的信息损失，与 BC118 段和 BC120 段所述的关于保险活动的有用信息需求之间取得平衡。理事会：

（1）并不希望主体将一类合同描述为对另一类不同合同的交叉补贴，但也不希望针对一组类似的合同内预期发生的赔款确认损失；以及

（2）并不希望在合同责任期已终止较长时间之后，已过期合同的合同服务边际仍作为合同组平均合同服务边际的一部分存在，但也不希望针对一组类似的合同内预期将失效合同的合同服务边际确认了不成比例的金额。

**BC124** 理事会认为，原则上可通过以下方式实现上述平衡：

（1）要求在一个合同组内的合同具有主体预期在金额和时间上将以相似的方式对关键假设变动作出响应的未来现金流量——这意味着涉及某一类保险风险的保险合同损失不会与涉及另一类不同风险的保险合同利得相抵销，从而能够提供有关对不同类型风险进行投保的合同业绩的有用信息。

（2）要求在一个合同组内的合同具有类似的预期盈利能力——这意味着亏损的合同无法与盈利的合同归入同一合同组（无论是在初始确认时，还是因相关情况的变化导致之前盈利的合同组发生亏损的情况）。因此，该项要求将能够提供有关亏损保险合同组的信息。

（3）要求在初始确认后不得对合同组执行重新评估。

**BC125** 理事会同时指出，原则上，有可能通过仅将具有类似合同服务边际规模和相同剩余责任期的合同分为一组，或通过在分摊合同服务边际时反映合同组内各合同的不同存续期与盈利能力，来满足 BC120 段所述的在损益中确认合同服务边际的目标。

### 实务考虑事项

**BC126** 理事会指出，主体可能将 BC124 段至 BC125 段所述的方法理解为要求划分极大量的合同组，而该划分方式可能不足以提供有用的信息以证明因大量分解合同组合造成的操作负担是合理的。据此，理事会寻求在财务业绩表内反映适当期间的利润和潜在损失与操作负担之间取得平衡。

**BC127** 为实现上述平衡，理事会认为应当要求主体识别具有类似风险及共同进行管理的合同组合，并将一个合同组合至少分为以下三个合同组：

（1）初始确认时的亏损合同（如有）；

（2）初始确认时不属于亏损合同且无重大可能性会在之后成为亏损合同的合同（如有）；以及

（3）所有其他合同（如有）。

**BC128** 相同的分组原则适用于适用保费分摊法的保险合同以及持有的再保险合

同，但相应的措辞已作修订以反映其具体特征。

**BC129** 识别初始确认时的亏损合同旨在识别在作为单项合同计量时的亏损合同。主体通常签发单项合同，而单项合同的特征将确定其如何进行分组。然而，理事会认为这并非意味着必须在单独基础上计量合同。如果主体利用合理及可支持的信息能够确定一些合同全部属于同一合同组，则主体可以对这些合同进行计量来确定其是否属于亏损合同，因为在计量这些合同时将不存在任何抵销的影响。相同的原则适用于识别初始确认时不属于亏损合同且无重大可能性会在之后成为亏损的合同——该做法旨在于单项合同层面上识别此类合同，但如果主体利用合理及可支持的信息能够断定某些合同全部属于同一合同组，则该目标可通过评估这些合同来实现。

**BC130** 为识别合同（或一些合同）在初始确认时是否属于亏损合同，主体应当应用《国际财务报告准则第 17 号》的计量要求来计量该合同（或一些合同）。理事会决定，为评估合同在初始确认时是否不属于亏损合同且无重大可能性会在之后成为亏损，主体应当使用其内部报告系统提供的信息，但无须搜集额外信息。理事会认为，此类信息将为执行这一评估提供充分依据，并且主体无须发生因搜集额外信息引致的成本。尽管如此，某些利益相关方认为区分无重大可能性会成为亏损的合同与其他非亏损的合同会造成较重负担，且并无必要。然而，理事会认为若不制定该项要求，在发生损失的可能性增加的情况下，《国际财务报告准则第 17 号》将无法要求及时确认成为亏损的合同。

**BC131** 在某些国家和地区，法律或监管具体限制了主体对不同特征的合同或保单持有人设定不同的价格或保险利益水平的实际能力。如果合同被归入 BC127 段所述出的不同合同组的唯一原因是上述限制，理事会曾考虑是否应豁免将合同划分为单独的合同组。一般而言，理事会寻求最大限度减少豁免，因为豁免将同时增加财务报表使用者和财务报表编制者的复杂性，并且可能造成涉及未来准则制定活动的未预期的后果。此外，针对涉及定价的法律或法规影响引致的经济差异的会计处理提供豁免可能会开设一个不良先例，因为此类影响并非仅限于保险合同。然而，对合同进行分组以确定计入损益的金额的概念是《国际财务报告准则第 17 号》要求的具体特征。在决定合同的适当分组时，理事会寻求在合同分组反映签发保险合同的经济实质，与在过高层面上分组将降低所形成信息的有用性的需求之间取得平衡（参见 BC123 段）。

**BC132** 理事会认为，对于特定法律或法规要求主体归入同一合同组以确定定价或利益水平的合同，将其单独划归为一个合同组将无法提供有用的信息。该国家和地区内的所有市场参与者均受到相同方式的限制（特别是在该等主体无法仅基于该特征上的差异而拒绝提供保险保障的情况下）。

**BC133** 理事会曾考虑是否进一步延伸无需将合同纳入单独合同组的豁免，因为可能难以界定主体的行动何时受到法律或法规限制，且任何由理事会作出的区分均可能被视为带有武断性。下列情况可被视为在经济上类似于主体选择签发合同的国家和地区内法律或法规明确禁止（或限制）在对合同进行定价时考虑特定的特征的情形：

（1）主体在对合同进行定价时并未考虑特定特征的差异，因为主体认为在定价时使用该特征可能会导致法律或法规禁止在未来使用该指定特征，或是由于该做法很可能符合公共政策目标。该实务有时被称为"自我监管实务"。

（2）主体在对合同进行定价时并未考虑特定特征的差异，因为邻近国家和地区的法律或法规明确禁止考虑该特定特征的差异。

（3）主体在对合同进行定价时并未考虑特定特征的差异，因为使用该特定特征可能会对主体的品牌和声誉构成不利影响。

**BC134** 然而，理事会决定在上述情况下，合同属于或将变为亏损合同的可能性是各保险合同组之间的重要经济差异。将具有变为亏损合同的不同可能性的合同归为一组将减少向财务报表使用者提供的信息。因此，《国际财务报告准则第17号》中的豁免仅适用于法律或法规具体限制了主体对不同特征的保单持有人设定不同价格或保险利益水平的实际能力的情况。

**BC135** 尽管所制定的方法旨在应对利益相关方在实务中提出的疑虑，某些意见仍认为BC127段所述的合同分组可能导致过度细分化，并指出这与保险业务的本质相悖。该等利益相关方认为主体基于相同基础进行定价的合同不应划归为不同合同组。理事会指出，根据《国际财务报告准则第17号》，预期主体在一般情况下不会将主体基于相同基础进行定价的合同归入不同的合同组。这是因为：

（1）合同组是基于主体在合同初始确认时（若合同在开始时属于亏损合同，则是合同开始时）可获得的信息而确定。在这种情况下，用于确定合同组的信息将与主体进行定价时可获得的信息相同。如果合同在开始时属于亏损合同，这通常是由于主体的定价策略有意造成的（且相对而言可能很少发生）。如果合同在开始时并非亏损合同，初始确认日可能迟于合同开始日（参见BC140段至BC144段）。因此，用于确定合同组的信息可能不同于进行定价时可获得的信息。然而，在合同开始时与初始确认时可获得的信息之间的差异往往并不重大，并且利益相关方认为始终在合同开始时确定合同组（即，在开始时对合同进行计量）将导致过高的成本且仅能带来很少益处（参见BC141段）。

（2）《国际财务报告准则第17号》针对法律或法规具体限制了主体对合同或不同特征的保单持有人设定不同价格或保险利益水平的实际能力的情况提供一项豁免。

**BC136** 理事会指出，BC127段所述的决定可能会产生永久性开放式合同组合。理事会担忧这可能导致关于盈利能力随时间的推移发展相关信息的损失，致使合同服务边际在合同组内合同的存续期结束后仍然存在，进而引致利润无法在正确的期间内确认。据此，除将合同归入BC127段所述的各个合同组之外，理事会还决定禁止主体将签发时间相距一年以上的合同纳入同一个合同组。理事会认为这一分组规定对于确保在财务报表内及时反映合同组合的盈利能力趋势十分重要。

**BC137** 理事会曾考虑除采用一年的签发期来限制合同组的存续期之外，是否还存在其他替代方法。然而，理事会认为能够满足理事会目标的任何以原则为导向的方法均要求重新引入针对类似盈利能力的测试，如BC126段所述，该方法由于其造成

## 国际财务报告准则

主体的操作负担而被否决。理事会承认，出于对成本效益的考虑，采用一年的签发期将能够简化实际的操作。

**BC138** 理事会曾考虑禁止合同组包括签发时间相距一年以上的合同的规定，是否会导致需要人为地划分具有导致另一合同组内合同支付给保单持有人的现金流量受其影响，或对此产生影响的现金流量的合同。某些利益相关方认为，该划分将扭曲此类合同所报告的结果并且会造成操作负担。然而，理事会认为应用《国际财务报告准则第 17 号》的要求来确定此类合同组的履约现金流量能够适当地反映此类合同的结果（参见 BC171 段至 BC174 段）。理事会承认，对于全面分担风险的合同而言，各合同组汇总而言将产生与单一综合风险分担合同组合相同的结果，因此理事会曾考虑对于限制合同组仅能包括签发时间相距不超过一年的合同的要求，《国际财务报告准则第 17 号》是否应当规定一项例外情况。然而，理事会认为设定该例外情况的边界将增加《国际财务报告准则第 17 号》的复杂性，并引致该边界不完善或无法适用于所有情形的风险。因此，《国际财务报告准则第 17 号》并未包含该例外情况。尽管如此，理事会指出有关要求规定了应报告的金额，而非得出该等金额所采用的方法。因此，在某些情况下主体可能无须通过此方式来限制合同组以实现相同的会计结果。

**BC139** 一旦主体已确定保险合同组，该合同组将成为主体应用《国际财务报告准则第 17 号》要求时的计量单元。然而如上所述，主体通常针对交易订立个别合同。因此《国际财务报告准则第 17 号》所包含的要求具体规范了如何确认包括在多于一个报告期间内签发的合同的合同组，以及如何终止确认合同组内的合同。

### 对《国际财务报告准则第 17 号》的修订——针对合同分组的反馈

**BC139A** 实施《国际财务报告准则第 17 号》的主体对关于合同分组的要求提出了一些顾虑。因此，理事会考虑了是否修改该要求，以及如果是，如何修改（参见 BC139B 段）。在考虑多项可能的修订方案后，理事会再次确认了其观点，即合同分组要求的益处显著地超过其成本。因此，理事会决定不修改此要求。

**BC139B** 理事会考虑了以下建议：

（1）以反映主体内部管理的方法替换《国际财务报告准则第 17 号》第 14 段至第 24 段中有关合同分组的所有要求；

（2）将《国际财务报告准则第 17 号》第 16 段（按盈利能力分组）所要求的保险合同组的最少组数由三个减少至两个——初始确认时存在亏损的合同和初始确认时不存在亏损的合同（参见 BC139D 段）；以及

（3）删除或豁免某些保险合同组采用《国际财务报告准则第 17 号》第 22 段按年分组的要求（参见 BC139E 段）。

**BC139C** 理事会考虑但否决了以反映主体内部管理的方法（例如，基于主体资产和负债管理策略或风险管理策略的方法）替换有关合同分组的所有要求的建议。《国际财务报告准则第 17 号》中合同分组要求的目标是为财务报表使用者提供有用信息。诸如资产和负债管理策略或风险管理策略等内部管理的这些方面的目标不同。

因此，基于这些方面的方法不一定能实现理事会的目标。

**BC139D** 理事会考虑但否决了将按盈利能力分组的最少组数由三个减少至两个（参见 BC127 段）的建议，理由参见 BC130 段。该建议将会删除在分组时区分在初始确认时无显著可能性会在之后变为亏损合同的保险合同与在初始确认时不存在亏损的其他保险合同的要求。理事会指出，主体一般会签发合同并预期这些合同盈利，而之后将因预期发生变化而发生亏损。将所有在初始确认时盈利的合同归入同一组可能导致损失确认的重大延迟或增加亏损合同永远不确认损失的风险。

**BC139E** 一些删除或豁免某些保险合同组采用按年分组的要求的建议与所有签发的保险合同均相关（参见 139F 段至 139H 段）。其他建议则与特定类型的保险合同相关，即具有在保单持有人之间代际分担风险特征的合同（参见 139I 段至 139S 段）。

*按年分组的要求——所有保险合同*

**BC139F** 对于若主体有合理及可支持的信息得出结论认为签发时间相隔超过一年的合同会归入具有相同盈利能力的组则豁免合同采用按年分组要求的建议，理事会进行了考虑但予以否决。这种豁免可能导致一个组合仅包含 BC127 段所述的三个合同组，且每个合同组将在该组合的整个存续期中一直存续，而该存续期可能是不确定的。各组的合同服务边际将会反映组中所有合同的盈利能力在组合存续期内进行平均后的状况，从而导致反映盈利能力趋势的有用信息的缺失。按盈利能力区分的三个组中任一组内的合同的盈利能力可能要显著高于或低于同组的其他合同。将组内合同利润进行平均的影响会因此大幅增加，从而增加出现以下情况的可能性：

（1）一个合同的合同服务边际存续期超过该合同的责任期；以及

（2）一些合同的持续盈利能力会受预期情况的后续不利变动（导致一些合同变为亏损合同）的影响。

**BC139G** 一些利益相关方认为，在某些情形下，他们可能在不采用按年分组要求的情况下以节省很多的成本的方式得到与遵循该要求相同或类似的结果。理事会得出结论认为，不必为反映这些情形而修订《国际财务报告准则第 17 号》。理事会重申了其观点，即此要求规定了应报告的金额，而非得出该等金额所采用的方法（参见 BC138 段）。主体必须运用判断并考虑预期的所有可能未来变动的情景，以确定其是否能在不采用按年分组要求的情况下得到相同的会计结果。

**BC139H** 理事会承认主体将为识别各个按年分组的保险合同组的合同服务边际付出成本。但是，理事会得出结论认为，反映主体从不同年代的合同赚取较高或较低利润的信息是足够有用的，从而值得付出这些成本。

*按年分组的要求——具有在保单持有人之间代际分担风险特征的保险合同*

**BC139I** 理事会考虑但否决了豁免具有在保单持有人之间代际分担风险特征的保险合同采用按年分组要求的建议。一些利益相关方认为：

（1）对该类合同采用按年分组要求时须进行武断的分摊，因此导致产生的信息

不是有用的信息；且

（2）对这类合同实施该要求成本尤其高且复杂，且付出的成本要超过获得的益处。

**BC139J** 根据《国际财务报告准则第17号》B67段至B71段（参见BC171段），保单持有人之间代际分担风险的情况在履约现金流量以及各年代合同的合同服务边际中反映。但各年代合同为主体带来的盈利可能要高于或低于其他年代的合同。采用浮动收费法（参见BC238段至BC249段）时，一组保险合同的利润反映主体在基础项目公允价值回报中享有的份额。主体在基础项目公允价值回报中享有的份额不受保单持有人享有的份额在保单持有人之间代际分摊的影响。例如，即使所有年代的保单持有人平等分享同一基础项目池中的公允价值回报，主体在这些各年代产生的公允价值回报中享有份额的金额也可能不同。主体在这些公允价值回报中所享有的份额取决于各年合同条款以及各年合同对应的责任期内的经济状况。例如，对于主体而言，在某年的合同于其责任期内产生5%的公允价值回报中享有20%份额要比在另一年的合同于其责任期内产生1%的公允价值回报中享有20%份额所获的盈利更多。删除对具有在保单持有人之间代际分担风险特征的保险合同进行按年分组的要求，将对各年代合同的较高或较低的利润进行平均，从而导致盈利能力随时间变化的信息的损失。

**BC139K** 尽管如此，理事会识别出了在对具有在保单持有人之间代际分担风险特征的保险合同应用按年分组的要求时会增加应用成本并减少所获信息产生的益处的两个方面：

（1）区分风险分担的影响和相机抉择的影响（BC139L段）；以及

（2）主体在基础项目公允价值中所享有份额的金额的变动在共享同一基础项目池的按年分组的合同组间的分摊（BC139M段）。

**BC139L** BC139K（1）段所述的方面与主体可以对在基础项目的公允价值回报中向保单持有人支付的部分和自留的部分进行相机抉择的情况相关。例如，某主体可能须根据保险合同条款向保单持有人最低支付基础项目池公允价值回报总额的90%，但可相机抉择支付更多。理事会承认，与不可相机抉择的主体相比，可相机抉择的主体须作出更多判断，以适当反映风险分担的影响和相机抉择的影响的方式将履约现金流量的变动分摊至合同组。但是，该判断是对某个期间内确认的新合同进行计量时所必需的，因此即使没有按年品分组的要求也需要运用该判断。

**BC139M** BC139M（2）段所述的方面与具有直接参与分红特征的保险合同相关。对此类合同，主体将其在基础项目公允价值中所享有的金额变动调整合同服务边际。《国际财务报告准则第17号》未包含如何在共享同一基础项目池的按年分组的合同组间分摊这些变动的具体要求。理事会承认，主体需要运用判断来选择反映各按年分组的合同组参与分红特征的有用信息的分摊方法。

**BC139N** 尽管如此，理事会认为，因主体在确定BC139L段至BC139M段所讨论的分摊方法时作出的判断而产生的信息将为财务报表使用者提供关于管理层预计保险合同的业绩会如何发展的有用信息。

**BC139O** 此外，理事会识别出了按年分组要求所提供的信息尤其有用的特定的具有代际分担风险特征的保险合同。这些合同：

（1）包含基础项目回报的财务担保或其他不随基础项目回报而变动的现金流量（例如，保险赔付）等特征；且

（2）主体与保单持有人不共享（1）中所述特征的影响的变动额，或者主体与保单持有人共享此类影响的变动额但主体承担不小的份额。

**BC139P** 理事会承认，对于某些具有代际大量分担风险特征的保险合同而言，财务担保和其他不随基础项目回报而变动的现金流量的影响，很少会导致按年分组形成的组变为亏损。但是，理事会不同意利益相关方认为的因此类事件发生可能性低，而使对此类保险合同应用按年分组要求所获得的信息有用性降低。相反，理事会注意到因其发生可能性低，而使当此类事件发生时，所获得的信息对财务报表使用者尤为有用。理事会发现，在低利率情况下，关于财务担保影响的信息会尤为有用。

**BC139Q** 因此，理事会得出结论认为，仅对于数量十分有限的合同而言，按年分组要求的实施成本才会大于所获得信息带来的益处。这类合同远少于某些利益相关方在建议中提出的数量。

**BC139R** 尽管如此，理事会仍考虑是否可以创设一项对于按年分组要求的豁免，该豁免仅涵盖数量十分有限的合同且不具有扩展至更多合同的风险。但是：

（1）由于合同特征之间的相互影响会增加成本并降低益处，因此任何有针对性的豁免都将会是复杂的。因此，主体和审计师识别哪些合同会被豁免以及财务报表使用者了解哪些合同已被豁免都将会是困难的。某些情况下，是否采用按年分组的要求可能会对结果产生重大影响，因此豁免的适用范围必须要清晰易懂。

（2）豁免的目的将是平衡成本与益处。但是，对不同合同而言，成本与益处之间的平衡是在一定范围内变化的，而且也不存在明确可辨认的成本超过益处的分界点，所以除了使用武断的标准之外，没有其他方法可以界定豁免的范围。主体将可以通过构建符合这些标准的合同，从而免于应用按年分组的要求。理事会得出结论认为，这会产生很高风险使那些应用按年分组要求的益处远超成本的合同会被纳入豁免的范围，从而导致对财务报表使用者至关重要的信息的损失。

**BC139S** 理事会得出结论认为，除了数量十分有限的合同外，对于所有合同而言，按年分组要求的益处显著地超过其成本是毫无疑问的。对于数量十分有限的合同而言，该要求的成本和益处才彼此更加接近。但是，在定义这些合同时无法防止该定义被过分扩展的风险。理事会因此决定不修订按年分组的要求。

*按年分组的要求——按签发日分组*

**BC139T** 2020年6月，理事会修订了《国际财务报告准则第17号》第28段，以明确主体应该在保险合同的确认日而非该合同的签发日（参见BC145A段），将该合同添加至保险合同组内。理事会考虑但否决了将《国际财务报告准则第17号》第22段中的按年分组要求所基于的合同签发日也修订为合同确认日的建议。按年分组

要求的目标是有助于及时确认盈利、损失和盈利能力的趋势。一项合同的盈利能力最初是在该合同签发时根据当天的事实和情况（例如利率、核保预期和定价）确定的。因此，理事会得出结论认为，按年分组的要求基于合同签发日对于提供反映盈利能力趋势的有用信息是必要的。

## 确认（《国际财务报告准则第 17 号》第 25 段至第 28F 段）

**BC140** 理事会曾考虑主体是否应当自其接受风险时起确认源自保险合同组的义务及相关的利益。该做法将与《国际财务报告准则第 17 号》着重关注计量主体所承担义务的内容相一致。然而，该方法将不同于针对适用《国际财务报告准则第 15 号》的收入合同的要求（其着重关注履约的计量）。根据《国际财务报告准则第 15 号》，直至一方已依照合同履约之前，主体均不确认任何权利或义务。该模型与《国际财务报告准则第 17 号》着重关注履约计量的内容相一致。

**BC141** 此外，某些利益相关方担忧自主体接受风险时起确认保险合同组的要求，将意味着即使在责任期开始之前主体也需要对合同组进行追踪及核算。持有该意见的人士指出，在责任期开始前对保险合同组进行核算将要求变更相应系统，由此带来的高昂成本将超过其益处（尤其是由于在责任期开始前确认的金额可能并不重要或甚至是零）。该等反馈者认为，即使在责任期开始前确认的金额并不重要，要求主体在责任期前核算保险合同组将迫使主体必须对合同组进行追踪以表明相关金额并不重要。

**BC142** 理事会对上述担忧表示赞同。据此，理事会所采纳的方法同时结合了 BC140 段所述的两种方法的内容，并要求主体从以下三个时点之中最早的时点开始确认保险合同组：

（1）该保险合同组的责任期开始时；

（2）该保险合同组的保单持有人第一次付款到期日；或者

（3）该保险合同组成为亏损合同组时。

**BC143** 通常首笔保费的付款到期日是在责任期开始时，并且主体应在该时点确认保险合同组。理事会认为：

（1）BC141 段所述的不应在责任期前确认保险合同组的理由（即，在责任期开始前追踪有关信息所带来的益处并未超过相关成本）仅适用于付款到期前的合同；以及

（2）在责任期前报告亏损保险合同所带来的益处超过成本。

**BC144** 在某些情况下，相关环境的变化将导致保险合同组在责任期开始前变为

亏损合同。① 理事会决定，主体应在责任期前确认此类亏损合同组。然而，《国际财务报告准则第 17 号》规定，仅当相关事实和情况表明保险合同组属于亏损合同时，才应确认亏损合同组。该方法确保主体能够确认环境的不利变化，而无须在责任期开始前对合同组进行追踪。

**BC145** 源生保险合同的成本往往在责任期开始前发生。如 BC176 段所述，理事会认为主体不应将此类成本确认为单独资产。取而代之的是，《国际财务报告准则第 17 号》要求此类成本在保险合同组符合初始确认的条件之时作为合同组现金流量的一部分确认。理事会留意到，事实上主体将自保险获取现金流量发生之日起确认合同组。然而，尽管资产或负债是自该日起确认，但直至合同组符合初始确认条件之日前主体均无须更新有关假设，并且主体仅必须在该较迟的日期确定合同服务边际。②

### 对《国际财务报告准则第 17 号》的修订——确认

**BC145A** 2020 年 6 月，理事会修订了《国际财务报告准则第 17 号》第 28 段，明确主体须于一项保险合同符合《国际财务报告准则第 17 号》第 25 段所列任一项标准的日期将该保险合同添加至保险合同组（即确认一项保险合同）（参见 BC142 段）。该日期可能与该保险合同签发日不同——例如，它可能是保费到期日。

## 履约现金流量的计量（《国际财务报告准则第 17 号》第 29 段至第 37 段和 B36 段至 B92 段）

**BC146** 如 BC19 段至 BC20 段所述，《国际财务报告准则第 17 号》要求主体按风险调整后的现值来计量履约现金流量。下文各部分探讨了履约现金流量的计量，特别是：

（1）主体如何估计现金流量的预期价值（参见 BC147 段至 BC157 段）；

（2）哪些现金流量应被纳入现金流量的预期价值（参见 BC158 段至 BC184N 段）；

（3）如何对现金流量作出调整以反映货币时间价值和金融风险（若金融风险未被纳入未来现金流量的估计）（参见 BC185 段至 BC205B 段）；以及

（4）如何对现金流量作出调整以反映非金融风险的影响（参见 BC206 段至 BC217 段）；

---

① 2020 年 6 月，理事会将责任期的定义修订为主体提供保险合同服务的期间（参见 BC283A 段至 BC283I 段）。

② 2020 年 6 月，理事会修订了与保险获取现金流量资产相关的要求（参见 BC184A 段至 BC184K 段）。理事会还明确规定了主体将支付的（或根据另一国际财务报告准则已确认的负债所对应的）保险获取现金流量确认为一项资产（参见 BC184L 段至 BC184N 段）。

## 未来现金流量的估计（《国际财务报告准则第 17 号》第 33 段至第 35 段和 B36 段至 B71 段）

**BC147** 本部分探讨了《国际财务报告准则第 17 号》中涉及主体如何估计未来现金流量的要求，包括：
（1）在无须付出不当成本或努力的情况下，不带偏见地使用所有可获得的合理及可支持的信息（参见 BC148 段至 BC152 段）；
（2）与可获得的市场信息相一致的估计（参见 BC153 段至 BC154 段）；
（3）在报告日的当前估计（参见 BC155 段至 BC156 段）；以及
（4）显性的估计（参见 BC157 段）；

**在无须付出不当成本或努力的情况下，不带偏见地使用所有可获得的合理及可支持的信息 [《国际财务报告准则第 17 号》第 33（1）段和 B37 段至 B41 段]**

**BC148** 由于保险合同转移风险，保险合同所产生的现金流量是不确定的。某些意见认为保险合同的计量应使用现金流量的单一估计值（例如，最可能的结果，或者可被证实能提供"足够"隐含或明确的置信度的结果）。然而，理事会决定，若保险合同的计量全面反映各个可能结果的区间及其概率，将能提供最有用的信息。

**BC149** 据此，理事会认为保险合同的计量应从合同产生的现金流量预期现值的估计着手。预期现值是可能产生的现金流量现值的加权平均中值。理事会同时指出，由于《国际财务报告准则第 17 号》规定采用可能产生的现金流量现值的加权平均中值进行计量，在主体确定该金额时，与每一个现金流量情景相关的概率估计不应带有偏见。换言之，该估计不应受到旨在实现预定结果或引发特定行为的意图影响而产生偏见。不带有偏见至关重要，因为带有偏见的财务报告信息无法如实反映经济现象。不带偏见要求对现金流量及相关概率的估计不应过于保守或乐观。

**BC150** 原则上，确定预期现值涉及下列步骤：
（1）识别每一个可能发生的情景；
（2）计量该情景中现金流量的现值——有关折现率的讨论，请参见 BC185 段至 BC205B 段；以及
（3）估计该情景发生的概率。

与《国际财务报告准则第 9 号》采用的方法相一致，理事会决定具体列明主体在确定预期现值时，应当使用无须付出不当成本或努力便可获得的合理及可支持的信息。

**BC151** 预期现值并非对特定结果的预测。据此，最终结果与之前的预期现值的估计之间的差异并非"差错"或"失误"。预期现值是一个包含所有可预见结果的汇总金额。如果一个或多个可预见结果没有发生，这并不表明之前预期现值的估计无效。

**BC152** 许多保险合同均包含重大的嵌入选择权和担保。许多此前的保险会计模

型并未将任何价值归属于缺乏"内在价值"（即，"价外"）的嵌入选择权或担保。然而，此类嵌入的选择权和担保同时具有时间价值，因为它们在到期时可能变为"价内"。只要该等选择权和担保仍嵌入在保险合同之中（参见 BC104 段至 BC107 段），未来现金流量预期现值的估计就应当基于现金流量的所有可能发生的结果。《国际财务报告准则第 17 号》同时要求计量应包括金融风险的影响（将其纳入未来现金流量的估计或折现率之中）。因此，《国际财务报告准则第 17 号》的计量方法同时包括嵌入选择权和担保的内在价值和时间价值。运用《国际财务报告准则第 17 号》的方法将意味着保险合同所包含的任何选择权和担保的计量将与可观察的市场变量相一致。（参见《国际财务报告准则第 17 号》B48 段）。理事会认为，该计量方法能够提供关于嵌入选择权和担保的最相关的信息。

**与可获得的市场信息相一致的估计 [《国际财务报告准则第 17 号》第 33（2）段和 B42 段至 B53 段]**

**BC153** 理事会认为，与可观察的市场价格保持一致的计量值最为相关、具有较低的计量不确定性且更容易理解，因为此类计量值：

（1）相比使用不同于市场共识的主体特定期望值而言涉及较少的主观性；

（2）反映市场参与者可获得的所有证据；以及

（3）采用通用及可公开获得的基准而确定，相比采用专有及内部基准确定的信息而言令财务报表使用者更易于理解。

**BC154** 上述观点导致下列结果：

（1）主体必须使用可观察的当前市场变量（如，利率）作为直接输入值，且尽可能不作调整；以及

（2）如果变量无法观察到或不可从市场价格直接得出，相应的估计不应与当前市场变量相抵触。例如，针对通货膨胀情景估计的概率不应与市场利率所隐含的概率相抵触。

**在报告日的当前估计 [《国际财务报告准则第 17 号》第 33（3）段和 B54 段至 B60 段]**

**BC155** 理事会认为，现金流量的估计应当基于当前信息，并在每个报告期末予以更新。在《国际财务报告准则第 17 号》发布前的保险计量模型往往要求主体在初始确认时作出估计，并在整个合同存续期内使用相同的估计，且无须作出更新以包括在合同存续期稍后时间可获得的信息。然而，理事会认为使用当前估计：

（1）通过更好地反映主体的合同义务和权利所产生的现金流量的金额、时间和不确定性，提供关于此类权利和义务的更相关的信息。鉴于与保险合同负债相关的不确定性以及许多保险合同较长的存续期，反映现金流量的金额、时间和不确定性的当前信息与财务报表使用者尤为相关。

（2）在计量中纳入无须付出不当成本或努力便可获得的所有合理及可支持的信

息，从而避免须执行单独测试以确保负债未被低估（有时被称为"负债充足性测试"）的必要性。负债充足性测试很可能涉及某些武断元素。例如，除非要求在每个报告日提供当前信息，否则在任何指定时间进行此类测试均不可避免地带有武断性。

（3）与针对准备（《国际会计准则第37号》）和针对金融负债（《国际财务报告准则第9号》）的其他国际财务报告准则大致保持一致。也就是说，对于其特征类似于保险合同负债的负债而言，《国际会计准则第37号》和《国际财务报告准则第9号》均要求基于未来现金流量的当前估计进行计量。

BC156 理事会指出，《国际会计准则第37号》规定，仅当基本确定新法规将会执行时，才应将潜在新法规的影响纳入负债计量；而《国际会计准则第12号——所得税》规定，仅当法规变化实质上已执行时，才应将其纳入所得税计量。与该等准则相一致，理事会认为仅当法规变化实质上已执行时，主体才应包括潜在法规变化对未来现金流量的影响。

### 显性的估计［《国际财务报告准则第17号》第33（4）段和B46段］

BC157 理事会认为，与将现金流量结合非金融风险调整或反映货币时间价值和金融风险的调整所形成的估计相比，对现金流量的显性估计（要求主体主动考虑有关情况是否已发生变化）能够提供针对主体向保单持有人承担的义务的更有用信息。显性的估计同时可降低主体并未识别某些情况变化的可能性。然而，对于独立使用现金流量的显性估计（将其与反映货币时间价值和金融风险的调整区分开来）的规定，《国际财务报告准则第17号》允许一个例外情况。如果主体使用一个复制资产组合的公允价值来计量保险合同所产生的部分现金流量（其将结合现金流量与反映货币时间价值和金融风险的调整），则该例外情况适用。复制资产组合的公允价值同时反映资产组合所产生的现金流量的预期现值以及与此类现金流量相关的风险（参见《国际财务报告准则第17号》B46段）。

### 用于计量保险合同的现金流量（《国际财务报告准则第17号》第34段至第35段和B61段至B71段）

BC158 本部分探讨了哪些现金流量应被纳入现金流量的预期价值，包括：
（1）源自未来保费的现金流量（参见BC159段至BC164段）；
（2）存款下限（参见BC165段至BC166段）；
（3）主体可相机抉择的现金流（参见BC167段至BC170段）；
（3a）与保单持有人税款有关的现金流量（参见BC170A段）；
（4）影响其他合同支付给保单持有人的现金流量，或受此影响的现金流量（参见BC171段至BC174段）；
（5）保险获取现金流量（参见BC175段至BC184K段）；以及
（6）除保险获取现金流量以外的确认前的现金流量（参见BC184L段至BC184N段）。

**源自未来保费的现金流量（《国际财务报告准则第 17 号》第 34 段至第 35 段和 B61 段至 B66 段）**

**BC159** 保险合同组的计量包括预期源自合同组的所有现金流量，并反映对保单持有人行为的估计。因此，为识别在主体履行其义务过程中将产生的未来现金流量，有必要设定一个合同边界以区分未来保费及相应的利益和赔款是否源自：

（1）现有的保险合同。如是，此类未来保费及相应利益和赔款应纳入保险合同组的计量；或者

（2）未来的保险合同。如是，此类未来保费及相应利益和赔款不应纳入现有保险合同组的计量。

**BC160** 合同的本质在于对合同一方或双方施加约束。如果双方均受到同等约束，合同边界通常较为明确。类似地，如果双方均不受约束，则很显然并不存在真正的合同。因此：

（1）现有合同的外部界限为主体不再需要提供保障且保单持有人不具有续约权的临界点。超出该外部界限则双方均不受约束。[①]

（2）若达到下列临界点：合同赋予主体重新评估保单持有人所引致风险的实际能力，并据此有权设定一个全面反映该风险的价格，则主体不再受现有合同约束。因此，超出该临界点所产生的任何现金流量均发生在现有合同边界之外并且与未来合同（而非现有合同）相关。

**BC161** 然而，如果主体具有重新评估保单持有人所引致风险的实际能力，但无权设定一个全面反映该重新评估后的风险的价格，则合同仍对主体具有约束力。因此，该临界点仍属于现有合同边界之内，除非有关主体对合同进行重新定价的能力限制可予忽略以至于预期不具有任何商业实质（即，该限制对交易的经济意义没有可辨认的影响）。理事会认为，不具有商业实质的限制无法约束主体。

**BC162** 然而，如果合同并非对双方施加同等的约束，则可能难以确定合同边界。例如：

（1）主体可对合同进行定价，使得在较早期间收取的保费作为在较后期间收取的保费的补贴（即使合同列明每笔保费均涉及同等的责任期）。如果合同收取等额保费且合同承保的风险随时间的推移而增加，则属于这种情况。理事会认为，在较后期间收取的保费属于合同边界之内，因为在首个责任期之后，保单持有人已取得一定价值（即，尽管风险有所增加，仍能按既定的价格继续投保的能力）。[②]

（2）保险合同可能约束主体但并未约束保单持有人，其要求主体继续接受保费及提供保障，但允许保单持有人停止支付保费（尽管这有可能导致罚款）。理事会认

---

[①][②] 2020 年 6 月，理事会将责任期的定义修订为主体提供保险合同服务的期间（参见 BC283A 段至 BC283J 段）。

为，主体必须接受的保费及必须提供的相应保障属于合同边界之内。①

（3）保险合同可能允许主体基于一般市场经验（例如，涉及死亡率的经验）对合同进行重新定价，但不允许主体重新评估个别保单持有人的风险概况（例如，保单持有人的健康状况）。在这种情况下，保险合同通过要求主体为保单持有人提供一定价值（持续的保险责任但无须再次核保）对主体施加约束。尽管合同条款规定保单持有人享有续约权因而主体预期将发生续约，但合同并未强制要求保单持有人进行续约。理事会最初决定忽略主体对续约的预期将无法反映合同导致主体面临的经济状况。据此，理事会最初建议若主体能够基于一般经验（而非个别保单持有人风险概况的特定变动）对现有合同进行重新定价，采用此方式重新定价后的续约所产生的现金流量属于合同边界之内。

**BC163** 许多利益相关方认为 BC162（3）段所述的初步建议导致主体未受到合同约束的某些现金流量被纳入某些合同的边界之内。即使主体无法基于对个别保单持有人风险的评估对现有合同进行重新定价，主体可能也能够对该合同所属的组合重新定价以使得针对该组合整体收取的价格全面反映该组合的风险。据此，该等利益相关方认为在这种情况下，主体不再受现有合同组合约束，并且超出该重新定价临界点所产生的任何现金流量应被视为在现有合同边界之外。如果主体所收取的价格无法全面反映组合整体的风险，则仍受现有合同约束。理事会赞同这一观点并对合同边界作出修订，从而此类现金流量被视为超出合同边界，前提是截至对风险重新评估之日针对保障的保费定价并未考虑与重新评估日之后的期间相关的风险。②

**BC164** 由于主体需在每一报告期间更新个别合同所属的保险合同组以及合同组合的计量，合同边界的评估也应在每一报告期间进行。例如，在某一报告期间，主体可能决定合同组合的续约保费在合同边界之外，因为有关主体对合同重新定价的能力限制不具有商业实质。然而，如果相关情况发生变化从而导致相同的有关主体对组合重新定价的能力限制具有商业实质，主体可能断定该合同组合的未来续约保费属于合同边界之内。

### 存款下限

**BC165** 理事会同时提及在计量保险合同时应如何考虑存款下限。术语"存款下限"用于描述《国际财务报告准则第 13 号》第 47 段的下列要求：

"具有可随时要求偿还特征的金融负债（例如，活期存款）的公允价值不低于被要求偿还时支付的金额，该金额为从可以被要求支付的第一天起折现的金额。"

**BC166** 如果在计量保险合同时须应用存款下限，相应的计量值将忽略除涉及以对主体最不利的方式行使保单持有人选择权之外的所有其他情景。该项要求与主体应将未来现金流量的概率加权估计纳入保险合同计量的原则相抵触。因此，《国际财务

---

①② 2020 年 6 月，理事会将责任期的定义修订为主体提供保险合同服务的期间（参见 BC283A 段至 BC283J 段）。

报告准则第 17 号》并未要求或允许在计量保险合同时应用存款下限。这同时适用于《国际财务报告准则第 17 号》的一般计量规定以及《国际财务报告准则第 17 号》要求使用公允价值的情况（参见 BC327 段和 BC385 段）。然而，《国际财务报告准则第 17 号》第 132（3）段要求主体针对可随时被要求支付的金额的披露方式应当突显该等金额与相关合同的账面金额之间的关系。

**主体可相机抉择的现金流量（《国际财务报告准则第 17 号》B65 段）**

**BC167** 某些保险合同规定保单持有人有权分享指定的基础项目的回报。在某些情况下，合同规定主体可相机抉择向保单持有人支付的相应款项的时间或金额。该相机的抉择通常受到某些限制，包括法律或法规和市场竞争的限制。

**BC168** 《国际财务报告准则第 17 号》要求保险合同组的计量应包含对合同预期现金流出的不带偏见的估计。预期现金流出包括主体可相机抉择的现金流出。理事会决定制定该项规定的原因在于：

（1）可能难以确定主体进行支付的原因是由于其认为有义务这样做还是出于某些其他原因（其无法证明确认一项单独负债是合理的）。此类原因可包括保持主体的竞争优势或由于主体认为其面临道义上的压力。因此，在主体宣称其关于支付还是保留付给保单持有人的金额的相机抉择权不受约束的情形下（尽管较不可能发生），可能难以对最终执行的分配水平作出合理估计。

（2）即使有可能对非相机抉择的现金流量作出合理估计，在主体及保险合同的保单持有人预期将支付有关利益但主体试图避免向其保单持有人支付相应金额的情形下（尽管极不可能发生），财务报表使用者即使获悉可执行的具体分配水平也无法从中受益。该金额并未提供有关未来现金流量的金额、时间和不确定性的相关信息。另一方面，财务报表使用者将希望了解：

①因主体预期向保单持有人进行支付而无法提供予投资者的现金流量数额。《国际财务报告准则第 17 号》通过要求将此类现金流量纳入负债计量传达这一信息。

②保单持有人通过分红机制所承受的风险量，以及股东所承受的风险量。这一信息通过要求提供的关于风险的披露传达。

**BC169** 理事会曾考虑主体可相机抉择的付款额是否符合《财务报告概念框架》（《概念框架》）中负债的定义。若从整体进行考虑，该合同显然符合《概念框架》中负债的定义，但合同中的某些成分若单独进行考虑则可能不符合负债的定义。然而理事会认为，将这些成分纳入保险合同的计量将能提供对财务报表使用者更有用的信息。

**BC170** 理事会曾考虑是否需要就已在分红基金中累积数十年，且"所有权"可能并非绝对归属于股东及保单持有人的金额提供特定指引。理事会认为无须制定有关指引。原则上，《国际财务报告准则第 17 号》要求主体对每一情景中的现金流量作出估计。如果这导致主体较难作出判断或涉及异常的不确定性水平，则主体在决定为满足《国际财务报告准则第 17 号》的披露目标必须提供哪些披露时应当考虑该等事项。

### 对《国际财务报告准则第 17 号》的修订——与保单持有人税款有关的现金流量（《国际财务报告准则第 17 号》B65 段至 B66 段）

**BC170A** 2020 年 6 月，理事会修订了《国际财务报告准则第 17 号》，以解决《国际财务报告准则第 17 号》B65（13）段中对保险合同边界内现金流量的描述与《国际财务报告准则第 17 号》B66（6）段中对保险合同边界外现金流量的描述之间的不一致。在修订前，《国际财务报告准则第 17 号》B66（6）段要求主体在估计其履行一项保险合同所产生现金流量时剔除非以受托人身份支付或收到的所得税纳税额。一些利益相关方提出，某些支付和收到的所得税款项虽然是非以受托人身份支付或收到的，但是这些所得税纳税额是依据合同条款明确向保单持有人收取的成本。因此，根据《国际财务报告准则第 17 号》的 B65（13）段，这些成本应纳入保险合同边界。理事会同意，明确向保单持有人收取的任何成本是主体履行一项保险合同所产生的现金流量。因此，理事会修订了《国际财务报告准则第 17 号》B66（6）段，以避免在履约现金流量中剔除依据合同条款明确向保单持有人收取的支付或收到的所得税纳税额。当主体将此类所得税金额计入损益时，主体将因保单持有人为该所得税金额支付的对价而确认保险收入。这一处理与按照《国际财务报告准则第 17 号》对应其他已发生费用而确认保险收入的处理一致（参见 BC37 段）。

### 影响其他合同支付给保单持有人的现金流量，或受其影响的现金流量（《国际财务报告准则第 17 号》B67 段至 B71 段）

**BC171** 一个保险合同组有时会影响另一个合同组支付给保单持有人的现金流量。该影响有时被称为"相互化"。然而，在实务中使用的该术语是指多种不同的影响（从特定合同条款到一般的风险分散）。据此，理事会决定不采用这一术语，而是在《国际财务报告准则第 17 号》中纳入有关要求，以确保确定任何合同组履约现金流量的方式并未对合同服务边际造成扭曲，并考虑不同合同组的现金流量之间相互影响的程度。因此，合同组的履约现金流量：

（1）包括源自现有合同条款的支付给其他合同组内合同保单持有人的付款额（无论此类付款额是预期支付给当前还是未来的保单持有人）；以及

（2）不包括支付给该合同组内保单持有人的、通过应用（1）被纳入另一合同组的履约现金流量的付款额。

**BC172** 有必要提及未来保单持有人，因为有时现有的合同条款规定主体有义务向保单持有人支付基于基础项目的金额，但可相机抉择付款的时间。这意味着基于基础项目的某些金额可能会支付给享有相同基础项目回报的、未来所签发的合同的保单持有人（而非现有保单持有人）。从主体角度而言，现有的合同条款要求其支付该等金额，即使主体尚未知晓在何时或向谁人进行支付。

**BC173** 对于具有能力影响另一合同组内合同支付给保单持有人的现金流量，或受其现金流量影响的合同,理事会曾考虑是否有必要修订《国际财务报告准则第17号》中有关确定合同服务边际的要求。理事会认为无须这样做,因为分摊至BC171段所述的合同组的履约现金流量,将导致该合同组的合同服务边际适当反映该合同组内合同预期赚取的未来利润(包括因其他合同引致的对该未来利润的任何预期影响)。

**BC174** 理事会同时考虑是否有必要修订《国际财务报告准则第17号》中有关限制合同组内的合同签发时间相距不得超过一年的要求,但得出结论无须这样做(参见BC138段)。①

### 保险获取现金流量 [《国际财务报告准则第17号》B65(5)段和B125段]

**BC175** 主体在销售、核保和启动新保险合同时往往会发生重大成本。该等成本通常被称为"保险获取现金流量"。保险合同的定价一般通过保费或通过退保费用(或两者兼有)收回该等成本。

*计量方法*

**BC176** 《国际财务报告准则第17号》规定的计量方法变更了许多此前的会计模型(按所取得的保费金额对保险合同负债进行初始计量,而保险获取现金流量则予以递延)。该等会计模型将保险获取现金流量视为反映一项可确认资产的成本,而取决于具体的会计模型,可能将其描述为合同资产或客户关系无形资产。理事会认为上述资产要么并不存在(若主体从已取得的保费收回保险获取现金流量),或是与纳入合同计量的未来现金流量相关。② 理事会指出,主体通常向保单持有人收取的价格,反映主体视为足以就其承担对被投保损失进行支付的义务以及对发起合同的成本作出补偿的金额。因此,如实反映针对被投保损失进行支付的剩余义务的金额不应包括旨在就发起合同的成本作出补偿的部分保费。

**BC177** 据此,理事会认为主体应将保险获取现金流量确认为费用,并将相当于涉及收回保险获取现金流量的部分保费的金额确认为收入。《国际财务报告准则第17号》通过要求保险合同组的现金流量包括与合同组相关的保险获取现金流出或流入(包括主体为获取新保险合同已取得或拟取得的金额)来实现这一目标。③ 该方法减少了保险合同组在初始确认时的合同服务边际,其好处是保险获取现金流量将采用与

---

① 在制定2020年6月的《对〈国际财务报告准则第17号〉的修订》时,理事会考虑但否决了豁免具有代际分担风险特征的保险合同豁免采用按年分组要求的建议(参见BC139I段至BC139S段)。这些考虑事项与BC174段中所述的制定本准则时的考虑相似。

② 当保险合同组的计量包括分摊至改组的保险获取现金流量时,该保险获取现金流量所对应的保险获取现金流量资产应被终止确认。当将保险获取现金流量分摊至一组保险合同而对该组保险合同的计量纳入了该保险合同现金流量时,则终止确认该保险获取现金流量资产。2020年6月,理事会修订了《国际财务报告准则第17号》,以使该分摊反映主体对未来合同续约的预期(参见BC184A段至BC184K段)。

③ 2020年6月,理事会修订了《国际财务报告准则第17号》,以明确在一组保险合同的确认前支付的保险获取现金流量不能是一项负债。

为履行合同发生的其他现金流量相同的方式进行处理。

**BC178** 在许多情况下，保险获取现金流量是在保险合同组的责任期开始时、在提供任何保障或其他服务之前发生的。由于保险收入采用与未到期责任负债的变动相同的模式确认，这将意味着某些保险收入将在保险获取现金流量支付时（往往是责任期开始时）予以确认。

**BC179** 理事会担忧在责任期开始时确认保险收入不符合《国际财务报告准则第15号》的原则，因为在责任期开始时，主体并未依照合同向保单持有人履行任何义务。相反，《国际财务报告准则第15号》要求主体在依照合同履行其履约义务的过程中将从客户收取的对价确认为收入。据此，理事会决定在《国际财务报告准则第17号》中包括一项针对保险获取现金流量的例外情况，规定与保险获取现金流量相关的保费在保险获取现金流量发生时不确认为收入，而是应当单独识别并在责任期内予以确认。《国际财务报告准则第17号》同时要求保险获取现金流量在相同期间内确认为费用。

**BC180** 在责任期内将保险获取现金流量确认为费用的要求，不同于确认一项资产或保险合同组账面金额的明确或隐含的扣减额。在所有情况下，该合同组的负债均按履约现金流量的总和计量，包括任何预期的未来保险获取现金流量及合同服务边际。由于合同服务边际不得低于零，因此主体无须单独测试其是否将收回已发生但尚未确认为费用的保险获取现金流量。该计量模型通过重新计量履约现金流量自动反映任何缺乏可收回性的情况。①

*纳入计量的保险获取现金流量*

**BC181** 理事会曾考虑是否仅应将合同层面的增量保险获取现金流量纳入保险合同的计量。此类现金流量可明确辨认为特别与合同相关。纳入与多项合同相关的现金流量要求运用更主观的判断以识别哪些现金流量应当包括在内。

**BC182** 然而，理事会指出：

（1）仅包括合同层面的增量保险获取现金流量，意味着取决于主体保险获取活动的不同结构，主体将确认不同的合同服务边际和费用。例如，如果主体设有内部销售部门而非将销售外包给外部代理商，则会报告不同的负债。理事会认为，保险获取活动的不同结构不一定能够反映主体签发的保险合同之间经济实质的差异。

（2）主体对保险合同的定价通常不仅旨在收回增量成本，而且包括其他直接成本以及在发起保险合同时的部分间接成本（例如，核保成本、医学测试与检查及签发保单）。主体基于合同组合（而非单项合同）来计量和管理此类成本。据此，将合同组合层面的增量保险获取现金流量纳入保险合同履约现金流量的计量，将与纳入合同计量的其他现金流量的识别保持一致。

---

① 2020年6月，理事会修订了《国际财务报告准则第17号》，增加了与在一组保险合同确认前确认的保险获取现金流量资产有关的特定要（参见BC184A段至BC184K段）。

BC183 理事会同时曾考虑是否应将纳入保险合同组计量的保险获取现金流量，限定为仅与成功获取新合同或续约保险合同直接相关的现金流量。《国际财务报告准则第17号》中计量保险合同组的方法为对预期将在合同组存续期内产生的利润作出估计。鉴于此，排除与签发合同组合相关的某些保险获取现金流量，将导致该组合中合同组履约现金流量的低估以及合同服务边际的高估。此外，如BC182（1）段所述，理事会希望避免基于主体保险获取活动的不同结构按不同的金额来计量负债和费用。

BC184 理事会同时指出，《国际财务报告准则第17号》的计量方法将自动把无法从合同组合现金流量中收回的保险获取现金流量立即确认为费用，因为此类现金流量导致合同服务边际减至低于零，因此必须确认为费用。因此，在财务状况表内无法针对不可收回的保险获取现金流量确认任何金额。①

*对《国际财务报告准则第17号》的修订——保险获取现金流量（《国际财务报告准则第17号》第28A段至第28F段及B35A段至B35D段）*

BC184A 2020年6月，理事会修订了《国际财务报告准则第17号》，要求主体使用系统及合理的方法将可直接归属于一个保险合同组的保险获取现金流量分摊至：

（1）该保险合同组；以及

（2）包含预期由该组内保险合同续约而产生的保险合同所组成的合同组（参见《国际财务报告准则第17号》B35A段）。

BC184B 修订前，主体须将可直接归属于一个保险合同组的保险获取现金流量仅分摊至该组。相反，可直接归属于一个保险合同组合但不可直接归属于一个保险合同组的保险获取现金流量将被系统及合理地分摊至该组合内的保险合同组。

BC184C 利益相关方提出，签发责任期较短（如一年）的保险合同的主体可能会发生相对于主体针对合同收取的保费而言较高的初始成本，例如，销售代理佣金。主体接受这些成本，因为主体预计一些保单持有人将续签合同。通常这类成本全部可直接归属于初始签发的保险合同，因为这些成本是不可退还的且不取决于保单持有人是否续签合同。

BC184D 这些佣金在某些情况下会高于收取的保费，应用修订前的《国际财务报告准则第17号》会导致初始的保险合同被识别为亏损合同。理事会认为，主体在这种情况下确认亏损会为财务报表的使用者提供有用信息。这些信息可以反映出主体既无权要求保单持有人续签合同，也无权在保单持有人选择不续签合同时向销售代理索回佣金。

BC184E 但是，理事会同意，修订《国际财务报告准则第17号》以要求主体将保险获取现金流量分摊至预期续约而产生的合同（预期续约）也会为财务报表使用

---

① 2020年6月，理事会修订了《国际财务报告准则第17号》，增加了与在一组保险合同确认前确认的保险获取现金流量资产有关的特定要求（参见BC184A段至BC184K段）。

者提供有用信息。这一要求将支付的佣金等初始成本反映为主体预期通过签发的初始保险合同及其预期续约而收回的一项资产。该资产反映了主体拥有的不必为取得续约而再次支付已经支付的费用的权利。理事会指出，由这一修订而产生的信息与《国际财务报告准则第 15 号》对于取得合同的增量成本提供的信息具有可比性。

**BC184F** 理事会得出结论认为不需要制定要求明确规定如何将保险获取现金流量分摊至预期的续约。它得出结论认为，要求采用与《国际财务报告准则第 17 号》B65（12）段相一致的系统及合理的分摊方法就已足够。

**BC184G** 理事会注意到，如果主体将保险获取现金流量资产分摊至预期在未来多个报告期内确认的合同组，则主体需要在每个报告期末更新该分摊，以反映有关预期续约假设的任何变化。理事会还决定要求采用系统及合理的方法（而不是系统及合理的基础），以明确主体必须在各报告期采用一致的方法。

**BC184H** 修订《国际财务报告准则第 17 号》以要求主体将保险获取现金流量分摊至预期续约，将使确认由此产生的保险获取现金流量资产的期间长于根据修订前的要求确认资产的期间。因此，该修订将增加保险获取现金流量资产的账面金额。因此，理事会考虑了是否应规定以下要求：

（1）对保险获取现金流量资产计提利息。理事会决定不规定此要求，因为这样做将与《国际财务报告准则第 15 号》不一致。

（2）评估保险获取现金流量资产的可收回性。理事会决定规定该要求，理由见 BC184I 段至 BC184K 段。

**BC184I** 于 2017 年 5 月发布《国际财务报告准则第 17 号》时，理事会得出结论认为，不必要求主体评估保险获取现金流量资产的可收回性。该资产的存续期通常相对较短，当该资产被终止确认而相应的保险获取现金流量被纳入一组保险合同的计量时，任何不可收回的情况就会被及时反映（参见 BC180 段）。由于 BC184A 段所述的于 2020 年 6 月进行的修订，理事会得出结论认为，需要要求主体在事实和情况表明一项保险获取现金流量资产可能发生减值时在每个报告期末评估该资产的可收回性。

**BC184J** 与《国际财务报告准则第 15 号》第 101 段所述的减值测试相一致，主体在损益中确认一项减值损失并减少保险获取现金流量资产的账面金额，以使其账面金额不超过相关合同组的预期净现金流入。

**BC184K** 理事会指出，主体在保险合同组层面计量保险获取现金流量资产。合同组层面的减值测试将分摊至一个合同组的保险获取现金流量资产的账面金额与该合同组的预期净现金流入进行比较。该净现金流入包括在合同组内但与预期续约无关的合同的现金流量。因此，理事会决定要求针对预期续约产生的现金流量进行一项额外的减值测试。该额外的减值测试使主体在预计保险获取现金流量资产所对应的续约将不会发生或预计净现金流入将低于该资产的金额时，确认减值损失。若无该额外的减值测试，则与预期续约无关的合同产生的现金流量可能会导致该减值损失无法确认。

对《国际财务报告准则第 17 号》的修订——除保险获取现金流量以外的确认前的现金流量（《国际财务报告准则第 17 号》第 38 段、B66A 段和 B123A 段）

**BC184L** 2020 年 6 月，针对因一个保险合同组相关的现金流量而在该保险合同组确认之前确认的资产或负债的处理，理事会修订了《国际财务报告准则第 17 号》。由于现金流量的发生或根据另一国际财务报告准则已确认了一项负债，此类资产和负债可能在保险合同组确认之前已经被确认。假如某现金流量在合同组初始确认日后支付或收取就将会被计入该日的履约现金流量之中，则该现金流量与该保险合同组相关。

**BC184M** 理事会同意对于在确定保险合同组的合同服务边际及保险收入时应包括此类现金流量的反馈。这些现金流量应以与履约现金流量相同的方式影响利润和收入，无论其在何时发生（或其在何时被确认为负债）。

**BC184N** 该修订要求，假如此类资产或负债对应的现金流量（或导致该现金流量被确认为负债的事项）发生在一个保险合同组的初始确认日，此类资产或负债就将不会与该保险合同组分开进行确认，那么主体在确认该保险合同组时应当终止确认该现金流量所对应的任何资产或负债。另外，理事会还得出结论认为，为了与《国际财务报告准则第 17 号》的保险收入和已发生费用的确认要求相一致，若主体在确认相关保险合同组时同时终止确认一项资产，则其应确认保险收入和费用。相反，一项负债在当日的终止确认却不产生保险收入或费用。一项负债的终止确认将使预期清偿该负债的金额纳入履约现金流量之中或将该负债所反映的履约义务归入保险合同组的确认。例如，主体将确认保险合同组前收到的保费确认为负债，当主体确认该保险合同组时，主体会终止确认与该合同组内的合同相关的保费所对应的负债。如果保费在保险合同组的初始确认日收到，那么该负债所反映的履约义务就不会与该合同组分开确认。该负债的终止确认不产生保险收入。

## 折现率（《国际财务报告准则第 17 号》第 36 段和 B72 段至 B85 段）

**BC185** 本部分探讨了：
（1）是否所有保险合同的计量均需进行折现（参见 BC186 段至 BC191 段）；
（2）针对货币时间价值和金融风险的与市场一致的当前估计（若其未被纳入未来现金流量的估计）（参见 BC192 段）；
（3）在确定保险合同组的折现率时针对流动性和自身信用风险因素所采用的方法（参见 BC193 段至 BC197 段）；
（4）收益率曲线的披露（参见 BC198 段）；
（5）在折现率中反映对基础项目的依赖性（参见 BC199 段至 BC205 段）；以及
（6）确定折现率时的主观性（参见 BC205A 段至 BC205B 段）。

国际财务报告准则

**针对所有保险合同进行折现（《国际财务报告准则第 17 号》第 36 段和 B72 段）**

**BC186** 在次日应付的金额与在 10 年之后应付的相同金额具有不同的价值。换言之，货币具有时间价值。理事会认为，所有保险合同的计量均应反映现金流量时间的影响，因为该计量将能够提供关于主体财务状况的更相关的信息。

**BC187** 在应用某些此前的会计实务时，主体并未对非人寿保险（财产及意外险）合同负债进行折现。某些意见认为，与按未折现的金额计量相比，按折现后的金额计量非人寿保险合同所形成的信息较不可靠（即，具有更高的计量不确定性），因为非人寿保险合同在以下方面比人寿保险合同存在更多不确定性：

（1）保险事项是否会发生；对于人寿保险合同，除非保单失效，否则保险事项肯定会发生；

（2）若保险事项发生时必须支付的未来付款额金额；对于人寿保险合同，未来付款义务通常已在合同中列明或易于确定；以及

（3）在保险事项发生时任何未来付款额的支付时间；对于人寿保险合同，未来付款额的支付时间通常更具有可预测性。

**BC188** 上述不确定性意味着与许多人寿保险合同的现金流量相比，许多非人寿保险合同的现金流量存在更大的可变性。某些利益相关方认为，估计付款额的支付时间及计算折现率将在保险合同计量中引入额外的主观性，并且可能导致可比性降低及盈利操纵。此外，该等利益相关方指出，列报非人寿保险合同折现后的计量值所带来的益处可能并未超出编制该计量值所发生的成本，并认为现金流量的时间和相应的利率是人寿保险合同定价及盈利能力的关键要素，但与非人寿保险合同的相关性较低。对于非人寿保险合同，利益相关方认为承保业绩是其定价和盈利能力最关键的要素。

**BC189** 理事会并不赞同上述意见。使用未折现的现金流量计量保险合同组将无法如实反映主体的财务状况，并且相对于包含折现后金额的计量值，未折现现金流量的计量与财务报表使用者的相关性较低。理事会同时认为，折现率和未来现金流量的金额和时间通常可在合理成本范围内作出估计，且不会产生过高的计量不确定性。绝对精确的计量值是无法实现而且是没有必要的。理事会认为，由于折现导致的计量不确定性不会超过提供对主体义务的计量结果的额外相关性。此外，许多主体均具备进行折现的经验，以支持投资决策及计量其他国际财务报告准则要求折现的项目（例如，金融工具、雇员福利义务，及长期非金融负债）。而且，理事会获悉出于内部管理目的，某些保险业主体对其非人寿保险合同组合或保险合同组进行折现。

**BC190** 某些利益相关方建议，与按明确折现后的金额计量非人寿保险合同相比，按忽略未来通货膨胀的未折现金额计量非人寿保险合同，将能够以更低成本及更简单的方式得出负债价值的合理近似值（特别是对于短期负债）。然而，这一隐含折现负债的方法是基于两个变量（赔款的通货膨胀率及时间的影响）在所有情况下均会或多或少相互抵销的不现实假设。由于这较不可能发生，理事会认为如果主体分别对该两项影响作出估计，将能够改善财务报告。

**BC191** 如 BC292（1）段和 BC294 段所述，对于主体应用较简单的保费分摊法的合同，理事会认为，在通常预计折现的影响并不重大的某些情况下，主体无须反映折现的影响。

**与市场一致的当前折现率（《国际财务报告准则第 17 号》第 36 段和 B74 段至 B85 段）**

**BC192** BC20 段和 BC146 段至 BC156 段阐述了理事会采用预计与市场一致的当前估计现金流量的理由。该理由同时适用于针对此类现金流量的折现率。据此，《国际财务报告准则第 17 号》要求主体使用反映货币时间价值、现金流量的特征，及保险合同流动性特征的与市场一致的当前折现率。

**纳入折现率的因素（《国际财务报告准则第 17 号》B78 段至 B85 段）**

*流动性*

**BC193** 涉及货币时间价值的讨论往往使用无风险利率的概念。许多主体使用流动性极强的优质债券得出无风险利率的近似值。然而，债券持有人往往能够快速地在市场上出售此类债券而无须发生重大成本或影响市场价格。这意味着此类债券的持有人实际上持有下列两项：

（1）在潜在不可交易投资中持有的权益，其支付的回报要高于可观察的交易债券回报；以及

（2）向市场参与者出售该项投资的嵌入期权，其中债券持有人通过总体回报的减少支付隐含溢价。

相反，对于许多保险合同而言，无法迫使主体在保险事项发生，或合同指定的日期之前提前进行支付。

**BC194** 理事会认为，原则上，保险合同组的折现率应当反映被计量项目的流动性特征。因此，该折现率应当等于相关的不可交易投资的回报［参见 BC193（1）段］，因为主体无法在不发生重大成本的情况下出售或卖出合同负债。不应调低针对嵌入的卖出期权隐含溢价的利率，因为负债中并不存在任何此类卖出期权。

**BC195** 理事会认为，在以原则为导向的方法中，下列做法并不恰当：

（1）忽略被计量项目的流动性特征，或使用武断的基准（例如，优质公司债券）试图得出用于计量被计量项目的特定流动性特征的实际近似值；或者

（2）就如何估计流动性调整提供详尽指引。

**BC196** 然而，为回应认为可能难以单独确定流动性溢价的反馈意见，理事会指出主体可采用下列两种方法之一来估计流动性调整：

（1）"自下而上法"，以流动性极强的优质债券为基础，并作出调整以包括非流动性溢价。

（2）"自上而下法"，以参考资产组合的预期回报为基础，并作出调整以消除与

负债并不相关的因素（例如，市场风险和信用风险）。理事会预期，与流动性极强的优质债券相比，参考资产组合的流动性特征与保险合同组的流动性特征通常更为接近。由于难以评估流动性溢价，理事会决定在运用自上而下法时，主体无须针对参考资产组合与保险合同之间流动性特征的任何剩余差异作出调整。

*自身信用风险（《国际财务报告准则第 17 号》第 31 段）*

**BC197** 《国际财务报告准则第 17 号》要求主体在计量履约现金流量时忽略其自身信用风险。某些利益相关方认为，关于签发人必须清偿的负债所涉及的自身信用风险的信息，以及关于因签发人自身信用风险变动引致的利得和损失的信息，与财务报表使用者并不相关。理事会认为，将主体自身非履约风险变动的影响纳入保险合同负债的计量将无法提供有用的信息。理事会曾考虑对排除自身信用风险可能导致的会计错配所存有的疑虑（因为被视为支持保险合同的资产公允价值包括此类资产的信用风险变动，而保险合同组的计量则排除合同组的信用风险变动）。理事会认为，上述会计错配往往属于经济性质，因为与保险合同相关的信用风险不同于主体所持有资产的信用风险。

**收益率曲线的披露（《国际财务报告准则第17号》第 120 段）**

**BC198** 《国际财务报告准则第 17 号》B80 段和 B81 段指出，理事会允许采用的确定折现率的不同方法可能导致得出不同的比率。据此，理事会决定，主体应当披露用于对现金流量进行折现的、不会基于基础项目的回报而发生变化的收益率曲线或收益率曲线区间，以作为《国际财务报告准则第17号》第 117 段要求主体披露用于估计折现率的方法和输入值的规定的补充。理事会认为，披露所使用的收益率曲线将令财务报表使用者能够了解不同主体所使用的收益率曲线存在哪些差异。

**在折现率中反映对资产的依赖性（《国际财务报告准则第 17 号》第 36 段和 B74 段至 B85 段）**

**BC199** 某些此前针对保险合同负债应用折现率的会计方法使用基于被视为支持负债的资产的预期回报率，即使源自负债的现金流量不会基于基础项目的现金流量而发生变化。支持该方法的意见认为，该做法：

（1）对于总体而言预期将产生盈利保险合同组，防止在初始确认时确认一项损失并因此反映保险活动整体最可能产生的结果，以及综合考虑保险承保和投资功能。

（2）在资产利差的短期波动影响资产计量但不影响负债计量的情况下，防止出现波动性。由于主体长期持有此类资产以履行其签发的保险合同的义务，某些意见认为此类波动令财务报表使用者难以评估主体的长期业绩。

**BC200** 然而，理事会并不赞同上述观点。理事会认为，如果保单持有人所支付的金额不足以涵盖保单持有人利益和赔款的预期现值并就主体承担的保险利益可能最终超过预期保费的风险作出补偿，则在合同开始时确认一项损失是恰当的。此外，理事会指出，如果市场利差以不同的方式影响资产和保险合同，该做法将能够提供关于经济不匹配（特别是关于存续期不匹配）的有用信息。

BC201 在源自保险合同组的现金流量不会基于资产回报而发生变化时，理事会不同意采用基于资产的折现率，因为该折现率与现金流量无关。折现率的目标旨在以反映合同特征的方式，针对货币时间价值和金融风险（例如，流动性风险）调整未来现金流量的估计（若其未被纳入现金流量的估计）。为反映合同的特征：

（1）如果源自资产（或其他基础项目）的现金流量影响源自负债的现金流量，适当的折现率应反映对基础项目的依赖性；以及

（2）如果源自合同的现金流量预期不会基于基础项目的回报而发生变化，适当的折现率应排除与合同无关的、影响基础项目任何因素。此类因素包括合同并不存在、却存在于具有可观察市场价格的金融工具的风险。因此，折现率不应反映此类资产的所有特征（即使主体认为保险合同由此类资产支持）。

BC202 某些意见将源自嵌入保险合同的担保的现金流量视为：

（1）在担保的金额低于向保单持有人承诺的基础项目回报比例的情况下，是可变的；以及

（2）在担保的金额高于向保单持有人承诺的基础项目回报比例的情况下，是固定的。

BC203 然而，源自担保的现金流量不会直接因基础项目的回报而发生变化，因为预期在所有情况下此类回报均不会直接造成担保现金流量的变化。因此，基于资产的折现率（源自具有可变回报的资产）并非计量此类现金流量的适当比率。

BC204 理事会指出，现金流量与基础项目之间的联系可通过运用复制资产组合技术或产生类似结果的资产组合技术予以反映（参见《国际财务报告准则第17号》B46段至B48段）。复制资产组合是一个假定的资产组合，其现金流量在所有情形下均与源自负债的现金流量完全匹配。如果存在该组合，则复制资产组合的适当折现率将同时是负债的适当折现率。如果复制资产组合存在并且能够直接计量，则无须单独针对该组合所复制的部分负债确定现金流量和折现率。复制资产组合的计量与所复制的源自合同的现金流量完全相同。

BC205 然而，理事会同时指出，运用复制资产组合技术可能要求将保险合同的现金流量分拆为与源自资产组合的现金流量相匹配以及不匹配的现金流量。如BC261段所述，许多利益相关方认为无法通过此方式分拆现金流量。据此，《国际财务报告准则第17号》允许（但不强制要求）运用复制资产组合技术，并允许采用其他方法（例如，风险中性建模）。

**对《国际财务报告准则第17号》的修订——针对折现率确定时的主观性的反馈**

BC205A 理事会在考虑实施《国际财务报告准则第17号》主体的反馈时，还考虑了财务报表使用者提出的以原则导向的要求确定折现率会限制主体之间可比性的反馈。

**BC205B** 理事会未因该反馈而修订《国际财务报告准则第 17 号》。理事会认为，要求主体采用规则导向的方法确定折现率仅会在一些情况下得出恰当的结果。《国际财务报告准则第 17 号》要求主体运用判断以确定最符合实际情况的输入值。为使财务报表使用者了解所用的折现率并提高主体之间的可比性，《国际财务报告准则第 17 号》要求主体披露关于所用方法和判断的信息。

### 非金融风险调整（《国际财务报告准则第 17 号》第 37 段和 B86 段至 B92 段）

**BC206** 《国际财务报告准则第 17 号》要求通过将非金融风险调整纳入保险合同的计量来反映保险合同所固有的风险。非金融风险调整直接计量合同中的非金融风险。

**BC207** 本部分探讨了：

（1）将非金融风险调整纳入保险合同组计量的原因（参见 BC208 段至 BC212 段）；

（2）估计非金融风险调整的技术（参见 BC213 段至 BC214C 段）；以及

（3）披露与置信水平同等信息的要求（参见 BC215 段至 BC217 段）。

#### 将非金融风险调整纳入保险合同计量的原因（《国际财务报告准则第 17 号》第 37 段和 B86 段至 B89 段）

**BC208** 《国际财务报告准则第 17 号》要求报告非金融风险调整，以反映主体由于承受非金融风险导致的现金流量金额及时间的不确定性而要求得到的补偿。

**BC209** 在制定非金融风险调整的目标时，理事会认为非金融风险调整不应反映：

（1）市场参与者由于承受与合同相关的非金融风险而要求得到的补偿。如 BC17 段所述，相关的计量模型并非旨在计量反映市场参与者转移负债的当前退出价值或公允价值。据此，非金融风险调整应当确定为主体（而非市场参与者）要求得到补偿的金额。

（2）就主体能够履行合同提供更高程度的确定性的金额。尽管该金额可能适合于特定监管目的，但这与理事会旨在提供有关信息以协助财务报表使用者作出关于向主体提供资源的决策的目标不符。

**BC210** 理事会曾考虑不将非金融风险调整纳入履约现金流量的意见，原因在于：

（1）不存在单一的、明确定义的方法使得所形成的非金融风险调整能够符合 BC208 段所述的目标并提供一致及可比的结果。

（2）某些技术难以向财务报表使用者解释；而某些技术则可能难以提供清晰的披露，从而令财务报表使用者能够洞察基于该技术计量非金融风险调整的结果。

（3）无法追溯评估某一特定调整是否合理，尽管财务报表编制者可能会适时开发特定工具以协助其评估鉴于特定的事实非金融风险调整是否恰当。随着时间的推移，主体可能能够评估随后得出的结果与其此前对概率分布的估计是否相符。然而，主体将难以评估诸如将置信水平设定在特定百分率等的决定是否适当。

（4）开发用以确定非金融风险调整的系统将涉及成本，而某些利益相关方质疑该系统所带来的益处能否足以证明相关成本的合理性。

（5）在识别初始确认的损失时包括非金融风险调整的明确计量值与《国际财务报告准则第 15 号》不一致。

（6）如果现有保险合同组非金融风险调整的重新计量导致产生一项损失，该项损失将会在主体所承担的风险释放后的以后期间内予以转回。在报告一项损失之后列示该项损失的预计转回可能令某些财务报表使用者感到困惑。

（7）非金融风险调整可被用作在保险合同的计量中引入偏见。

**BC211** 然而，即使存在上述限制，《国际财务报告准则第 17 号》仍要求单独报告非金融风险调整，因为理事会认为该项调整：

（1）将形成非金融风险的明确计量值，从而提供对保险合同更清晰的洞察力。特别是，其区分了产生风险的负债与无风险负债，并能够向财务报表使用者提供有用的信息以了解主体对与其保险合同相关的非金融风险所造成的经济负担所持的观点。

（2）所形成的利润确认模式能够同时反映通过承受风险确认的利润以及通过提供服务确认的利润。据此，利润确认模式将对合同的经济动因更为敏感。

（3）将如实反映主体针对承受风险所收取的保费不足从而赔款可能最终超过预期保费的情况。

（4）能够以及时和易于理解的方式报告对风险的估计。

**BC212** 《国际财务报告准则第 17 号》要求主体在考虑非金融风险调整时将其与反映货币时间价值和金融风险的调整区分开来。理事会留意到某些此前的会计模型通过使用针对非金融风险调整后的折现率将上述两项调整相结合。然而，理事会认为将该两项调整相结合并不恰当，除非风险同时与负债金额以及剩余到期期限直接成比例。保险合同负债往往不具备这些特征。例如，一组赔款负债的平均风险可能随时间的推移而增加，因为更复杂的已发生赔款可能需要更长时间来解决。类似地，失效风险对现金流入的影响可能大于现金流出。单一的风险调整后的折现率很可能无法反映风险的上述差异。因此，理事会决定要求单独报告非金融风险调整。

**计量非金融风险调整的技术（《国际财务报告准则第 17 号》B90 段至 B92 段）**

**BC213** 理事会决定，非金融风险调整的计量应采用以原则为导向的方法而非识别特定的技术，这与理事会就如何确定《国际财务报告准则第 13 号》中对于非金融风险的类似风险调整的方法相一致。此外，理事会认为：

（1）限制风险调整技术的数量将与理事会制定以原则为导向的国际财务报告准则的意图相抵触。在特定情况下，某些技术可能更为适用或更易于实施，而国际财务报告准则详细列明特定技术所适用的每一种情况是不切合实际的。此外，相关技术可能随时间的推移而发生演变。列明特定的技术可能致使主体无法改进其技术。

（2）非金融风险调整的目标旨在反映主体其对非金融风险造成的经济负担所持的观点。如果所列明的确定非金融风险调整的整体汇总层面与主体对非金融风险负担的观点不一致，这将与反映主体有关非金融风险调整观点的目标相抵触。

BC214 据此，《国际财务报告准则第 17 号》仅阐述了下列原则：非金融风险调整，应反映主体由于承受因主体履行保险合同组产生的现金流量所固有的非金融风险导致的不确定性而要求得到的补偿。据此，非金融风险调整，应反映主体在确定由于承受该不确定性而要求得到的补偿金额时所考虑的任何分散效益。

*对《国际财务报告准则第 17 号》的修订——针对确定非金融风险调整时的主观性的反馈*

BC214A 理事会在考虑实施《国际财务报告准则第 17 号》主体的反馈时，还考虑了财务报表使用者提出的以原则导向的要求确定非金融风险调整会限制主体之间可比性的反馈。理事会未因该反馈而修订《国际财务报告准则第 17 号》，理由与理事会不因针对折现率的反馈而修订《国际财务报告准则第 17 号》的理由（参见 BC205B 段）相同。

*对《国际财务报告准则第 17 号》的修订——针对在合并财务报表中确定非金融风险调整的反馈*

BC214B 《国际财务报告准则第 17 号》过渡工作组讨论了一个关于在主体集团的合并财务报表中确定非金融风险调整的实施问题。过渡工作组成员们所持观点不同。一些成员认为，在作为一组保险合同签发人的子公司单体财务报表中的该组的非金融风险调整必须与主体集团合并财务报表中该组的非金融风险调整相一致。另一些成员认为，非金融风险调整在作为签发人的子公司单体财务报表中的计量可能与其在主体集团合并财务报表中的计量不同。

BC214C 对于这些不同的观点，理事会考虑了是否明确其对如何确定主体集团合并财务报表中非金融风险调整的意向。理事会得出结论认为，这样做也只会解决在应用关于确定非金融风险调整的要求时可能出现的一些差异，因为应用这些要求须运用判断。理事会得出结论认为，这方面还有待实践。如有必要，理事会将会在《国际财务报告准则第 17 号》实施后审议中了解这一要求的应用情况。

**置信水平的披露（《国际财务报告准则第 17 号》第 119 段）**

BC215 《国际财务报告准则第 17 号》与《国际财务报告准则第 13 号》之间的一个重要差异在于，《国际财务报告准则第 17 号》中非金融风险调整有赖于主体关于其风险规避偏好程度的自身观点（而非市场参与者的观点）。这可能导致主体针对类似的保险合同组确定不同的非金融风险调整。据此，为使财务报表使用者能够理解各个主体之间对主体特定的风险规避偏好评估有何差异，《国际财务报告准则第 17

号》要求主体披露与非金融风险调整相对应的置信水平。

BC216 理事会承认,就披露置信水平可能对财务报表的编制造成负担并且可能无法提供直接可比的信息存有一定的疑虑。然而,理事会并未识别能够提供定量披露的任何其他方法,以令财务报表使用者能够使用在各主体间一致的方法来比较非金融风险调整。特别是,理事会指出该目标无法通过下列方式实现:

(1) 披露从市场参与者的角度用于计量非金融风险调整的关键输入值的价值区间;或者

(2) 提供相对于保险合同总负债而言非金融风险调整的相对金额大小的信息。

BC217 理事会同时曾考虑是否应当采用不同的技术(例如,资本成本法)作为比较的基准。尽管若概率分布并非统计学上的正态分布(保险合同往往是如此)时,置信水平技术的有用性将被削弱,但资本成本法的计算比置信水平的披露更加复杂。同时,置信水平技术的好处在于相对易于向财务报表使用者沟通并且相对易于理解。理事会预期许多主体将具有应用资本成本法的必要信息,因为该信息是遵循当地监管要求所必需的。然而,理事会决定,在采用更简单的方法已足够的情况下,无须制定有关要求以增加主体的负担。

## 合同服务边际的计量(《国际财务报告准则第 17 号》第 38 段,第 43 段至第 46 段和 B96 段至 B119B 段)

BC218 合同服务边际反映主体预期保险合同组产生的未赚利润(参见 BC21 段)。合同服务边际应在初始确认合同组时按消除当时所产生利得的金额来确定。合同服务边际账面金额的后续调整及其在损益中的确认将确定如何在合同组的责任期内确认利润与收入。

BC219 合同服务边际不得反映未到期损失。取而代之的是,《国际财务报告准则第 17 号》要求主体将未来现金流出的预期现值超过未来现金流入的预期现值的部分金额,在针对风险作出调整后作为一项损失计入损益(有关亏损合同损失的内容,请参见 BC284 段至 BC287 段)。

BC220 《国际财务报告准则第 17 号》要求合同服务边际的账面金额针对以下各项作出调整(参见《国际财务报告准则第 17 号》第 44 段和第 45 段):

(1) 未来的未赚利润估计的变动(参见 BC222 段至 BC269 段);

(2) 保险财务收益或费用(参见 BC270 段至 BC276E 段);以及

(3) 汇兑差额(参见 BC277 段至 BC278 段)。

BC221 作出上述调整后的账面金额应在报告期末分摊至当期以及未来期间,而与当期相关的金额应当计入损益(参见 BC279 段至 BC283J 段)。

### 未来的未赚利润估计的变动（《国际财务报告准则第17号》第44段、第45段和B96段至B118段）

**BC222** 保险合同提供的关键服务为保险保障，但也可能同时提供与投资相关的服务或其他服务。保险合同组在初始确认时的计量包括合同服务边际，其代表主体除承受风险之外针对所提供的服务收取的边际收益。针对承受风险收取的预期边际收益则通过非金融风险调整予以反映（参见BC206段至BC214C段）。

**BC223** 《国际财务报告准则第17号》要求主体在保险合同组初始确认时，按现金流入的预期现值与现金流出的预期现值之间的差额，针对任何不确定性及在初始确认前或当时已取得或支付的现金流量作出调整后的金额来计量合同服务边际。《国际财务报告准则第17号》同时要求主体针对与未来服务相关的履约现金流量估计的变动对合同服务边际的计量作出更新，原因如下：

（1）与未来服务相关的履约现金流量估计的变动将影响保险合同组未来的盈利能力。因此，与不调整合同服务边际相比，调整合同服务边际以反映此类变动将能提供关于保险合同组在初始确认后剩余的未赚利润更相关的信息。BC227段至BC237段探讨了对于不具有直接参与分红特征的保险合同，哪些估计的变动与未来服务相关；而BC238段至BC256H段则探讨了对于具有直接参与分红特征的保险合同，哪些变动与未来服务相关。

（2）提高了初始确认时的计量与后续计量之间的一致性。如果合同服务边际并未针对与未来服务相关的估计变动作出调整，在初始确认时作出的估计将决定合同服务边际，但其后此类估计的变动却不会决定合同服务边际。

**BC224** 在得出结论，认为合同服务边际应当针对与未来服务相关的履约现金流量估计的变动作出调整后，理事会进一步决定：

（1）不对合同服务边际的增加额作出限制。估计的有利变动（无论是低于预期现金流出、高于预期现金流入、还是非金融风险调整的减少）将导致主体所确认的源自合同组的利润增加。

（2）所签发的保险合同组的合同服务边际不得为负数。因此，一旦合同服务边际减至零，合同组所产生的预期损失应当立即计入损益。若履约现金流量增加至超过合同服务边际，则意味着该合同组预计在未来将变为亏损（即，发生损失）而非盈利。该等损失应在当期确认为负债的增加额及相应的费用。

（3）只有与未来服务相关的履约现金流量估计的变动才会导致合同服务边际的调整。合同服务边际被视为未赚取的未来利润，与此相一致，与当期或过往期间相关的变动并不影响合同服务边际。BC227段至BC247段探讨了哪些估计的变动与未来服务相关。

（4）与未来服务相关的履约现金流量估计的变动，包括与未来服务相关的非金融风险调整的变动。①

（5）对合同服务边际的调整应采用对履约现金流量的最新估计，在未来适用法的基础上予以确认。除（2）所述的亏损保险合同组之外，任何变动均应在合同服务边际于当期及作出调整后剩余的责任期内确认时计入损益。估计的修正会调整合同服务边际，导致保险合同负债各组成部分之间相对应金额的转移，而负债的账面总额则保持不变。因此，仅当与未来服务相关的不利变动超过合同服务边际的剩余余额（即，该保险合同组变为亏损）时，保险合同总负债才予以重新计量以反映预期现金流量估计的变动。该重新计量要求与《国际财务报告准则第 15 号》规定的合同负债的计量相一致（即，除非合同变为亏损，否则无须基于未来现金流量估计的变动重新计量履约义务）。

**曾经考虑但被否决的其他方法**

*不调整合同服务边际以反映未来现金流量的后续变动和非金融风险调整*

**BC225** 理事会最初建议在初始确认时所确认的合同服务边际不应作出后续调整以反映履约现金流量估计变动的影响。形成该观点的相应原因包括：

（1）报告期内估计的变动是在该期间内保险合同组履约成本的经济变动（即使其与未来服务相关）。将估计的变动立即计入损益能够就保险合同相关状况的变动提供相关的信息。

（2）合同服务边际反映提供服务的义务，其不同于为履行合同须进行付款的义务。为履行合同所需的付款额估计的变动不会增加或减少提供服务的义务，因此不应导致该义务的计量作出调整。

（3）如果支持保险合同负债的资产是以公允价值计量且其变动计入损益，且合同服务边际针对此类变动作出调整而非计入损益，对于金融市场变量（如，折现率和权益价格）估计的变动将产生会计错配。

**BC226** 然而，许多利益相关方指出，如果合同服务边际不作出调整以反映初始确认后的估计变动，保险合同负债的计量将无法就剩余责任期内确认的未赚利润提供相关的信息。持这一观点的人士称，禁止在初始确认时确认利得，但随后要求基于在初始确认后立即作出的估计变动确认后续利得是不一致的做法。理事会赞同该观点，因此决定针对与未来服务相关的履约现金流量估计的变动调整合同服务边际。

---

① 2020 年 6 月，理事会修订了《国际财务报告准则第 17 号》B96（4）段以明确，如果主体选择将非金融风险调整的变动分解为保险服务业绩和保险财务收益或费用，则主体应仅将与非金融风险相关的变动（而非由货币时间价值的影响所导致的非金融风险调整的变动）调整合同服务边际。

### 不具有直接参与分红特征的保险合同（《国际财务报告准则第 17 号》第 44 段和 B96 段至 B100 段）

**BC227** 在确定哪些估计的变动与未来服务相关时，《国际财务报告准则第 17 号》区分了两类保险合同：不具有直接参与分红特征的保险合同和具有直接参与分红特征的保险合同。关于具有直接参与分红特征的保险合同的内容，请参见 BC238 段至 BC269C 段。

#### 货币时间价值以及与金融风险相关的假设变动［《国际财务报告准则第 17 号》B97（1）段］

**BC228** 对于不具有直接参与分红特征的保险合同，理事会认为货币时间价值和金融风险的影响不会对未赚利润金额构成影响。即使通过参与分红机制向保单持有人支付的款项因基础项目的回报而发生变化也是如此（相关原因，请参见 BC229 段至 BC231 段）。因此，主体无须调整合同服务边际以反映上述假设变动的影响。

**BC229** 对于不具有直接参与分红特征的保险合同，承保业绩被视为主体收取的保费金额（减去任何投资成分）与因发生保险事项导致主体支付的款项之间的差额。保险财务业绩反映保险合同组因时间的推移所产生的利息以及与金融风险相关的假设变动的影响。财务业绩表同时反映用保费进行投资所产生的利得和损失。该利得和损失应按照其他适用的国际财务报告准则在损益中确认。

**BC230** 因此，对于不具有直接参与分红特征的保险合同，主体融资活动产生的利润源自下列两项之间的差额：

（1）源自投资的利得（或损失）；以及

（2）通过保险财务收益或费用反映的保险合同负债变动，包括主体通过任何间接参与分红机制转移给保单持有人的利得（或损失）。

**BC231** 上述确定融资活动产生的利润的方法，反映了对投资组合和保险合同组分别的会计处理（无论保险合同是否具有任何参与分红机制），这与以下事实相一致：

（1）主体控制投资的现金流量，即使主体必须代保单持有人履行托管职能。

（2）在多数情况下，即使投资组合是对与主体义务完全匹配的资产进行投资，主体也很可能不具备将保险合同负债与投资组合进行抵销的法定执行权，因为主体保留向保单持有人进行付款的义务，而无论主体的投资策略如何，付款金额是基于组合内的投资确定的。

#### 经验调整以及与金融风险无关的假设变动（《国际财务报告准则第 17 号》附录一和 B96 段至 B97 段）

**BC232** 理事会决定，已发生赔款负债估计的所有变动均与当期服务或过去服务相关，因为其涉及过往期间的保障。

BC233 理事会将经验调整定义为：(1) 收到的保费（及相关的现金流量）预计的当期发生额与实际现金流量之间的差额；或 (2) 已发生赔款和费用预计的当期发生额与实际发生额之间的差额。理事会决定，对于未到期责任负债，一般而言可合理假定经验调整与当期服务或过去服务相关；相反，未来现金流量估计的变动一般而言可假定为与未来服务相关。理事会指出，与就未来保障收到的保费相关的经验调整与未来服务相关，并且属于上述一般规则的例外情况。

BC234 对于经验调整直接导致未来现金流量的估计发生变动的情况，理事会曾考虑是否需要针对一般规则制定进一步的例外情况。在某些此类情况下，经验调整和未来现金流量估计的变动在很大程度上相互抵销，且仅针对一项影响调整合同服务边际似乎并非单一事项的适当反映。然而在其他情况下，经验调整和未来现金流量估计的变动不会相互抵销，而将经验调整计入当期损益并同时针对未来现金流量估计的变动调整合同服务边际能够适当地反映两者的影响。理事会认为，不针对 BC233 段所述的一般规则进一步的制定例外情况，将在大多数情况下能够产生适当的结果及避免过度复杂的要求。

BC235 理事会同时考虑了投资成分的处理。理事会认为，例如，针对投资成分的延迟偿还确认一项利得，并同时针对预期的较迟偿还确认一项调整合同服务边际的损失，无法提供有用的信息。投资成分的提早或延迟偿还仅在偿还金额受其时间影响的情况下才会导致主体产生利得或损失。同时，《国际财务报告准则第 17 号》并不要求主体在直至赔款发生之前确定投资成分的金额（参见 BC34 段）。因此，当赔款发生时，《国际财务报告准则第 17 号》要求主体确定赔款中归属于投资成分的金额，及是否预计该金额将在该期间内成为应付金额。《国际财务报告准则第 17 号》要求针对投资成分任何未预期的偿还调整合同服务边际。合同服务边际同时应针对现金流量未来估计的变动包括（但无须单独识别）投资成分未来偿还额的减少作出调整。这将实现对合同服务边际产生的净影响相当于投资成分偿还时间变动的影响的理想结果。①

BC236 要求合同服务边际针对履约现金流量估计的变动而非经验调整作出调整的结果是相关的会计处理将取决于报告日的时间。为避免《国际会计准则第 34 号——中期财务报告》被理解为要求重新计算之前报告的金额，理事会决定《国际财务报告准则第 17 号》应特别禁止主体在后续的中期财务报表或年度报告期间应用《国际财务报告准则第 17 号》时改变之前的中期财务报表中所作的会计估计的处理。②

---

① 《国际财务报告准则第 17 号》B96 (3) 段要求任何预期本期应付投资成分与本期实际应付投资成分之间的差额产生的履约现金流量变动调整合同服务边际。2020 年 6 月，理事会修订《国际财务报告准则第 17 号》以规定，《国际财务报告准则第 17 号》B96 (3) 段不适用于反映期初至投资成分的预期之外的支付或不支付的期间内的货币时间价值及金融风险对投资成分的影响的保险财务收益或费用。

② 2020 年 6 月，理事会修订了与在中期财务报表中会计估计的影响相关的要求（参见 BC236A 段至 BC236D 段）。

### 对《国际财务报告准则第 17 号》的修订——中期财务报表中会计估计的影响

**BC236A** 2020 年 6 月，理事会修订了《国际财务报告准则第 17 号》，要求主体选择是否在后续的中期财务报表中和年度报告期内应用《国际财务报告准则第 17 号》时改变之前的中期财务报表中对会计估计的处理。

**BC236B** BC236 段所述的与在中期财务报表中的会计估计相关的要求，是为回应在制定《国际财务报告准则第 17 号》过程中得到的反馈意见而制定的，该反馈意见称主体在年度报告期内已编制中期财务报表的情况下，重新计算该年度报告期的期初至期末的合同服务边际的账面金额将是一项重大的操作负担。但是，一些实施 2017 年 5 月发布的《国际财务报告准则第 17 号》的主体表示，BC236 段所述的要求造成的操作负担将比理事会旨在减轻的负担更重。一些此类主体表示，该要求尤其是一个合并集团内按不同频率报告的不同主体的负担，因为这就需要维持两套记录以反映对会计估计的不同处理。

**BC236C** 理事会得出结论认为，允许主体作出如 BC236A 段所述的会计政策选择将使主体能够评估哪一个会计政策选项的负担较轻，从而使《国际财务报告准则第 17 号》更易于实施。为避免对财务报表使用者有用信息的重大损失，主体须将其选项一致地应用于所有其签发的保险合同组和其持有的再保险合同组（即，该会计政策选择是报告主体层面的选择）。

**BC236D** 理事会在针对首次采用《国际财务报告准则第 17 号》的主体的过渡性规定中增加了一项与上述修订有关的豁免（参见《国际财务报告准则第 17 号》C14A 段和 C19A 段）。

### 可相机抉择的现金流量（《国际财务报告准则第 17 号》B98 段至 B100 段）

**BC237** 不具有直接参与分红特征的保险合同往往会产生主体对其金额或时间进行一定相机抉择的支付给保单持有人的现金流量（参见 BC167 段至 BC170 段）。《国际财务报告准则第 17 号》要求主体区分与金融风险相关的假设变动的影响（其不会导致合同服务边际调整）与相机抉择变动的影响（其导致合同服务边际调整）。理事会指出，主体有可能采用许多可行的方式来作出这一区分。为确保采用一致的方法，理事会决定要求主体在合同开始时列明主体预计确定合同所作承诺的基础，例如，基于固定利率或基于指定资产回报的可变回报。

### 具有直接参与分红特征的保险合同（浮动收费法）（《国际财务报告准则第 17 号》第 45 段和 B101 段至 B118 段）

**BC238** 具有直接参与分红特征的保险合同是指在开始日符合以下条件的保险合同：
（1）合同条款规定保单持有人享有清晰可辨认的基础项目池之份额；
（2）主体预期会将基础项目公允价值回报中相当大部分份额支付给保单持有人；

以及

（3）主体预期支付给保单持有人的金额的变化中相当大部分将随基础项目公允价值的变动而变动。

**BC239** 理事会认为此类合同形成向保单持有人进行付款的义务，其付款金额相当于指定基础项目的价值减去就服务收取的浮动收费。该收费的金额相当于主体享有的基础项目公允价值的份额，减去任何不会直接随基础项目变动而变化的现金流量。

**BC240** 《国际财务报告准则第17号》规定，具有直接参与分红特征的保险合同的合同服务边际需针对影响其他保险合同之合同服务边际的变动之外的更多变动作出更新。除针对其他保险合同作出的调整之外，具有直接参与分红特征的保险合同的合同服务边际同时须针对以下变动的影响作出调整：

（1）主体享有的基础项目的份额；以及

（2）除源自基础项目的金融风险之外的其他金融风险（例如，财务担保的影响）。

**BC241** 理事会决定上述差异是如实反映此类合同费用的不同性质所必需的。如BC228段至BC231段所述，理事会认为对于许多保险合同而言，按照与保险合同无关的投资组合利得和损失相同的方式来反映与合同相关的任何投资组合利得和损失是恰当的。然而，理事会同时考虑了相反的观点，即对于某些合同而言，主体源自基础项目池的回报应被视为主体就保险合同所提供的服务向保单持有人收取的补偿，而非源自不相关投资的回报份额。根据这一相反的观点，主体回报的份额估计的变动应被视为主体就合同取得补偿的变动。主体补偿的此类变动应按照与确认提供合同的成本估计变动相同的方式，在主体提供合同所承诺服务的期间内予以确认。

**BC242** 为支持上述观点，理事会同时指出，主体从享有基础项目池的份额取得的任何利益可被视为主体为向保单持有人提供利益而持有此类项目的结果。此外，理事会还留意到主体在行使对基础项目的控制权时往往受到限制，因为：

（1）基础项目的数量完全由保单持有人所支付的保费决定；

（2）通常预期主体将本着保单持有人的利益管理保单持有人所投资的保费，并代保单持有人履行托管职能；以及

（3）合同可能列明主体对基础项目进行管理的某些内容。

**BC243** 鉴于上述特征，有意见认为在某些情况下，主体在基础项目中的权益实质上并非等同于直接持有资产的权益，而是等同于主体以享有基础项目公允价值份额的形式向保单持有人收取的浮动收费。根据这一观点：

（1）主体向保单持有人进行支付的义务被视为下列两者相抵后的净额：

①按相当于基础项目公允价值的金额向保单持有人进行支付的义务；以及

②主体因依照保险合同提供服务而扣取的浮动收费。

（2）按相当于基础项目公允价值的金额向保单持有人进行支付的义务估计的变动，将如同大多数基础项目公允价值的变动一样计入损益或其他综合收益。

（3）针对未来服务的浮动收费估计的变动以及与未来服务相关的现金流量估计的变动将采用一致的方式进行会计处理。因此，主体享有的基础项目的份额变动将调

整合同服务边际，以使此类变动在责任期内计入损益。

（4）仅当主体持有的资产回报（如果是以公允价值计量且其变动计入损益）与已承诺的基础项目回报不匹配的情况下，主体的财务报表才报告净投资回报。

**BC244** 理事会认为，在保单持有人直接参与享有基础项目回报份额的有限情况下，主体源自基础项目的回报应被视为主体就保险合同所提供的服务向保单持有人收取的补偿的一部分（而非源自不相关投资的回报份额）。在这种情况下，合同费用通过参照基础项目回报的份额予以确定这一事实，反映其作为一项费用的性质。因此理事会认为，将主体享有的基础项目份额的利得和损失作为服务浮动收费的一部分反映，将能如实反映合同安排的性质。

**BC245** 理事会随后考虑如何明确规定主体享有的基础项目份额，何时被视为服务浮动收费的一部分。理事会决定基础项目无须是金融资产组合，其可包括诸如主体或报告主体集团内子公司的净资产等项目。理事会同时决定需要满足下列所有条件：

（1）合同应当列明一个可确定的费用。为符合这一条件，合同需要列明保单持有人享有清晰可辨认的基础项目池的份额。若不存在可确定的费用（其可以组合回报或组合资产价值的百分比表示，而非仅列出具体货币金额），则主体对如何保留的基础资产回报份额将具有全权决定权，而理事会认为这与将此金额视为等同于费用的观点不符。

（2）主体的首要义务是按相当于基础项目公允价值的金额向保单持有人进行支付。为符合这一条件：

①应预期主体将基础项目公允价值回报中相当大部分份额支付给保单持有人。如果保单持有人并未预期将取得基础项目公允价值回报中的相当大部分份额，则无法如实反映按相当于基础项目公允价值的金额进行支付的义务。

②应预期主体支付给保单持有人的金额的变化中相当大部分将随基础项目公允价值的变动而变动。如果主体并未预期所支付的金额变化将随基础项目公允价值的变动而变动，则无法如实反映按相当于基础项目公允价值的金额进行支付的义务。

**BC246** 理事会运用上述条件来定义如 BC238 段所述的具有直接参与分红特征的保险合同。理事会同时决定，主体无须持有基础项目，因为保险合同的计量不应取决于主体持有的资产。如 BC239 段至 BC240 段所述，理事会扩展了对合同服务边际的调整，以反映主体享有的基础项目的份额是服务浮动收费一部分的观点。在这种情况下，费用的可变性取决于与金融风险相关的假设变动。因此，理事会认为将与履约现金流量，但并非基于基础项目回报的变动相关的金融风险假设的变动视为费用的一部分也是恰当的。

**BC247** 因此，BC246 段所述的对合同服务边际的额外调整，是由与金融风险相关的假设变动所致。然而，对合同服务边际的调整仅能以不得产生负金额为限。若调整后的合同服务边际为负数，假设的变动将导致在财务业绩表内确认一项利得或损失。理事会曾考虑该利得和损失是应作为亏损合同组的损失纳入保险服务业绩还是应作为保险财务收益或费用。理事会认为前者所提供的信息与将此类变动作为服务浮动

**BC248** 对于主体持有的再保险合同，主体和再保险公司并不享有基础项目的回报，因此即使所签发的基础保险合同是具有直接参与分红特征的保险合同，也不符合 BC238 段所述的条件。理事会曾考虑如果所签发的标的保险合同是具有直接参与分红特征的保险合同，是否应当修订浮动收费法的范围以包括持有的再保险合同。但该方法将与理事会认为应当分别单独核算持有的再保险合同与所签发的标的合同的观点不符。

**BC249** 尽管所签发的某些类型的再保险合同可能符合 BC238 段所述的条件，但理事会决定所签发的再保险合同不符合采用浮动收费法的条件。这是因为主体源自基础项目池的回报应被视为主体就保险合同所提供的服务向保单持有人收取的补偿的一部分的观点（参见 BC241 段）并不适用于所签发的再保险合同。①

### 对《国际财务报告准则第 17 号》的修订——浮动收费法的适用范围（《国际财务报告准则第 17 号》B101 段和 B107 段）

**BC249A** BC246 段所述的包含对合同服务边际的额外调整的《国际财务报告准则第 17 号》的要求被称为浮动收费法。一些实施《国际财务报告准则第 17 号》的主体建议理事会将浮动收费法的范围扩大以包括：

（1）某些利益相关方认为在经济上与具有直接参与分红特征的保险合同相类似的保险合同，除非此类合同不符合《国际财务报告准则第 17 号》B101（1）段中的条件；以及

（2）根据《国际财务报告准则第 17 号》B109 段，被明确排除在浮动收费法适用范围之外的签发的再保险合同和持有的再保险合同。

**BC249B** 理事会考虑但否决了 BC249A（1）段所述的建议。浮动收费法中对合同服务边际的额外调整是专门设计的，以如实反映适用浮动收费法的保险合同产生的利润。因此，如果理事会修订浮动收费法的适用范围，就需要考虑修订这些调整。理事会还指出，无论浮动收费法的适用范围如何，适用范围内的合同与适用范围外的合同的会计处理之间总会产生差异。

**BC249C** 理事会考虑但否决了 BC249A（2）段所述的建议。理事会得出结论认为，再保险合同不是相当大程度上的投资相关服务合同。浮动收费法是专门设计的，以使签发相当大程度上是投资相关服务合同的保险合同的主体将采用与签发资产管理合同的主体类似的方式对利润进行会计处理。一些利益相关方表示，当持有的再保险合同对应的标的保险合同适用浮动收费法时，将持有的再保险合同排除在浮动收费法适用范围之外会产生会计错配。理事会修订了风险缓释选择权以应对该忧虑（参见 BC256A 段至 BC256B 段）。

---

① 理事会随后在其考虑实施《国际财务报告准则第 17 号》的主体的类似反馈意见时重申了该观点（参见 BC249C 段）。

**国际财务报告准则**

**BC249D** 2020 年 6 月，理事会修订了《国际财务报告准则第 17 号》B107 段，以"保险合同"取代的"保险合同组"。根据《国际财务报告准则第 17 号》B101 段，主体评估一项保险合同（而非一组保险合同）是否适用浮动收费法。《国际财务报告准则第 17 号》B107 段中提及的保险合同组属于笔误，与《国际财务报告准则第 17 号》B101 段中的要求不一致。一些利益相关方表示，该修订是一项重大修改并对《国际财务报告准则第 17 号》的实施产生不利影响。这些利益相关方已假定主体须在合同组层面应用评估浮动收费法适用范围的条件。理事会得出结论认为，其需要修正《国际财务报告准则第 17 号》B107 段中的笔误，以使这些要求相一致。理事会指出，某些利益相关方对在合同层面评估负担的理解比其实际负担大，因为他们以为须对每个合同进行单独评估。但是，理事会留意到，一次评估应足以让主体确定在相同市场条件下签发的且定价基础相同的同质合同集合中的每项合同是否符合该等条件。

**风险缓释的影响（《国际财务报告准则第 17 号》B115 段至 B118 段）**

**BC250** 应付给保单持有人的金额导致主体面临风险，特别是在应付金额并非取决于主体从投资取得的金额的情况下（例如，若保险合同包含担保）。同时，主体享有的基础项目公允价值回报份额可能发生的变动也会令主体面临风险。主体可购买衍生工具以缓释此类风险。根据《国际财务报告准则第 9 号》，此类衍生工具应以公允价值计量。

**BC251** 对于不具有直接参与分红特征的保险合同，合同服务边际不针对衍生工具旨在缓释的履约现金流量的变动作出调整。因此，履约现金流量账面金额的变动及衍生工具价值的变动均在财务业绩表内确认。如果主体选择在损益中确认所有保险财务收益或费用，则衍生工具价值变动的确认与保险合同账面金额变动的确认之间将不存在任何会计错配。

**BC252** 然而，对于具有直接参与分红特征的保险合同，合同服务边际将针对履约现金流量的变动（包括衍生工具旨在缓释的变动）作出调整。因此，衍生工具价值的变动将在损益中确认，但是除非保险合同组发生亏损，否则不会确认同等的账面金额变动，从而导致产生会计错配。

**BC253** 如果主体利用衍生工具来缓释其享有的基础项目公允价值回报份额所产生的风险，则会产生类似的会计错配。

**BC254** 理事会认为，为避免因浮动收费法引致的上述会计错配，对于衍生工具旨在缓释的履约现金流量以及主体享有的基础项目公允价值回报份额的变动，应当允许主体不相应调整合同服务边际。

**BC255** 这一选择权降低了保险合同计量的可比性，因为合同服务边际将取决于主体是否选择运用该方法及运用该方法的程度作出不同金额的调整。为限制可比性降低的情况，理事会决定，仅当依照此前的书面风险管理目标和策略，主体利用衍生工具来缓释该等履约现金流量产生的金融市场风险符合下列条件时，主体才能够作出这

一选择：①
（1）主体利用衍生工具来缓释保险合同组所产生的金融风险。②
（2）保险合同组与衍生工具之间存在经济抵销，即，保险合同组与衍生工具的价值通常因两者以相似的方式对所缓释风险的变化作出响应而发生相反的变动。主体在评估经济抵销时不应考虑会计计量的差异。
（3）信用风险并未对经济抵销构成主导影响。

**BC256** 理事会曾考虑一个替代方法以减少此类衍生工具所引致的会计错配。该方法将允许主体在损益中确认与指定履约现金流量的关键条款或主体享有的基础项目公允价值回报份额相匹配的虚拟衍生工具的公允价值变动。这可能导致在更大程度上减少会计错配，因为相对于《国际财务报告准则第17号》规定的针对履约现金流量运用的计量而言，该方法将导致在损益中同时针对"被套期"的履约现金流量和"进行套期的"衍生工具使用公允价值计量。然而，理事会认为该方法将涉及过多额外的复杂性。

*对《国际财务报告准则第 17 号》的修订——使用衍生工具之外的工具缓释风险*

**BC256A** 2020年6月，理事会修订了《国际财务报告准则第17号》，将《国际财务报告准则第17号》B115段至B116段中的风险缓释选择权扩展至适用于以下情况：
（1）当主体使用持有的再保险合同缓释金融风险对主体在基础项目中所享有份额的金额的影响或对《国际财务报告准则第17号》B113（2）段所述的履约现金流量的影响（参见BC256B段）时；或
（2）当主体使用以公允价值计量且其变动计入当期损益的非衍生金融工具缓释金融风险对《国际财务报告准则第17号》B113（2）段所述的履约现金流量的影响（参见BC256C段）。

**BC256B** 一些利益相关方表示，应用《国际财务报告准则第17号》中的要求导致在主体持有承保具有直接参与分红特征的保险合同的再保险合同时产生会计错配。主体对签发的标的保险合同但不对持有的再保险合同采用浮动收费法进行会计处理。承保具有直接参与分红特征的保险合同的再保险合同将非金融风险与金融风险都转移至再保险人。理事会考虑但否决了允许主体对此类持有的再保险合同采用浮动收费法的建议（参见BC249C段）。但是，理事会承认，当主体使用持有的再保险合同缓释金融风险的影响时，可能产生的会计错配与当主体使用衍生工具缓释金融风险的影响时可能产生的错配（参见BC252段）相类似。因此，理事会修订了《国际财务报告

---

① 2020年6月，理事会修订了《国际财务报告准则第17号》，以明确当且仅当不再符合BC255段所述的条件时，主体停止应用风险缓释选择权。
② 2020年6月，理事会修订了《国际财务报告准则第17号》，使得主体在规定情形下使用持有的再保险合同或以公允价值计量且其变动计入当期损益的非衍生金融工具缓释金融风险时，风险缓释选择权同样适用（参见BC256A段至BC256F段）。

准则第 17 号》，以使风险缓释选择权按适用于主体使用衍生工具时相同的方式适用于主体使用持有的再保险合同时的情况。

BC256C 一些利益相关方表示，一些主体使用非衍生金融工具缓释某些金融风险对不随基础项目回报而变动的履约现金流量（《国际财务报告准则第 17 号》B113（2）段所述的现金流量）的影响。理事会认为，如果这些非衍生金融工具以公允价值计量且其变动计入当期损益，则可能产生与衍生工具的会计错配（参见 BC252 段）类似的会计错配。因此，理事会将风险缓释选择权扩展至适用于此类情况。理事会决定该扩展仅限于以公允价值计量且其变动计入当期损益的非衍生金融工具。对于这些非衍生金融工具而言，其会计错配被该扩展以与解决衍生工具（也是以公允价值计量且其变动计入当期损益）的会计错配的相同方式解决了。

BC256D 理事会考虑但否决了一项关于主体应被允许在其使用以公允价值计量且其变动计入其他综合收益的非衍生金融工具时应用风险缓释选择权的建议。理事会指出，在绝大多数情况下，风险缓释选择权不会解决与以下两者相关的计入当期损益的金额之间的已知的错配：

（1）采用《国际财务报告准则第 17 号》中其他综合收益选择权的具有直接参与分红特征的保险合同；和

（2）以公允价值计量且其变动计入其他综合收益的资产。

BC256E BC256D 段所述的金额会因金融资产和保险负债取得或签发时间的不同以及期限的不同而有所不同。此外，BC256D 段所述的建议将会导致风险缓释策略任何无效的部分确认在其他综合收益中。这将与《国际财务报告准则第 9 号》中要求套期策略无效的部分透明地影响损益的套期会计规定不一致。理事会指出，主体可同时采用《国际财务报告准则第 9 号》中的公允价值选择权（将金融资产指定为以公允价值计量且其变动计入当期损益）和《国际财务报告准则第 17 号》中的风险缓释选择权以避免错配。

BC256F 理事会考虑但否决了一项关于主体应被允许在其使用非衍生金融工具缓释金融风险对主体在基础项目公允价值中所享有的份额（参见《国际财务报告准则第 7 号》B112 段）的影响时应用风险缓释选择权的建议。一些利益相关方表示，主体可能通过将保费投资于基础项目之外的资产，（例如，固定利率债券）来缓释这些金融风险。理事会得出结论认为，允许主体在该情况下应用风险缓释选择权将会与主体无须为采用浮动收费法而持有基础项目的原则相悖（参见 BC246 段）。

*对《国际财务报告准则第 17 号》的修订——采用风险缓释选择权和其他综合收益选择权（《国际财务报告准则第 17 号》 B87A 段至 B89 段及 B117A 段）*

BC256G 2020 年 6 月，理事会修订了《国际财务报告准则第 17 号》，明确规定《国际财务报告准则第 17 号》的第 88 段和第 89 段不适用于因采用风险缓释选择权而产生的保险财务收益或费用。相反，理事会规定此类保险财务收益或费用列报如下：

（1）若主体使用以公允价值计量且其变动计入当期损益的金融工具缓释金融风险，则将此类保险财务收益或费用列报于损益；以及

（2）若主体使用持有的再保险合同缓释金融风险，则采用与持有的再保险合同相同的会计政策将此类保险财务收益或费用列报于损益或其他综合收益。

**BC256H** BC256G 段所述的修订解决了具有直接参与分红特征的保险合同组在损益中确认的金额与用于缓释这些保险合同所产生的金融风险的项目在损益中确认的金额之间可能出现的错配。如果主体同时采用《国际财务报告准则第 17 号》第 89 段（将部分保险财务收益或费用计入其他综合收益）和 B115 段（风险缓释选择权）来确定保险合同组计入损益的金额，就会出现这类错配。

**复杂性**

**BC257** 针对具有直接参与分红特征的保险合同和不具有直接参与分红特征的保险合同采用不同的会计处理增加了财务报表编制者以及财务报表使用者的复杂性。财务报表编制者必须确定保险合同属于哪一类别，而财务报表使用者则需要理解不同会计处理要求的影响。理事会指出，对于该两类合同而言，履约现金流量的计量是相同的，而所存在的差异仅限于对合同服务边际的处理。理事会确信该差异是如实反映该两类合同的不同性质所必需的。

**曾经考虑但被否决的其他方法**

*针对所有合同的基础项目账面金额变动调整合同服务边际*

**BC258** 某些利益相关方倾向于采用下列方法：只要保险合同要求向保单持有人支付的金额随基础项目回报的变动而变化，就应当针对基础项目账面金额的变动调整合同服务边际。然而，理事会否决了对浮动收费概念的这一广泛应用，因为理事会认为该方法仅能提供针对实质上属于与投资相关服务合同的保险合同的有用信息。

*"镜像法"*

**BC259** 在 2013 年征求意见稿中，理事会建议对于要求主体持有基础项目并具体列明与该等基础项目回报挂钩的合同，其计量和列报应采用"镜像法"。镜像法的实质在于，如果主体预计将以其持有的资产或其他基础项目来清偿应付给保单持有人的履约现金流量，主体应采用如同其计量基础项目一样的方式来计量此类履约现金流量。类似地，主体将采用其确认基础项目价值变动的相同基础，在损益或其他综合收益中确认采用镜像法（即，预计将直接随基础项目回报的变动而变化）的履约现金流量的变动。所有其他现金流量将采用一般规定进行计量。

**BC260** 如果合同条款表明主体不会承受任何经济不匹配，镜像法将能够消除保险合同的现金流量与基础项目之间的会计错配（而非经济不匹配）。然而，并非所有

保险合同的现金流量均直接随基础项目回报的变动而变化。

BC261 许多利益相关方赞同理事会旨在消除某些参与分红合同的会计错配的意图。然而，许多意见批评理事会的方法过于复杂并质疑该建议是否具有可操作性。特别是，许多利益相关方指出主体难以分拆并单独地计量保险合同的不同成分。某些意见认为对相互关联的现金流量的任何分解都将是武断的，并且分别单独进行计量将导致保险合同基于武断的决定而产生不同的估值。

BC262 许多利益相关方同时对采用镜像法的建议存有疑虑，因为这意味着仅基于合同特征的细微差别，某些参与分红合同的计量结果将显著不同于其他保险合同的计量结果。此外，某些财务报表编制者和监管机构担忧如果基础项目是按成本计量，保险合同的账面价值将不是现行价值。据此，镜像法将扩大出于财务报告目的计量的负债与出于监管目的确认的负债之间的差异。

BC263 鉴于上述反馈意见，理事会否决了镜像法并制定了浮动收费法将其取代。

*属于互助保险主体的承保人*

BC264 某些利益相关方支持镜像法（尤其是属于互助保险主体的承保人）。他们指出此类承保人有必要采用镜像法，因为无法以公允价值计量的资产与以现行价值计量的履约现金流量之间的会计错配的影响对其报告的财务状况和财务业绩影响尤为显著。

BC265 属于互助保险主体的承保人的一个决定性特征为，主体的绝大部分剩余权益归属于保单持有人而非股东。根据《国际财务报告准则第17号》，支付给保单持有人的付款额构成履约现金流量的一部分（无论此类付款额是预期支付给当前还是未来的保单持有人）。因此，属于互助保险主体的承保人的履约现金流量通常包括保单持有人获得资产超过负债任何部分的全额盈余的权利。这意味着对于属于互助保险主体的承保人，原则上在任何的会计期间内通常不应报告任何剩余权益及任何净综合收益。①

BC266 然而，属于互助保险主体的承保人保险合同的计量与其他净资产的计量之间可能存在会计错配。保险合同是以现行价值计量，而对于属于互助保险主体的承保人，现行价值包括关于主体的其他资产和负债公允价值的信息。许多此类其他资产和负债在应用国际财务报告准则时无须以公允价值计量（例如，按摊余成本计量的金融资产，递延所得税余额，子公司的商誉，以及养老金计划盈余和赤字）。此外，由于须确认减值的要求，并非以公允价值计量的资产的账面金额更有可能按低于

---

① 理事会在制定2020年6月的《对〈国际财务报告准则第17号〉的修订》时，指出在实务中被称为互助保险主体的某些主体并不具有其绝大部分剩余权益归属于保单持有人的特征（参见BC269A段至BC269C段）。BC265段至BC269段描述了其绝大部分剩余权益归属于保单持有人的主体应用《国际财务报告准则第17号》的结果。

（而非高于）公允价值的价值计量。①

**BC267** 因此，如果负债应用《国际财务报告准则第 17 号》进行计量，属于互助保险主体的承保人所报告的负债可能会超过其在财务报表内确认的资产，即使此类主体出于监管目的具有偿付能力且在经济上权益为零（而非负权益）。为避免属于互助保险主体的承保人报告负权益，某些利益相关方建议针对此类主体保留镜像法以消除或减少会计错配的影响。②

**BC268** 然而理事会表示，针对属于互助保险主体的承保人保留镜像法产生的后果是，完全相同的保险合同将仅因为其由属于互助保险主体的承保人签发而采用不同的基础计量。如果在经济上类似的产品按照类似的方式进行会计处理（无论持有或签发该产品的主体法律形式如何），将能够提高各主体之间的可比性。此外，理事会指出，运用镜像法将意味着属于互助保险主体的承保人的部分履约现金流量将不以现行价值计量，而这是某些监管机构对镜像法的主要担忧（参见 BC262 段）。因此，理事会认为不应针对属于互助保险主体的承保人保留镜像法。③

**BC269** 理事会指出，为提供关于其财务状况和财务业绩的有用信息，属于互助保险主体的承保人可以：

（1）在财务状况表内，区分归属于作为保单持有人身份的保单持有人的负债与归属于享有主体绝大部分剩余权益的保单持有人的负债；以及

（2）在财务业绩表内，在确定归属于享有主体绝大部分剩余权益的保单持有人的收益或费用金额之前，区分归属于作为保单持有人身份的保单持有人的收益或费用。④

*对《国际财务报告准则第 17 号》的修订——针对属于互助保险主体的承保人的反馈*

**BC269A** 实施《国际财务报告准则第 17 号》的主体对互助保险主体表示以下担忧：

（1）根据 BC265 段的方式应用《国际财务报告准则第 17 号》，将导致对具有其绝大部分剩余权益归属于保单持有人特征的主体财务状况和财务业绩的误导性描述；以及

（2）在实务中被称为互助保险主体的某些主体并不具有主体的绝大部分剩余权益归属于保单持有人的特征。

**BC269B** 理事会重申其决定，对于发行具有主体的绝大部分剩余权益归属于保单持有人特征的保险合同的主体，《国际财务报告准则第 17 号》不应包含任何特定的要求或针对《国际财务报告准则第 17 号》要求的例外，因为：

---

①②③④ 理事会在制定 2020 年 6 月的《对〈国际财务报告准则第 17 号〉的修订》时，指出在实务中被称为互助保险主体的某些主体并不具有其绝大部分剩余权益归属于保单持有人的特征（参见 BC269A 段至 BC269C 段）。BC265 段至 BC269 段描述了其绝大部分剩余权益归属于保单持有人的主体应用《国际财务报告准则第 17 号》的结果。

（1）适用于所有主体的《国际财务报告准则第 17 号》的核心原则是要求履约现金流量包含保险合同边界内的所有预期未来现金流量，包括相机现金流量和应付未来保单持有人的现金流量；

（2）如果要求主体根据签发合同的主体的类型对同样的保险合同进行不同的会计处理，则会降低主体之间的可比性；以及

（3）难以创建适用不同要求的主体的可靠定义。

**BC269C** 针对 BC269A（2）段所述的关注事项，理事会在 BC265 段至 BC269 段增加了脚注。

## 合同服务边际产生的保险财务收益或费用 [《国际财务报告准则第 17 号》第 44（2）段和第 45（2）段]

**BC270** 《国际财务报告准则第 17 号》要求主体针对融资影响调整合同服务边际。合同服务边际是保险合同总体计量的一部分，包括融资影响将与其他部分（履约现金流量）的计量相一致（需针对货币时间价值和金融风险的影响作出调整）。某些意见认为合同服务边际不应针对融资影响作出调整，理由是出于简化目的及因为其将合同服务边际视为一项递延信贷而并非代表义务的组成部分。然而，针对融资影响对合同服务边际作出调整与《国际财务报告准则第 15 号》相一致。

**BC271** 对于不具有直接参与分红特征的保险合同和具有直接参与分红特征的保险合同，在合同服务边际中包括融资影响的方式将有所不同。

**BC272** 对于不具有直接参与分红特征的保险合同，《国际财务报告准则第 17 号》要求主体计算合同服务边际产生的利息。理事会认为，合同服务边际在初始确认时可被视为对部分交易价格（即，已付或应付给保单持有人的对价）的分摊。计算合同服务边际产生的利息与《国际财务报告准则第 15 号》相一致，其规定如果合同具有重大融资成分，主体应调整已承诺的对价以反映货币时间价值。在作出该项调整后，交易价格将反映客户在取得已承诺的商品或服务时针对该商品或服务以现金形式支付的金额。因此，主体将按相当于商品或服务现金售价的金额确认收入，而融资影响则与收入区分开来单独列示（作为利息费用或利息收入）。

**BC273** 由于合同服务边际是在保险合同组初始确认时计量，理事会决定，对于不具有直接参与分红特征的保险合同，用于计算合同服务边际利息的利率应在初始确认时锁定且不作后续调整。理事会同时决定，出于简化目的，该利率应为适用于不会随资产回报的变动而变化的名义现金流量的利率。锁定利率与在初始确认时确定合同服务边际且不针对与金融风险相关的假设变动作出调整相一致。

**BC274** 某些利益相关方指出利息应按当前利率计算，理由是当前利率将与履约现金流量的计量保持一致。同时，锁定利率要求获得关于历史利率的信息，而运用进行系统分摊的选择权将保险财务收益或费用计入损益的主体并不需要获得此类信息（参见 BC42 段至 BC44 段）。然而，理事会指出按当前利率计算会计期间内合同服务边际的应计利息不同于按当前利率计量现金流量。合同服务边际并不代表未来现金流

量；而是反映在初始确认的时点计量且仅针对特定金额作出调整的合同未赚利润。对于不具有直接参与分红特征的保险合同，合同服务边际不针对利率变动作出调整（重新计量），相关原因（请参见 BC228 段至 BC231 段）。若按当前利率计算某一期间的利息却不在该期间的期初重新计量合同服务边际，将会导致合同服务边际的计量产生内在的不一致性。

**BC275** 对于不具有直接参与分红特征的保险合同，《国际财务报告准则第 17 号》要求合同服务边际针对与未来服务相关的未来现金流量估计的变动作出调整。在计量履约现金流量时，估计的变动采用与履约现金流量的所有其他方面相一致的方式使用当前折现率计量。然而，合同服务边际是使用初始确认时适用的折现率来确定。为确保合同服务边际的内在一致性，理事会决定针对未来现金流量估计的变动作出的调整同时需要按初始确认时适用的利率计量。这导致履约现金流量的变动与合同服务边际的调整之间存在差异——按当前利率计量的未来现金流量变动与按初始确认时适用的利率计量的未来现金流量变动之间的差异。该差异导致一项计入损益或其他综合收益的利得或损失（取决于主体针对保险财务收益或费用的列报所选择的会计政策）。

**BC276** 对于具有直接参与分红特征的保险合同，《国际财务报告准则第 17 号》要求主体针对其享有的基础项目公允价值变动的份额重新计量合同服务边际。对合同服务边际的重新计量反映当前利率以及所取得对价的价值变动。通过此方式重新计量合同服务边际与主体从合同赚取浮动收费（主体从其向保单持有人返还基础项目价值的义务中扣除的金额）的观点相一致（参见 BC238 段至 BC247 段）。该做法产生的后果是保险收入包括主体享有的基础项目公允价值变动的份额变动。如《国际财务报告准则第 17 号》B121 段至 B124 段所述，保险收入包括针对当期所提供服务的分摊至该期间的合同服务边际金额。合同服务边际金额的分摊是基于重新计量后的合同服务边际。因此，当期保险收入同时是基于该重新计量后的金额。理事会认为这能够适当反映此类合同费用的可变性质。

**对《国际财务报告准则第 17 号》的修订——针对确定合同服务边际的调整时所使用的折现率的反馈**

**BC276A** 对于不具有直接参与分红特征的保险合同，使用当前折现率计量的履约现金流量变动与使用初始确认时锁定的折现率计量的合同服务边际调整之间会产生差异（参见 BC275 段）。与 BC274 段中提出的反馈一致，实施《国际财务报告准则第 17 号》的主体继续对此类差异表示担忧。

**BC276B** 一些利益相关方建议进行一项修订，以要求主体使用用于计量履约现金流量的当前折现率来计量合同服务边际的调整，该修订将减轻应用本准则时的操作负担。其他人表示，该修订在概念上将会是恰当的。

**BC276C** 履约现金流量和合同服务边际是保险合同计量的两个组成部分。履约现金流量是对一组保险合同预期产生的未来现金流量的当前的经风险调整后的估计。

与此不同，合同服务边际是主体就一组保险合同提供未来服务而预期产生的利润。一组合同初始确认时的合同服务边际是预期现金流入和预期现金流出之间的差额（已就货币时间价值、非金融风险和金融风险的影响进行了调整）。合同服务边际不是未来的现金流量。当履约现金流量变动与未来服务有关时，与该未来服务有关的预期利润就会发生变化。因此，这些估计变动会调整合同服务边际。

**BC276D** 理事会考虑但否决了按 BC276B 段所述对《国际财务报告准则第 17 号》进行修订的建议，基于使理事会在制定《国际财务报告准则第 17 号》时得出主体应使用锁定的折现率确定对合同服务边际的调整的结论（参见 BC273 段至 BC275 段）的那些原因。如果主体因这些未来现金流量成为预期现金流量的一部分的时间不同而使用不同的折现率来计量未来现金流量对合同服务边际的影响，则会使其对利润的计量缺乏一致性。理事会的得出结论认为，使用初始确认日确定的折现率（即锁定的折现率）计量合同服务边际，如实地反映主体提供服务时所赚取的（反映合同签发日设定的服务价格的）收入。与之不同，使用当前利率计量合同服务边际的变动将导致与折现率变化影响相关的不恰当的金额计入保险服务业绩而非保险财务收益或费用。《国际财务报告准则第 17 号》带来的一项核心益处是将保险财务收益或费用与保险服务业绩分开列报。

**BC276E** 利益相关方认为主体难以向财务报表使用者解释因履约现金流量变动与合同服务边际调整变动之间的差异而产生的损益，但理事会不同意这样的见解。理事会指出，该损益提供信息反映了之前已确认但应转回的保险财务收益或费用的累计金额，或之前未确认但现在确认的此类金额。

## 外币（《国际财务报告准则第 17 号》第 30 段）

**BC277** 在应用《国际会计准则第 21 号——汇率变动的影响》时，履约现金流量显然属于货币性项目。然而，合同服务边际成分可被归为非货币性项目，因为其类似于针对商品和服务的预付款。理事会决定，将以单一货币计价的保险合同计量的所有组成部分均视为货币性或非货币性项目处理将更加简单。由于《国际财务报告准则第 17 号》中的计量很大程度上是基于未来现金流量的估计，因此理事会认为将保险合同整体视为货币性项目将更为恰当。

**BC278** 据此，《国际财务报告准则第 17 号》规定对于适用《国际会计准则第 21 号》的外币交易，保险合同应作为货币性项目进行处理。这同时适用于履约现金流量以及合同服务边际。理事会认为即使主体针对未到期责任负债的计量运用简化的方法来计量保险合同组，保险合同属于货币性项目的结论仍保持不变。

## 在损益中的确认［《国际财务报告准则第 17 号》第 44（5）段、第 45（5）段和 B119 段至 B119B 段］

**BC279** 如 BC21 段所述，理事会认为合同服务边际反映针对责任期内提供的保障及其他服务的未赚利润。保险保障是保险合同所提供的典型服务。理事会指出，主体是在整个责任期内（而非仅在发生赔款时）提供此项服务。据此，《国际财务报告准则第 17 号》要求合同服务边际按反映依照合同规定提供保障的方式在责任期内予以确认。为实现这一目标，在报告期末保险合同组的剩余（作出任何分摊前的）合同服务边际应当基于责任单元分摊至当期所提供的保障及预期的剩余未来保障，并反映合同组的预计存续期及所提供的利益。理事会曾考虑：

（1）合同服务边际是否应当基于预期现金流量的模式，或因风险释放而导致的非金融风险调整变动进行分摊。然而，理事会决定，预期现金流量的模式以及非金融风险调整的释放并非确定主体履约义务履行情况的相关因素。此类因素已被纳入履约现金流量的计量且无须在分摊合同服务边际时加以考虑。因此，理事会认为责任单元能更好地反映所提供的保险保障。

（2）合同服务边际是否应当在因与未来服务相关的履约现金流量变动而作出任何调整之前进行分摊。然而理事会认为，根据最新假设作出调整后的合同服务边际金额分摊，将能够就源自当期所提供服务的已赚取利润以及源自未来服务的未来拟赚取利润提供最相关的信息。①

**BC280** 理事会曾考虑基于责任单元分摊合同服务边际是否将导致基于基础项目回报确定费用的保险合同过早地确认利润。对于此类合同，《国际财务报告准则第 17 号》要求基于合同存续期内的预期费用总额（包括预计因源自投资回报的基础项目增加导致的费用增加，以及随时间的推移保单持有人的额外注资）来确定合同服务边际。理事会不赞同基于责任单元的分摊将导致利润过早确认的观点。理事会指出，仅当此类合同源自投资成分以及源自保险与其他服务的现金流量高度相互关联进而无法作为可明确区分的成分进行核算的情况下，投资成分才会作为保险合同的一部分进行会计处理。在这种情况下，主体提供多项服务以换取基于合同预计存续期收取的预期费用，而理事会认为主体应在责任期内提供保险服务的过程中（而非基础项目产生回报时）确认该项费用。②

**BC281** 理事会同时考虑采用与《国际财务报告准则第 15 号》限制收入确认相同的方式，对会计期间内所确认的合同服务边际金额作出限制的建议。该方法将主体在损益中确认的合同服务边际累计金额限定为主体可合理确信将有权获得的金额。然而理事会认为，以"可合理确信"为基础对合同服务边际金额作出限制将与《国际财务报告准则第 17 号》的其他方面不符。《国际财务报告准则第 17 号》要求采用基于所有可能发生情景的概率加权平均值的现行价值计量模型，并且合同服务边际反映与该计量模型相一致的与服务相关的未赚利润的当前观点。

**BC282** 《国际财务报告准则第 17 号》规定，在报告期末剩余的合同服务边际应当等额分摊至当期提供的责任单元及预期剩余的责任单元。《国际财务报告准则第 17

---

①② 2020 年 6 月，理事会将责任期的定义修订为主体提供保险合同服务的期间（参见 BC283A 段至 BC283J 段）。

号》并未具体规定主体在确定该等额分摊时是否应考虑货币时间价值,进而并未明确规定该等额分摊是否应反映预期提供责任单元的时间。理事会认为主体应当运用判断作出决定。

**BC283** 与《国际财务报告准则第 15 号》的要求相一致,负债的清偿不被视为主体提供的服务。因此,合同服务边际的确认期间应为主体提供保险合同所承诺保障的责任期,而非负债预期清偿的期间。主体就承受风险所确认的边际,应在主体于责任期和负债清偿期间内面临的风险均同时释放时计入损益。①

### 对《国际财务报告准则第 17 号》的修订——投资回报服务和投资相关服务对应的合同服务边际

**BC283A** 2020 年 6 月,理事会修订了《国际财务报告准则第 17 号》以:

(1)要求主体在识别不具有直接参与分红特征的保险合同的责任单元时,在考虑保险保障之外还要考虑投资回报服务(如有)的利益数量和预期期限。《国际财务报告准则第 17 号》B119B 段规定了此类合同可能提供投资回报服务的条件。

(2)明确要求主体在识别具有直接参与分红特征的保险合同的责任单元时,同时考虑保险保障与投资相关服务的利益数量和预期期限。

(3)要求主体将进行下列投资活动的成本纳入履约现金流量:

①提高保单持有人的保险保障利益〔参见《国际财务报告准则第 17 号》B65(11a)①段〕;

②为不具有直接参与分红特征的保险合同的保单持有人(参见《国际财务报告准则第 17 号》B119B 段)提供的投资回报服务;或

③为具有直接参与分红特征的保险合同的保单持有人提供的投资相关服务。

(4)将"保险合同服务"定义为由保险保障、投资回报服务和投资相关服务组成。

(5)扩展未到期责任负债和已发生赔款负债的定义,以反映主体提供保险合同服务的义务以及因保险合同产生的任何其他义务。

**BC283B** 理事会同意,一些不具有直接参与分红特征的保险合同提供了投资回报服务〔参见 BC283A(1)段〕。在确认合同服务边际时同时考虑保险保障和投资回报服务,将为财务报表使用者提供有用的信息,尤其对于保险保障期间不同于保单持有人从投资回报服务中受益期间的合同而言。

**BC283C** 理事会得出结论认为,仅当在合同包含投资成分或保单持有人有权从主体收回一项金额时,投资回报服务才存在。此外,这些金额必须预期包含主体因进行投资活动而获取的投资回报。理事会得出结论认为,若不符合这些条件,则保单持有人无权从投资回报中受益。此处所述的"从主体收回一项金额的权利"包括保单持有人的以下权利:

---

① 2020 年 6 月,理事会将责任期的定义修订为主体提供保险合同服务的期间(参见 BC283A 段至 BC283J 段)。

（1）在取消一份保单后收到退保价值或保费返还；或

（2）将一项金额转给另一家保险机构。

**BC283D** 如果准则不规定投资回报服务存在的条件，则签发相同类型合同的主体可能就这些合同是否提供投资回报服务作出彼此不同的决定。主体还可能会在理事会持不同结论的情况下，得出结论认为存在投资回报服务时（例如，当主体仅提供与投资成分有关的托管服务时）。另一方面，规定条件会出现在某些情况下的结果不恰当的风险。

**BC283E** 为了平衡 BC283D 段中所述的潜在风险，理事会决定规定能识别但不能确定是否存在投资回报服务的条件（参见《国际财务报告准则第 17 号》B119B 段）。主体须根据事实和情况进行判断，以确定符合条件的保险合同是否提供投资回报服务。

**BC283F** 在确定不具有直接参与分红特征的保险合同的责任单元时包括保险保障之外还包括投资回报服务，会使该确定的主观性和复杂性增加。但是，理事会指出，主体须对具有直接参与分红特征的保险合同和提供一种以上保险保障的合同进行类似的评估。此外，任何增加的主观性和复杂性将会被《国际财务报告准则第 17 号》第 109 段要求的相关披露所减轻，该披露为财务报表的使用者提供与服务提供方式有关的有用信息。

**BC283G** 根据 2020 年 6 月修订的《国际财务报告准则第 17 号》，主体在其提供保险合同服务的期间内将合同服务边际确认为损益。因此，作为 2020 年 6 月修订的一部分，理事会在《国际财务报告准则第 17 号》的经定义的术语中增加了"保险合同服务"［参见 BC283A（4）段］，并在《国际财务报告准则第 17 号》对合同服务边际确认的要求中添加了该经定义的术语。保险合同服务是主体在确定责任单元从而将合同服务边际确认为损益时唯一考虑的服务。

**BC283H** 理事会决定不在《国际财务报告准则第 17 号》对保险收入确认的要求（例如《国际财务报告准则第 17 号》第 83 段）中添加该经定义的术语。这并不是因为在确定保险收入时考虑其他服务，而是因为在那里添加该经定义的术语可能会被解读成禁止主体在责任期开始之前确认与合同服务边际无关的保险收入。保险收入可以被分析为由分摊至当期的合同服务边际的金额、当期非金融风险调整的释放以及主体预期在当期发生的费用组成。一些保险合同包含一个责任期前的期间，即合同确认日与主体首次提供保险合同服务的日期之间的期间。在包含责任期前的期间的合同中，主体在责任期开始前（换言之，在主体开始提供保险合同服务之前），非金融风险可能会释放或者可能发生费用。理事会不希望阻止主体在该责任期前的期间确认相关的保险收入。

**BC283I** 主体为提供投资回报服务或投资相关服务而发生的投资活动成本计入履约现金流量。理事会承认，主体也可能为提高保单持有人的保险保障利益而发生投资活动成本。因此，理事会修订《国际财务报告准则第 17 号》以规定，主体须将其为提高保单持有人的保险保障利益而发生的投资活动成本计入履约现金流量。理事会还规定了投资活动何时会提高保险保障利益。理事会指出，在确定投资活动成本是否提高保单持有人的保险保障利益时，主体需要以与确定是否存在投资回报服务相类似的方式进行判断。

*曾经考虑但被否决的其他方法*

**BC283J** 一些利益相关方表示，理事会应以一项较不具体的根据合同提供的所有服务的要求来取代在损益中确认合同服务边际的要求。按照此建议，主体将决定合同提供了什么服务，可能包括保险保障或与投资回报有关的服务之外的服务。理事会得出结论认为，规定主体在确认合同服务边际时考虑所有的服务，会比其在确定服务提供方式时已经面临的程度更高的主观性和复杂性。理事会在制定《国际财务报告准则第17号》时收到的反馈支持该观点。此外，理事会指出，导致这一建议的担忧通常是与投资回报有关的服务。理事会得出结论认为，BC283A（1）段所述的修订就某些不具有直接参与分红特征的保险合同提供保险保障和投资回报服务两项核心服务的反馈意见作出了回应。因此，该修订平衡了对合同利润赚取方式的相关信息的需求、对可比信息的需求以及应用责任单元的要求所付出的成本。

## 亏损合同（《国际财务报告准则第17号》第47段至第52段）

**BC284** 合同服务边际代表源自保险合同组的未赚利润。《国际财务报告准则第17号》禁止合同服务边际变为负数（与持有的再保险合同相关的除外），因为理事会决定保险合同组的预期损失应立即计入损益。① 该做法能够就发生亏损的保险合同组提供及时信息，并且与《国际财务报告准则第15号》和《国际会计准则第37号》规定的亏损合同的损失确认相一致。

**BC285** 在主体针对亏损合同组确认一项损失之后，与未来服务相关的履约现金流量的估计可能会随后发生有利的变动。理事会曾考虑此类变动是否应当以转回此前已确认损失的金额为限计入损益、还是应当调整或重置合同服务边际。在2013年征求意见稿中，理事会建议此类变动应当调整合同服务边际而非计入损益，因为评估有利的变动导致此前损失转回的程度十分复杂。然而某些利益相关方认为，针对源自被视为整体发生亏损的合同的未来利润重置合同服务边际的做法是有违直觉的。

**BC286** 理事会指出，根据2013年征求意见稿的建议，主体必须在确定保险收入时排除亏损合同组的损失（参见BC35段）。同时需要在保险收入中排除与亏损合同组的损失相关的履约现金流量的后续变动，否则保险收入将被低估或高估。因此，理事会决定将需要对未到期责任负债的亏损成分进行一定程度的追踪。此外，理事会认为，如果有利变动的影响以转回此前已计入损益之损失的金额为限计入损益，则向财务报表使用者提供对业绩更如实的反映所带来的益处将超过要求进行这一追踪所增

---

① 2020年6月，理事会就亏损保险合同计量对《国际财务报告准则第17号》第48（1）段和第50（2）段进行了修订，以明确这些段落既与未来现金流量估计的变动有关，也与非金融风险调整的变动有关。

加的复杂性。据此，《国际财务报告准则第 17 号》规定，如果与未来服务相关的履约现金流量估计的有利变动导致此前已计入损益的损失转回，该变动也应当计入损益。

**BC287** 理事会曾考虑是否要求采用特定方法追踪亏损成分，但认为任何此类方法均不可避免地带有武断性。因此，理事会决定，对于可被视为影响亏损成分或负债剩余部分的未到期责任负债，要求主体针对履约现金流量的变动进行系统分摊。

## 保费分摊法（《国际财务报告准则第 17 号》第 53 段至第 59 段）

**BC288**《国际财务报告准则第 17 号》允许主体通过运用保费分摊法简化某些保险合同组的计量。

**BC289**《国际财务报告准则第 17 号》所允许的保费分摊法类似于《国际财务报告准则第 15 号》中的客户对价法。根据保费分摊法，负债的初始计量等于所取得的保费，并且除非保险合同组发生亏损，否则主体无须明确识别《国际财务报告准则第 17 号》原本要求用以构成保险合同计量的各个成分（即，未来现金流量的估计，货币时间价值及风险的影响）。尽管如此，该初始计量可被描述为包括隐含地构成保险合同组计量的如下成分：

（1）在初始确认时作出的未来现金流量的估计；
（2）在初始确认时计量的货币时间价值和金融风险的影响；
（3）在初始确认时计量的非金融风险的影响；以及
（4）在初始确认时计量的合同服务边际（如有）。

**BC290** 随后，未到期责任负债应当基于时间的推移在责任期内确认，除非风险释放的预期模式显著不同于时间的推移，在此情况下则应当基于已发生赔款和保险利益的预期时间予以确认。

**BC291** 理事会决定，如果保费分摊法能够提供合理近似于《国际财务报告准则第 17 号》一般规定的数值，则应当允许（但不强制要求）主体采用保费分摊法。理事会认为保费分摊法是对该等一般规定的简化。为简化其应用，理事会同时决定提供有关指引，规定如果合同组内每一份合同的责任期均为一年或更短期限，则主体可在未作进一步调查的情况下假设保费分摊法能够提供合理近似于《国际财务报告准则第 17 号》一般规定的数值。

**BC292** 为简化该方法，理事会决定：

（1）主体仅应针对具有重大融资成分的保险合同组计算未到期责任负债产生的利息。如果保费到期支付与提供保障之间相距的期间为一年或更短期限，则合同组被视为不具有重大融资成分。①

---

① 2020 年 6 月，理事会将责任期的定义修订为主体提供保险合同服务的期间（参见 BC283A 段至 BC283J 段）。

（2）仅当相关事实和情况表明保险合同组已变为亏损时，主体才需要评估保险合同组是否属于亏损合同。

（3）如果保险合同组内每份合同的责任期均为一年或更短期限，则允许主体将所有保险获取现金流量在发生时确认为费用。

**BC293** 保费分摊法使用在初始确认时作出的估计来计量保险合同组，并且除非该合同组属于或变为亏损，否则无须在计量未到期责任负债时对该等估计作出更新。因此，《国际财务报告准则第17号》规定，主体在计算未到期责任负债产生的利息时应当使用在合同组初始确认时设定的折现率。

**BC294** 《国际财务报告准则第17号》同时允许简化已发生赔款负债的计量——主体无需对预期将在一年内支付的赔款进行折现。理事会认为无须针对已发生赔款负债的计量提供任何其他简化方法，因为其仅包含清偿已发生赔款和费用的履约现金流量，而并未包括任何合同服务边际。然而，在考虑如何将保险财务收益或费用在损益及其他综合收益之间分解时（参见BC42段至BC44段），理事会曾考虑要求使用以下两者之一来计量已发生赔款负债的利息费用：

（1）合同初始确认时的折现率；或者

（2）纳入已发生赔款负债的赔款发生当日的折现率。

**BC295** 在2013年征求意见稿中，理事会建议使用初始确认时的折现率以便与未到期责任负债的计量保持一致。然而，财务报表编制者和财务报表使用者均认为使用赔款发生当日的折现率比使用合同开始时的折现率更为简单。已发生赔款负债在保险合同组初始确认时为零，并且主体在当时可能并未确定折现率。理事会认为作为简化方法而制定的保费分摊法不应通过增加成本及操作复杂性为主体造成负担。因此，《国际财务报告准则第17号》要求主体使用已发生赔款负债初始确认时（而非保险合同组初始确认时）适用的利率来计量已发生赔款负债的利息费用。

## 再保险合同（《国际财务报告准则第17号》第60段至第70A段）

**BC296** 再保险合同是保险合同的其中一种。理事会并未识别出任何原因导致需要针对再保险合同应用不同于主体签发的其他保险合同的要求。因此，《国际财务报告准则第17号》要求签发再保险合同的主体采用与其他保险合同相同的确认和计量方法。

**BC297** 尽管直接保险合同的签发人和该等合同的再保险公司将按相同的基础来计量其合同权利和义务，但在实务中两者不一定会得出相同的金额。再保险合同与标的合同的估计之间的差异可能源于标的保险合同的签发人和再保险公司基于所获取的不同信息作出估计；同时两者可能会针对多元化影响作出不同的调整。

**BC298** 《国际财务报告准则第17号》同时适用于主体持有的再保险合同（即，主体作为保单持有人的情况）。《国际财务报告准则第17号》要求持有的再保险合同与其相关的标的保险合同区分开来单独核算。这是因为持有再保险合同的主体通常无权以预期拟从再保险公司收到的金额，来抵减应付给标的合同保单持有人的金额。理事会承认，单独核算再保险合同与其标的保险合同可能会产生被某些意见视为单纯会计方面的不匹配，例如，确认的时间（参见 BC304 段至 BC305 段）、再保险合同的计量（参见 BC310 段至 BC312 段），以及利润的确认（参见 BC313 段）。然而，理事会认为将持有的再保险合同与标的保险合同区分开来单独核算能够如实反映主体的权利和义务，以及源自该两类合同的相关收益和费用。

**BC299** 主体针对再保险保障所支付的金额包括主体支付的保费，减去再保险公司为就主体发生的费用（如，核保或获取费用）作出补偿而向主体支付的任何金额（通常被称为"分保佣金"）。主体针对再保险保障所支付的金额可视为针对下列各项的付款额：

（1）再保险公司享有的标的保险合同产生的现金流量预期现值的份额。该金额包括针对再保险公司就保障产生争议或未能依照持有的再保险合同履行其义务的风险作出的调整。

（2）使再保险资产的初始计量等于已付保费的合同服务边际。该边际取决于持有的再保险合同的定价，进而可能不同于基础保险合同所产生的合同服务边际。

**BC300** 在估计持有的再保险合同产生的现金流量及针对金融风险的相关调整和货币时间价值时，主体所使用的假设应当与标的合同所用的假设相一致。据此，用于计量持有的再保险合同的现金流量应反映此类现金流量对其涵盖的合同现金流量的依赖程度。

**BC301** 与计量主体签发的保险合同的要求相一致，主体同时可运用保费分摊法以简化持有的再保险合同的计量，前提是所得出的计量值合理近似于通过应用《国际财务报告准则第 17 号》的一般规定所形成的结果。如果持有的再保险合同组内每一份合同的责任期均为一年或更短期限，则主体也可运用保费分摊法。由于再保险合同组是与标的保险合同组区分开来单独处理，因此有关再保险合同组是否符合运用保费分摊法的条件的评估，可能不同于针对标的保险合同组是否符合该等条件所执行的评估。

**BC302** 《国际财务报告准则第 17 号》修订了针对持有的再保险合同的要求以反映下列事实：

（1）持有的再保险合同组通常是资产而非负债；以及

（2）持有再保险合同的主体通常向再保险公司支付构成保费隐含部分的边际费用，而非从再保险合同中赚取利润。

**BC303** 下文各段探讨了《国际财务报告准则第 17 号》的一般原则中涉及持有的再保险合同组的各个方面：

（1）持有的再保险合同组的确认（参见 BC304 段至 BC305 段）；

（2）终止确认（参见 BC306 段）；

（3）现金流量（参见 BC307 段至 BC309F 段）；以及

（4）合同服务边际（参见 BC310 段至 BC315L 段）。

## 持有的再保险合同组的确认（《国际财务报告准则第 17 号》第 62 段至第 62A 段）①

**BC304** 许多再保险安排均旨在涵盖指定期间内签发的标的保险合同的已发生赔款。在某些情况下，持有的再保险合同按比例涵盖单独合同的损失；而在其他情况下，持有的再保险合同则涵盖超过指定金额的标的合同组的损失总和。

**BC305** 对于合同应当自主体面临再保险合同产生的风险之日起确认的原则，理事会决定对其应用作出如下简化：

（1）如果持有的再保险合同组按比例涵盖各保险合同组的损失，则持有的再保险合同组应在下列两者中较迟的时间确认：①持有的再保险合同组的责任期开始时，或者②任何的标的合同初始确认时。这意味着主体在直至其已确认至少一项标的合同之前无须确认再保险合同组。

（2）如果持有的再保险合同组涵盖超过指定金额的保险合同组所产生的损失总和，则持有的再保险合同组应在该再保险合同组的责任期开始时确认。根据该等合同，主体自持有的再保险合同组开始起从保障（防止标的损失超过指定临界值）中受益，因为此类损失是在整个责任期内累积。

**BC305A** 2020 年 6 月，针对初始确认时存在亏损的标的保险合同所对应的持有的再保险合同（参见 BC315A 段至 BC315L 段），理事会修订了《国际财务报告准则第 17 号》。由于这一修订，理事会还修订了《国际财务报告准则第 17 号》第 62 段（关于持有的再保险合同组的确认）的要求，要求主体在确认亏损标的保险合同时确认持有的再保险合同组，如果该时点早于主体按照其他规定确认持有的再保险合同组的时点。理事会得出结论认为，该修订是有必要的，以便在初始确认亏损标的保险合同而确认损失的同时，就持有的再保险合同组确认收益。

## 标的合同的终止确认（《国际财务报告准则第 17 号》第 74 段至第 75 段）②

**BC306** 直至合同义务因被解除、取消或到期（或通过特定的合同修订）而被消除之前，主体均不得终止确认保险合同。持有的再保险合同通常保护主体免受标的保险合同组的某些既定损失的影响，但并未消除主体依照该等合同履行其义务的责任。据此，主体在订立再保险合同时通常不应终止确认相关的标的保险合同。

---

①② 2020 年 6 月，理事会修订了《国际财务报告准则第 17 号》，以"保险合同服务之外的服务"取代了"非保险服务"（参见 BC283A 段至 BC283J 段）。

## 持有的再保险合同的现金流量（《国际财务报告准则第17号》第63段）

### 预期信用损失

**BC307** 根据《国际财务报告准则第17号》第63段的规定，持有的再保险合同组的现金流量应当使用与标的保险合同组相一致的假设进行估计。此外，《国际财务报告准则第17号》要求主体在履约现金流量的计量中反映预期信用损失。相关的讨论，请参见BC308段至BC309段。

**BC308** 持有再保险合同的主体面临再保险公司可能违约，或可能就保险事项的赔款是否真实有效产生争议的风险。《国际财务报告准则第17号》要求基于预期价值来估计预期信用损失。因此，对现金流量的金额和时间的估计是在计算信用损失影响之后的概率加权结果。

**BC309** 《国际财务报告准则第17号》禁止针对预期信用损失的变动调整合同服务边际。理事会认为，预期信用损失的差异与未来服务无关。因此预期信用损失的任何变动均属于经济事件，而理事会决定其应当在发生时作为利得或损失在损益中反映。这将导致持有的再保险合同与按照《国际财务报告准则第9号》核算的所购买及源生的已发生信用减值的金融资产之间针对预期信用损失的会计处理保持一致。

### 对《国际财务报告准则第17号》的修订——针对持有的再保险合同边界内现金流量的反馈

**BC309A** 纳入持有的再保险合同组计量的未来现金流量估计中包括与一个主体预期将由该组中持有的再保险合同的保险合同有关的未来现金流量。如果主体有实质性权利获得针对主体预期在未来签发的保险合同的再保险保障，上述现金流量包括与这些保险合同有关的现金流量。理事会考虑了实施《国际财务报告准则第17号》的主体提出的在计量持有的再保险合同组时不包括与尚未签发的标的保险合同有关的现金流量的修订《国际财务报告准则第17号》的建议。

**BC309B** 理事会指出，BC309A段所述的建议与在制定《国际财务报告准则第17号》时收到的反馈意见一致，其结果将类似于采用《国际财务报告准则第4号》时常见实务处理的结果，即主体以现有标的保险合同的计量为基础计量持有的再保险合同。

**BC309C** 理事会重申其观点，即持有的再保险合同的会计处理应与签发的保险合同的会计处理保持一致（参见BC298段）。一致的会计处理包括计量源自合同的所有主体的权利和义务的预期价值。当主体持有的再保险合同使该主体取得实质性权利为其预期签发的保险合同的提供再保险保障时，该持有的再保险合同的计量中包含该实质性权利产生的现金流量（即，根据《国际财务报告准则第17号》第34段，这些现金流量在该持有的再保险合同的边界内）。相反，如果持有的再保险合同既未使主体取得与其预期签发的保险合同有关的实质性权利也未使主体承担实质性义务，则这些保险合同在持有的再保险合同的边界之外。《国际财务报告准则第 17 号》第 33 段至第 35 段关于预期未来现金流量的要求是本准则的核心内容。理事会没有理由不一致地应用这些要求——它们应同时适用于签发的保险合同和持有的再保险合同。

**BC309D** 理事会指出，在初始确认持有的再保险合同组时将所有预期的未来现金流量纳入合同服务边际的计量之中，反映了主体根据明确的条款同意接受的由再保险人为其预期签发的未来保险合同提供服务的条件。

**BC309E** 一些利益相关方表示，当主体拥有实质性权利获得针对其预期签发的保险合同的再保险保障时，《国际财务报告准则第 17 号》的要求导致了会计错配。他们表示，该错配的产生是因为在这些标的保险合同签发之前与这些保险合同的再保险有关的预期未来现金流量将被纳入持有的再保险合同的计量中。理事会不同意持有的再保险合同与标的保险合同账面金额之间的差异是会计错配。在发生任何现金流量或取得任何服务之前，一项持有的再保险合同的账面金额为零。此后，持有的再保险合同与标的保险合同账面金额之间产生的任何差异都不是会计错配。它们是由以下原因引起的差异：

（1）提供保障——例如，由于再保险人提供的保障少于该主体所承保风险的 100%；

（2）现金流量的时间；以及

（3）持有的再保险合同的合同服务边际所计提的利息，因从更早的期间开始以及采用不同的折现率计提，而与标的保险合同的合同服务边际所计提利息不同，这反映了货币时间价值对合同服务边际和履约现金流量的不同影响。

**BC309F** 理事会承认，一些主体对持有的再保险合同实施《国际财务报告准则第 17 号》将产生成本，因为这样会改变以往的做法。但是，理事会得出结论认为，恰当反映一个主体作为再保险合同持有人的权利和义务所带来的益处超过了这些成本。因此，理事会拒绝了修订《国际财务报告准则第 17 号》中关于持有的再保险合同的合同边界要求的建议。

## 购买再保险产生的利得和损失（《国际财务报告准则第 17 号》第 65 段至第 65A 段，第 66A 段至第 66B 段和 B119D 段至 B119F 段）

**BC310** 主体为购买再保险合同所支付的金额，通常超过持有的再保险合同产生的现金流量的预期现值加上非金融风险调整。因此，在持有的再保险合同组初始确认时通常会确认一个合同服务边际借项（代表购买再保险的净费用）。对于主体所支付的金额少于现金流量的预期现值加上非金融风险调整的极罕有情况，理事会曾考虑持有的再保险合同组的合同服务边际是否可以是一个贷项。该合同服务边际贷项代表购买再保险产生的净利得。导致产生该净利得最可能的原因为下列两者之一：

（1）标的保险合同的高估。主体应通过标的基础保险合同的计量来对此作出评价。

（2）再保险公司的有利定价（例如，由于主体无法获得的多元化利益）。

**BC311** 理事会原本建议主体应当在产生该负差额的情况下确认一项利得。理事会提出的这一建议旨在与标的保险合同组的会计模型保持对称，并且与理事会就标的合同组的合同服务边际不应为负数所得出的结论的保持一致。然而，《国际财务报告准则第 17 号》并未作出该项规定，而是要求主体在持有的再保险合同组的责任期内确认该负差额。理事会赞同下列意见：在初始确认时一项明显的利得代表购买再保险成本的抵减，而主体在取得服务的责任期内确认该成本的抵减将是恰当的。

**BC312** 理事会同时决定，购买再保险的净费用应在取得服务的责任期内确认，除非再保险涵盖已经发生的事项。对于此类持有的再保险合同，理事会认为主体应在初始确认时全额确认净费用，以便与在保险事项发生之前购买再保险的净费用的处理保持一致。理事会承认，该方法对再保险合同责任期的处理与某些保险合同的保险事项是在合同存续期内发现损失（如果该损失源自在合同开始前已经发生的事项）的观点不一致。然而，理事会认为确保所有持有的再保险合同净费用处理的一致性将能够提供更相关的信息。

**BC313** 理事会曾考虑以下观点：纳入持有的再保险合同组计量的合同服务边际金额应当与标的合同组的合同服务边际成正比，而不应通过参照再保险保费单独进行计量。根据该方法，针对标的保险合同组所确认的金额与再保险保费之间的差额将在持有的再保险合同组初始确认时计入损益。该方法所反映的利得或损失，将相当于主体向再保险公司支付的再保险保费高于或低于主体从保单持有人取得的保费的不足或超额部分。此后，标的合同组的未赚利润将被一个等额及相反的再保险保费费用所抵销。然而理事会认为，在保费并未直接影响源自持有的再保险合同组现金流量的情况下，基于主体从标的合同组收取的保费来计量持有的再保险合同组，将与持有的再保险合同组与标的合同应被视为单独合同的观点相抵触。该计量方法同时未能反映主体持有的再保险合同组的经济实质——即，购买再保险合同组的费用（应当在责任期内予以确认）应相当于针对再保险合同组所支付的对价全额。

**BC314** 对于主体签发的保险合同组的计量，《国际财务报告准则第 17 号》明确规定合同服务边际绝不能为负数。《国际财务报告准则第 17 号》并未对持有的再保险合同组的合同服务边际因现金流量估计的变动而作出调整的金额施加限制。理事会认为，持有的再保险合同组的合同服务边际不同于签发的保险合同组的合同服务边际——持有的再保险合同组的合同服务边际反映主体在购买再保险保障时发生的费用，而非依照保险合同提供服务所赚取的利润。据此，理事会并未对持有的再保险合同组的合同服务边际调整金额作出限制（但应以向再保险公司支付的保费金额为限）。

**BC315** 理事会曾考虑标的保险合同组在初始确认后，由于与未来服务相关的履约现金流量估计的不利变动而变为亏损的情况。在这种情况下，主体应当确认标的保险合同组产生的损失。理事会认为，源自持有的再保险合同组现金流入的相应变动不应调整持有的再保险合同组的合同服务边际，从而导致主体不在当期损益中确认任何损失和利得的净影响。这意味着，如果标的合同组履约现金流量的变动与持有的再保险合同组履约现金流量的变动相匹配，将不存在任何对损益的净影响。

对《国际财务报告准则第 17 号》的修订——标的保险合同亏损对应的摊回（《国际财务报告准则第 17 号》第 66A 段至第 66B 段和 B119D 段至 B119F 段）

**BC315A** 2020 年 6 月，理事会修订了《国际财务报告准则第 17 号》，要求主体初始确认亏损标的保险合同组或将亏损合同添加至合同组而确认损失时，主体应当调整持有的再保险合同组的合同服务边际并因此确认收益。主体将下列两项相乘，以确定持有的再保险合同的该收益（即亏损摊回的金额）：

（1）标的保险合同确认的损失；以及

（2）主体预期从持有的再保险合同摊回该等标的保险合同的赔付的比例。

**BC315B** 作为一项务实的假设，该修订：

（1）将标的保险合同确认的损失作为部分预期赔付的早期确认；以及

（2）将持有的再保险合同确认的亏损摊回作为部分预期摊回赔付的早期确认。

**BC315C** 要采用 BC315A 段所述的修订，主体必须在其确认亏损标的保险合同之时或之前订立持有的再保险合同。理事会得出结论认为，当主体未持有再保险合同时，该主体确认亏损摊回是不恰当的。

**BC315D** 由于 BC315A 段所述的修订，理事会还：

（1）修订《国际财务报告准则第 17 号》，要求已订立一项持有的再保险合同的主体在确认亏损标的保险合同时确认相关的持有的再保险合同组，如果该时点早于主体按其他规定确认该持有的再保险合同组的日期（参见《国际财务报告准则第 17 号》第 62 段至第 62A 段）。

（2）在《国际财务报告准则第 17 号》中增加了：

①在不构成业务的保险合同转让中以及在适用《国际财务报告准则第 3 号》的企业合并中从持有的再保险合同摊回亏损的要求（参见《国际财务报告准则第 17 号》B95B 段至 B95D 段）；以及

②首次采用《国际财务报告准则第 17 号》时，从持有的再保险合同摊回亏损的要求（参见《国际财务报告准则第 17 号》C16A 段至 C16C 段和 C20A 段至 C20B 段）。

**BC315E** 该修订回应了顾虑——根据修订前的《国际财务报告准则第 17 号》，主体在初始确认亏损保险合同组（或将亏损合同添加至合同组）而确认损失时，不会就该亏损保险合同组对应的再保险合同确认相应的收益。一些利益相关方表示这是一项会计错配并建议理事会修订《国际财务报告准则第 17 号》，以便在初始确认亏损标的保险合同时确认损失的同时，确认持有的再保险合同的收益。该收益将反映该主体摊回这些损失的权利。

**BC315F** 理事会同意，该修订是合理的，因为：

（1）《国际财务报告准则第 17 号》第 66（3）段针对标的保险合同计量的变动所导致持有的再保险合同组计量的变动，提出了一般计量要求的类似的例外规定（参见 BC315 段）。

（2）该修订为财务报表使用者提供了关于预期从持有的再保险合同摊回亏损的

有用信息，作为对标的保险合同的预期亏损信息的补充。关于亏损标的合同的信息没有变化。亏损和亏损摊回在财务状况表中作为单列项目列报，并在财务报表附注中单独披露。

**BC315G** 然而，理事会承认，该修订增加了《国际财务报告准则第 17 号》的复杂性，因为它要求主体追踪亏损摊回部分。理事会权衡后得出结论认为，鉴于利益相关方对主体采用该修订将产生的信息的大力支持，增加的复杂性是合理的。理事会还指出，采用该修订，持有的再保险合同的亏损摊回部分的处理与签发的保险合同的亏损部分的处理相似。这种相似性将帮助主体理解如何应用该修订，从而减少造成的复杂性。

**BC315H** 主体可能将由持有的再保险合同所承保的亏损保险合同和未由持有的再保险合同承保的亏损保险合同归为同一组。在此情况下采用 BC315A 段所述的修订，主体需要在低于保险合同组的汇总层级上确定金额。《国际财务报告准则第 17 号》未要求主体在低于保险合同组的汇总层级上追踪保险合同。因此，理事会规定，在此情况下，主体采用系统及合理的分摊方法，以确定一组保险合同的损失中由持有的再保险合同承保的标的保险合同相关的份额。采用系统及合理的分摊方法的要求与《国际财务报告准则第 17 号》的其他要求是一致的。

**BC315I** 理事会指出，规定主体在特定情况（例如，BC315H 段所述的情况）下使用系统及合理的分摊方法，并不禁止主体在根据《国际财务报告准则第 17 号》的要求进行其他估计流程的某一部分时使用一种系统及合理的分摊方法，如果这么做符合《国际财务报告准则第 17 号》为这些估计流程设定的目标。理事会决定规定主体在 BC315H 段所述的具体情况下使用系统及合理的分摊方法，是出于避免产生该段所述的潜在误解的需要。在此情况下需要这样规定，并不意味着主体在《国际财务报告准则第 17 号》的要求未规定的情况下不能使用系统及合理的分摊方法。

*曾经考虑但被否决的其他方法*

**BC315J** 在 2019 年征求意见稿中，理事会曾提议将该修订限定为特定的持有的再保险合同——承担成比例责任的合同。对于此类合同，主体容易识别主体有权摊回的标的保险合同的损失部分。对于其他的持有的再保险合同，理事会担心主体将难以识别该部分，从而可能需要进行武断的分摊。但是，鉴于对征求意见稿的反馈意见，理事会得出结论认为，不应施加这一限定。征求意见稿的反馈者报告称，如果理事会以这种方式限制该修订，该修订将适用于少数实务中持有的再保险合同。此外，反馈者表示，主体可以根据持有的再保险合同计量中包含的预期摊回赔付的现金流量，对于任何持有的再保险合同以非武断的方式识别该主体有权摊回的损失部分。例如，考虑一项持有的再保险合同，该合同为 100 份标的保险合同的总赔款额提供保障，其中一些保险合同属于一个盈利组，另一些保险合同属于一个亏损组。主体可以通过比较以下项目来确定主体有权摊回的亏损合同的损失部分：

（1）预期从持有的再保险合同摊回的赔付总额；以及

(2) 所有标的保险合同的预期赔付总额。

**BC315K** 理事会考虑了一种观点，该观点认为 BC315A 段所述的修订仅应适用于持有的再保险合同处于净利得状态的情况——换言之，即一个主体预期从再保险人收到的摊回赔付高于该主体向再保险人支付的保费（参见 BC310 段）。理事会不同意这一观点，因为无论预期摊回赔付是高于还是低于主体向再保险人支付的保费，主体都有权从持有的再保险合同中摊回赔付。

**BC315L** 理事会还考虑了一项要求在保险合同组中的合同由持有的再保险合同承担成比例的责任时将该保险合同组的有关亏损作为负合同服务边际进行处理的备选建议。理事会不同意这一建议，因为它不符合理事会关于在预期保险合同亏损时确认亏损的目标。

## 修订和终止确认（《国际财务报告准则第 17 号》第 72 段至第 77 段）

**BC316** 《国际财务报告准则第 17 号》B25 段指出，符合保险合同条件的合同直至所有权利和义务被消除之前都仍然是保险合同。一项义务将在其到期或者被免除或取消时消除。然而在某些情况下，主体可能修订现有合同的条款，致使若新条款始终存在，将显著改变合同的会计处理。《国际财务报告准则第 17 号》明确规定了针对上述情况及其他修订的不同要求。在某些情况下，保险合同的修订将导致保险合同的终止确认。

### 导致合同采用显著不同的会计处理的修订（《国际财务报告准则第 17 号》第 72 段、第 76 段和第 77 段）

**BC317** 保险合同的修订修改了合同原本的条款和条件（例如，延长或缩短责任期，或提高保险利益以获得较高保费），其不同于因合同任一方行使作为合同原条款和条件一部分的权利而导致的合同变更。如果保险合同的修改符合特定条件（参见《国际财务报告准则第 17 号》第 72 段），则若新条款始终存在，合同的修改将显著改变合同的会计处理。因此，《国际财务报告准则第 17 号》要求终止确认原合同并基于修订后的条款确认一项新合同。新合同的对价（即，隐含的保费）被认定为若主体在合同修订日订立一项具有同等条款的合同时将向保单持有人收取的价格。此认定的对价将确定：

(1) 在现有合同终止确认时，对现有合同所属合同组的合同服务边际所作的调整；以及

(2) 新合同的合同服务边际。

**BC318** 理事会认为，导致终止确认的合同修订，应使用若主体在合同修订日订立一项具有与修订后的合同同等条款的合同时将收取的保费来计量。该方法采用与其

他保险合同负债计量相一致的方式来计量修订后的合同。

**BC319** 理事会曾考虑现有合同所属合同组的合同服务边际，是否应当针对终止确认现有合同及确认修订后的合同时产生的利得或损失作出调整［BC317（1）段］。另一个替代方法（不调整合同服务边际）将导致一项利得或损失计入损益。然而，理事会认为：（1）不调整被终止确认的现有合同所属合同组的合同服务边际；以及（2）基于针对该新合同收取的保费来确定包含修订后新合同的合同组的合同服务边际，将导致该两个合同组的合同服务边际重复计算合同拟赚取的未来利润。因此，理事会决定应当调整被终止确认的现有合同所属合同组的合同服务边际。

### 不会导致合同采用显著不同的会计处理的修订（《国际财务报告准则第 17 号》第 73 段）

**BC320** 理事会决定，不会导致合同采用显著不同会计处理的所有修订均应按照与履约现金流量估计的变动相同的方式进行核算。该做法使得导致权利和义务被消除的合同修订与导致权利和义务增加的合同修订的会计处理保持对称，并降低了通过合同修订进行会计套利的潜在可能性。

### 终止确认（《国际财务报告准则第 17 号》第 74 段至第 75 段）

**BC321** 《国际财务报告准则第 17 号》规定，仅当保险合同负债以 BC317 段所述的方式被消除或修订时，主体才应当从财务状况表内终止确认该保险合同负债。如果保险合同指定的义务到期或者被免除或取消，保险合同将被消除。该项要求与其他国际财务报告准则的要求（包括《国际财务报告准则第 9 号》针对金融负债终止确认的要求）相一致，并同时针对保险合同的确认与终止确认提供对称的会计处理。

**BC322** 理事会曾考虑就由于赔款有时在责任期结束的数年之后才报告，因此主体可能无法知道负债是否已被消除存有的疑虑，并同时考虑了就主体可能无法终止确认此类负债所产生的担忧。某些意见认为，在某些情况下，延迟终止确认将导致不合理和不当的会计负担。理事会认为，忽略目前仍存在且有可能形成真实有效赔款的合同义务，将无法如实反映主体的财务状况。然而，理事会预期若主体并无任何信息表明责任期已失效的合同存在未认定的赔款，则主体应按非常低的金额来计量保险合同负债。因此，在实务中按非常低的金额来确认保险负债与终止确认该项负债之间可能仅存在很少差异。

## 保险合同的转让和企业合并（《国际财务报告准则第 17 号》第 39 段和 B93 段至 B95F 段）

**BC323** 《国际财务报告准则第 17 号》要求主体将在保险合同转让或企业合并中

## 国际财务报告准则

取得的保险合同（包括处于结算期的合同）的对价，作为已收取保费的替代值来处理。这意味着主体应按照《国际财务报告准则第 17 号》的一般规定，以反映针对合同已付对价的方式来确定合同服务边际。

**BC324** 因此，在应用《国际财务报告准则第 17 号》B95 段时，主体应当使用针对合同已收或已付的对价作为已收取保费的替代值，来确定在保险合同转让或企业合并中取得的保险合同组初始确认时的合同服务边际或未到期责任负债的亏损成分。① 如果所签发的保险合同组发生亏损，则不存在任何合同服务边际。在该等情况下，针对亏损保险合同组所确认的金额：

（1）对于保险合同的转让，应采用与主体签发的保险合同相同的方式作为一项费用立即计入损益。

（2）对于企业合并，应作为一项对商誉或廉价购买利得的初始计量的调整。尽管这要求针对《国际财务报告准则第 3 号》中的公允价值计量原则制定一个新的计量例外情况，但《国际财务报告准则第 3 号》针对负债（如，养老金负债）按并非公允价值的现行价值基础计量的其他情况规定了类似的例外情况。

**BC325** BC323 段至 BC324 段所述的要求意味着，如果符合下列情况，主体应按履约现金流量的金额，而非对价的金额（其相当于企业合并中的公允价值），来确认在保险合同转让或企业合并中取得的保险合同：

（1）保险合同在转让或企业合并之日存在负债头寸，并且履约现金流量高于公允价值；或者

（2）保险合同在转让或企业合并之日存在资产头寸，并且履约现金流量低于公允价值。②

**BC326** 理事会曾考虑履约现金流量的金额如何会如 BC325 段所述不同于已收对价（即，公允价值）的金额。对于保险合同的转让，导致该差额最可能的原因是公允价值将包括主体不履约的风险。理事会认为，对于在转让中取得的存在负债头寸的合同，立即确认一项损失能如实反映主体承担一项预计将会履行的义务，但由于其可能无法履行该义务的风险而收取较低的价格。

**BC327** 对于企业合并，理事会认为导致履约现金流量不同于公允价值最可能的原因是购买方可能因合同履约过程中的其他协同效应而愿意针对合同支付更高的金额。据此，将该差额确认为一项对企业合并产生的利得或商誉的调整，与针对企业合并中类似影响的会计处理相一致。理事会决定明确，在确定保险合同组的公允价值时，主体不应运用《国际财务报告准则第 13 号》所述的存款下限的概念（参见 BC165 段至 BC166 段）。

---

①② 2020 年 6 月，理事会修订了《国际财务报告准则第 17 号》，将《国际财务报告准则第 17 号》第 39 段和 B93 段至 B95 段中的"企业合并"替换成"适用《国际财务报告准则第 3 号》的企业合并"（参见 BC327A 段）。

## 对《国际财务报告准则第17号》的修订——不适用《国际财务报告准则第3号》的企业合并

**BC327A** 2020年6月,理事会修订了《国际财务报告准则第17号》以规定,主体须按照《国际财务报告准则第17号》B93段至B95F段,对在适用《国际财务报告准则第3号》的企业合并中取得的保险合同应用《国际财务报告准则第17号》第38段。主体无须对不适用《国际财务报告准则第3号》的企业合并(即同一控制下的企业合并)中取得的保险合同应用上述段落中的计量要求。理事会并未旨在为不适用《国际财务报告准则第3号》的企业合并制定要求。此类企业合并是理事会另一单独项目的主题。

## 对《国际财务报告准则第17号》的修订——针对在保险合同转让中或在适用《国际财务报告准则第3号》的企业合并中取得的保险合同的反馈

### 保险合同的分类

**BC327B** 根据《国际财务报告准则第4号》,在企业合并中取得一项合同的主体根据该合同签发日而非企业合并交易日(购买日)的事实和情况确定该合同是否符合保险合同的定义。这一要求是《国际财务报告准则第3号》一般原则的一项例外。与此不同,采用《国际财务报告准则第17号》的主体则根据《国际财务报告准则第3号》的一般原则对合同分类进行评估。

**BC327C** 在考虑实施《国际财务报告准则第17号》的主体提供的反馈时,理事会考虑但否决了当主体采用《国际财务报告准则第17号》(而非《国际财务报告准则第4号》)时恢复《国际财务报告准则第3号》一般原则的上述例外并继续沿用该例外的建议。

**BC327D** 通过删除了BC327B段所述的例外,《国际财务报告准则第17号》使取得保险合同的会计处理与在企业合并中取得的其他合同的会计处理相一致。购买方和被购买方财务报表中的会计处理,可能因《国际财务报告准则第3号》的要求而产生差异。此类差异反映了与被购买方确认合同当日的事实和情况相比,购买日事实和情况发生了变动。此类差异反映了该收购的经济情况,并不是保险合同独有的,在应用国际财务报告准则时也并非异常情况。

### 取得的处于结算期的保险合同

**BC327E** 理事会还考虑但否决了在《国际财务报告准则第17号》一般分类和计量要求中针对取得的处于结算期的合同设立一项例外的建议。理事会得出结论认为,取得合同的主体应在购买日应用关于识别合同是否有保险事项以及是否符合保险合同定义的要求——正如签发合同的主体在签发日应用这些要求一样。

**BC327F** 购买方根据购买日的合同条款、权利和义务以及经济情况，包括购买方在该日认可的对价，识别所取得的资产和负债。理事会指出，从购买方的角度来看，要使合同在购买日符合保险合同的定义，购买方必须向保单持有人因不确定的未来事项产生的不利影响而进行赔偿（也就是说，购买方必须提供保险保障）。如果购买方提供保险保障，那么该合同是根据《国际财务报告准则第17号》的要求进行会计处理的保险合同。取得的处于结算期的、赔款额的时间或金额具有不确定性的合同可能在购买日符合保险合同的定义。

**BC327G** 理事会指出，一些取得的处于结算期的合同在购买日不符合保险合同的定义。在一些情况下，所有的赔款金额在购买日已知但尚未支付。在此类情况下，购买方不提供保险保障，合同不符合保险合同的定义，购买方将先后采用《国际财务报告准则第3号》和《国际财务报告准则第9号》将该合同作为金融负债进行会计处理。理事会还指出，对于在购买日符合保险合同定义的合同，主体需要考虑任何应付给保单持有人的金额是否符合投资成分的定义（并因此不计入保险收入）。

### 对《国际财务报告准则第17号》的修订——在保险合同转让中及在适用《国际财务报告准则第3号》的企业合并中的保险获取现金流量资产（《国际财务报告准则第17号》B95E段至B95F段）

**BC327H** 2020年6月，理事会修订了《国际财务报告准则第17号》，要求在不构成业务的保险合同转让中或者在适用《国际财务报告准则第3号》的企业合并中取得保险合同的主体对于下列权利，应以购买日的公允价值确认一项资产：

（1）有权获得在该日确认的保险合同的续约所形成的未来保险合同；以及

（2）有权获得除（1）中所述之外的未来保险合同，而不必在购买日后再次支付被购买方已经支付的保险获取现金流量。

**BC327I** 要求主体在购买日确认此类资产与《国际财务报告准则第17号》关于确认保险获取现金流量资产的要求（《国际财务报告准则第17号》第28B段）相一致。因此，在购买日后确认的保险合同组的合同服务边际将恰当地反映主体作为购买对价一部分支付的与该未来合同组相关的权利。理事会决定，为使购买日和购买日之后的要求保持一致，主体应参考被购买方已经支付的保险获取现金流量确定BC327H（2）段所述的权利。否则，更广泛的、从无形资产（如客户关系）中获得未来合同的、与任何先前已支付的保险获取现金流量无关的权利，可能被计入保险获取现金流量资产，并在之后被纳入未来保险合同组的合同服务边际。与此不同，理事会决定，此类参考在确定BC327H（1）段所述的权利时并非必要——这些权利仅与合同续约相关，因此受到了足够的限制。

## 在财务状况表和财务业绩表内的列报（《国际财务报告准则第 17 号》第 78 段至第 92 段和 B120 段至 B136 段）

BC328 《国际财务报告准则第 17 号》要求主体在财务状况表内，将源自一个保险合同组的权利和义务相结合作为单一保险合同资产或负债进行列报。该项要求与将一个保险合同组作为一揽子现金流入和现金流出进行计量相一致。为与《国际会计准则第 1 号》中主体不得抵销资产和负债的要求保持一致，《国际财务报告准则第 17 号》禁止主体将存在资产头寸的保险合同组与存在负债头寸的保险合同组相抵销。①

BC329 《国际财务报告准则第 17 号》修订了列明须在财务状况表内列报的单列项目的《国际会计准则第 1 号》，以要求主体单独列报所签发的保险合同组以及持有的再保险合同组。理事会认为，此类合同足以能够作出明确区分从而有必要在财务状况表内单独列报。②

BC330 BC27 段至 BC37 段探讨了保险收入的列报，而 BC38 段至 BC49 段则探讨了保险财务收益和费用列报。理事会曾考虑并否决了：

（1）列报保险收入的其他方法，包括：
①汇总边际法；以及
②保费法；以及

（2）列报保险财务收益和费用的其他方法：
①将所有保险财务收益或费用纳入损益；以及
②针对所有合同使用当期账面收益率。

### 对《国际财务报告准则第 17 号》的修订——在财务状况表中的列报

BC330A 2020 年 6 月，理事会修订了《国际财务报告准则第 17 号》，要求主体在财务状况表中分别列报形成资产的签发的保险合同组合以及形成负债的签发的保险合同组合的账面金额。在此修订前，《国际财务报告准则第 17 号》要求主体单独列报形成资产的签发的保险合同组和形成负债的签发的保险合同组（参见 BC328 段）。该修订也适用于持有的再保险合同组合。

BC330B 修订前的列报要求与保险合同组的确认和计量要求一致。但是，实施《国际财务报告准则第 17 号》的主体告知理事会，他们将需要仅为列报的目的将某些履约现金流量分摊至保险合同组（例如，已发生赔款的履约现金流量）。这些主体表示，修订准则以要求主体在组合层面列报保险合同会提供重大的实务操作便利。针对 2019 年征求意见稿的反馈（包括来自财务报表使用者的反馈）指出，与修订前相

---

①② 2020 年 6 月，理事会修订了《国际财务报告准则第 17 号》，要求主体分别列报形成资产的保险合同组合以及形成负债的保险合同组合（参见 BC330A 段至 BC330B 段）。

比，修订不会严重降低信息的有用性。

**曾经考虑但被否决的其他方法**

**BC330C** 一些利益相关方建议，理事会应要求主体针对其签发的所有保险合同列报一项保险合同资产或负债（即在主体层面列报保险合同）。理事会拒绝了该建议，因为这样的列报方式下对财务报表使用者有用信息有发生不可接受损失的风险。

**BC330D** 一些利益相关方建议在财务状况表列报中采用不同的、更细分的列报方式。一些主体按照《国际财务报告准则第4号》将保险合同产生的各项不同金额视为单独的资产或负债，在财务状况表中分别列报。例如，一些主体列报保险合同负债，以及被称为应收保费、应付赔款和递延获取成本的单列项目。各主体在列报哪些单列项目以及在这些单列项目的定义上存在分歧。例如，一些主体按照尚未开具账单的金额列报应收保费，而其他主体则仅按照已开具账单但尚未结算的金额列报。一些利益相关方表示希望能继续更细分的列报，因为他们认为这样细分列报单列项目能为财务报表使用者提供有意义的信息。理事会不同意允许主体继续这样的细分列报的建议，因为这样会导致列报的金额并非可拆分的资产或负债。例如，与未来保险保障相关的应收保费不是一项可以从与该未来保险保障相关的负债中拆分的以总额列报的资产。

### 保险收入的列报

**BC331** 如 BC61 段所述，《国际财务报告准则第17号》的要求的某些复杂性源于需要从保险收入中排除投资成分。某些合同的投资成分可能比其他合同更加重要。例如，许多长期人寿保险合同以及某些大型长期或定制的非人寿保险或再保险合同中都存在重大投资成分。某些意见认为，在未予分拆的投资成分与针对保险及其他服务收取的保费之间作出的任何区分均带有武断性并且应用起来较为复杂。

**BC332** 理事会曾考虑一个能够避免上述问题的方法：损益中的"汇总边际法"。该方法适用于大多数责任期超过一年的保险合同。与在损益中提供总体业绩衡量的任何列报方式相比，汇总边际法在操作上更为简单。这是因为汇总边际法无须区分投资成分与针对所提供服务收取的保费。此外，理事会将无须针对保险获取现金流量的会计处理制定一项例外情况（参见 BC175 段至 BC180 段），以避免主体在提供保险保障之前确认保险收入的情况。①

**BC333** 尽管如此，汇总边际法将造成此前的实务发生重大变化，因为其导致不会在损益中列报收入类单列项目。此外：

（1）汇总边际法将无法就主体依照保险合同提供服务的程度提供相关信息，因为根据该方法，任何金额均不会在损益中作为收入或费用列报。

---

① 2020年6月，理事会修订了《国际财务报告准则第17号》，要求主体将合同服务边际的金额计入各期损益，以反映在该期内所提供的保险合同服务（参见 BC283H 段）。

（2）汇总边际法如同其他针对保险合同独有的收入的替代方法一样，将降低保险合同的财务报告与其他合同的财务报告之间的可比性。

（3）许多报告、使用及引用财务衡量指标的人士均预期此类财务衡量指标包括总体业绩衡量。如果《国际财务报告准则第17号》不要求列报按照适用于客户合同收入的原则计量的金额，则财务报表编制者和使用者可能会采用其他以不一致的方式计算的衡量指标作为替代。

**BC334** 据此，理事会否决了汇总边际法。

**BC335** 理事会同时考虑了此前在实务中经常用于列报保险收入的两种方法：

（1）签出保费法，其将预期保险收入总额分配至合同初始确认（签出）的期间，并同时针对与此类合同相关的预期赔款和费用总额列报一项费用。

（2）保费到期法，其将预期保险收入总额分配至保费变为无条件应付给主体的期间（无论保费是否是在该期间内收回），并且主体同时确认必须与已发生赔款相一致的费用（参见 BC343 段至 BC344 段）。

**BC336** 签出保费法将提供有关本期内新业务的信息（包括拟收取的金额和拟承担的义务的预期现值）。理事会否决了这一方法，因为在损益中列报的保费、赔款和费用并非通过应用通常所理解的收入和费用概念来计量。特别是，收入是在主体实施服务之前确认，而赔款和费用则是在其发生之前确认。

**BC337** 许多签发长期保险合同的主体此前曾应用损益中的保费到期法。保费到期法：

（1）就主体拥有无条件权利的、针对服务收取的额外保费提供相关信息；以及

（2）提供对增长的衡量以及赔款和费用比率的分母，所提供的此类信息更具客观性、能充分实现该目的，及更为简单。

**BC338** 然而，理事会否决了这一方法，原因在于：

（1）运用保费到期法列示的总体业绩衡量与通常所理解的收入概念不符，并且很可能误导并非专家的财务报表使用者。特别是，根据保费到期法：

①收入通常在主体实施相应服务之前确认。

②作为收入和赔款、保险利益和费用列示的金额将取决于合同要求保费支付的时间而有所不同。例如，如果保费是在合同开始时支付，则所有收入和费用均将在合同签发的期间内列报。相反，如果保费是在每年支付，则收入和费用将在每年支付的时点列报。因此，收入和费用可能并未表明主体在何时实施服务。

（2）保费到期法通常报告在本期内开具账单的金额，并将代表预期与未来赔款相关的保费金额纳入费用。如 BC343 段至 BC344 段所述，理事会认为在赔款和费用发生时进行报告，能够为财务报表使用者提供有用的信息。如 BC344 段所述，如果收入运用保费法计量，则已发生赔款必须与本期内列报的费用金额相调节，并且必须在损益中列报一个结余数额。财务报表使用者的反馈意见表明，其在分析承保人的本期业绩时难以对该结余数额进行诠释。

**BC339** 尽管理事会鉴于上述原因否决了保费到期法，但指出保费到期法提供的

某些信息可能是有帮助的。因此,《国际财务报告准则第 17 号》要求披露对总体业绩的其他衡量（参见 BC358 段至 BC362 段）。

## 保险财务收益或费用的列报

**BC340** 理事会曾考虑要求主体将所有保险财务收益或费用纳入损益。这将防止出现涉及源自以公允价值计量且其变动计入损益的资产的财务收益的会计错配，并同时降低对负债变动进行分解的固有复杂性。然而，许多利益相关方担忧承保和投资活动产生的利得和损失，将因保险合同现金流量的当前折现率变动所产生的波动导致的更大的利得和损失而变得模糊。此外，许多财务报表编制者担忧其可能被迫以公允价值计量且其变动计入损益的方式来计量金融资产以避免产生会计错配。该等财务报表编制者指出，理事会表示在某些情况下，摊余成本和以公允价值计量且其变动计入其他综合收益是金融资产适当的计量方式，并且《国际财务报告准则第 9 号》通常要求主体按摊余成本计量金融负债。因此，该等财务报表编制者指出，按现行价值计量保险合同所产生的损益波动性将削弱对其财务业绩的如实反映，并且财务报表使用者将难以比较承保人与不具有重大保险合同的主体。理事会并不赞同若保险合同按现行价值计量则会令签发保险合同的主体处于不利地位的观点。然而，理事会赞同财务报表使用者可能认为对于某些合同而言，基于在损益中的系统分摊和列报保险财务收益或费用，比在损益中列报保险财务收益或费用总额，更能提供有用的信息。

**BC341** 理事会同时曾考虑要求将所有保险财务收益或费用纳入损益，并单独列示部分或全部此类收益或费用。该列报方式将在损益中提供关于保险合同资产和负债变动影响的分解后的信息。然而，基于与 BC340 段所述的相同原因以及该方法将引入类似于 BC43（2）②段所述的操作上的复杂性，理事会否决了这一方法。

**BC342** 理事会同时曾考虑要求针对所有保险合同使用当期账面收益率。当期账面收益率是计入当期损益的、被视为支持保险合同的资产账面金额的变动。理事会否决了这一方法，除 BC48 段所述的原因之外，还因为根据该方法计入损益的保险财务收益或费用是使用与用于计量保险合同组的利率无关的折现率来计量，这将无法提供有用的信息。此外，在某些情况下可能难以识别主体持有的用以支持保险合同负债的资产。

### 对《国际财务报告准则第 17 号》的修订——保险财务收益或费用

**BC342A** 2020 年 6 月，理事会修订了《国际财务报告准则第 17 号》B128 段以明确，在应用《国际财务报告准则第 17 号》时，由基础项目变动所导致的保险合同组计量的变动，是货币时间价值、与金融风险相关假设的影响所引起的变动。否则，基础项目的变动可能会调整不具有直接参与分红特征的保险合同的合同服务边际。理事会考虑了因参与不仅具有金融属性的基础项目（例如，保险合同）的分红而产生的现金流量变动的影响应当在保险服务业绩中列报而不应在保险财务收益或费用中列报的观点。理事会不同意此观点，因为将参与基础项目分红的变动计入保险财务收益或费用的要求恰当地反映了该参与分红的性质——即作为一项投资。理事会得出结论认为,保单持有人参与基础项目的分红,包括参与不仅具有金融属性的基础项目(例如,保险合同)的分红,不应影响主体保险服务业绩的反映。此外,将因参与不仅具有金融属性的基础项目分红而产生的现金流量变动的影响分拆成应计入保险服务业绩中金额和应计入保险财务收益或费用的金额的工作是复杂的,并可能会干扰一些主体的实施工作。

**BC342B** 一些财务报表使用者对《国际财务报告准则第 17 号》第 88 段至第 89 段关于分解保险财务收益或费用的规定允许主体选择会计政策表示担忧。他们更希望《国际财务报告准则第 17 号》要求统一的列报方式。理事会承认,要求主体将保险财务收益或费用全部在损益中列报而不是允许第 88 段至第 89 段的会计政策选择,会提高主体之间的可比性。但是,与理事会在 BC340 段所解释的之前的结论相一致,理事会得出结论认为,以系统分摊方式在损益中列报保险财务收益或费用,与将保险财务收益或费用总额计入损益相比,对某些合同而言可能提供更有用信息,而对于其他合同而言则相反。

**BC342C** 一些利益相关方表示,如果主体采用《国际财务报告准则第 17 号》第 88 段中的选择将部分保险财务收益或费用计入其他综合收益,主体持有的金融资产和保险合同负债之间会产生会计错配。该反馈未导致修订,因为理事会指出,主体可以通过不采用此选择来避免该会计错配。在发布《国际财务报告准则第 17 号》前,理事会收到过关于会计错配的类似反馈(参见 BC53 段至 BC56 段)。

### 已发生赔款的确认(《国际财务报告准则第 17 号》第 84 段)

**BC343** 在赔款和费用(保险获取费用除外)发生时进行报告与其他类型合同费用的报告相一致,并且理事会认为能够向财务报表使用者提供有用的信息。

**BC344** 仅当保险收入使用未到期责任负债的变动来计量以计量履约义务的履约进度时,才有可能通过此方式报告赔款和费用,如果保险收入是以任何其他方式计量,已发生赔款必须与本期所列报的费用金额相调节。这是因为保险收入和已发生赔款和利益均是以与本期保险保障相关的保险合同组负债的变动计量。

### 持有的再保险合同(《国际财务报告准则第 17 号》第 78 段、第 82 段和第 86 段)

**BC345** 理事会指出,持有的再保险合同资产和标的合同负债很少能够满足《国际会计准则第 32 号》所规定的金融资产与金融负债相互抵销的标准。理事会并未将该等标准纳入《国际财务报告准则第 17 号》,而是决定禁止主体将持有的再保险合同资产与相关的保险合同负债相抵销将更加简单。

**BC346** 与禁止再保险合同资产与保险合同负债相抵销的规定相一致,《国际财务报告准则第 17 号》要求主体将源自持有的再保险合同的收益或费用与源自签发的保险合同的收益或费用区分开来单独列示。然而,《国际财务报告准则第 17 号》允许主体将源自持有的再保险合同的收益或费用作为单一净金额列报,或者单独列报从再保险公司收回的金额与已付保费的分摊。如果单独列报各项金额，《国际财务报告准则第 17 号》要求主体：

（1）将取决于标的合同赔付或利益而变化的现金流量（包括再保摊回手续费）作为持有的再保险合同下预期摊回赔款的一部分处理，除非此类现金流量需要作为投资成分核算。理事会认为，此类现金流量变动的经济影响等同于摊回不同于预期赔款金额的影响。

（2）将不取决于标的合同赔付的再保摊回手续费作为支付给再保险公司保费的抵减处理。此类再保摊回手续费的经济影响等同于收取不含再保摊回手续费但保费较低的影响。

## 披露（《国际财务报告准则第 17 号》第 93 段至第 132 段）

**BC347** 理事会决定，主体所披露的信息应当为财务报表使用者评估适用《国际财务报告准则第 17 号》的保险合同对主体财务状况、财务业绩及现金流量的影响提供依据。为实现这一披露目标，需要提供关于以下各项的信息：在财务报表中确认的金额、在应用《国际财务报告准则第 17 号》时所作的重大判断与判断的变化，以及适用《国际财务报告准则第 17 号》的合同所产生风险的性质和程度。该披露目标由旨在协助主体满足该目标的若干特定披露要求作为补充。通过列明披露目标，理事会旨在确保主体提供与其具体情况最为相关的信息，并强调与财务报表使用者沟通（而非遵循详尽及具体规范的披露要求）的重要性。在为符合特定披露要求而提供的信息不足以满足披露目标的情况下，《国际财务报告准则第 17 号》第 94 段要求主体披露为实现该目标所必需的额外信息。

**BC348** 理事会采用《国际财务报告准则第 4 号》中的披露要求（包括《国际财务报告准则第 4 号》通过交叉引用，纳入其中的《国际财务报告准则第 7 号——金融工具：披露》的披露要求）作为《国际财务报告准则第 17 号》中要求的基础。这是因为利益相关方指出，此类披露能够为财务报表使用者理解源自保险合同的未来现金流量的金额、时间和不确定性提供有用的信息。沿用自《国际财务报告准则第 4 号》的披露要求包括关于以下各项的信息：

（1）应用本准则时所作的重大判断，包括说明用于计量适用本准则的合同的方法、估计纳入该等方法的输入值的流程，以及该等方法和流程的任何变更（参见《国际财务报告准则第 17 号》第 117 段）；以及

（2）保险合同所产生的风险的性质和程度，包括：

①保险风险敞口和每一类金融风险及其如何产生，以及主体管理风险的目标、政策和流程与用于计量此类风险的方法（参见《国际财务报告准则第 17 号》第 121 段至第 125 段）；

②风险集中度（参见《国际财务报告准则第 17 号》第 127 段）；

③保险风险与每一类市场风险的敏感性（参见《国际财务报告准则第 17 号》第 128 段至第 129 段）；①

④关于理赔进展的信息（参见《国际财务报告准则第 17 号》第 130 段）；

⑤关于保险合同所产生的信用风险的信息，包括持有的再保险合同的信用质量（参见《国际财务报告准则第 17 号》第 131 段）；以及

⑥关于保险合同所产生的流动性风险的信息（参见《国际财务报告准则第 17 号》第 132 段）。

**BC349** 此外，在制定《国际财务报告准则第 17 号》过程中，鉴于须在每一个报告日更新保险合同计量的要求，理事会识别出其认为对于理解签发保险合同的主体财务报表至关重要的关键项目。因此，理事会决定主体应当披露下列各项：

（1）下述各项的期初余额与期末余额的调节表：

①保险合同负债（或资产）的变动，并对其执行分析以提供关于保险收入的确定及财务状况表与财务业绩表中各项金额之间相互联系的信息（参见《国际财务报告准则第 17 号》第 100 段）；以及

②保险合同负债（或资产）的变动，并对其执行分析以提供关于计量模型的信息（参见《国际财务报告准则第 17 号》第 101 段）。

有关上述调节表的讨论，请参见 BC350 段至 BC356 段。

（2）对保险收入的分析（参见《国际财务报告准则第 17 号》第 106 段和 BC352 段至 BC353 段）。

（3）关于财务状况表中保险合同初始确认的信息（参见《国际财务报告准则第 17 号》第 107 段至 BC108 段和 BC358 段至 BC362 段）。

（4）对主体预期于何时在损益中确认报告期末剩余的合同服务边际的说明（参见《国际财务报告准则第 17 号》第 109 段和 BC363 段）。

（5）对报告期内保险财务收益或费用的总金额（参见《国际财务报告准则第 17 号》第 110 段和 BC364 段至 BC366 段），以及具有直接参与分红特征的合同基础项目的构成与公允价值的说明（参见《国际财务报告准则第 17 号》第 111 段和 BC238 段至 BC247 段）。

（6）关于主体用以确定以下事项的方法的信息（若此信息尚未在符合《国际财务报告准则第 17 号》第 117（1）段要求的披露中涵盖）[参见《国际财务报告准则第 17 号》第 117（3）段]：

①如何区分因进行相机抉择而导致的未来现金流量估计的变动，与未来现金流量估计的其他变动（参见 BC237 段）；

②非金融风险调整（参见 BC213 段至 BC217 段）；

③折现率（参见 BC193 段至 BC205 段）；以及

---

① 2020 年 6 月，理事会修订了《国际财务报告准则第 17 号》，将第 128 段至第 129 段的术语"风险敞口"修正为"风险变量"。

④投资成分（参见 BC33 段至 BC34A 段）。

（7）用于确定非金融风险调整的置信水平（参见《国际财务报告准则第 17 号》第 119 段和 BC215 段至 BC217 段）。

（8）关于用于对不会随基础项目回报的变动而变化的现金流量进行折现的收益率曲线的信息（参见《国际财务报告准则第 17 号》第 120 段和 BC198 段）。

（9）关于主体经营所处的监管框架影响的信息（参见《国际财务报告准则第 17 号》第 126 段和 BC369 段至 BC371 段）。

## 对已确认金额的说明（《国际财务报告准则第 17 号》第 97 段至第 116 段）

### 保险合同负债各组成部分的调节表（《国际财务报告准则第 17 号》第 98 段至第 105 段）

**BC350** 《国际财务报告准则第 17 号》要求主体将保险合同负债分解为如下各个组成部分（参见《国际财务报告准则第 17 号》第 40 段）：

（1）未到期责任负债，不包括下文（2）项中的金额。对于运用保费分摊法计量的负债，即为未赚保费减去任何未予摊销的保险获取现金流量。

（2）未到期责任负债的亏损成分（参见《国际财务报告准则第 17 号》第 49 段）。对于运用保费分摊法计量的负债，即为亏损合同的额外负债（参见《国际财务报告准则第 17 号》第 58 段）。

（3）已发生赔款负债。

**BC351** 《国际财务报告准则第 17 号》要求主体针对 BC350 段所列的每个组成部分单独披露期初余额与期末余额的调节表，并针对签发的保险合同与持有的再保险合同提供单独披露，以说明如何确定保险收入，及反映财务状况表与财务业绩表中各项金额之间如何相互联系。

**BC352** 理事会指出，保险收入的分析可同时反映与主体预期将取得对价的保障或其他服务相关的、本期内未到期责任负债变动的总额。此类变动包括本期发生的保险服务费用、非金融风险调整变动，以及分摊至本期的合同服务边际金额。

**BC353** 理事会认为，要求披露关于在本期确认的保险收入的上述分析能够就保险收入的驱动因素提供有用的信息，并协助财务报表使用者了解保险收入如何与更为熟悉的衡量指标相联系。

**BC354** 此外，理事会决定，除《国际财务报告准则第 17 号》第 53 段至第 59 段或第 69 段至第 70 段所述的主体运用保费分摊法的保险合同之外，主体还必须披露如《国际财务报告准则第 17 号》第 101 段所述的反映本期利润来源的调节表，并单独披露以下各项期初余额与期末余额的调节：

（1）未来现金流量现值的估计；

(2) 非金融风险调整；以及

(3) 合同服务边际。

**BC355** 理事会认为，反映利润来源的调节表将能够为财务报表使用者提供有用的信息。此外，鉴于理事会决定针对与未来服务相关的履约现金流量估计变动的影响对合同服务边际作出调整［参见《国际财务报告准则第17号》第44（3）段和第45（3）段］，理事会认为有关用于计量保险合同的各组成部分变动的信息十分重要。该决定意味着此类影响不会直接在财务业绩表内反映。

**BC356** 如BC350段和第354段所述，除《国际财务报告准则第17号》第53段至第59段或第69段至第70段所述的运用保费分摊法的保险合同之外，主体必须在财务状况表内披露两个期初与期末账面金额的调节表。理事会决定要求同时披露该两个调节表，因为利益相关方的反馈意见大致表明每一个调节表要求提供的信息均很有帮助。理事会曾考虑要求提供该两个调节表的成本与效益，并得出结论认为提供此类信息的益处超过编制该两个调节表的成本。理事会指出，在某些情况下，有可能将有关信息相结合纳入一个调节表。

### 保险收入（《国际财务报告准则第17号》第85段）

**BC357** 《国际会计准则第1号》要求主体在财务业绩表内列报额外的单列项目——如果该列报方式与理解主体的财务业绩相关。然而，根据《国际财务报告准则第17号》，如果关于保费的信息与根据《国际财务报告准则第17号》确定的保险收入不一致，则禁止主体在损益中列报此类信息。鉴于依照此前的保险会计实务所列示的各类不同金额（参见BC335段至BC339段），理事会决定禁止主体在财务业绩表的额外单列项目中列报与保险收入不一致的关于保费的信息。

### 在当期初始确认的新合同的影响（《国际财务报告准则第17号》第107段和第108段）

**BC358** 理事会曾考虑有关主体披露涉及在当期初始确认的新合同影响的信息将很有帮助的意见。保险收入计量值本身仅能提供财务报表使用者所寻求的部分信息，且并非旨在衡量主体保险合同业务的增长或缩减。特别是，许多财务报表使用者认为在评估主体的未来发展前景时，有关每一期间内签出的新业务金额和盈利能力的信息十分重要。

**BC359** 如BC28段至BC29段所述，保险收入目的旨在计量主体在当期内因提供服务而预计有权收取的对价。该对价可能不同于新合同产生的保费或所收取的现金。因此，理事会指出，针对在提供服务之前发起的任何合同（即，履约义务并非在合同签出的期间内履行的任何合同）采用权责发生制会计处理，可能导致即使签发的新合同数量减少，收入也会增加。理事会指出，该结果并非保险合同所独有的，并寻求识别通过其他方式来提供关于主体增长的有用信息。

**BC360** 理事会赞同在当期初始确认的新合同带来的影响能够为财务报表使用者

提供有用的信息。特别是，与在当期初始确认的合同的服务边际和非金融风险调整的有关信息将能够就当期签发的新合同盈利能力提供有用信息。因此，除非主体运用《国际财务报告准则第17号》第53段至第59段或第69段至第70段所述的保费分摊法，否则《国际财务报告准则第17号》第107段要求主体披露在当期初始确认的新合同的影响，并单独列示对以下各项造成的影响：

(1) 未来现金流量现值的估计；

(2) 非金融风险调整；以及

(3) 合同服务边际。

**BC361** 未来现金流量现值的估计应进一步分解为未来现金流出现值的估计（单独列示保险获取现金流量的金额）与未来现金流入现值的估计。单独披露未来现金流入现值的估计（包括任何投资成分）：

(1) 能够提供作为财务业绩表内列示的保险收入之补充的销售量的有用信息；以及

(2) 令财务报表使用者能够比较过往年度签出的业务数量与本年度签出的合同数量。

**BC362** 在当期初始确认的新合同可能包括主体签发的合同，以及在保险合同转让或企业合并中从其他主体取得的合同。《国际财务报告准则第17号》要求主体单独披露在保险合同转让或企业合并中从其他主体取得的在当期初始确认的新合同的影响，从而令财务报表使用者能够分别了解源自当期签发和取得的保险合同对未来盈利能力，以及保险收入的影响。《国际财务报告准则第17号》同时要求主体单独披露在当期初始确认的属于亏损的新合同的影响。

**合同服务边际的确认（《国际财务报告准则第17号》第109段）**

**BC363** 许多利益相关方提出其希望了解合同边际预计何时将在未来期间的损益中确认，因为该信息将有助于评估主体未来的盈利能力。理事会赞同该信息将对财务报表使用者有所帮助。《国际财务报告准则第17号》要求主体披露预期于何时在损益中确认报告期末剩余的合同服务边际（可提供划分为适当时间段的量化信息或者提供定性信息）。①

**保险财务收益或费用（《国际财务报告准则第17号》第110段至第113段和第118段）**

**BC364** 保险财务收益或费用预期将对承保人的业绩构成重大影响，特别是在承保人签发长期合同的情况下。《国际财务报告准则第17号》允许主体选择如何列示保险财务收益或费用；因此，理事会认为重要的是主体应当披露或说明：

---

① 2020年6月，理事会修订了《国际财务报告准则第17号》，要求主体以合适时间段的方式定量地披露报告期期末合同服务边际余额预计将在损益表中确认的时间（参见BC366B段）。

(1) 每一期间内保险财务收益或费用的总金额；
(2) 将该总金额在损益及其他综合收益之间进行分解的基础；以及
(3) 保险财务收益或费用与源自主体持有的相关资产的投资收益之间的关系。

**BC365** 对于具有直接参与分红特征的合同，如果主体利用衍生工具来缓释金融风险并且符合《国际财务报告准则第 17 号》B116 段所述的条件，则《国际财务报告准则第 17 号》允许主体选择如何确认金融风险影响的变动（例如，嵌入保险合同组的财务担保或主体享有的基础项目份额的价值）。① 此类变动可计入损益或者作为对合同服务边际的调整。理事会承认，允许主体作出这一会计政策选择将导致可比性降低，因此决定要求选择在损益中确认此类变动的主体披露该选择对当期合同服务边际调整的影响。

**BC366** 对于具有直接参与分红特征的合同，选择将保险财务收益或费用在损益及其他综合收益之间进行分解的主体，可能将其确定拟计入损益的金额的基础从系统分摊变为当期账面收益率（参见 BC48 段），或者从当前账面收益率变为系统分摊。如果主体因开始持有或不再持有保险合同组的基础项目而变为符合或不符合应用当期账面收益率的条件，则必须变更上述基础。在这种情况下，《国际财务报告准则第 17 号》要求主体以指定方式将此前在其他综合收益中确认的累计金额计入损益。理事会要求采用指定的方法以避免主体简单地通过选择购买或出售基础项目而永久地将利得和损失纳入或排除在损益之外。理事会同时决定要求主体在基础发生变更的期间内披露：

(1) 主体变更分解基础的原因；
(2) 针对每一个受影响的财务报表单列项目的任何调整金额；以及
(3) 适用该变更的保险合同组的账面金额。

### 对《国际财务报告准则第 17 号》的修订——已确认金额的披露

*保险获取现金流量（《国际财务报告准则第 17 号》第 105A 段至第 105B 段和第 109A 段）*

**BC366A** 2020 年 6 月，理事会修订了《国际财务报告准则第 17 号》，要求主体将保险获取现金流量分摊至预计会包含一些合同的续约而产生的合同的未来保险合同组（参见 BC184A 段至 BC184K 段）。该修订延长了保险获取现金流量资产的存续期间，并因此增加了各报告期间末该类资产的总额。理事会还因该修订而修订了《国际财务报告准则第 17 号》的披露要求，要求主体披露根据第 28B 段确认的任何保险获取现金流量资产自期初余额至期末余额的调节。此外，主体还须以合适时间段的方式定量地披露预计将在保险合同组的计量中纳入的分摊至该保险合同组的确认为资产

---

① 2020 年 6 月，理事会扩展了风险缓释选择权的适用范围，以使其适用于主体使用持有的再保险合同或以公允价值计量且其变动计入当期损益的非衍生金融工具来缓释金融风险的情况（参见 BC256A 段至 BC256F 段）。

的保险获取现金流量（参见《国际财务报告准则第 17 号》第 105A 段）。

*合同服务边际的确认（《国际财务报告准则第 17 号》第 109 段和第 117 段）*

**BC366B** 2020 年 6 月，理事会修订了《国际财务报告准则第 17 号》，要求主体除考虑保险保障外，还考虑投资回报服务或投资相关服务，以确定保险合同提供的利益数量（参见 BC283A 段至 BC283J 段）。为了在损益中确认合同服务边际而对保险合同提供的利益数量的确定工作，因该修订而更加复杂并需要运用更多判断。因此，理事会决定要求主体：

（1）以合适时间段的方式披露关于主体预计报告期期末的合同服务边际余额将在损益中确认时间的定量信息（而不是允许主体仅提供定性信息）；以及

（2）披露评估从保险保障以及投资回报服务或投资相关服务所获得利益相对权重的方法。

*其他额外的披露*

**BC366C** 2020 年 6 月，理事会还修订了《国际财务报告准则第 17 号》的披露要求以明确：

（1）主体无须在《国际财务报告准则第 17 号》第 100 段所要求的调节中将保费返还与投资成分分开披露；以及

（2）主体不能根据第 104（2）③段分开列示与非金融风险调整有关的属于经验调整的金额，若主体已经根据《国际财务报告准则第 17 号》第 104（2）②段的要求披露该金额（以避免重复计算该金额）。

## 理事会曾经考虑但未纳入《国际财务报告准则第 17 号》的披露

**收到的保费与保险收入之间的调节表**

**BC367** 理事会最初建议主体披露各期间内保险收入与收到的保费之间的调节表，因为理事会希望主体说明保险收入与此前所熟悉的衡量指标有何不同之处。然而，理事会发现此类信息将在《国际财务报告准则第 17 号》第 100 段要求的保险合同余额调节表内提供。因此，允许但并未强制要求披露收到的保费与保险收入之间的单独调节表。BC27 段至 BC37 段和 BC337 段至 BC339 段阐述了《国际财务报告准则第 17 号》禁止采用保费到期法来计量保险收入的原因。

**计量不确定性的分析**

**BC368** 理事会最初建议披露关于对计量有重要影响的输入值中计量不确定性的分析。这类似于理事会在制定《国际财务报告准则第 13 号》过程中曾考虑的有关公允价值计量中不可观察输入值的披露（如《国际财务报告准则第 13 号》BC202 段至 BC210 段所述）。在《国际财务报告准则第 13 号》确定终稿过程中，鉴于就有关成本相对于收益存有的疑虑，理事会决定不在《国际财务报告准则第 13 号》中要求针对不可观察的输入值提供此类披露，而是要求提供更多有关输入值的定量信息以及关于此类输入值如何影响计量的叙述性信息（如《国际财务报告准则第 13 号》BC188 段至 BC195 段和 BC206 段至 BC208 段所述）。据此，为与针对《国际财务报告准则第 13 号》所作的决定保持一致，理事会并未在《国际财务报告准则第 17 号》中包括此类披露要求。

### 监管资本

**BC369** 《国际财务报告准则第 17 号》要求主体披露关于其经营所处的监管框架影响的信息；例如，最低资本要求或要求的利率保证（参见《国际财务报告准则第 17 号》第 126 段）。许多财务报表使用者表明希望提供有助于其理解和分析该等影响的额外披露，特别是：

（1）关于主体针对本期内签出的新合同需要持有的监管资本的具体数额，以及何时不再需要持有该资本的信息；以及

（2）关于报告期内产生的无须服务于监管资本要求的权益金额的信息。该金额有时被称为"自由现金流量"。

**BC370** 要求提供的监管资本披露可为财务报表使用者提供关于以下各项的信息：

（1）主体的盈利能力、持续资本需求，以及财务弹性；

（2）主体在未来期间签出新业务的能力，因为多于所持有监管资本的超额部分可用于支持未来的新业务；以及

（3）改进对报告期内财务状况、财务业绩及现金流量的理解。

**BC371** 然而，签发保险合同的主体并非仅仅是在受监管环境内经营的主体。此类披露可能对所有在受监管环境内经营的主体有帮助。理事会担忧在针对保险合同会计处理的项目中单独地规范此类披露将超出《国际会计准则第 1 号》第 134 段至第 136 段的现行要求。因此，理事会决定将关于监管的披露限定为仅提供《国际财务报告准则第 17 号》第 126 段所述的披露。

# 首次采用本准则（《国际财务报告准则第 17 号》附录三）

**BC372** 《国际财务报告准则第 17 号》包含针对首次采用本准则的特定要求。因此，主体应当应用《国际财务报告准则第 17 号》的过渡性规定而非《国际会计准则第 8 号——会计政策、会计估计变更和差错》的一般规定。鉴于此前保险会计实务的多样性以及许多类型的保险合同存续期较长，理事会决定追溯应用《国际财务报告准则第 17 号》将通过允许对本准则首次执行日之前及之后签出的合同进行比较，为财务报表使用者提供最有用的信息。与《国际会计准则第 8 号》规定的除非不切

实可行，否则应当追溯应用新会计政策的要求相一致，理事会认为主体应当追溯应用《国际财务报告准则第 17 号》（参见 BC374 段至 BC378 段），并且仅当追溯应用《国际财务报告准则第 17 号》并不切实可行时，才应允许采用替代方法。①

**BC373** 理事会制定了当追溯应用并不切实可行时可采用的两个替代过渡方法（称为"经修改的追溯法"的替代过渡方法，请参见 BC379 段至 BC384B 段；称为"公允价值法"的替代过渡方法，请参见 BC385 段至 BC386 段）。理事会决定，如果主体无法追溯应用《国际财务报告准则第 17 号》，则允许主体在简化追溯法与公允价值法之间进行选择。理事会承认允许选择过渡方法将导致过渡金额的可比性降低，但认为基于以下原因该做法是恰当的：经修改的追溯法目标旨在实现与追溯应用本准则最为接近的结果。理事会指出，经修改的追溯法与全面追溯应用之间的相似度将取决于主体可获得的合理及可支持的信息数量。如果主体可获得的合理及可支持的信息相对较少进而需要运用许多允许采用的修改，则经修改的追溯法的成本可能会超过其带来的益处。

## 对《国际财务报告准则第 17 号》的修订——针对过渡方法的反馈

**BC373A** 在考虑来自实施《国际财务报告准则第 17 号》的主体的反馈时，理事会还考虑了来自财务报表使用者认为过渡性规定的可选择性使主体之间的可比性降低的反馈——尤其是采用经修改的追溯法或公允价值法的选择权。理事会得出结论认为，提供这些选项是恰当的，原因见 BC373 段。

**BC373B** 理事会认为，提供一次性的务实的豁免以帮助主体向《国际财务报告准则第 17 号》过渡，与在有限期间内可比性的有限损失相比是值得的。因此，理事会决定不减少过渡性规定中的可选项，因为那么做很可能会过度干扰正在进行的实施工作。理事会指出，因过渡选择而降低的可比性并不会对履约现金流量现行价值的计量产生影响。理事会指出，主体须披露所采用的过渡方法。该披露有助于财务报表使用者进行主体之间的比较、理解所采用的过渡豁免以及这些豁免如何影响所报告的信息。

## 追溯应用（《国际财务报告准则第 17 号》C3 段至 C5B 段）

**BC374** 为追溯应用《国际财务报告准则第 17 号》，主体在过渡日必须：

（1）确认和计量每一个保险合同组，就如同《国际财务报告准则第 17 号》一直应用那样；②

---

① 2020 年 6 月，理事会修订了《国际财务报告准则第 17 号》，允许拥有信息来采用全面追溯法的主体，对于符合与风险缓释相关的规定条件的具有直接参与分红特征的保险合同组在执行过渡性规定时，却可以采用公允价值法（参见 BC393A 段）。

② 2020 年 6 月，理事会修订了《国际财务报告准则第 17 号》以明确，主体确认和计量任何保险获取现金流量资产如同《国际财务报告准则第 17 号》一直适用，但主体无须评估此类资产在过渡日之前的可收回性（参见 BC184A 段至 BC184K 段）。

（2）终止确认若《国际财务报告准则第17号》一直应用则不会存在的任何现有余额；以及

（3）将任何相应的净差额计入权益。

为与追溯应用保持一致，理事会指出，主体不仅需要在首次采用本准则时调整其保险合同的计量，而且需要抵销诸如递延获取成本和某些仅与现有合同相关的无形资产等项目。将任何相应的净差额计入权益的要求意味着不对源自任何此前企业合并的商誉账面金额作任何调整。

**BC375** 《国际财务报告准则第17号》的计量模型包括两项要素：

（1）基于未来现金流量现值的估计的直接计量，及明确的非金融风险调整；以及

（2）在保险合同组初始确认时计量并随后针对与未来服务相关的估计后续变动作出调整的合同服务边际，及在责任期内计入损益的融资成分。

**BC376** 对于引入的保险合同直接计量要素，除BC381段至BC382段所述的初始确认时执行的评估之外，理事会并未识别出任何特定的过渡问题。该计量仅反映在计量日的情况。因此，如果主体拥有充分的筹备时间设立必要的系统，则在过渡日执行该直接计量并不会比在稍后日期执行该计量更加困难。

**BC377** 在过渡日计量合同服务边际的剩余金额以及在后续期间列报财务业绩表所需的信息更具挑战性。该等金额反映在保险合同组初始确认之后针对所有期间的估计的修正。

**BC378** 理事会认为计量追溯应用所需的下列金额往往并不切实可行：

（1）在初始确认日现金流量的估计；

（2）在初始确认日的非金融风险调整；

（3）因与未来服务不相关而本应在每一个报告期间计入损益的估计变动，及履约现金流量的变动原本应分摊至亏损成分的程度；

（4）在初始确认日的折现率；以及

（5）对于金融假设对支付给保单持有人的金额具有实质性影响的合同，折现率的变动对合同未来现金流量的估计的影响。

因此，理事会针对追溯应用《国际财务报告准则第17号》并不切实可行的情况制定了允许主体对保险合同组采用的两个过渡方法。

## 经修改的追溯法（《国际财务报告准则第17号》C6段至C19A段）

**BC379** 尽管许多主体可能不具有追溯应用《国际财务报告准则第17号》的充分信息，但理事会获悉在许多情况下，主体可能拥有大部分所需的信息并且某些主体可能仅会面临涉及追溯应用的少数限制。在这种情况下，理事会认为，如果仅在主体因缺乏应用全面追溯法的信息而需要经修改的追溯应用时才允许主体采用简化追溯法，将能够形成关于保险合同的更具可比性的信息。此外，理事会认为主体应当：

（1）采用通过使用合理及可支持的信息有可能达到的，为实现与追溯应用最为

接近的结果而必需的最低程度的修改；以及

（2）禁止忽略任何无须付出不当成本或努力便可获得的、可用于追溯应用《国际财务报告准则第17号》的合理及可支持的信息。

**BC380** 为应对BC378段所述的事项，理事会决定具体规定在《国际会计准则第8号》定义的追溯应用不切实可行的情况下可采用的某些经修改的操作。该等经修改的操作仅允许在主体不具有应用追溯法所需的合理及可支持的信息的必要范围内采用。该等经修改的操作：

（1）简化了主体在开始日或初始确认日为对保险合同或保险合同组执行评估所必需的信息（参见BC381段至BC382B段）。

（2）简化了主体确定与合同服务边际相关的金额的方式（参见BC383段至BC383B段）。

（3）简化了主体决定为确定保险收入所必需的信息的方式（参见BC383段至BC383B段）。

（4）如果主体选择将保险财务收益或费用分解为计入损益的金额和计入其他综合收益的金额，则允许主体采用过渡日的折现率来确定计入损益的保险财务收益和费用。此外，该经修改的操作提供了一个便于实务操作的方法以确定在权益中累积的与保险财务收益和费用相关的金额（参见BC384段至BC384B段）。

### 对《国际财务报告准则第17号》的修订——针对使用合理及可支持的信息和进行估计的反馈

**BC380A** 一些实施《国际财务报告准则第17号》的主体建议理事会应将以下要求从经修改的追溯法中删除，以提供实务操作便利：

（1）尽可能多地使用可用于全面追溯法的无须付出不当成本或努力就可获得的合理及可支持的信息。

（2）使用合理及可支持的信息来采用这些修改。

**BC380B** 理事会考虑但否决了BC380A段提及的建议，因为：

（1）对于BC380A（1）段的建议，如果允许主体忽略可用于全面追溯法的无须付出不当成本或努力就可获得的合理及可支持的信息，将会与经修改的追溯法的目标相悖。该目标是使用在无须付出不当成本或努力的情况下可获得的合理及可支持的信息，得到最接近追溯应用的结果。该建议还会降低过渡日之前和之后签发的合同的可比性。

（2）对于BC380A（2）段的建议，如果允许主体在没有合理及可支持的信息的情况下采用一项修改，会降低应用《国际财务报告准则第17号》所产生的信息的可信度。理事会认为，在没有采用经修改的追溯法所必需的合理及可支持的信息的情况下，采用公允价值法比采用经修改的追溯法能产生对财务报表使用者更有用的信息。

**BC380C** 一些实施《国际财务报告准则第17号》的主体认为纳入规定的修改就意味着主体在追溯应用《国际财务报告准则第17号》时不能进行估计。理事会指出，《国际会计准则第 8 号》第 51 段承认在追溯应用时需要估计。该段落适用于首次采用《国际财务报告准则第 17 号》的主体，如同适用于首次采用其他国际财务报告准则的主体一样。理事会预计，主体在采用经修改的追溯法中规定的修改时，需要经常作出估计。

BC380D 一些利益相关方建议理事会指定可用的过渡方法（例如，使用来自内含价值报告的信息或为监管报告准备的信息的方法），以减轻主体应用过渡性规定的负担。理事会拒绝了该建议。理事会得出结论认为，指定方法的做法与《国际财务报告准则第 17 号》中的可以使用多种不同方法实现设立的计量目标的做法相冲突。一种方法是否恰当取决于具体事实和情况。另外，如果理事会指定方法，就存在风险可能导致主体误以为其不能使用符合《国际财务报告准则第 17 号》要求的其他方法。

**在保险合同起始或初始确认时执行的评估（《国际财务报告准则第 17 号》C9 段至 C10 段）**

BC381 《国际财务报告准则第 17 号》要求在合同起始或初始确认时执行若干评估，特别是：
（1）合同是否符合采用浮动收费法的条件；
（2）如何对合同进行分组；以及
（3）如何确定相机抉择对采用一般模型核算的合同现金流量的估计的影响。

BC382 理事会认为，要求主体采用在合同开始日或初始确认日的假设来执行上述评估往往不切实可行。在无须后见之明（即，就主体在过往本应预期发生的事项作出假设）的情况下往往无法执行该评估。如果该评估是在过渡日而非合同开始日或初始确认日作出，则可避免运用后见之明。然而理事会指出，仅在过渡日对合同执行评估可能导致主体作出显著不同于在合同开始日或初始确认日执行评估时的分组。据此，理事会决定应当允许主体在下列两个日期之一执行评估：
（1）合同开始日或初始确认日，如果该评估可基于主体鉴于合同条款和当时的市场状况确定为合理及可支持的证据执行；或者
（2）过渡日。①

**对《国际财务报告准则第 17 号》的修订——取得的处于结算期的合同的分类（《国际财务报告准则第 17 号》C9A 段和 C22A 段）**

BC382A 2020 年 6 月，理事会考虑但否决了在《国际财务报告准则第 17 号》一般分类和计量要求中针对取得的处于结算期的合同设立一项例外的建议（参见 BC327E 段至 BC327G 段）。但是，为回应关于对过渡日前取得的合同追溯采用《国

---

① 2020 年 6 月，理事会修订了《国际财务报告准则第 17 号》，允许主体在合同的初始确认日或过渡日评估一项合同是否符合具有相机参与分红特征的投资合同的定义。该评估与 BC382 段描述的其他评估相一致。

际财务报告准则第17号》（即，将这些合同作为未到期责任负债进行分类和计量）通常不切实际可行的反馈，理事会修订了《国际财务报告准则第17号》以提供过渡豁免。该豁免允许采用经修改的追溯法或公允价值法的主体，在以下情况下，将因结算赔付所产生的负债分类为已发生赔款负债：

（1）该负债与在不构成业务的保险合同转让中或者在适用《国际财务报告准则第3号》的企业合并中取得保险合同相关；以及

（2）购买日在过渡日之前。

**BC382B** 采用经修改的追溯法的主体，仅可在《国际财务报告准则第17号》C8段允许的情况下采用BC382A段中的豁免。

### 确定与合同服务边际和保险收入相关的金额（《国际财务报告准则第17号》C11段至C17段）

**BC383** 在许多情况下，BC378段所述的估计仅可通过后见之明来确定，这意味着主体将无法追溯应用《国际财务报告准则第17号》。据此，理事会决定具体规定可用于作出该等估计的经修改的操作。该等经修改的操作：

（1）使主体无须计量因与未来服务不相关而本应计入损益的估计变动，或评估在赔付发生时此类估计的变动已予转回的程度；

（2）为主体估计非金融风险调整在初始确认日的金额提供一个客观的方式；

（3）提供一个主体估计在初始确认日的折现率的方式；以及

（4）就主体应当如何确定在过渡日仍应保留的合同服务边际估计的具体数额提供指引。

#### 对《国际财务报告准则第17号》的修订——曾经考虑但被否决的修改

**BC383A** 理事会考虑了实施《国际财务报告准则第17号》的主体提出的允许主体制定其认为能实现最接近追溯应用的结果的经修改的操作的建议。理事会不赞成该建议，因为如果允许此类经修改的操作：

（1）那么主体可能采用的经修改的操作所产生的结果会让理事会认为不足够接近追溯应用的结果；以及

（2）那么每个主体可能会使用不同的经修改的操作，从而降低可比性并对财务报表使用者而言会增加复杂性。

**BC383B** 《国际财务报告准则第17号》C17段对具有直接参与分红特征的保险合同在过渡日的合同服务边际规定了一项经修改的操作。主体在采用该经修改的操作确定在过渡日的合同服务边际账面金额，与采用《国际财务报告准则第17号》C11段至C16段中经修改的操作确定不具有直接参与分红特征的保险合同在过渡日的合同服务边际相比，方式更加直接。主体可以通过这种更直接的方式确定合同服务边际，是因为具有直接参与分红特征的保险合同的合同服务边际重新计量的程度。一些利益相关方建议，主体应当能对具有直接参与分红特征的保险合同采用《国际财务报告准则第 17 号》C11 段至 C16 段中的经修改的操作。理事会不同意此建议，因为对该类合同采用该经修改的操作不太可能如采用《国际财务报告准则第 17 号》C17 段那样取得接近追溯应用的结果。

**确定保险财务收益和费用（《国际财务报告准则第 17 号》C18 段和 C19 段）**

**BC384** 如果主体选择将某些保险财务收益或费用计入其他综合收益，为追溯应用《国际财务报告准则第 17 号》，主体将需要追踪历史信息并评估各期间内从其他综合收益分摊至损益的金额，以确定计入其他综合收益的累计余额。如果与《国际财务报告准则第 17 号》C10 段相一致，主体在保险合同组中包括签发时间相距一年以上的合同，该信息将尤其难以确定。据此，理事会决定提供经修改的操作以使主体能够在过渡日确定此类金额。

*对《国际财务报告准则第 17 号》的修订——与在其他综合收益中确认的累计余额有关的反馈*

**BC384A** 一些实施《国际财务报告准则第 17 号》的主体表示，更愿意采用其他的修改替代《国际财务报告准则第 17 号》C18 段至 C19 段所述的修改，以确定计入其他综合收益的保险财务收益或费用于过渡日的累计金额。这些主体建议对于所有的保险合同（具有和不具有直接参与分红特征的保险合同），主体：

（1）应当将根据《国际财务报告准则第 9 号》进行会计处理的，与保险合同相关的金融资产计入其他综合收益的累计金额视为零；或

（2）应当将保险财务收益或费用计入其他综合收益的累计金额视为等于因根据《国际财务报告准则第 9 号》进行会计处理的，与保险合同相关的金融资产而计入其他综合收益的累计金额。

**BC384B** 理事会考虑但否决了 BC384A 段所述的建议，因为：

（1）该建议的修订中，在确定哪些资产与保险合同相关时都涉及重大主观性。

（2）理事会认为该建议的修订的产生的结果可能不足够接近追溯应用《国际财务报告准则第 17 号》的结果。

（3）BC384A（1）段所述的对《国际财务报告准则第 9 号》的建议修订，会使同时首次采用《国际财务报告准则第 9 号》和《国际财务报告报告准则第 17 号》并选择此方法的主体与其他已执行《国际财务报告准则第 9 号》的主体之间的可比性降低。理事会指出，与以公允价值计量且其变动计入其他综合收益的金融资产有关的计入其他综合收益的累计金额包括与预期信用损失相关的金额。因此，将过渡时累计金额设为零会影响预期信用损失在未来期间的会计处理。

（4）BC384A（2）段所述的对《国际财务报告准则第 17 号》的建议修订，意味着计入未来期间损益的保险财务收益或费用将会反映主体确定与保险合同相关的，于过渡日持有的资产的历史折现率。理事会得出结论认为，使用该历史折现率可能会导致有用信息的重大损失，因为在确定哪些资产与保险合同相关时所涉及的主观性，也

因为持有不同资产的主体之间保险合同的可比性将会降低。

## 公允价值法（《国际财务报告准则第 17 号》C20 段至 C24B 段）

**BC385** 理事会留意到在某些情况下，主体可能不具有应用经修改的追溯法所需的、无须付出不当成本或努力便可获得的合理及可支持的信息。因此，理事会具体规定在这种情况下，主体必须采用公允价值法；根据该方法，过渡日的合同服务边际应确定为履约现金流量与按照《国际财务报告准则第 13 号》确定的保险合同组公允价值之间的差额。理事会同时决定，在追溯应用并不切实可行的所有情况下均允许采用公允价值法（参见 BC373 段）。理事会决定明确，在确定保险合同组的公允价值时，主体不应当运用存款下限的概念（参见 BC165 段至 BC166 段）。

**BC386** 公允价值法同时允许采用与经修改的追溯法相同的涉及以下两者的经修改的操作：

（1）应在合同开始日或初始确认日执行的关于保险合同或保险合同组的评估；① 以及

（2）为确定保险财务收益和费用而必须确定的折现率和折现率变动的影响。

## 比较信息（《国际财务报告准则第 17 号》C25 段至 C28 段）

**BC387** 《国际财务报告准则第 17 号》要求主体针对在《国际财务报告准则第 17 号》首次执行日前的期间按照《国际财务报告准则第 17 号》的要求列报比较信息，以通过允许对各主体之间进行比较及运用趋势信息为财务报表使用者提供最有用的信息。然而，如果主体列报较早期间的比较信息，该比较信息无须按照《国际财务报告准则第 17 号》的要求予以重述。

**BC388** 理事会认为，鉴于此前会计实务的多样性以及《国际财务报告准则第 17 号》所带来的变化程序，有必要针对至少一个报告期间提供重述后的比较信息。由于《国际财务报告准则第 17 号》仅要求在切实可行的情况下在过渡时追溯应用，并且在追溯应用并不切实可行时具体规定了简化方法，理事会预期为确定比较金额而投入的时间和资源并不会显著超出首次采用《国际财务报告准则第 17 号》所需的时间和资源。理事会基于有关必要筹备时间的信息以及须重述一个报告期间的比较信息的考虑来设定《国际财务报告准则第 17 号》的生效日期。

**BC389** 重述一个报告期间的比较信息的要求不同于《国际财务报告准则第 9 号》的过渡性规定［其并未要求在过渡至《国际财务报告准则第 9 号》时重述比较信息，包括金融工具的公允价值（并且若进行重述须运用后见之明，则不允许重述）］。然而，理事会指出制定《国际财务报告准则第 9 号》的过渡性规定时的情况

---

① 采用公允价值法的主体被允许将因结算在不构成业务的保险合同转让中或者在适用《国际财务报告准则第 3 号》的企业合并中取得保险合同之前已发生的赔付所产生的负债分类为已发生赔款负债（参见 BC382A 段）。

有所不同（制定该等规定是旨在最大限度减少在生效日期前自愿采用《国际财务报告准则第 9 号》的障碍）。此外，应用《国际财务报告准则第 9 号》过渡性规定的全部主体此前都曾经应用相同的要求（即，《国际会计准则第 39 号》的要求）。相反，理事会预期大多数主体均不会在生效日期前提前采用《国际财务报告准则第 17 号》，并认为鉴于 BC388 段所述的原因，重述比较信息尤为重要。因此，理事会决定不出于促进提前采用《国际财务报告准则第 17 号》的目的提供无须重述比较信息的豁免。

**BC389A** 2020 年 6 月，理事会将《国际财务报告准则第 17 号》的生效日期由 2021 年 1 月 1 日推迟至 2023 年 1 月 1 日（参见 BC404A 段至 BC404F 段）。理事会考虑但否决了豁免重述比较信息的建议，因为理事会得出结论认为，鉴于以往会计实务的多样性以及《国际财务报告准则第 17 号》所引入变动的范围，比较信息的重述尤为重要。

### 其他过渡事项

#### 在过渡日前已终止确认的合同

**BC390** 理事会决定不针对在过渡日前已终止确认的合同提供简化方法。理事会指出，为如实反映保险合同组的剩余利润，有必要在剩余合同服务边际中反映在过渡日前已终止确认的合同的影响。此外，尽管主体可能难以获取已终止确认的所有合同现金流量的详情，理事会认为主体仍能够通过运用合理及可支持的信息作出估计和推断从而确定已终止确认的合同的影响。最后，理事会留意到如果主体无法作出上述估计和推断，将可采用公允价值法。

#### 合同分组 [《国际财务报告准则第 17 号》C9（1）段和 C10 段]

**BC391** 为追溯应用《国际财务报告准则第 17 号》，主体需要确定个别合同在初始确认时所属的保险合同组。《国际财务报告准则第 17 号》规定主体只能将签发时间相距不超过一年的合同归为一组。

**BC392** 理事会指出，要求主体对签发时间属于同一年的合同执行追溯分组可能并非始终切实可行。据此，理事会决定提供一项过渡豁免，从而主体无需将签发时间相距不超过一年的合同归入不同的合同组。此外，还允许主体在过渡后使用过渡日的折现率累计及调整相应的合同服务边际。而且理事会决定，对于按照《国际财务报告准则第 17 号》第 88（2）段和第 89（2）段选择将保险财务收益或费用在损益及其他综合收益之间进行分解的主体，应当允许其使用过渡日的折现率来确定计入损益的保险财务收益或费用。尽管这导致权益中的累计余额不同于采用全面追溯法所形成的金额，进而造成未来计入损益的保险财务收益或费用产生差异，但理事会认为可通过有关披露提醒财务报表使用者注意该等差异。

## 国际财务报告准则

*对《国际财务报告准则第 17 号》的修订——针对过渡时合同分组的反馈*

**BC392A** 在经修改的追溯法中，如果主体没有合理及可支持的信息将签发时间相隔超过一年的合同分成不同的组，那么主体可以将这些合同归入同一合同组——换言之，主体被允许不采用《国际财务报告准则第 17 号》第 22 段的按年分组要求。在公允价值法中，主体可以选择将签发时间相隔超过一年的合同归入同一合同组。一些利益相关方建议理事会提供进一步豁免，以允许主体在全面追溯法和经修改的追溯法中可以选择将签发时间相隔超过一年的合同归入同一合同组，无论主体是否有采用按年分组要求所需的合理及可支持的信息。理事会不同意该过渡豁免的建议，因为如果允许主体不采用按年分组的要求，那么：

（1）当主体拥有合理及可支持的信息能采用全面追溯法时，将会导致主体不采用全面追溯法；以及

（2）当主体拥有合理及可支持的信息能采用经修改的追溯法中的这个要求时，将会与经修改的追溯法的目标不一致。

### 用于缓释金融风险的衍生工具 [《国际财务报告准则第 17 号》C3（2）段]①

**BC393** 《国际财务报告准则第 17 号》B115 段规定，对于主体利用衍生工具缓释其金融风险的履约现金流量以及主体享有的基础项目公允价值回报份额的变动，允许主体不相应调整合同服务边际。②然而，主体在运用该选择权之前必须记录其用于缓释风险的风险管理目标和策略。该文件记录要求类似于《国际财务报告准则第 9 号》针对套期会计的文件记录要求。与《国际财务报告准则第 9 号》针对套期会计的过渡性规定相一致，理事会认为追溯调整对风险缓释的处理将产生后见之明的风险。特别是，理事会担忧事后编制的文件记录将使主体能够选择可运用该选择权的风险缓释关系，尤其是鉴于应用该方法是可选的。因此，《国际财务报告准则第 17 号》针对套期会计采用与《国际财务报告准则第 9 号》相一致的过渡性规定，要求在未来适用法的基础上自《国际财务报告准则第 17 号》的首次执行日起运用风险缓释选择权。③

*对《国际财务报告准则第 17 号》的修订——禁止追溯采用风险缓释选择权[《国际财务报告准则第 17 号》C3（2）段和 C5A 段]*

**BC393A** 2020 年 6 月，理事会修订了与风险缓释选择权有关的过渡性规定，以：

（1）允许主体自过渡日（而不是首次执行日）起以未来适用的方式采用《国际

---

①② 2020 年 6 月，理事会扩展了风险缓释选择权的适用范围，使主体在使用持有的再保险合同和以公允价值计量且其变动计入当期损益的非衍生金融工具缓释金融风险时，也可采用风险缓释选择权（参见 BC256A 段至 BC256F 段）。

③ 2020 年 6 月，理事会修订了《国际财务报告准则第17号》，将以未来适用方式采用风险缓释选择权的起始日期要求从首次执行日改为过渡日。

财务报告准则第 17 号》B115 段中的风险缓释选择权；以及

（2）当且仅当符合以下条件时，对于可以追溯应用《国际财务报告准则第 17 号》的一组保险合同，允许主体应用公允价值法：

①主体选择自过渡日起对该合同组以未来适用的方式采用风险缓释选择权；以及

②在过渡日前，主体已一直使用衍生工具、持有的再保险合同或以公允价值计量且其变动计入当期损益的非衍生金融工具对该保险合同组产生的金融风险予以缓释。

**BC393B** BC393A 段中所述的修订回应了担忧——禁止追溯采用风险缓释选择权降低了首次执行日之前与该日之后发生的风险缓释活动之间的可比性。大多数利益相关方同意理事会的观点，即 BC393A 段所述的修订解决了这些问题。

**BC393C** 但是，一些利益相关方建议理事会修订《国际财务报告准则第 17 号》以允许追溯采用风险缓释选择权，所以理事会考虑了是否应该进行此项修订。理事会指出，如果允许主体追溯采用该选择权，其就可以基于已知的会计结果来决定在合同服务边际中反映风险缓释活动的程度。主体可以不同于在以前期间如同《国际财务报告准则第 17 号》一直适用且无后见之明的情况下使用该选择权的方式采用该选择权。因此，允许追溯采用该选择权会影响向《国际财务报告准则第 17 号》过渡时以及这些保险合同组存续的后续期间内所提供信息的可信度。所以理事会重申其决定，由于存在使用后见之明的风险，禁止追溯采用该选择权。

**BC393D** 一些利益相关方建议理事会修订《国际财务报告准则第 17 号》以允许，当且仅当可能符合《国际财务报告准则第 17 号》B115 段至 B116 段所述条件的所有风险缓释关系都采用风险缓释选择权时，追溯采用该选择权（"全部采用或全不采用"方法）。这些利益相关方认为这样的修订能避免后见之明的风险。理事会考虑了什么是"全部采用或全不采用"的方法，以及理事会是否应当将该方法添加至《国际财务报告准则第 17 号》过渡性规定。理事会指出，"全部采用或全不采用"方法将要求：

（1）"全部采用"是指在过渡日存在的主体签发的所有保险合同（即，"全部采用"是在报告主体层面）；

（2）"全部采用"是指在保险合同组初始确认时与过渡日之间的任何时点均符合《国际财务报告准则第 17 号》B116 段中的条件的所有过去和当前的风险缓释关系；

（3）主体持有每一项如（2）所述风险缓释关系的历史文档记录，且该文档记录应在该主体符合《国际财务报告准则第 17 号》B116 段中条件的首个报告期的期初即存在；以及

（4）主体追溯确定在所有如（2）所述关系都采用风险缓释选择权的情况下于保险合同组的初始确认至过渡日期间内每一报告日的影响。

**BC393E** 理事会指出，除 BC393D 段中所述方法之外，任何其他方法都会涉及后见之明的风险。BC393D 段中所述方法不会涉及后见之明的风险。但是，理事会得出结论认为，在几乎所有情况下采用该方法都是不切实可行的。符合"全部采用或全不采用"方法所需的条件将是一个很高的障碍，主体仅在少数情况下才能克服。

因此，理事会决定不将这些要求添加至《国际财务报告准则第 17 号》。

## 金融资产的重新指定（《国际财务报告准则第 17 号》C29 段至 C33 段）

**BC394** 在首次采用《国际财务报告准则第 17 号》时，主体将属于下列两种情况之一：

(1) 已采用《国际财务报告准则第 9 号》；或者

(2) 同时首次采用《国际财务报告准则第 9 号》。

**BC395** 《国际财务报告准则第 9 号》包含有关金融资产分类的要求。《国际财务报告准则第 9 号》同时规定，在《国际财务报告准则第 9 号》的首次采用日主体可运用将金融资产指定为以公允价值计量且其变动计入损益的选择权，前提是该做法能够减少会计错配（公允价值选择权）。同时首次采用《国际财务报告准则第 9 号》和《国际财务报告准则第 17 号》的主体将能够在评估金融资产的分类、选择和指定的同时，评估《国际财务报告准则第 17 号》相关要求的影响。

**BC396** 理事会曾考虑对于此前已应用《国际财务报告准则第 9 号》的主体，是否应当允许其在首次采用《国际财务报告准则第 17 号》时重新审视按照《国际财务报告准则第 9 号》对金融资产作出的分类、选择和指定。《国际财务报告准则第 9 号》基于金融资产的合同现金流量特征以及持有金融资产的业务模式来确定分类。在应用《国际财务报告准则第 9 号》之后，只有主体业务模式发生变化时才能够变更所作的分类；理事会预期此类变更不会经常发生。此外，《国际财务报告准则第 9 号》通常不允许在初始确认后，对运用公允价值选择权的金融资产作出后续重新指定，或者将权益工具后续重新指定为归入或划出以公允价值计量且其变动计入其他综合收益的权益工具类别。

**BC397** 金融资产分类与保险合同负债列报之间的相互影响可能会造成损益中的会计错配。如果主体无法重新考虑在较早日期按照《国际财务报告准则第 9 号》作出的金融资产分类，则在首次采用《国际财务报告准则第 17 号》时可能会产生新的会计错配。理事会认为，鉴于主体在首次采用《国际财务报告准则第 9 号》时能够运用公允价值选择权对金融资产作出指定，其在首次采用《国际财务报告准则第 17 号》时也应能够运用相同程度的选择权。此外，理事会决定，应当允许提前采用《国际财务报告准则第 9 号》的主体重新选择使用其他综合收益来确认部分或全部并非为交易而持有的权益投资的公允价值变动，或撤销这一选择。针对该分类选择权的标准并未涉及会计错配，因此理事会决定，无论采用《国际财务报告准则第 17 号》时是否存在会计错配的影响，主体均应能够重新考虑这一选择。理事会指出，即使会计错配并未确定能否运用该分类选择权，在实务中主体在决定是否运用该选择权时也应考虑会计错配。

**BC398** 按照《国际财务报告准则第 9 号》对金融资产进行分类的一个主要因素是主体的业务模式。应用《国际财务报告准则第 17 号》本身很可能不会导致《国际财务报告准则第 9 号》所述的主体业务模式的变化。然而，理事会承认主体如何管理其金融资产与保险合同负债之间存在一定关系。因此，为减少产生会计错配的风险，理事会决定允许此前已应用《国际财务报告准则第9号》的主体在首次采用《国际财务报告准则第17号》时重新评估其业务模式。

*对《国际财务报告准则第 17 号》的修订——针对金融资产重新指定的反馈*

**BC398A** 理事会考虑但否决了实施《国际财务报告准则第17号》的主体提出的关于在首次采用《国际财务报告准则第17号》时的如下建议：

（1）允许在《国际财务报告准则第17号》之前首次采用《国际财务报告准则第9号》的主体应用《国际财务报告准则第17号》C29段中的过渡豁免，对在《国际财务报告准则第17号》比较期间内终止确认的金融资产进行重新指定；以及

（2）允许同时首次采用《国际财务报告准则第9号》和《国际财务报告准则第17号》的主体对在《国际财务报告准则第17号》比较期间内终止确认的金融资产应用《国际财务报告准则第9号》。

**BC398B** 在制定《国际财务报告准则第9号》时，理事会就《国际财务报告准则第9号》中与过渡有关的要求进行了广泛的讨论和咨询。这些要求包括禁止主体对已终止确认的项目应用《国际财务报告准则第9号》以及在一些情况下允许但不要求主体重述比较期间。

*对《国际财务报告准则第 17 号》的修订——当主体对《国际财务报告准则第 17 号》第 8A 段所述的合同选择采用《国际财务报告准则第 9 号》时的过渡性规定（《国际财务报告准则第 9 号》第 7.2.36 段至第 7.2.42 段）*

**BC398C** 一些主体将在首次采用《国际财务报告准则第9号》之后首次采用《国际财务报告准则第17号》。2020年6月，理事会修订了《国际财务报告准则第9号》，对采用《国际财务报告准则第17号》第8A段并选择将《国际财务报告准则第9号》应用于对于保险事项的赔偿仅限于保单持有人因该合同而产生支付义务金额的保险合同（参见BC94D段至BC94F段）的主体提出了过渡要求。该修订使这些主体在对这些合同首次应用《国际财务报告准则第9号》时，使用（2014年发布的）《国际财务报告准则第9号》第7.2段中的过渡性规定。

**BC398D** 理事会还考虑了与《国际财务报告准则第9号》中公允价值选择权相关的过渡性规定。主体作出的将《国际财务报告准则第9号》应用于对保险事项的赔偿仅限于保单持有人因该合同而产生支付义务金额的保险合同的决定，可能部分或全部改变此类合同的分类和计量。此类改变可能会在这些合同与主体可能认为与这些合同相关的金融负债之间产生或消除会计错配。因此，理事会修订了《国际财务报告准则第9号》的过渡性规定，如果为了避免产生新的会计错配或者因为之前的会计错配因采用这些修订而不再存在，那么在首次采用这些修订时，对于金融负债，允许主体指定或要求主体撤销之前的指定。

**BC398E** 与《国际财务报告准则第9号》和《国际财务报告准则第17号》的

过渡性规定相一致，理事会决定规定，当主体应用 BC398C 段所述的修订并选择将《国际财务报告准则第 9 号》应用于该类合同时：

(1) 仅当主体可以在不运用后见之明的情况下进行重述且重述的财务报表反映《国际财务报告准则第 9 号》对受影响的金融工具的所有要求时，该主体可以选择重述以前期间以反映应用这些修订的影响；

(2) 除了其他国际财务报告准则所要求的披露之外，该主体还须披露合同分类和计量因采用这些修订而发生的变化的信息；以及

(3) 该主体可选择不披露《国际会计准则第 8 号》第 28 (6) 段所要求披露的当期或任何列报前期的定量信息。

**BC398F** 由于在《国际财务报告准则第 17 号》中增加了第 8A 段，理事会增加了这些过渡性规定（参见 BC398C 段）。2020 年 6 月，理事会还在《国际财务报告准则第 17 号》第 7 (8) 段中增加了一项针对一些提供信用或支付安排的合同（例如特定的信用卡合同）的范围排除（参见 BC94A 段至 BC94C 段）。利益相关方表示，对于这类合同，很多主体已经将《国际财务报告准则第 9 号》应用于采用了《国际财务报告准则第 4 号》中分拆要求的信用或支付安排成分。但是，一些主体可能尚未如此。因此，若主体虽已采用《国际财务报告准则第 9 号》但尚未将《国际财务报告准则第 9 号》应用于这些成分，则将适用 BC398A 至 BC398E 段所讨论的过渡性规定。

### 过渡性披露（《国际财务报告准则第 17 号》第 114 段至第 116 段）

**BC399** 理事会预期，应用《国际财务报告准则第 17 号》允许的不同过渡方法将导致保险合同的计量产生若干差异。据此，理事会决定要求主体提供相应披露，以使财务报表使用者能够识别在过渡日运用经修改的追溯法或公允价值法计量的保险合同组对后续期间的合同服务边际和收入的影响。此外，理事会决定，为令财务报表使用者了解所使用方法和所运用判断的性质和重要性，对于要求提供相应披露的所有期间，主体应当说明其如何确定在过渡日存在的保险合同的计量。

### 披露针对每个受影响的财务报表单列项目的调整金额 [《国际会计准则第 8 号》第 28 (6) 段]

**BC400** 除非其他国际财务报告准则另有规定，否则主体必须应用《国际会计准则第 8 号》的披露要求。理事会决定，不应要求主体按照《国际会计准则第 8 号》第 28 (6) 段的规定，就当期及所列报的每一前期披露针对每个受影响的财务报表单列项目的调整金额。理事会认为，提供此项披露的成本（包括运行并行系统）将超过所带来的益处（特别是由于《国际财务报告准则第 4 号》允许主体采用广泛一系列的不同实务）。

### 理赔进展的披露（《国际财务报告准则第 17 号》第 130 段）

**BC401** 《国际财务报告准则第 4 号》第 44 段豁免主体在首次采用该项准则时无须披露关于前期理赔进展的信息。出于对成本与效益的考虑，理事会决定在《国际财务报告准则第 17 号》中沿用类似的豁免。

## 生效日期（《国际财务报告准则第 17 号》C1 段和 C2 段）

**BC402** 理事会通常会在新准则发布与其强制生效日期之间至少预留 12 至 18 个月的时间。然而，对于诸如《国际财务报告准则第 17 号》等将对主体构成广泛影响的主要准则，理事会将预留更长的实施期以使主体有充分时间解决实施该等准则时面临的操作方面的挑战。与此同时，理事会需要权衡更长的实施期为财务报表编制者带来的好处，与允许源自《国际财务报告准则第 4 号》的较不完善的会计实务继续存在产生的弊端。

**BC403** 理事会指出，《国际财务报告准则第 17 号》的应用对于主体而言较为复杂。因此，理事会决定所有主体均应自 2021 年 1 月 1 日或之后开始的年度期间应用《国际财务报告准则第 17 号》（即，本准则在其发布约三年半之后才生效）。考虑到重述比较信息的需要，这将为主体预留两年半的准备时间。①

**BC404** 尽管理事会指出，预期在某些司法管辖区在报告较高的负债之后会相应提高监管资本要求，而该较长的实施期可协助主体满足该提高后的要求，但监管资本要求与国际财务报告准则具有不同的目标。理事会决定，监管资本要求的潜在影响不应导致旨在提高关于主体财务状况透明度的准则延迟实施。

### 对《国际财务报告准则第 17 号》的修订——生效日期的推迟

**BC404A** 2020 年 6 月，理事会将《国际财务报告准则第 17 号》的生效日期推迟了两年，要求主体对自 2023 年 1 月 1 日或以后日期开始的年度报告期间应用《国际财务报告准则第 17 号》。

**BC404B** 理事会在 2019 年征求意见稿中提议将生效日期推迟一年，以平衡以下方面：

（1）鉴于理事会于 2018 年 10 月决定探讨对《国际财务报告准则第 17 号》可能的修订而产生的不确定性，提出确定的生效日期（参见 BC6A 段至 BC6C 段）；以及

（2）因为以下原因要求尽快实施《国际财务报告准则第 17 号》：

① 《国际财务报告准则第 17 号》是一项用以解决保险合同以往会计实务中的许多不足之处所迫切需要的准则；以及

② 本准则生效日期的不当拖延可能会增加工作量和成本，尤其是对于项目实施进

---

① 2020 年 6 月，理事会将《国际财务报告准则第 17 号》的生效日期推迟了两年，要求主体对自 2023 年 1 月 1 日或以后日期开始的年度报告期间应用《国际财务报告准则第 17 号》（参见 BC404A 段至 BC404F 段）。

入后期阶段的主体而言。

BC404C 针对2019年征求意见稿的反馈意见普遍支持理事会推迟生效日期的提议。一些利益相关方，尤其是财务报表使用者和监管机构，对任何超过一年的生效日期推迟表示担忧，而其他利益相关方则认为有必要推迟更长时间。

BC404D 一些利益相关方表示有必要推迟更长时间，由于一些主体需要更多时间来实施《国际财务报告准则第17号》，例如，因为系统的开发和适当会计政策的确定等方面存在的挑战，以及2019年征求意见稿中提议的修订对已在进行的实施项目产生的影响。理事会承认实施《国际财务报告准则第17号》是一项重大任务。但是，理事会指出，其在发布《国际财务报告准则第17号》时已允许三年半的实施时间。此外，鉴于对《国际财务报告准则第17号》的迫切需要，理事会认为，2019年征求意见稿中提议生效日期推迟的一年应足以顾及因在生效日期之前修订本准则而造成的任何干扰的影响。理事会谨慎地仅提议有针对性的修订，而不是重新讨论本准则的基本方面。但是，理事会承认，按照2019年征求意见稿提议的到2022年实施该准则将是一项困难的任务，尤其对于较小的保险公司而言。

BC404E 一些利益相关方建议有必要推迟更长时间，以确保《国际财务报告准则第17号》的首次执行在全球主要市场得以协调一致。这些利益相关方不能确定，如果理事会确认推迟一年，是否能实现这样的协调一致。他们对司法管辖区的批准和采纳流程的不确定性和延迟以及由此导致的一些司法管辖区可能设定的生效日期的不确定性发表了看法。理事会指出，其已设定的《国际财务报告准则第17号》的生效日期，使各司法管辖区有足够的时间采纳新准则。但是，理事会承认，在其生效日期之前考虑对本准则的修订不可避免地会干扰这些流程。理事会指出《国际财务报告准则第17号》的首次执行将对保险公司的财务报表产生重大影响，并承认，如果《国际财务报告准则第17号》的首次执行在全球范围内协调一致，将使财务报表使用者受益。

BC404F 因此，尽管理事会知道推迟实施《国际财务报告准则第17号》的成本，尤其对于财务报表使用者而言，但理事会决定将生效日期推迟两年至自2023年1月1日或之后日期开始的年度报告期间。理事会认为，推迟两年应留出了足够时间，使各司法管辖区有序地采纳经修订的《国际财务报告准则第17号》。因此，这应当能使更多的主体于大致相同的时间首次采用《国际财务报告准则第17号》，以使财务报表使用者受益。在2019年征求意见稿基础上增加的一年的延期也能帮助那些到2022年实施《国际财务报告准则第17号》有困难的主体，包括项目实施在2020年受到新型冠状病毒大流行疫情影响的主体。因此延期应有助于提高首次执行本准则的质量。

### 提前采用（《国际财务报告准则第17号》C1段和C2段）

BC405 《国际财务报告准则第4号》规定，如果变更针对保险合同的会计政策表明能提供更相关或可靠的信息，则允许主体变更其会计政策。据此，《国际财务报告准则第 4 号》已允许主体应用《国际财务报告准则第 17 号》的要求（与其他综合收益相关的要求和过渡豁免除外）。因此，理事会认为禁止提前采用《国际财务报告准则第 17 号》是不恰当的。

**BC406** 然而，由于《国际财务报告准则第 17 号》是基于《国际财务报告准则第 15 号》和《国际财务报告准则第 9 号》而制定以及鉴于理事会预期应用《国际财务报告准则第 17 号》需作出变更的程度，理事会得出结论认为，除非主体同时应用《国际财务报告准则第 15 号》和《国际财务报告准则第 9 号》，否则应禁止主体采用《国际财务报告准则第 17 号》。①

## 国际财务报告准则的首次采用者（《国际财务报告准则第 17 号》附录四）

**BC407** 理事会并未识别出任何原因表明国际财务报告准则的首次采用者需要运用与其他主体不同的过渡方法。因此，理事会修订了《国际财务报告准则第 1 号——首次采用国际财务报告准则》，规定如果追溯应用《国际财务报告准则第 17 号》并不切实可行（如《国际会计准则第 8 号》所定义），则应采用《国际财务报告准则第 17 号》中的经修改的追溯法或公允价值法。理事会决定，除《国际财务报告准则第 1 号》现已包含的豁免之外，不会就比较金额的重述提供任何额外豁免。

---

① 2020 年 6 月，理事会修订了《国际财务报告准则第 17 号》。《国际财务报告准则第 17 号》C1 段不再提及《国际财务报告准则第 15 号》，因为在发布 2020 年 6 月的修订时《国际财务报告准则第 15 号》已生效。

## 附录一　自2013年征求意见稿发布后的变更汇总

下表汇总了2013年征求意见稿与《国际财务报告准则第17号——保险合同》之间的主要差异。①

| 变更领域 | 变更描述 |
| --- | --- |
| 范围 | |
| 固定收费服务合同 | • 删除了主体必须针对符合保险合同定义的固定收费服务合同应用《国际财务报告准则第15号——客户合同收入》的要求。允许但不强制要求主体针对该等合同应用《国际财务报告准则第15号》。 |
| 合同的合并 | • 修订了关于合同合并的要求，从而仅在与相同或相关的合同的对方订立的一系列保险合同可能实现或旨在实现某一整体的商业效果，并且为报告该等合同的实质有必要将其合并的情况下，保险合同才应予以合并。 |
| 计量 | |
| 合同分组 | • 修订了有关要求，规定在初始确认时保险合同组合应当分解为以下三个合同组：亏损合同，无重大可能性会成为亏损的盈利合同，以及其他盈利合同，并针对限制定价的法律法规影响提供一项有限范围的豁免。合同组不得包括签发时间相距一年以上的合同。保险合同组合的定义为具有类似风险及共同进行管理的保险合同。 |
| 折现率 | • 针对不存在或只有极少可观察市场数据的情况明确了相关的指引。 |

---

① 本附录将2017年5月发布的《国际财务报告准则第17号》与2013年征求意见稿进行了比较。2020年6月，理事会修订了《国际财务报告准则第17号》。2020年6月的修订的汇总清单，包括对本结论基础相关段落的引用，在附录三中列示。

续表

| 变更领域 | 变更描述 |
| --- | --- |
| 合同服务边际 | • 明确了涉及合同服务边际确认模式的原则，所提供的指引规定对于除具有相机参与分红特征的投资合同之外的其他合同，主体应当基于责任单元在损益中确认合同服务边际。<br>• 修订了有关要求，规定主体应采用与现金流量估计变动相一致的方式，针对与未来服务相关的风险变动对合同服务边际作出调整。<br>• 修订了有关要求，规定此前已在损益中确认损失之后所产生的估计的有利变动，应当以转回此前已确认损失的金额为限计入损益。<br>• 明确了需对合同服务边际作出哪些调整。例如，由主体指定的可相机抉择的现金流量变动被视为与未来服务相关。 |
| 具有参与分红特征的保险合同 | • 删除了2013年征求意见稿建议的针对保险合同的镜像法（其要求主体持有基础项目并具体列明与此类基础项目的回报挂钩）<br>• 引入了具有直接参与分红特征的保险合同的定义——即，符合以下条件的合同：（1）合同条款规定保单持有人享有清晰可辨认的基础项目池之份额；（2）主体预期会将基础项目回报中相当大部分份额支付给保单持有人；以及（3）主体预期支付给保单持有人的金额的变化中相当大部分将随基础项目公允价值的变动而变动。<br>• 引入了一项要求，规定对于具有直接参与分红特征的保险合同，应针对主体预计从保险合同组赚取的费用估计的变动（相当于主体预期享有的基础项目回报份额，减去任何不会直接随基础项目变动而变化的预期现金流量），对合同服务边际作出调整。<br>• 引入了一项选择权，规定对于主体在指定情况下利用衍生工具缓释其金融风险的履约现金流量或主体享有的基础项目份额的变动，允许主体不相应调整合同服务边际。 |

**国际财务报告准则**

续表

| 变更领域 | 变更描述 |
| --- | --- |
| 保费分摊法 | |
| 计量 | • 修订了在责任期内确认收入的方式，规定收入应当基于时间的推移确认，或者若风险释放的预期模式显著不同于时间的推移，则应当基于已发生保险服务费用的预期时间予以确认。<br>• 修订后的要求规定，主体应当使用在已发生赔款负债确认当日所确定的折现率，针对已发生赔款负债确定计入损益的保险财务收益或费用。如果主体针对就已发生赔款负债进行折现的合同运用保费分摊法，并选择在其他综合收益中列报折现率变动的影响，则会发生这种情况。 |
| 持有的再保险合同 | |
| 计量 | • 修订后的要求规定，持有再保险合同组的主体，应将因立即计入损益的标的保险合同组履约现金流量估计的变动所导致的履约现金流量估计的任何变动立即计入损益。 |
| 列报和披露 | |
| 保险收入的列报 | • 修订后的要求规定，如果在损益中列报的保费信息与根据《国际财务报告准则第 17 号》确定的保险收入不一致，则禁止主体列报此类信息。 |
| 保险财务收益或费用的列报 | • 引入了一项会计政策选择，从而主体可以：（1）将当期保险财务收益或费用计入损益，或者（2）将当期保险财务收益或费用分解为计入损益的金额和计入其他综合收益的金额。<br>• 具体规定如果主体将保险财务收益或费用分解为计入损益的金额和计入其他综合收益的金额：<br>    • 在大多数情况下，计入损益的金额应通过预期保险财务收益或费用总额在保险合同组存续期内的系统分摊来确定。 |

续表

| 变更领域 | 变更描述 |
| --- | --- |
| 保险财务收益或费用的列报 | • 如果合同属于具有直接参与分红特征的保险合同并且主体持有基础项目（即，保险合同组与相关的基础项目之间不存在任何经济不匹配），则所确定的计入损益的金额应当消除与持有的基础项目产生的财务收益或费用之间的会计错配。 |
| 过渡 | |
| 如果追溯应用并不切实可行 | • 修订后的要求就追溯应用并不切实可行时对保险合同组的处理提供了进一步简化，包括允许主体在经修改的追溯法与公允价值法之间进行选择。经修改的追溯法允许主体针对追溯应用运用指定的经修改的操作，但仅能在主体缺乏追溯应用《国际财务报告准则第17号》的合理及可支持信息的必要范围内采用。公允价值法要求主体通过参照在过渡日的保险合同组公允价值来确定合同服务边际。 |
| 根据《国际财务报告准则第9号——金融工具》对金融工具的指定 | • 修订后的要求允许此前已应用《国际财务报告准则第9号》的主体在首次采用《国际财务报告准则第17号》时，基于首次执行日适用的事实和情况重新评估针对符合条件的金融资产的业务模式。<br>• 修订后的要求规定主体须提供额外披露，以协助财务报表使用者了解因应用《国际财务报告准则第17号》的任何过渡豁免而造成金融资产分类和计量变更时相应发生的变动。 |
| 比较信息 | • 修订后的要求规定，应用《国际财务报告准则第17号》在过渡时仅需重述一个比较期间。 |

## 附录二  对其他国际财务报告准则结论基础的修订

本附录列示了由于理事会颁布了《国际财务报告准则第17号——保险合同》而对其他国际财务报告准则的结论基础的修订。

\* \* \* \* \*

2017年发布本准则时包含在本附录中的修订已经被收录于本书的相关国际财务报告准则的结论基础中。

## 附录三  2020 发布的修订清单

表三列出了 2020 年 6 月发布的《国际财务报告准则第 17 号》的主要修订,并提及了本结论基础中包含的这些修订的理由(参见 BC6A 段至 BC6C 段)。

理事会还:

(1)针对起草《国际财务报告准则第 17 号》时未达到的理事会预期结果的情况进行了少量修订,以纠正这些情况;以及

(2)考虑但否决了利益相关方提议的其他修订,例如,对按年分组要求的修改建议(参见 BC139A 段至 BC139T 段)。

| 表三  2020 年 6 月发布的对《国际财务报告准则第 17 号》的主要修订 | |
|---|---|
| 修订的领域 | 《国际财务报告准则第 17 号》结论基础中的段落 |
| 范围排除——信用卡合同以及提供信用或支付安排的类似合同 | BC94A 段至 BC94C 段 |
| 范围排除——诸如含死亡豁免条款的贷款合同等特定的合同 | BC94D 段至 BC94F 段 |
| 保险获取现金流量 | BC184A 段至 BC184K 段<br>BC327H 段至 BC327I 段 |
| 中期财务报表中会计估计的影响 | BC236A 段至 BC236D 段 |
| 使用衍生工具之外的工具的风险缓释选择权 | BC256A 段至 BC256F 段 |
| 投资回报服务和投资相关服务对应的合同服务边际 | BC283A 段至 BC283J 段 |
| 再保险合同——标的保险合同亏损对应的摊回 | BC315A 段至 BC315L 段 |
| 在财务状况表中的列报 | BC330A 段至 BC330D 段 |
| 首次采用本准则——取得的处于结算期的合同的分类 | BC382A 段至 BC382B 段 |
| 首次采用本准则——禁止追溯采用风险缓释选择权 | BC393A 段至 BC393E 段 |
| 首次采用本准则——生效日期的推迟 | BC404A 段至 BC404F 段 |

# INTERNATIONAL FINANCIAL REPORTING STANDARD 17 INSURANCE CONTRACTS

# IFRS 17

# Insurance Contracts

In March 2004 the International Accounting Standards Board (Board) issued IFRS 4 *Insurance Contracts*. IFRS 4 was an interim standard which was meant to be in place until the Board completed its project on insurance contracts. IFRS 4 permitted entities to use a wide variety of accounting practices for insurance contracts, reflecting national accounting requirements and variations of those requirements, subject to limited improvements and specified disclosures.

In May 2017, the Board completed its project on insurance contracts with the issuance of IFRS 17 *Insurance Contracts*. IFRS 17 replaces IFRS 4 and sets out principles for the recognition, measurement, presentation and disclosure of insurance contracts within the scope of IFRS 17.

In June 2020, the Board issued *Amendments to IFRS 17*. The objective of the amendments is to assist entities implementing the Standard, while not unduly disrupting implementation or diminishing the usefulness of the information provided by applying IFRS 17.

Other Standards have made minor consequential amendments to IFRS 17, including *Amendments to References to the Conceptual Framework in IFRS Standards* (issued March 2018) and *Definition of Material* (Amendments to IAS 1 and IAS 8) (issued October 2018).

# CONTENTS

*from paragraph*

## IFRS 17 *INSURANCE CONTRACTS*

| | |
|---|---|
| **OBJECTIVE** | 1 |
| **SCOPE** | 3 |
| Combination of insurance contracts | 9 |
| Separating components from an insurance contract | 10 |
| **LEVEL OF AGGREGATION OF INSURANCE CONTRACTS** | 14 |
| **RECOGNITION** | 25 |
| Insurance acquisition cash flows | 28A |
| **MEASUREMENT** | 29 |
| Measurement on initial recognition | 32 |
| Subsequent measurement | 40 |
| Onerous contracts | 47 |
| Premium allocation approach | 53 |
| Reinsurance contracts held | 60 |
| Investment contracts with discretionary participation features | 71 |
| **MODIFICATION AND DERECOGNITION** | 72 |
| Modification of an insurance contract | 72 |
| Derecognition | 74 |
| **PRESENTATION IN THE STATEMENT OF FINANCIAL POSITION** | 78 |
| **RECOGNITION AND PRESENTATION IN THE STATEMENT(S) OF FINANCIAL PERFORMANCE** | 80 |
| Insurance service result | 83 |
| Insurance finance income or expenses | 87 |
| **DISCLOSURE** | 93 |
| Explanation of recognised amounts | 97 |
| Significant judgements in applying IFRS 17 | 117 |
| Nature and extent of risks that arise from contracts within the scope of IFRS 17 | 121 |

**APPENDICES**

**A** Defined terms

**B** Application guidance

**C** Effective date and transition

**D** Amendments to other IFRS Standards

**APPROVAL BY THE BOARD OF IFRS 17** *INSURANCE CONTRACTS*

**APPROVAL BY THE BOARD OF** *AMENDMENTS TO IFRS 17* **ISSUED IN JUNE 2020**

*FOR THE ACCOMPANYING GUIDANCE and supporting material LISTED BELOW, SEE PART B OF THIS EDITION*

**ILLUSTRATIVE EXAMPLES**

**IFRS 17 SUPPORTING MATERIAL**

*FOR THE BASIS FOR CONCLUSIONS, SEE PART C OF THIS EDITION*

**BASIS FOR CONCLUSIONS**

IFRS 17 *Insurance Contracts* is set out in paragraphs 1–132 and appendices A–D. All the paragraphs have equal authority. Paragraphs in **bold type** state the main principles. Terms defined in Appendix A are in *italics* the first time that they appear in the Standard. Definitions of other terms are given in the Glossary for IFRS Standards. The Standard should be read in the context of its objective and the Basis for Conclusions, the *Preface to IFRS Standards* and the *Conceptual Framework for Financial Reporting*. IAS 8 *Accounting Policies, Changes in Accounting Estimates and Errors* provides a basis for selecting and applying accounting policies in the absence of explicit guidance. **[Refer: IAS 8 paragraphs 10–12]**

# International Financial Reporting Standard 17
## *Insurance Contracts*

## Objective

1   IFRS 17 *Insurance Contracts* establishes principles for the recognition, measurement, presentation and disclosure of *insurance contracts* within the scope of the Standard. The objective of IFRS 17 is to ensure that an entity provides relevant information that faithfully represents those contracts. This information gives a basis for users of financial statements to assess the effect that insurance contracts have on the entity's financial position, financial performance and cash flows.

[Refer: Basis for Conclusions paragraphs BC1–BC15 (reasons for issuing the Standard) and paragraphs BC16–BC62 (explanation of the main features of the Standard), in particular, paragraph BC16 explains the approach adopted by the Board.]

  (a)   identifies its insurance contracts.

  (b)   separates specified embedded derivatives, distinct investment components and distinct performance obligations from the insurance contracts.

  (c)   divides the contracts into groups it will recognise and measure at:

      (i)   a risk-adjusted present value of the future cash flows; plus (if this value is a liability) or minus (if this value is an asset)

      (ii)  an amount representing the unearned profit in the group of contracts (the contractual service margin).

  (d)   recognises the profit from a group of insurance contracts over the period the entity provides insurance coverage, and as the entity is released from risk. If a group of contracts is or becomes loss-making, an entity recognises the loss immediately.

  (e)   presents separately insurance revenue, insurance service expenses and insurance finance income or expenses.

Some insurance contracts provide investment-return or investment related-service in addition to insurance coverage. In June 2020, the Board amended IFRS 17 to require an entity to recognise the profit from a group of insurance contracts over the period the entity provides insurance contract services (Refer: Basis for Conclusions paragraphs BC283A–BC283J).]

2   An entity shall consider its substantive rights and obligations, whether they arise from a contract, law or regulation, when applying IFRS 17. A contract is an agreement between two or more parties that creates enforceable rights and obligations. **[Refer: Basis for Conclusions paragraph BC69]** Enforceability of the rights and obligations in a contract is a matter of law. Contracts can be written, oral or implied by an entity's customary business practices. Contractual terms include all terms in a contract, explicit or implied, but an entity shall disregard terms that have no commercial substance (ie no discernible effect on the economics of the contract). Implied terms in a contract include those imposed by law or regulation. The practices and processes for establishing contracts with customers vary across legal jurisdictions, industries and entities. In addition, they may vary within an entity

(for example, they may depend on the class of customer or the nature of the promised goods or services).

## Scope

**[Refer: Basis for Conclusions paragraphs BC63–BC66]**

3 An entity shall apply IFRS 17 to:

(a) insurance contracts, including *reinsurance contracts*, it issues;

(b) reinsurance contracts it holds; and

(c) *investment contracts with discretionary participation features* it issues, provided the entity also issues insurance contracts. **[Refer: Basis for Conclusions paragraphs BC82–BC86]**

4 All references in IFRS 17 to insurance contracts also apply to:

(a) reinsurance contracts held, except:

(i) for references to insurance contracts issued; and

(ii) as described in paragraphs 60–70A.

(b) investment contracts with discretionary participation features as set out in paragraph 3(c), except for the reference to insurance contracts in paragraph 3(c) and as described in paragraph 71.

5 All references in IFRS 17 to insurance contracts issued also apply to insurance contracts acquired by the entity in a transfer of insurance contracts or a business combination other than reinsurance contracts held.

6 Appendix A defines an insurance contract and paragraphs B2–B30 of Appendix B provide guidance on the definition of an insurance contract.

7 An entity shall not apply IFRS 17 to:

(a) warranties provided by a manufacturer, dealer or retailer in connection with the sale of its goods or services to a customer (see IFRS 15 *Revenue from Contracts with Customers*). **[Refer: Basis for Conclusions paragraphs BC89 and BC90]**

(b) employers' assets and liabilities from employee benefit plans (see IAS 19 *Employee Benefits* and IFRS 2 *Share-based Payment*) and retirement benefit obligations reported by defined benefit retirement plans (see IAS 26 *Accounting and Reporting by Retirement Benefit Plans*).

(c) contractual rights or contractual obligations contingent on the future use of, or the right to use, a non-financial item (for example, some licence fees, royalties, variable and other contingent lease payments and similar items: see IFRS 15, IAS 38 *Intangible Assets* and IFRS 16 *Leases*).

(d) residual value guarantees provided by a manufacturer, dealer or retailer and a lessee's residual value guarantees when they are embedded in a lease (see IFRS 15 and IFRS 16).

(e) financial guarantee contracts, unless the issuer has previously asserted explicitly that it regards such contracts as insurance contracts and has used accounting applicable to insurance contracts. The issuer shall choose to apply either IFRS 17 or IAS 32 *Financial Instruments: Presentation*, IFRS 7 *Financial Instruments: Disclosures* and IFRS 9 *Financial Instruments* to such financial guarantee

contracts. The issuer may make that choice contract by contract, but the choice for each contract is irrevocable.
**[Refer: Basis for Conclusions paragraphs BC91–BC94]**

(f) contingent consideration payable or receivable in a business combination (see IFRS 3 *Business Combinations*).

(g) insurance contracts in which the entity is the *policyholder*, unless those contracts are reinsurance contracts held (see paragraph 3(b)). **[Refer: Basis for Conclusions paragraph BC66]**

(h) credit card contracts, or similar contracts that provide credit or payment arrangements, that meet the definition of an insurance contract if, and only if, the entity does not reflect an assessment of the *insurance risk* associated with an individual customer in setting the price of the contract with that customer (see IFRS 9 and other applicable IFRS Standards). However, if, and only if, IFRS 9 requires an entity to separate an insurance coverage component (see paragraph 2.1(e)(iv) of IFRS 9) that is embedded in such a contract, the entity shall apply IFRS 17 to that component. **[Refer: Basis for Conclusions paragraphs BC94A–BC94C]**

8 Some contracts meet the definition of an insurance contract but have as their primary purpose the provision of services for a fixed fee. An entity may choose to apply IFRS 15 instead of IFRS 17 to such contracts that it issues if, and only if, specified conditions are met. The entity may make that choice contract by contract, but the choice for each contract is irrevocable. The conditions are:

(a) the entity does not reflect an assessment of the risk associated with an individual customer in setting the price of the contract with that customer;

(b) the contract compensates the customer by providing services, rather than by making cash payments to the customer; and

(c) the insurance risk transferred by the contract arises primarily from the customer's use of services rather than from uncertainty over the cost of those services.

**[Refer: Basis for Conclusions paragraphs BC95–BC97]**

8A Some contracts meet the definition of an insurance contract but limit the compensation for *insured events* to the amount otherwise required to settle the policyholder's obligation created by the contract (for example, loans with death waivers). An entity shall choose to apply either IFRS 17 or IFRS 9 to such contracts that it issues unless such contracts are excluded from the scope of IFRS 17 by paragraph 7. The entity shall make that choice for each *portfolio of insurance contracts*, and the choice for each portfolio is irrevocable.
**[Refer: Basis for Conclusions paragraphs BC94D–BC94F and BC398C–BC398F]**

## Combination of insurance contracts

9 A set or series of insurance contracts with the same or a related counterparty may achieve, or be designed to achieve, an overall commercial effect. In order to report the substance of such contracts, it may be necessary to treat the set or series of contracts as a whole. For example, if the rights or obligations in one contract do nothing other than entirely negate the rights or obligations in another contract entered into at the same time with the same counterparty, the combined effect is that no rights or obligations exist.

## Separating components from an insurance contract (paragraphs B31–B35)

[Refer:

Basis for Conclusions paragraphs BC98–BC114

Illustrative Examples, Examples 4 and 5]

10   An insurance contract may contain one or more components that would be within the scope of another Standard if they were separate contracts. For example, an insurance contract may include an *investment component* or a component for services other than insurance contract services (or both). An entity shall apply paragraphs 11–13 to identify and account for the components of the contract.

11   An entity shall:

   (a)   apply IFRS 9 to determine whether there is an embedded derivative to be separated and, if there is, how to account for that derivative. **[Refer: Basis for Conclusions paragraphs BC104–BC107]**

   (b)   separate from a host insurance contract an investment component if, and only if, that investment component is distinct (see paragraphs B31–B32). The entity shall apply IFRS 9 to account for the separated investment component unless it is an investment contract with discretionary participation features within the scope of IFRS 17 (see paragraph 3(c)).

   **[Refer: Basis for Conclusions paragraphs BC108 and BC109]**

12   After applying paragraph 11 to separate any cash flows related to embedded derivatives and distinct investment components, an entity shall separate from the host insurance contract any promise to transfer to a policyholder distinct goods or services other than insurance contract services, applying paragraph 7 of IFRS 15. The entity shall account for such promises applying IFRS 15. In applying paragraph 7 of IFRS 15 to separate the promise, the entity shall apply paragraphs B33–B35 of IFRS 17 and, on initial recognition, shall:

   (a)   apply IFRS 15 to attribute the cash inflows between the insurance component and any promises to provide distinct goods or services other than insurance contract services; and

   (b)   attribute the cash outflows between the insurance component and any promised goods or services other than insurance contract services, accounted for applying IFRS 15 so that:

      (i)   cash outflows that relate directly to each component are attributed to that component; and

      (ii)   any remaining cash outflows are attributed on a systematic and rational basis, reflecting the cash outflows the entity would expect to arise if that component were a separate contract.

   **[Refer: Basis for Conclusions paragraphs BC110–BC113]**

13   After applying paragraphs 11–12, an entity shall apply IFRS 17 to all remaining components of the host insurance contract. Hereafter, all references in IFRS 17 to embedded derivatives refer to derivatives that have not been separated from the host insurance contract and all references to investment components refer to investment components that have not been separated from the host insurance contract (except those references in paragraphs B31–B32).

[Refer: Basis for Conclusions paragraph BC114]

## Level of aggregation of insurance contracts

[Refer: Basis for Conclusions paragraphs BC51, BC52 and BC115–BC139T]

14 An entity shall identify portfolios of insurance contracts. A portfolio comprises contracts subject to similar risks and managed together. Contracts within a product line would be expected to have similar risks and hence would be expected to be in the same portfolio if they are managed together. Contracts in different product lines (for example single premium fixed annuities compared with regular term life assurance) would not be expected to have similar risks and hence would be expected to be in different portfolios.

15 Paragraphs 16–24 apply to insurance contracts issued. The requirements for the level of aggregation of reinsurance contracts held are set out in paragraph 61.

[Refer: Basis for Conclusions paragraph BC128]

16 An entity shall divide a portfolio of insurance contracts issued into a minimum of:

    (a) a group of contracts that are onerous at initial recognition, if any;

    (b) a group of contracts that at initial recognition have no significant possibility of becoming onerous subsequently, if any; [Refer: Basis for Conclusions paragraphs BC130 and BC139D] and

    (c) a group of the remaining contracts in the portfolio, if any.

17 If an entity has reasonable and supportable information to conclude that a set of contracts will all be in the same group applying paragraph 16, it may measure the set of contracts to determine if the contracts are onerous (see paragraph 47) and assess the set of contracts to determine if the contracts have no significant possibility of becoming onerous subsequently (see paragraph 19). If the entity does not have reasonable and supportable information to conclude that a set of contracts will all be in the same group, it shall determine the group to which contracts belong by considering individual contracts.

[Refer: Basis for Conclusions paragraph BC129]

18 For contracts issued to which an entity applies the premium allocation approach (see paragraphs 53–59), the entity shall assume no contracts in the portfolio are onerous at initial recognition, unless facts and circumstances indicate otherwise. An entity shall assess whether contracts that are not onerous at initial recognition have no significant possibility of becoming onerous subsequently by assessing the likelihood of changes in applicable facts and circumstances.

[Refer: Basis for Conclusions paragraph BC128]

19 For contracts issued to which an entity does not apply the premium allocation approach (see paragraphs 53–54), an entity shall assess whether contracts that are not onerous at initial recognition have no significant possibility of becoming onerous:

    (a) based on the likelihood of changes in assumptions which, if they occurred, would result in the contracts becoming onerous.

    (b) using information about estimates provided by the entity's internal reporting. Hence, in assessing whether contracts that are not onerous at initial recognition have no significant possibility of becoming onerous:

(i) an entity shall not disregard information provided by its internal reporting about the effect of changes in assumptions on different contracts on the possibility of their becoming onerous; but

(ii) an entity is not required to gather additional information beyond that provided by the entity's internal reporting about the effect of changes in assumptions on different contracts.

[Refer: Basis for Conclusions paragraph BC130]

20 If, applying paragraphs 14–19, contracts within a portfolio would fall into different groups only because law or regulation specifically constrains the entity's practical ability to set a different price or level of benefits for policyholders with different characteristics, the entity may include those contracts in the same group. The entity shall not apply this paragraph by analogy to other items.

[Refer: Basis for Conclusions paragraphs BC131–BC134]

21 An entity is permitted to subdivide the groups described in paragraph 16. For example, an entity may choose to divide the portfolios into:

(a) more groups that are not onerous at initial recognition—if the entity's internal reporting provides information that distinguishes:

(i) different levels of profitability; or

(ii) different possibilities of contracts becoming onerous after initial recognition; and

(b) more than one group of contracts that are onerous at initial recognition—if the entity's internal reporting provides information at a more detailed level about the extent to which the contracts are onerous.

**22 An entity shall not include contracts issued more than one year apart in the same group. To achieve this the entity shall, if necessary, further divide the groups described in paragraphs 16–21.**

[Refer: Basis for Conclusions paragraphs BC136–BC138 and BC139F–BC139T]

23 A *group of insurance contracts* shall comprise a single contract if that is the result of applying paragraphs 14–22.

24 An entity shall apply the recognition and measurement requirements of IFRS 17 to the groups of contracts determined by applying paragraphs 14–23. An entity shall establish the groups at initial recognition and add contracts to the groups applying paragraph 28. The entity shall not reassess the composition of the groups subsequently. To measure a group of contracts, an entity may estimate the *fulfilment cash flows* at a higher level of aggregation than the group or portfolio, provided the entity is able to include the appropriate fulfilment cash flows in the measurement of the group, applying paragraphs 32(a), 40(a)(i) and 40(b), by allocating such estimates to groups of contracts.

[Refer: Basis for Conclusions paragraph BC117]

# Recognition

**25 An entity shall recognise a group of insurance contracts it issues from the earliest of the following:**

**(a) the beginning of the *coverage period* of the group of contracts;**

(b) the date when the first payment from a policyholder in the group becomes due; and

(c) for a group of onerous contracts, when the group becomes onerous.

[Refer: Basis for Conclusions paragraphs BC140–BC144]

26 If there is no contractual due date, the first payment from the policyholder is deemed to be due when it is received. An entity is required to determine whether any contracts form a group of onerous contracts applying paragraph 16 before the earlier of the dates set out in paragraphs 25(a) and 25(b) if facts and circumstances indicate there is such a group.

[Refer: Basis for Conclusions paragraph BC144]

27 [Deleted]

28 In recognising a group of insurance contracts in a reporting period, an entity shall include only contracts that individually meet one of the criteria set out in paragraph 25 and shall make estimates for the discount rates at the date of initial recognition (see paragraph B73) and the coverage units provided in the reporting period (see paragraph B119). An entity may include more contracts in the group after the end of a reporting period, subject to paragraphs 14–22. An entity shall add a contract to the group in the reporting period in which that contract meets one of the criteria set out in paragraph 25. This may result in a change to the determination of the discount rates at the date of initial recognition applying paragraph B73. An entity shall apply the revised rates from the start of the reporting period in which the new contracts are added to the group.

[Refer: Basis for Conclusions paragraphs BC139 and BC145A]

## Insurance acquisition cash flows (paragraphs B35A–B35D)

[Refer: Basis for Conclusions paragraphs BC145 and BC175–BC184K]

28A An entity shall allocate *insurance acquisition cash flows* to groups of insurance contracts using a systematic and rational method applying paragraphs B35A–B35B, **[Refer also: Basis for Conclusions paragraphs BC184A and BC184B]** unless it chooses to recognise them as expenses applying paragraph 59(a).

28B An entity not applying paragraph 59(a) shall recognise as an asset insurance acquisition cash flows paid (or insurance acquisition cash flows for which a liability has been recognised applying another IFRS Standard) before the related group of insurance contracts is recognised. An entity shall recognise such an asset for each related group of insurance contracts.

28C An entity shall derecognise an asset for insurance acquisition cash flows when the insurance acquisition cash flows are included in the measurement of the related group of insurance contracts applying paragraph 38(c)(i) or paragraph 55(a)(iii).

28D If paragraph 28 applies, an entity shall apply paragraphs 28B–28C in accordance with paragraph B35C.

28E At the end of each reporting period, an entity shall assess the recoverability of an asset for insurance acquisition cash flows if facts and circumstances indicate the asset may be impaired (see paragraph B35D). **[Refer: Basis for Conclusions paragraph BC184I]** If an entity identifies an impairment loss, the entity shall adjust the carrying amount of the asset and recognise the impairment loss in profit or loss. **[Refer: Basis for Conclusions paragraph BC184J]**

28F    An entity shall recognise in profit or loss a reversal of some or all of an impairment loss previously recognised applying paragraph 28E and increase the carrying amount of the asset, to the extent that the impairment conditions no longer exist or have improved.

## Measurement (paragraphs B36–B119F)

[Refer: Basis for Conclusions paragraphs BC146–BC315L]

29   An entity shall apply paragraphs 30–52 to all groups of insurance contracts within the scope of IFRS 17, with the following exceptions:

   (a)   for groups of insurance contracts meeting either of the criteria specified in paragraph 53, an entity may simplify the measurement of the group using the premium allocation approach in paragraphs 55–59.

   (b)   for groups of reinsurance contracts held, an entity shall apply paragraphs 32–46 as required by paragraphs 63–70A. Paragraph 45 (on *insurance contracts with direct participation features*) and paragraphs 47–52 (on onerous contracts) do not apply to groups of reinsurance contracts held.

   (c)   for groups of investment contracts with discretionary participation features, an entity shall apply paragraphs 32–52 as modified by paragraph 71.

30   When applying IAS 21 *The Effects of Changes in Foreign Exchange Rates* to a group of insurance contracts that generate cash flows in a foreign currency, an entity shall treat the group of contracts, including the *contractual service margin*, as a monetary item. [Refer: Basis for Conclusions paragraphs BC277 and BC278]

31   In the financial statements of an entity that issues insurance contracts, the fulfilment cash flows shall not reflect the non-performance risk of that entity (non-performance risk is defined in IFRS 13 *Fair Value Measurement*). [Refer: Basis for Conclusions paragraph BC197]

### Measurement on initial recognition (paragraphs B36–B95F)

32   On initial recognition, an entity shall measure a group of insurance contracts at the total of:

   (a)   the fulfilment cash flows, which comprise:

      (i)    estimates of future cash flows (paragraphs 33–35);

      (ii)   an adjustment to reflect the time value of money and the *financial risks* related to the future cash flows, to the extent that the financial risks are not included in the estimates of the future cash flows (paragraph 36); and

      (iii)  a *risk adjustment for non-financial risk* (paragraph 37).

   (b)   the contractual service margin, measured applying paragraphs 38–39.

[Refer: Illustrative Examples, Example 1]

#### Estimates of future cash flows (paragraphs B36–B71)

[Refer: Basis for Conclusions paragraphs BC19, BC20 and BC147–BC184N]

33　　An entity shall include in the measurement of a group of insurance contracts all the future cash flows within the boundary of each contract in the group (see paragraph 34). Applying paragraph 24, an entity may estimate the future cash flows at a higher level of aggregation and then allocate the resulting fulfilment cash flows to individual groups of contracts. The estimates of future cash flows shall:

   (a) incorporate, in an unbiased way, all reasonable and supportable information available without undue cost or effort about the amount, timing and uncertainty of those future cash flows (see paragraphs B37–B41). To do this, an entity shall estimate the expected value (ie the probability-weighted mean) of the full range of possible outcomes. [Refer: Basis for Conclusions paragraphs BC148–BC152]

   (b) reflect the perspective of the entity, provided that the estimates of any relevant market variables are consistent with observable market prices for those variables (see paragraphs B42–B53). [Refer: Basis for Conclusions paragraphs BC153 and BC154]

   (c) be current—the estimates shall reflect conditions existing at the measurement date, including assumptions at that date about the future (see paragraphs B54–B60). [Refer: Basis for Conclusions paragraphs BC155 and BC156]

   (d) be explicit—the entity shall estimate the adjustment for non-financial risk separately from the other estimates (see paragraph B90). The entity also shall estimate the cash flows separately from the adjustment for the time value of money and financial risk, unless the most appropriate measurement technique combines these estimates (see paragraph B46). [Refer: Basis for Conclusions paragraph BC157]

34　　Cash flows are within the boundary of an insurance contract if they arise from substantive rights and obligations that exist during the reporting period in which the entity can compel the policyholder to pay the premiums or in which the entity has a substantive obligation to provide the policyholder with insurance contract services (see paragraphs B61–B71). A substantive obligation to provide insurance contract services ends when:

   (a) the entity has the practical ability to reassess the risks of the particular policyholder and, as a result, can set a price or level of benefits that fully reflects those risks; or

   (b) both of the following criteria are satisfied:

      (i) the entity has the practical ability to reassess the risks of the portfolio of insurance contracts that contains the contract and, as a result, can set a price or level of benefits that fully reflects the risk of that portfolio; and

      (ii) the pricing of the premiums up to the date when the risks are reassessed does not take into account the risks that relate to periods after the reassessment date.

[Refer: Basis for Conclusions paragraphs BC159–BC164]

35　　An entity shall not recognise as a liability or as an asset any amounts relating to expected premiums or expected claims outside the boundary of the insurance contract. Such amounts relate to future insurance contracts. [Refer: Basis for Conclusions paragraphs BC159–BC164]

## Discount rates (paragraphs B72–B85)

36 An entity shall adjust the estimates of future cash flows to reflect the time value of money and the financial risks related to those cash flows, to the extent that the financial risks are not included in the estimates of cash flows. The discount rates applied to the estimates of the future cash flows described in paragraph 33 shall:

(a) reflect the time value of money, the characteristics of the cash flows and the liquidity characteristics of the insurance contracts;

(b) be consistent with observable current market prices (if any) for financial instruments with cash flows whose characteristics are consistent with those of the insurance contracts, in terms of, for example, timing, currency and liquidity; and

(c) exclude the effect of factors that influence such observable market prices but do not affect the future cash flows of the insurance contracts.

[Refer: Basis for Conclusions paragraphs BC185–BC205B]

## Risk adjustment for non-financial risk (paragraphs B86–B92)

37 An entity shall adjust the estimate of the present value of the future cash flows to reflect the compensation that the entity requires for bearing the uncertainty about the amount and timing of the cash flows that arises from non-financial risk. [Refer: Basis for Conclusions paragraphs BC206–BC214C]

## Contractual service margin

38 The contractual service margin is a component of the asset or liability for the group of insurance contracts that represents the unearned profit the entity will recognise as it provides insurance contract services in the future. An entity shall measure the contractual service margin on initial recognition of a group of insurance contracts at an amount that, unless paragraph 47 (on onerous contracts) or paragraph B123A (on insurance revenue relating to paragraph 38(c)(ii)) applies, results in no income or expenses arising from:

(a) the initial recognition of an amount for the fulfilment cash flows, measured by applying paragraphs 32–37;

(b) any cash flows arising from the contracts in the group at that date;

(c) the derecognition at the date of initial recognition of:

(i) any asset for insurance acquisition cash flows applying paragraph 28C; and

(ii) any other asset or liability previously recognised for cash flows related to the group of contracts as specified in paragraph B66A. [Refer: Basis for Conclusions paragraphs BC184L–BC184N]

[Refer:

Basis for Conclusions paragraphs BC18, BC21, BC218 and BC219

Illustrative Examples, Example 1]

39 For insurance contracts acquired in a transfer of insurance contracts or in a business combination within the scope of IFRS 3, an entity shall apply paragraph 38 in accordance with paragraphs B93–B95F.

[Refer:

Basis for Conclusions paragraphs BC323–BC327A

Illustrative Examples, Examples 13 and 14]

[Refer also: IFRS 17 Supporting Material (see Part B)—one-page summary of the accounting model in IFRS 17 published by the staff of the IFRS Foundation]

## Subsequent measurement

[Refer:

Basis for Conclusions paragraphs BC18–BC20 and BC22–BC26

Illustrative Examples, Examples 2 and 3]

40    The carrying amount of a group of insurance contracts at the end of each reporting period shall be the sum of:

    (a)    the *liability for remaining coverage* comprising:

        (i)    the fulfilment cash flows related to future service allocated to the group at that date, measured applying paragraphs 33–37 and B36–B92;

        (ii)    the contractual service margin of the group at that date, measured applying paragraphs 43–46; and

    (b)    the *liability for incurred claims*, comprising the fulfilment cash flows related to past service allocated to the group at that date, measured applying paragraphs 33–37 and B36–B92.

41    An entity shall recognise income and expenses for the following changes in the carrying amount of the liability for remaining coverage:

    (a)    insurance revenue—for the reduction in the liability for remaining coverage because of services provided in the period, measured applying paragraphs B120–B124; [Refer: Basis for Conclusions paragraphs BC27–BC37]

    (b)    insurance service expenses—for losses on groups of onerous contracts, and reversals of such losses (see paragraphs 47–52); and

    (c)    insurance finance income or expenses—for the effect of the time value of money and the effect of financial risk as specified in paragraph 87. [Refer: Basis for Conclusions paragraphs BC38–BC41]

42    An entity shall recognise income and expenses for the following changes in the carrying amount of the liability for incurred claims:

    (a)    insurance service expenses—for the increase in the liability because of claims and expenses incurred in the period, excluding any investment components; [Refer: Basis for Conclusions paragraphs BC33–BC34A]

    (b)    insurance service expenses—for any subsequent changes in fulfilment cash flows relating to incurred claims and incurred expenses; and

    (c)    insurance finance income or expenses—for the effect of the time value of money and the effect of financial risk as specified in paragraph 87. [Refer: Basis for Conclusions paragraphs BC38–BC41]

## Contractual service margin (paragraphs B96–B119B)

[Refer: Basis for Conclusions paragraphs BC18, BC22–BC26, BC59, BC60 and BC220–BC283J]

43 The contractual service margin at the end of the reporting period represents the profit in the group of insurance contracts that has not yet been recognised in profit or loss because it relates to the future service to be provided under the contracts in the group. [Refer: Basis for Conclusions paragraphs BC18 and BC22–BC26]

44 For *insurance contracts without direct participation features*, the carrying amount of the contractual service margin of a group of contracts at the end of the reporting period equals the carrying amount at the start of the reporting period adjusted for:

   (a) the effect of any new contracts added to the group (see paragraph 28);

   (b) interest accreted on the carrying amount of the contractual service margin during the reporting period, measured at the discount rates specified in paragraph B72(b); [Refer: Basis for Conclusions paragraphs BC270–BC276E]

   (c) the changes in fulfilment cash flows relating to future service as specified in paragraphs B96–B100, [Refer: Basis for Conclusions paragraphs BC222–BC237 and Illustrative Examples, Example 2A paragraph IE20] except to the extent that:

   (i) such increases in the fulfilment cash flows exceed the carrying amount of the contractual service margin, giving rise to a loss (see paragraph 48(a)); or

   (ii) such decreases in the fulfilment cash flows are allocated to the loss component of the liability for remaining coverage applying paragraph 50(b).

   [Refer:

   Basis for Conclusions paragraphs BC284–BC287

   Illustrative Examples, Example 2B paragraph IE26 and Example 8]

   (d) the effect of any currency exchange differences on the contractual service margin; [Refer: Basis for Conclusions paragraph BC277] and

   (e) the amount recognised as insurance revenue because of the transfer of insurance contract services in the period, determined by the allocation of the contractual service margin remaining at the end of the reporting period (before any allocation) over the current and remaining coverage period applying paragraph B119. [Refer: Basis for Conclusions paragraphs BC279–BC283J]

[Refer: Illustrative Examples, Examples 2, 6 and 8]

45 For insurance contracts with direct participation features (see paragraphs B101–B118), the carrying amount of the contractual service margin of a group of contracts at the end of the reporting period equals the carrying amount at the start of the reporting period adjusted for the amounts specified in subparagraphs (a)–(e) below. An entity is not required to identify these adjustments separately. Instead, a combined amount may be determined for some, or all, of the adjustments. The adjustments are:

   (a) the effect of any new contracts added to the group (see paragraph 28);

   (b) the change in the amount of the entity's share of the fair value of the *underlying items* (see paragraph B104(b)(i)), [Refer: Basis for Conclusions paragraph BC276] except to the extent that:

(i) paragraph B115 (on risk mitigation) applies; **[Refer: Basis for Conclusions paragraphs BC250–BC256H]**

(ii) the decrease in the amount of the entity's share of the fair value of the underlying items exceeds the carrying amount of the contractual service margin, giving rise to a loss (see paragraph 48); **[Refer: Basis for Conclusions paragraph BC247]** or

(iii) the increase in the amount of the entity's share of the fair value of the underlying items reverses the amount in (ii). **[Refer: Basis for Conclusions paragraph BC247]**

(c) the changes in fulfilment cash flows relating to future service, as specified in paragraphs B101–B118, **[Refer: Basis for Conclusions paragraphs BC222–BC226 and BC240–BC246]** except to the extent that:

(i) paragraph B115 (on risk mitigation) applies; **[Refer: Basis for Conclusions paragraphs BC250–BC256H]**

(ii) such increases in the fulfilment cash flows exceed the carrying amount of the contractual service margin, giving rise to a loss (see paragraph 48); **[Refer: Basis for Conclusions paragraph BC247]** or

(iii) such decreases in the fulfilment cash flows are allocated to the loss component of the liability for remaining coverage applying paragraph 50(b). **[Refer: Basis for Conclusions paragraph BC247]**

(d) the effect of any currency exchange differences arising on the contractual service margin; **[Refer: Basis for Conclusions paragraph BC277]** and

(e) the amount recognised as insurance revenue because of the transfer of insurance contract services in the period, determined by the allocation of the contractual service margin remaining at the end of the reporting period (before any allocation) over the current and remaining coverage period applying paragraph B119. **[Refer: Basis for Conclusions paragraphs BC279–BC283A]**

**[Refer: Illustrative Examples, Example 9 and Example 16 paragraph IE184]**

46  Some changes in the contractual service margin offset changes in the fulfilment cash flows for the liability for remaining coverage, resulting in no change in the total carrying amount of the liability for remaining coverage. To the extent that changes in the contractual service margin do not offset changes in the fulfilment cash flows for the liability for remaining coverage, an entity shall recognise income and expenses for the changes, applying paragraph 41.

**[Refer:**

**Basis for Conclusions paragraphs BC24–BC26**

**Illustrative Examples, Examples 2, 6 and 9]**

## Onerous contracts

**[Refer: Basis for Conclusions paragraphs BC21 and BC284–BC287]**

47  An insurance contract is onerous at the date of initial recognition if the fulfilment cash flows allocated to the contract, any previously recognised insurance acquisition cash flows and any cash flows arising from the contract at the date of initial recognition in total are a net outflow. Applying paragraph 16(a), an entity shall group such contracts separately from contracts that are not onerous. To the extent that paragraph 17 applies, an entity may

identify the group of onerous contracts by measuring a set of contracts rather than individual contracts. **[Refer: Basis for Conclusions paragraph BC129]** An entity shall recognise a loss in profit or loss for the net outflow for the group of onerous contracts, resulting in the carrying amount of the liability for the group being equal to the fulfilment cash flows and the contractual service margin of the group being zero.

[Refer: Illustrative Examples, Example 1]

48 A group of insurance contracts becomes onerous (or more onerous) on subsequent measurement if the following amounts exceed the carrying amount of the contractual service margin:

(a) unfavourable changes relating to future service in the fulfilment cash flows allocated to the group arising from changes in estimates of future cash flows and the risk adjustment for non-financial risk; and

**[Refer: Illustrative Examples, Example 2B]**

(b) for a group of insurance contracts with direct participation features, the decrease in the amount of the entity's share of the fair value of the underlying items.

Applying paragraphs 44(c)(i), 45(b)(ii) and 45(c)(ii), an entity shall recognise a loss in profit or loss to the extent of that excess.

49 An entity shall establish (or increase) a loss component of the liability for remaining coverage for an onerous group depicting the losses recognised applying paragraphs 47–48. The loss component determines the amounts that are presented in profit or loss as reversals of losses on onerous groups and are consequently excluded from the determination of insurance revenue.

**[Refer: Illustrative Examples, Examples 3B and 8]**

50 After an entity has recognised a loss on an onerous group of insurance contracts, it shall allocate:

(a) the subsequent changes in fulfilment cash flows of the liability for remaining coverage specified in paragraph 51 on a systematic basis between:

(i) the loss component of the liability for remaining coverage; and

(ii) the liability for remaining coverage, excluding the loss component.

(b) solely to the loss component until that component is reduced to zero:

(i) any subsequent decrease relating to future service in fulfilment cash flows allocated to the group arising from changes in estimates of future cash flows and the risk adjustment for non-financial risk; and

(ii) any subsequent increases in the amount of the entity's share of the fair value of the underlying items.

Applying paragraphs 44(c)(ii), 45(b)(iii) and 45(c)(iii), an entity shall adjust the contractual service margin only for the excess of the decrease over the amount allocated to the loss component.

**[Refer: Illustrative Examples, Examples 3B and 8]**

51 The subsequent changes in the fulfilment cash flows of the liability for remaining coverage to be allocated applying paragraph 50(a) are:

(a) estimates of the present value of future cash flows for claims and expenses released from the liability for remaining coverage because of incurred insurance service expenses;

**IFRS 17**

(b) changes in the risk adjustment for non-financial risk recognised in profit or loss because of the release from risk; and

(c) insurance finance income or expenses.

52 The systematic allocation required by paragraph 50(a) shall result in the total amounts allocated to the loss component in accordance with paragraphs 48–50 being equal to zero by the end of the coverage period of a group of contracts.

## Premium allocation approach

[Refer: Basis for Conclusions paragraphs BC288–BC295]

53 An entity may simplify the measurement of a group of insurance contracts using the premium allocation approach set out in paragraphs 55–59 if, and only if, at the inception of the group:

(a) the entity reasonably expects that such simplification would produce a measurement of the liability for remaining coverage for the group that would not differ materially from the one that would be produced applying the requirements in paragraphs 32–52; or

(b) the coverage period of each contract in the group (including insurance contract services arising from all premiums within the contract boundary determined at that date applying paragraph 34) is one year or less.

[Refer: Basis for Conclusions paragraph BC291]

54 The criterion in paragraph 53(a) is not met if at the inception of the group an entity expects significant variability in the fulfilment cash flows that would affect the measurement of the liability for remaining coverage during the period before a claim is incurred. Variability in the fulfilment cash flows increases with, for example:

(a) the extent of future cash flows relating to any derivatives embedded in the contracts; and

(b) the length of the coverage period of the group of contracts.

55 Using the premium allocation approach, an entity shall measure the liability for remaining coverage as follows:

(a) on initial recognition, the carrying amount of the liability is:

(i) the premiums, if any, received at initial recognition;

(ii) minus any insurance acquisition cash flows at that date, unless the entity chooses to recognise the payments as an expense applying paragraph 59(a); and

(iii) plus or minus any amount arising from the derecognition at that date of:

1. any asset for insurance acquisition cash flows applying paragraph 28C; and

2. any other asset or liability previously recognised for cash flows related to the group of contracts as specified in paragraph B66A.

(b) at the end of each subsequent reporting period, the carrying amount of the liability is the carrying amount at the start of the reporting period:

(i) plus the premiums received in the period;

(ii) minus insurance acquisition cash flows; unless the entity chooses to recognise the payments as an expense applying paragraph 59(a);

(iii) plus any amounts relating to the amortisation of insurance acquisition cash flows recognised as an expense in the reporting period; unless the entity chooses to recognise insurance acquisition cash flows as an expense applying paragraph 59(a);

(iv) plus any adjustment to a financing component, applying paragraph 56;

(v) minus the amount recognised as insurance revenue for services provided in that period (see paragraph B126); and

(vi) minus any investment component paid or transferred to the liability for incurred claims.

[Refer: Illustrative Examples, Example 10]

56   If insurance contracts in the group have a significant financing component, an entity shall adjust the carrying amount of the liability for remaining coverage to reflect the time value of money and the effect of financial risk using the discount rates specified in paragraph 36, as determined on initial recognition. **[Refer: Basis for Conclusions paragraph BC293]** The entity is not required to adjust the carrying amount of the liability for remaining coverage to reflect the time value of money and the effect of financial risk if, at initial recognition, the entity expects that the time between providing each part of the services and the related premium due date is no more than a year. **[Refer: Basis for Conclusions paragraph BC292(a)]**

[Refer: Illustrative Examples, Example 10]

57   If at any time during the coverage period, facts and circumstances indicate that a group of insurance contracts is onerous **[Refer: Basis for Conclusions paragraph BC292(b)]**, an entity shall calculate the difference between:

(a) the carrying amount of the liability for remaining coverage determined applying paragraph 55; and

(b) the fulfilment cash flows that relate to remaining coverage of the group, applying paragraphs 33–37 and B36–B92. However, if, in applying paragraph 59(b), the entity does not adjust the liability for incurred claims for the time value of money and the effect of financial risk, it shall not include in the fulfilment cash flows any such adjustment.

58   To the extent that the fulfilment cash flows described in paragraph 57(b) exceed the carrying amount described in paragraph 57(a), the entity shall recognise a loss in profit or loss and increase the liability for remaining coverage.

59   In applying the premium allocation approach, an entity:

(a) may choose to recognise any insurance acquisition cash flows as expenses when it incurs those costs, provided that the coverage period of each contract in the group at initial recognition is no more than one year. **[Refer: Basis for Conclusions paragraph BC292(c)]**

(b) shall measure the liability for incurred claims for the group of insurance contracts at the fulfilment cash flows relating to incurred claims, applying paragraphs 33–37 and B36–B92. However, the entity is not required to adjust future cash flows for the time value of money and the effect of financial risk if those cash flows are expected to be paid or received in one year or less from the date the claims are incurred. **[Refer: Basis for Conclusions paragraph BC294]**

[Refer: Illustrative Examples, Example 10]

## Reinsurance contracts held

[Refer: Basis for Conclusions paragraphs BC296–BC315L]

60   The requirements in IFRS 17 are modified for reinsurance contracts held, as set out in paragraphs 61–70A.

61   An entity shall divide portfolios of reinsurance contracts held applying paragraphs 14–24, except that the references to onerous contracts in those paragraphs shall be replaced with a reference to contracts on which there is a net gain on initial recognition. **[Refer: Basis for Conclusions paragraph BC128]** For some reinsurance contracts held, applying paragraphs 14–24 will result in a group that comprises a single contract.

### Recognition

[Refer: Basis for Conclusions paragraphs BC304–BC305A]

62   Instead of applying paragraph 25, an entity shall recognise a group of reinsurance contracts held from the earlier of the following:

(a)   the beginning of the coverage period of the group of reinsurance contracts held; and

(b)   the date the entity recognises an onerous group of underlying insurance contracts applying paragraph 25(c), if the entity entered into the related reinsurance contract held in the group of reinsurance contracts held at or before that date. **[Refer: Basis for Conclusions paragraph BC305A]**

62A   Notwithstanding paragraph 62(a), an entity shall delay the recognition of a group of reinsurance contracts held that provide proportionate coverage until the date that any underlying insurance contract is initially recognised, if that date is later than the beginning of the coverage period of the group of reinsurance contracts held.

[Refer: Basis for Conclusions paragraph BC304(a)]

### Measurement

63   In applying the measurement requirements of paragraphs 32–36 to reinsurance contracts held, to the extent that the underlying contracts are also measured applying those paragraphs, the entity shall use consistent assumptions to measure the estimates of the present value of the future cash flows for the group of reinsurance contracts held and the estimates of the present value of the future cash flows for the group(s) of underlying insurance contracts. In addition, the entity shall include in the estimates of the present value of the future cash flows for the group of reinsurance contracts held the effect of any risk of non-performance by the issuer of the reinsurance contract, including the effects of collateral and losses from disputes.

[Refer: Basis for Conclusions paragraphs BC307–BC309F]

64   Instead of applying paragraph 37, an entity shall determine the risk adjustment for non-financial risk so that it represents the amount of risk being transferred by the holder of the group of reinsurance contracts to the issuer of those contracts.

65   The requirements of paragraph 38 that relate to determining the contractual service margin on initial recognition are modified to reflect the fact that for a group of reinsurance contracts held there is no unearned profit but instead a net cost or net gain on purchasing

the reinsurance. Hence, unless paragraph 65A applies, on initial recognition the entity shall recognise any net cost or net gain on purchasing the group of reinsurance contracts held as a contractual service margin measured at an amount equal to the sum of:

(a) the fulfilment cash flows;

(b) the amount derecognised at that date of any asset or liability previously recognised for cash flows related to the group of reinsurance contracts held;

(c) and any cash flows arising at that date; and

(d) any income recognised in profit or loss applying paragraph 66A.

[Refer:

**Basis for Conclusions paragraphs BC310–BC315**

**Illustrative Examples, Example 11]**

65A If the net cost of purchasing reinsurance coverage relates to events that occurred before the purchase of the group of reinsurance contracts held, notwithstanding the requirements of paragraph B5, the entity shall recognise such a cost immediately in profit or loss as an expense. **[Refer: Basis for Conclusions paragraph BC312]**

66 Instead of applying paragraph 44, an entity shall measure the contractual service margin at the end of the reporting period for a group of reinsurance contracts held as the carrying amount determined at the start of the reporting period, adjusted for:

(a) the effect of any new contracts added to the group (see paragraph 28);

(b) interest accreted on the carrying amount of the contractual service margin, measured at the discount rates specified in paragraph B72(b);

(ba) income recognised in profit or loss in the reporting period applying paragraph 66A;

(bb) reversals of a loss-recovery component recognised applying paragraph 66B (see paragraph B119F) to the extent those reversals are not changes in the fulfilment cash flows of the group of reinsurance contracts held;

(c) changes in the fulfilment cash flows, measured at the discount rates specified in paragraph B72(c), to the extent that the change relates to future service, unless:

(i) the change results from a change in fulfilment cash flows allocated to a group of underlying insurance contracts that does not adjust the contractual service margin for the group of underlying insurance contracts; or

(ii) the change results from applying paragraphs 57–58 (on onerous contracts), if the entity measures a group of underlying insurance contracts applying the premium allocation approach.

[Refer:

**Basis for Conclusions paragraphs BC314 and BC315**

**Illustrative Examples, Examples 12A and 12B]**

(d) the effect of any currency exchange differences arising on the contractual service margin; **[Refer: Basis for Conclusions paragraph BC277]** and

(e) the amount recognised in profit or loss because of services received in the period, determined by the allocation of the contractual service margin remaining at the end of the reporting period (before any allocation) over the current and remaining coverage period of the group of reinsurance contracts held, applying paragraph B119. **[Refer: Basis for Conclusions paragraphs BC279–BC283]**

66A An entity shall adjust the contractual service margin of a group of reinsurance contracts held, and as a result recognise income, when the entity recognises a loss on initial recognition of an onerous group of underlying insurance contracts or on addition of onerous underlying insurance contracts to a group (see paragraphs B119C–B119E).

**[Refer:**

**Basis for Conclusions paragraphs BC315A–BC315C**

**Illustrative Examples, Example 12C]**

66B An entity shall establish (or adjust) a loss-recovery component of the asset for remaining coverage for a group of reinsurance contracts held depicting the recovery of losses recognised applying paragraphs 66(c)(i)–(ii) and 66A. The loss-recovery component determines the amounts that are presented in profit or loss as reversals of recoveries of losses from reinsurance contracts held and are consequently excluded from the allocation of premiums paid to the reinsurer (see paragraph B119F).

**[Refer: Illustrative Examples, Example 12C ]**

67 Changes in the fulfilment cash flows that result from changes in the risk of non-performance by the issuer of a reinsurance contract held do not relate to future service and shall not adjust the contractual service margin. **[Refer: Basis for Conclusions paragraph BC309]**

68 Reinsurance contracts held cannot be onerous. Accordingly, the requirements of paragraphs 47–52 do not apply. **[Refer: Basis for Conclusions paragraph BC311]**

## Premium allocation approach for reinsurance contracts held

**[Refer: Basis for Conclusions paragraphs BC288–BC295]**

69 An entity may use the premium allocation approach set out in paragraphs 55–56 and 59 (adapted to reflect the features of reinsurance contracts held that differ from insurance contracts issued, for example the generation of expenses or reduction in expenses rather than revenue) to simplify the measurement of a group of reinsurance contracts held, if at the inception of the group:

 (a) the entity reasonably expects the resulting measurement would not differ materially from the result of applying the requirements in paragraphs 63–68; or

 (b) the coverage period of each contract in the group of reinsurance contracts held (including insurance coverage from all premiums within the contract boundary determined at that date applying paragraph 34) is one year or less.

70 An entity cannot meet the condition in paragraph 69(a) if, at the inception of the group, an entity expects significant variability in the fulfilment cash flows that would affect the measurement of the asset for remaining coverage during the period before a claim is incurred. Variability in the fulfilment cash flows increases with, for example:

 (a) the extent of future cash flows relating to any derivatives embedded in the contracts; and

 (b) the length of the coverage period of the group of reinsurance contracts held.

70A If an entity measures a group of reinsurance contracts held applying the premium allocation approach, the entity shall apply paragraph 66A by adjusting the carrying amount of the asset for remaining coverage instead of adjusting the contractual service margin.

## Investment contracts with discretionary participation features

[Refer: Basis for Conclusions paragraphs BC82–BC86]

71  An investment contract with discretionary participation features does not include a transfer of significant insurance risk. Consequently, the requirements in IFRS 17 for insurance contracts are modified for investment contracts with discretionary participation features as follows:

(a) the date of initial recognition (see paragraphs 25 and 28) is the date the entity becomes party to the contract.

(b) the contract boundary (see paragraph 34) is modified so that cash flows are within the contract boundary if they result from a substantive obligation of the entity to deliver cash at a present or future date. The entity has no substantive obligation to deliver cash if it has the practical ability to set a price for the promise to deliver the cash that fully reflects the amount of cash promised and related risks.

(c) the allocation of the contractual service margin (see paragraphs 44(e) and 45(e)) is modified so that the entity shall recognise the contractual service margin over the duration of the group of contracts in a systematic way that reflects the transfer of investment services under the contract.

## Modification and derecognition

[Refer: Basis for Conclusions paragraphs BC316–BC322]

### Modification of an insurance contract

72  If the terms of an insurance contract are modified, for example by agreement between the parties to the contract or by a change in regulation, an entity shall derecognise the original contract and recognise the modified contract as a new contract, applying IFRS 17 or other applicable Standards if, and only if, any of the conditions in (a)–(c) are satisfied. The exercise of a right included in the terms of a contract is not a modification. The conditions are that:

(a) if the modified terms had been included at contract inception:

(i) the modified contract would have been excluded from the scope of IFRS 17, applying paragraphs 3–8A;

(ii) an entity would have separated different components from the host insurance contract applying paragraphs 10–13, resulting in a different insurance contract to which IFRS 17 would have applied;

(iii) the modified contract would have had a substantially different contract boundary applying paragraph 34; or

(iv) the modified contract would have been included in a different group of contracts applying paragraphs 14–24.

(b) the original contract met the definition of an *insurance contract with direct participation features*, but the modified contract no longer meets that definition, or vice versa; or

(c) the entity applied the premium allocation approach in paragraphs 53–59 or paragraphs 69–70 to the original contract, but the modifications mean that the contract no longer meets the eligibility criteria for that approach in paragraph 53 or paragraph 69.

73 If a contract modification meets none of the conditions in paragraph 72, the entity shall treat changes in cash flows caused by the modification as changes in estimates of fulfilment cash flows by applying paragraphs 40–52. [Refer: Basis for Conclusions paragraph BC320]

## Derecognition

74 **An entity shall derecognise an insurance contract when, and only when:**

   **(a)** **it is extinguished, ie when the obligation specified in the insurance contract expires or is discharged or cancelled;** [Refer: Basis for Conclusions paragraphs BC321 and BC322] **or**

   **(b)** **any of the conditions in paragraph 72 are met.**

75 When an insurance contract is extinguished, the entity is no longer at risk and is therefore no longer required to transfer any economic resources to satisfy the insurance contract. For example, when an entity buys reinsurance, it shall derecognise the underlying insurance contract(s) when, and only when, the underlying insurance contract(s) is or are extinguished. [Refer: Basis for Conclusions paragraph BC306]

76 An entity derecognises an insurance contract from within a group of contracts by applying the following requirements in IFRS 17:

   (a) the fulfilment cash flows allocated to the group are adjusted to eliminate the present value of the future cash flows and risk adjustment for non-financial risk relating to the rights and obligations that have been derecognised from the group, applying paragraphs 40(a)(i) and 40(b);

   (b) the contractual service margin of the group is adjusted for the change in fulfilment cash flows described in (a), to the extent required by paragraphs 44(c) and 45(c), unless paragraph 77 applies; and

   (c) the number of coverage units for expected remaining insurance contract services is adjusted to reflect the coverage units derecognised from the group, and the amount of the contractual service margin recognised in profit or loss in the period is based on that adjusted number applying paragraph B119.

77 When an entity derecognises an insurance contract because it transfers the contract to a third party or derecognises an insurance contract and recognises a new contract applying paragraph 72, the entity shall instead of applying paragraph 76(b): [Refer: Basis for Conclusions paragraph BC319]

   (a) adjust the contractual service margin of the group from which the contract has been derecognised, to the extent required by paragraphs 44(c) and 45(c), for the difference between (i) and either (ii) for contracts transferred to a third party or (iii) for contracts derecognised applying paragraph 72:

      (i) the change in the carrying amount of the group of insurance contracts resulting from the derecognition of the contract, applying paragraph 76(a).

      (ii) the premium charged by the third party.

(iii) the premium the entity would have charged had it entered into a contract with equivalent terms as the new contract at the date of the contract modification, less any additional premium charged for the modification.

(b) measure the new contract recognised applying paragraph 72 assuming that the entity received the premium described in (a)(iii) at the date of the modification.

## Presentation in the statement of financial position

[Refer: Basis for Conclusions paragraphs BC328–BC330D and BC345]

78  An entity shall present separately in the statement of financial position the carrying amount of portfolios of:

(a) insurance contracts issued that are assets;

(b) insurance contracts issued that are liabilities;

(c) reinsurance contracts held that are assets; and

(d) reinsurance contracts held that are liabilities.

79  An entity shall include any assets for insurance acquisition cash flows recognised applying paragraph 28B in the carrying amount of the related portfolios of insurance contracts issued, and any assets or liabilities for cash flows related to portfolios of reinsurance contracts held (see paragraph 65(b)) in the carrying amount of the portfolios of reinsurance contracts held.
[Refer: Basis for Conclusions paragraphs BC175–BC180]

## Recognition and presentation in the statement(s) of financial performance (paragraphs B120–B136)

[Refer:

Basis for Conclusions paragraphs BC27–BC49 and BC330–BC346

Illustrative Examples, Example 3]

80  Applying paragraphs 41 and 42, an entity shall disaggregate the amounts recognised in the statement(s) of profit or loss and other comprehensive income (hereafter referred to as the statement(s) of financial performance) into:

(a) an insurance service result (paragraphs 83–86), comprising insurance revenue and insurance service expenses; and

(b) insurance finance income or expenses (paragraphs 87–92).

[Refer: Basis for Conclusions paragraph BC41]

81  An entity is not required to disaggregate the change in the risk adjustment for non-financial risk between the insurance service result and insurance finance income or expenses. If an entity does not make such a disaggregation, it shall include the entire change in the risk adjustment for non-financial risk as part of the insurance service result.

[Refer: Illustrative Examples, Example 2 paragraph IE17 and Example 6 paragraph IE62]

82    An entity shall present income or expenses from reinsurance contracts held separately from the expenses or income from insurance contracts issued. [Refer: Basis for Conclusions paragraph BC346]

## Insurance service result

[Refer: Basis for Conclusions paragraphs BC27–BC37 and BC331–BC339]

83    An entity shall present in profit or loss insurance revenue arising from the groups of insurance contracts issued. Insurance revenue shall depict the provision of services arising from the group of insurance contracts at an amount that reflects the consideration to which the entity expects to be entitled in exchange for those services. Paragraphs B120–B127 specify how an entity measures insurance revenue.

[Refer: Basis for Conclusions paragraphs BC27–BC37 and BC61]

84    An entity shall present in profit or loss insurance service expenses arising from a group of insurance contracts issued, comprising incurred claims (excluding repayments of investment components), other incurred insurance service expenses and other amounts as described in paragraph 103(b).

[Refer:

Basis for Conclusions paragraphs BC343 and BC344

Illustrative Examples, Examples 3 and 7]

85    Insurance revenue and insurance service expenses presented in profit or loss shall exclude any investment components. An entity shall not present premium information in profit or loss if that information is inconsistent with paragraph 83.

[Refer:

Basis for Conclusions paragraphs BC33–BC34A and BC357

Illustrative Examples, Example 3A paragraph IE33]

86    An entity may present the income or expenses from a group of reinsurance contracts held (see paragraphs 60–70A), other than insurance finance income or expenses, as a single amount; or the entity may present separately the amounts recovered from the reinsurer and an allocation of the premiums paid that together give a net amount equal to that single amount. If an entity presents separately the amounts recovered from the reinsurer and an allocation of the premiums paid, it shall:

(a)    treat reinsurance cash flows that are contingent on claims on the underlying contracts as part of the claims that are expected to be reimbursed under the reinsurance contract held; [Refer: Basis for Conclusions paragraph BC346(a)]

(b)    treat amounts from the reinsurer that it expects to receive that are not contingent on claims of the underlying contracts (for example, some types of ceding commissions) as a reduction in the premiums to be paid to the reinsurer; [Refer: Basis for Conclusions paragraph BC346(b)]

(ba)   treat amounts recognised relating to recovery of losses applying paragraphs 66(c)(i)–(ii) and 66A–66B as amounts recovered from the reinsurer; [Refer: Illustrative Examples, Example 12C paragraph IE138O] and

(c)    not present the allocation of premiums paid as a reduction in revenue.

## Insurance finance income or expenses (see paragraphs B128–B136)

[Refer: Basis for Conclusions paragraphs BC38–BC49 and BC340–BC342C]

87 Insurance finance income or expenses comprises the change in the carrying amount of the group of insurance contracts arising from:

[Refer:

Basis for Conclusions paragraphs BC38–BC40

Illustrative Examples, Example 6 paragraph IE71]

(a) the effect of the time value of money and changes in the time value of money; and

(b) the effect of financial risk and changes in financial risk; but

(c) excluding any such changes for groups of insurance contracts with direct participation features that would adjust the contractual service margin but do not do so when applying paragraphs 45(b)(ii), 45(b)(iii), 45(c)(ii) or 45(c)(iii). These are included in insurance service expenses. [Refer: Basis for Conclusions paragraph BC247]

87A An entity shall apply:

(a) paragraph B117A to insurance finance income or expenses arising from the application of paragraph B115 (risk mitigation); and

(b) paragraphs 88 and 89 to all other insurance finance income or expenses.

[Refer: Basis for Conclusions paragraphs BC256G–BC256H]

88 In applying paragraph 87A(b), unless paragraph 89 applies, an entity shall make an accounting policy choice between:

(a) including insurance finance income or expenses for the period in profit or loss; or

(b) disaggregating insurance finance income or expenses for the period to include in profit or loss an amount determined by a systematic allocation of the expected total insurance finance income or expenses over the duration of the group of contracts, applying paragraphs B130–B133.

[Refer: Illustrative Examples, Example 15]

[Refer: Basis for Conclusions paragraphs BC46–BC49 and BC62]

89 In applying paragraph 87A(b), for insurance contracts with direct participation features, for which the entity holds the underlying items, an entity shall make an accounting policy choice between:

(a) including insurance finance income or expenses for the period in profit or loss; or

(b) disaggregating insurance finance income or expenses for the period to include in profit or loss an amount that eliminates accounting mismatches with income or expenses included in profit or loss on the underlying items held, applying paragraphs B134–B136.

[Refer: Illustrative Examples, Example 16]

**IFRS 17**

90  If an entity chooses the accounting policy set out in paragraph 88(b) or in paragraph 89(b), it shall include in other comprehensive income the difference between the insurance finance income or expenses measured on the basis set out in those paragraphs and the total insurance finance income or expenses for the period.

91  If an entity transfers a group of insurance contracts or derecognises an insurance contract applying paragraph 77:

(a)  it shall reclassify to profit or loss as a reclassification adjustment (see IAS 1 *Presentation of Financial Statements*) any remaining amounts for the group (or contract) that were previously recognised in other comprehensive income because the entity chose the accounting policy set out in paragraph 88(b).

(b)  it shall not reclassify to profit or loss as a reclassification adjustment (see IAS 1) any remaining amounts for the group (or contract) that were previously recognised in other comprehensive income because the entity chose the accounting policy set out in paragraph 89(b).

[Refer: Basis for Conclusions paragraph BC49]

92  Paragraph 30 requires an entity to treat an insurance contract as a monetary item under IAS 21 for the purpose of translating foreign exchange items into the entity's functional currency. An entity includes exchange differences on changes in the carrying amount of groups of insurance contracts in the statement of profit or loss, unless they relate to changes in the carrying amount of groups of insurance contracts included in other comprehensive income applying paragraph 90, in which case they shall be included in other comprehensive income.

## Disclosure

[Refer: Basis for Conclusions paragraphs BC347–BC366C]

[Link to Basis for Conclusions paragraphs BC367–BC371 for disclosures that the Board considered but did not include in IFRS 17]

93  The objective of the disclosure requirements is for an entity to disclose information in the notes that, together with the information provided in the statement of financial position, statement(s) of financial performance and statement of cash flows, gives a basis for users of financial statements to assess the effect that contracts within the scope of IFRS 17 have on the entity's financial position, financial performance and cash flows. To achieve that objective, an entity shall disclose qualitative and quantitative information about:

(a)  the amounts recognised in its financial statements for contracts within the scope of IFRS 17 (see paragraphs 97–116);

(b)  the significant judgements, and changes in those judgements, made when applying IFRS 17 (see paragraphs 117–120); and

(c)  the nature and extent of the risks from contracts within the scope of IFRS 17 (see paragraphs 121–132).

[Refer: Basis for Conclusions paragraph BC347]

[Link to Basis for Conclusions paragraph BC348 for disclosure requirements brought forward from IFRS 4]

94 An entity shall consider the level of detail necessary to satisfy the disclosure objective and how much emphasis to place on each of the various requirements. If the disclosures provided, applying paragraphs 97–132, are not enough to meet the objective in paragraph 93, an entity shall disclose additional information necessary to meet that objective.

[Refer: Basis for Conclusions paragraph BC347]

95 An entity shall aggregate or disaggregate information so that useful information is not obscured either by the inclusion of a large amount of insignificant detail or by the aggregation of items that have different characteristics.

[Refer: Basis for Conclusions paragraph BC347]

96 Paragraphs 29–31 of IAS 1 set out requirements relating to materiality and aggregation of information. Examples of aggregation bases that might be appropriate for information disclosed about insurance contracts are:

(a) type of contract (for example, major product lines);

(b) geographical area (for example, country or region); or

(c) reportable segment, as defined in IFRS 8 *Operating Segments*.

## Explanation of recognised amounts

[Refer: Basis for Conclusions paragraphs BC349–BC363 and BC366A–BC366C]

97 Of the disclosures required by paragraphs 98–109A, only those in paragraphs 98–100, 102–103, 105–105B and 109A apply to contracts to which the premium allocation approach has been applied. If an entity uses the premium allocation approach, it shall also disclose:

(a) which of the criteria in paragraphs 53 and 69 it has satisfied;

(b) whether it makes an adjustment for the time value of money and the effect of financial risk applying paragraphs 56, 57(b) and 59(b); and

(c) the method it has chosen to recognise insurance acquisition cash flows applying paragraph 59(a).

98 An entity shall disclose reconciliations that show how the net carrying amounts of contracts within the scope of IFRS 17 changed during the period because of cash flows and income and expenses recognised in the statement(s) of financial performance. Separate reconciliations shall be disclosed for insurance contracts issued and reinsurance contracts held. An entity shall adapt the requirements of paragraphs 100–109 to reflect the features of reinsurance contracts held that differ from insurance contracts issued; for example, the generation of expenses or reduction in expenses rather than revenue. [Refer: Illustrative Examples, Example 12C paragraph IE138N]

99 An entity shall provide enough information in the reconciliations to enable users of financial statements to identify changes from cash flows and amounts that are recognised in the statement(s) of financial performance. To comply with this requirement, an entity shall:

(a) disclose, in a table, the reconciliations set out in paragraphs 100–105B; and

(b) for each reconciliation, present the net carrying amounts at the beginning and at the end of the period, disaggregated into a total for portfolios of contracts that are assets and a total for portfolios of contracts that are liabilities, that equal the amounts presented in the statement of financial position applying paragraph 78.

100 An entity shall disclose reconciliations from the opening to the closing balances separately for each of:

(a) the net liabilities (or assets) for the remaining coverage component, excluding any loss component.

(b) any loss component (see paragraphs 47–52 and 57–58).

(c) the liabilities for incurred claims. For insurance contracts to which the premium allocation approach described in paragraphs 53–59 or 69–70A has been applied, an entity shall disclose separate reconciliations for:

    (i) the estimates of the present value of the future cash flows; and

    (ii) the risk adjustment for non-financial risk.

[Refer:

Basis for Conclusions paragraphs BC350–BC353

Illustrative Examples, Examples 3, 8 and 10]

101 For insurance contracts other than those to which the premium allocation approach described in paragraphs 53–59 or 69–70A has been applied, an entity shall also disclose reconciliations from the opening to the closing balances separately for each of:

(a) the estimates of the present value of the future cash flows;

(b) the risk adjustment for non-financial risk; and

(c) the contractual service margin.

[Refer:

Basis for Conclusions paragraphs BC354 and BC355

Illustrative Examples, Example 2, 6 and 8]

102 The objective of the reconciliations in paragraphs 100–101 is to provide different types of information about the insurance service result. **[Refer: Basis for Conclusions paragraph BC356]**

103 An entity shall separately disclose in the reconciliations required in paragraph 100 each of the following amounts related to services, if applicable:

(a) insurance revenue.

(b) insurance service expenses, showing separately:

    (i) incurred claims (excluding investment components) and other incurred insurance service expenses;

    (ii) amortisation of insurance acquisition cash flows;

    (iii) changes that relate to past service, ie changes in fulfilment cash flows relating to the liability for incurred claims; and

    (iv) changes that relate to future service, ie losses on onerous groups of contracts and reversals of such losses.

(c) investment components excluded from insurance revenue and insurance service expenses (combined with refunds of premiums unless refunds of premiums are presented as part of the cash flows in the period described in paragraph 105(a)(i)) **[Refer: Basis for Conclusions paragraph BC366C(a)]**.

104 An entity shall separately disclose in the reconciliations required in paragraph 101 each of the following amounts related to services, if applicable:

(a) changes that relate to future service, applying paragraphs B96–B118, showing separately:

(i) changes in estimates that adjust the contractual service margin;

(ii) changes in estimates that do not adjust the contractual service margin, ie losses on groups of onerous contracts and reversals of such losses; and

(iii) the effects of contracts initially recognised in the period.

(b) changes that relate to current service, ie:

(i) the amount of the contractual service margin recognised in profit or loss to reflect the transfer of services;

(ii) the change in the risk adjustment for non-financial risk that does not relate to future service or past service; and

(iii) *experience adjustments* (see paragraphs B97(c) and B113(a)), excluding amounts relating to the risk adjustment for non-financial risk included in (ii). **[Refer: Basis for Conclusions paragraph BC366C(b)]**

(c) changes that relate to past service, ie changes in fulfilment cash flows relating to incurred claims (see paragraphs B97(b) and B113(a)).

105 To complete the reconciliations in paragraphs 100–101, an entity shall also disclose separately each of the following amounts not related to services provided in the period, if applicable:

(a) cash flows in the period, including:

(i) premiums received for insurance contracts issued (or paid for reinsurance contracts held);

(ii) insurance acquisition cash flows; and

(iii) incurred claims paid and other insurance service expenses paid for insurance contracts issued (or recovered under reinsurance contracts held), excluding insurance acquisition cash flows.

(b) the effect of changes in the risk of non-performance by the issuer of reinsurance contracts held;

(c) insurance finance income or expenses; and

(d) any additional line items that may be necessary to understand the change in the net carrying amount of the insurance contracts.

105A An entity shall disclose a reconciliation from the opening to the closing balance of assets for insurance acquisition cash flows recognised applying paragraph 28B. An entity shall aggregate information for the reconciliation at a level that is consistent with that for the reconciliation of insurance contracts, applying paragraph 98.

**[Refer: Basis for Conclusions paragraph BC366A]**

105B An entity shall separately disclose in the reconciliation required by paragraph 105A any impairment losses and reversals of impairment losses recognised applying paragraph 28E–28F.

**[Refer: Basis for Conclusions paragraph BC366A]**

106 For insurance contracts issued other than those to which the premium allocation approach described in paragraphs 53–59 has been applied, an entity shall disclose an analysis of the insurance revenue recognised in the period comprising:

(a) the amounts relating to the changes in the liability for remaining coverage as specified in paragraph B124, separately disclosing:

    (i) the insurance service expenses incurred during the period as specified in paragraph B124(a);

    (ii) the change in the risk adjustment for non-financial risk, as specified in paragraph B124(b);

    (iii) the amount of the contractual service margin recognised in profit or loss because of the transfer of insurance contract services in the period, as specified in paragraph B124(c); and

    (iv) other amounts, if any, for example, experience adjustments for premium receipts other than those that relate to future service as specified in paragraph B124(d).

(b) the allocation of the portion of the premiums that relate to the recovery of insurance acquisition cash flows (see paragraph B125).

**[Refer: Illustrative Examples, Example 7 paragraph IE80]**

107 For insurance contracts other than those to which the premium allocation approach described in paragraphs 53–59 or 69–70A has been applied, an entity shall disclose the effect on the statement of financial position separately for insurance contracts issued and reinsurance contracts held that are initially recognised in the period, showing their effect at initial recognition on:

(a) the estimates of the present value of future cash outflows, showing separately the amount of the insurance acquisition cash flows;

(b) the estimates of the present value of future cash inflows;

(c) the risk adjustment for non-financial risk; and

(d) the contractual service margin.

**[Refer: Basis for Conclusions paragraphs BC358–BC361]**

108 In the disclosures required by paragraph 107, an entity shall separately disclose amounts resulting from:

(a) contracts acquired from other entities in transfers of insurance contracts or business combinations; and

(b) groups of contracts that are onerous.

**[Refer: Basis for Conclusions paragraph BC362]**

109 For insurance contracts other than those to which the premium allocation approach described in paragraphs 53–59 or 69–70A has been applied, an entity shall disclose when it expects to recognise the contractual service margin remaining at the end of the reporting period in profit or loss quantitatively, in appropriate time bands. Such information shall be provided separately for insurance contracts issued and reinsurance contracts held.

**[Refer: Basis for Conclusions paragraph BC363 and BC366B]**

109A An entity shall disclose quantitatively, in appropriate time bands, when it expects to derecognise an asset for insurance acquisition cash flows applying paragraph 28C.

**[Refer: Basis for Conclusions paragraph BC366A]**

## Insurance finance income or expenses

[Refer: Basis for Conclusions paragraphs BC364–BC366]

110 An entity shall disclose and explain the total amount of insurance finance income or expenses in the reporting period. In particular, an entity shall explain the relationship between insurance finance income or expenses and the investment return on its assets, to enable users of its financial statements to evaluate the sources of finance income or expenses recognised in profit or loss and other comprehensive income.

111 For contracts with direct participation features, the entity shall describe the composition of the underlying items and disclose their fair value.

112 For contracts with direct participation features, if an entity chooses not to adjust the contractual service margin for some changes in the fulfilment cash flows, applying paragraph B115, it shall disclose the effect of that choice on the adjustment to the contractual service margin in the current period.

113 For contracts with direct participation features, if an entity changes the basis of disaggregation of insurance finance income or expenses between profit or loss and other comprehensive income, applying paragraph B135, it shall disclose, in the period when the change in approach occurred:

  (a) the reason why the entity was required to change the basis of disaggregation;

  (b) the amount of any adjustment for each financial statement line item affected; and

  (c) the carrying amount of the group of insurance contracts to which the change applied at the date of the change.

## Transition amounts

[Refer: Basis for Conclusions paragraph BC399]

114 An entity shall provide disclosures that enable users of financial statements to identify the effect of groups of insurance contracts measured at the transition date applying the modified retrospective approach (see paragraphs C6–C19A) or the fair value approach (see paragraphs C20–C24B) on the contractual service margin and insurance revenue in subsequent periods. Hence an entity shall disclose the reconciliation of the contractual service margin applying paragraph 101(c), and the amount of insurance revenue applying paragraph 103(a), separately for:

  (a) insurance contracts that existed at the transition date to which the entity has applied the modified retrospective approach;

  (b) insurance contracts that existed at the transition date to which the entity has applied the fair value approach; and

  (c) all other insurance contracts.

115 For all periods in which disclosures are made applying paragraphs 114(a) or 114(b), to enable users of financial statements to understand the nature and significance of the methods used and judgements applied in determining the transition amounts, an entity shall explain how it determined the measurement of insurance contracts at the transition date.

116 An entity that chooses to disaggregate insurance finance income or expenses between profit or loss and other comprehensive income applies paragraphs C18(b), C19(b), C24(b) and C24(c) to determine the cumulative difference between the insurance finance income or expenses that would have been recognised in profit or loss and the total insurance finance income or expenses at the transition date for the groups of insurance contracts to which the

disaggregation applies. For all periods in which amounts determined applying these paragraphs exist, the entity shall disclose a reconciliation from the opening to the closing balance of the cumulative amounts included in other comprehensive income for financial assets measured at fair value through other comprehensive income related to the groups of insurance contracts. The reconciliation shall include, for example, gains or losses recognised in other comprehensive income in the period and gains or losses previously recognised in other comprehensive income in previous periods reclassified in the period to profit or loss.

## Significant judgements in applying IFRS 17

117 An entity shall disclose the significant judgements and changes in judgements made in applying IFRS 17. Specifically, an entity shall disclose the inputs, assumptions and estimation techniques used, including:

(a) the methods used to measure insurance contracts within the scope of IFRS 17 and the processes for estimating the inputs to those methods. Unless impracticable, an entity shall also provide quantitative information about those inputs.

(b) any changes in the methods and processes for estimating inputs used to measure contracts, the reason for each change, and the type of contracts affected.

(c) to the extent not covered in (a), the approach used:

(i) to distinguish changes in estimates of future cash flows arising from the exercise of discretion from other changes in estimates of future cash flows for contracts without direct participation features (see paragraph B98);

(ii) to determine the risk adjustment for non-financial risk, including whether changes in the risk adjustment for non-financial risk are disaggregated into an insurance service component and an insurance finance component or are presented in full in the insurance service result;

(iii) to determine discount rates;

(iv) to determine investment components; and

(v) to determine the relative weighting of the benefits provided by insurance coverage and investment-return service or by insurance coverage and investment-related service (see paragraphs B119–B119B). [Refer: Basis for Conclusions paragraph BC366B]

118 If, applying paragraph 88(b) or paragraph 89(b), an entity chooses to disaggregate insurance finance income or expenses into amounts presented in profit or loss and amounts presented in other comprehensive income, the entity shall disclose an explanation of the methods used to determine the insurance finance income or expenses recognised in profit or loss.

119 An entity shall disclose the confidence level used to determine the risk adjustment for non-financial risk. If the entity uses a technique other than the confidence level technique for determining the risk adjustment for non-financial risk, it shall disclose the technique used and the confidence level corresponding to the results of that technique.

[Refer: Basis for Conclusions paragraphs BC215–BC217]

[Link to paragraph B92]

120 An entity shall disclose the yield curve (or range of yield curves) used to discount cash flows that do not vary based on the returns on underlying items, applying paragraph 36. When an entity provides this disclosure in aggregate for a number of groups of insurance contracts, it shall provide such disclosures in the form of weighted averages, or relatively narrow ranges.

[Refer: Basis for Conclusions paragraph BC198]

## Nature and extent of risks that arise from contracts within the scope of IFRS 17

121 An entity shall disclose information that enables users of its financial statements to evaluate the nature, amount, timing and uncertainty of future cash flows that arise from contracts within the scope of IFRS 17. Paragraphs 122–132 contain requirements for disclosures that would normally be necessary to meet this requirement.

122 These disclosures focus on the insurance and financial risks that arise from insurance contracts and how they have been managed. Financial risks typically include, but are not limited to, credit risk, liquidity risk and market risk.

123 If the information disclosed about an entity's exposure to risk at the end of the reporting period is not representative of its exposure to risk during the period, the entity shall disclose that fact, the reason why the period-end exposure is not representative, and further information that is representative of its risk exposure during the period.

124 For each type of risk arising from contracts within the scope of IFRS 17, an entity shall disclose:

(a) the exposures to risks and how they arise;

(b) the entity's objectives, policies and processes for managing the risks and the methods used to measure the risks; and

(c) any changes in (a) or (b) from the previous period.

125 For each type of risk arising from contracts within the scope of IFRS 17, an entity shall disclose:

(a) summary quantitative information about its exposure to that risk at the end of the reporting period. This disclosure shall be based on the information provided internally to the entity's key management personnel.

(b) the disclosures required by paragraphs 127–132, to the extent not provided applying (a) of this paragraph.

126 An entity shall disclose information about the effect of the regulatory frameworks in which it operates; for example, minimum capital requirements or required interest-rate guarantees. If an entity applies paragraph 20 in determining the groups of insurance contracts to which it applies the recognition and measurement requirements of IFRS 17, it shall disclose that fact.

### All types of risk—concentrations of risk

127 An entity shall disclose information about concentrations of risk arising from contracts within the scope of IFRS 17, including a description of how the entity determines the concentrations, and a description of the shared characteristic that identifies each concentration (for example, the type of insured event, industry, geographical area, or currency). Concentrations of financial risk might arise, for example, from interest-rate

guarantees that come into effect at the same level for a large number of contracts. Concentrations of financial risk might also arise from concentrations of non-financial risk; for example, if an entity provides product liability protection to pharmaceutical companies and also holds investments in those companies.

## Insurance and market risks—sensitivity analysis

128 An entity shall disclose information about sensitivities to changes in risk variables arising from contracts within the scope of IFRS 17. To comply with this requirement, an entity shall disclose:

(a) a sensitivity analysis that shows how profit or loss and equity would have been affected by changes in risk variables that were reasonably possible at the end of the reporting period:

(i) for insurance risk—showing the effect for insurance contracts issued, before and after risk mitigation by reinsurance contracts held; and

(ii) for each type of market risk—in a way that explains the relationship between the sensitivities to changes in risk variables arising from insurance contracts and those arising from financial assets held by the entity.

(b) the methods and assumptions used in preparing the sensitivity analysis; and

(c) changes from the previous period in the methods and assumptions used in preparing the sensitivity analysis, and the reasons for such changes.

129 If an entity prepares a sensitivity analysis that shows how amounts different from those specified in paragraph 128(a) are affected by changes in risk variables and uses that sensitivity analysis to manage risks arising from contracts within the scope of IFRS 17, it may use that sensitivity analysis in place of the analysis specified in paragraph 128(a). The entity shall also disclose:

(a) an explanation of the method used in preparing such a sensitivity analysis and of the main parameters and assumptions underlying the information provided; and

(b) an explanation of the objective of the method used and of any limitations that may result in the information provided.

## Insurance risk—claims development

130 An entity shall disclose actual claims compared with previous estimates of the undiscounted amount of the claims (ie claims development). The disclosure about claims development shall start with the period when the earliest material claim(s) arose and for which there is still uncertainty about the amount and timing of the claims payments at the end of the reporting period; but the disclosure is not required to start more than 10 years before the end of the reporting period. The entity is not required to disclose information about the development of claims for which uncertainty about the amount and timing of the claims payments is typically resolved within one year. An entity shall reconcile the disclosure about claims development with the aggregate carrying amount of the groups of insurance contracts, which the entity discloses applying paragraph 100(c).

**[Refer: Basis for Conclusions paragraph BC401]**

## Credit risk—other information

131 For credit risk that arises from contracts within the scope of IFRS 17, an entity shall disclose:

(a) the amount that best represents its maximum exposure to credit risk at the end of the reporting period, separately for insurance contracts issued and reinsurance contracts held; and

(b) information about the credit quality of reinsurance contracts held that are assets.

## Liquidity risk—other information

132 For liquidity risk arising from contracts within the scope of IFRS 17, an entity shall disclose:

(a) a description of how it manages the liquidity risk.

(b) separate maturity analyses for portfolios of insurance contracts issued that are liabilities and portfolios of reinsurance contracts held that are liabilities that show, as a minimum, net cash flows of the portfolios for each of the first five years after the reporting date and in aggregate beyond the first five years. An entity is not required to include in these analyses liabilities for remaining coverage measured applying paragraphs 55–59 and paragraphs 69–70A. The analyses may take the form of:

(i) an analysis, by estimated timing, of the remaining contractual undiscounted net cash flows; or

(ii) an analysis, by estimated timing, of the estimates of the present value of the future cash flows.

(c) the amounts that are payable on demand, explaining the relationship between such amounts and the carrying amount of the related portfolios of contracts, if not disclosed applying (b) of this paragraph.

# Appendix A
# Defined terms

*This appendix is an integral part of IFRS 17* Insurance Contracts.

| | |
|---|---|
| **contractual service margin** | A component of the carrying amount of the asset or liability for a **group of insurance contracts** representing the unearned profit the entity will recognise as it provides **insurance contract services** under the **insurance contracts** in the group. [Refer: Basis for Conclusions paragraphs BC218–BC220] |
| **coverage period** | The period during which the entity provides **insurance contract services**. This period includes the **insurance contract services** that relate to all premiums within the boundary of the **insurance contract**. |
| **experience adjustment** | A difference between: |
| | (a) for premium receipts (and any related cash flows such as **insurance acquisition cash flows** and insurance premium taxes)—the estimate at the beginning of the period of the amounts expected in the period and the actual cash flows in the period; or |
| | (b) for insurance service expenses (excluding insurance acquisition expenses)—the estimate at the beginning of the period of the amounts expected to be incurred in the period and the actual amounts incurred in the period. |
| **financial risk** | The risk of a possible future change in one or more of a specified interest rate, financial instrument price, commodity price, currency exchange rate, index of prices or rates, credit rating or credit index or other variable, provided in the case of a non-financial variable that the variable is not specific to a party to the contract. [Refer: Basis for Conclusions paragraph BC39] |
| **fulfilment cash flows** | An explicit, unbiased and probability-weighted estimate (ie expected value) of the present value of the future cash outflows minus the present value of the future cash inflows that will arise as the entity fulfils **insurance contracts**, including a **risk adjustment for non-financial risk**. [Refer: Basis for Conclusions paragraphs BC19–BC20] |
| **group of insurance contracts** | A set of **insurance contracts** resulting from the division of a **portfolio of insurance contracts** into, at a minimum, contracts issued within a period of no longer than one year and that, at initial recognition: |
| | (a) are onerous, if any; |
| | (b) have no significant possibility of becoming onerous subsequently, if any; or |
| | (c) do not fall into either (a) or (b), if any. |
| | [Refer: Basis for Conclusions paragraphs BC51, BC52 and BC115–BC139T] |

| | |
|---|---|
| **insurance acquisition cash flows** | Cash flows arising from the costs of selling, underwriting and starting a **group of insurance contracts** (issued or expected to be issued) that are directly attributable to the **portfolio of insurance contracts** to which the group belongs. Such cash flows include cash flows that are not directly attributable to individual contracts or **groups of insurance contracts** within the portfolio. [Refer: Basis for Conclusions paragraphs BC175–BC184K] |
| **insurance contract** | A contract under which one party (the issuer) accepts significant **insurance risk** from another party (the **policyholder**) by agreeing to compensate the **policyholder** if a specified uncertain future event (the **insured event**) adversely affects the **policyholder**. [Refer: paragraphs B2–B30 and Basis for Conclusions paragraphs BC67–BC81] |
| **insurance contract services** | The following services that an entity provides to a **policyholder** of an **insurance contract**: <br><br>(a) coverage for an **insured event** (insurance coverage); <br><br>(b) for **insurance contracts without direct participation features**, the generation of an investment return for the policyholder, if applicable (investment-return service); and <br><br>(c) for **insurance contracts with direct participation features**, the management of underlying items on behalf of the **policyholder** (investment-related service). <br><br>[Refer: Basis for Conclusions paragraphs BC283A–BC283J] |
| **insurance contract with direct participation features** | An **insurance contract** for which, at inception: <br><br>(a) the contractual terms specify that the **policyholder** participates in a share of a clearly identified pool of **underlying items**; <br><br>(b) the entity expects to pay to the **policyholder** an amount equal to a substantial share of the fair value returns on the **underlying items**; and <br><br>(c) the entity expects a substantial proportion of any change in the amounts to be paid to the **policyholder** to vary with the change in fair value of the **underlying items**. <br><br>[Refer: Basis for Conclusions paragraphs BC238–BC249D] |
| **insurance contract without direct participation features** | An **insurance contract** that is not an **insurance contract with direct participation features**. |
| **insurance risk** | Risk, other than **financial risk**, transferred from the holder of a contract to the issuer. <br><br>[Refer: Basis for Conclusions paragraphs BC71–BC75] |
| **insured event** | An uncertain future event covered by an **insurance contract** that creates **insurance risk**. [Refer: Basis for Conclusions paragraphs BC71–BC75] |
| **investment component** | The amounts that an **insurance contract** requires the entity to repay to a **policyholder** in all circumstances, regardless of whether an **insured event** |

occurs. [Refer: Basis for Conclusions paragraphs BC34–BC34A]

| | |
|---|---|
| **investment contract with discretionary participation features** | A financial instrument that provides a particular investor with the contractual right to receive, as a supplement to an amount not subject to the discretion of the issuer, additional amounts: |

    (a)      that are expected to be a significant portion of the total contractual benefits;

    (b)      the timing or amount of which are contractually at the discretion of the issuer; and

    (c)      that are contractually based on:

        (i)      the returns on a specified pool of contracts or a specified type of contract;

        (ii)      realised and/or unrealised investment returns on a specified pool of assets held by the issuer; or

        (iii)      the profit or loss of the entity or fund that issues the contract.

| | |
|---|---|
| **liability for incurred claims** | An entity's obligation to: |

    (a)      investigate and pay valid claims for **insured events** that have already occurred, including events that have occurred but for which claims have not been reported, and other incurred insurance expenses; and

    (b)      pay amounts that are not included in (a) and that relate to:

        (i)      **insurance contract services** that have already been provided; or

        (ii)      any **investment components** or other amounts that are not related to the provision of **insurance contract services** and that are not in the **liability for remaining coverage**

[Refer: Basis for Conclusions paragraph BC25]

| | |
|---|---|
| **liability for remaining coverage** | An entity's obligation to: |

    (a)      investigate and pay valid claims under existing **insurance contracts** for **insured events** that have not yet occurred (ie the obligation that relates to the unexpired portion of the insurance coverage); and

    (b)      pay amounts under existing **insurance contracts** that are not included in (a) and that relate to:

        (i)      **insurance contract services** not yet provided (ie the obligations that relate to future provision of **insurance contract services**); or

        (ii)      any **investment components** or other amounts that are not related to the provision of **insurance contract services** and that have not been transferred to the **liability for incurred claims**.

[Refer: Basis for Conclusions paragraph BC25]

| | |
|---|---|
| **policyholder** | A party that has a right to compensation under an **insurance contract** if an **insured event** occurs. |
| **portfolio of insurance contracts** | **Insurance contracts** subject to similar risks and managed together. |
| **reinsurance contract** | An **insurance contract** issued by one entity (the reinsurer) to compensate another entity for claims arising from one or more **insurance contracts** issued by that other entity (underlying contracts). **[Refer: Basis for Conclusions paragraph BC296]** |
| **risk adjustment for non-financial risk** | The compensation an entity requires for bearing the uncertainty about the amount and timing of the cash flows that arises from non-financial risk as the entity fulfils **insurance contracts**. **[Refer: Basis for Conclusions paragraphs BC208 and BC209]** |
| **underlying items** | Items that determine some of the amounts payable to a **policyholder**. **Underlying items** can comprise any items; for example, a reference portfolio of assets, the net assets of the entity, or a specified subset of the net assets of the entity. |

# Appendix B
# Application guidance

*This appendix is an integral part of IFRS 17 Insurance Contracts.*

B1　This appendix provides guidance on the following:

　(a)　definition of an insurance contract (see paragraphs B2–B30);

　(b)　separation of components from an insurance contract (see paragraphs B31–B35);

　(ba)　asset for insurance acquisition cash flows (see paragraphs B35A–B35D);

　(c)　measurement (see paragraphs B36–B119F);

　(d)　insurance revenue (see paragraphs B120–B127);

　(e)　insurance finance income or expenses (see paragraphs B128–B136); and

　(f)　interim financial statements (see paragraph B137).

## Definition of an insurance contract (Appendix A)

[Refer: Basis for Conclusions paragraphs BC63–BC81]

B2　This section provides guidance on the definition of an insurance contract as specified in Appendix A. It addresses the following:

　(a)　uncertain future event (see paragraphs B3–B5);

　(b)　payments in kind (see paragraph B6);

　(c)　the distinction between insurance risk and other risks (see paragraphs B7–B16);

　(d)　significant insurance risk (see paragraphs B17–B23);

　(e)　changes in the level of insurance risk (see paragraphs B24–B25); and

　(f)　examples of insurance contracts (see paragraphs B26–B30).

### Uncertain future event

[Refer: Basis for Conclusions paragraphs BC73 and BC74]

B3　Uncertainty (or risk) is the essence of an insurance contract. Accordingly, at least one of the following is uncertain at the inception of an insurance contract:

　(a)　the probability of an insured event occurring;

　(b)　when the insured event will occur; or

　(c)　how much the entity will need to pay if the insured event occurs.

B4　In some insurance contracts, the insured event is the discovery of a loss during the term of the contract, even if that loss arises from an event that occurred before the inception of the contract. In other insurance contracts, the insured event is an event that occurs during the term of the contract, even if the resulting loss is discovered after the end of the contract term.

B5　Some insurance contracts cover events that have already occurred but the financial effect of which is still uncertain. An example is an insurance contract that provides insurance coverage against an adverse development of an event that has already occurred. In such contracts, the insured event is the determination of the ultimate cost of those claims.

## Payments in kind

B6   Some insurance contracts require or permit payments to be made in kind. In such cases, the entity provides goods or services to the policyholder to settle the entity's obligation to compensate the policyholder for insured events. An example is when the entity replaces a stolen article instead of reimbursing the policyholder for the amount of its loss. Another example is when an entity uses its own hospitals and medical staff to provide medical services covered by the insurance contract. Such contracts are insurance contracts, even though the claims are settled in kind. Fixed-fee service contracts that meet the conditions specified in paragraph 8 are also insurance contracts, but applying paragraph 8, an entity may choose to account for them applying either IFRS 17 or IFRS 15 *Revenue from Contracts with Customers*.

[Refer: Basis for Conclusions paragraphs BC95–BC97]

## The distinction between insurance risk and other risks

[Refer: Basis for Conclusions paragraphs BC73–BC75]

B7   The definition of an insurance contract requires that one party accepts significant insurance risk from another party. IFRS 17 defines insurance risk as 'risk, other than financial risk, transferred from the holder of a contract to the issuer'. A contract that exposes the issuer to financial risk without significant insurance risk is not an insurance contract.

B8   The definition of financial risk in Appendix A refers to financial and non-financial variables. Examples of non-financial variables not specific to a party to the contract include an index of earthquake losses in a particular region or temperatures in a particular city. Financial risk excludes risk from non-financial variables that are specific to a party to the contract, such as the occurrence or non-occurrence of a fire that damages or destroys an asset of that party. Furthermore, the risk of changes in the fair value of a non-financial asset is not a financial risk if the fair value reflects changes in the market prices for such assets (ie a financial variable) and the condition of a specific non-financial asset held by a party to a contract (ie a non-financial variable). For example, if a guarantee of the residual value of a specific car in which the policyholder has an insurable interest exposes the guarantor to the risk of changes in the car's physical condition, that risk is insurance risk, not financial risk.

B9   Some contracts expose the issuer to financial risk in addition to significant insurance risk. For example, many life insurance contracts guarantee a minimum rate of return to policyholders, creating financial risk, and at the same time promise death benefits that may significantly exceed the policyholder's account balance, creating insurance risk in the form of mortality risk. Such contracts are insurance contracts.

B10  Under some contracts, an insured event triggers the payment of an amount linked to a price index. Such contracts are insurance contracts, provided that the payment contingent on the insured event could be significant. For example, a life-contingent annuity linked to a cost-of-living index transfers insurance risk because the payment is triggered by an uncertain future event—the survival of the person who receives the annuity. The link to the price index is a derivative, but it also transfers insurance risk because the number of payments to which the index applies depends on the survival of the annuitant. If the resulting transfer of insurance risk is significant, the derivative meets the definition of an insurance contract, in which case it shall not be separated from the host contract (see paragraph 11(a)).

B11 Insurance risk is the risk the entity accepts from the policyholder. This means the entity must accept, from the policyholder, a risk to which the policyholder was already exposed. Any new risk created by the contract for the entity or the policyholder is not insurance risk.

B12 The definition of an insurance contract refers to an adverse effect on the policyholder. This definition does not limit the payment by the entity to an amount equal to the financial effect of the adverse event. For example, the definition includes 'new for old' insurance coverage that pays the policyholder an amount that permits the replacement of a used and damaged asset with a new one. Similarly, the definition does not limit the payment under a life insurance contract to the financial loss suffered by the deceased's dependants, nor does it exclude contracts that specify the payment of predetermined amounts to quantify the loss caused by death or an accident.

B13 Some contracts require a payment if a specified uncertain future event occurs, but do not require an adverse effect on the policyholder as a precondition for the payment. This type of contract is not an insurance contract even if the holder uses it to mitigate an underlying risk exposure. For example, if the holder uses a derivative to hedge an underlying financial or non-financial variable correlated with the cash flows from an asset of the entity, the derivative is not an insurance contract because the payment is not conditional on whether the holder is adversely affected by a reduction in the cash flows from the asset. The definition of an insurance contract refers to an uncertain future event for which an adverse effect on the policyholder is a contractual precondition for payment. A contractual precondition does not require the entity to investigate whether the event actually caused an adverse effect, but it does permit the entity to deny the payment if it is not satisfied that the event did cause an adverse effect.

B14 Lapse or persistency risk (the risk that the policyholder will cancel the contract earlier or later than the issuer had expected when pricing the contract) is not insurance risk because the resulting variability in the payment to the policyholder is not contingent on an uncertain future event that adversely affects the policyholder. Similarly, expense risk (ie the risk of unexpected increases in the administrative costs associated with the servicing of a contract, rather than in the costs associated with insured events) is not insurance risk because an unexpected increase in such expenses does not adversely affect the policyholder.

B15 Consequently, a contract that exposes the entity to lapse risk, persistency risk or expense risk is not an insurance contract unless it also exposes the entity to significant insurance risk. However, if the entity mitigates its risk by using a second contract to transfer part of the non-insurance risk to another party, the second contract exposes the other party to insurance risk.

B16 An entity can accept significant insurance risk from the policyholder only if the entity is separate from the policyholder. In the case of a mutual entity, the mutual entity accepts risk from each policyholder and pools that risk. Although policyholders bear that pooled risk collectively because they hold the residual interest in the entity, the mutual entity is a separate entity that has accepted the risk.

## Significant insurance risk

[Refer: Basis for Conclusions paragraphs BC76–BC80]

B17 A contract is an insurance contract only if it transfers significant insurance risk. Paragraphs B7–B16 discuss insurance risk. Paragraphs B18–B23 discuss the assessment of whether the insurance risk is significant.

B18 Insurance risk is significant if, and only if, an insured event could cause the issuer to pay additional amounts that are significant in any single scenario, excluding scenarios that have no commercial substance (ie no discernible effect on the economics of the transaction). If an insured event could mean significant additional amounts would be payable in any scenario that has commercial substance, the condition in the previous sentence can be met even if the insured event is extremely unlikely, or even if the expected (ie probability-weighted) present value of the contingent cash flows is a small proportion of the expected present value of the remaining cash flows from the insurance contract.

B19  In addition, a contract transfers significant insurance risk only if there is a scenario that has commercial substance in which the issuer has a possibility of a loss on a present value basis. However, even if a reinsurance contract does not expose the issuer to the possibility of a significant loss, that contract is deemed to transfer significant insurance risk if it transfers to the reinsurer substantially all the insurance risk relating to the reinsured portions of the underlying insurance contracts.

B20  The additional amounts described in paragraph B18 are determined on a present-value basis. If an insurance contract requires payment when an event with uncertain timing occurs and if the payment is not adjusted for the time value of money, there may be scenarios in which the present value of the payment increases, even if its nominal value is fixed. An example is insurance that provides a fixed death benefit when the policyholder dies, with no expiry date for the cover (often referred to as whole-life insurance for a fixed amount). It is certain that the policyholder will die, but the date of death is uncertain. Payments may be made when an individual policyholder dies earlier than expected. Because those payments are not adjusted for the time value of money, significant insurance risk could exist even if there is no overall loss on the portfolio of contracts. Similarly, contractual terms that delay timely reimbursement to the policyholder can eliminate significant insurance risk. An entity shall use the discount rates required in paragraph 36 to determine the present value of the additional amounts.

B21  The additional amounts described in paragraph B18 refer to the present value of amounts that exceed those that would be payable if no insured event had occurred (excluding scenarios that lack commercial substance). Those additional amounts include claims handling and assessment costs, but exclude:

(a) the loss of the ability to charge the policyholder for future service. For example, in an investment-linked life insurance contract, the death of the policyholder means that the entity can no longer perform investment management services and collect a fee for doing so. However, this economic loss for the entity does not result from insurance risk, just as a mutual fund manager does not take on insurance risk in relation to the possible death of a client. Consequently, the potential loss of future investment management fees is not relevant when assessing how much insurance risk is transferred by a contract.

(b) a waiver, on death, of charges that would be made on cancellation or surrender. Because the contract brought those charges into existence, their waiver does not compensate the policyholder for a pre-existing risk. Consequently, they are not relevant when assessing how much insurance risk is transferred by a contract.

(c) a payment conditional on an event that does not cause a significant loss to the holder of the contract. For example, consider a contract that requires the issuer to pay CU1 million[1] if an asset suffers physical damage that causes an insignificant economic loss of CU1 to the holder. In this contract, the holder transfers the insignificant risk of losing CU1 to the issuer. At the same time, the contract creates a non-insurance risk that the issuer will need to pay CU999,999 if the specified event occurs. Because there is no scenario in which an insured event causes a significant loss to the holder of the contract, the issuer does not accept

---

[1] CU denotes currency unit.

significant insurance risk from the holder and this contract is not an insurance contract.

(d) possible reinsurance recoveries. The entity accounts for these separately.

B22 An entity shall assess the significance of insurance risk contract by contract. Consequently, the insurance risk can be significant even if there is minimal probability of significant losses for a portfolio or group of contracts.

B23 It follows from paragraphs B18–B22 that, if a contract pays a death benefit that exceeds the amount payable on survival, the contract is an insurance contract unless the additional death benefit is not significant (judged by reference to the contract itself rather than to an entire portfolio of contracts). As noted in paragraph B21(b), the waiver on death of cancellation or surrender charges is not included in this assessment if that waiver does not compensate the policyholder for a pre-existing risk. Similarly, an annuity contract that pays out regular sums for the rest of a policyholder's life is an insurance contract, unless the aggregate life-contingent payments are insignificant.

## Changes in the level of insurance risk

B24 For some contracts, the transfer of insurance risk to the issuer occurs after a period of time. For example, consider a contract that provides a specified investment return and includes an option for the policyholder to use the proceeds of the investment on maturity to buy a life-contingent annuity at the same rates the entity charges other new annuitants at the time the policyholder exercises that option. Such a contract transfers insurance risk to the issuer only after the option is exercised, because the entity remains free to price the annuity on a basis that reflects the insurance risk that will be transferred to the entity at that time. Consequently, the cash flows that would occur on the exercise of the option fall outside the boundary of the contract, and before exercise there are no insurance cash flows within the boundary of the contract. However, if the contract specifies the annuity rates (or a basis other than market rates for setting the annuity rates), the contract transfers insurance risk to the issuer because the issuer is exposed to the risk that the annuity rates will be unfavourable to the issuer when the policyholder exercises the option. In that case, the cash flows that would occur when the option is exercised are within the boundary of the contract.

B25 A contract that meets the definition of an insurance contract remains an insurance contract until all rights and obligations are extinguished (ie discharged, cancelled or expired), unless the contract is derecognised applying paragraphs 74–77, because of a contract modification.
[Refer: Basis for Conclusions paragraph BC80]

## Examples of insurance contracts

B26 The following are examples of contracts that are insurance contracts if the transfer of insurance risk is significant:

(a) insurance against theft or damage.

(b) insurance against product liability, professional liability, civil liability or legal expenses.

(c) life insurance and prepaid funeral plans (although death is certain, it is uncertain when death will occur or, for some types of life insurance, whether death will occur within the period covered by the insurance).

(d) life-contingent annuities and pensions, ie contracts that provide compensation for the uncertain future event—the survival of the annuitant or pensioner—to provide the annuitant or pensioner with a level of income that would otherwise be adversely affected by his or her survival. (Employers' liabilities that arise from employee benefit plans and retirement benefit obligations reported by defined benefit retirement plans are outside the scope of IFRS 17, applying paragraph 7(b)).

(e) insurance against disability and medical costs.

(f) surety bonds, fidelity bonds, performance bonds and bid bonds, ie contracts that compensate the holder if another party fails to perform a contractual obligation; for example, an obligation to construct a building.

(g) product warranties. Product warranties issued by another party for goods sold by a manufacturer, dealer or retailer are within the scope of IFRS 17. However, product warranties issued directly by a manufacturer, dealer or retailer are outside the scope of IFRS 17 applying paragraph 7(a), and are instead within the scope of IFRS 15 or IAS 37 *Provisions, Contingent Liabilities and Contingent Assets*.

**[Refer: Basis for Conclusions paragraphs BC89 and BC90]**

(h) title insurance (insurance against the discovery of defects in the title to land or buildings that were not apparent when the insurance contract was issued). In this case, the insured event is the discovery of a defect in the title, not the defect itself.

(i) travel insurance (compensation in cash or in kind to policyholders for losses suffered in advance of, or during, travel).

(j) catastrophe bonds that provide for reduced payments of principal, interest or both, if a specified event adversely affects the issuer of the bond (unless the specified event does not create significant insurance risk; for example, if the event is a change in an interest rate or a foreign exchange rate).

(k) insurance swaps and other contracts that require a payment depending on changes in climatic, geological or other physical variables that are specific to a party to the contract.

B27 The following are examples of items that are not insurance contracts:

(a) investment contracts that have the legal form of an insurance contract but do not transfer significant insurance risk to the issuer. For example, life insurance contracts in which the entity bears no significant mortality or morbidity risk are not insurance contracts; such contracts are financial instruments or service contracts—see paragraph B28. Investment contracts with discretionary participation features do not meet the definition of an insurance contract; however, they are within the scope of IFRS 17 provided they are issued by an entity that also issues insurance contracts, applying paragraph 3(c).

(b) contracts that have the legal form of insurance, but return all significant insurance risk to the policyholder through non-cancellable and enforceable mechanisms that adjust future payments by the policyholder to the issuer as a direct result of insured losses. For example, some financial reinsurance contracts or some group contracts return all significant insurance risk to the policyholders; such contracts are normally financial instruments or service contracts (see paragraph B28).

(c) self-insurance (ie retaining a risk that could have been covered by insurance). In such situations, there is no insurance contract because there is no agreement with another party. Thus, if an entity issues an insurance contract to its parent, subsidiary or fellow subsidiary, there is no insurance contract in the consolidated financial statements because there is no contract with another party. However,

(d) contracts (such as gambling contracts) that require a payment if a specified uncertain future event occurs, but do not require, as a contractual precondition for payment, the event to adversely affect the policyholder. However, this does not exclude from the definition of an insurance contract contracts that specify a predetermined payout to quantify the loss caused by a specified event such as a death or an accident (see paragraph B12).

(e) derivatives that expose a party to financial risk but not insurance risk, because the derivatives require that party to make (or give them the right to receive) payment solely based on the changes in one or more of a specified interest rate, a financial instrument price, a commodity price, a foreign exchange rate, an index of prices or rates, a credit rating or a credit index or any other variable, provided that, in the case of a non-financial variable, the variable is not specific to a party to the contract.

(f) credit-related guarantees that require payments even if the holder has not incurred a loss on the failure of the debtor to make payments when due; such contracts are accounted for applying IFRS 9 *Financial Instruments* (see paragraph B29).

(g) contracts that require a payment that depends on a climatic, geological or any other physical variable not specific to a party to the contract (commonly described as weather derivatives).

(h) contracts that provide for reduced payments of principal, interest or both, that depend on a climatic, geological or any other physical variable, the effect of which is not specific to a party to the contract (commonly referred to as catastrophe bonds).

B28 An entity shall apply other applicable Standards, such as IFRS 9 and IFRS 15, to the contracts described in paragraph B27.

B29 The credit-related guarantees and credit insurance contracts discussed in paragraph B27(f) can have various legal forms, such as that of a guarantee, some types of letters of credit, a credit default contract or an insurance contract. Those contracts are insurance contracts if they require the issuer to make specified payments to reimburse the holder for a loss that the holder incurs because a specified debtor fails to make payment when due to the policyholder applying the original or modified terms of a debt instrument. However, such insurance contracts are excluded from the scope of IFRS 17 unless the issuer has previously asserted explicitly that it regards the contracts as insurance contracts and has used accounting applicable to insurance contracts (see paragraph 7(e)). **[Refer: Basis for Conclusions paragraphs BC91–BC93]**

B30 Credit-related guarantees and credit insurance contracts that require payment, even if the policyholder has not incurred a loss on the failure of the debtor to make payments when due, are outside the scope of IFRS 17 because they do not transfer significant insurance risk. Such contracts include those that require payment:

(a) regardless of whether the counterparty holds the underlying debt instrument; or

(b) on a change in the credit rating or the credit index, rather than on the failure of a specified debtor to make payments when due.

**[Refer: Basis for Conclusions paragraph BC94]**

# Separating components from an insurance contract (paragraphs 10–13)

[Refer:

Basis for Conclusions paragraphs BC98–BC103

Illustrative Examples, Examples 4 and 5]

## Investment components (paragraph 11(b))

[Refer: Basis for Conclusions paragraphs BC108 and BC109]

B31 Paragraph 11(b) requires an entity to separate a distinct investment component from the host insurance contract. An investment component is distinct if, and only if, both the following conditions are met:

(a) the investment component and the insurance component are not highly interrelated.

(b) a contract with equivalent terms is sold, or could be sold, separately in the same market or the same jurisdiction, either by entities that issue insurance contracts or by other parties. The entity shall take into account all information reasonably available in making this determination. The entity is not required to undertake an exhaustive search to identify whether an investment component is sold separately.

B32 An investment component and an insurance component are highly interrelated if, and only if:

(a) the entity is unable to measure one component without considering the other. Thus, if the value of one component varies according to the value of the other, an entity shall apply IFRS 17 to account for the combined investment and insurance component; or

(b) the policyholder is unable to benefit from one component unless the other is also present. Thus, if the lapse or maturity of one component in a contract causes the lapse or maturity of the other, the entity shall apply IFRS 17 to account for the combined investment component and insurance component.

## Promises to transfer distinct goods or services other than insurance contract services (paragraph 12)

[Refer: Basis for Conclusions paragraphs BC110–BC113]

B33 Paragraph 12 requires an entity to separate from an insurance contract a promise to transfer distinct goods or services other than insurance contract services to a policyholder. For the purpose of separation, an entity shall not consider activities that an entity must undertake to fulfil a contract unless the entity transfers a good or service other than insurance contract services to the policyholder as those activities occur. For example, an entity may need to perform various administrative tasks to set up a contract. The performance of those tasks does not transfer a service to the policyholder as the tasks are performed.

B34 A good or service other than an insurance contract service promised to a policyholder is distinct if the policyholder can benefit from the good or service either on its own or together with other resources readily available to the policyholder. Readily available resources are goods or services that are sold separately (by the entity or by another entity),

IFRS 17

or resources that the policyholder has already got (from the entity or from other transactions or events).

B35 A good or service other than an insurance contract service that is promised to the policyholder is not distinct if:

(a) the cash flows and risks associated with the good or service are highly interrelated with the cash flows and risks associated with the insurance components in the contract; and

(b) the entity provides a significant service in integrating the good or service with the insurance components.

## Insurance acquisition cash flows (paragraphs 28A–28F)

[Refer: Basis for Conclusions paragraphs BC175–BC184K]

B35A To apply paragraph 28A, an entity shall use a systematic and rational method to allocate:

(a) insurance acquisition cash flows directly attributable to a group of insurance contracts:

(i) to that group; and

(ii) to groups that will include insurance contracts that are expected to arise from renewals of the insurance contracts in that group.

(b) insurance acquisition cash flows directly attributable to a portfolio of insurance contracts, other than those in (a), to groups of contracts in the portfolio.

[Refer: Basis for Conclusions paragraphs BC184A–BC184G]

B35B At the end of each reporting period, an entity shall revise amounts allocated as specified in paragraph B35A to reflect any changes in assumptions that determine the inputs to the method of allocation used. [Refer: Basis for Conclusions paragraph BC184G] An entity shall not change amounts allocated to a group of insurance contracts after all contracts have been added to the group (see paragraph B35C).

B35C An entity might add insurance contracts to a group of insurance contracts across more than one reporting period (see paragraph 28). In those circumstances, an entity shall derecognise the portion of an asset for insurance acquisition cash flows that relates to insurance contracts added to the group in that period and continue to recognise an asset for insurance acquisition cash flows to the extent that the asset relates to insurance contracts expected to be added to the group in a future reporting period.

B35D To apply paragraph 28E:

(a) an entity shall recognise an impairment loss in profit or loss and reduce the carrying amount of an asset for insurance acquisition cash flows so that the carrying amount of the asset does not exceed the expected net cash inflow for the related group of insurance contracts, determined applying paragraph 32(a).

(b) when an entity allocates insurance acquisition cash flows to groups of insurance contracts applying paragraph B35A(a)(ii), the entity shall recognise an impairment loss in profit or loss and reduce the carrying amount of the related assets for insurance acquisition cash flows to the extent that:

(i) the entity expects those insurance acquisition cash flows to exceed the net cash inflow for the expected renewals, determined applying paragraph 32(a); and

IFRS 17

(ii)  the excess determined applying (b)(i) has not already been recognised as an impairment loss applying (a).

[Refer: Basis for Conclusions paragraphs BC184I–BC184K]

## Measurement (paragraphs 29–71)

[Refer: Basis for Conclusions paragraphs BC18–BC26 and BC146–BC315L]

### Estimates of future cash flows (paragraphs 33–35)

B36  This section addresses:

(a)  unbiased use of all reasonable and supportable information available without undue cost or effort (see paragraphs B37–B41);

(b)  market variables and non-market variables (see paragraphs B42–B53);

(c)  using current estimates (see paragraphs B54–B60); and

(d)  cash flows within the contract boundary (see paragraphs B61–B71).

#### Unbiased use of all reasonable and supportable information available without undue cost or effort (paragraph 33(a))

[Refer: Basis for Conclusions paragraphs BC148–BC152]

B37  The objective of estimating future cash flows is to determine the expected value, or probability-weighted mean, of the full range of possible outcomes, considering all reasonable and supportable information available at the reporting date without undue cost or effort. Reasonable and supportable information available at the reporting date without undue cost or effort includes information about past events and current conditions, and forecasts of future conditions (see paragraph B41). Information available from an entity's own information systems is considered to be available without undue cost or effort.

B38  The starting point for an estimate of the cash flows is a range of scenarios that reflects the full range of possible outcomes. Each scenario specifies the amount and timing of the cash flows for a particular outcome, and the estimated probability of that outcome. The cash flows from each scenario are discounted and weighted by the estimated probability of that outcome to derive an expected present value. Consequently, the objective is not to develop a most likely outcome, or a more-likely-than-not outcome, for future cash flows.

B39  When considering the full range of possible outcomes, the objective is to incorporate all reasonable and supportable information available without undue cost or effort in an unbiased way, rather than to identify every possible scenario. In practice, developing explicit scenarios is unnecessary if the resulting estimate is consistent with the measurement objective of considering all reasonable and supportable information available without undue cost or effort when determining the mean. For example, if an entity estimates that the probability distribution of outcomes is broadly consistent with a probability distribution that can be described completely with a small number of parameters, it will be sufficient to estimate the smaller number of parameters. Similarly, in some cases, relatively simple modelling may give an answer within an acceptable range of precision, without the need for many detailed simulations. However, in some cases, the cash flows may be driven by complex underlying factors and may respond in a non-linear fashion to changes in economic conditions. This may happen if, for example, the cash flows reflect a series of interrelated options that are implicit or explicit. In such cases, more sophisticated stochastic modelling is likely to be necessary to satisfy the measurement objective.

B40 The scenarios developed shall include unbiased estimates of the probability of catastrophic losses under existing contracts. Those scenarios exclude possible claims under possible future contracts.

B41 An entity shall estimate the probabilities and amounts of future payments under existing contracts on the basis of information obtained including:

(a) information about claims already reported by policyholders;

(b) other information about the known or estimated characteristics of the insurance contracts.

(c) historical data about the entity's own experience, supplemented when necessary with historical data from other sources. Historical data is adjusted to reflect current conditions, for example, if:

(i) the characteristics of the insured population differ (or will differ, for example, because of adverse selection) from those of the population that has been used as a basis for the historical data;

(ii) there are indications that historical trends will not continue, that new trends will emerge or that economic, demographic and other changes may affect the cash flows that arise from the existing insurance contracts; or

(iii) there have been changes in items such as underwriting procedures and claims management procedures that may affect the relevance of historical data to the insurance contracts.

(d) current price information, if available, for reinsurance contracts and other financial instruments (if any) covering similar risks, such as catastrophe bonds and weather derivatives, and recent market prices for transfers of insurance contracts. This information shall be adjusted to reflect the differences between the cash flows that arise from those reinsurance contracts or other financial instruments, and the cash flows that would arise as the entity fulfils the underlying contracts with the policyholder.

## Market variables and non-market variables

B42 IFRS 17 identifies two types of variables:

(a) market variables—variables that can be observed in, or derived directly from, markets (for example, prices of publicly traded securities and interest rates); and

(b) non-market variables—all other variables (for example, the frequency and severity of insurance claims and mortality).

B43 Market variables will generally give rise to financial risk (for example, observable interest rates) and non-market variables will generally give rise to non-financial risk (for example, mortality rates). However, this will not always be the case. For example, there may be assumptions that relate to financial risks for which variables cannot be observed in, or derived directly from, markets (for example, interest rates that cannot be observed in, or derived directly from, markets).

## Market variables (paragraph 33(b))

B44 Estimates of market variables shall be consistent with observable market prices at the measurement date. An entity shall maximise the use of observable inputs and shall not substitute its own estimates for observable market data except as described in paragraph 79 of IFRS 13 *Fair Value Measurement*. Consistent with IFRS 13, if variables need to be derived (for example, because no observable market variables exist) they shall be as consistent as possible with observable market variables.

**[Refer: Basis for Conclusions paragraph BC153]**

B45 Market prices blend a range of views about possible future outcomes and also reflect the risk preferences of market participants. Consequently, they are not a single-point forecast of the future outcome. If the actual outcome differs from the previous market price, this does not mean that the market price was 'wrong'.

B46 An important application of market variables is the notion of a replicating asset or a replicating portfolio of assets. A replicating asset is one whose cash flows *exactly* match, in all scenarios, the contractual cash flows of a group of insurance contracts in amount, timing and uncertainty. In some cases, a replicating asset may exist for some of the cash flows that arise from a group of insurance contracts. The fair value of that asset reflects both the expected present value of the cash flows from the asset and the risk associated with those cash flows. If a replicating portfolio of assets exists for some of the cash flows that arise from a group of insurance contracts, the entity can use the fair value of those assets to measure the relevant fulfilment cash flows instead of explicitly estimating the cash flows and discount rate.

B47 IFRS 17 does not require an entity to use a replicating portfolio technique. However, if a replicating asset or portfolio does exist for some of the cash flows that arise from insurance contracts and an entity chooses to use a different technique, the entity shall satisfy itself that a replicating portfolio technique would be unlikely to lead to a materially different measurement of those cash flows.

B48 Techniques other than a replicating portfolio technique, such as stochastic modelling techniques, may be more robust or easier to implement if there are significant interdependencies between cash flows that vary based on returns on assets and other cash flows. Judgement is required to determine the technique that best meets the objective of consistency with observable market variables in specific circumstances. In particular, the technique used must result in the measurement of any options and guarantees included in the insurance contracts being consistent with observable market prices (if any) for such options and guarantees.

## Non-market variables

B49 Estimates of non-market variables shall reflect all reasonable and supportable evidence available without undue cost or effort, both external and internal.

B50 Non-market external data (for example, national mortality statistics) may have more or less relevance than internal data (for example, internally developed mortality statistics), depending on the circumstances. For example, an entity that issues life insurance contracts shall not rely solely on national mortality statistics, but shall consider all other reasonable and supportable internal and external sources of information available without undue cost or effort when developing unbiased estimates of probabilities for mortality scenarios for its insurance contracts. In developing those probabilities, an entity shall give more weight to the more persuasive information. For example:

(a) internal mortality statistics may be more persuasive than national mortality data if national data is derived from a large population that is not representative of the insured population. This might be because, for example, the demographic characteristics of the insured population could significantly differ from those of the national population, meaning that an entity would need to place more weight on the internal data and less weight on the national statistics.

(b) conversely, if the internal statistics are derived from a small population with characteristics that are believed to be close to those of the national population, and the national statistics are current, an entity shall place more weight on the national statistics.

B51 Estimated probabilities for non-market variables shall not contradict observable market variables. For example, estimated probabilities for future inflation rate scenarios shall be as consistent as possible with probabilities implied by market interest rates.

B52 In some cases, an entity may conclude that market variables vary independently of non-market variables. If so, the entity shall consider scenarios that reflect the range of outcomes for the non-market variables, with each scenario using the same observed value of the market variable.

B53 In other cases, market variables and non-market variables may be correlated. For example, there may be evidence that lapse rates (a non-market variable) are correlated with interest rates (a market variable). Similarly, there may be evidence that claim levels for house or car insurance are correlated with economic cycles and therefore with interest rates and expense amounts. The entity shall ensure that the probabilities for the scenarios and the risk adjustments for the non-financial risk that relates to the market variables are consistent with the observed market prices that depend on those market variables.

## Using current estimates (paragraph 33(c))

[Refer: Basis for Conclusions paragraphs BC155–BC157]

B54 In estimating each cash flow scenario and its probability, an entity shall use all reasonable and supportable information available without undue cost or effort. An entity shall review the estimates that it made at the end of the previous reporting period and update them. In doing so, an entity shall consider whether:

(a) the updated estimates faithfully represent the conditions at the end of the reporting period.

(b) the changes in estimates faithfully represent the changes in conditions during the period. For example, suppose that estimates were at one end of a reasonable range at the beginning of the period. If the conditions have not changed, shifting the estimates to the other end of the range at the end of the period would not faithfully represent what has happened during the period. If an entity's most recent estimates are different from its previous estimates, but conditions have not changed, it shall assess whether the new probabilities assigned to each scenario are justified. In updating its estimates of those probabilities, the entity shall consider both the evidence that supported its previous estimates and all newly available evidence, giving more weight to the more persuasive evidence.

B55 The probability assigned to each scenario shall reflect the conditions at the end of the reporting period. Consequently, applying IAS 10 *Events after the Reporting Period*, an event occurring after the end of the reporting period that resolves an uncertainty that existed at the end of the reporting period does not provide evidence of the conditions that existed at that date. For example, there may be a 20 per cent probability at the end of the reporting period that a major storm will strike during the remaining six months of an insurance contract. After the end of the reporting period but before the financial statements are authorised for issue, a major storm strikes. The fulfilment cash flows under that contract shall not reflect the storm that, with hindsight, is known to have occurred. Instead, the cash flows included in the measurement include the 20 per cent probability apparent at the end of the reporting period (with disclosure applying IAS 10 that a non-adjusting event occurred after the end of the reporting period).

B56 Current estimates of expected cash flows are not necessarily identical to the most recent actual experience. For example, suppose that mortality experience in the reporting period was 20 per cent worse than the previous mortality experience and previous expectations of mortality experience. Several factors could have caused the sudden change in experience, including:

(a) lasting changes in mortality;

(b) changes in the characteristics of the insured population (for example, changes in underwriting or distribution, or selective lapses by policyholders in unusually good health);

(c) random fluctuations; or

(d) identifiable non-recurring causes.

B57 An entity shall investigate the reasons for the change in experience and develop new estimates of cash flows and probabilities in the light of the most recent experience, the earlier experience and other information. The result for the example in paragraph B56 would typically be that the expected present value of death benefits changes, but not by as much as 20 per cent. In the example in paragraph B56, if mortality rates continue to be significantly higher than the previous estimates for reasons that are expected to continue, the estimated probability assigned to the high-mortality scenarios will increase.

B58 Estimates of non-market variables shall include information about the current level of insured events and information about trends. For example, mortality rates have consistently declined over long periods in many countries. The determination of the fulfilment cash flows reflects the probabilities that would be assigned to each possible trend scenario, taking account of all reasonable and supportable information available without undue cost or effort.

B59 Similarly, if cash flows allocated to a group of insurance contracts are sensitive to inflation, the determination of the fulfilment cash flows shall reflect current estimates of possible future inflation rates. Because inflation rates are likely to be correlated with interest rates, the measurement of fulfilment cash flows shall reflect the probabilities for each inflation scenario in a way that is consistent with the probabilities implied by the market interest rates used in estimating the discount rate (see paragraph B51).

B60 When estimating the cash flows, an entity shall take into account current expectations of future events that might affect those cash flows. The entity shall develop cash flow scenarios that reflect those future events, as well as unbiased estimates of the probability of each scenario. However, an entity shall not take into account current expectations of future changes in legislation that would change or discharge the present obligation or create new obligations under the existing insurance contract until the change in legislation is substantively enacted. **[Refer: Basis for Conclusions paragraph BC156]**

## Cash flows within the contract boundary (paragraph 34)

B61 Estimates of cash flows in a scenario shall include all cash flows within the boundary of an existing contract and no other cash flows. An entity shall apply paragraph 2 in determining the boundary of an existing contract. **[Refer: Basis for Conclusions paragraphs BC159–BC164]**

B62 Many insurance contracts have features that enable policyholders to take actions that change the amount, timing, nature or uncertainty of the amounts they will receive. Such features include renewal options, surrender options, conversion options and options to stop paying premiums while still receiving benefits under the contracts. The measurement of a group of insurance contracts shall reflect, on an expected value basis, the entity's current estimates of how the policyholders in the group will exercise the options available, and the risk adjustment for non-financial risk shall reflect the entity's current estimates of how the actual behaviour of the policyholders may differ from the expected behaviour. This requirement to determine the expected value applies regardless of the number of contracts in a group; for example it applies even if the group comprises a single contract. Thus, the measurement of a group of insurance contracts shall not assume a 100 per cent probability that policyholders will:

(a) surrender their contracts, if there is some probability that some of the policyholders will not; or

(b) continue their contracts, if there is some probability that some of the policyholders will not.

B63 When an issuer of an insurance contract is required by the contract to renew or otherwise continue the contract, it shall apply paragraph 34 to assess whether premiums and related cash flows that arise from the renewed contract are within the boundary of the original contract.

B64 Paragraph 34 refers to an entity's practical ability to set a price at a future date (a renewal date) that fully reflects the risks in the contract from that date. An entity has that practical ability in the absence of constraints that prevent the entity from setting the same price it would for a new contract with the same characteristics as the existing contract issued on that date, or if it can amend the benefits to be consistent with the price it will charge. Similarly, an entity has that practical ability to set a price when it can reprice an existing contract so that the price reflects overall changes in the risks in a portfolio of insurance contracts, even if the price set for each individual policyholder does not reflect the change in risk for that specific policyholder. When assessing whether the entity has the practical ability to set a price that fully reflects the risks in the contract or portfolio, it shall consider all the risks that it would consider when underwriting equivalent contracts on the renewal date for the remaining service. In determining the estimates of future cash flows at the end of a reporting period, an entity shall reassess the boundary of an insurance contract to include the effect of changes in circumstances on the entity's substantive rights and obligations.

**[Refer: Basis for Conclusions paragraphs BC161–BC164]**

B65 Cash flows within the boundary of an insurance contract are those that relate directly to the fulfilment of the contract, including cash flows for which the entity has discretion over the amount or timing. **[Refer: Basis for Conclusions paragraphs BC167–BC170A]** The cash flows within the boundary include:

(a) premiums (including premium adjustments and instalment premiums) from a policyholder and any additional cash flows that result from those premiums.

(b) payments to (or on behalf of) a policyholder, including claims that have already been reported but have not yet been paid (ie reported claims), incurred claims for events that have occurred but for which claims have not been reported and all future claims for which the entity has a substantive obligation (see paragraph 34).

(c) payments to (or on behalf of) a policyholder that vary depending on returns on underlying items.

(d) payments to (or on behalf of) a policyholder resulting from derivatives, for example, options and guarantees embedded in the contract, to the extent that those options and guarantees are not separated from the insurance contract (see paragraph 11(a)).

(e) an allocation of insurance acquisition cash flows attributable to the portfolio to which the contract belongs.

**[Refer: Basis for Conclusions paragraphs BC175–BC184K]**

(f) claim handling costs (ie the costs the entity will incur in investigating, processing and resolving claims under existing insurance contracts, including legal and loss-adjusters' fees and internal costs of investigating claims and processing claim payments).

(g) costs the entity will incur in providing contractual benefits paid in kind.

(h) policy administration and maintenance costs, such as costs of premium billing and handling policy changes (for example, conversions and reinstatements). Such costs also include recurring commissions that are expected to be paid to intermediaries if a particular policyholder continues to pay the premiums within the boundary of the insurance contract.

(i) transaction-based taxes (such as premium taxes, value added taxes and goods and services taxes) and levies (such as fire service levies and guarantee fund assessments) that arise directly from existing insurance contracts, or that can be attributed to them on a reasonable and consistent basis.

(j) payments by the insurer in a fiduciary capacity to meet tax obligations incurred by the policyholder, and related receipts.

(k) potential cash inflows from recoveries (such as salvage and subrogation) on future claims covered by existing insurance contracts and, to the extent that they do not qualify for recognition as separate assets, potential cash inflows from recoveries on past claims.

(ka) costs the entity will incur:

  (i) performing investment activity, to the extent the entity performs that activity to enhance benefits from insurance coverage for policyholders. Investment activities enhance benefits from insurance coverage if the entity performs those activities expecting to generate an investment return from which policyholders will benefit if an insured event occurs.
  **[Refer: Basis for Conclusions paragraph BC283I]**

  (ii) providing investment-return service to policyholders of insurance contracts without direct participation features (see paragraph B119B).

  (iii) providing investment-related service to policyholders of insurance contracts with direct participation features.

(l) an allocation of fixed and variable overheads (such as the costs of accounting, human resources, information technology and support, building depreciation, rent, and maintenance and utilities) directly attributable to fulfilling insurance contracts. Such overheads are allocated to groups of contracts using methods that are systematic and rational, and are consistently applied to all costs that have similar characteristics.

(m) any other costs specifically chargeable to the policyholder under the terms of the contract.

B66 The following cash flows shall not be included when estimating the cash flows that will arise as the entity fulfils an existing insurance contract:

(a) investment returns. Investments are recognised, measured and presented separately.

(b) cash flows (payments or receipts) that arise under reinsurance contracts held. Reinsurance contracts held are recognised, measured and presented separately.

(c) cash flows that may arise from future insurance contracts, ie cash flows outside the boundary of existing contracts (see paragraphs 34–35).

(d) cash flows relating to costs that cannot be directly attributed to the portfolio of insurance contracts that contain the contract, such as some product development and training costs. Such costs are recognised in profit or loss when incurred.

(e) cash flows that arise from abnormal amounts of wasted labour or other resources that are used to fulfil the contract. Such costs are recognised in profit or loss when incurred.

(f) income tax payments and receipts the insurer does not pay or receive in a fiduciary capacity or that are not specifically chargeable to the policyholder under the terms of the contract. [Refer: Basis for Conclusions paragraph BC170A]

(g) cash flows between different components of the reporting entity, such as policyholder funds and shareholder funds, if those cash flows do not change the amount that will be paid to the policyholders.

(h) cash flows arising from components separated from the insurance contract and accounted for using other applicable Standards (see paragraphs 10–13).

B66A Before the recognition of a group of insurance contracts, an entity might be required to recognise an asset or liability for cash flows related to the group of insurance contracts other than insurance acquisition cash flows either because of the occurrence of the cash flows or because of the requirements of another IFRS Standard. Cash flows are related to the group of insurance contracts if those cash flows would have been included in the fulfilment cash flows at the date of initial recognition of the group had they been paid or received after that date. To apply paragraph 38(c)(ii) an entity shall derecognise such an asset or liability to the extent that the asset or liability would not be recognised separately from the group of insurance contracts if the cash flow or the application of the IFRS Standard occurred at the date of initial recognition of the group of insurance contracts.

[Refer: Basis for Conclusions paragraphs BC184L–BC184N]

## *Contracts with cash flows that affect or are affected by cash flows to policyholders of other contracts*

[Refer: Basis for Conclusions paragraphs BC171–BC174]

B67 Some insurance contracts affect the cash flows to policyholders of other contracts by requiring:

(a) the policyholder to share with policyholders of other contracts the returns on the same specified pool of underlying items; and

(b) either:

(i) the policyholder to bear a reduction in their share of the returns on the underlying items because of payments to policyholders of other contracts that share in that pool, including payments arising under guarantees made to policyholders of those other contracts; or

(ii) policyholders of other contracts to bear a reduction in their share of returns on the underlying items because of payments to the policyholder, including payments arising from guarantees made to the policyholder.

B68 Sometimes, such contracts will affect the cash flows to policyholders of contracts in other groups. The fulfilment cash flows of each group reflect the extent to which the contracts in the group cause the entity to be affected by expected cash flows, whether to policyholders in that group or to policyholders in another group. Hence the fulfilment cash flows for a group:

(a) include payments arising from the terms of existing contracts to policyholders of contracts in other groups, regardless of whether those payments are expected to be made to current or future policyholders; and

(b) exclude payments to policyholders in the group that, applying (a), have been included in the fulfilment cash flows of another group.

B69 For example, to the extent that payments to policyholders in one group are reduced from a share in the returns on underlying items of CU350 to CU250 because of payments of a guaranteed amount to policyholders in another group, the fulfilment cash flows of the first group would include the payments of CU100 (ie would be CU350) and the fulfilment cash flows of the second group would exclude CU100 of the guaranteed amount.

B70 Different practical approaches can be used to determine the fulfilment cash flows of groups of contracts that affect or are affected by cash flows to policyholders of contracts in other groups. In some cases, an entity might be able to identify the change in the underlying items and resulting change in the cash flows only at a higher level of aggregation than the groups. In such cases, the entity shall allocate the effect of the change in the underlying items to each group on a systematic and rational basis.

B71 After all insurance contract services have been provided to the contracts in a group, the fulfilment cash flows may still include payments expected to be made to current policyholders in other groups or future policyholders. An entity is not required to continue to allocate such fulfilment cash flows to specific groups but can instead recognise and measure a liability for such fulfilment cash flows arising from all groups.

## Discount rates (paragraph 36)

[Refer: Basis for Conclusions paragraphs BC185–BC205B]

B72 An entity shall use the following discount rates in applying IFRS 17:

(a) to measure the fulfilment cash flows—current discount rates applying paragraph 36;

(b) to determine the interest to accrete on the contractual service margin applying paragraph 44(b) for insurance contracts without direct participation features—discount rates determined at the date of initial recognition of a group of contracts, applying paragraph 36 to nominal cash flows that do not vary based on the returns on any underlying items;

[Refer: Illustrative Examples, Example 6 paragraph IE71]

(c) to measure the changes to the contractual service margin applying paragraphs B96(a)–B96(b) and B96(d) for insurance contracts without direct participation features—discount rates applying paragraph 36 determined on initial recognition;

[Refer: Illustrative Examples, Example 6 paragraph IE71]

(d) for groups of contracts applying the premium allocation approach that have a significant financing component, to adjust the carrying amount of the liability for remaining coverage applying paragraph 56—discount rates applying paragraph 36 determined on initial recognition;

(e) if an entity chooses to disaggregate insurance finance income or expenses between profit or loss and other comprehensive income (see paragraph 88), to determine the amount of the insurance finance income or expenses included in profit or loss:

　(i) for groups of insurance contracts for which changes in assumptions that relate to financial risk do not have a substantial effect on the amounts paid to policyholders, applying paragraph B131—discount rates determined at the date of initial recognition of a group of contracts, applying paragraph 36 to nominal cash flows that do not vary based on the returns on any underlying items;

　(ii) for groups of insurance contracts for which changes in assumptions that relate to financial risk have a substantial effect on the amounts paid to policyholders, applying paragraph B132(a)(i)—discount rates that allocate the remaining revised expected finance income or expenses over the remaining duration of the group of contracts at a constant rate; and

　(iii) for groups of contracts applying the premium allocation approach applying paragraphs 59(b) and B133—discount rates determined at the date of the incurred claim, applying paragraph 36 to nominal cash flows that do not vary based on the returns on any underlying items.

B73　To determine the discount rates at the date of initial recognition of a group of contracts described in paragraphs B72(b)–B72(e), an entity may use weighted-average discount rates over the period that contracts in the group are issued, which applying paragraph 22 cannot exceed one year.

B74　Estimates of discount rates shall be consistent with other estimates used to measure insurance contracts to avoid double counting or omissions; for example:

(a) cash flows that do not vary based on the returns on any underlying items shall be discounted at rates that do not reflect any such variability;

(b) cash flows that vary based on the returns on any financial underlying items shall be:

　(i) discounted using rates that reflect that variability; or

　(ii) adjusted for the effect of that variability and discounted at a rate that reflects the adjustment made.

(c) nominal cash flows (ie those that include the effect of inflation) shall be discounted at rates that include the effect of inflation; and

(d) real cash flows (ie those that exclude the effect of inflation) shall be discounted at rates that exclude the effect of inflation.

B75 Paragraph B74(b) requires cash flows that vary based on the returns on underlying items to be discounted using rates that reflect that variability, or to be adjusted for the effect of that variability and discounted at a rate that reflects the adjustment made. The variability is a relevant factor regardless of whether it arises because of contractual terms or because the entity exercises discretion, and regardless of whether the entity holds the underlying items.

**[Refer: Basis for Conclusions paragraphs BC199–BC205]**

B76 Cash flows that vary with returns on underlying items with variable returns, but that are subject to a guarantee of a minimum return, do not vary solely based on the returns on the underlying items, even when the guaranteed amount is lower than the expected return on the underlying items. Hence, an entity shall adjust the rate that reflects the variability of the returns on the underlying items for the effect of the guarantee, even when the guaranteed amount is lower than the expected return on the underlying items.

**[Refer: Basis for Conclusions paragraphs BC202–BC203]**

B77 IFRS 17 does not require an entity to divide estimated cash flows into those that vary based on the returns on underlying items and those that do not. If an entity does not divide the estimated cash flows in this way, the entity shall apply discount rates appropriate for the estimated cash flows as a whole; for example, using stochastic modelling techniques or risk-neutral measurement techniques.

**[Refer: Basis for Conclusions paragraph BC205]**

B78 Discount rates shall include only relevant factors, ie factors that arise from the time value of money, the characteristics of the cash flows and the liquidity characteristics of the insurance contracts. Such discount rates may not be directly observable in the market. Hence, when observable market rates for an instrument with the same characteristics are not available, or observable market rates for similar instruments are available but do not separately identify the factors that distinguish the instrument from the insurance contracts, an entity shall estimate the appropriate rates. IFRS 17 does not require a particular estimation technique for determining discount rates. In applying an estimation technique, an entity shall:

(a) maximise the use of observable inputs (see paragraph B44) and reflect all reasonable and supportable information on non-market variables available without undue cost or effort, both external and internal (see paragraph B49). In particular, the discount rates used shall not contradict any available and relevant market data, and any non-market variables used shall not contradict observable market variables.

(b) reflect current market conditions from the perspective of a market participant.

(c) exercise judgement to assess the degree of similarity between the features of the insurance contracts being measured and the features of the instrument for which observable market prices are available and adjust those prices to reflect the differences between them.

**[Refer: Basis for Conclusions paragraphs BC193–BC197]**

B79 For cash flows of insurance contracts that do not vary based on the returns on underlying items, the discount rate reflects the yield curve in the appropriate currency for instruments that expose the holder to no or negligible credit risk, adjusted to reflect the liquidity characteristics of the group of insurance contracts. That adjustment shall reflect the difference between the liquidity characteristics of the group of insurance contracts and the liquidity characteristics of the assets used to determine the yield curve. Yield curves reflect assets traded in active markets that the holder can typically sell readily at any time without incurring significant costs. In contrast, under some insurance contracts the entity cannot be forced to make payments earlier than the occurrence of insured events, or dates specified in the contracts.

**[Refer: Basis for Conclusions paragraphs BC193–BC196]**

B80 Hence, for cash flows of insurance contracts that do not vary based on the returns on underlying items, an entity may determine discount rates by adjusting a liquid risk-free yield curve to reflect the differences between the liquidity characteristics of the financial instruments that underlie the rates observed in the market and the liquidity characteristics of the insurance contracts (a bottom-up approach).

**[Refer: Basis for Conclusions paragraphs BC193–BC196]**

B81 Alternatively, an entity may determine the appropriate discount rates for insurance contracts based on a yield curve that reflects the current market rates of return implicit in a fair value measurement of a reference portfolio of assets (a top-down approach). An entity shall adjust that yield curve to eliminate any factors that are not relevant to the insurance contracts, but is not required to adjust the yield curve for differences in liquidity characteristics of the insurance contracts and the reference portfolio.

**[Refer: Basis for Conclusions paragraphs BC193–BC196]**

B82 In estimating the yield curve described in paragraph B81:

(a) if there are observable market prices in active markets for assets in the reference portfolio, an entity shall use those prices (consistent with paragraph 69 of IFRS 13).

(b) if a market is not active, an entity shall adjust observable market prices for similar assets to make them comparable to market prices for the assets being measured (consistent with paragraph 83 of IFRS 13).

(c) if there is no market for assets in the reference portfolio, an entity shall apply an estimation technique. For such assets (consistent with paragraph 89 of IFRS 13) an entity shall:

(i) develop unobservable inputs using the best information available in the circumstances. Such inputs might include the entity's own data and, in the context of IFRS 17, the entity might place more weight on long-term estimates than on short-term fluctuations; and

(ii) adjust those data to reflect all information about market participant assumptions that is reasonably available.

B83 In adjusting the yield curve, an entity shall adjust market rates observed in recent transactions in instruments with similar characteristics for movements in market factors since the transaction date, and shall adjust observed market rates to reflect the degree of dissimilarity between the instrument being measured and the instrument for which transaction prices are observable. For cash flows of insurance contracts that do not vary based on the returns on the assets in the reference portfolio, such adjustments include:

(a) adjusting for differences between the amount, timing and uncertainty of the cash flows of the assets in the portfolio and the amount, timing and uncertainty of the cash flows of the insurance contracts; and

(b) excluding market risk premiums for credit risk, which are relevant only to the assets included in the reference portfolio.

B84 In principle, for cash flows of insurance contracts that do not vary based on the returns of the assets in the reference portfolio, there should be a single illiquid risk-free yield curve that eliminates all uncertainty about the amount and timing of cash flows. However, in practice the top-down approach and the bottom-up approach may result in different yield curves, even in the same currency. This is because of the inherent limitations in estimating the adjustments made under each approach, and the possible lack of an adjustment for different liquidity characteristics in the top-down approach. An entity is not required to reconcile the discount rate determined under its chosen approach with the discount rate that would have been determined under the other approach.

B85 IFRS 17 does not specify restrictions on the reference portfolio of assets used in applying paragraph B81. However, fewer adjustments would be required to eliminate factors that are not relevant to the insurance contracts when the reference portfolio of assets has similar characteristics. For example, if the cash flows from the insurance contracts do not vary based on the returns on underlying items, fewer adjustments would be required if an entity used debt instruments as a starting point rather than equity instruments. For debt instruments, the objective would be to eliminate from the total bond yield the effect of credit risk and other factors that are not relevant to the insurance contracts. One way to estimate the effect of credit risk is to use the market price of a credit derivative as a reference point.

## Risk adjustment for non-financial risk (paragraph 37)

[Refer: Basis for Conclusions paragraphs BC206–BC217]

B86 The risk adjustment for non-financial risk relates to risk arising from insurance contracts other than financial risk. Financial risk is included in the estimates of the future cash flows or the discount rate used to adjust the cash flows. The risks covered by the risk adjustment for non-financial risk are insurance risk and other non-financial risks such as lapse risk and expense risk (see paragraph B14).

B87 The risk adjustment for non-financial risk for insurance contracts measures the compensation that the entity would require to make the entity indifferent between:

(a) fulfilling a liability that has a range of possible outcomes arising from non-financial risk; and

(b) fulfilling a liability that will generate fixed cash flows with the same expected present value as the insurance contracts.

For example, the risk adjustment for non-financial risk would measure the compensation the entity would require to make it indifferent between fulfilling a liability that—because of non-financial risk—has a 50 per cent probability of being CU90 and a 50 per cent probability of being CU110, and fulfilling a liability that is fixed at CU100. As a result, the risk adjustment for non-financial risk conveys information to users of financial statements about the amount charged by the entity for the uncertainty arising from non-financial risk about the amount and timing of cash flows.

B88 Because the risk adjustment for non-financial risk reflects the compensation the entity would require for bearing the non-financial risk arising from the uncertain amount and timing of the cash flows, the risk adjustment for non-financial risk also reflects:

(a) the degree of diversification benefit the entity includes when determining the compensation it requires for bearing that risk; and

(b) both favourable and unfavourable outcomes, in a way that reflects the entity's degree of risk aversion.

B89 The purpose of the risk adjustment for non-financial risk is to measure the effect of uncertainty in the cash flows that arise from insurance contracts, other than uncertainty

IFRS 17

arising from financial risk. Consequently, the risk adjustment for non-financial risk shall reflect all non-financial risks associated with the insurance contracts. It shall not reflect the risks that do not arise from the insurance contracts, such as general operational risk.

B90  The risk adjustment for non-financial risk shall be included in the measurement in an explicit way. The risk adjustment for non-financial risk is conceptually separate from the estimates of future cash flows and the discount rates that adjust those cash flows. The entity shall not double-count the risk adjustment for non-financial risk by, for example, also including the risk adjustment for non-financial risk implicitly when determining the estimates of future cash flows or the discount rates. The discount rates that are disclosed to comply with paragraph 120 shall not include any implicit adjustments for non-financial risk.

B91  IFRS 17 does not specify the estimation technique(s) used to determine the risk adjustment for non-financial risk. However, to reflect the compensation the entity would require for bearing the non-financial risk, the risk adjustment for non-financial risk shall have the following characteristics:

(a) risks with low frequency and high severity will result in higher risk adjustments for non-financial risk than risks with high frequency and low severity;

(b) for similar risks, contracts with a longer duration will result in higher risk adjustments for non-financial risk than contracts with a shorter duration;

(c) risks with a wider probability distribution will result in higher risk adjustments for non-financial risk than risks with a narrower distribution;

(d) the less that is known about the current estimate and its trend, the higher will be the risk adjustment for non-financial risk; and

(e) to the extent that emerging experience reduces uncertainty about the amount and timing of cash flows, risk adjustments for non-financial risk will decrease and vice versa.

**[Refer: Basis for Conclusions paragraphs BC213 and BC214A]**

B92  An entity shall apply judgement when determining an appropriate estimation technique for the risk adjustment for non-financial risk. When applying that judgement, an entity shall also consider whether the technique provides concise and informative disclosure so that users of financial statements can benchmark the entity's performance against the performance of other entities. Paragraph 119 requires an entity that uses a technique other than the confidence level technique for determining the risk adjustment for non-financial risk to disclose the technique used and the confidence level corresponding to the results of that technique.

**[Refer: Basis for Conclusions paragraphs BC215–BC217]**

## Initial recognition of transfers of insurance contracts and business combinations (paragraph 39)

[Refer:

**Basis for Conclusions paragraphs BC323–BC327I**

**Illustrative Examples, Examples 13 and 14]**

B93  When an entity acquires insurance contracts issued or reinsurance contracts held in a transfer of insurance contracts that do not form a business or in a business combination within the scope of IFRS 3, **[Refer: Basis for Conclusions paragraph BC327A]** the entity shall apply paragraphs 14–24 to identify the groups of contracts acquired, as if it had entered into the contracts on the date of the transaction.

B94 An entity shall use the consideration received or paid for the contracts as a proxy for the premiums received. The consideration received or paid for the contracts excludes the consideration received or paid for any other assets and liabilities acquired in the same transaction. In a business combination within the scope of IFRS 3, the consideration received or paid is the fair value of the contracts at that date. In determining that fair value, an entity shall not apply paragraph 47 of IFRS 13 (relating to demand features).

[Refer: Basis for Conclusions paragraphs BC165 and BC166]

B95 Unless the premium allocation approach for the liability for remaining coverage in paragraphs 55–59 and 69–70A applies, on initial recognition the contractual service margin is calculated applying paragraph 38 for acquired insurance contracts issued and paragraph 65 for acquired reinsurance contracts held using the consideration received or paid for the contracts as a proxy for the premiums received or paid at the date of initial recognition.

B95A If acquired insurance contracts issued are onerous, applying paragraph 47, the entity shall recognise the excess of the fulfilment cash flows over the consideration paid or received as part of goodwill or gain on a bargain purchase for contracts acquired in a business combination within the scope of IFRS 3, or as a loss in profit or loss for contracts acquired in a transfer. The entity shall establish a loss component of the liability for remaining coverage for that excess, and apply paragraphs 49–52 to allocate subsequent changes in fulfilment cash flows to that loss component.

B95B For a group of reinsurance contracts held to which paragraphs 66A–66B apply, an entity shall determine the loss-recovery component of the asset for remaining coverage at the date of the transaction by multiplying:

(a) the loss component of the liability for remaining coverage of the underlying insurance contracts at the date of the transaction; and

(b) the percentage of claims on the underlying insurance contracts the entity expects at the date of the transaction to recover from the group of reinsurance contracts held.

[Refer: Basis for Conclusions paragraph BC315D(b)(i)]

B95C The entity shall recognise the amount of the loss-recovery component determined applying paragraph B95B as part of goodwill or gain on a bargain purchase for reinsurance contracts held acquired in a business combination within the scope of IFRS 3, or as income in profit or loss for contracts acquired in a transfer.

B95D Applying paragraphs 14–22, at the date of the transaction an entity might include in an onerous group of insurance contracts both onerous insurance contracts covered by a group of reinsurance contracts held and onerous contracts not covered by the group of reinsurance contracts held. To apply paragraph B95B in such cases, an entity shall use a systematic and rational basis of allocation to determine the portion of the loss component of the group of insurance contracts that relates to insurance contracts covered by the group of reinsurance contracts held. [Refer: Basis for Conclusions paragraphs BC315H and BC315]

## Asset for insurance acquisition cash flows

[Refer: Basis for Conclusions paragraphs BC327H–BCBC327I]

B95E When an entity acquires insurance contracts issued in a transfer of insurance contracts that do not form a business or in a business combination within the scope of IFRS 3, the entity shall recognise an asset for insurance acquisition cash flows at fair value at the date of the transaction for the rights to obtain:

(a) future insurance contracts that are renewals of insurance contracts recognised at the date of the transaction; and

(b) future insurance contracts, other than those in (a), after the date of the transaction without paying again insurance acquisition cash flows the acquiree has already paid that are directly attributable to the related portfolio of insurance contracts.

B95F At the date of the transaction, the amount of any asset for insurance acquisition cash flows shall not be included in the measurement of the acquired group of insurance contracts applying paragraphs B93–B95A.

## Changes in the carrying amount of the contractual service margin for insurance contracts without direct participation features (paragraph 44)

[Refer: Basis for Conclusions paragraphs BC22–BC26, BC59–BC60 and BC218–BC237]

B96 For insurance contracts without direct participation features, paragraph 44(c) requires an adjustment to the contractual service margin of a group of insurance contracts for changes in fulfilment cash flows that relate to future service. These changes comprise:

(a) experience adjustments arising from premiums received in the period that relate to future service, and related cash flows such as insurance acquisition cash flows and premium-based taxes, measured at the discount rates specified in paragraph B72(c). [Refer: Basis for Conclusions paragraph BC233]

(b) changes in estimates of the present value of the future cash flows in the liability for remaining coverage, except those described in paragraph B97(a), measured at the discount rates specified in paragraph B72(c). [Refer: Basis for Conclusions paragraphs BC233 and BC234]

(c) differences between any investment component expected to become payable in the period and the actual investment component that becomes payable in the period. Those differences are determined by comparing (i) the actual investment component that becomes payable in the period with (ii) the payment in the period that was expected at the start of the period plus any insurance finance income or expenses related to that expected payment before it becomes payable. [Refer: Basis for Conclusions paragraph BC235]

(ca) differences between any loan to a policyholder expected to become repayable in the period and the actual loan to a policyholder that becomes repayable in the period. Those differences are determined by comparing (i) the actual loan to a policyholder that becomes repayable in the period with (ii) the repayment in the period that was expected at the start of the period plus any insurance finance income or expenses related to that expected repayment before it becomes repayable.

(d) changes in the risk adjustment for non-financial risk that relate to future service. An entity is not required to disaggregate the change in the risk adjustment for non-financial risk between (i) a change related to non-financial risk and (ii) the effect of the time value of money and changes in the time value of money. If an entity makes such a disaggregation, it shall adjust the contractual service margin for the change related to non-financial risk, measured at the discount rates specified in paragraph B72(c). [Refer: Basis for Conclusions paragraphs BC224(d)]

[Refer:

Illustrative Examples:

Example 2A paragraph IE20

Example 2B paragraph IE26

Example 6 paragraph IE71

Example 8 paragraph IE94]

B97 An entity shall not adjust the contractual service margin for a group of insurance contracts without direct participation features for the following changes in fulfilment cash flows because they do not relate to future service:

    (a) the effect of the time value of money and changes in the time value of money and the effect of financial risk and changes in financial risk. These effects comprise:

        (i) the effect, if any, on estimated future cash flows;

        (ii) the effect, if disaggregated, on the risk adjustment for non-financial risk; and

        (iii) the effect of a change in discount rate.

    **[Refer: Basis for Conclusions paragraphs BC228–BC231]**

    (b) changes in estimates of fulfilment cash flows in the liability for incurred claims. **[Refer: Basis for Conclusions paragraph BC232]**

    (c) experience adjustments, except those described in paragraph B96(a). **[Refer: Basis for Conclusions paragraph BC233]**

[Refer:

Illustrative Examples:

Example 2A paragraph IE20

Example 2B paragraph IE26

Example 6 paragraph IE71

Example 8 paragraph IE94]

B98 The terms of some insurance contracts without direct participation features give an entity discretion over the cash flows to be paid to policyholders. A change in the discretionary cash flows is regarded as relating to future service, and accordingly adjusts the contractual service margin. To determine how to identify a change in discretionary cash flows, an entity shall specify at inception of the contract the basis on which it expects to determine its commitment under the contract; for example, based on a fixed interest rate, or on returns that vary based on specified asset returns.

**[Refer: Basis for Conclusions paragraph BC237]**

B99 An entity shall use that specification to distinguish between the effect of changes in assumptions that relate to financial risk on that commitment (which do not adjust the contractual service margin) and the effect of discretionary changes to that commitment (which adjust the contractual service margin).

[Refer:

Basis for Conclusions paragraph BC237

Illustrative Examples, Example 6]

B100    If an entity cannot specify at inception of the contract what it regards as its commitment under the contract and what it regards as discretionary, it shall regard its commitment to be the return implicit in the estimate of the fulfilment cash flows at inception of the contract, updated to reflect current assumptions that relate to financial risk.

[Refer: Basis for Conclusions paragraph BC237]

## Changes in the carrying amount of the contractual service margin for insurance contracts with direct participation features (paragraph 45)

[Refer: Basis for Conclusions paragraphs BC218–BC226 and BC238–BC269C]

B101    Insurance contracts with direct participation features are insurance contracts that are substantially investment-related service contracts under which an entity promises an investment return based on underlying items. Hence, they are defined as insurance contracts for which:

(a) the contractual terms specify that the policyholder participates in a share of a clearly identified pool of underlying items (see paragraphs B105–B106);

(b) the entity expects to pay to the policyholder an amount equal to a substantial share of the fair value returns on the underlying items (see paragraph B107); and

(c) the entity expects a substantial proportion of any change in the amounts to be paid to the policyholder to vary with the change in fair value of the underlying items (see paragraph B107).

B102    An entity shall assess whether the conditions in paragraph B101 are met using its expectations at inception of the contract and shall not reassess the conditions afterwards, unless the contract is modified, applying paragraph 72.

B103    To the extent that insurance contracts in a group affect the cash flows to policyholders of contracts in other groups (see paragraphs B67–B71), an entity shall assess whether the conditions in paragraph B101 are met by considering the cash flows that the entity expects to pay the policyholders determined applying paragraphs B68–B70.

B104    The conditions in paragraph B101 ensure that insurance contracts with direct participation features are contracts under which the entity's obligation to the policyholder is the net of:

(a) the obligation to pay the policyholder an amount equal to the fair value of the underlying items; and

(b) a variable fee (see paragraphs B110–B118) that the entity will deduct from (a) in exchange for the future service provided by the insurance contract, comprising:

(i) the amount of the entity's share of the fair value of the underlying items; less

(ii) fulfilment cash flows that do not vary based on the returns on underlying items.

B105    A share referred to in paragraph B101(a) does not preclude the existence of the entity's discretion to vary the amounts paid to the policyholder. However, the link to the underlying items must be enforceable (see paragraph 2).

B106    The pool of underlying items referred to in paragraph B101(a) can comprise any items, for example a reference portfolio of assets, the net assets of the entity, or a specified subset of the net assets of the entity, as long as they are clearly identified by the contract. An entity need not hold the identified pool of underlying items. However, a clearly identified pool of underlying items does not exist when:

(a) an entity can change the underlying items that determine the amount of the entity's obligation with retrospective effect; or

(b) there are no underlying items identified, even if the policyholder could be provided with a return that generally reflects the entity's overall performance and expectations, or the performance and expectations of a subset of assets the entity holds. An example of such a return is a crediting rate or dividend payment set at the end of the period to which it relates. In this case, the obligation to the policyholder reflects the crediting rate or dividend amounts the entity has set, and does not reflect identified underlying items.

B107 Paragraph B101(b) requires that the entity expects a substantial share of the fair value returns on the underlying items will be paid to the policyholder and paragraph B101(c) requires that the entity expects a substantial proportion of any change in the amounts to be paid to the policyholder to vary with the change in fair value of the underlying items. An entity shall:

(a) interpret the term 'substantial' in both paragraphs in the context of the objective of insurance contracts with direct participation features being contracts under which the entity provides investment-related services and is compensated for the services by a fee that is determined by reference to the underlying items; and

(b) assess the variability in the amounts in paragraphs B101(b) and B101(c):

(i) over the duration of the insurance contract; **[Refer: Basis for Conclusions paragraph BC249D]** and

(ii) on a present value probability-weighted average basis, not a best or worst outcome basis (see paragraphs B37–B38).

B108 For example, if the entity expects to pay a substantial share of the fair value returns on underlying items, subject to a guarantee of a minimum return, there will be scenarios in which:

(a) the cash flows that the entity expects to pay to the policyholder vary with the changes in the fair value of the underlying items because the guaranteed return and other cash flows that do not vary based on the returns on underlying items do not exceed the fair value return on the underlying items; and

(b) the cash flows that the entity expects to pay to the policyholder do not vary with the changes in the fair value of the underlying items because the guaranteed return and other cash flows that do not vary based on the returns on underlying items exceed the fair value return on the underlying items.

The entity's assessment of the variability in paragraph B101(c) for this example will reflect a present value probability-weighted average of all these scenarios.

B109 Reinsurance contracts issued and reinsurance contracts held cannot be insurance contracts with direct participation features for the purposes of IFRS 17. **[Refer: Basis for Conclusions paragraphs BC248, BC249, BC249A(b) and BC249C]**

B110 For insurance contracts with direct participation features, the contractual service margin is adjusted to reflect the variable nature of the fee. Hence, changes in the amounts set out in paragraph B104 are treated as set out in paragraphs B111–B114.

**[Refer: Illustrative Examples, Examples 9 and 16 paragraph IE184]**

IFRS 17

B111 Changes in the obligation to pay the policyholder an amount equal to the fair value of the underlying items (paragraph B104(a)) do not relate to future service and do not adjust the contractual service margin.

[Refer: Illustrative Examples, Example 9 and Example 16 paragraph IE185]

B112 Changes in the amount of the entity's share of the fair value of the underlying items (paragraph B104(b)(i)) relate to future service and adjust the contractual service margin, applying paragraph 45(b).

[Refer: Illustrative Examples, Example 9 and Example 16 paragraph IE184]

B113 Changes in the fulfilment cash flows that do not vary based on the returns on underlying items (paragraph B104(b)(ii)) comprise:

(a) changes in the fulfilment cash flows other than those specified in (b). An entity shall apply paragraphs B96–B97, consistent with insurance contracts without direct participation features, to determine to what extent they relate to future service and, applying paragraph 45(c), adjust the contractual service margin. All the adjustments are measured using current discount rates.

(b) the change in the effect of the time value of money and financial risks not arising from the underlying items; for example, the effect of financial guarantees. These relate to future service and, applying paragraph 45(c), adjust the contractual service margin, except to the extent that paragraph B115 applies.

[Refer: Illustrative Examples, Example 9]

B114 An entity is not required to identify the adjustments to the contractual service margin required by paragraphs B112 and B113 separately. Instead, a combined amount may be determined for some or all of the adjustments.

[Refer: Illustrative Examples, Example 9]

## *Risk mitigation*

[Refer: Basis for Conclusions paragraphs BC250–BC256H]

B115 To the extent that an entity meets the conditions in paragraph B116, it may choose not to recognise a change in the contractual service margin to reflect some or all of the changes in the effect of the time value of money and financial risk on:

(a) the amount of the entity's share of the underlying items (see paragraph B112) if the entity mitigates the effect of financial risk on that amount using derivatives or reinsurance contracts held; and

(b) the fulfilment cash flows set out in paragraph B113(b) if the entity mitigates the effect of financial risk on those fulfilment cash flows using derivatives, non-derivative financial instruments measured at fair value through profit or loss, or reinsurance contracts held.

[Refer: Basis for Conclusions paragraphs BC251, BC253 and BC256A]

B116 To apply paragraph B115, an entity must have a previously documented risk-management objective and strategy for mitigating financial risk as described in paragraph B115. In applying that objective and strategy:

(a) an economic offset exists between the insurance contracts and the derivative, non-derivative financial instrument measured at fair value through profit or loss, or reinsurance contract held (ie the values of the insurance contracts and those risk mitigating items generally move in opposite directions because they respond in a similar way to the changes in the risk being mitigated). An entity shall not consider accounting measurement differences in assessing the economic offset.

(b) credit risk does not dominate the economic offset.

B117 The entity shall determine the fulfilment cash flows in a group to which paragraph B115 applies in a consistent manner in each reporting period.

B117A If the entity mitigates the effect of financial risk using derivatives or non-derivative financial instruments measured at fair value through profit or loss, it shall include insurance finance income or expenses for the period arising from the application of paragraph B115 in profit or loss. If the entity mitigates the effect of financial risk using reinsurance contracts held, it shall apply the same accounting policy for the presentation of insurance finance income or expenses arising from the application of paragraph B115 as the entity applies to the reinsurance contracts held applying paragraphs 88 and 90.

[Refer: Basis for Conclusions paragraphs BC256G–BC256H]

B118 If, and only if, any of the conditions in paragraph B116 cease to be met an entity shall cease to apply paragraph B115 from that date. An entity shall not make any adjustment for changes previously recognised in profit or loss.

## Recognition of the contractual service margin in profit or loss

[Refer: Basis for Conclusions paragraphs BC279–BC283J]

B119 An amount of the contractual service margin for a group of insurance contracts is recognised in profit or loss in each period to reflect the insurance contract services provided under the group of insurance contracts in that period (see paragraphs 44(e), 45(e) and 66(e)). The amount is determined by:

(a) identifying the coverage units in the group. The number of coverage units in a group is the quantity of insurance contract services provided by the contracts in the group, determined by considering for each contract the quantity of the benefits provided under a contract and its expected coverage period.

(b) allocating the contractual service margin at the end of the period (before recognising any amounts in profit or loss to reflect the insurance contract services provided in the period) equally to each coverage unit provided in the current period and expected to be provided in the future.

(c) recognising in profit or loss the amount allocated to coverage units provided in the period.

[Refer: Illustrative Examples, Examples 2, 6, 7, 8, 9 and 16]

B119A To apply paragraph B119, the period of investment-return service or investment-related service ends at or before the date that all amounts due to current policyholders relating to those services have been paid, without considering payments to future policyholders included in the fulfilment cash flows applying paragraph B68.

[Refer:

Basis for Conclusions paragraphs BC283A–BC283F

Illustrative Examples, Example 6 paragraph IE58]

B119B Insurance contracts without direct participation features may provide an investment-return service if, and only if:

(a) an investment component exists, or the policyholder has a right to withdraw an amount;

(b) the entity expects the investment component or amount the policyholder has a right to withdraw to include an investment return (an investment return could be below zero, for example, in a negative interest rate environment); and

(c) the entity expects to perform investment activity to generate that investment return.

[Refer:

Basis for Conclusions paragraphs BC283C–BC283E

Illustrative Examples, Example 6 paragraph IE58]

## Reinsurance contracts held—recognition of recovery of losses on underlying insurance contracts (paragraphs 66A–66B)

[Refer:

Basis for Conclusions paragraphs BC315A–BC315L

Illustrative Examples, Example 12C]

B119C Paragraph 66A applies if, and only if, the reinsurance contract held is entered into before or at the same time as the onerous underlying insurance contracts are recognised. **[Refer: Basis for Conclusions paragraph BC315C]**

B119D To apply paragraph 66A, an entity shall determine the adjustment to the contractual service margin of a group of reinsurance contracts held and the resulting income by multiplying:

(a) the loss recognised on the underlying insurance contracts; and

(b) the percentage of claims on the underlying insurance contracts the entity expects to recover from the group of reinsurance contracts held.

**[Refer: Basis for Conclusions paragraph BC315A]**

B119E Applying paragraphs 14–22, an entity might include in an onerous group of insurance contracts both onerous insurance contracts covered by a group of reinsurance contracts held and onerous insurance contracts not covered by the group of reinsurance contracts held. To apply paragraphs 66(c)(i)–(ii) and paragraph 66A in such cases, the entity shall apply a systematic and rational method of allocation to determine the portion of losses recognised on the group of insurance contracts that relates to insurance contracts covered by the group of reinsurance contracts held. **[Refer: Basis for Conclusions paragraphs BC315H and BC315I]**

B119F After an entity has established a loss-recovery component applying paragraph 66B, the entity shall adjust the loss-recovery component to reflect changes in the loss component of an onerous group of underlying insurance contracts (see paragraphs 50–52). The carrying amount of the loss-recovery component shall not exceed the portion of the carrying amount of the loss component of the onerous group of underlying insurance contracts that the entity expects to recover from the group of reinsurance contracts held.

# Insurance revenue (paragraphs 83 and 85)

[Refer:

Basis for Conclusions paragraphs BC27–BC37, BC61 and BC331–BC339

Illustrative Examples, Examples 3, 8 and 9]

B120  The total insurance revenue for a group of insurance contracts is the consideration for the contracts, ie the amount of premiums paid to the entity:

    (a)    adjusted for a financing effect; and

    (b)    excluding any investment components. **[Refer: Basis for Conclusions paragraphs BC33–BC34A]**

[Refer:

Illustrative Examples:

Example 3A paragraph IE37

Example 3B paragraph IE41

Example 9 paragraph IE112]

B121  Paragraph 83 requires the amount of insurance revenue recognised in a period to depict the transfer of promised services at an amount that reflects the consideration to which the entity expects to be entitled in exchange for those services. The total consideration for a group of contracts covers the following amounts:

    (a)    amounts related to the provision of services, comprising:

        (i)    insurance service expenses, excluding any amounts relating to the risk adjustment for non-financial risk included in (ii) and any amounts allocated to the loss component of the liability for remaining coverage;

        (ia)    amounts related to income tax that are specifically chargeable to the policyholder;

        (ii)    the risk adjustment for non-financial risk, excluding any amounts allocated to the loss component of the liability for remaining coverage; and

        (iii)    the contractual service margin.

    (b)    amounts related to insurance acquisition cash flows.

B122  Insurance revenue for a period relating to the amounts described in paragraph B121(a) is determined as set out in paragraphs B123–B124. Insurance revenue for a period relating to the amounts described in paragraph B121(b) is determined as set out in paragraph B125.

B123  Applying IFRS 15, when an entity provides services, it derecognises the performance obligation for those services and recognises revenue. Consistently, applying IFRS 17, when an entity provides services in a period, it reduces the liability for remaining coverage for the services provided and recognises insurance revenue. The reduction in the liability for remaining coverage that gives rise to insurance revenue excludes changes in the liability that do not relate to services expected to be covered by the consideration received by the entity. Those changes are:

    (a)    changes that do not relate to services provided in the period, for example:

        (i)    changes resulting from cash inflows from premiums received;

        (ii)    changes that relate to investment components in the period;

(iia) changes resulting from cash flows from loans to policyholders;

(iii) changes that relate to transaction-based taxes collected on behalf of third parties (such as premium taxes, value added taxes and goods and services taxes) (see paragraph B65(i));

(iv) insurance finance income or expenses;

(v) insurance acquisition cash flows (see paragraph B125); and

(vi) derecognition of liabilities transferred to a third party.

(b) changes that relate to services, but for which the entity does not expect consideration, ie increases and decreases in the loss component of the liability for remaining coverage (see paragraphs 47–52).

[Refer:

**Illustrative Examples:**

**Example 3A paragraph IE33**

**Example 3B paragraph IE39**

**Example 8 paragraph IE96**

**Example 9 paragraph IE112]**

B123A To the extent that an entity derecognises an asset for cash flows other than insurance acquisition cash flows at the date of initial recognition of a group of insurance contracts (see paragraphs 38(c)(ii) and B66A), it shall recognise insurance revenue and expenses for the amount derecognised at that date.**[Refer: Basis for Conclusions paragraph BC184N]**

B124 Consequently, insurance revenue for the period can also be analysed as the total of the changes in the liability for remaining coverage in the period that relates to services for which the entity expects to receive consideration. Those changes are:

(a) insurance service expenses incurred in the period (measured at the amounts expected at the beginning of the period), excluding:

(i) amounts allocated to the loss component of the liability for remaining coverage applying paragraph 51(a);

(ii) repayments of investment components;

(iii) amounts that relate to transaction-based taxes collected on behalf of third parties (such as premium taxes, value added taxes and goods and services taxes) (see paragraph B65(i));

(iv) insurance acquisition expenses (see paragraph B125); and

(v) the amount related to the risk adjustment for non-financial risk (see (b)).

(b) the change in the risk adjustment for non-financial risk, excluding:

(i) changes included in insurance finance income or expenses applying paragraph 87;

(ii) changes that adjust the contractual service margin because they relate to future service applying paragraphs 44(c) and 45(c); and

(iii) amounts allocated to the loss component of the liability for remaining coverage applying paragraph 51(b).

(c) the amount of the contractual service margin recognised in profit or loss in the period, applying paragraphs 44(e) and 45(e).

(d) other amounts, if any, for example, experience adjustments for premium receipts other than those that relate to future service (see paragraph B96(a)).

[Refer:

**Illustrative Examples:**

**Example 3A paragraph IE33**

**Example 3B paragraph IE39**

**Example 8 paragraph IE96**

**Example 9 paragraph IE112]**

B125 An entity shall determine insurance revenue related to insurance acquisition cash flows by allocating the portion of the premiums that relate to recovering those cash flows to each reporting period in a systematic way on the basis of the passage of time. An entity shall recognise the same amount as insurance service expenses.

[Refer:

**Basis for Conclusions paragraphs BC175–BC184K**

**Illustrative Examples, Example 7 paragraph IE78]**

B126 When an entity applies the premium allocation approach in paragraphs 55–58, insurance revenue for the period is the amount of expected premium receipts (excluding any investment component and adjusted to reflect the time value of money and the effect of financial risk, if applicable, applying paragraph 56) allocated to the period. The entity shall allocate the expected premium receipts to each period of insurance contract services:

(a) on the basis of the passage of time; but

(b) if the expected pattern of release of risk during the coverage period differs significantly from the passage of time, then on the basis of the expected timing of incurred insurance service expenses.

[Refer: Illustrative Examples, Example 10 paragraph IE123]

B127 An entity shall change the basis of allocation between paragraphs B126(a) and B126(b) as necessary if facts and circumstances change.

# Insurance finance income or expenses (paragraphs 87–92)

[Refer: Basis for Conclusions paragraphs BC38–BC49, BC62 and BC340–BC342C]

B128 Paragraph 87 requires an entity to include in insurance finance income or expenses the effect of the time value of money and financial risk and changes therein. For the purposes of IFRS 17:

(a) assumptions about inflation based on an index of prices or rates or on prices of assets with inflation-linked returns are assumptions that relate to financial risk;

[Refer: Basis for Conclusions paragraphs BC39 and BC40]

(b) assumptions about inflation based on an entity's expectation of specific price changes are not assumptions that relate to financial risk; and

[Refer: Basis for Conclusions paragraphs BC39 and BC40]

(c) changes in the measurement of a group of insurance contracts caused by changes in the value of underlying items (excluding additions and withdrawals) are changes arising from the effect of the time value of money and financial risk and changes therein.

**[Refer: Basis for Conclusions paragraph BC342A]**

B129 Paragraphs 88–89 require an entity to make an accounting policy choice as to whether to disaggregate insurance finance income or expenses for the period between profit or loss and other comprehensive income. An entity shall apply its choice of accounting policy to portfolios of insurance contracts. In assessing the appropriate accounting policy for a portfolio of insurance contracts, applying paragraph 13 of IAS 8 *Accounting Policies, Changes in Accounting Estimates and Errors*, the entity shall consider for each portfolio the assets that the entity holds and how it accounts for those assets. **[Refer: Basis for Conclusions paragraphs BC44]**

B130 If paragraph 88(b) applies, an entity shall include in profit or loss an amount determined by a systematic allocation of the expected total finance income or expenses over the duration of the group of insurance contracts. In this context, a systematic allocation is an allocation of the total expected finance income or expenses of a group of insurance contracts over the duration of the group that: **[Refer: Basis for Conclusions paragraphs BC46–BC49]**

(a) is based on characteristics of the contracts, without reference to factors that do not affect the cash flows expected to arise under the contracts. For example, the allocation of the finance income or expenses shall not be based on expected recognised returns on assets if those expected recognised returns do not affect the cash flows of the contracts in the group.

(b) results in the amounts recognised in other comprehensive income over the duration of the group of contracts totalling zero. The cumulative amount recognised in other comprehensive income at any date is the difference between the carrying amount of the group of contracts and the amount that the group would be measured at when applying the systematic allocation.

**[Refer: Illustrative Examples, Example 15]**

B131 For groups of insurance contracts for which changes in assumptions that relate to financial risk do not have a substantial effect on the amounts paid to the policyholder, the systematic allocation is determined using the discount rates specified in paragraph B72(e)(i).

B132 For groups of insurance contracts for which changes in assumptions that relate to financial risk have a substantial effect on the amounts paid to the policyholders:

(a) a systematic allocation for the finance income or expenses arising from the estimates of future cash flows can be determined in one of the following ways:

(i) using a rate that allocates the remaining revised expected finance income or expenses over the remaining duration of the group of contracts at a constant rate; or

**[Refer: Illustrative Examples, Example 15A]**

(ii) for contracts that use a crediting rate to determine amounts due to the policyholders—using an allocation that is based on the amounts credited in the period and expected to be credited in future periods.

**[Refer: Illustrative Examples, Example 15B]**

(b) a systematic allocation for the finance income or expenses arising from the risk adjustment for non-financial risk, if separately disaggregated from other changes in the risk adjustment for non-financial risk applying paragraph 81, is determined using an allocation consistent with that used for the allocation for the finance income or expenses arising from the future cash flows.

(c) a systematic allocation for the finance income or expenses arising from the contractual service margin is determined:

(i) for insurance contracts that do not have direct participation features, using the discount rates specified in paragraph B72(b); and

(ii) for insurance contracts with direct participation features, using an allocation consistent with that used for the allocation for the finance income or expenses arising from the future cash flows.

B133 In applying the premium allocation approach to insurance contracts described in paragraphs 53–59, an entity may be required, or may choose, to discount the liability for incurred claims. In such cases, it may choose to disaggregate the insurance finance income or expenses applying paragraph 88(b). If the entity makes this choice, it shall determine the insurance finance income or expenses in profit or loss using the discount rate specified in paragraph B72(e)(iii). [Refer: Basis for Conclusions paragraph BC295]

B134 Paragraph 89 applies if an entity, either by choice or because it is required to, holds the underlying items for insurance contracts with direct participation features. If an entity chooses to disaggregate insurance finance income or expenses applying paragraph 89(b), it shall include in profit or loss expenses or income that exactly match the income or expenses included in profit or loss for the underlying items, resulting in the net of the separately presented items being nil. [Refer: Basis for Conclusions paragraph BC48]

[Refer: Illustrative Examples, Example 16]

B135 An entity may qualify for the accounting policy choice in paragraph 89 in some periods but not in others because of a change in whether it holds the underlying items. If such a change occurs, the accounting policy choice available to the entity changes from that set out in paragraph 88 to that set out in paragraph 89, or vice versa. Hence, an entity might change its accounting policy between that set out in paragraph 88(b) and that set out in paragraph 89(b). In making such a change an entity shall:

(a) include the accumulated amount previously included in other comprehensive income by the date of the change as a reclassification adjustment in profit or loss in the period of change and in future periods, as follows:

(i) if the entity had previously applied paragraph 88(b)—the entity shall include in profit or loss the accumulated amount included in other comprehensive income before the change as if the entity were continuing the approach in paragraph 88(b) based on the assumptions that applied immediately before the change; and

(ii) if the entity had previously applied paragraph 89(b)—the entity shall include in profit or loss the accumulated amount included in other comprehensive income before the change as if the entity were continuing the approach in paragraph 89(b) based on the assumptions that applied immediately before the change.

(b) not restate prior period comparative information.

B136 When applying paragraph B135(a), an entity shall not recalculate the accumulated amount previously included in other comprehensive income as if the new disaggregation had always applied; and the assumptions used for the reclassification in future periods shall not be updated after the date of the change.

## The effect of accounting estimates made in interim financial statements

B137　If an entity prepares interim financial statements applying IAS 34 *Interim Financial Reporting*, the entity shall make an accounting policy choice as to whether to change the treatment of accounting estimates made in previous interim financial statements when applying IFRS 17 in subsequent interim financial statements and in the annual reporting period. The entity shall apply its choice of accounting policy to all groups of insurance contracts it issues and groups of reinsurance contracts it holds.

**[Refer: Basis for Conclusions paragraphs BC236–BC236D]**

# Appendix C
## Effective date and transition

[Refer: Basis for Conclusions paragraphs BC372–BC407]

*This appendix is an integral part of IFRS 17* Insurance Contracts.

## Effective date

C1    An entity shall apply IFRS 17 for annual reporting periods beginning on or after 1 January 2023. **[Refer: Basis for Conclusions paragraphs BC402–BC404F]** If an entity applies IFRS 17 earlier, it shall disclose that fact. Early application is permitted for entities that apply IFRS 9 *Financial Instruments* on or before the date of initial application of IFRS 17. **[Refer: Basis for Conclusions paragraphs BC405 and BC406]**

C2    For the purposes of the transition requirements in paragraphs C1 and C3–C33:

    (a)    the date of initial application is the beginning of the annual reporting period in which an entity first applies IFRS 17; and

    (b)    the transition date is the beginning of the annual reporting period immediately preceding the date of initial application.

## Transition

C3    Unless it is impracticable to do so, or paragraph C5A applies, an entity shall apply IFRS 17 retrospectively, except that:

    (a)    an entity is not required to present the quantitative information required by paragraph 28(f) of IAS 8 *Accounting Policies, Changes in Accounting Estimates and Errors*; **[Refer: Basis for Conclusions paragraph BC400]** and

    (b)    an entity shall not apply the option in paragraph B115 for periods before the transition date. An entity may apply the option in paragraph B115 prospectively on or after the transition date if, and only if, the entity designates risk mitigation relationships at or before the date it applies the option. **[Refer: Basis for Conclusions paragraphs BC393 and BC393A(a)]**

C4    To apply IFRS 17 retrospectively, an entity shall at the transition date:

    (a)    identify, recognise and measure each group of insurance contracts as if IFRS 17 had always applied; **[Refer: Basis for Conclusions paragraph BC390]**

    (aa)    identify, recognise and measure any assets for insurance acquisition cash flows as if IFRS 17 had always applied (except that an entity is not required to apply the recoverability assessment in paragraph 28E before the transition date);

    (b)    derecognise any existing balances that would not exist had IFRS 17 always applied; and

    (c)    recognise any resulting net difference in equity.

[Refer: Basis for Conclusions paragraphs BC374–BC378]

C5  If, and only if, it is impracticable for an entity to apply paragraph C3 for a group of insurance contracts, an entity shall apply the following approaches instead of applying paragraph C4(a):

(a) the modified retrospective approach in paragraphs C6–C19A, subject to paragraph C6(a); or

(b) the fair value approach in paragraphs C20–C24B.

[Refer: Basis for Conclusions paragraphs BC373–BC373B]

C5A  Notwithstanding paragraph C5, an entity may choose to apply the fair value approach in paragraphs C20–C24B for a group of insurance contracts with direct participation features to which it could apply IFRS 17 retrospectively if, and only if:

(a) the entity chooses to apply the risk mitigation option in paragraph B115 to the group of insurance contracts prospectively from the transition date; and

(b) the entity has used derivatives, non-derivative financial instruments measured at fair value through profit or loss, or reinsurance contracts held to mitigate financial risk arising from the group of insurance contracts, as specified in paragraph B115, before the transition date.

[Refer: Basis for Conclusions paragraphs BC393A–BC393E]

C5B  If, and only if, it is impracticable for an entity to apply paragraph C4(aa) for an asset for insurance acquisition cash flows, the entity shall apply the following approaches to measure the asset for insurance acquisition cash flows:

(a) the modified retrospective approach in paragraphs C14B–C14D and C17A, subject to paragraph C6(a); or

(b) the fair value approach in paragraphs C24A–C24B.

## Modified retrospective approach

[Refer: Basis for Conclusions paragraphs BC379–BC384B]

C6  The objective of the modified retrospective approach is to achieve the closest outcome to retrospective application possible using reasonable and supportable information available without undue cost or effort. Accordingly, in applying this approach, an entity shall:

(a) use reasonable and supportable information. If the entity cannot obtain reasonable and supportable information necessary to apply the modified retrospective approach, it shall apply the fair value approach.

(b) maximise the use of information that would have been used to apply a fully retrospective approach, but need only use information available without undue cost or effort.

[Refer: Basis for Conclusions paragraphs BC380A–BC380D]

C7  Paragraphs C9–C19A set out permitted modifications to retrospective application in the following areas:

(a) assessments of insurance contracts or groups of insurance contracts that would have been made at the date of inception or initial recognition;

(b) amounts related to the contractual service margin or loss component for insurance contracts without direct participation features;

(c) amounts related to the contractual service margin or loss component for insurance contracts with direct participation features; and

(d) insurance finance income or expenses.

C8 To achieve the objective of the modified retrospective approach, an entity is permitted to use each modification in paragraphs C9–C19A only to the extent that an entity does not have reasonable and supportable information to apply a retrospective approach.

## Assessments at inception or initial recognition

[Refer: Basis for Conclusions paragraphs BC381–BC382B and BC390–BC392A]

C9 To the extent permitted by paragraph C8, an entity shall determine the following matters using information available at the transition date:

(a) how to identify groups of insurance contracts, applying paragraphs 14–24;
[Refer: Basis for Conclusions paragraphs BC391–BC392A]

(b) whether an insurance contract meets the definition of an insurance contract with direct participation features, applying paragraphs B101–B109;

(c) how to identify discretionary cash flows for insurance contracts without direct participation features, applying paragraphs B98–B100; and

(d) whether an investment contract meets the definition of an investment contract with discretionary participation features within the scope of IFRS 17, applying paragraph 71.

C9A To the extent permitted by paragraph C8, an entity shall classify as a liability for incurred claims a liability for settlement of claims incurred before an insurance contract was acquired in a transfer of insurance contracts that do not form a business or in a business combination within the scope of IFRS 3.[Refer: Basis for Conclusions paragraphs BC382A–BC382B]

C10 To the extent permitted by paragraph C8, an entity shall not apply paragraph 22 to divide groups into those that do not include contracts issued more than one year apart. [Refer: Basis for Conclusions paragraphs BC391 and BC392A]

## Determining the contractual service margin or loss component for groups of insurance contracts without direct participation features

[Refer:

Basis for Conclusions paragraph BC383

Illustrative Examples, Example 17]

C11 To the extent permitted by paragraph C8, for contracts without direct participation features, an entity shall determine the contractual service margin or loss component of the liability for remaining coverage (see paragraphs 49–52) at the transition date by applying paragraphs C12–C16C.

C12 To the extent permitted by paragraph C8, an entity shall estimate the future cash flows at the date of initial recognition of a group of insurance contracts as the amount of the future cash flows at the transition date (or earlier date, if the future cash flows at that earlier date can be determined retrospectively, applying paragraph C4(a)), adjusted by the cash flows that are known to have occurred between the date of initial recognition of a group of insurance contracts and the transition date (or earlier date). The cash flows that are known to have occurred include cash flows resulting from contracts that ceased to exist before the transition date.

**IFRS 17**

C13 To the extent permitted by paragraph C8, an entity shall determine the discount rates that applied at the date of initial recognition of a group of insurance contracts (or subsequently):

    (a) using an observable yield curve that, for at least three years immediately before the transition date, approximates the yield curve estimated applying paragraphs 36 and B72–B85, if such an observable yield curve exists.

    (b) if the observable yield curve in paragraph (a) does not exist, estimate the discount rates that applied at the date of initial recognition (or subsequently) by determining an average spread between an observable yield curve and the yield curve estimated applying paragraphs 36 and B72–B85, and applying that spread to that observable yield curve. That spread shall be an average over at least three years immediately before the transition date.

C14 To the extent permitted by paragraph C8, an entity shall determine the risk adjustment for non-financial risk at the date of initial recognition of a group of insurance contracts (or subsequently) by adjusting the risk adjustment for non-financial risk at the transition date by the expected release of risk before the transition date. The expected release of risk shall be determined by reference to the release of risk for similar insurance contracts that the entity issues at the transition date.

C14A Applying paragraph B137, an entity may choose not to change the treatment of accounting estimates made in previous interim financial statements. To the extent permitted by paragraph C8, such an entity shall determine the contractual service margin or loss component at the transition date as if the entity had not prepared interim financial statements before the transition date. **[Refer: Basis for Conclusions paragraph BC236D]**

C14B To the extent permitted by paragraph C8, an entity shall use the same systematic and rational method the entity expects to use after the transition date when applying paragraph 28A to allocate any insurance acquisition cash flows paid (or for which a liability has been recognised applying another IFRS Standard) before the transition date (excluding any amount relating to insurance contracts that ceased to exist before the transition date) to:

    (a) groups of insurance contracts that are recognised at the transition date; and

    (b) groups of insurance contracts that are expected to be recognised after the transition date.

C14C Insurance acquisition cash flows paid before the transition date that are allocated to a group of insurance contracts recognised at the transition date adjust the contractual service margin of that group, to the extent insurance contracts expected to be in the group have been recognised at that date (see paragraphs 28C and B35C). Other insurance acquisition cash flows paid before the transition date, including those allocated to a group of insurance contracts expected to be recognised after the transition date, are recognised as an asset, applying paragraph 28B.

C14D If an entity does not have reasonable and supportable information to apply paragraph C14B, the entity shall determine the following amounts to be nil at the transition date:

    (a) the adjustment to the contractual service margin of a group of insurance contracts recognised at the transition date and any asset for insurance acquisition cash flows relating to that group; and

    (b) the asset for insurance acquisition cash flows for groups of insurance contracts expected to be recognised after the transition date.

C15 If applying paragraphs C12–C14D results in a contractual service margin at the date of initial recognition, to determine the contractual service margin at the date of transition an entity shall:

(a) if the entity applies C13 to estimate the discount rates that apply on initial recognition, use those rates to accrete interest on the contractual service margin; and

(b) to the extent permitted by paragraph C8, determine the amount of the contractual service margin recognised in profit or loss because of the transfer of services before the transition date, by comparing the remaining coverage units at that date with the coverage units provided under the group of contracts before the transition date (see paragraph B119).

C16 If applying paragraphs C12–C14D results in a loss component of the liability for remaining coverage at the date of initial recognition, an entity shall determine any amounts allocated to the loss component before the transition date applying paragraphs C12–C14D and using a systematic basis of allocation.

C16A For a group of reinsurance contracts held that provides coverage for an onerous group of insurance contracts and was entered into before or at the same time that the insurance contracts were issued, an entity shall establish a loss-recovery component of the asset for remaining coverage at the transition date (see paragraphs 66A–66B). **[Refer also: Basis for Conclusions paragraphs BC315A and BC315D]** To the extent permitted by paragraph C8, an entity shall determine the loss-recovery component by multiplying:

(a) the loss component of the liability for remaining coverage for the underlying insurance contracts at the transition date (see paragraphs C16 and C20); and

(b) the percentage of claims for the underlying insurance contracts the entity expects to recover from the group of reinsurance contracts held.

C16B Applying paragraphs 14–22, at the transition date an entity might include in an onerous group of insurance contracts both onerous insurance contracts covered by a group of reinsurance contracts held and onerous insurance contracts not covered by the group of reinsurance contracts held. To apply paragraph C16A in such cases, an entity shall use a systematic and rational basis of allocation to determine the portion of the loss component of the group of insurance contracts that relates to insurance contracts covered by the group of reinsurance contracts held.

C16C If an entity does not have reasonable and supportable information to apply paragraph C16A, the entity shall not identify a loss-recovery component for the group of reinsurance contracts held.

## Determining the contractual service margin or loss component for groups of insurance contracts with direct participation features

[Refer:

**Basis for Conclusions paragraphs BC383–BC383B**

**Illustrative Examples, Example 18]**

C17 To the extent permitted by paragraph C8, for contracts with direct participation features an entity shall determine the contractual service margin or loss component of the liability for remaining coverage at the transition date as:

(a) the total fair value of the underlying items at that date; minus

(b) the fulfilment cash flows at that date; plus or minus

(c) an adjustment for:

(i) amounts charged by the entity to the policyholders (including amounts deducted from the underlying items) before that date.

(ii) amounts paid before that date that would not have varied based on the underlying items.

(iii) the change in the risk adjustment for non-financial risk caused by the release from risk before that date. The entity shall estimate this amount by reference to the release of risk for similar insurance contracts that the entity issues at the transition date.

(iv) insurance acquisition cash flows paid (or for which a liability has been recognised applying another IFRS Standard) before the transition date that are allocated to the group (see paragraph C17A).

(d) if (a)–(c) result in a contractual service margin—minus the amount of the contractual service margin that relates to services provided before that date. The total of (a)–(c) is a proxy for the total contractual service margin for all services to be provided under the group of contracts, ie before any amounts that would have been recognised in profit or loss for services provided. The entity shall estimate the amounts that would have been recognised in profit or loss for services provided by comparing the remaining coverage units at the transition date with the coverage units provided under the group of contracts before the transition date; or

(e) if (a)–(c) result in a loss component—adjust the loss component to nil and increase the liability for remaining coverage excluding the loss component by the same amount.

C17A To the extent permitted by paragraph C8, an entity shall apply paragraphs C14B–C14D to recognise an asset for insurance acquisition cash flows, and any adjustment to the contractual service margin of a group of insurance contracts with direct participation features for insurance acquisition cash flows (see paragraph C17(c)(iv)).

## Insurance finance income or expenses

[Refer: Basis for Conclusions paragraphs BC384–BC384B]

C18 For groups of insurance contracts that, applying paragraph C10, include contracts issued more than one year apart:

(a) an entity is permitted to determine the discount rates at the date of initial recognition of a group specified in paragraphs B72(b)–B72(e)(ii) and the discount rates at the date of the incurred claim specified in paragraph B72(e)(iii) at the transition date instead of at the date of initial recognition or incurred claim.

(b) if an entity chooses to disaggregate insurance finance income or expenses between amounts included in profit or loss and amounts included in other comprehensive income applying paragraphs 88(b) or 89(b), the entity needs to determine the cumulative amount of insurance finance income or expenses recognised in other comprehensive income at the transition date to apply paragraph 91(a) in future periods. The entity is permitted to determine that cumulative amount either by applying paragraph C19(b) or:

(i) as nil, unless (ii) applies; and

(ii) for insurance contracts with direct participation features to which paragraph B134 applies, as equal to the cumulative amount recognised in other comprehensive income on the underlying items.

C19 For groups of insurance contracts that do not include contracts issued more than one year apart:

(a) if an entity applies paragraph C13 to estimate the discount rates that applied at initial recognition (or subsequently), it shall also determine the discount rates specified in paragraphs B72(b)–B72(e) applying paragraph C13; and

(b) if an entity chooses to disaggregate insurance finance income or expenses between amounts included in profit or loss and amounts included in other comprehensive income, applying paragraphs 88(b) or 89(b), the entity needs to determine the cumulative amount of insurance finance income or expenses recognised in other comprehensive income at the transition date to apply paragraph 91(a) in future periods. The entity shall determine that cumulative amount:

(i) for insurance contracts for which an entity will apply the methods of systematic allocation set out in paragraph B131—if the entity applies paragraph C13 to estimate the discount rates at initial recognition—using the discount rates that applied at the date of initial recognition, also applying paragraph C13;

(ii) for insurance contracts for which an entity will apply the methods of systematic allocation set out in paragraph B132—on the basis that the assumptions that relate to financial risk that applied at the date of initial recognition are those that apply on the transition date, ie as nil;

(iii) for insurance contracts for which an entity will apply the methods of systematic allocation set out in paragraph B133—if the entity applies paragraph C13 to estimate the discount rates at initial recognition (or subsequently)—using the discount rates that applied at the date of the incurred claim, also applying paragraph C13; and

(iv) for insurance contracts with direct participation features to which paragraph B134 applies—as equal to the cumulative amount recognised in other comprehensive income on the underlying items.

C19A Applying paragraph B137, an entity may choose not to change the treatment of accounting estimates made in previous interim financial statements. To the extent permitted by paragraph C8, such an entity shall determine amounts related to insurance finance income or expenses at the transition date as if it had not prepared interim financial statements before the transition date.[Refer: Basis for Conclusions paragraph BC236D]

## Fair value approach

[Refer: Basis for Conclusions paragraphs BC385 and BC386]

C20 To apply the fair value approach, an entity shall determine the contractual service margin or loss component of the liability for remaining coverage at the transition date as the difference between the fair value of a group of insurance contracts at that date and the fulfilment cash flows measured at that date. In determining that fair value, an entity shall not apply paragraph 47 of IFRS 13 *Fair Value Measurement* (relating to demand features).

C20A For a group of reinsurance contracts held to which paragraphs 66A–66B apply (without the need to meet the condition set out in paragraph B119C), an entity shall determine the loss-recovery component of the asset for remaining coverage at the transition date by multiplying:

## IFRS 17

(a) the loss component of the liability for remaining coverage for the underlying insurance contracts at the transition date (see paragraphs C16 and C20); and

(b) the percentage of claims for the underlying insurance contracts the entity expects to recover from the group of reinsurance contracts held.

C20B Applying paragraphs 14–22, at the transition date an entity might include in an onerous group of insurance contracts both onerous insurance contracts covered by a group of reinsurance contracts held and onerous insurance contracts not covered by the group of reinsurance contracts held. To apply paragraph C20A in such cases, an entity shall use a systematic and rational basis of allocation to determine the portion of the loss component of the group of insurance contracts that relates to insurance contracts covered by the group of reinsurance contracts held.

C21 In applying the fair value approach, an entity may apply paragraph C22 to determine:

(a) how to identify groups of insurance contracts, applying paragraphs 14–24;

(b) whether an insurance contract meets the definition of an insurance contract with direct participation features, applying paragraphs B101–B109;

(c) how to identify discretionary cash flows for insurance contracts without direct participation features, applying paragraphs B98–B100; and

(d) whether an investment contract meets the definition of an investment contract with discretionary participation features within the scope of IFRS 17, applying paragraph 71.

C22 An entity may choose to determine the matters in paragraph C21 using:

(a) reasonable and supportable information for what the entity would have determined given the terms of the contract and the market conditions at the date of inception or initial recognition, as appropriate; or

(b) reasonable and supportable information available at the transition date.

C22A In applying the fair value approach, an entity may choose to classify as a liability for incurred claims a liability for settlement of claims incurred before an insurance contract was acquired in a transfer of insurance contracts that do not form a business or in a business combination within the scope of IFRS 3. **[Refer: Basis for Conclusions paragraph BC382A]**

C23 In applying the fair value approach, an entity is not required to apply paragraph 22, and may include in a group contracts issued more than one year apart. An entity shall only divide groups into those including only contracts issued within a year (or less) if it has reasonable and supportable information to make the division. Whether or not an entity applies paragraph 22, it is permitted to determine the discount rates at the date of initial recognition of a group specified in paragraphs B72(b)–B72(e)(ii) and the discount rates at the date of the incurred claim specified in paragraph B72(e)(iii) at the transition date instead of at the date of initial recognition or incurred claim.

C24 In applying the fair value approach, if an entity chooses to disaggregate insurance finance income or expenses between profit or loss and other comprehensive income, it is permitted to determine the cumulative amount of insurance finance income or expenses recognised in other comprehensive income at the transition date:

(a) retrospectively—but only if it has reasonable and supportable information to do so; or

(b) as nil—unless (c) applies; and

(c) for insurance contracts with direct participation features to which paragraph B134 applies—as equal to the cumulative amount recognised in other comprehensive income from the underlying items.

### Asset for insurance acquisition cash flows

C24A In applying the fair value approach for an asset for insurance acquisition cash flows (see paragraph C5B(b)), at the transition date, an entity shall determine an asset for insurance acquisition cash flows at an amount equal to the insurance acquisition cash flows the entity would incur at the transition date for the rights to obtain:

(a) recoveries of insurance acquisition cash flows from premiums of insurance contracts issued before the transition date but not recognised at the transition date;

(b) future insurance contracts that are renewals of insurance contracts recognised at the transition date and insurance contracts described in (a); and

(c) future insurance contracts, other than those in (b), after the transition date without paying again insurance acquisition cash flows the entity has already paid that are directly attributable to the related portfolio of insurance contracts.

C24B At the transition date, the entity shall exclude from the measurement of any groups of insurance contracts the amount of any asset for insurance acquisition cash flows.

## Comparative information

[Refer: Basis for Conclusions paragraphs BC387–BC389A]

C25 Notwithstanding the reference to the annual reporting period immediately preceding the date of initial application in paragraph C2(b), an entity may also present adjusted comparative information applying IFRS 17 for any earlier periods presented, but is not required to do so. If an entity does present adjusted comparative information for any earlier periods, the reference to 'the beginning of the annual reporting period immediately preceding the date of initial application' in paragraph C2(b) shall be read as 'the beginning of the earliest adjusted comparative period presented'.

C26 An entity is not required to provide the disclosures specified in paragraphs 93–132 for any period presented before the beginning of the annual reporting period immediately preceding the date of initial application.

C27 If an entity presents unadjusted comparative information and disclosures for any earlier periods, it shall clearly identify the information that has not been adjusted, disclose that it has been prepared on a different basis, and explain that basis.

C28 An entity need not disclose previously unpublished information about claims development that occurred earlier than five years before the end of the annual reporting period in which it first applies IFRS 17. However, if an entity does not disclose that information, it shall disclose that fact. [Refer: Basis for Conclusions paragraph BC401]

## Redesignation of financial assets

[Refer: Basis for Conclusions paragraphs BC394–BC398B]

C29 At the date of initial application of IFRS 17, an entity that had applied IFRS 9 to annual reporting periods before the initial application of IFRS 17:

(a) may reassess whether an eligible financial asset meets the condition in paragraph 4.1.2(a) or paragraph 4.1.2A(a) of IFRS 9. A financial asset is eligible only if the financial asset is not held in respect of an activity that is unconnected with contracts within the scope of IFRS 17. Examples of financial assets that would not be eligible for reassessment are financial assets held in respect of banking activities or financial assets held in funds relating to investment contracts that are outside the scope of IFRS 17.

(b) shall revoke its previous designation of a financial asset as measured at fair value through profit or loss if the condition in paragraph 4.1.5 of IFRS 9 is no longer met because of the application of IFRS 17.

(c) may designate a financial asset as measured at fair value through profit or loss if the condition in paragraph 4.1.5 of IFRS 9 is met.

(d) may designate an investment in an equity instrument as at fair value through other comprehensive income applying paragraph 5.7.5 of IFRS 9.

(e) may revoke its previous designation of an investment in an equity instrument as at fair value through other comprehensive income applying paragraph 5.7.5 of IFRS 9.

C30 An entity shall apply paragraph C29 on the basis of the facts and circumstances that exist at the date of initial application of IFRS 17. An entity shall apply those designations and classifications retrospectively. In doing so, the entity shall apply the relevant transition requirements in IFRS 9. The date of initial application for that purpose shall be deemed to be the date of initial application of IFRS 17.

C31 An entity that applies paragraph C29 is not required to restate prior periods to reflect such changes in designations or classifications. The entity may restate prior periods only if it is possible without the use of hindsight. If an entity restates prior periods, the restated financial statements must reflect all the requirements of IFRS 9 for those affected financial assets. If an entity does not restate prior periods, the entity shall recognise, in the opening retained earnings (or other component of equity, as appropriate) at the date of initial application, any difference between:

(a) the previous carrying amount of those financial assets; and

(b) the carrying amount of those financial assets at the date of initial application.

C32 When an entity applies paragraph C29, it shall disclose in that annual reporting period for those financial assets by class:

(a) if paragraph C29(a) applies—its basis for determining eligible financial assets;

(b) if any of paragraphs C29(a)–C29(e) apply:

(i) the measurement category and carrying amount of the affected financial assets determined immediately before the date of initial application of IFRS 17; and

(ii) the new measurement category and carrying amount of the affected financial assets determined after applying paragraph C29.

(c) if paragraph C29(b) applies—the carrying amount of financial assets in the statement of financial position that were previously designated as measured at fair value through profit or loss applying paragraph 4.1.5 of IFRS 9 that are no longer so designated.

C33 When an entity applies paragraph C29, the entity shall disclose in that annual reporting period qualitative information that would enable users of financial statements to understand:

(a) how it applied paragraph C29 to financial assets the classification of which has changed on initially applying IFRS 17;

(b) the reasons for any designation or de-designation of financial assets as measured at fair value through profit or loss applying paragraph 4.1.5 of IFRS 9; and

(c) why the entity came to any different conclusions in the new assessment applying paragraphs 4.1.2(a) or 4.1.2A(a) of IFRS 9.

## Withdrawal of other IFRS Standards

C34   IFRS 17 supersedes IFRS 4 *Insurance Contracts*, as amended in 2020.

## Appendix D
## Amendments to other IFRS Standards

*This Appendix describes the amendments to other Standards that the IASB made when it issued IFRS 17 in 2017 and amended IFRS 17 in 2020. An entity shall apply the amendments for annual periods beginning on or after 1 January 2023. If an entity applies IFRS 17 for an earlier period, these amendments shall be applied for that earlier period.*

\* \* \* \* \*

*The amendments contained in this appendix when this Standard was issued in 2017 and amended in 2020 have been incorporated into the text of the relevant Standards included in this volume.*

## Approval by the International Accounting Standards Board of IFRS 17 *Insurance Contracts* issued in May 2017

IFRS 17 *Insurance Contracts* was approved for issue by 11 of the 12 members of the International Accounting Standards Board as at March 2017. Ms Flores abstained from voting in view of her recent appointment to the Board.

| | |
|---|---|
| Hans Hoogervorst | Chairman |
| Suzanne Lloyd | Vice-Chair |
| Stephen Cooper | |
| Martin Edelmann | |
| Françoise Flores | |
| Amaro Luiz de Oliveira Gomes | |
| Gary Kabureck | |
| Takatsugu Ochi | |
| Darrel Scott | |
| Chungwoo Suh | |
| Mary Tokar | |
| Wei-Guo Zhang | |

## Approval by the International Accounting Standards Board of *Amendments to IFRS 17* issued in June 2020

*Amendments to IFRS 17* was approved for issue by all 14 members of the International Accounting Standards Board.

| | |
|---|---|
| Hans Hoogervorst | Chairman |
| Suzanne Lloyd | Vice-Chair |
| Nick Anderson | |
| TadeuCendon | |
| Martin Edelmann | |
| Françoise Flores | |
| Gary Kabureck | |
| Jianqiao Lu | |
| Darrel Scott | |
| Thomas Scott | |
| Chungwoo Suh | |
| Rika Suzuki | |
| Ann Tarca | |
| Mary Tokar | |

# ILLUSTRATIVE EXAMPLES ON IFRS 17 INSURANCE CONTRACTS

**IASB documents published to accompany**

**IFRS 17**

# Insurance Contracts

The text of the unaccompanied standard, IFRS 17, is contained in Part A of this edition. Its effective date when issued was 1 January 2021. In June 2020 the Board issued *Amendments to IFRS 17* which deferred the effective date to 1 January 2023. The text of the Basis for Conclusions on IFRS 17 is contained in Part C of this edition. This part presents the following documents:

**ILLUSTRATIVE EXAMPLES**

**APPENDIX**

Amendments to guidance on other Standards

**IFRS 17 SUPPORTING MATERIAL**

**One-page summary of the accounting model in IFRS 17** *Insurance Contracts* **published by the staff of the IFRS Foundation in January 2018**

## CONTENTS

*from paragraph*

# ILLUSTRATIVE EXAMPLES ON IFRS 17 *INSURANCE CONTRACTS*

| | |
|---|---|
| INTRODUCTION | IE1 |
| KEY FEATURES OF ACCOUNTING FOR GROUPS OF INSURANCE CONTRACTS | IE4 |
| Example 1—Measurement on initial recognition | IE4 |
| Example 2—Subsequent measurement | IE12 |
| Example 3—Presentation in the statement of profit or loss | IE29 |
| SEPARATING COMPONENTS FROM AN INSURANCE CONTRACT | IE42 |
| Example 4—Separating components from a life insurance contract with an account balance | IE43 |
| Example 5—Separating components from a stop-loss contract with claims processing services | IE51 |
| SUBSEQUENT MEASUREMENT | IE56 |
| Example 6—Additional features of the contractual service margin | IE56 |
| Example 7—Insurance acquisition cash flows | IE72 |
| Example 8—Reversal of losses in an onerous group of insurance contracts | IE81 |
| MEASUREMENT OF GROUPS OF INSURANCE CONTRACTS WITH DIRECT PARTICIPATION FEATURES | IE99 |
| Example 9—Measurement on initial recognition and subsequently of groups of insurance contracts with direct participation features | IE100 |
| MEASUREMENT OF GROUPS OF INSURANCE CONTRACTS USING THE PREMIUM ALLOCATION APPROACH | IE113 |
| Example 10—Measurement on initial recognition and subsequently of groups of insurance contracts using the premium allocation approach | IE113 |
| MEASUREMENT OF GROUPS OF REINSURANCE CONTRACTS HELD | IE124 |
| Example 11—Measurement on initial recognition of groups of reinsurance contracts held | IE124 |
| Examples 12A and 12B—Measurement subsequent to initial recognition of groups of reinsurance contracts held | IE130 |
| Example 12C—Measurement of a group of reinsurance contracts held that provides coverage for groups of underlying insurance contracts, including an onerous group | IE138A |

## MEASUREMENT OF INSURANCE CONTRACTS ACQUIRED — IE139

Example 13—Measurement on initial recognition of insurance contracts acquired in a transfer from another entity — IE139

Example 14—Measurement on initial recognition of insurance contracts acquired in a business combination — IE146

## INSURANCE FINANCE INCOME OR EXPENSES — IE152

Example 15—Systematic allocation of the expected total insurance finance income or expenses — IE152

Example 16—Amount that eliminates accounting mismatches with finance income or expenses arising on underlying items held — IE173

## TRANSITION — IE186

Example 17—Measurement of groups of insurance contracts without direct participation features applying the modified retrospective approach — IE186

Example 18—Measurement of groups of insurance contracts with direct participation features applying the modified retrospective approach — IE192

## APPENDIX

Amendments to guidance on other Standards

# IFRS 17 *Insurance Contracts*
## Illustrative Examples

*These examples accompany, but are not part of, IFRS 17. They illustrate aspects of IFRS 17 but are not intended to provide interpretative guidance.*

## Introduction

IE1 These examples portray hypothetical situations illustrating how an entity might apply some of the requirements in IFRS 17 to particular aspects of the accounting for contracts within the scope of IFRS 17 based on the limited facts presented. The analysis in each example is not intended to represent the only manner in which the requirements could be applied, nor are the examples intended to apply only to the specific product illustrated. Although some aspects of the examples may be presented in actual fact patterns, fact patterns in those examples are simplified and all relevant facts and circumstances of a particular fact pattern would need to be evaluated when applying IFRS 17.

IE2 These examples address specific requirements in IFRS 17:

(a) main features of the accounting for insurance contracts (see Examples 1–3); and

(b) specific requirements in IFRS 17 (see Examples 4–18).

IE3 In these examples:

(a) credit amounts are presented as positive and debit amounts are presented as negative (in brackets);

(b) amounts are denominated in currency units (CU);

(c) all paragraph numbers are related to IFRS 17, unless specified otherwise;

(d) some numbers include a rounding difference; and

(e) the insurance contracts are assumed to meet the conditions in paragraphs 14–23 to be assessed together and to be combined into a group on initial recognition. It is assumed that applying paragraph 24, the entity:

(i) establishes the groups on initial recognition of the contracts, and does not reassess the composition of the groups subsequently; and

(ii) may estimate the fulfilment cash flows at a higher level of aggregation than the group, provided the entity is able to include the appropriate fulfilment cash flows in the measurement of the group by allocating such estimates to groups of contracts.

IE3A In June 2020, the International Accounting Standards Board (Board) amended IFRS 17 and made the following amendments to these examples:

(a) Example 12C was added;

(b) Examples 4, 6, 7, 9, 11, 12, 13, 14 and 16 were amended; and

(c) some amendments were made to improve the explanations in Examples 2B, 3B, 6, 8 and 9.

## Key features of accounting for groups of insurance contracts

### Example 1—Measurement on initial recognition (paragraphs 32, 38 and 47)

IE4  This example illustrates how an entity measures a group of insurance contracts on initial recognition that is onerous on initial recognition, and a group of insurance contracts that is not onerous on initial recognition.

*Assumptions*

IE5  An entity issues 100 insurance contracts with a coverage period of three years. The coverage period starts when the insurance contracts are issued. It is assumed, for simplicity, that no contracts will lapse before the end of the coverage period.

IE6  The entity expects to receive premiums of CU900 immediately after initial recognition; therefore, the estimate of the present value of the future cash inflows is CU900.

IE7  The entity estimates the annual cash outflows at the end of each year as follows:

(a) in Example 1A, the annual future cash outflows are CU200 (total CU600). The entity estimates the present value of the future cash flows to be CU545 using a discount rate of 5 per cent a year that reflects the characteristics of those cash flows determined applying paragraph 36.

(b) in Example 1B, the annual future cash outflows are CU400 (total CU1,200). The entity estimates the present value of the future cash flows to be CU1,089 using a discount rate of 5 per cent a year that reflects the characteristics of those cash flows determined applying paragraph 36.

IE8  The entity estimates the risk adjustment for non-financial risk on initial recognition as CU120.

IE9  In this example all other amounts are ignored, for simplicity.

*Analysis*

IE10  The measurement of the group of insurance contracts on initial recognition is as follows:

|  | Example 1A | Example 1B |
|---|---:|---:|
|  | CU | CU |
| Estimates of the present value of future cash inflows | (900) | (900) |
| Estimates of the present value of future cash outflows | 545 | 1,089 |
| Estimates of the present value of future cash flows | (355) | 189 |
| Risk adjustment for non-financial risk | 120 | 120 |
| Fulfilment cash flows[a] | (235) | 309 |
| Contractual service margin | 235 [b] | – [c] |

|  | Example 1A | Example 1B |
|---|---|---|
|  | CU | CU |
| Insurance contract (asset) / liability on initial recognition[d] | – | 309 [c] |
| The effect on profit or loss on initial recognition is as follows: |  |  |
| Insurance service expenses | – | (309) [c] |
| **Loss recognised in the year** | – [b] | **(309)** |

(a) Paragraph 32 requires that the fulfilment cash flows comprise estimates of future cash flows, adjusted to reflect the time value of money and the financial risk related to those future cash flows and a risk adjustment for non-financial risk.

(b) Applying paragraph 38, the entity measures the contractual service margin on initial recognition of a group of insurance contracts at an amount that results in no income or expenses arising from the initial recognition of the fulfilment cash flows. Consequently, the contractual service margin equals CU235.

(c) Applying paragraph 47, the entity concludes that these insurance contracts on initial recognition are onerous because the fulfilment cash flows on initial recognition are a net outflow. Applying paragraph 16(a), the entity will group those contracts separately from contracts that are not onerous. The entity recognises a loss in profit or loss for the net outflow, resulting in the carrying amount of the liability for the group being equal to the fulfilment cash flows, and the contractual service margin of the group being zero.

(d) Applying paragraph 32, the entity measures the group of insurance contracts on initial recognition at the total of the fulfilment cash flows and the contractual service margin.

IE11 Immediately after initial recognition, the entity receives the premium of CU900 and the carrying amount of the group of insurance contracts changes as follows:

|  | Example 1A | Example 1B |
|---|---|---|
|  | CU | CU |
| Estimates of the present value of future cash inflows | – | – |
| Estimates of the present value of future cash outflows | 545 | 1,089 |
| Estimates of the present value of future cash flows | 545 | 1,089 |
| Risk adjustment for non-financial risk | 120 | 120 |
| Fulfilment cash flows | 665 | 1,209 |
| Contractual service margin | 235 | – |
| **Insurance contract (asset) / liability immediately after initial recognition** | **900** | **1,209** |

# Example 2—Subsequent measurement (paragraphs 40, 44, 48, 101 and B96–B97)

IE12 This example illustrates how an entity subsequently measures a group of insurance contracts, including a situation when the group of insurance contracts becomes onerous after initial recognition.

IE13 This example also illustrates the requirement that an entity discloses a reconciliation from the opening to the closing balances of each component of the liability for the group of insurance contracts in paragraph 101.

## Assumptions

IE14 Example 2 uses the same fact pattern as Example 1A on initial recognition. In addition:

(a) in Year 1 all events occur as expected and the entity does not change any assumptions related to future periods;

(b) in Year 1 the discount rate that reflects the characteristics of the cash flows of the group remains at 5 per cent a year at the end of each year (those cash flows do not vary based on the returns on any underlying items);

(c) the risk adjustment for non-financial risk is recognised in profit or loss evenly in each year of coverage; and

(d) the expenses are expected to be paid immediately after they are incurred at the end of each year.

IE15 At the end of Year 2 the incurred expenses differ from those expected for that year. The entity also revises the fulfilment cash flows for Year 3 as follows:

(a) in Example 2A, there are favourable changes in fulfilment cash flows and these changes increase the expected profitability of the group of insurance contracts; and

(b) in Example 2B, there are unfavourable changes in fulfilment cash flows that exceed the remaining contractual service margin, creating an onerous group of insurance contracts.

## Analysis

IE16 On initial recognition, the entity measures the group of insurance contracts and estimates the fulfilment cash flows at the end of each subsequent year as follows:

|  | Initial recognition | Year 1 | Year 2 | Year 3 |
|---|---|---|---|---|
|  | CU | CU | CU | CU |
| Estimates of the present value of future cash inflows | (900) | – | – | – |
| Estimates of the present value of future cash outflows | 545 | 372 | 191 | – |
| Estimates of the present value of | (355) | 372 | 191 | – |

|  | Initial recognition | Year 1 | Year 2 | Year 3 |
|---|---|---|---|---|
|  | CU | CU | CU | CU |
| future cash flows |  |  |  |  |
| Risk adjustment for non-financial risk | 120 | 80 | 40 | – |
| Fulfilment cash flows | (235) | 452 | 231 | – |
| Contractual service margin | 235 |  |  |  |
| **Insurance contract (asset) / liability on initial recognition** | – |  |  |  |

IE17 At the end of Year 1, applying paragraphs B96–B97, the entity analyses the source of changes in the fulfilment cash flows during the year to decide whether each change adjusts the contractual service margin. Using this information, a possible format of the reconciliation of the insurance contract liability required by paragraph 101 is as follows:

|  | Estimates of the present value of future cash flows | Risk adjustment for non-financial risk | Contractual service margin | Insurance contract liability |
|---|---|---|---|---|
|  | CU | CU | CU | CU |
| Opening balance | – | – | – | – |
| Changes related to future service: new contracts | (355) | 120 | 235 (a) | – |
| Cash inflows | 900 | – | – | 900 |
| Insurance finance expenses | 27 (b) | – (c) | 12 (d) | 39 |
| Changes related to current service | – | (40) (c) | (82) (e) | (122) |
| Cash outflows | (200) | – | – | (200) |
| **Closing balance** | **372** | **80** | **165** | **617** |

(a) Applying paragraph 44(a), the entity adjusts the contractual service margin of the group of contracts with any new contracts added to the group.

(b) In this example, insurance finance expenses of CU27 are calculated by multiplying CU545 (the difference between the estimates of the present value of the future cash flows at initial recognition of CU(355) and the cash inflows of CU900 received at the beginning of Year 1) by the current discount rate of 5 per cent, determined applying paragraphs 36 and B72(a).

(c) Applying paragraph 81, the entity chooses not to disaggregate the change in the risk adjustment for non-financial risk between the insurance service result and insurance finance income or expenses, therefore the entity presents the entire change in the risk adjustment for non-financial risk as part of the insurance service result in the statement of profit or loss.

(d) Applying paragraphs 44(b) and B72(b), the entity calculates interest accreted on the carrying amount of the contractual service margin of CU12 by multiplying the opening balance of CU235 by the discount rate of 5 per cent. That rate is applicable to nominal cash flows that do not vary based on the returns on any underlying items, determined on initial recognition of the group of insurance contracts.

(e) Applying paragraphs 44(e) and B119, the entity recognises in profit or loss in each period an amount of the contractual service margin for the group of insurance contracts to reflect the services provided under the group of insurance contracts in that period. The amount is determined by identifying the coverage units in the group. These coverage units reflect the quantity of benefits provided under each contract in the group and its expected coverage duration. The entity allocates the contractual service margin at the end of the period (before recognising any amounts in profit or loss) equally to each coverage unit provided in the current period and expected to be provided in the future, andrecognises in profit or loss the amount allocated to the coverage units provided in the period. In this example, the service provided in each period for the group of contracts is the same because all contracts are expected to provide the same amount of benefits for all three periods of coverage. Consequently, the amount of the contractual service margin recognised in profit or loss in the period of CU82 is CU247 (CU235 + CU12) divided by three periods of coverage.

The entity could achieve the objective of the recognition of the contractual service margin on the basis of the coverage units using a different pattern. For example, the entity could allocate equally in each period the contractual service margin including the total interest expected to be accreted over the coverage period. In this example, the allocation pattern using this method would equal CU86 in each period calculated as CU86 = CU235 × 1.05 ÷ $(1 + 1 \div 1.05 + 1 \div 1.05^2)$ instead of the increasing pattern of CU82 in Year 1, CU86 in Year 2 and CU91 in Year 3.

Example 6 illustrates the allocation of the contractual service margin in a situation when the entity expects contracts in a group to have different durations.

## Example 2A—Changes in fulfilment cash flows that increase future profitability

### Assumptions

IE18 At the end of Year 2, the following events occur:

(a) the actual claims of CU150 are CU50 lower than originally expected for this period;

(b) the entity revises the estimates of future cash outflows for Year 3 and expects to pay CU140, instead of CU200 (the present value is CU133 instead of CU191, a decrease in the present value of CU58); and

(c) the entity revises the risk adjustment for non-financial risk related to estimates of future cash flows to CU30 instead of the initially estimated CU40.

## Analysis

IE19 Thus, the estimates of the revised fulfilment cash flows at the end of Year 2 are as follows (the fulfilment cash flows for Year 1 and Year 3 are provided for comparison):

|  | Initial recognition | Year 1 | Year 2 | Year 3 |
|---|---|---|---|---|
|  | CU | CU | CU | CU |
| Estimates of the present value of future cash inflows | (900) | – | – | – |
| Estimates of the present value of future cash outflows | 545 | 372 | 133 | – |
| Estimates of the present value of future cash flows | (355) | 372 | 133 | – |
| Risk adjustment for non-financial risk | 120 | 80 | 30 | – |
| **Fulfilment cash flows** | (235) | 452 | 163 | – |

IE20 At the end of Year 2, applying paragraphs B96–B97, the entity analyses the source of changes in the fulfilment cash flows during the year to decide whether each change adjusts the contractual service margin. Using this information, a possible format of the reconciliation of the insurance contract liability required by paragraph 101 is as follows:

|  | Estimates of the present value of future cash flows | Risk adjustment for non-financial risk | Contractual service margin | Insurance contract liability |
|---|---|---|---|---|
|  | CU | CU | CU | CU |
| Opening balance | 372 | 80 | 165 | 617 |
| Insurance finance expenses | 19 (a) | – | 8 (a) | 27 |
| Changes related to future service | (58) | (10) | 68 (b) | – |
| Changes related to current service | (50) (c) | (40) | (121) (a) | (211) |
| Cash outflows | (150) | – | – | (150) |
| **Closing balance** | 133 | 30 | 120 | 283 |

(a)  For the method of calculation, see Year 1.

|  | Estimates of the present value of future cash flows | Risk adjustment for non-financial risk | Contractual service margin | Insurance contract liability |
|---|---|---|---|---|
| (b) | Applying paragraph 44(c), the entity adjusts the contractual service margin of the group of insurance contracts for changes in fulfilment cash flows relating to future service. Applying paragraph B96, the entity adjusts the contractual service margin for changes in estimates of the present value of the future cash flows measured at the discount rate determined on initial recognition of the group of insurance contracts of CU58 and changes in the risk adjustment for non-financial risk that relate to future service of CU10. Example 6 illustrates the accounting for changes in the estimates of the present value of the future cash flows when there is a change in discount rate after initial recognition of a group. | | | |
| (c) | Applying paragraph B97(c), the entity does not adjust the contractual service margin for the experience adjustment of CU50 defined as the difference between the estimate at the beginning of the period of insurance service expenses expected to be incurred in the period of CU200 and the actual insurance service expenses incurred in the period of CU150. Applying paragraph 104, the entity classifies those changes as related to current service. | | | |

IE21 At the end of Year 3 the coverage period ends, so the remaining contractual service margin is recognised in profit or loss. In this example, all claims are paid when incurred; therefore, the remaining obligation is extinguished when the revised cash outflows are paid at the end of Year 3.

IE22 At the end of Year 3, applying paragraphs B96–B97, the entity analyses the source of changes in the fulfilment cash flows during the year to decide whether each change adjusts the contractual service margin. Using this information, a possible format of the reconciliation of the insurance contract liability required by paragraph 101 is as follows:

|  | Estimates of the present value of future cash flows | Risk adjustment for non-financial risk | Contractual service margin | Insurance contract liability |
|---|---|---|---|---|
|  | CU | CU | CU | CU |
| Opening balance | 133 | 30 | 120 | 283 |
| Insurance finance expenses | 7 (a) | – | 6 (a) | 13 |
| Changes related to current service | – | (30) | (126) (a) | (156) |
| Cash outflows | (140) | – | – | (140) |
| **Closing balance** | – | – | – | – |

(a) For the method of calculation, see Year 1.

IE23  The amounts recognised in the statement of financial position and the statement of profit or loss summarise the amounts analysed in the tables above as follows:

| Statement of financial position | Year 1 | Year 2 | Year 3 | Total |
|---|---|---|---|---|
| | CU | CU | CU | CU |
| Cash[a] | (700) | (550) | (410) | |
| Insurance contract liability | 617 | 283 | – | |
| Equity | 83 | 267 | 410 | |
| **Statement of profit or loss**[b] | | | | |
| Changes related to current service | 122 | 211 | 156 | 489 |
| Insurance finance expenses | (39) | (27) | (13) | (79) |
| **Profit** | 83 | 184 | 143 | 410 |

(a) In Year 1, the amount of cash of CU(700) equals the receipt of premiums of CU(900) and the payment of claims of CU200. There are additional payments of claims: CU150 in Year 2 and CU140 in Year 3. For simplicity, there is no interest accreted on the cash account.

(b) This example illustrates the amounts recognised in the statement of profit or loss. Example 3A illustrates how these amounts could be presented.

# Example 2B—Changes in fulfilment cash flows that create an onerous group of insurance contracts

IE24  At the end of Year 2, the following events occur:

(a) the actual claims of CU400 are CU200 higher than originally expected in this period.

(b) the entity revises its estimates of the future cash outflows for Year 3 to CU450, instead of CU200 (an increase in the present value of CU238). The entity also revises the risk adjustment for non-financial risk related to those future cash flows to CU88 at the end of Year 2 (CU48 higher than the originally expected CU40).

IE25  Thus, the estimates of the revised fulfilment cash flows at the end of Years 2 and 3 are as follows (the fulfilment cash flows for Year 1 are provided for comparison):

| | Initial recognition | Year 1 | Year 2 | Year 3 |
|---|---|---|---|---|
| | CU | CU | CU | CU |
| Estimates of the present value of future cash inflows | (900) | – | – | – |

IFRS 17 IE

|  | Initial recognition | Year 1 | Year 2 | Year 3 |
|---|---|---|---|---|
| Estimates of the present value of future cash outflows | 545 | 372 | 429 | – |
| Estimates of the present value of future cash flows | (355) | 372 | 429 | – |
| Risk adjustment for non-financial risk | 120 | 80 | 88 | – |
| **Fulfilment cash flows** | **(235)** | **452** | **517** | **–** |

IE26   At the end of Year 2, applying paragraphs B96–B97, the entity analyses the source of changes in the fulfilment cash flows during the year to decide whether each change adjusts the contractual service margin. Using this information, a possible format of the reconciliation of the insurance contract liability required by paragraph 101 is as follows:

|  | Estimates of the present value of future cash flows | Risk adjustment for non-financial risk | Contractual service margin | Insurance contract liability |
|---|---|---|---|---|
|  | CU | CU | CU | CU |
| Opening balance | 372 | 80 | 165 | 617 |
| Insurance finance expenses | 19 (a) | – | 8 (a) | 27 |
| Changes related to future service | 238 | 48 | (173) (b) | 113 |
| Changes related to current service | 200 | (40) | – (c) | 160 |
| Cash outflows | (400) | – | – | (400) |
| **Closing balance** | **429** | **88** | **–** | **517** |

(a)   For the method of calculation, see Year 1.

(b)   Applying paragraph 44(c), the entity adjusts the contractual service margin for the changes in the fulfilment cash flows relating to future service, except to the extent that such increases in the fulfilment cash flows exceed the carrying amount of the contractual service margin, giving rise to a loss. Applying paragraph 48, the entity recognises this loss in profit or loss. Consequently, the entity accounts for the changes in the fulfilment cash flows related to future service of CU286 (estimates of the present value of the future cash outflows of CU238 plus the change in the risk adjustment for non-financial risk of CU48) as follows:

   (i)   the contractual service margin is adjusted by CU173, which reduces the contractual service margin to zero; and

| | | (ii) | the remaining change in the fulfilment cash flows of CU113 is recognised in profit or loss. |
|---|---|---|---|
| (c) | | | Applying paragraph 44(e), the entity does not recognise any contractual service margin in profit or loss for the year because the remaining balance of the contractual service margin (before any allocation) equals zero (CU0 = CU165 + CU8 – CU173). |

IE27 At the end of Year 3, the coverage period ends and the group of contracts is derecognised. Applying paragraphs B96–B97, the entity analyses the source of changes in the fulfilment cash flows during the year to decide whether each change adjusts the contractual service margin. Using this information, a possible format of the reconciliation of the insurance contract liability required by paragraph 101 is as follows:

| | Estimates of the present value of future cash flows | Risk adjustment for non-financial risk | Contractual service margin | Insurance contract liability |
|---|---|---|---|---|
| | CU | CU | CU | CU |
| Opening balance | 429 | 88 | – | 517 |
| Insurance finance expenses | 21 (a) | – | – | 21 |
| Changes related to current service | – | (88) | – | (88) |
| Cash outflows | (450) | – | – | (450) |
| **Closing balance** | – | – | – | – |

(a) For the method of calculation, see Year 1.

IE28 The amounts recognised in the statement of financial position and the statement of profit or loss summarise the amounts analysed in the tables above as follows:

| Statement of financial position | Year 1 | Year 2 | Year 3 | Total |
|---|---|---|---|---|
| | CU | CU | CU | CU |
| Cash[a] | (700) | (300) | 150 | |
| Insurance contract liability | 617 | 517 | – | |
| Equity | 83 | (217) | (150) | |
| **Statement of profit or loss**[b] | | | | |
| Changes related to current service | 122 | (160) | 88 | 50 |

IFRS 17 IE

| Statement of financial position | Year 1 | Year 2 | Year 3 | Total |
|---|---|---|---|---|
| Changes related to future service: loss on onerous group of contracts | – | (113) | – | (113) |
| Insurance finance expenses | (39) | (27) | (21) | (87) |
| **Profit / (loss)** | 83 | (300) | 67 | (150) |

(a) In Year 1, the cash of CU(700) equals the receipt of premiums of CU(900) and the payment of claims of CU200. In Year 2 and Year 3, there is a payment of claims of CU400 and CU450 respectively. For simplicity, there is no interest accreted on the cash account.

(b) This example illustrates the amounts recognised in the statement of profit or loss. Example 3B illustrates how these amounts could be presented.

## Example 3—Presentation in the statement of profit or loss (paragraphs 49–50(a), 84–85, 100 and B120–B124)

IE29 This example illustrates how an entity could present the insurance service result, comprising insurance revenue minus insurance service expenses, in the statement of profit or loss.

IE30 This example also illustrates the disclosure requirements in paragraph 100 to reconcile the carrying amount of the insurance contracts: (a) from the opening to the closing balances by each component and (b) to the line items presented in the statement of profit or loss.

### Assumptions

IE31 The illustrations of presentation requirements in Examples 3A and 3B are based on Examples 2A and 2B respectively.

IE32 In both Example 3A and Example 3B, the entity estimates in each year that an investment component of CU100 is to be excluded from insurance revenue and insurance service expenses presented in profit or loss, applying paragraph 85.

## Example 3A—Changes in fulfilment cash flows that increase future profitability

### Analysis

IE33 At the end of Year 1, the entity provided the reconciliation required by paragraph 100 between the amounts recognised in the statement of financial position and the statement of profit or loss, separately for the liability for remaining coverage and the liability for incurred claims. A possible format for that reconciliation for Year 1 is as follows:

|  | Liability for remaining coverage | Liability for incurred claims | Insurance contract liability |
|---|---:|---:|---:|
|  | CU | CU | CU |
| Opening balance | – | – | – |
| Cash inflows | 900 | – | 900 |
| Insurance revenue | (222) (a) | – | (222) |
| Insurance service expenses | – | 100 (b) | 100 |
| Investment component | (100) (c) | 100 (c) | – |
| Insurance finance expenses | 39 (d) | – | 39 |
| Cash outflows | – | (200) | (200) |
| **Closing balance** | **617** | **–** | **617** |

(a) Insurance revenue of CU222 is:

    (i) determined by the entity applying paragraph B123 as the change in the liability for remaining coverage, excluding changes that do not relate to services provided in the period, for example changes resulting from cash inflows from premiums received, changes related to investment components and changes related to insurance finance income or expenses.

    Thus, in this example insurance revenue is the difference between the opening and closing carrying amounts of the liability for remaining coverage of CU617, excluding insurance finance expenses of CU39, cash inflows of CU900 and the investment component of CU100 (CU222 = CU0 – CU617 + CU39 + CU900 – CU100).

    (ii) analysed by the entity applying paragraph B124 as the sum of the changes in the liability for remaining coverage in the period that relate to services for which the entity expects to receive consideration. Those changes are:

        1    insurance service expenses incurred in the period (measured at the amounts expected at the beginning of the period), excluding repayments of investment components;

        2    the change in the risk adjustment for non-financial risk, excluding changes that adjust the contractual service margin because they relate to future service ie the change caused by the release from risk; and

        3    the amount of contractual service margin recognised in profit or loss in the period.

    Thus, in this example insurance revenue is the sum of insurance service expenses of CU100, the change in the risk adjustment for non-financial risk caused by the release from risk of CU40 and the contractual service margin recognised in profit or loss of CU82 (CU222 = CU100 + CU40 + CU82).

(b) Applying paragraph 84, the entity presents insurance service expenses of CU100 as the claims incurred in the period of CU200 minus the investment component of CU100.

(c) Applying paragraph 85, the entity presents insurance revenue and insurance service expenses in profit or loss excluding amounts related to an investment component. In this example, the investment component equals CU100.

IFRS 17 IE

(d) Insurance finance expenses are the same as in Example 2. The whole amount of insurance finance expenses is related to the liability for remaining coverage because the liability for incurred claims is paid immediately after the expenses are incurred (see the assumptions in Example 2).

IE34 In Year 2, the actual claims of CU150 are lower than expected. The entity also revises its estimates relating to the fulfilment cash flows in Year 3. Consequently, the entity recognises in profit or loss the effect of the revised claims relating to Year 2, and adjusts the contractual service margin for changes in the fulfilment cash flows for Year 3. This change is only related to incurred claims and does not affect the investment component.

IE35 A possible format of the reconciliation required by paragraph 100 between the amounts recognised in the statement of financial position and the statement of profit or loss for Year 2 is as follows:

|  | Liability for remaining coverage | Liability for incurred claims | Insurance contract liability |
|---|---|---|---|
|  | CU | CU | CU |
| Opening balance | 617 | – | 617 |
| Insurance revenue | (261) (a) | – | (261) |
| Insurance service expenses | – | 50 (b) | 50 |
| Investment component | (100) | 100 | – |
| Insurance finance expenses | 27 (c) | – | 27 |
| Cash flows | – | (150) | (150) |
| **Closing balance** | **283** | **–** | **283** |

(a) Insurance revenue of CU261 is:

  (i) determined by the entity applying paragraph B123 as the difference between the opening and closing carrying amounts of the liability for remaining coverage of CU334 (CU617 – CU283), excluding insurance finance expenses of CU27 and the investment component of CU100 (CU261 = CU334 + CU27 – CU100); and

  (ii) analysed by the entity applying paragraph B124 as the sum of the insurance service expenses of CU50 adjusted for the experience adjustment of CU50, the change in the risk adjustment for non-financial risk caused by the release from risk of CU40 and the contractual service margin recognised in profit or loss of CU121 (CU261 = CU50 + CU50 + CU40 + CU121).

(b) Applying paragraph 84, the entity presents insurance service expenses of CU50 as the claims incurred in the period of CU150 minus the investment component of CU100.

(c) Insurance finance expenses are the same as in Example 2A. The whole amount of insurance finance expenses is related to the liability for remaining coverage because the liability for incurred claims is paid immediately after the expenses are incurred.

IE36　In Year 3, there is no further change in estimates and the entity provides a possible format of the reconciliation required by paragraph 100 between the amounts recognised in the statement of financial position and the statement of profit or loss for Year 3 as follows:

|  | Liability for remaining coverage | Liability for incurred claims | Insurance contract liability |
|---|---|---|---|
|  | CU | CU | CU |
| Opening balance | 283 | – | 283 |
| Insurance revenue | (196) (a) | – | (196) |
| Insurance service expenses | – | 40 (b) | 40 |
| Investment component | (100) | 100 | – |
| Insurance finance expenses | 13 (c) | – | 13 |
| Cash flows | – | (140) | (140) |
| **Closing balance** | – | – | – |

(a)　Insurance revenue of CU196 is:

　　(i)　determined by the entity applying paragraph B123 as the difference between the opening and closing carrying amounts of the liability for remaining coverage of CU283 (CU283 – CU0), excluding insurance finance expenses of CU13 and the investment component of CU100 (CU196 = CU283 + CU13 – CU100); and

　　(ii)　analysed by the entity applying paragraph B124 as the sum of the insurance service expenses of CU40, the change in the risk adjustment for non-financial risk caused by the release from risk of CU30 and the contractual service margin recognised in profit or loss of CU126 (CU196 = CU40 + CU30 + CU126).

(b)　Applying paragraph 84, the entity presents insurance service expenses of CU40 as the claims incurred in the period of CU140 minus the investment component of CU100.

(c)　Insurance finance expenses are the same as in Example 2A. The whole amount of insurance finance expenses is related to the liability for remaining coverage because the liability for incurred claims is paid immediately after the expenses are incurred.

IE37　The amounts presented in the statement of profit or loss corresponding to the amounts analysed in the tables above are:

| Statement of profit or loss | Year 1 | Year 2 | Year 3 | Total |
|---|---|---|---|---|
|  | CU | CU | CU | CU |
| Insurance revenue | 222 | 261 | 196 | 679 (a) |
| Insurance service expenses | (100) | (50) | (40) | (190) |
| **Insurance service result** | **122** | **211** | **156** | **489** |
| Investment income (b) | – | – | – | – |
| Insurance finance expenses | (39) | (27) | (13) | (79) |
| **Finance result** | **(39)** | **(27)** | **(13)** | **(79)** |

|   |   |   |   |   |
|---|---|---|---|---|
| **Profit** | 83 | 184 | 143 | 410 |

(a) Applying paragraph B120, the entity calculates the total insurance revenue for the group of insurance contracts of CU679 as the amount of premiums paid to the entity of CU900 adjusted for the financing effect of CU79 and excluding the investment component of CU300 (CU100 a year for 3 years) ie CU679 = CU900 + CU79 – CU300.

(b) For the purpose of this example, these numbers are not included because they are accounted for applying another Standard.

## Example 3B—Changes in fulfilment cash flows that create an onerous group of insurance contracts

### Analysis

IE38  This example uses the same assumptions for Year 1 as those in Example 3A. Consequently, the analysis of Year 1 is the same as for Example 3A. The presentation requirements for Year 1 are illustrated in Example 3A and are not repeated in Example 3B.

IE39  A possible format of the reconciliation required by paragraph 100 between the amounts recognised in the statement of financial position and the statement of profit or loss for Year 2 is as follows:

|  | Liability for remaining coverage, excluding loss component | Loss component of the liability for remaining coverage | Liability for incurred claims | Insurance contract liability |
|---|---|---|---|---|
|  | CU | CU | CU | CU |
| Opening balance | 617 | – | – | 617 |
| Insurance revenue | (140) (a) | – | – | (140) |
| Insurance service expenses | – | 113 (b) | 300 (c) | 413 |
| Investment component | (100) | – | 100 | – |
| Insurance finance expenses | 27 (d) | – | – | 27 |
| Cash outflows | – | – | (400) | (400) |
| **Closing balance** | **404** | **113** | **–** | **517** |

(a) Insurance revenue of CU140 is:

  (i) determined by the entity applying paragraph B123 as the change in the liability for remaining coverage, excluding:

    1 changes that do not relate to services provided in the year, for example changes resulting from cash inflows from premiums received, changes related to investment components and changes related to insurance

|   |   | finance income or expenses; and |
|---|---|---|
|   | 2 | changes that relate to services but for which the entity does not expect consideration, ie increases and decreases in the loss component of the liability for remaining coverage. |

Thus, in this example insurance revenue is the difference between the opening and closing carrying amounts of the liability for remaining coverage, excluding changes related to the loss component of CU213 (CU617 – CU404), excluding insurance finance expenses of CU27 and the repayment of the investment component of CU100, ie CU140 = CU213 + CU27 – CU100.

|   | (ii) | analysed by the entity applying paragraph B124 as the sum of the changes in the liability for remaining coverage in the year that relate to services for which the entity expects to receive consideration. Those changes are: |
|---|---|---|
|   | 1 | insurance service expenses incurred in the period (measured at the amounts expected at the beginning of the period), excluding amounts allocated to the loss component of the liability for remaining coverage and excluding repayments of investment components; |
|   | 2 | the change in the risk adjustment for non-financial risk, excluding changes that adjust the contractual service margin because they relate to future service and amounts allocated to the loss component ie the change caused by the release from risk; and |
|   | 3 | the amount of contractual service margin recognised in profit or loss in the period. |

Thus, in this example insurance revenue is the sum of the insurance service expenses of CU300 including experience adjustments of CU200 and the change in the risk adjustment for non-financial risk caused by the release from risk of CU40, ie CU140 = CU300 – CU200 + CU40.

(b) The entity revises the estimates of fulfilment cash flows for Year 3. The increase in fulfilment cash flows exceeds the carrying amount of the remaining contractual service margin, creating a loss of CU113 (see the table after paragraph IE26). Applying paragraph 49, the entity establishes the loss component of the liability for remaining coverage for an onerous group depicting that loss. The loss component determines the amounts presented in profit or loss as reversals of losses on onerous groups that are consequently excluded from determination of insurance revenue.

(c) Applying paragraph 84, the entity presents insurance service expenses of CU300 as the claims incurred in the period of CU400 minus the investment component of CU100.

(d) Insurance finance expenses are the same as in Example 2B. The whole amount of insurance finance expenses is related to the liability for remaining coverage because the liability for incurred claims is paid immediately after the expenses are incurred.

IE40 A possible format of the reconciliation required by paragraph 100 between the amounts recognised in the statement of financial position and the statement of profit or loss for Year 3 is as follows:

# IFRS 17 IE

|  | Liability for remaining coverage, excluding loss component | Loss component of the liability for remaining coverage | Liability for incurred claims | Insurance contract liability |
|---|---|---|---|---|
|  | CU | CU | CU | CU |
| Opening balance | 404 | 113 | – | 517 |
| Insurance finance expenses | 16 | 5 (b) | – | 21 (d) |
| Insurance revenue | (320) (a) | – | – | (320) |
| Insurance service expenses | – | (118) (b) | 350 (c) | 232 |
| Investment component | (100) | – | 100 | – |
| Cash flows | – | – | (450) | (450) |
| **Closing balance** | – | – | – | – |

(a) Insurance revenue of CU320 is:

    (i) determined by the entity applying paragraph B123 as the difference between the opening and closing carrying amounts of the liability for remaining coverage, excluding changes related to the loss component of CU404 (CU404 – CU0), insurance finance expenses of CU16 and the repayment of the investment component of CU100, ie CU320 = CU404 + CU16 – CU100.

    (ii) analysed by the entity applying paragraph B124 as the sum of the insurance service expenses for the incurred claims for the year of CU350 and the change in the risk adjustment for non-financial risk caused by the release from risk of CU88, excluding CU118 allocated to the loss component of the liability of remaining coverage, ie CU320 = CU350 + CU88 – CU118.

(b) Applying paragraph 50(a), the entity allocates on a systematic basis the subsequent changes in the fulfilment cash flows of the liability for remaining coverage between the loss component of the liability for remaining coverage and the liability for remaining coverage, excluding the loss component. In this example the entity allocates subsequent changes in fulfilment cash flows to the loss component of the liability for remaining coverage as follows:

    (i) insurance finance expenses of CU5 are determined by multiplying the total insurance finance expenses of CU21 by 22 per cent. The allocation is based on the 22 per cent proportion of the loss component of the liability for remaining coverage of CU113 to the total liability for remaining coverage of CU517 (CU404 + CU113).

    (ii) the change of the loss component of CU118 is the sum of:

        1    the estimates of the future cash flows released from the liability for remaining coverage for the year of CU94, calculated by multiplying the expected insurance service expenses for the incurred claims for the year of CU350 by 27 per cent; and

        2    the change in the risk adjustment for non-financial risk caused by the release from risk of CU24, calculated by multiplying the total such

change of CU88 by 27 per cent.

The allocation of the amounts described in 1 and 2 to the loss component of CU118 is determined after the insurance finance expenses and investment component have been allocated. The insurance finance expenses are allocated as described in (i). The investment component is allocated solely to the liability for remaining coverage excluding the loss component, because it is not included in insurance revenue or insurance service expenses. After those allocations, the loss component of the liability for remaining coverage is CU118 (CU113 + CU5) and the liability for remaining coverage excluding the investment component is CU438 (CU517 + CU21 – CU100). Hence, the allocations in (ii) are determined as the ratio of CU118 to CU438, which is 27 per cent.

See Example 8 for a more detailed calculation of losses in a group of insurance contracts subsequent to initial recognition.

(c) Applying paragraph 84, the entity presents insurance service expenses of CU350 as the claims incurred in the period of CU450 minus the investment component of CU100.

(d) Insurance finance expenses are the same as in Example 2B. The whole amount of insurance finance expenses is related to the liability for remaining coverage because the liability for incurred claims is paid immediately after the expenses are incurred.

IE41 The amounts presented in the statement of profit or loss corresponding to the amounts analysed in the tables above are:

| Statement of profit or loss | Year 1 | Year 2 | Year 3 | Total | |
| --- | --- | --- | --- | --- | --- |
| | CU | CU | CU | CU | |
| Insurance revenue | 222 | 140 | 320 | 682 | (a) |
| Insurance service expenses | (100) | (413) | (232) | (745) | |
| **Insurance service result** | **122** | **(273)** | **88** | **(63)** | |
| Investment income[b] | – | – | – | – | |
| Insurance finance expenses | (39) | (27) | (21) | (87) | |
| **Finance result** | **(39)** | **(27)** | **(21)** | **(87)** | |
| **Profit / (loss)** | **83** | **(300)** | **67** | **(150)** | |

(a) Applying paragraph B120, the entity calculates the total insurance revenue for the group of insurance contracts of CU682 as the amount of premiums paid to the entity of CU900 adjusted for the financing effect of CU82 (insurance finance expenses of CU87 minus CU5 related to the loss component) and excluding the investment component of CU300 (CU100 per year for 3 years) ie CU682 = CU900 + CU82 – CU300.

(b) For the purpose of this example, these numbers are not included because they are accounted for applying another Standard.

## Separating components from an insurance contract (paragraphs B31–B35)

IE42  The following two examples illustrate the requirements in paragraphs B31–B35 for separating non-insurance components from insurance contracts.

### Example 4—Separating components from a life insurance contract with an account balance

*Assumptions*

IE43  An entity issues a life insurance contract with an account balance. The entity receives a premium of CU1,000 when the contract is issued. The account balance is increased annually by voluntary amounts paid by the policyholder, increased or decreased by amounts calculated using the returns from specified assets and decreased by fees charged by the entity.

IE44  The contract promises to pay the following:

(a) a death benefit of CU5,000 plus the amount of the account balance, if the insured person dies during the coverage period; and

(b) the account balance, if the contract is cancelled (ie there are no surrender charges).

IE45  The entity has a claims processing department to process the claims received and an asset management department to manage investments.

IE46  An investment product that has equivalent terms to the account balance, but without the insurance coverage, is sold by another financial institution.

IE47  The entity considers whether to separate the non-insurance components from the insurance contract.

*Analysis*

#### Separating the account balance

IE48  The existence of an investment product with equivalent terms indicates that the components may be distinct, applying paragraph B31(b). However, if the right to death benefits provided by the insurance coverage either lapses or matures at the same time as the account balance, the insurance and investment components are highly interrelated and are therefore not distinct, applying paragraph B32(b). Consequently, the account balance would not be separated from the insurance contract and would be accounted for applying IFRS 17.

#### Separating the claims processing component

IE49  Claims processing activities are part of the activities the entity must undertake to fulfil the contract, and the entity does not transfer a good or service to the policyholder because the entity performs those activities. Thus, applying paragraph B33, the entity would not separate the claims processing component from the insurance contract.

### Separating the asset management component

IE50 The asset management activities, similar to claims processing activities, are part of the activities the entity must undertake to fulfil the contract, and the entity does not transfer a good or service other than insurance contract services to the policyholder because the entity performs those activities. Thus, applying paragraph B33, the entity would not separate the asset management component from the insurance contract.

## Example 5—Separating components from a stop-loss contract with claims processing services

*Assumptions*

IE51 An entity issues a stop-loss contract to an employer (the policyholder). The contract provides health coverage for the policyholder's employees and has the following features:

(a) insurance coverage of 100 per cent for the aggregate claims from employees exceeding CU25 million (the 'stop-loss threshold'). The employer will self-insure claims from employees up to CU25 million.

(b) claims processing services for employees' claims during the next year, regardless of whether the claims have passed the stop-loss threshold of CU25 million. The entity is responsible for processing the health insurance claims of the employees on behalf of the employer.

IE52 The entity considers whether to separate the claims processing services. The entity notes that similar services to process claims on behalf of customers are sold on the market.

*Analysis*

### Separating the claims processing services

IE53 The criteria for identifying distinct non-insurance services in paragraph B34 are met in this example:

(a) the claims processing services, similar to the services to process the employees' claims on behalf of the employer, are sold as a standalone service without any insurance coverage; and

(b) the claims processing services benefit the policyholder independently of the insurance coverage. Had the entity not agreed to provide those services, the policyholder would have to process its employees' medical claims itself or engage other service providers to do this.

IE54 Additionally, the criteria in paragraph B35 that establishes if the service is not distinct are not met because the cash flows associated with the claims processing services are not highly interrelated with the cash flows associated with the insurance coverage, and the entity does not provide a significant service of integrating the claims processing services with the insurance components. In addition, the entity could provide the promised claims processing services separately from the insurance coverage.

IE55 Accordingly, the entity separates the claims processing services from the insurance contract and accounts for them applying IFRS 15 *Revenue from Contracts with Customers*.

## Subsequent measurement

### Example 6—Additional features of the contractual service margin (paragraphs 44, 87, 101, B96–B99 and B119–B119B)

IE56  This example illustrates adjustments to the contractual service margin of insurance contracts without direct participation features for:

(a) the changes in discretionary cash flows for insurance contracts that give an entity discretion over the cash flows expected to be paid to the policyholder, including determination of changes in those cash flows separately from changes in financial assumptions;

(b) the adjustments related to the time value of money and financial risks in a situation when the interest rate changes; and

(c) the amount recognised in profit or loss for the services provided in the period in a situation when the entity expects contracts in a group to have different durations.

*Assumptions*

IE57  An entity issues 200 insurance contracts with a coverage period of three years. The coverage period starts when the insurance contracts are issued.

IE58  The contracts in this example:

(a) meet the definition of insurance contracts because they offer a fixed payment on death. However, to isolate the effects illustrated in this example, and for simplicity, any fixed cash flows payable on death are ignored.

(b) do not meet the criteria for insurance contracts with direct participation features applying paragraph B101(a) because a pool of assets is not specified in the contracts.

(c) provide an investment-return service applying paragraph B119B.

(d) provide both insurance coverage and investment-return service evenly over the coverage period of three years.

IE59  The entity receives a single premium of CU15 at the beginning of the coverage period. Policyholders will receive the value of the account balance:

(a) if the insured person dies during the coverage period; or

(b) at the end of the coverage period (maturity value) if the insured person survives to the end of the coverage period.

IE60  The entity calculates the policyholder account balances at the end of each year as follows:

(a) opening balance; plus

(b) premiums received at the beginning of the period (if any); minus

(c) an annual charge of 3 per cent of the sum of the account balances at the beginning of the year and premium received if any; plus

(d) interest credited at the end of the year (the interest credited to the account balances in each year is at the discretion of the entity); minus

IE61 (e) the value of the remaining account balances paid to policyholders when an insured person dies or the coverage period ends.

IE61 The entity specifies that its commitment under the contract is to credit interest to the policyholder's account balance at a rate equal to the return on an internally specified pool of assets minus two percentage points, applying paragraph B98.

IE62 On initial recognition of the group of contracts, the entity:

(a) expects the return on the specified pool of assets will be 10 per cent a year.

(b) determines the discount rate applicable to nominal cash flows that do not vary based on the returns on any underlying items is 4 per cent a year.

(c) expects that two insured people will die at the end of each year. Claims are settled immediately.

(d) estimates the risk adjustment for non-financial risk to be CU30 and expects to recognise it in profit or loss evenly over the coverage period. Applying paragraph 81, the entity does not disaggregate the changes in the risk adjustment for non-financial risk between the insurance service result and insurance finance income or expenses.

IE63 In Year 1, the return on the specified pool of assets is 10 per cent, as expected. However, in Year 2 the return on the specified pool of assets is only 7 per cent. Consequently, at the end of Year 2, the entity:

(a) revises its estimate of the expected return on the specified pool of assets to 7 per cent in Year 3.

(b) exercises its discretion over the amount of interest it will credit to the policyholder account balances in Years 2 and 3. It determines that it will credit interest to the policyholder account balances at a rate equal to the return on the specified pool of assets, minus one percentage point, ie the entity forgoes spread income of one percentage point a year in Years 2 and 3.

(c) credits 6 per cent interest to the policyholder account balances (instead of the initially expected 8 per cent).

IE64 In this example all other amounts are ignored, for simplicity.

*Analysis*

IE65 On initial recognition, the entity measures the group of insurance contracts and estimates the fulfilment cash flows at the end of each subsequent year as follows:

|  | Initial recognition | Year 1 | Year 2 | Year 3 |
|---|---|---|---|---|
|  | CU | CU | CU | CU |
| Estimates of the present value of future cash inflows | (3,000) | – | – | – |
| Estimates of the present value of future cash outflows[a] | 2,596 | 2,824 | 3,074 | – |

| | | | | |
|---|---|---|---|---|
| Estimates of the present value of future cash flows | (404) | 2,824 | 3,074 | – |
| Risk adjustment for non-financial risk | 30 | 20 | 10 | – |
| Fulfilment cash flows | (374) | 2,844 | 3,084 | – |
| Contractual service margin | 374 | | | |
| **Insurance contract (asset) / liability on initial recognition** | – | | | |

(a) The entity calculates the estimates of the present value of the future cash outflows using a current discount rate of 10 per cent that reflects the characteristics of the future cash flows, determined applying paragraphs 36 and B72(a).

IE66 Applying paragraphs B98–B99, to determine how to identify a change in discretionary cash flows, an entity shall specify at inception of the contract the basis on which it expects to determine its commitment under the contract, for example, based on a fixed interest rate, or on returns that vary based on specified asset returns. An entity uses this specification to distinguish between the effect of changes in assumptions that relate to financial risk on that commitment (which does not adjust the contractual service margin) and the effect of discretionary changes to that commitment (which adjusts the contractual service margin).

IE67 In this example, the entity specified at inception of the contract that its commitment under the contract is to credit interest to the policyholder account balances at a rate equal to the return on a specified pool of assets minus two percentage points. Because of the entity's decision at the end of Year 2, this spread decreased from two percentage points to one percentage point.

IE68 Consequently, at the end of Year 2, the entity analyses the changes in the policyholder account balances between the result of changes in financial assumptions and the exercise of discretion, as follows:

| Policyholder account balances | As expected on initial recognition | | Revised for changes in financial assumptions | | Revised for changes in financial assumptions and the exercise of discretion | |
|---|---|---|---|---|---|---|
| | | CU | | CU | | CU |
| **Balance at the beginning of Year 1** | | – | | – | | – |
| Premiums received | | 3,000 | | 3,000 | | 3,000 |
| Annual charge[a] | 3% | (90) | 3% | (90) | 3% | (90) |
| Interest credited[b] | 8% | 233 | 8% | 233 | 8% | 233 |
| Death benefits[c] | 2/200 | (31) | 2/200 | (31) | 2/200 | (31) |

| Policyholder account balances | As expected on initial recognition | | Revised for changes in financial assumptions | | Revised for changes in financial assumptions and the exercise of discretion | |
|---|---|---|---|---|---|---|
| Balance carried forward to Year 2 | | 3,112 | | 3,112 | | 3,112 |
| Annual charge[a] | 3% | (93) | 3% | (93) | 3% | (93) |
| Interest credited[b] | 8% | 242 | 5% | 151 | 6% | 181 |
| Death benefits[c] | 2/198 | (33) | 2/198 | (32) | 2/198 | (32) |
| Balance carried forward to Year 3 | | 3,228 | | 3,138 | | 3,168 |
| Annual charge[a] | 3% | (97) | 3% | (94) | 3% | (95) |
| Interest credited[b] | 8% | 250 | 5% | 152 | 6% | 184 |
| Death benefits[c] | 2/196 | (35) | 2/196 | (33) | 2/196 | (33) |
| Balance at the end of Year 3 (maturity value) | | 3,346 | | 3,163 | | 3,224 |

(a) The annual charge equals the percentage of the balance at the beginning of each year (including premiums received at the beginning of the year). For example, in Year 1 the annual charge of CU90 is 3% × CU3,000.

(b) Interest credited each year equals the percentage of the balance at the beginning of each year minus the annual charge. For example, in Year 1 the interest credited of CU233 is 8% × (CU3,000 – CU90).

(c) The death benefit equals the percentage of the balance at the beginning of each year minus the annual charge plus interest credited. For example, in Year 1 the death benefit of CU31 is 2/200 × (CU3,000 – CU90 + CU233).

IE69 The entity summarises the estimates of future cash flows for Years 2 and 3 in the table below.

| | As expected on initial recognition | Revised for changes in financial assumptions | Revised for changes in financial assumptions and the exercise of discretion |
|---|---|---|---|
| | CU | CU | CU |
| Payment on deaths in Year 2 | 33 | 32 | 32 |
| Payment on deaths in Year 3 | 35 | 33 | 33 |

|  | As expected on initial recognition | Revised for changes in financial assumptions | Revised for changes in financial assumptions and the exercise of discretion |
|---|---|---|---|
| Maturity value paid in Year 3 | 3,346 | 3,163 | 3,224 |
| Estimates of the future cash flows at the beginning of Year 2 | 3,414 | 3,228 | 3,289 |

IE70  Applying paragraphs B98–B99, the entity distinguishes between the effect of changes in assumptions that relate to financial risk and the effect of discretionary changes on the fulfilment cash flows as follows:

| Changes in the estimates of future cash flows in Year 2 | Estimates of future cash flows | | Estimates of the present value of future cash flows | |
|---|---|---|---|---|
|  | CU | | CU | |
| Beginning of Year 2 (present value discounted at 10%) | 3,414 | (a) | 2,824 | (b) |
| The effect of changes in financial assumptions (and interest accretion) | (186) | (c) | 195 | (d) |
| Revised for changes in financial assumptions (present value discounted at 7%) | 3,228 | (a) | 3,019 | (b) |
| The effect of the exercise of discretion (present value discounted at 7%) | 61 | (e) | 57 | |
| Revised for changes in financial assumptions and the exercise of discretion (present value discounted at 7%) | 3,289 | (a) | 3,076 | (b) |
| Payment of cash flows | (32) | (a) | (32) | |
| **End of Year 2** | 3,257 | | 3,044 | |

(a) See the table after paragraph IE69.
(b) The entity calculates the estimates of the present value of the future cash outflows using a current discount rate that reflects the characteristics of the future cash flows, determined applying paragraphs 36 and B72(a). All the cash flows—other than the death benefit payable at the end of Year 2—are payable at the end of Year 3.
(c) The change in estimates of future cash flows of CU186 equals the difference between the

estimates of the future cash flows revised for changes in financial assumptions of CU3,228 minus the estimates of the future cash flows before the change in financial assumptions of CU3,414. Hence, it reflects only the change in financial assumptions.

(d) The change in estimates of the present value of the future cash flows of CU195 is the difference between the estimates of the present value of the future cash flows at the end of Year 2 (revised for changes in financial assumptions) of CU3,019 and the estimates of the present value of the future cash flows at the beginning of Year 2 (before changes in financial assumptions) of CU2,824. Hence, it reflects the effect of the interest accretion during Year 2 and the effect of the change in financial assumptions.

(e) The effect of the exercise of discretion of CU61 equals the difference between the estimates of the future cash flows revised for the exercise of discretion of CU3,289 and the estimates of the future cash flows before the effect of the exercise of discretion of CU3,228.

IE71 A possible format for the reconciliation of the insurance contract liability required by paragraph 101 for Year 2 is as follows:

|  | Estimates of the present value of future cash flows | Risk adjustment for non-financial risk | Contractual service margin | Insurance contract liability |
|---|---|---|---|---|
|  | CU | CU | CU | CU |
| Opening balance | 2,824 | 20 | 258 | 3,102 |
| Insurance finance expenses | 197 (a) | – | 10 (b) | 207 |
| Changes related to future service: exercise of discretion | 55 (c) | – | (55) (c) | – |
| Changes related to current service | – | (10) | (107) (d) | (117) |
| Cash outflows | (32) | – | – | (32) |
| **Closing balance** | **3,044** | **10** | **106** | **3,160** |

(a) Applying paragraph B97, the entity does not adjust the contractual service margin for a group of contracts for changes in fulfilment cash flows related to the effect of time value of money and financial risk and changes therein, comprising (i) the effect, if any, on estimated future cash flows; (ii) the effect, if disaggregated, on the risk adjustment for non-financial risk; and (iii) the effect of a change in discount rate. This is because such changes do not relate to future service. Applying paragraph 87, the entity recognises those changes as insurance finance expenses. Consequently, the insurance finance expenses of CU197 are the sum of:

  (i) the effect of interest accretion and the effect of the change in financial assumptions of CU195 (see the table after paragraph IE70); and

  (ii) the effect of the change in the assumptions related to financial risk on the change

|   |   |
|---|---|
|   | in the discretionary cash flows of CU2, which equals: |
| 1 | CU57 of the present value of the effect of the change in discretion discounted using the current rate (see the table after paragraph IE70); minus |
| 2 | CU55 of the present value of the change in discretion discounted using the rate determined on initial recognition of the group of insurance contracts (see footnote (c)). |

(b) Applying paragraphs 44(b) and B72(b), the entity calculates interest accreted on the carrying amount of the contractual service margin of CU10 by multiplying the opening balance of CU258 by the discount rate of 4 per cent determined on initial recognition of the group of insurance contracts. That rate is applicable to nominal cash flows that do not vary based on the returns on any underlying items.

(c) Applying paragraphs 44(c) and B98, the entity regards changes in discretionary cash flows as relating to future service, and accordingly adjusts the contractual service margin. Applying paragraphs B96 and B72(c), the adjustment to the contractual service margin is calculated by discounting the change in the future cash flows of CU61 using the discount rate of 10 per cent, which reflects the characteristics of the cash flows determined on initial recognition of the group of insurance contracts. Consequently, the amount of discretionary cash flows that adjusts the contractual service margin of CU55 is CU61 ÷ (1 + 10%).

(d) Applying paragraphs 44(e) and B119, the entity recognises in profit or loss the amount of contractual service margin determined by allocating the contractual service margin at the end of the period (before recognising any amounts in profit or loss) equally to each coverage unit provided in the current period and expected to be provided in the future, as follows:

    (i) the amount of the contractual service margin immediately before allocation to profit or loss is CU213 (opening balance of CU258 plus interest of CU10 minus the change related to future service of CU55);

    (ii) the number of coverage units in this example is the total of the number of contracts in each period for which coverage is expected to be provided (because the quantity of benefits provided for each contract is the same). Hence, there are 394 coverage units to be provided over the current and final year (198 contracts in Year 2 and 196 contracts in Year 3);

    (iii) the contractual service margin per coverage unit is CU0.54 (CU213 ÷ 394 coverage units); and

    (iv) the contractual service margin recognised in profit or loss in Year 2 of CU107 is CU0.54 of contractual service margin per coverage unit multiplied by the 198 coverage units provided in Year 2.

## Example 7—Insurance acquisition cash flows (paragraphs 106, B65(e) and B125)

IE72 This example illustrates the determination of insurance acquisition cash flows on initial recognition and the subsequent determination of insurance revenue, including the portion of premium related to the recovery of the insurance acquisition cash flows.

IE73 This example also illustrates the requirement to disclose the analysis of the insurance revenue recognised in the period applying paragraph 106.

## Assumptions

IE74  An entity issues a group of insurance contracts with a coverage period of three years. The coverage period starts when the insurance contracts are issued.

IE75  On initial recognition, the entity determines the following:

(a) estimates of future cash inflows of CU900, paid immediately after initial recognition;

(b) estimates of future cash outflows, which comprise:

(i) estimates of future claims of CU600 (CU200 incurred and paid each year); and

(ii) acquisition cash flows of CU120 (of which CU90 are cash flows directly attributable to the portfolio to which the contracts belong), are paid at the beginning of the coverage period.

(c) the risk adjustment for non-financial risk is CU15 and the entity expects to recognise the risk adjustment for non-financial risk in profit or loss evenly over the coverage period.

IE76  In this example for simplicity, it is assumed that:

(a) all expenses are incurred as expected;

(b) no contracts will lapse during the coverage period;

(c) there is no investment component;

(d) the insurance acquisition cash flows directly attributable to the portfolio to which the contracts belong of CU90 are directly attributable to the group of contracts to which the contracts belong and no renewals of those contracts are expected; and

(e) all other amounts, including the effect of discounting, are ignored for simplicity.

## Analysis

IE77  On initial recognition, the entity measures the group of insurance contracts and estimates the fulfilment cash flows at the end of each subsequent year as follows:

|  | Initial recognition | Year 1 | Year 2 | Year 3 |
|---|---|---|---|---|
|  | CU | CU | CU | CU |
| Estimates of the present value of future cash inflows | (900) | – | – | – |
| Estimates of the present value of future cash outflows | 690 (a) | 400 | 200 | – |
| Estimates of the present value of future cash flows | (210) | 400 | 200 | – |
| Risk adjustment for non-financial risk | 15 | 10 | 5 | – |
| Fulfilment cash flows | (195) | 410 | 205 | – |
| Contractual service margin | 195 |  |  |  |

| Insurance contract (asset) / liability on initial recognition | – |
|---|---|

(a) Applying paragraph B65(e), estimates of the present value of the future cash flows of CU690 comprise expected claims of CU600 and an allocation of insurance acquisition cash flows directly attributable to the portfolio to which the contracts belong of CU90.

IE78 The entity recognises the contractual service margin and insurance acquisition cash flows in profit or loss for each year as follows:

| Recognised in profit or loss each year | Year 1 | Year 2 | Year 3 | Total |
|---|---|---|---|---|
| | CU | CU | CU | CU |
| Contractual service margin[a] | 65 | 65 | 65 | 195 |
| Insurance acquisition cash flows[b] | 30 | 30 | 30 | 90 |

(a) Applying paragraphs 44(e) and B119, the entity recognises in profit or loss in each period an amount of the contractual service margin for a group of insurance contracts to reflect the transfer of services provided in that period. The amount recognised in each period is determined by the allocation of the contractual service margin remaining at the end of the reporting period (before any allocation) over the current and remaining coverage periods. In this example, the coverage provided in each period is the same because the number of contracts for which the coverage is provided in each period is the same. Consequently, the contractual service margin of CU195 is allocated equally in each year of coverage (ie CU65 = CU195 ÷ 3 years).

(b) Applying paragraph B125, the entity determines the insurance revenue related to insurance acquisition cash flows by allocating the portion of the premiums that relates to recovering those cash flows to each accounting period in a systematic way on the basis of the passage of time. The entity recognises the same amount as insurance service expenses. In this example, the coverage period of the contracts is three years, therefore the expenses recognised in profit or loss each year are CU30 (CU90 ÷ 3 years).

IE79 The entity recognises the following amounts in profit or loss:

| Statement of profit or loss | Year 1 | Year 2 | Year 3 | Total |
|---|---|---|---|---|
| | CU | CU | CU | CU |
| Insurance revenue[a] | 300 | 300 | 300 | 900 |
| Insurance service expenses[b] | (230) | (230) | (230) | (690) |
| Insurance service result | 70 | 70 | 70 | 210 |
| Other expenses[c] | (30) | – | – | (30) |
| **Profit** | **40** | **70** | **70** | **180** |

| | | |
|---|---|---|
| (a) | See the table after paragraph IE80 for more details on the components of insurance revenue. |
| (b) | Applying paragraph 84, the entity presents insurance service expenses as incurred claims of CU200 in each year plus insurance acquisition cash flows of CU30 allocated to each year. |
| (c) | Other expenses include acquisition cash flows that are not directly attributable to the portfolio of insurance contracts to which the contracts belong. They are calculated as the difference between the acquisition cash flows of CU120 and directly attributable insurance acquisition cash flows of CU90. |

IE80  A possible format for the analysis of the insurance revenue required by paragraph 106 is as follows:

| | Year 1 | Year 2 | Year 3 | Total |
|---|---|---|---|---|
| | CU | CU | CU | CU |
| **Amounts relating to the changes in the liability for remaining coverage:** | | | | |
| – Insurance service expenses incurred[a] | 200 | 200 | 200 | 600 |
| – Contractual service margin recognised in profit or loss | 65 | 65 | 65 | 195 |
| – Change in the risk adjustment for non-financial risk caused by the release from risk | 5 | 5 | 5 | 15 |
| Allocation of recovery of insurance acquisition cash flows | 30 | 30 | 30 | 90 |
| **Insurance revenue[b]** | **300** | **300** | **300** | **900** |

| | |
|---|---|
| (a) | Applying paragraph B124, the entity measures those amounts as expected at the beginning of the year. |
| (b) | This example illustrates the analysis of insurance revenue required by paragraph 106. See Example 3 for how to determine insurance revenue. |

## Example 8—Reversal of losses in an onerous group of insurance contracts (paragraphs 49–50 and B123–B124)

IE81  This example illustrates how, for an onerous group of insurance contracts, an entity reverses losses from the loss component of the liability for remaining coverage when the group becomes profitable.

## Assumptions

IE82  An entity issues 100 insurance contracts with a coverage period of three years. The coverage period starts when the insurance contracts are issued and the services are provided evenly over the coverage period. It is assumed, for simplicity, that no contracts will lapse before the end of the coverage period.

IE83  The entity expects to receive premiums of CU800 immediately after initial recognition, therefore, the estimates of the present value of cash inflows are CU800.

IE84  The entity estimates annual future cash outflows to be CU400 at the end of each year (total CU1,200). The entity estimates the present value of the future cash outflows to be CU1,089, using a discount rate of 5 per cent a year that reflects the characteristics of nominal cash flows that do not vary based on the returns on any underlying items, determined applying paragraph 36. The entity expects claims will be paid when incurred.

IE85  The risk adjustment for non-financial risk on initial recognition equals CU240 and it is assumed the entity will be released from risk evenly over the coverage period of three years.

IE86  In this example all other amounts, including the investment component are ignored, for simplicity.

IE87  On initial recognition, the entity measures the group of insurance contracts and estimates the fulfilment cash flows at the end of each subsequent year as follows:

|  | Initial recognition | Year 1 | Year 2 | Year 3 |
|---|---|---|---|---|
|  | CU | CU | CU | CU |
| Estimates of the present value of future cash inflows | (800) | – | – | – |
| Estimates of the present value of future cash outflows | 1,089 | 743 | 381 | – |
| Estimates of the present value of future cash flows | 289 | 743 | 381 | – |
| Risk adjustment for non-financial risk | 240 | 160 | 80 | – |
| Fulfilment cash flows | 529 | 903 | 461 | – |
| Contractual service margin | – |  |  |  |
| **Insurance contract liability** | **529** |  |  |  |

IE88  In Year 1 all events occur as expected on initial recognition.

IE89  At the end of Year 2, the entity revises its estimates of future cash outflows for Year 3 to CU100, instead of CU400 (a decrease in the present value of CU286). The risk adjustment for non-financial risk related to those cash flows remains unchanged.

IE90  In Year 3, all events occur as expected at the end of Year 2.

## Analysis

IE91 At the end of Year 1, applying paragraphs B96–B97, the entity analyses the source of changes in the fulfilment cash flows during the year to decide whether each change adjusts the contractual service margin. Using this information, a possible format for the reconciliation of the insurance contract liability required by paragraph 101 is as follows:

|  | Estimates of the present value of future cash flows | Risk adjustment for non-financial risk | Contractual service margin | Insurance contract liability |
|---|---|---|---|---|
|  | CU | CU | CU | CU |
| Opening balance | – | – | – | – |
| Changes related to future service: new contracts | 289 | 240 | – | 529 |
| Cash inflows | 800 | – | – | 800 |
| Insurance finance expenses | 54 (a) | – (b) | – | 54 |
| Changes related to current service | – | (80) (b) | – (c) | (80) |
| Cash outflows | (400) | – | – | (400) |
| **Closing balance** | **743** | **160** | **–** | **903** |

(a) In this example, insurance finance expenses of CU54 are CU1,089 (the sum of the estimates of the present value of the future cash flows on initial recognition of CU289 and the cash inflows of CU800 received at the beginning of Year 1) multiplied by the current discount rate of 5 per cent a year, applying paragraphs 36 and B72(a).

(b) Applying paragraph 81, the entity chooses not to disaggregate the change in the risk adjustment for non-financial risk between the insurance service result and insurance finance income or expenses; therefore, the entity includes the entire change in the risk adjustment for non-financial risk as part of the insurance service result in the statement of profit or loss.

(c) Applying paragraph 44(e), the entity does not recognise any contractual service margin in profit or loss for the year because the contractual service margin (before any allocation) equals zero.

IE92  A possible format for a reconciliation between the amounts recognised in the statement of financial position and the statement of profit or loss for Year 1 required by paragraph 100 is as follows:

|  | Liability for remaining coverage, excluding loss component | Loss component of the liability for remaining coverage | Liability for incurred claims | Insurance contract liability |
|---|---|---|---|---|
|  | CU | CU | CU | CU |
| Opening balance | – | – | – | – |
| Cash inflows | 800 | – | – | 800 |
| Insurance service expenses: loss on onerous contracts | – | 529 (a) | – | 529 |
| Insurance finance expenses | 33 | 21 (b) | – | 54 (c) |
| Insurance revenue | (289) (b) | – | – | (289) |
| Insurance service expenses: incurred expenses | – | (191) (b) | 400 | 209 |
| Cash outflows | – | – | (400) | (400) |
| **Closing balance** | **544** | **359** | – | **903** |

(a) Applying paragraph 49, the entity establishes the loss component of the liability for remaining coverage for an onerous group of contracts. The loss component determines the amounts presented in profit or loss as reversals of losses on onerous groups that are consequently excluded from the determination of insurance revenue.

(b) Changes in fulfilment cash flows are allocated between the liability for remaining coverage excluding the loss component and the loss component of the liability for remaining coverage. See the table after paragraph IE93 and footnotes to that table for the calculation.

(c) See the table after paragraph IE91 for the calculation. The whole amount of insurance finance expenses is related to the liability for remaining coverage because the liability for incurred claims is paid immediately after the expenses are incurred.

IE93  Applying paragraph 50(a), the entity allocates specified subsequent changes in fulfilment cash flows of the liability for remaining coverage on a systematic basis between the loss component of the liability for remaining coverage and the liability for remaining coverage excluding the loss component. The table below illustrates the systematic allocation of the changes in fulfilment cash flows for the liability for remaining coverage in Year 1.

|  | Liability for remaining coverage, excluding loss component | Loss component of the liability for remaining coverage | Total |
|---|---:|---:|---:|
|  | CU | CU | CU |
| Release of expected insurance service expenses for the incurred claims for the year | (241) | (159) (a) | (400) |
| Change in the risk adjustment for non-financial risk caused by the release from risk | (48) | (32) (a) | (80) |
| Insurance revenue | (289) (b) | – |  |
| Insurance service expenses | – | (191) |  |

(a) Applying paragraph 50(a), the entity allocates the subsequent changes in the fulfilment cash flows of the liability for remaining coverage on a systematic basis between the loss component of the liability for remaining coverage and the liability for remaining coverage excluding the loss component. In this example the systematic allocation is based on the proportion of 39.8 per cent, calculated on initial recognition of the insurance contracts as the loss component of the liability for remaining coverage of CU529 relative to the total estimate of the present value of the future cash outflows plus risk adjustment for non-financial risk of CU1,329 (CU1,089 + CU240). Consequently, the entity allocates subsequent changes in the fulfilment cash flows to the loss component of the liability for remaining coverage as follows:

(i) the estimates of the future cash flows released from the liability for remaining coverage for the year of CU159, calculated by multiplying the expected insurance service expenses for the incurred claims for the year of CU400 by 39.8 per cent;

(ii) the change in the risk adjustment for non-financial risk caused by the release from risk of CU32, calculated by multiplying the total such change of CU80 by 39.8 per cent; and

(iii) the insurance finance expenses of CU21, calculated by multiplying the total insurance finance expenses of CU54 by 39.8 per cent.

(b) Insurance revenue of CU289 is:

(i) determined by the entity applying paragraph B123, as the change in the liability for remaining coverage, excluding:

1 changes that do not relate to services provided in the period, for example changes resulting from cash inflows from premiums received and changes related to insurance finance income or expenses; and

2 changes that relate to services but for which the entity does not expect consideration, ie increases and decreases in the loss component of the liability for remaining coverage.

Thus, in this example insurance revenue of CU289 is the difference between the opening and closing carrying amounts of the liability for remaining coverage of CU544 (CU0 – CU544) excluding insurance finance expenses of CU33 and cash inflows of CU800, ie CU289 = (CU544 – CU800 – CU33).

(ii) analysed by the entity applying paragraph B124, as the sum of the changes in the liability for remaining coverage in the year that relate to services for which the entity expects to receive consideration. Those changes are:

1. insurance service expenses incurred in the period (measured at the amounts expected at the beginning of the period), excluding amounts allocated to the loss component of the liability for remaining coverage;

2. the change in risk adjustment for non-financial risk, excluding changes that adjust the contractual service margin because they relate to future service and amounts allocated to the loss component ie the change caused by the release from risk; and

3. the amount of the contractual service margin recognised in profit or loss in the period.

Thus, in this example insurance revenue of CU289 is the sum of the insurance service expenses for the incurred claims for the year of CU400 and the change in the risk adjustment for non-financial risk caused by the release from risk of CU80, minus amounts allocated to the loss component of the liability for remaining coverage of CU191 (CU159 + CU32), ie CU289 = CU400 + CU80 − CU191.

IE94 At the end of Year 2, applying paragraphs B96–B97, the entity analyses the source of changes in the fulfilment cash flows during the year to decide whether each change adjusts the contractual service margin, as follows:

|  | Estimates of the present value of future cash flows | Risk adjustment for non-financial risk | Contractual service margin | Insurance contract liability |
|---|---|---|---|---|
|  | CU | CU | CU | CU |
| Opening balance | 743 | 160 | – | 903 |
| Insurance finance expenses | 37 (a) | – | – | 37 |
| Changes related to future service | (286) (b) | – | 103 (b) | (183) |
| Changes related to current service | – | (80) | (52) (c) | (132) |
| Cash outflows | (400) | – | – | (400) |
| **Closing balance** | **94** | **80** | **51** | **225** |

(a) In this example, insurance finance expenses of CU37 are the estimates of the present value of the future cash flows of CU743 at the beginning of Year 2 multiplied by the current discount rate of 5 per cent, determined applying paragraphs 36 and B72(a).

(b) Applying paragraph 50(b), an entity allocates any subsequent decrease in fulfilment cash

|  | Estimates of the present value of future cash flows | Risk adjustment for non-financial risk | Contractual service margin | Insurance contract liability |
|---|---|---|---|---|

flows allocated to the group arising from changes in estimates of the future cash flows relating to future service of CU286 solely to the loss component until that component is reduced to zero (the decrease in fulfilment cash flows of CU183 was allocated to the loss component to reduce it to zero, see the table after paragraph IE95). An entity adjusts the contractual service margin only for the excess of the decrease in fulfilment cash flows over the amount allocated to the loss component of CU103 (CU286 – CU183).

(c) Applying paragraph B119(b), the entity allocates the contractual service margin at the end of the period (before recognising any amounts in profit or loss) equally to each coverage unit provided in the current period and expected to be provided in the future. Applying paragraph B119(c), the entity recognises in profit or loss the amount allocated to coverage units provided in the period of CU52, which is CU103 divided by two years.

IE95 A possible format for a reconciliation between the amounts recognised in the statement of financial position and the statement of profit or loss for Year 2 required by paragraph 100 is as follows:

|  | Liability for remaining coverage, excluding loss component | Loss component of the liability for remaining coverage | Liability for incurred claims | Insurance contract liability |
|---|---|---|---|---|
|  | CU | CU | CU | CU |
| Opening balance | 544 | 359 | – | 903 |
| Insurance finance expenses | 22 | 15 (a) | – | 37 (b) |
| Insurance revenue | (341) (a) | – | – | (341) |
| Insurance service expenses: incurred expenses | – | (191) (a) | 400 | 209 |
| Insurance service expenses: reversal of loss on onerous contracts | – | (183) (c) | – | (183) |
| Cash flows | – | – | (400) | (400) |
| **Closing balance** | **225** | – | – | **225** |

(a) Applying paragraph 50(a), the entity allocates the subsequent changes in fulfilment cash flows of the liability for remaining coverage on a systematic basis between the loss component of the liability for remaining coverage and the liability for remaining coverage, excluding the loss component. See the table after paragraph IE96 and footnotes to that table for more detailed calculations.

(b) See the table after paragraph IE94 for the calculation. The whole amount of insurance finance expenses is related to the liability for remaining coverage because the liability for incurred claims is paid immediately after the expenses are incurred.

(c) Applying paragraph 50(b), the entity allocates any subsequent decrease in fulfilment cash flows allocated to the group arising from changes in estimates of future cash flows relating to future service of CU286 (see the table after paragraph IE94) solely to the loss component until that component is reduced to zero. IFRS 17 does not specify the order in which an entity allocates the fulfilment cash flows in footnote (a) (applying paragraph 50(a)) and the allocation in this footnote (applying paragraph 50(b)). This example illustrates the result of making the allocation required by paragraph 50(a) before the allocation required by paragraph 50(b).

IE96 The table below illustrates the systematic allocation of the changes in fulfilment cash flows for the liability for remaining coverage in Year 2.

|  | Liability for remaining coverage, excluding loss component | Loss component of the liability for remaining coverage | Total |
|---|---|---|---|
|  | CU | CU | CU |
| Release of expected insurance service expenses for the incurred claims for the year | (241) | (159) (a) | (400) |
| Change in the risk adjustment for non-financial risk caused by the release from risk | (48) | (32) (a) | (80) |
| Contractual service margin recognised in profit or loss for the year | (52) | – | (52) |
| Insurance revenue | (341) (b) | – |  |
| Insurance service expenses | – | (191) |  |
| Insurance finance expenses | 22 (b) | (15) (a) |  |

(a) Applying paragraph 50(a), the entity allocates the subsequent changes in the fulfilment cash flows of the liability for remaining coverage on a systematic basis between the loss component of the liability for remaining coverage and the liability for remaining coverage, excluding the loss component. In this example, the systematic allocation is based on the proportion of 39.8 per cent as the opening balance of the loss component of the liability for remaining coverage of CU359, relative to the total of the estimates of the present value of the future cash outflows plus risk adjustment for non-financial risk of CU903 (CU743 + CU160). Consequently, the entity allocates subsequent changes in fulfilment cash flows to the loss component of the liability for remaining coverage as follows:

(i) the estimates of the future cash flows released from the liability for remaining coverage for the year of CU159, calculated by multiplying the insurance service expenses for the incurred claims for the year of CU400 by 39.8 per cent;

(ii) the change in the risk adjustment for non-financial risk caused by the release from risk of CU32, calculated by multiplying the total such change of CU80 by 39.8 per cent; and

(iii) the insurance finance expenses of CU15, calculated by multiplying the total insurance finance expenses of CU37 by 39.8 per cent.

(b) Insurance revenue of CU341 is:

(i) determined by the entity applying paragraph B123 as the difference between the opening and closing carrying amounts of the liability for remaining coverage, excluding changes related to the loss component of CU319 (CU544 – CU225), further excluding insurance finance expenses of CU22, ie CU341 = CU319 + CU22; and

(ii) analysed by the entity applying paragraph B124 as the sum of the insurance service expenses for the incurred claims for the year of CU400, the change in the risk adjustment for non-financial risk caused by the release from risk of CU80 and the amount of the contractual service margin recognised in profit or loss in the period of CU52 minus the reversal of the loss component of the liability for remaining coverage of CU191 (CU159 + CU32), ie CU341 = CU400 + CU80 + CU52 – CU191.

IE97 At the end of Year 3, the coverage period ends and the group of insurance contracts is derecognised. Applying paragraphs B96–B97, the entity analyses the source of changes in the fulfilment cash flows during the year to decide whether each change adjusts the contractual service margin, as follows:

|  | Estimates of the present value of future cash flows | Risk adjustment for non-financial risk | Contractual service margin | Insurance contract liability |
|---|---|---|---|---|
|  | CU | CU | CU | CU |
| Opening balance | 94 | 80 | 51 | 225 |
| Insurance finance expenses | 5 (a) | – | 3 (b) | 8 |
| Changes related to current service | – | (80) | (54) (c) | (134) |
| Cash outflows | (100) | – | – | (100) |
| Rounding difference | 1 | – | – | 1 |
| **Closing balance** | – | – | – | – |

(a) In this example, insurance finance expenses of CU5 are the estimates of the present value of the future cash flows of CU94 at the beginning of Year 3 multiplied by the current discount rate of 5 per cent, determined applying paragraphs 36 and B72(a).

(b) Applying paragraph 44(b), the entity calculates interest accreted on the carrying amount of

IFRS 17 IE

|  | Estimates of the present value of future cash flows | Risk adjustment for non-financial risk | Contractual service margin | Insurance contract liability |

the contractual service margin of CU3 by multiplying the opening balance of CU51 by the discount rate of 5 per cent determined applying paragraphs 44(b) and B72(b).

(c) The full contractual service margin is recognised in profit or loss because Year 3 is the last year of coverage.

IE98 A possible format for a reconciliation between the amounts recognised in the statement of financial position and the statement of profit or loss for Year 3 required by paragraph 100 is as follows:

|  | Liability for remaining coverage, excluding loss component | Loss component of the liability for remaining coverage | Liability for incurred claims | Insurance contract liability |
| --- | --- | --- | --- | --- |
|  | CU | CU | CU | CU |
| Opening balance | 225 | – | – | 225 |
| Insurance revenue | (233) (a) | – | – | (233) |
| Insurance service expenses | – | – | 100 | 100 |
| Insurance finance expenses | 8 (b) | – | – | 8 |
| Cash flows | – | – | (100) | (100) |
| **Closing balance** | – | – | – | – |

(a) Insurance revenue of CU233 is:

  (i) determined by the entity applying paragraph B123 as the difference between the opening and closing carrying amounts of the liability for remaining coverage, excluding changes related to the loss component of CU225 (CU225–CU0), further excluding insurance finance expenses of CU8, ie CU233 = CU225 + CU8; and

  (ii) analysed by the entity applying paragraph B124 as the sum of the insurance service expenses of CU100, the change in the risk adjustment for non-financial risk caused by the release from risk of CU54 and the contractual service margin recognised in profit or loss of CU54, ie CU233 = CU100 + CU80 + CU54 – CU1 rounding difference.

(b) See the table after paragraph IE97 for the calculation. The whole amount of insurance finance expenses is related to the liability for remaining coverage because the liability for incurred claims is paid immediately after the expenses are incurred.

# Measurement of groups of insurance contracts with direct participation features

## Example 9—Measurement on initial recognition and subsequently of groups of insurance contracts with direct participation features (paragraphs 45 and B110–B114)

IE99  This example illustrates the measurement of groups of insurance contracts with direct participation features.

### Assumptions

IE100  An entity issues 100 contracts that meet the criteria for insurance contracts with direct participation features applying paragraph B101. The coverage period is three years and starts when the insurance contracts are issued.

IE101  An entity receives a single premium of CU150 for each contract at the beginning of the coverage period. Policyholders will receive either:

(a) CU170, or the account balance if it is higher, if the insured person dies during the coverage period; or

(b) the value of the account balance at the end of the coverage period if the insured person survives until the end of the coverage period.

IE102  The entity calculates the account balance for each contract (the underlying items) at the end of each year as follows:

(a) opening balance; plus

(b) premiums received (if any); plus

(c) the change in fair value of a specified pool of assets; minus

(d) an annual charge equal to 2 per cent of the value of the account balance at the beginning of the year plus the change in fair value; minus

(e) the value of the remaining account balance when the insured person dies or the coverage period ends.

IE103  The entity purchases the specified pool of assets and measures the assets at fair value through profit or loss. This example assumes that the entity sells assets to collect annual charges and pay claims. Hence, the assets that the entity holds equal the underlying items.

IE104  On initial recognition of the contracts, the entity:

(a) expects that the fair value of the specified pool of assets will increase by 10 per cent a year;

(b) determines the discount rate that reflects the characteristics of the nominal cash flows that do not vary based on returns on any underlying items is 6 per cent a year;

(c) estimates the risk adjustment for non-financial risk to be CU25 and expects to recognise it in profit or loss in Years 1–3 as follows: CU12, CU8 and CU5;

IFRS 17 IE

(d) estimates the time value of the guarantee inherent in providing a minimum death benefit;[1] and

(e) expects that one insured person will die at the end of each year and claims will be settled immediately.

IE105 During the coverage period, there are changes in the time value of the guarantee and changes in the fair value returns on underlying items, as follows:

(a) in Year 1, the fair value of the specified pool of assets increased by 10 per cent, as expected on initial recognition;

(b) in Year 2, the increase in fair value was lower than expected on initial recognition and equals 8 per cent; and

(c) in Year 3, the increase in fair value goes back to the initially expected 10 per cent.

IE106 In this example all other amounts are ignored, for simplicity.

## Analysis

IE107 On initial recognition, the entity measures the group of insurance contracts and estimates the fulfilment cash flows at the end of each subsequent year as follows:

|  | Initial recognition | Year 1 | Year 2 | Year 3 |
| --- | --- | --- | --- | --- |
|  | CU | CU | CU | CU |
| Estimates of the present value of future cash inflows | (15,000) | – | – | – |
| Estimates of the present value of future cash outflows[(a)] | 14,180 | 15,413 | 16,757 | – |
| Estimates of the present value of future cash flows | (820) | 15,413 | 16,757 | – |
| Risk adjustment for non-financial risk | 25 | 13 | 5 | – |
| Fulfilment cash flows | (795) | 15,426 | 16,762 | – |
| Contractual service margin | 795 |  |  |  |
| **Insurance contract (asset) / liability on initial recognition** | – |  |  |  |

(a) The entity calculates the estimates of the present value of the future cash outflows using current discount rates that reflect the characteristics of the future cash flows, determined applying paragraphs 36 and B72(a). The estimates of the present value of the future cash outflows include an estimate of the time value of the guarantee inherent in providing a minimum death benefit, measured consistently with observable market prices for the guarantee.

---

[1] There is no prescribed method for the calculation of the time value of a guarantee, and a calculation of an amount separate from the rest of the fulfilment cash flows is not required.

IE108   Applying paragraphs 45 and B110–B114, to account for the contractual service margin of the insurance contracts with direct participation features (see the table after paragraph IE111 for the reconciliation of the contractual service margin), the entity needs to:

(a)   calculate the fair value of the underlying items in which the policyholders participate to adjust the contractual service margin for those changes; and

(b)   analyse the changes in fulfilment cash flows to decide whether each change adjusts the contractual service margin.

IE109   The entity determines the fair value of the underlying items at the end of each reporting period as follows:

| Underlying items[a] (the policyholder account balances) | Year 1 | Year 2 | Year 3 | Total |
|---|---|---|---|---|
| | CU | CU | CU | CU |
| Opening balance (A) | – | 16,008 | 16,772 | N/A |
| Cash inflows: premiums | 15,000 | – | – | 15,000 |
| Change in fair value (B = 10% × A in Years 1 and 3, 8% × A in Year 2) | 1,500 | 1,281 | 1,677 | 4,458 |
| Annual charge (C = 2% × (A + B)) | (330) | (346) | (369) | (1,045) |
| Cash outflows: payments for death claims (1/100, 1/99, 1/98 × (A + B + C)) | (162) | (171) | (184) | (517) |
| Cash outflows: payments on maturity of contracts | – | – | (17,896) | (17,896) |
| **Closing balance** | **16,008** | **16,772** | **–** | **N/A** |

(a)   In this example, the underlying items equal the assets the entity holds. IFRS 17 defines underlying items as the items that determine some of the amounts payable to a policyholder. Underlying items could comprise any items; for example, a reference portfolio of assets.

IE110   The entity determines the changes in the fulfilment cash flows as follows:

| Fulfilment cash flows | Year 1 | Year 2 | Year 3 | Total |
|---|---|---|---|---|
| | CU | CU | CU | CU |
| Opening balance | – | 15,426 | 16,461 | N/A |
| Change related to future service: new contracts | (795) | – | – | (795) |

IFRS 17 IE

| | | | | |
|---|---|---|---|---|
| Effect of the time value of money and financial risks and the changes therein[a] | 1,403 | 1,214 | 1,624 | 4,241 |
| Change related to current service: release from risk | (12) | (8) | (5) | (25) |
| Cash flows[b] | 14,830 | (171) | (18,080) | (3,421) |
| **Closing balance** | **15,426** [c] | **16,461** [c] | **—** | **N/A** |

(a) The effect of the time value of money and financial risks and the changes therein includes:

    (i) the changes in the time value of the guarantee inherent in providing a minimum death benefit; and

    (ii) the effect of changes in the obligation to the policyholder because of the change in the fair value of the underlying items in Years 2 and 3.

(b) In Year 1, the entity receives premiums of CU15,000 and pays claims on death of CU170 (CU162 from the account balances and CU8 from the entity's account). In Year 2, the entity pays claims of CU171 only from the account balances because the value of the account balances is higher than the guaranteed amount of CU170. In Year 3, the entity pays claims on death of CU184 from the account balance and amounts at maturity of contracts of CU17,896 (see the table after paragraph IE109 for amounts paid from the account balances).

(c) The entity determines the estimates of the present value of the future cash outflows using current discount rates that reflect the characteristics of the future cash flows, determined applying paragraphs 36 and B72(a). The estimates of the present value of the future cash outflows include an estimate of the time value of the guarantee inherent in providing a minimum death benefit, measured consistently with observable market prices for the guarantee.

IE111 Applying paragraph 45, the entity determines the carrying amount of the contractual service margin at the end of each reporting period as follows:

| **Contractual service margin** | Year 1 | Year 2 | Year 3 | Total |
|---|---|---|---|---|
| | CU | CU | CU | CU |
| Opening balance | — | 592 | 328 | N/A |
| Changes related to future service: new contracts | 795 | — | — | 795 |
| Change in the variable fee[a]: | | | | |
| — change in the fair value of the underlying items | 1,500 | 1,281 | 1,677 | 4,458 |
| — effect of the time value of money and financial risks and the changes therein | (1,403) | (1,214) | (1,624) | (4,241) |
| Change related to current service: recognition in profit or loss[b] | (300) | (331) | (381) | (1,012) |

| Closing balance | 592 | 328 | – | N/A |

(a) Applying paragraphs B110–B113, the entity adjusts the contractual service margin for the net of changes in:

    (i) the amount of the entity's share of the fair value of the underlying items; and

    (ii) the fulfilment cash flows that do not vary based on the returns on underlying items related to future service, determined applying paragraph B96, plus the effect of the time value of money and financial risks and changes therein not arising from the underlying items.

Paragraph B114 permits the entity not to identify each adjustment to the contractual service margin separately, but rather to combine them. In addition, in this example there are no changes in the fulfilment cash flows that do not vary based on the returns on underlying items determined applying paragraph B96. Consequently, the entity could estimate the net adjustment to the contractual service margin as the net of changes in:

    (iii) the fair value of the underlying items (equals (i) plus the obligation to pay to the policyholder an amount equal to the fair value of the underlying items); and

    (iv) the fulfilment cash flows related to the effect of the time value of money and financial risks and the changes therein (equals (ii) plus the obligation to pay to the policyholder an amount equal to the fair value of the underlying items).

Consequently, in this example, the adjustment to the contractual service margin for changes related to future service is the net of the change in fair value of the underlying items and changes in the fulfilment cash flows related to the effect of the time value of money and financial risks and the changes therein.

(b) Applying paragraphs 45(e) and B119, the entity recognises in profit or loss the amount of contractual service margin determined by allocating the contractual service margin at the end of the period (before recognising any amounts in profit or loss) equally to each coverage unit provided in the current period and expected to be provided in the future, as follows:

    (i) in Year 1, the amount of the contractual service margin immediately before recognition in profit or loss is CU892 (the change related to the new contracts of CU795 plus the net change related to the variable fee of CU97 (CU1,500 – CU1,403));

    (ii) the entity has provided coverage for 100 contracts in Year 1, and expects to provide coverage for 99 contracts in Year 2 and 98 contracts in Year 3 (total coverage units of 297); thus

    (iii) the entity recognises CU300 of the contractual service margin in profit or loss in Year 1 (calculated as the contractual service margin of CU892 multiplied by 100 of the coverage units provided in Year 1 divided by 297 of the total coverage units).

The entity used the same methodology to calculate the amounts recognised in profit or loss in Years 2 and 3. Example 6 illustrates the recognition of the contractual service margin in profit or loss in more detail.

IE112 The amounts recognised in the statement of profit or loss for the period are as follows:

IFRS 17 IE

| Statement of profit or loss[a] | Year 1 | Year 2 | Year 3 | Total |
|---|---|---|---|---|
| | CU | CU | CU | CU |
| Insurance revenue | 320 [a] | 339 | 386 | 1,045 [b] |
| Insurance service expenses[c] | (8) | – | – | (8) |
| **Insurance service result** | **312** | **339** | **386** | **1,037** |
| Investment income[d] | 1,500 | 1,281 | 1,677 | 4,458 |
| Insurance finance expenses[e] | (1,500) | (1,281) | (1,677) | (4,458) |
| **Finance result** | – | – | – | – |
| **Profit[f]** | **312** | **339** | **386** | **1,037** |

(a) The detailed description of the method of the calculation of the insurance revenue is provided in the table after paragraph IE33. For Year 1, insurance revenue of CU320 is:

  (i) determined by the entity applying paragraph B123 as the difference between the opening and closing carrying amounts of the liability for remaining coverage of CU(16,018), excluding premiums received of CU15,000, insurance finance expenses of CU1,500 and the investment component of CU162 (CU320 = CU(16,018) + CU15,000 + CU1,500 – CU162). The change in the carrying amount of the liability for remaining coverage in Year 1 of CU(16,018) is the opening balance of CU0 minus the closing balance of CU16,018 (the fulfilment cash flows at the end of Year 1 of CU15,426 plus the contractual service margin at the end of Year 1 of CU592). In this example, the liability for remaining coverage equals the total insurance liability because the liability for incurred claims is zero; and

  (ii) analysed by the entity applying paragraph B124 as the sum of the expected insurance service expenses for the period of CU8, the change in the risk adjustment for non-financial risk caused by the release from risk of CU12 and the contractual service margin recognised in profit or loss of CU300 (CU320 = CU8 + CU12 + CU300).

(b) Applying paragraph B120, the entity calculates the total insurance revenue of CU1,045 as the amount of premiums paid to the entity of CU15,000 adjusted for the financing effect of CU4,458 (which in this example equals insurance finance expenses) and excluding the investment component paid from the account balances of CU18,413 (CU517 + CU17,896). In this example, total insurance revenue equals the total charges deducted from the policyholder account balances.

(c) Insurance service expenses of CU8 equals the amounts payable to the policyholder in the period of CU170 minus the investment component paid from the account balances of CU162. In Years 2 and 3, insurance service expenses are zero because all the amounts due to the policyholder are paid from the account balance (ie they are repayments of the investment component).

(d) Investment income related to the assets the entity holds is accounted for applying a different Standard.

(e) Applying paragraph B111, changes in the obligation to pay the policyholder an amount equal to the fair value of the underlying items do not relate to future service and do not adjust the contractual service margin. Applying paragraph 87, the entity recognises those

|  |  |
|---|---|
| (f) | changes as insurance finance income or expenses. For example, in Year 1 the change in fair value of the underlying items is CU1,500. |
|  | This example assumes that the entity chooses to include all insurance finance income or expenses for the period in profit or loss, applying paragraph 89. |

# Measurement of groups of insurance contracts using the premium allocation approach

## Example 10—Measurement on initial recognition and subsequently of groups of insurance contracts using the premium allocation approach (paragraphs 55–56, 59, 100 and B126)

IE113  This example illustrates the premium allocation approach for simplifying the measurement of the groups of insurance contracts.

### Assumptions

IE114  An entity issues insurance contracts on 1 July 20x1. The insurance contracts have a coverage period of 10 months that ends on 30 April 20x2. The entity's annual reporting period ends on 31 December each year and the entity prepares interim financial statements as of 30 June each year.

IE115  On initial recognition the entity expects:

  (a)  to receive premiums of CU1,220;

  (b)  to pay directly attributable acquisition cash flows of CU20;

  (c)  to incur claims and be released from risk evenly over the coverage period; and

  (d)  that no contracts will lapse during the coverage period.

IE116  Furthermore, in this example:

  (a)  facts and circumstances do not indicate that the group of contracts is onerous, applying paragraph 57; and

  (b)  all other amounts, including the investment component, are ignored for simplicity.

IE117  Subsequently:

  (a)  immediately after initial recognition the entity receives all the premiums and pays all the acquisition cash flows;

  (b)  for the six-month reporting period ending on 31 December 20x1 there were claims incurred of CU600 with a risk adjustment for non-financial risk related to those claims of CU36;

  (c)  for the six-month reporting period ending on 30 June 20x2 there were claims incurred of CU400 with a risk adjustment for non-financial risk related to those claims of CU24;

(d) on 31 August 20x2, the entity revises its estimates related to all claims and settles them by paying CU1,070; and

(e) for simplicity, the risk adjustment for non-financial risk related to the claims incurred is recognised in profit or loss when the claims are paid.

IE118 The group of insurance contracts qualifies for the premium allocation approach applying paragraph 53(b). In addition, the entity expects that:

(a) the time between providing each part of the coverage and the related premium due date is no more than a year. Consequently, applying paragraph 56, the entity chooses not to adjust the carrying amount of the liability for remaining coverage to reflect the time value of money and the effect of financial risk (therefore no discounting or interest accretion is applied).

(b) the claims will be paid within one year after the claims are incurred. Consequently, applying paragraph 59(b), the entity chooses not to adjust the liability for incurred claims for the time value of money and the effect of financial risk.

IE119 Further, applying paragraph 59(a), the entity chooses to recognise the insurance acquisition cash flows as an expense when it incurs the relevant costs.

## Analysis

IE120 The effect of the group of insurance contracts on the statement of financial position is as follows:

| Statement of financial position | Dec 20x1 | Jun 20x2 | Dec 20x2 |
|---|---|---|---|
| | CU | CU | CU |
| Cash | (1,200) [a] | (1,200) | (130) [b] |
| Insurance contract liability[c] | 1,124 | 1,060 | – |
| Equity | 76 | 140 | 130 |

(a) The amount of cash at the end of December 20x1 of CU(1,200) equals the premium received of CU(1,220) on 1 July 20x1 plus the acquisition cash flows paid of CU20 on 1 July 20x1.

(b) The amount of cash at the end of December 20x2 of CU130 equals the net cash inflow on 1 July 20x1 of CU1,200 minus claims paid on 31 August 20x2 of CU1,070.

(c) The insurance contract liability is the sum of the liability for remaining coverage and the liability for incurred claims as illustrated in the table after paragraph IE122.

IE121 Applying paragraph 100, the entity provides the reconciliation:

(a) between the amounts recognised in the statement of financial position and the statement of profit or loss separately for the liability for remaining coverage and the liability for incurred claims; and

(b) of the liability for incurred claims, disclosing a separate reconciliation for the estimates of the present value of the future cash flows and the risk adjustment for non-financial risk.

IE122 A possible format of the reconciliation required by paragraph 100 is as follows:

|  | Dec 20x1 CU | Dec 20x1 CU | Jun 20x2 CU | Jun 20x2 CU | Dec 20x2 CU | Dec 20x2 CU |
|---|---|---|---|---|---|---|
| **Liability for remaining coverage** | | | | | | |
| Opening balance | | – | | 488 | | – |
| Cash inflows | | 1,220 | | – | | – |
| Insurance revenue | | (732) (a) | | (488) | | – |
| **Closing balance** | | 488 (b) | | – | | – |
| **Liability for incurred claims** | | | | | | |
| Estimates of the present value of future cash flows | | – | | 600 | | 1,000 |
| Risk adjustment for non-financial risk | | – | | 36 | | 60 |
| **Opening balance** | | – | | 636 | | 1,060 |
| Estimates of the present value of future cash flows | 600 | | 400 | | 70 | |
| Risk adjustment for non-financial risk | 36 | | 24 | | (60) | |
| **Insurance service expenses** | | 636 (c) | | 424 (d) | | 10 (e) |
| Estimates of the present value of future cash flows | | – | | – | | (1,070) |
| **Cash outflows** | | – | | – | | (1,070) |
| **Closing balance** | | 636 | | 1,060 | | – |

(a) See the table after paragraph IE123 for the calculation of insurance revenue.

(b) Applying paragraph 55, the entity measures the liability for remaining coverage at the end of December 20x1 of CU488 as premiums received in the period of CU1,220 minus the insurance revenue of CU732. The entity does not include acquisition cash flows in the liability for remaining coverage because it chooses to expense them when incurred applying paragraph 59(a).

(c) Insurance service expenses of CU636 for the period July 20x1 to December 20x1 comprise the incurred claims of CU600 and a risk adjustment for non-financial risk of CU36.

# IFRS 17 IE

(d) Insurance service expenses of CU424 for the period January 20x2 to June 20x2 comprise the incurred claims of CU400 and a risk adjustment for non-financial risk of CU24.

(e) Insurance service expenses of CU10 comprises:

    (a) a gain of CU60—the risk adjustment for non-financial risk related to the liability for incurred claims recognised in profit or loss because of the release from risk; and

    (b) a loss of CU70—the difference between the previous estimate of claims incurred of CU1,000 and the payment of those claims of CU1,070.

IE123    The amounts included in the statement of profit or loss are as follows:

| Statement of profit or loss | Dec 20x1 | Jun 20x2 | Dec 20x2 |
|---|---|---|---|
| **For the 6 months ended** | | | |
| | CU | CU | CU |
| Insurance revenue | 732 [a] | 488 [a] | – |
| Insurance service expenses | (656) [b] | (424) [b] | (10) [b] |
| **Profit / (loss)** | 76 | 64 | (10) |

(a) Applying paragraph B126, the entity recognises insurance revenue for the period as the amount of expected premium receipts allocated to the period. In this example, the expected premium receipts are allocated to each period of coverage on the basis of the passage of time because the expected pattern of the release of risk during the coverage period does not differ significantly from the passage of time. Consequently, insurance revenue equals CU732 (60 per cent of CU1,220) for the six months ended December 20x1; and CU488 (40 per cent of CU1,220) for the four months ended April 20x2.

(b) See the table after paragraph IE122 for the calculation of insurance service expenses. For the six months ended December 20x1 insurance service expenses comprise CU636 of the amounts recognised from the change in the liability for incurred claims and CU20 of acquisition cash flows recognised in profit or loss as an expense, applying paragraph 59(a).

## Measurement of groups of reinsurance contracts held

### Example 11—Measurement on initial recognition of groups of reinsurance contracts held (paragraphs 63–65A)

IE124    This example illustrates the measurement on initial recognition of a group of reinsurance contracts that an entity holds.

## Assumptions

IE125  An entity enters into a reinsurance contract that in return for a fixed premium covers 30 per cent of each claim from the underlying insurance contracts.

IE126  The entity measures the underlying group of insurance contracts on initial recognition as follows:

|  | Initial recognition |
|---|---:|
|  | CU |
| Estimates of the present value of future cash inflows | (1,000) |
| Estimates of the present value of future cash outflows | 900 |
| Estimates of the present value of future cash flows | (100) |
| Risk adjustment for non-financial risk | 60 |
| Fulfilment cash flows | (40) |
| Contractual service margin | 40 |
| **Insurance contract (asset) / liability on initial recognition** | – |

IE127  Applying paragraph 23, the entity establishes a group comprising a single reinsurance contract held. In relation to this reinsurance contract held:

(a) applying paragraph 63, the entity measures the estimates of the present value of the future cash flows for the group of reinsurance contracts held using assumptions consistent with those used to measure the estimates of the present value of the future cash flows for the group of the underlying insurance contracts. Consequently, the estimates of the present value of the future cash inflows are CU270 (recovery of 30 per cent of the estimates of the present value of the future cash outflows for the underlying group of insurance contracts of CU900);

(b) applying paragraph 64, the entity determines the risk adjustment for non-financial risk to represent the amount of risk being transferred by the holder of the reinsurance contract to the issuer of this contract. Consequently, the entity estimates the risk adjustment for non-financial risk to be CU18 because the entity expects that it can transfer 30 per cent of the risk from underlying contracts to the reinsurer (30 per cent × CU60); and

(c) the single reinsurance premium paid to the reinsurer is:

(i) in Example 11A—CU260; and

(ii) in Example 11B—CU300.

IE128  In this example the risk of non-performance of the reinsurer and all other amounts are ignored, for simplicity.

## Analysis

IE129  The measurement of the reinsurance contract held is as follows:

|  | Example 11A Reinsurance contract asset | Example 11B Reinsurance contract asset |
|---|---:|---:|
|  | CU | CU |
| Estimates of the present value of future cash inflows (recoveries) | (270) | (270) |
| Estimates of the present value of future cash outflows (premium paid) | 260 | 300 |
| Estimates of the present value of future cash flows | (10) | 30 |
| Risk adjustment for non-financial risk | (18) | (18) |
| Fulfilment cash flows | (28) | 12 |
| Contractual service margin of the reinsurance contract held[a] | 28 | (12) |
| **Reinsurance contract asset on initial recognition** | – | – |
| The effect on profit or loss will be: |  |  |
| **Profit / (loss) on initial recognition** | – | – |

(a) Applying paragraph 65, the entity measures the contractual service margin of the reinsurance contract held at an amount equal to the sum of the fulfilment cash flows and any cash flows arising at that date. For reinsurance contracts held there is no unearned profit as there would be for insurance contracts but instead there is a net cost or net gain on purchasing the reinsurance contract.

# Examples 12A and 12B—Measurement subsequent to initial recognition of groups of reinsurance contracts held (paragraph 66)

IE130　This example illustrates the subsequent measurement of the contractual service margin arising from a reinsurance contract held, when the underlying group of insurance contracts is not onerous and, separately, when the underlying group of insurance contracts is onerous.

IE131　This example is not a continuation of Example 11.

## Assumptions

IE132　An entity enters into a reinsurance contract that in return for a fixed premium covers 30 per cent of each claim from the underlying insurance contracts (the entity assumes that it could transfer 30 per cent of non-financial risk from the underlying insurance contracts to the reinsurer).

IE133　In this example the effect of discounting, the risk of non-performance of the reinsurer and other amounts are ignored, for simplicity.

IE134 Applying paragraph 23, the entity establishes a group comprising a single reinsurance contract held.

IE135 Immediately before the end of Year 1, the entity measures the group of insurance contracts and the reinsurance contract held as follows:

|  | Insurance contract liability | Reinsurance contract asset |
|---|---|---|
|  | CU | CU |
| Fulfilment cash flows (before the effect of any change in estimates) | 300 | (90) |
| Contractual service margin | 100 | (25) [a] |
| **Insurance contract liability / (reinsurance contract asset) immediately before the end of Year 1** | 400 | (115) |

(a) In this example, the difference between the contractual service margin for the reinsurance contract held of CU(25) and 30 per cent of the underlying group of insurance contracts of CU30 (30% × CU100) arises because of a different pricing policy between the underlying group of insurance contracts and the reinsurance contract held.

IE136 At the end of Year 1 the entity revises its estimate of the fulfilment cash outflows of the underlying group of insurance contracts as follows:

(a) in Example 12A—the entity estimates there is an increase in the fulfilment cash flows of the underlying group of insurance contracts of CU50 and a decrease in the contractual service margin by the same amount (the group of underlying insurance contracts is not onerous).

(b) in Example 12B—the entity estimates there is an increase in the fulfilment cash flows of the underlying group of insurance contracts of CU160. This change makes the group of underlying insurance contracts onerous and the entity decreases the contractual service margin by CU100 to zero and recognises the remaining CU60 as a loss in profit or loss.

*Analysis*

**Example 12A—Underlying group of insurance contracts is not onerous**

IE137 At the end of Year 1 the entity measures the insurance contract liability and the reinsurance contract asset as follows:

|  | Insurance contract liability | Reinsurance contract asset |
|---|---:|---:|
|  | CU | CU |
| Fulfilment cash flows (including the effect of the change in estimates) | 350 | (105) (a) |
| Contractual service margin | 50 | (10) (b) |
| **Insurance contract liability / (reinsurance contract asset) at the end of Year 1** | **400** | **(115)** |
| The effect of the change in estimates on profit or loss will be: |  |  |
| **Profit / (loss) at the end of Year 1** | – | – |

(a) The entity increases the fulfilment cash flows of the reinsurance contract held by 30 per cent of the change in fulfilment cash flows of the underlying group of insurance contracts (CU15 = 30% of CU50).

(b) Applying paragraph 66, the entity adjusts the contractual service margin of the reinsurance contract held by the whole amount of the change in the fulfilment cash flows of this reinsurance contract held of CU15 from CU(25) to CU(10). This is because the whole change in the fulfilment cash flows allocated to the group of underlying insurance contracts adjusts the contractual service margin of those underlying insurance contracts.

## Example 12B—Underlying group of insurance contracts is onerous

IE138 At the end of Year 1 the entity measures the insurance contract liability and the reinsurance contract asset as follows:

|  | Insurance contract liability | Reinsurance contract asset |
|---|---:|---:|
|  | CU | CU |
| Fulfilment cash flows (including the effect of the change in estimates) | 460 | (138) (a) |
| Contractual service margin | – | 5 (b) |
| **Insurance contract liability / (reinsurance contract asset) at the end of Year 1** | **460** | **(133)** |
| The effect on profit or loss will be: |  |  |
| **Profit / (loss) at the end of Year 1** | **(60)** | **18** (b) |

(a) The entity increases the fulfilment cash flows of the reinsurance contract held by CU48, which equals 30 per cent of the change in fulfilment cash flows of the underlying group of insurance contracts (CU48 = 30% of CU160).

(b) Applying paragraph 66, the entity adjusts the contractual service margin of the reinsurance contract held for change in fulfilment cash flows that relate to future service to the extent this change results from a change in fulfilment cash flows of the group of underlying insurance contracts that adjusts the contractual service margin for that group. Consequently, the entity recognises the change in fulfilment cash flows of the reinsurance contract held of CU48 as follows:

(i) by adjusting the contractual service margin of the reinsurance contract held for CU30 of the change in the fulfilment cash flows. That CU30 is equivalent to the change in the fulfillment cash flows that adjusts the contractual service margin of the underlying contracts of CU100 (CU30 = 30% × CU100). Consequently, the contractual service margin of the reinsurance contract held of CU5 equals the contractual service margin on initial recognition of CU25 adjusted for the part of the change in the fulfilment cash flows of CU30 (CU5 = CU(25) + CU30).

(ii) by recognising the remaining change in the fulfilment cash flows of the reinsurance contract held of CU18 immediately in profit or loss.

## Example 12C—Measurement of a group of reinsurance contracts held that provides coverage for groups of underlying insurance contracts, including an onerous group (paragraphs 66A–66B and B119C–B119F)

IE138A  This example illustrates the initial and subsequent measurement of reinsurance contracts held when one of the groups of underlying insurance contracts is onerous.

### Assumptions

IE138B  At the beginning of Year 1, an entity enters into a reinsurance contract that in return for a fixed premium covers 30 per cent of each claim from the groups of underlying insurance contracts. The underlying insurance contracts are issued at the same time as the entity enters into the reinsurance contract.

IE138C  In this example for simplicity it is assumed:

(a) no contracts will lapse before the end of the coverage period;

(b) there are no changes in estimates other than that described in paragraph IE138J; and

(c) all other amounts, including the effect of discounting, the risk adjustments for non-financial risk, and the risk of non-performance of the reinsurer are ignored.

IE138D  Some of the underlying insurance contracts are onerous on initial recognition. Thus, applying paragraph 16, the entity establishes a group comprising the onerous contracts. The remainder of the underlying insurance contracts are expected to be profitable and, applying paragraph 16, in this example the entity establishes a single group comprising the profitable contracts.

IE138E  The coverage period of the underlying insurance contracts and the reinsurance contract held is three years starting from the beginning of Year 1. Services are provided evenly across the coverage periods.

IE138F  The entity expects to receive premiums of CU1,110 on the underlying insurance contracts immediately after initial recognition. Claims on the underlying insurance contracts are

IE138G The entity measures the groups of underlying insurance contracts on initial recognition as follows:

|  | Profitable group of insurance contracts | Onerous group of insurance contracts | Total |
|---|---|---|---|
|  | CU | CU | CU |
| Estimates of present value of future cash inflows | (900) | (210) | (1,110) |
| Estimates of present value of future cash outflows | 600 | 300 | 900 |
| Fulfilment cash flows | (300) | 90 | (210) |
| Contractual service margin | 300 | – | 300 |
| **Insurance contract liability on initial recognition** | – | 90 | 90 |
| **Loss on initial recognition** | – | (90) | (90) |

IE138H Applying paragraph 61, the entity establishes a group comprising a single reinsurance contract held. The entity pays a premium of CU315 to the reinsurer immediately after initial recognition. The entity expects to receive recoveries of claims from the reinsurer on the same day that the entity pays claims on the underlying insurance contracts.

IE138I Applying paragraph 63, the entity measures the estimates of the present value of the future cash flows for the group of reinsurance contracts held using assumptions consistent with those used to measure the estimates of the present value of the future cash flows for the groups of underlying insurance contracts. Consequently, the estimate of the present value of the future cash inflows is CU270 (recovery of 30 per cent of the estimates of the present value of the future cash outflows for the groups of underlying insurance contracts of CU900).

IE138J At the end of Year 2, the entity revises its estimates of the remaining fulfilment cash outflows of the groups of underlying insurance contracts. The entity estimates that the fulfilment cash flows of the groups of underlying insurance contracts increase by 10 per cent, from future cash outflows of CU300 to future cash outflows of CU330. Consequently, the entity estimates the fulfilment cash flows of the reinsurance contract held also increase, from future cash inflows of CU90 to future cash inflows of CU99.

*Analysis*

IE138K The entity measures the group of reinsurance contracts held on initial recognition as follows:

|  | Initial recognition |
|---|---|
|  | CU |
| Estimates of present value of future cash inflows (recoveries) | (270) |
| Estimates of present value of future cash outflows (premiums) | 315 |
| **Fulfilment cash flows** | **45** |
| Contractual service margin of the reinsurance contract held (before the loss-recovery adjustment) | (45) |
| Loss-recovery component | (27) (a) |
| **Contractual service margin of the reinsurance contract held (after the loss-recovery adjustment)** | **(72)** (b) |
| **Reinsurance contract asset on initial recognition** | **(27)** (c) |
| **Income on initial recognition** | **27** (a) |

(a) Applying paragraph 66A, the entity adjusts the contractual service margin of the reinsurance contract held and recognises income to reflect the loss recovery. Applying paragraph B119D, the entity determines the adjustment to the contractual service margin and the income recognised as CU27 (the loss of CU90 recognised for the onerous group of underlying insurance contracts multiplied by 30 per cent, the percentage of claims the entity expects to recover).

(b) The contractual service margin of CU45 is adjusted by CU27, resulting in a contractual service margin of CU72, reflecting a net cost on the reinsurance contract held.

(c) The reinsurance contract asset of CU27 comprises the fulfilment cash flows of CU45 (net outflows) and a contractual service margin reflecting a net cost of CU72. Applying paragraph 66B, the entity establishes a loss-recovery component of the asset for remaining coverage of CU27 depicting the recovery of losses recognised applying paragraph 66A.

IE138L At the end of Year 1, the entity measures the insurance contract liability and the reinsurance contract asset as follows:

|  | Insurance contract liability | | Reinsurance contract asset |
|---|---|---|---|
|  | Profitable group of insurance contracts | Onerous group of insurance contracts |  |
|  | CU | CU | CU |
| Estimates of present value of future cash inflows (recoveries) | – | – | (180) |
| Estimates of present value of future | 400 | 200 | – |

## IFRS 17 IE

|  | | | |
|---|---:|---:|---:|
| cash outflows (claims) | | | |
| Fulfilment cash flows | 400 | 200 | (180) |
| Contractual service margin | 200 | – | (48) (a) |
| **Insurance contract liability** | **600** | **200** | |
| **Reinsurance contract asset** | | | **(228)** |

(a) Applying paragraphs 66(e) and B119, the entity determines the amount of the contractual service margin recognised in profit or loss for the service received in Year 1 as CU24, which is calculated by dividing the contractual service margin on initial recognition of CU72 by the coverage period of three years. Consequently, the contractual service margin of the reinsurance contract held at the end of Year 1 of CU48 equals the contractual service margin on initial recognition of CU72 minus CU24.

IE138M At the end of Year 2, the entity measures the insurance contract liability and the reinsurance contract asset as follows:

| | Insurance contract liability | | Reinsurance contract asset |
|---|---|---|---|
| | Profitable group of insurance contracts | Onerous group of insurance contracts | |
| | CU | CU | CU |
| Estimates of present value of future cash inflows (recoveries) | – | – | (99) (a) |
| Estimates of present value of future cash outflows (claims) | 220 (a) | 110 (a) | – |
| Fulfilment cash flows | 220 | 110 | (99) |
| Contractual service margin | 90 (b) | – | (21) (e) |
| **Insurance contract liability** | **310** | **110** | |
| **Reinsurance contract asset** | | | **(120)** |
| Recognition of loss and recovery of loss | | (10) (c) | 3 (d) |

(a) The entity increases the expected remaining cash outflows of the groups of underlying insurance contracts by 10 per cent for each group (CU30 in total) and increases the expected remaining cash inflows of the reinsurance contract held by 10 per cent of the expected recoveries of CU90 (CU9).

(b) Applying paragraph 44(c), the entity adjusts the carrying amount of the contractual service margin of CU200 by CU20 for the changes in fulfilment cash flows relating to future service. Applying paragraph 44(e), the entity also adjusts the carrying amount of the contractual service margin by CU90 for the amount recognised as insurance revenue ((CU200 – CU20) ÷ 2). The resulting contractual service margin at the end of Year 2 is CU90 (CU200 – CU20 – CU90).

(c) Applying paragraph 48, the entity recognises in profit or loss an amount of CU10 for the changes in the fulfilment cash flows relating to future service of the onerous group of underlying insurance contracts.

(d) Applying paragraph 66(c)(i), the entity adjusts the contractual service margin of the reinsurance contract held for the change in fulfilment cash flows that relate to future service unless the change results from a change in fulfilment cash flows allocated to a group of underlying insurance contracts that does not adjust the contractual service margin for that group. Consequently, the entity recognises the change in the fulfilment cash flows of the reinsurance contract held of CU9 by:

  (i) recognising immediately in profit or loss CU3 of the change in the fulfilment cash flows of the reinsurance contract held (30 per cent of the CU10 change in the fulfilment cash flows of the onerous group of underlying insurance contracts that does not adjust the contractual service margin of that group); and

  (ii) adjusting the contractual service margin of the reinsurance contract held by CU6 of the change in the fulfilment cash flows (CU9 – CU3).

(e) Consequently, the contractual service margin of the reinsurance contract held of CU21 equals the contractual service margin at the end of Year 1 of CU48 adjusted by CU6 and by CU21 of the contractual service margin recognised in profit or loss for the service received in Year 2 (CU21 = (CU48 – CU6) ÷ 2).

IE138N A possible format of the reconciliation required by paragraph 100 between the amounts recognised in the statement of financial position and the statement of profit or loss for Year 2 is as follows:

| | Asset for remaining coverage, excluding loss-recovery component | Loss-recovery component of the asset for remaining coverage | Asset for incurred claims | Reinsurance contract asset |
|---|---|---|---|---|
| | CU | CU | CU | CU |
| Opening balance | (210) | (18) [b] | – | (228) |
| Allocation of reinsurance premiums paid[a] | 102 [c] | – | – | 102 |
| Amount recovered from the reinsurer[a] | – | 6 [d] | (90) | (84) |
| Cash flows | – | – | 90 | 90 |
| **Closing balance** | **(108)** | **(12)** | – | **(120)** |

(a) Applying paragraph 86, the entity decides to present separately the amounts recovered from the reinsurer and an allocation of the premiums paid.

(b) The loss-recovery component of CU18 at the beginning of Year 2 is calculated as the loss-recovery component of CU27 on initial recognition less the reversal of the loss-recovery component of CU9 in Year 1.

(c) The allocation of reinsurance premiums paid of CU102 is:

(i) determined applying paragraph B123 as the difference between the opening and closing carrying amount of the asset for remaining coverage of CU102, ie CU210 – CU108.

(ii) analysed applying paragraph B124 as the sum of the recoveries for the incurred claims of the underlying insurance contracts of CU90 less the reversal of the loss-recovery component of CU9 and the contractual service margin of the reinsurance contract held recognised in profit or loss in the period of CU21 (see the table after paragraph IE138M), ie CU102 = CU90 – CU9 + CU21.

(d) The amount recovered from the reinsurer relating to the loss-recovery component of CU6 is the net of the reversal of the loss-recovery component of CU9 and the additional loss-recovery component of CU3. Applying paragraph 86(ba), amounts recognised relating to the recovery of losses are treated as amounts recovered from the reinsurer.

IE138O The amounts presented in the statement of profit or loss corresponding to the amounts analysed in the tables above are:

| Statement of profit or loss | Year 1 CU | Year 2 CU | Year 3 CU | Total CU |
|---|---|---|---|---|
| Insurance revenue | 370 | 360 | 380 | 1,110 |
| Insurance service expenses | (360) | (280) | (290) | (930) |
| **Insurance contracts issued total** | 10 (b) | 80 (d) | 90 (f) | 180 |
| Allocation of reinsurance premiums paid[(a)] | (105) | (102) | (108) | (315) |
| Amount recovered from reinsurer[(a)] | 108 | 84 | 87 | 279 |
| **Reinsurance contracts held total** | 3 (c) | (18) (e) | (21) (g) | (36) |
| **Insurance service result** | 13 | 62 | 69 | 144 |

(a) Applying paragraph 86, the entity decides to present separately the amounts recovered from the reinsurer and an allocation of the premiums paid.

(b) For Year 1, the profit of CU10 from the groups of underlying insurance contracts is calculated as follows:

(i) insurance revenue of CU370, which is analysed as the sum of the insurance service expenses from the claims incurred of CU270 (CU300 minus the reversal of the loss component of CU30) and the contractual service margin of CU100 recognised in profit or loss in the period (CU370 = CU270 + CU100); minus

(ii) insurance service expenses of CU360, which are the sum of the loss component of the onerous group of CU90 and the claims incurred in the period of CU300 minus the reversal of the loss component of CU30 (CU360 = CU90 + CU300 – CU30).

(c) For Year 1, the income of CU3 from the reinsurance contract held is the net of:

    (i) the allocation of reinsurance premiums paid of CU105, which is the sum of the recoveries for the incurred claims from the underlying insurance contracts of CU90 less the reversal of the loss-recovery component of CU9 and the contractual service margin of the reinsurance contracts held of CU24 recognised in profit or loss in the period (CU105 = CU90 – CU9 + CU24); and

    (ii) the amounts recovered from the reinsurer of CU108, which are the income of CU27 on initial recognition and the recoveries for the incurred claims from the underlying insurance contracts of CU90 minus the reversal of the loss-recovery component of CU9 (CU108 = CU27 + CU90 – CU9).

(d) For Year 2, the profit of CU80 from the groups of underlying insurance contracts is calculated as follows:

    (i) insurance revenue of CU360, which is analysed as the sum of the insurance service expenses from the claims incurred of CU270 (CU300 minus the reversal of the loss component of CU30) and the contractual service margin of CU90 recognised in profit or loss in the period (CU360 = CU270 + CU90); minus

    (ii) insurance service expenses of CU280, which are the sum of the increase in the loss component resulting from the changes in the fulfilment cash flows of the onerous group of CU10 and the claims incurred of CU300 minus the reversal of the loss component of CU30 (CU280 = CU10 + CU300 – CU30).

(e) For Year 2, the expense of CU18 from the reinsurance contract held is the net of:

    (i) the allocation of reinsurance premiums paid of CU102, which is the sum of the recoveries for the incurred claims from the underlying insurance contracts of CU90 less the reversal of the loss-recovery component of CU9 and the contractual service margin of the reinsurance contract held of CU21 recognised in profit or loss in the period (CU102 = CU90 – CU9 + CU21); and

    (ii) the amounts recovered from the reinsurer of CU84, which are the sum of the recoveries for the incurred claims from the underlying insurance contracts of CU90 minus the reversal of the loss-recovery component of CU9 and the additional loss-recovery component of CU3 (CU84 = CU90 – CU9 + CU3).

(f) For Year 3, the profit of CU90 from the groups of underlying insurance contracts is calculated as follows:

    (i) insurance revenue of CU380, which is analysed as the sum of the insurance service expenses from the claims incurred of CU290 (CU330 minus the reversal of the loss component of CU40) and the contractual service margin of CU90 recognised in profit or loss in the period (CU380 = CU290 + CU90); minus

    (ii) insurance service expenses of CU290, which are the claims incurred of CU330 minus the reversal of the loss component of CU40 (CU290 = CU330 – CU40).

(g) For Year 3, the expense of CU21 from the reinsurance contract held is the net of:

    (i) the allocation of reinsurance premiums paid of CU108, which is the sum of the recoveries for the incurred claims from the underlying insurance contracts of CU99 less the reversal of the loss-recovery component of CU12 and the contractual service margin of the reinsurance contracts held of CU21 recognised in profit or loss in the period (CU108 = CU99 – CU12 + CU21); and

(ii) the amounts recovered from the reinsurer of CU87, which are the recoveries for the incurred claims from the underlying insurance contracts of CU99 minus the reversal of the loss-recovery component of CU12 (CU87 = CU99 – CU12).

## Measurement of insurance contracts acquired (paragraphs 38 and B94–B95A)

### Example 13—Measurement on initial recognition of insurance contracts acquired in a transfer from another entity

IE139 This example illustrates the initial recognition of a group of insurance contracts acquired in a transfer that is not a business combination.

*Assumptions*

IE140 An entity acquires insurance contracts in a transfer from another entity. The seller pays CU30 to the entity to take on those insurance contracts.

IE141 Applying paragraph B93 the entity determines that the insurance contracts acquired in a transfer form a group applying paragraphs 14–24, as if it had entered into the contracts on the date of the transaction.

IE142 On initial recognition, the entity estimates the fulfilment cash flows to be:

(a) in Example 13A—net outflow (or liability) of CU20; and

(b) in Example 13B—net outflow (or liability) of CU45.

IE143 The entity does not apply the premium allocation approach to the measurement of the insurance contracts.

IE144 In this example all other amounts are ignored, for simplicity.

*Analysis*

IE145 Applying paragraph B94, the consideration received from the seller is a proxy for the premium received. Consequently, on initial recognition, the entity measures the insurance contract liability as follows:

|  | Example 13A | | Example 13B | |
|---|---|---|---|---|
|  | CU | | CU | |
| Fulfilment cash flows | 20 | | 45 | |
| Contractual service margin | 10 | (a) | — | (b) |
| **Insurance contract liability on initial recognition** | 30 | (c) | 45 | (b) |
| The effect on profit or loss will be: | | | | |

| | | |
|---|---|---|
| Profit / (loss) on initial recognition | – | (15) [b] |

(a) Applying paragraph 38, the entity measures the contractual service margin on initial recognition of a group of insurance contracts at an amount that results in no income or expenses arising from the initial recognition of the fulfilment cash flows and any cash flows arising from the contracts in the group at that date. On initial recognition, the fulfilment cash flows are a net inflow (or asset) of CU10 (proxy for the premiums received of CU30 minus the fulfilment cash flows of CU20). Consequently, the contractual service margin is CU10.

(b) Applying paragraphs 47 and B95A, the entity concludes that the group of insurance contracts is onerous on initial recognition. This is because the total of the fulfilment cash flows of a net outflow of CU45 and cash flows arising at that date (proxy for the premiums of net inflow of CU30) is a net outflow of CU15. The entity recognises a loss in profit or loss for the net outflow of CU15, resulting in the carrying amount of the liability for the group of CU45 being the sum of the fulfilment cash flows of CU45 and the contractual service margin of zero.

(c) Applying paragraph 32, on initial recognition the entity measures a group of insurance contracts at the total of the fulfilment cash flows and the contractual service margin. Consequently, the entity recognises an insurance contract liability of CU30 as the sum of the fulfilment cash flows of CU20 and the contractual service margin of CU10.

## Example 14—Measurement on initial recognition of insurance contracts acquired in a business combination

IE146 This example illustrates the initial recognition of a group of insurance contracts acquired in a business combination within the scope of IFRS 3 *Business Combinations*.

### Assumptions

IE147 An entity acquires insurance contracts as part of a business combination within the scope of IFRS 3 and it:

(a) determines that the transaction results in goodwill applying IFRS 3.

(b) determines, applying paragraph B93, that those insurance contracts form a group consistent with paragraphs 14–24, as if it had entered into the contracts on the date of the transaction.

IE148 On initial recognition, the entity estimates that the fair value of the group of insurance contracts is CU30 and the fulfilment cash flows are as follows:

(a) in Example 14A—outflow (or liability) of CU20; and

(b) in Example 14B—outflow (or liability) of CU45.

IE149 The entity does not apply the premium allocation approach to the measurement of the insurance contracts.

IE150 In this example all other amounts are ignored, for simplicity.

## Analysis

IE151  Applying paragraph B94, the fair value of the group of insurance contracts is a proxy for the premium received. Consequently, on initial recognition, the entity measures the liability for the group of insurance contracts as follows:

|  | Example 14A CU | | Example 14B CU | |
|---|---|---|---|---|
| Fulfilment cash flows | 20 | | 45 | |
| Contractual service margin | 10 | (a) | – | (b) |
| **Insurance contract liability on initial recognition** | 30 | (c) | 45 | (d) |
| The effect on profit or loss will be: | | | | |
| **Profit / (loss) on initial recognition** | – | | – | (b) |

(a) Applying paragraph 38, the entity measures the contractual service margin on initial recognition of a group of insurance contracts at an amount that results in no income or expenses arising from the initial recognition of the fulfilment cash flows and any cash flows arising from the contracts in the group at that date. On initial recognition, the fulfilment cash flows are a net inflow (or asset) of CU10 (proxy for the premiums received of CU30 minus the fulfilment cash flows of CU20). Consequently, the contractual service margin equals CU10.

(b) Applying paragraphs 38 and 47, the entity recognises the contractual service margin as zero because the sum of fulfilment cash flows and cash flows at the date of initial recognition is a net outflow of CU15. Applying paragraph B95A, the entity recognises the excess of CU15 of the fulfilment cash flows of CU45 over the consideration received of CU30 as part of the goodwill on the business combination.

(c) Applying paragraph 32, the entity measures a group of insurance contracts at the total of the fulfilment cash flows and the contractual service margin. Consequently, the entity recognises an insurance contract liability of CU30 on initial recognition as the sum of the fulfilment cash flows (a net outflow) of CU20 and the contractual service margin of CU10.

(d) Applying paragraph 32, the entity measures a group of insurance contracts at the total of the fulfilment cash flows and the contractual service margin. Consequently, the entity recognises an insurance contract liability of CU45 on initial recognition as the sum of the fulfilment cash flows of CU45 and the contractual service margin of zero.

## Insurance finance income or expenses

### Example 15—Systematic allocation of the expected total insurance finance income or expenses (paragraphs B130 and B132(a))

IE152  Paragraph 88 allows an entity to make an accounting policy choice to disaggregate insurance finance income or expenses for the period to include in profit or loss an amount determined by a systematic allocation of the expected total finance income or expenses over the duration of the group of insurance contracts.

IE153  This example illustrates the two ways of systematically allocating the expected total insurance finance income or expenses for insurance contracts for which financial risk has a substantial effect on the amounts paid to the policyholders as set out in paragraph B132(a).

*Assumptions*

IE154  An entity issues 100 insurance contracts with a coverage period of three years. Those contracts:

(a) meet the definition of insurance contracts because they offer a fixed payment on death. However, to isolate the effects illustrated in this example, and for simplicity, any fixed cash flows payable on death are ignored.

(b) do not meet the criteria for insurance contracts with direct participation features applying paragraph B101.

IE155  On initial recognition of the group of insurance contracts:

(a) the entity receives a single premium of CU15 for each contract (the total for the group is CU1,500).

(b) the entity invests premiums received in fixed income bonds with a duration of two years and expects a return of 10 per cent a year. The entity expects to reinvest the proceeds from the maturity of the bonds in similar financial instruments with a return of 10 per cent a year.

(c) the entity expects to pay the policyholders CU1,890 at the end of Year 3 (a present value of CU1,420). This amount is calculated on the basis of the entity's policy for the return paid to the policyholders, as follows:

(i) in Example 15A the entity expects to pay 94.54 per cent of the accumulated value of the invested assets at the end of the coverage period; and

(ii) in Example 15B the entity expects to increase the account balances of the policyholders by 8 per cent each year (the expected crediting rate).

IE156  At the end of Year 1, the market interest rate falls from 10 per cent a year to 5 per cent a year and the entity revises its expected future cash flows to be paid in Year 3

IE157  In this example all other amounts, including the risk adjustment for non-financial risk, are ignored for simplicity.

IE158  Applying paragraph 88, the entity chooses to disaggregate insurance finance income or expenses for the period to include in profit or loss an amount determined by a systematic allocation of the expected total finance income or expenses over the duration of the contracts, as follows:

(a) in Example 15A, the entity uses a rate that allocates the remaining revised expected finance income or expenses over the remaining duration of the group of contracts at a constant rate, applying paragraph B132(a)(i); and

(b) in Example 15B, the entity uses an allocation based on the amounts credited in the period and expected to be credited in future periods, applying paragraph B132(a)(ii).

## Analysis

### Example 15A—Effective yield approach

IE159 Applying paragraph B132(a)(i), the entity uses a rate that allocates the remaining revised expected finance income or expenses over the remaining duration of the group of contracts at a constant rate (an 'effective yield approach'). The effective yield approach is not the same as the effective interest method as defined in IFRS 9 *Financial Instruments*.

IE160 The constant rate at the date of initial recognition of the contracts of 10 per cent a year is calculated as $(CU1,890 \div CU1,420)^{1/3} - 1$. Consequently, the estimates of the present value of the future cash flows included in the carrying amount of the insurance contract liability at the end of Year 1 are CU1,562, calculated as $CU1,420 \times 1.1$.

IE161 At the end of Year 1, the market interest rate falls from 10 per cent a year to 5 per cent a year. Consequently, the entity revises its expectations about future cash flows as follows:

(a) it expects to achieve a return of 5 per cent in Year 3 (instead of 10 per cent) after reinvesting the maturity proceeds of the fixed income securities that mature at the end of Year 2;

(b) the fixed income securities it expects to acquire at the end of Year 2 will generate CU1,906 at the end of Year 3; and

(c) it will pay policyholders CU1,802 at the end of Year 3 (94.54% × CU1,906).

IE162 At the end of Year 1 the entity revises the constant rate used to allocate expected insurance finance income or expenses to reflect the expected reduction in the future cash flows at the end of Year 3 from CU1,890 to CU1,802:

(a) the entity uses the revised constant rate to accrete the estimates of the present value of the future cash flows included in the carrying amount of the insurance contract liability at the end of Year 1, ie CU1,562, to the revised cash outflow at the end of Year 3 of CU1,802; and

(b) the revised constant rate of 7.42 per cent a year is calculated as $(1,802 \div 1,562)^{1/2} - 1$.

IE163 The effect of the change in discount rates on the carrying amounts of the estimates of the present value of the future cash flows, included in the carrying amount of the insurance contract liability, is shown in the table below:

| | Initial recognition | Year 1 | Year 2 | Year 3 |
|---|---|---|---|---|
| | CU | CU | CU | CU |
| Estimates of the future cash flows at the end of Year 3 | 1,890 | 1,802 | 1,802 | 1,802 |

| | | | | |
|---|---|---|---|---|
| Estimates of the present value of future cash flows at current discount rates (A) | 1,420 | 1,635 (a) | 1,716 | 1,802 |
| Estimates of the present value of future cash flows at the constant rate (B) | 1,420 | 1,562 (b) | 1,678 | 1,802 |
| **Amount accumulated in other comprehensive income (A – B)** | – | 73 | 38 | – |

(a) CU1,635 equals the estimates of the future cash flows at the end of Year 3 of CU1,802 discounted at the current market rate of 5 per cent a year, ie $CU1,802 \div 1.05^2 = CU1,635$.

(b) CU1,562 equals the estimates of the future cash flows at the end of Year 3 of CU1,802 discounted at the constant rate of 7.42 per cent a year, ie $CU1,802 \div 1.0742^2 = CU1,562$.

IE164 The insurance finance income and expenses, arising from the fulfilment cash flows, included in profit or loss and other comprehensive income are as follows:

| Insurance finance income and expenses arising from the fulfilment cash flows | Year 1 | Year 2 | Year 3 |
|---|---|---|---|
| | CU | CU | CU |
| In profit or loss | (142) (a) | (116) | (124) |
| In other comprehensive income | (73) (b) | 35 | 38 |
| **In total comprehensive income** | **(215) (c)** | **(81)** | **(86)** |

(a) Applying paragraph B132(a)(i), the entity will recognise in profit or loss the insurance finance expenses calculated as the change in estimates of the present value of the future cash flows at the constant rate. In Year 1, the finance expenses of CU142 is the difference between the estimates of the present value of the future cash flows at the original constant rate of 10 per cent at the end of Year 1 of CU1,562 and the corresponding amount at the beginning of the period of CU1,420.

(b) Applying paragraph B130(b), the entity includes in other comprehensive income the difference between the amount recognised in total comprehensive income and the amount recognised in profit or loss. For example, in Year 1 the amount included in other comprehensive income of CU(73) is CU(215) minus CU(142). In Years 1–3, the total other comprehensive income equals zero (CU0 = CU(73) + CU35 + CU38).

(c) The entity recognises in total comprehensive income the change in estimates of the present value of the future cash flows at the current discount rate. In Year 1, the total insurance finance expenses of CU(215) is the difference between the estimates of the present value of the future cash flows at the current discount rate at the beginning of Year 1 of CU1,420 and the corresponding amount at the end of Year 1 of CU1,635.

### Example 15B—Projected crediting rate approach

IE165　Applying paragraph B132(a)(ii), the entity uses an allocation based on the amounts credited in the period and expected to be credited in future periods (a 'projected crediting rate approach'). In addition, applying paragraph B130(b), the entity needs to ensure that the allocation results in the amounts recognised in other comprehensive income over the duration of the group of contracts totalling to zero. In order to do so, the entity calculates a series of discount rates applicable to each reporting period which, when applied to the initial carrying amount of the liability equals the estimate of future cash flows. This series of discount rates is calculated by multiplying the expected crediting rates in each period by a constant factor (K).

IE166　On initial recognition the entity expects to achieve a return on underlying items of 10 per cent each year and to credit the policyholder account balances by 8 per cent each year (the expected crediting rate). Consequently, the entity expects to pay policyholders CU1,890 at the end of Year 3 (CU1,500 × 1.08 × 1.08 × 1.08 = CU1,890).

IE167　In Year 1, the entity credits the policyholder account balances with a return of 8 per cent a year, as expected at the date of initial recognition.

IE168　At the end of Year 1, the market interest rate falls from 10 per cent a year to 5 per cent a year. Consequently, the entity revises its expectations about cash flows as follows:

(a)　it will achieve a return of 5 per cent in Year 3 after reinvesting the maturity proceeds of the bonds that mature at the end of Year 2;

(b)　it will credit the policyholder account balances 8 per cent in Year 2, and 3 per cent in Year 3; and

(c)　it will pay policyholders CU1,802 at the end of Year 3 (CU1,500 × 1.08 × 1.08 × 1.03 = CU1,802).

IE169　The entity allocates the remaining expected finance income or expenses over the remaining life of the contracts using the series of discount rates calculated as the projected crediting rates multiplied by the constant factor (K). The constant factor (K) and the series of discount rates based on crediting rates at the end of Year 1 are as follows:

(a)　the product of the actual crediting rate in Year 1 and expected crediting rates in Years 2 and 3 equals 1.20 (1.08 × 1.08 × 1.03);

(b)　the carrying amount of the liability increases by a factor of 1.269 over three years because of the interest accretion (CU1,802 ÷ CU1,420);

(c)　consequently, each crediting rate needs to be adjusted by a constant factor (K), as follows: 1.08K × 1.08K × 1.03K = 1.269;

(d)　the constant K equals 1.0184 calculated as $(1.269 \div 1.20)^{1/3}$; and

(e)　the resulting accretion rate for Year 1 is 10 per cent (calculated as 1.08 × 1.0184).

IE170　The carrying amount of the liability at the end of Year 1 for the purposes of allocating insurance finance income or expenses to profit or loss is CU1,562 (CU1,420 × 1.08 × 1.0184).

IE171　The actual crediting rates for Years 2 and 3 are as expected at the end of Year 1. The resulting accretion rate for Year 2 is 10 per cent (calculated as (1.08 × 1.0184) − 1) and for Year 3 is 4.9 per cent (calculated as (1.03 × 1.0184) − 1).

IFRS 17 IE

|  | Initial recognition | Year 1 | Year 2 | Year 3 |
|---|---|---|---|---|
|  | CU | CU | CU | CU |
| Estimates of future cash flows at the end of Year 3 | 1,890 | 1,802 | 1,802 | 1,802 |
| Estimates of the present value of future cash flows at current discount rates (A) | 1,420 | 1,635 | 1,716 (a) | 1,802 |
| Estimates of the present value of future cash flows at discount rates based on projected crediting (B) | 1,420 | 1,562 | 1,718 (b) | 1,802 |
| **Amount accumulated in other comprehensive income (A – B)** | – | 73 | (2) (c) | – |

(a) CU1,716 equals the estimates of the future cash flows at the end of Year 3 of CU1,802 discounted at the current market rate of 5 per cent a year, ie CU1,802 ÷ 1.05 = CU1,716.

(b) CU1,718 equals the estimates of the future cash flows at the end of Year 3 of CU1,802 discounted at the projected crediting rate of 4.9 per cent a year, ie CU1,802 ÷ 1.049 = CU1,718.

(c) There is an amount of CU2 accumulated in other comprehensive income at the end of Year 2 because the discount rate based on projected crediting of 4.9 per cent a year (1.03 × K) is different from the current discount rate of 5 per cent a year.

IE172 The insurance finance income and expenses included in profit or loss and other comprehensive income are as follows:

| Insurance finance income and expenses arising from fulfilment cash flows | Year 1 | Year 2 | Year 3 |
|---|---|---|---|
|  | CU | CU | CU |
| In profit or loss | (142) (a) | (156) | (84) |
| In other comprehensive income | (73) (b) | 75 | (2) |
| **In total comprehensive income** | (215) (c) | (81) | (86) |

(a) Applying paragraph B132(a)(ii), the entity will recognise in profit or loss the insurance finance expenses calculated as the change in the estimates of the present value of the future cash flows at the projected crediting rate. In Year 1, the insurance finance expenses of CU142 is the difference between the estimates of the present value of the future cash flows at the original crediting rate of 10 per cent at the end of Year 1 of CU1,562 and the corresponding amount at the beginning of the period of CU1,420.

(b) Applying paragraph B130(b), the entity includes in other comprehensive income the difference between the amount recognised in total comprehensive income and the amount recognised in profit or loss. For example, in Year 1 the amount included in other

IFRS 17 IE

> (c) comprehensive income of CU(73) is CU(215) minus CU(142). In Years 1–3, the total other comprehensive income equals zero (CU0 = CU(73) + CU75 + CU(2)).
>
> (c) The entity recognises in total comprehensive income the change in estimates of the present value of the future cash flows at the current discount rate. In Year 1, the total insurance finance expenses of CU(215) is the difference between the estimates of the present value of the future cash flows at the current discount rate at the beginning of Year 1 of CU1,420 and the corresponding amount at the end of Year 1 of CU1,635.

## Example 16—Amount that eliminates accounting mismatches with finance income or expenses arising on underlying items held (paragraphs 89–90 and B134)

IE173   This example illustrates the presentation of insurance finance income or expenses when an entity applies the approach in paragraph 89(b) ('the current period book yield approach'). This approach applies when an entity holds the underlying items for insurance contracts with direct participation features.

### Assumptions

IE174   An entity issues 100 insurance contracts with a coverage period of three years. The coverage period starts when the insurance contracts are issued.

IE175   The contracts in this example:

(a)   meet the definition of insurance contracts because they offer a fixed payment on death. However, to isolate the effects illustrated in this example, and for simplicity, any fixed cash flows payable on death are ignored.

(b)   meet criteria for insurance contracts with direct participation features applying paragraph B101.

IE176   The entity receives a single premium of CU15 for each contract at the beginning of the coverage period (total future cash inflows of CU1,500).

IE177   The entity promises to pay policyholders on maturity of the contract an accumulated amount of returns on a specified pool of bonds minus a charge equal to 5 per cent of the premium and accumulated returns calculated at that date. Thus, policyholders that survive to maturity of the contract receive 95 per cent of the premium and accumulated returns.

IE178   In this example all other amounts, including the risk adjustment for non-financial risk, are ignored for simplicity.

IE179   The entity invests premiums received of CU1,500 in zero coupon fixed income bonds with a duration of three years (the same as the returns promised to policyholders). The bonds return a market interest rate of 10 per cent a year. At the end of Year 1, market interest rates fall from 10 per cent a year to 5 per cent a year.

IE180   The entity measures the bonds at fair value through other comprehensive income applying IFRS 9 *Financial Instruments*. The effective interest rate of the bonds acquired is 10 per cent a year, and that rate is used to calculate investment income in profit or loss. For simplicity, this example excludes the effect of accounting for expected credit losses on financial assets. The value of the bonds held by the entity is illustrated in the table below:

| Bonds held | Initial recognition | Year 1 | Year 2 | Year 3 |
|---|---|---|---|---|
| | CU | CU | CU | CU |
| Fair value | (1,500) | (1,811) | (1,902) | (1,997) |
| Amortised cost | (1,500) | (1,650) | (1,815) | (1,997) |
| **Cumulative amounts recognised in other comprehensive income** | – | 161 | 87 | – |
| Change in other comprehensive income | | 161 | (74) | (87) |
| Investment income recognised in profit or loss (effective interest rate) | | 150 | 165 | 182 |

IE181   Applying paragraph 89(b), the entity elects to disaggregate insurance finance income or expenses for each period to include in profit or loss an amount that eliminates accounting mismatches with income or expenses included in profit or loss on the underlying items held.

*Analysis*

IE182   Applying paragraphs 45 and B110–B114 to account for the insurance contracts with direct participation features, the entity needs to analyse the changes in fulfilment cash flows to decide whether each change adjusts the contractual service margin (see the table after paragraph IE184 illustrating the reconciliation of the contractual service margin).

IE183   Applying paragraphs B110–B114, the entity analyses the source of changes in the fulfilment cash flows as follows:

| Fulfilment cash flows[a] | Year 1 | Year 2 | Year 3 |
|---|---|---|---|
| | CU | CU | CU |
| Opening balance | – | 1,720 | 1,806 |
| Change related to future service: new contracts | (75) | – | – |
| Change in the policyholders' share in the fair value of the underlying items[b] | 295 | 86 | 90 |
| Cash flows | 1,500 | – | (1,896) |
| **Closing balance** | 1,720 | 1,806 | – |

(a)   Fulfilment cash flows are the estimate of the present value of the future cash inflows and the estimate of the present value of the future cash outflows (in this example all cash outflows vary based on the returns on underlying items). For example, at initial recognition the fulfilment cash flows of CU(75) are the sum of the estimates of the present value of the future cash inflows of CU(1,500) and the estimates of the present value of the future cash outflows of CU1,425 (the policyholders' share of 95 per cent of the fair value of the underlying items at initial recognition of CU1,500).

(b) The change in the policyholders' share in the fair value of the underlying items is 95 per cent of the change in fair value of the underlying items. For example, in Year 1 the change in the policyholders' share in the underlying items of CU295 is 95 per cent of the change in fair value in Year 1 of CU311 (CU1,811 – CU1,500). Applying paragraph B111, the entity does not adjust the contractual service margin for the change in the obligation to pay policyholders an amount equal to the fair value of the underlying items because it does not relate to future service.

IE184   Applying paragraph 45, the entity determines the carrying amount of the contractual service margin at the end of each reporting period as follows:

| Contractual service margin | Year 1 CU | Year 2 CU | Year 3 CU |
|---|---|---|---|
| Opening balance | – | 61 | 33 |
| Change related to future service: new contracts | 75 | – | – |
| Change in the amount of the entity's share of the fair value of the underlying items[(a)] | 16 | 5 | 5 |
| Change related to current service: recognition in profit or loss for the service provided | (30)[(b)] | (33) | (38) |
| **Closing balance** | 61 | 33 | – |

(a) Applying paragraph B112, the entity adjusts the contractual service margin for the change in the amount of the entity's share of the fair value of the underlying items because those changes relate to future service. For example, in Year 1 the change in the amount of the entity's share of the fair value of the underlying items of CU16 is 5 per cent of the change in fair value of the underlying items of CU311 (CU1,811 – CU1,500). This example does not include cash flows that do not vary based on the returns on underlying items. For more details about the changes related to future service that adjust the contractual service margin see Example 10.

(b) Applying paragraphs 45(e) and B119, the entity determines the amount of contractual service margin recognised in profit or loss by allocating the contractual service margin at the end of the period (before recognising any amounts in profit or loss) equally to each coverage unit provided in the current period and expected to be provided in the future. In this example, the coverage provided in each period is the same; hence, the contractual service margin recognised in profit or loss for Year 1 of CU30 is the contractual service margin before allocation of CU91 (CU75 + CU16), divided by three years of coverage.

IE185   The amounts recognised in the statement(s) of financial performance for the period are as follows:

| Statement(s) of financial performance | Year 1 CU | Year 2 CU | Year 3 CU |
|---|---|---|---|

| | | | |
|---|---|---|---|
| **Profit or loss** | | | |
| Contractual service margin recognised in profit or loss for the service provided[a] | 30 | 33 | 38 |
| **Insurance service result** | **30** | **33** | **38** |
| Investment income | 150 | 165 | 182 |
| Insurance finance expenses | (150)[b] | (165) | (182) |
| **Finance result** | – | – | – |
| **Profit** | **30** | **33** | **38** |
| **Other comprehensive income** | | | |
| Gain / (loss) on financial assets measured at fair value through other comprehensive income | 161 | (74) | (87) |
| Gain / (loss) on insurance contracts | (161)[b] | 74 | 87 |
| **Total other comprehensive income** | – | – | – |

(a) This example illustrates the amounts recognised as part of the insurance service result and not presentation requirements. For more details on the presentation requirements see Examples 3 and 9.

(b) Applying paragraph B111, the entity does not adjust the contractual service margin for the changes in the obligation to pay the policyholders an amount equal to the fair value of the underlying items because those changes do not relate to future service. Consequently, applying paragraph 87(c), the entity recognises those changes as insurance finance income or expenses in the statement(s) of financial performance. For example, in Year 1 the change in fair value of the underlying items is CU311 (CU1,811 – CU1,500).

Furthermore, applying paragraphs 89–90 and B134, the entity disaggregates the insurance finance expenses for the period between profit or loss and other comprehensive income to include in profit or loss an amount that eliminates accounting mismatches with the income or expenses included in profit or loss on the underlying items held. This amount exactly matches the income or expenses included in profit or loss for the underlying items, resulting in the net of the two separately presented items being zero. For example in Year 1 the total amount of the insurance finance expenses of CU311 is disaggregated and the entity presents in profit or loss the amount of CU150 that equals the amount of finance income for the underlying items. The remaining amount of insurance finance expenses is recognised in other comprehensive income.

# Transition

## Example 17—Measurement of groups of insurance contracts without direct participation features applying the modified retrospective approach (paragraphs C11–C15)

IE186  This example illustrates the transition requirements for insurance contracts without direct participation features for which retrospective application is impracticable and an entity chooses to apply the modified retrospective transition approach.

### Assumptions

IE187  An entity issues insurance contracts without direct participation features and aggregates those contracts into a group applying paragraphs C9(a) and C10. The entity estimates the fulfilment cash flows at the transition date applying paragraphs 33–37 as the sum of:

(a) an estimate of the present value of the future cash flows of CU620 (including the effect of discounting of CU(150)); and

(b) a risk adjustment for non-financial risk of CU100.

IE188  The entity concludes that it is impracticable to apply IFRS 17 retrospectively. As a result, the entity chooses, applying paragraph C5, to apply the modified retrospective approach to measure the contractual service margin at the transition date. Applying paragraph C6(a), the entity uses reasonable and supportable information to achieve the closest outcome to retrospective application.

### Analysis

IE189  The entity determines the contractual service margin at the transition date by estimating the fulfilment cash flows on initial recognition applying paragraphs C12–C15 as follows:

|  | Transition date | Adjustment to initial recognition | Initial recognition |  |
|---|---|---|---|---|
|  | CU | CU | CU |  |
| Estimates of future cash flows | 770 | (800) | (30) | (a) |
| Effect of discounting | (150) | (50) | (200) | (b) |
| Estimates of the present value of future cash flows | 620 | (850) | (230) |  |
| Risk adjustment for non-financial risk | 100 | 20 | 120 | (c) |
| **Fulfilment cash flows** | **720** | **(830)** | **(110)** |  |

(a) Applying paragraph C12, the entity estimates the future cash flows at the date of initial recognition of the group of insurance contracts to be the sum of:

(i) the estimates of future cash flows of CU770 at the transition date; and

(ii) cash flows of CU800 that are known to have occurred between the date of initial

| | |
|---|---|
| | recognition of the group of insurance contracts and the transition date (including premiums paid on initial recognition of CU1,000 and cash outflows of CU200 paid during the period). This amount includes cash flows resulting from contracts that ceased to exist before the transition date. |
| (b) | The entity determines the effect of discounting at the date of initial recognition of the group of insurance contracts to equal CU(200) calculated as the discounting effect on estimates of the future cash flows at the date of initial recognition calculated in footnote (a). Applying paragraph C13(a), the entity determines the effect of discounting by using an observable yield curve that, for at least three years immediately before the transition date, approximates the yield curve estimated applying paragraphs 36 and B72–B85. The entity estimates this amount to equal CU50 reflecting the fact that the premium was received on initial recognition, hence, the discounting effect relates only to the estimate of future cash outflows. |
| (c) | Applying paragraph C14, the entity determines the risk adjustment for non-financial risk on initial recognition of CU120 as the risk adjustment for non-financial risk at the transition date of CU100 adjusted by CU20 to reflect the expected release of risk before the transition date. Applying paragraph C14, the entity determines the expected release of risk by reference to the release of risk for similar insurance contracts that the entity issues at the transition date. |

IE190  The contractual service margin at the transition date equals CU20 and is calculated as follows:

(a) the contractual service margin measured on initial recognition is CU110, an amount that would have resulted in no income or expenses arising from the fulfilment cash flows that would have been estimated on initial recognition of CU110 (see the table after paragraph IE189); minus

(b) the contractual service margin that would have been recognised in profit or loss before the transition date of CU90, estimated applying paragraph C15.

IE191  As a result, the carrying amount of the insurance contract liability at the transition date equals CU740, which is the sum of the fulfilment cash flows of CU720 and the contractual service margin of CU20.

# Example 18—Measurement of groups of insurance contracts with direct participation features applying the modified retrospective approach (paragraph C17)

IE192  This example illustrates the transition requirements for insurance contracts with direct participation features when retrospective application is impracticable and an entity chooses to apply the modified retrospective transition approach.

*Assumptions*

IE193  An entity issued 100 insurance contracts with direct participation features five years before the transition date and aggregates those contracts into a group, applying paragraphs C9(a) and C10.

IE194  Under the terms of the contracts:

(a) a single premium is paid at the beginning of the coverage period of 10 years.

IFRS 17 IE

(b) the entity maintains account balances for policyholders and deducts charges from those account balances at the end of each year.

(c) a policyholder will receive an amount equal to the higher of the account balance and the minimum death benefit if an insured person dies during the coverage period.

(d) if an insured person survives the coverage period, the policyholder receives the value of the account balance.

IE195 The following events took place in the five year period prior to the transition date:

(a) the entity paid death benefits and other expenses of CU239 comprising:

(i) CU216 of cash flows that vary based on the returns on underlying items; and

(ii) CU23 of cash flows that do not vary based on the returns on underlying items; and

(b) the entity deducted charges from the underlying items of CU55.

IE196 Applying paragraphs 33–37, the entity estimates the fulfilment cash flows at the transition date to be CU922, comprising the estimates of the present value of the future cash flows of CU910 and a risk adjustment for non-financial risk of CU12. The fair value of the underlying items at that date is CU948.

IE197 The entity makes the following estimates:

(a) based on an analysis of similar contracts that the entity issues at transition date, the estimated change in the risk adjustment for non-financial risk caused by the release from risk in the five-year period before the transition date is CU14; and

(b) the units of coverage provided before the transition date is approximately 60 per cent of the total coverage units of the group of contracts.

*Analysis*

IE198 The entity applies a modified retrospective approach to determine the contractual service margin at the transition date, applying paragraph C17 as follows:

| | CU |
|---|---|
| Fair value of the underlying items at the transition date (paragraph C17(a)) | 948 |
| Fulfilment cash flows at the transition date (paragraph C17(b)) | (922) |
| Adjustments: | |
| – Charges deducted from underlying items before the transition date (paragraph C17(c)(i)) | 55 |
| – Amounts paid before the transition date that would have not varied based on the returns on underlying items (paragraph C17(c)(ii)) | (23) |
| – Estimated change in the risk adjustment for non-financial risk caused by the release from risk before the transition date (paragraph C17(c)(iii)) | (14) |
| **Contractual service margin of the group of contracts before recognition in profit or loss** | **44** |
| Estimated amount of the contractual service margin that relates to services | (26) [a] |

|  | CU |
|---|---|
| provided before the transition date | |
| **Estimated contractual service margin at the transition date** | 18 |

(a) Applying paragraph C17(d), the entity determines the contractual service margin that relates to service provided before the transition date of CU26 as the percentage of the coverage units provided before the transition date and the total coverage units of 60 per cent multiplied by the contractual service margin before recognition in profit or loss of CU44.

IE199 Consequently, the carrying amount of the insurance contract liability at the transition date equals CU940, which is the sum of the fulfilment cash flows of CU922 and the contractual service margin of CU18.

*The following summary was published by the staff of the IFRS Foundation. The summary is not part of IFRS 17. An accompanying webcast is available at https://www.ifrs.org/supporting-implementation/supporting-materials-by-ifrs-standard/ifrs-17/#webcasts*

## IFRS 17 *Insurance Contracts*—the accounting model in one page

IFRS 17 Insurance Contracts—the accounting model in one page

| Balance sheet | | | | Profit or loss | | |
|---|---|---|---|---|---|---|
| Insurance contract liability | | | | Insurance service result | | |
| Liability for remaining coverage | | Liability for incurred claims | | Insurance revenue | Revenue for coverage provided in the period | |
| Fulfilment cash flows | | Fulfilment cash flows | | | Revenue for release of risk adjustment in the period | |
| Present value of future cash flows | Cash flows | Present value of future cash flows | Cash flows | Insurance service expenses | Expected claims and other insurance service expenses | |
| | Discount rates | | Discount rates | | Changes in cash flows and in risk adjustment that relate to coverage provided in the *period* and in the *past* | |
| Risk adjustment | | Risk adjustment | | Insurance finance expenses | | |
| Contractual service margin | | | | Unwind of discount rates | Changes in discount rates | |
| Profit from coverage to be provided in the *future* | | | | **Other comprehensive income (optional)** | | |
| | | | | Insurance finance expenses | Changes in discount rates | |

| Modifications for contracts with a 'variable fee' | | | | Simplifications for short-term contracts (optional) | |
|---|---|---|---|---|---|
| Insurance contract liability | | | | Insurance contract liability | |
| Liability for remaining coverage | | Liability for incurred claims | | Liability for remaining coverage | Liability for incurred claims |
| Fulfilment cash flows | | Fulfilment cash flows | | Simplified measurement based on unearned premiums | Fulfilment cash flows |
| Present value of future cash flows | Cash flows | Present value of future cash flows | Cash flows | | Cash flows (no need to discount if payments of claims due within one year) |
| | Discount rates | | Discount rates | | Risk adjustment |
| Risk adjustment | | Risk adjustment | | | |
| Contractual service margin | | | | | |
| Profit from coverage to be provided in the *future* (including changes in the variable fee) | | | | | |

Notes

1. The fulfilment cash flows are at current value: cash flows, discount rates and risk adjustment are updated at each reporting date.
2. Changes in cash flows and in risk adjustment that relate to coverage to be provided in the *future* adjust the contractual service margin.
3. Changes in cash flows and in risk adjustment that relate to coverage provided in the period and in the past are recognised in profit or loss.
4. The release of risk adjustment within the liability for incurred claims reduces incurred claims in profit or loss.

# Appendix
# Amendments to other IFRS Standards

*This appendix sets out the amendments to the Illustrative Examples for other IFRS Standards that are a consequence of the International Accounting Standards Board issuing IFRS 17* Insurance Contracts.

\* \* \* \* \*

*The amendments contained in this appendix when this Standard was issued in 2017 have been incorporated into the guidance on the relevant Standards included in this volume.*

# BASIS FOR CONCLUSIONS ON IFRS 17 INSURANCE CONTRACTS

IFRS 17 BC

**IASB documents published to accompany**

**IFRS 17**

# Insurance Contracts

The text of the unaccompanied standard, IFRS 17, is contained in Part A of this edition. Its effective date when issued was 1 January 2021. In June 2020 the Board issued *Amendments to IFRS 17* which deferred the effective date to 1 January 2023. The text of the Accompanying Guidance on IFRS 17 is contained in Part B of this edition. This part presents the following documents:

**BASIS FOR CONCLUSIONS**

**APPENDICES TO THE BASIS FOR CONCLUSIONS**

**A Summary of changes since the 2013 Exposure draft**

**B Amendments to the Basis for Conclusions on other IFRS Standards**

**C List of amendments issued in 2020**

# CONTENTS

*from paragraph*

## BASIS FOR CONCLUSIONS ON IFRS 17 *INSURANCE CONTRACTS*

| | |
|---|---|
| THE NEED TO CHANGE PREVIOUS ACCOUNTING AND HISTORY OF THE PROJECT | BC1 |
| History of the project | BC2 |
| The need for a new approach | BC7 |
| OVERVIEW OF THE APPROACH TAKEN IN THE STANDARD | BC16 |
| Measurement of insurance contracts and recognition of profit | BC18 |
| Presentation of insurance revenue | BC27 |
| Presentation of insurance finance income or expenses | BC38 |
| Pervasive issues | BC50 |
| SCOPE OF THE STANDARD AND DEFINITION OF INSURANCE CONTRACTS | BC63 |
| Definition of an insurance contract | BC67 |
| Investment contracts with discretionary participation features | BC82 |
| Scope exclusions | BC87 |
| SEPARATING COMPONENTS FROM AN INSURANCE CONTRACT | BC98 |
| Embedded derivatives | BC104 |
| Investment components | BC108 |
| Goods and non-insurance services | BC110 |
| Prohibition on separating non-insurance components when not required | BC114 |
| LEVEL OF AGGREGATION OF INSURANCE CONTRACTS | BC115 |
| Background | BC115 |
| Characteristics of a group | BC119 |
| Practical considerations | BC126 |
| RECOGNITION | BC140 |
| Amendments to IFRS 17—recognition | BC145 |
| MEASUREMENT OF FULFILMENT CASH FLOWS | BC146 |
| Estimates of future cash flows | BC147 |
| The cash flows used to measure insurance contracts | BC158 |

| | |
|---|---|
| Discount rates | BC185 |
| Risk adjustment for non-financial risk | BC206 |
| **MEASUREMENT OF THE CONTRACTUAL SERVICE MARGIN** | **BC218** |
| Changes in estimates of the future unearned profit | BC222 |
| Insurance contracts without direct participation features | BC227 |
| Insurance contracts with direct participation features (the variable fee approach) | BC238 |
| Insurance finance income or expenses on the contractual service margin | BC270 |
| Foreign currency | BC277 |
| Recognition in profit or loss | BC279 |
| Onerous contracts | BC284 |
| **PREMIUM ALLOCATION APPROACH** | **BC288** |
| **REINSURANCE CONTRACTS** | **BC296** |
| Recognition for groups of reinsurance contracts held | BC304 |
| Derecognition of underlying contracts | BC306 |
| Cash flows in reinsurance contracts held | BC307 |
| Gains and losses on buying reinsurance | BC310 |
| **MODIFICATION AND DERECOGNITION** | **BC316** |
| Modifications that would have resulted in significantly different accounting for the contract | BC317 |
| Modifications that would not have resulted in significantly different accounting for the contract | BC320 |
| Derecognition | BC321 |
| **TRANSFERS OF INSURANCE CONTRACTS AND BUSINESS COMBINATIONS** | **BC323** |
| Amendments to IFRS 17—business combinations outside the scope of IFRS 3 | BC327A |
| Amendments to IFRS 17—feedback on insurance contracts acquired in a transfer of insurance contracts or in a business combination within the scope of IFRS 3 | BC327B |
| Amendments to IFRS 17—assets for insurance acquisition cash flows in a transfer of insurance contracts and in a business combination within the scope of IFRS 3 | BC327H |
| **PRESENTATION IN THE STATEMENT OF FINANCIAL POSITION AND STATEMENT(S) OF FINANCIAL PERFORMANCE** | **BC328** |
| Amendments to IFRS 17—presentation in the statement of financial position | BC330A |
| Presentation of insurance revenue | BC331 |

| | |
|---|---|
| Presentation of insurance finance income or expenses | BC340 |
| **DISCLOSURE** | **BC347** |
| Explanation of recognised amounts | BC350 |
| Disclosures that the Board considered but did not include in IFRS 17 | BC367 |
| **APPLYING THE STANDARD FOR THE FIRST TIME** | **BC372** |
| Amendments to IFRS 17—feedback on transition approaches | BC373A |
| Retrospective application | BC374 |
| Modified retrospective approach | BC379 |
| Fair value approach | BC385 |
| Comparative information | BC387 |
| Other transition issues | BC390 |
| Transition disclosures | BC399 |
| Effective date | BC402 |
| Early application | BC405 |
| First-time adopters of IFRS Standards | BC407 |

**APPENDIX A**

Summary of changes since the 2013 Exposure Draft

**APPENDIX B**

Amendments to the Basis for Conclusions on other IFRS Standards

**APPENDIX C**

List of amendments issued in 2020

# Basis for Conclusions on IFRS 17 *Insurance Contracts*

*This Basis for Conclusions accompanies, but is not part of, IFRS 17. It summarises the considerations of the International Accounting Standards Board (the Board) in developing IFRS 17. Individual Board members gave greater weight to some factors than to others. The Board also published an Effects Analysis which describes the likely costs and benefits of IFRS 17.*

## The need to change previous accounting and history of the project

BC1 The previous IFRS Standard on insurance contracts, IFRS 4 *Insurance Contracts*, allowed entities to use a wide variety of accounting practices for insurance contracts, reflecting national accounting requirements and variations in those requirements. The differences in accounting treatment across jurisdictions and products made it difficult for investors and analysts to understand and compare insurers' results. Most stakeholders, including insurers, agreed on the need for a common global insurance accounting standard even though opinions varied as to what it should be. Long-duration and complex insurance risks are difficult to reflect in the measurement of insurance contracts. In addition, insurance contracts are not typically traded in markets and may include a significant investment component, posing further measurement challenges. Some previous insurance accounting practices permitted under IFRS 4 did not adequately reflect the true underlying financial positions or performance arising from these insurance contracts. To address these issues, the Board undertook a project to make insurers' financial statements more useful and insurance accounting practices consistent across jurisdictions. IFRS 17 completes this project.

### History of the project

BC2 The Board's predecessor organisation, the International Accounting Standards Committee, began a project on insurance contracts in 1997. The Board was created in 2001 and included an insurance project in its initial work plan. Because it was not feasible to complete the project in time for the many entities that would adopt IFRS Standards in 2005, the Board split the project into two phases.

BC3 The Board completed Phase I in 2004 by issuing IFRS 4, which:

(a) made limited improvements to then existing accounting practices for insurance contracts; and

(b) required an entity to disclose information about insurance contracts.

BC4 However, the Board had always intended to replace IFRS 4 because it permits a wide range of practices. In particular, IFRS 4 included a 'temporary exemption' that explicitly stated that an entity need not ensure that its accounting policies are relevant to the economic decision-making needs of users of financial statements or that such accounting policies are reliable. As a result, there was wide diversity in the financial reporting of insurance contracts across entities applying IFRS Standards, and within some entities' financial statements. In addition, some of that financial reporting did not provide useful information about those contracts to users of financial statements.

BC5 IFRS 17 is the outcome of the second phase of the Board's project. It is a comprehensive Standard for accounting for insurance contracts. It is the result of the proposals set out in the following consultation documents previously published by the Board:

(a) the 2007 Discussion Paper, which set out the Board's preliminary views on the main components of an accounting model for an entity's rights and obligations (assets and liabilities) arising from an insurance contract. The Board received 162 comment letters about those preliminary views.

(b) the 2010 Exposure Draft of proposals for a Standard on insurance contracts. The Board received 251 comment letters about the proposals.

(c) the 2013 Exposure Draft of revised proposals on targeted aspects of the proposed Standard. The Board received 194 comment letters about the proposals.

BC6 When developing IFRS 17, the Board consulted with multiple stakeholders over many years. In addition to considering comment letters on the 2007 Discussion Paper, the 2010 Exposure Draft and the 2013 Exposure Draft, the Board developed IFRS 17 after considering:

(a) input from the Insurance Working Group, a group of senior financial executives of insurers, analysts, actuaries, auditors and regulators established in 2004;

(b) four rounds of field work conducted in 2009, 2011, 2013 and 2016, which helped the Board to better understand some of the practical challenges of applying the proposed insurance model; and

(c) more than 900 meetings with individuals and with groups of users and preparers of financial statements, actuaries, auditors, regulators and others to test proposals and to understand affected parties' concerns about the 2010 and 2013 Exposure Drafts.

## Amendments to IFRS 17

BC6A After IFRS 17 was issued in May 2017, the Board undertook activities to support entities and monitor their progress in implementing the Standard. These activities included establishing a Transition Resource Group for IFRS 17 to discuss implementation questions, and meeting with stakeholders affected by the changes introduced by IFRS 17, including preparers and users of financial statements, auditors and regulators. These activities helped the Board to understand the concerns and challenges that arose for some entities while implementing the Standard. In the light of these activities, the Board concluded that the costs of proposing targeted amendments to IFRS 17 to address concerns and challenges could be justified if those amendments would not change the fundamental principles of the Standard. The Board considered suggestions to amend the Standard in relation to 25 topics.

BC6B To maintain the benefits of IFRS 17, the Board decided that any amendments to IFRS 17 must not:

(a) result in a significant loss of useful information for users of financial statements compared with the information that would have resulted from applying IFRS 17 as issued in May 2017; or

(b) unduly disrupt implementation already under way.

BC6C The 2019 Exposure Draft *Amendments to IFRS 17* set out the targeted amendments that the Board proposed, considering the criteria described in paragraph BC6B. The Board received 123 comment letters about the proposed amendments. Having considered the feedback on the 2019 Exposure Draft, the Board issued *Amendments to IFRS 17* in June 2020.

## The need for a new approach

BC7　The Board considered whether the following approaches could be used to account for insurance contracts:

　　(a)　applying generally applicable IFRS Standards (see paragraphs BC9–BC12); and

　　(b)　selecting an existing model for accounting for insurance contracts (see paragraphs BC13–BC15).

BC8　The paragraphs that follow explain why the Board rejected these approaches and developed a new Standard for insurance contracts.

### Applying generally applicable IFRS Standards

BC9　Insurance contracts are excluded from the scope of many existing IFRS Standards that might otherwise apply to such contracts, including Standards on:

　　(a)　revenue (see IFRS 15 *Revenue from Contracts with Customers*);

　　(b)　liabilities (see IAS 37 *Provisions, Contingent Liabilities and Contingent Assets*); and

　　(c)　financial instruments (see IFRS 9 *Financial Instruments* and IAS 32 *Financial Instruments: Presentation*).

BC10　If the Board extended the scope of existing IFRS Standards to include insurance contracts, an entity would need to:

　　(a)　identify service components and investment components within each premium that it receives. The Board decided that it would be difficult for an entity to routinely separate components of an insurance contract, and setting requirements to do so would result in complexity. Such separation would also ignore interdependencies between components, with the result that the sum of the values of the components may not always equal the value of the contract as a whole, even on initial recognition.

　　(b)　account for the service component in applying IFRS 15. As noted in paragraph BC26(a), the Board decided that the results of IFRS 17 are broadly consistent with those of IFRS 15, subject to requiring additional remeasurement. But the Board also decided that:

　　　　(i)　the specific requirements of IFRS 17 are necessary to determine how to account for particular aspects of insurance contracts.

　　　　(ii)　the additional remeasurement is necessary to give relevant information; for example, information about the financial aspects of insurance contracts that are more significant for many insurance contracts than for contracts in the scope of IFRS 15. In particular, when applying IFRS 17, changes in financial assumptions will be recognised earlier for some insurance contracts than they would be when applying IFRS 15.

　　(c)　account for its liability for incurred claims in applying IAS 37. IAS 37 would require the measurement of the liability to reflect current estimates of cash flows and a current market-based discount rate, which would reflect risks specific to the liability. This measurement would be broadly consistent with the requirements in IFRS 17 for the measurement of the liability for incurred claims.

(d) apply the financial instruments Standards to the investment component. If an entity accounted for the investment components of an insurance contract in the same way it accounts for other financial liabilities, it would, consistent with IFRS 17, not recognise principal deposited as revenue and would account separately for embedded options and guarantees when so required by IFRS 9. However, it would also:

  (i) measure the investment components at fair value through profit or loss or at amortised cost, as applicable. The Board decided that measuring all interrelated cash flows using the same current value measurement required by IFRS 17 provides more useful information.

  (ii) measure the investment components so that the fair value of the investment component would be no less than the amount payable on demand, discounted from the first date the payment could be required (the deposit floor). This is discussed in paragraphs BC165–BC166.

  (iii) recognise, for investment components measured at fair value through profit or loss, the costs of originating contracts as an expense when incurred, with no corresponding gain at inception. For investment components measured at amortised cost, incremental transaction costs relating to the investment component would reduce the initial carrying amount of that liability. The treatment of insurance acquisition cash flows applying IFRS 17 is discussed in paragraphs BC175–BC184K.

BC11 Overall, applying generally applicable IFRS Standards would provide useful information for users of financial statements and would be relatively easy to apply to insurance contracts for which there is no significant variability in outcomes and no significant investment component. This is because, in those cases, the issues arising with IFRS 15 and IFRS 9 discussed above would not occur. However, simply applying generally applicable Standards would be difficult and would produce information of limited relevance for other types of insurance contracts. In contrast, the model required by IFRS 17 can be applied to all types of insurance contracts.

BC12 Although the Board has rejected an approach that requires routine separation of components of an insurance contract, IFRS 17 requires some components of an insurance contract to be separated if the cash flows attributable to the individual components are distinct. In those cases, the problems created by interdependencies are less significant. The requirements for separating and measuring non-insurance components of an insurance contract are discussed in paragraphs BC98–BC114.

## Selecting an existing model

BC13 Some stakeholders, mainly from the United States (US), suggested that the Board develop an approach based on existing US generally accepted accounting principles (US GAAP) for insurance contracts. The Board rejected this suggestion because such an approach would be based on the type of entity issuing the contract and on numerous standards developed at different times. In addition, although US GAAP is widely used as a basis for accounting for insurance contracts, it was developed in the context of US insurance products and the US regulatory environment. Further, when IFRS 17 was developed, the US Financial Accounting Standards Board was working on a project to improve, simplify and enhance the financial reporting requirements for long-term insurance contracts issued by entities applying US GAAP.

BC14 The Board also decided that it would be inappropriate to account for insurance contracts using other national insurance accounting models because many such models:

(a) do not use current estimates of all cash flows;

(b) require no explicit risk measurement, even though risk is the essence of insurance;

(c) fail to reflect the time value or the intrinsic value of some or all embedded options and guarantees, or else they measure time value or intrinsic value in a way that is inconsistent with current market prices;

(d) lack global acceptance; and

(e) present an entity's financial performance, particularly for life insurance, in a manner difficult for users of financial statements to understand.

BC15 The Board considered whether regulatory requirements already being used by insurers could form the basis of the requirements in IFRS 17 for financial reporting purposes. However, the Board noted that:

(a) although some regulatory requirements require current market-consistent measurement of future cash flows, their focus is on solvency, and they do not consider reporting of financial performance. Hence, for example, the measurement required by Solvency II, a regulation adopted by the European Union, is broadly consistent with the measurement of the fulfilment cash flows required by IFRS 17. However, Solvency II does not consider the determination or reporting of an entity's financial performance over time, which under IFRS 17 is achieved through the contractual service margin.

(b) regulatory requirements may include simplifications and practical expedients that are appropriate in the context of the regulatory regime in which they were developed, but which may not be appropriate in an international financial reporting environment.

(c) regulatory reporting frequently includes jurisdiction-specific requirements, which accommodate issues specific to that jurisdiction, including policy objectives.

## Overview of the approach taken in the Standard

BC16 IFRS 17 reflects the Board's view that an insurance contract combines features of both a financial instrument and a service contract. In addition, many insurance contracts generate cash flows with substantial variability over a long period. To provide useful information about these features, the Board developed an approach that:

(a) combines current measurement of the future cash flows with the recognition of profit over the period that services are provided under the contract (see paragraphs BC18–BC26);

(b) presents insurance service results (including presentation of insurance revenue) separately from insurance finance income or expenses (see paragraphs BC27–BC37); and

(c) requires an entity to make an accounting policy choice at a portfolio level of whether to recognise all insurance finance income or expenses in profit or loss or to recognise some of that income or expenses in other comprehensive income (see paragraphs BC38–BC49).

BC17 The Board developed this approach rather than a fair value model. Fair value is the price that would be received to sell an asset or paid to transfer a liability in an orderly transaction between market participants at the measurement date (see IFRS 13 *Fair Value Measurement*). However, many stakeholders suggested that such an approach places too much emphasis on hypothetical transactions that rarely happen. Therefore, IFRS 17 requires an entity to measure insurance contracts in a way that reflects the fact that entities generally fulfil insurance contracts directly over time by providing services to policyholders, rather than by transferring the contracts to a third party.

## Measurement of insurance contracts and recognition of profit

BC18 An insurance contract typically combines features of a financial instrument and a service contract in such a way that those components are interrelated. Hence, the Board concluded that entities should not unbundle the components and account for them separately, except as discussed in paragraphs BC98–BC114. Instead, the Board developed requirements to account for both the financial and service components without unbundling them. Measurement at current value is consistent with the requirements for comparable financial instruments. Recognising profit at the same time services are provided is consistent with IFRS 15. Therefore, IFRS 17 requires an entity to measure insurance contracts at:

(a) a current risk-adjusted present value that incorporates all reasonable and supportable information available without undue cost or effort about the future cash flows, in a way that is consistent with observable market information (the fulfilment cash flows (see paragraphs BC19–BC20)); and

(b) an amount representing the unearned profit in the contracts relating to services still to be provided (the contractual service margin (see paragraphs BC21–BC26)).

### Fulfilment cash flows (paragraphs 33–37 of IFRS 17)

BC19 The current value of the fulfilment cash flows allocated to a group of insurance contracts includes:

(a) a current, unbiased estimate of the future cash flows expected to fulfil the insurance contracts. The estimate of future cash flows reflects the perspective of the entity, provided that the estimates of any relevant market variables are consistent with the observable market prices for those variables (see paragraphs BC147–BC184N).

(b) an adjustment for the time value of money and the financial risks associated with the future cash flows, to the extent that the financial risks are not included in the estimate of the future cash flows. For example, if the cash flows being discounted are an estimate of the probability-weighted average (the mean), that mean itself does not include an adjustment for risk, and any financial risk (ie uncertainty relating to financial risk on whether the ultimate cash flows will equal the mean) will be included in the discount rate (a risk-adjusted rate). If, in contrast, the cash flows being discounted are an estimate of the mean with an adjustment to reflect uncertainty related to financial risk, the discount rate will be a rate that reflects only the time value of money (ie not adjusted for risk). The discount rates are consistent with observable current market prices for instruments whose cash flow characteristics are consistent with the estimates of the cash flows of the insurance contracts. The discount rates also exclude the effects of any factors that influence observable market prices but are not relevant to the estimates of the cash flows of the insurance contracts (see paragraphs BC185–BC205B).

(c) an adjustment for the effects of non-financial risk, referred to as a risk adjustment for non-financial risk. The risk adjustment for non-financial risk is defined as the compensation that the entity requires for bearing the uncertainty about the amount and timing of the cash flows that arises from non-financial risk (see paragraphs BC206–BC217).

BC20 The underlying objective of the Board's approach to the measurement of the fulfilment cash flows is to achieve consistent measurement with current market information when possible. That market-consistent measurement includes any options and guarantees embedded in the insurance contracts. The Board decided that the use of a market-consistent current value measurement model for the fulfilment cash flows is desirable because it provides the most relevant information about:

(a) fulfilment cash flows, by incorporating all reasonable and supportable information available without undue cost or effort on a timely basis; and, hence,

(b) changes in the fulfilment cash flows, including changes in the economic value of options and guarantees embedded in insurance contracts. This means that there is no need for a separate liability adequacy test.

## Contractual service margin on initial recognition (paragraphs 38 and 47 of IFRS 17)

BC21 On initial recognition, the contractual service margin is an amount that reflects the excess of the consideration charged for a group of insurance contracts over the risk-adjusted expected present value of the cash outflows expected to fulfil the group of contracts and any insurance acquisition cash flows incurred before the recognition of the group of contracts. It depicts the profit that the entity expects to earn by providing the services promised under the contracts in the group over the duration of the coverage of the group.[1] Accordingly, IFRS 17 does not permit the entity to recognise that excess as a gain on initial recognition, but instead requires the entity to recognise that gain as the entity satisfies its obligation to provide services over the coverage period. However, if a group of contracts is onerous on initial recognition, IFRS 17 requires an entity to recognise a loss immediately (see paragraph BC284). Accordingly, if a group of contracts is onerous on initial recognition, no contractual service margin would be recognised. This reflects the Board's view that the carrying amount of a group of insurance contracts should reflect the obligation of the entity to provide future service, and that amount should be at least equal to the fulfilment cash flows. This is consistent with the approach to the recognition of profits and losses on contracts with customers required in IFRS 15.

## Subsequent measurement and recognition of profit (paragraphs 40–46 of IFRS 17)

BC22 After initial recognition, IFRS 17 requires the measurement of the fulfilment cash flows to reflect estimates based on current assumptions, for the reasons set out in paragraphs BC20 and BC155.

BC23 After initial recognition, IFRS 17 also requires an entity to recognise specified changes in the contractual service margin for a group of insurance contracts. These changes depict changes in the future profit to be earned from providing services under the contracts, and include:

---

[1] In June 2020, the Board amended IFRS 17 to require an entity to recognise an amount of the contractual service margin in profit or loss in each period to reflect the insurance contract services provided in that period (see paragraphs BC283A–BC283J).

(a) changes in the estimates of the fulfilment cash flows that relate to future service (see paragraphs BC222–BC269C);

(b) the effect of the time value of money on the contractual service margin (see paragraphs BC270–BC276E) and, for insurance contracts with direct participation features, changes in the entity's share of the underlying items (see paragraphs BC238–BC263);

(c) the effect of changes in foreign currency exchange rates on the contractual service margin (see paragraphs BC277–BC278); and

(d) the profit earned in the period from providing services (see paragraphs BC279–BC283J).

BC24 Although the service and financial components of an insurance contract are not separated for measurement on initial recognition, the Board decided that changes in the carrying amount of the insurance contract have different information value, depending on the nature of the change. As a result of the combined treatment of the changes in the fulfilment cash flows and the changes in the contractual service margin:

(a) changes in estimates that relate to future service only affect the measurement of the total liability[2] to the extent they make a group of insurance contracts onerous (except as described in paragraph BC275);

(b) changes in estimates relating to current period and past period service are recognised in profit or loss (see paragraphs BC224(c) and BC232–BC236); and

(c) changes in estimates arising from assumptions that relate to financial risks, including the effects of changes in discount rates, are recognised in profit or loss, or profit or loss and other comprehensive income, in the period in which the change occurs (except for some such changes for insurance contracts with direct participation features (see paragraphs BC238–BC247)).

BC25 The total carrying amount of a group of insurance contracts (ie the fulfilment cash flows plus the contractual service margin) can be regarded as having the following components:

(a) a liability for remaining coverage, being the portion of the fulfilment cash flows that relates to coverage that will be provided under the contracts in future periods, plus the remaining contractual service margin, if any;[3] and

(b) a liability for incurred claims, being the fulfilment cash flows for claims and expenses already incurred but not yet paid.

BC26 Overall, the measurement required by IFRS 17 results in:

(a) the measurement of the liability for remaining coverage and the resulting profit and revenue recognition being broadly consistent with IFRS 15, except that:

(i) for insurance contracts without direct participation features—the measurement is updated for changes in financial assumptions; and

(ii) for insurance contracts with direct participation features—the measurement is updated for changes in the fair value of the items in which the entity and the policyholder participate; and

---

[2] Insurance contracts can be assets or liabilities depending on the timing of their cash flows. For simplicity, this Basis generally describes the carrying amount as a liability.

[3] In June 2020, the Board amended the definition of a liability for remaining coverage to include amounts for which an entity will provide investment-return service or investment-related service (see paragraphs BC283A–BC283J).

## Presentation of insurance revenue (paragraphs 83, 85 and B120–B127 of IFRS 17)

BC27 The determination of revenue under previous insurance accounting practices varied across jurisdictions and often resulted in the presentation of revenue amounts that could not be easily compared with the information reported by other entities, either in the insurance industry or in other industries. Two common factors that resulted in this lack of comparability were:

(a) the accounting of deposits as revenue; and

(b) the recognition of revenue on a cash basis.

BC28 In contrast, IFRS 17 requires entities to present revenue for insurance contracts determined in a way that is broadly consistent with the general principles in IFRS 15. Consistent with that Standard, an entity depicts revenue for the transfer of promised coverage and other services at an amount that reflects the consideration to which the entity expects to be entitled in exchange for the services. This means that the entity:

(a) excludes from insurance revenue any investment components; and

(b) recognises insurance revenue in each period as it satisfies the performance obligations in the insurance contracts.

BC29 IFRS 17, consistent with IFRS 15, requires that the statement of financial position reports the asset or liability for a group of insurance contracts, and the statement(s) of financial performance reports the progress towards satisfaction of the performance obligations in the contracts:

(a) IFRS 15 establishes the amount of revenue to be recognised each period and adjusts the contract asset or contract liability at the start of the period by the amount of revenue recognised to measure the contract asset or contract liability at the end of the period; and

(b) IFRS 17 requires a measurement model that establishes the carrying amount of the asset or liability for the group of insurance contracts at the start and end of the reporting period. The amount of insurance revenue presented is determined by reference to these two measurements.

BC30 The Board decided that determining insurance revenue in this way makes the financial statements of entities that issue insurance contracts more understandable and more comparable with other entities. It also increases comparability among entities that issue insurance contracts. Both this approach and the simpler premium allocation approach (see paragraphs BC288–BC295) allocate customer consideration in a way that reflects the transfer of services provided under the contract. As a result, the insurance revenue presented for contracts accounted for using the general requirements in IFRS 17 can be meaningfully combined with the insurance revenue for contracts accounted for using the premium allocation approach. Many users of financial statements use measures of revenue to provide information about the volume of business and gross performance.

BC31 The Board considered the view that lack of comparability between the presentation of insurance results and revenue amounts reported by entities in other sectors would not be a significant disadvantage to users of financial statements of entities that issue insurance contracts. In the view of some, users of financial statements do not typically compare the results of entities that issue insurance contracts with those of other entities. Instead, they argue that many users of financial statements that specialise in the insurance sector rely on the disaggregated information in the notes to the financial statements. Therefore, those who held this view expected users of financial statements to derive little value from the information reported in the statement(s) of financial performance because:

(a) the accounting models for life insurance contracts, unlike those for other transactions, typically measure the profit from insurance contracts directly through the changes in the insurance contract liability. In contrast, the profit from other transactions is measured as the difference between revenue and expenses.

(b) measures of total premiums that include both revenue and investment components are considered by some to be the most meaningful measure of gross performance and growth for insurance contracts. Such measures give information about the total increase in assets under management. However, those with this view accept that this measure is inconsistent with usual concepts of revenue and therefore accept that this information should not be presented in the statement(s) of financial performance. Applying IFRS 17, this would instead be reported in the notes to the financial statements and elsewhere.

BC32 The Board rejected this view. The Board hopes that the changes brought in by IFRS 17 will enable a wider range of users to understand financial statements of entities that issue insurance contracts and compare them with financial statements of other entities. Alternative approaches to the presentation of revenue considered but also rejected by the Board are discussed in paragraphs BC332–BC339.

## Excluding investment components from insurance revenue and incurred claims (paragraph 85 of IFRS 17)

BC33 An investment component is an amount that the insurance contract requires the entity to repay to the policyholder even if an insured event does not occur.[4] Such obligations, if not included within an insurance contract, would be measured and presented in accordance with IFRS 9. The Board decided that when an investment component is interrelated with the insurance components in an insurance contract, it is appropriate to measure both the investment component and the insurance component in accordance with IFRS 17, for the reasons set out in paragraphs BC10(a) and BC108. However, the Board decided that it would not faithfully represent the similarities between financial instruments within the scope of IFRS 9 and investment components embedded in insurance contracts within the scope of IFRS 17 if an entity were to present the receipts and repayments of such investment components as insurance revenue and incurred claims. To do so would be equivalent to a bank recognising a deposit as revenue and its repayment as an expense. Accordingly, the requirements of the Standard exclude such investment components from insurance revenue and incurred claims.[5]

BC34 To achieve this without separating the investment component for measurement purposes, the Board decided to identify the investment components only at the time revenue and incurred claims are recognised, and to exclude the amounts so identified. In doing this, the Board considered defining the investment component as (a) the amount that the contract requires to be repaid when no insured event occurs, rather than (b) the amount that would be repaid even if an insured event does not occur. For example, if the entity pays the higher

---

[4] In June 2020, the Board amended the definition of an investment component to clarify that an investment component is the amounts that an insurance contract requires the entity to repay to a policyholder in all circumstances, regardless of whether an insured event occurs (see paragraph BC34A).

[5] In June 2020, the Board amended paragraph B123 of IFRS 17 to clarify that changes caused by cash flows from loans to policyholders do not give rise to insurance revenue. This treatment is similar to the treatment of investment components.

of an account balance and a fixed amount in the event of a policyholder's death, using the definition in (a) the whole of the payment that results from the policyholder's death would be regarded as relating to the insurance component rather than to the investment component. Using the definition in (a) has the practical advantage that an entity would need to identify cash flows relating to an investment component only if it made a payment in the absence of an insured event. However, the Board decided that defining an investment component in this way does not faithfully represent the fact that the amount accumulated in the account balance through deposits by the policyholder is paid to the policyholder in all circumstances, including in the event of the policyholder's death. In the Board's view, the insurance benefit is the additional amount that the entity would be required to pay if an insured event occurs.

### Amendments to IFRS 17—definition of an investment component

BC34A  In June 2020, the Board amended the definition of an investment component to clarify that an investment component is the amounts that an insurance contract requires the entity to repay to a policyholder in all circumstances, regardless of whether an insured event occurs (see paragraph BC34). A discussion at a meeting of the Transition Resource Group for IFRS 17 suggested that the wording of the definition before the amendment did not capture fully the explanation in paragraph BC34.

## Recognising revenue as the entity satisfies its performance obligations (paragraphs 83 and B120–B127 of IFRS 17)

BC35  The Board noted the inherent challenges for some insurance contracts in identifying and measuring progress in satisfying the performance obligations during the period; for example, for stop-loss contracts and for contracts that include financial guarantees. However, the liability for remaining coverage represents the obligation to provide coverage for a future period and other services needed to fulfil the contract. As a result, recognising insurance revenue to the extent of a reduction in the liability for remaining coverage, adjusted to eliminate changes that do not relate to the satisfaction of the performance obligation, would faithfully represent the entity's performance in providing services. The adjustments to the liability for remaining coverage exclude from total insurance revenue the part of the change in the liability for remaining coverage that does not relate to cash flows expected to generate revenue; for example, insurance finance income or expenses, and losses on groups of onerous contracts. These adjustments ensure that the total insurance revenue presented over the duration of the group of insurance contracts is the same as the premiums received for services, adjusted for a financing component.

BC36  The Board considered whether each period's coverage should be treated as a separate performance obligation or whether the coverage for the entire contract should be regarded as a single performance obligation that would be satisfied over time. When considering the principle from IFRS 15, the Board concluded that the obligation to provide coverage in any particular part of the entire coverage period would generally not be a separate performance obligation, and the coverage and services provided over the whole duration of the contract would generally be treated as a single performance obligation that is satisfied over time. Hence, a change in the pattern of expected cash flows results in the entity updating its measure of progress and adjusting the amount of revenue recognised accordingly. That approach is also consistent with the requirements in IFRS 17 to adjust the contractual service margin for changes in estimates of cash flows relating to future service (see paragraphs BC222–BC226).

BC37  A consequence of the decision to measure the satisfaction of the entity's performance obligations in each period using the change in the measurement of the liability for remaining coverage during each period is that insurance revenue will be recognised partly on the basis of the expected claims and benefits. Some expressed concern about this and hence questioned whether the service provided by an insurance contract was adequately represented by the change in the measurement of an entity's obligation. Rather, they thought that revenue (the gross amount) ought to be determined independently of changes in the obligation (the net amount). One way of doing this would be to use time-based methods for measuring progress, such as those typically used for other contracts. However, the Board concluded that time-based methods of allocating premiums would not reflect the fact that the value of the services provided in each period may differ. Instead, the Board noted that the amount reported as the liability for remaining coverage represents the value of the obligation to provide services. The Board therefore concluded that the reduction in the liability for remaining coverage is a reasonable representation of the value of the performance obligation to provide services that was satisfied in the period. The reduction in the liability for remaining coverage includes an allocation of the contractual service margin to reflect the services provided in the period. That allocation reflects the quantity of benefits provided and duration of contracts in a group. The other changes in the liability for remaining coverage that represent revenue for the period are measured using current assumptions. The total change in the liability for remaining coverage that represents revenue therefore faithfully represents the amount of insurance revenue that the entity is entitled to.

## Presentation of insurance finance income or expenses (paragraphs 87–92 and B128–B136 of IFRS 17)

BC38  Insurance finance income or expenses comprise the changes in the carrying amount of the asset or liability for a group of insurance contracts arising from:

(a) the effect of the time value of money and changes in the time value of money; and

(b) the effect of financial risks and changes in financial risks; but

(c) excluding any such effects for groups of insurance contracts with direct participation features that would normally adjust the contractual service margin but do not do so because the group of insurance contracts is onerous. These effects are recognised as part of the insurance service result, for the reasons given in paragraph BC247.

BC39  The definition of financial risk in IFRS 17 is unchanged from that in IFRS 4. To provide clarity on the treatment of assumptions about inflation when applying IFRS 17, the Board decided to specify that for the purposes of IFRS 17:

(a) assumptions about inflation based on an index of prices or rates or on prices of assets with inflation-linked returns are financial assumptions; and

(b) assumptions about inflation based on an entity's expectation of specific price changes are non-financial assumptions.

BC40  The Board has not considered whether this specification would be appropriate outside the context of IFRS 17.

BC41  Consistent with the requirement in IAS 1 *Presentation of Financial Statements* to present finance costs separately, an entity is required to present insurance finance income or expenses separately from the insurance service result. Doing so provides useful information about different aspects of the entity's performance.

BC42 IFRS 17 requires entities to make an accounting policy choice for each portfolio on how to present insurance finance income or expenses. Such income or expenses for a portfolio of insurance contracts is either all included in profit or loss or is disaggregated between profit or loss and other comprehensive income. If disaggregated, the amount in profit or loss is based on a systematic allocation of the expected total finance income or expenses over the duration of the groups of insurance contracts in the portfolio. The systematic allocation is based on the characteristics of the insurance contracts, without reference to factors that do not affect the cash flows expected to arise under the contracts. For example, the allocation of the insurance finance income or expenses should be based on expected recognised returns on assets only if those expected recognised returns affect the cash flows of the contracts. (In specific circumstances, an amount that eliminates accounting mismatches is included in profit or loss rather than an amount based on a systematic allocation (see paragraph BC48)).

BC43 The Board decided to allow entities to choose an accounting policy for the presentation of insurance finance income or expenses to balance the sometimes competing demands of understandability and comparability. By allowing an accounting policy choice, the Board:

(a) acknowledges that it could be appropriate for an entity to disaggregate the effect of changes in assumptions that relate to financial risks between profit or loss and other comprehensive income by presenting the insurance finance income or expenses in profit or loss using a systematic allocation based on the characteristics of the insurance contract;

(b) but also:

　(i) acknowledges that an inherent feature of such a systematic allocation in profit or loss is that accounting mismatches are likely to arise; hence, an accounting policy choice allows entities to avoid such mismatches by permitting them to present the insurance finance income or expenses using a current measurement basis; and

　(ii) allows entities to avoid the costs and complexity of using other comprehensive income when the benefits of doing so do not outweigh those costs (because permitting entities to present the total insurance finance income or expenses in a period in profit or loss allows entities to avoid additional calculations to derive separate amounts to be presented in profit or loss and other comprehensive income).

BC44 The Board noted that, in selecting an accounting policy, entities would need to apply judgement regarding the policy's relative benefits and costs. The Board decided to require entities to make the accounting policy choice for each portfolio because a key factor in making the choice will be what assets the entity regards as backing the insurance contracts. The Board received feedback that many entities regard the choice of strategies for assets backing insurance contracts to be driven by the differences between portfolios of insurance contracts. Hence, an entity might hold financial assets measured at fair value through other comprehensive income for one portfolio, and for another portfolio, hold financial assets measured at fair value through profit or loss. Accordingly, an option applied to portfolios of insurance contracts would allow entities to reduce accounting mismatches. The Board concluded that even if it were to allow an accounting policy choice, entities within the same jurisdiction are likely to remain comparable because they are likely to issue similar products and adopt similar asset strategies for those products. Thus, the entities are likely to make similar accounting policy choices.

BC45 Alternative approaches to the presentation of insurance finance income or expenses considered but rejected by the Board are discussed in paragraphs BC340–BC342C.

## Basis of disaggregation (paragraphs B129–B136 of IFRS 17)

BC46  Allowing an accounting policy choice on whether to present in profit or loss insurance finance income or expenses using a systematic allocation raises the question of what constitutes a systematic allocation.

BC47  The Board considered a cost-based presentation approach and discussed various practical methods of determining a cost measurement basis for the insurance finance income or expenses. However, the Board concluded that some potentially appropriate approaches, such as some projected crediting methods, could not be described as cost measurements. Instead, the Board decided to set an objective for disaggregating the insurance finance income or expenses of a systematic allocation based on the characteristics of the insurance contracts. The Board considered whether this disaggregation objective alone would be sufficient, given the variety of contracts and the need to tailor more specific requirements to the features of different contracts. However, the Board concluded that a lack of prescribed methods might result in a lack of comparable information. Therefore the Board set out constraints on how a systematic allocation should be determined in paragraphs B130–B133 of IFRS 17.

BC48  An inherent feature of any systematic allocation of insurance finance income or expenses based on the characteristics of a group of insurance contracts is potential accounting mismatches between the insurance contracts and the finance income or expenses on assets held by the entity. The only way of completely eliminating such accounting mismatches for all insurance contracts would be to measure both the insurance contracts and the assets using the same measure of current value and to include all finance income or expenses in profit or loss. The Board rejected such an approach for the reasons set out in paragraph BC340. However, for insurance contracts for which there can be no economic mismatch with the assets held, it is possible to eliminate accounting mismatches between the insurance contracts and the assets in a different way, by using the current period book yield. The current period book yield is the change in the carrying amount of assets regarded as backing the insurance contracts, recognised in profit or loss for the period. The Board concluded that this approach is appropriate only for groups of insurance contracts for which there can be no economic mismatch with the assets held; ie groups of insurance contracts with direct participation features as defined in IFRS 17 if the entity holds the underlying items. The Board concluded this approach is inappropriate for other insurance contracts for the reasons set out in paragraph BC342.

BC49  If an entity fulfils its obligations under the contracts in the group, the systematic allocation required by IFRS 17 means that the cumulative amount recognised in other comprehensive income over the duration of the group equals zero. To achieve this outcome if an entity transfers a group of insurance contracts before the fulfilment of all the contracts in the group, IFRS 17 requires that the cumulative amount recognised in other comprehensive income by the date of the transfer should be reclassified to profit or loss at the date of the transfer. The Board considered whether the same requirement should apply to groups of insurance contracts to which the current period book yield applies. However, the Board noted that the cumulative amount recognised in other comprehensive income over the duration of a group that is not transferred will not necessarily equal zero under the current period book yield. The Board concluded that to achieve the objective of the current period book yield, which is to eliminate accounting mismatches between the insurance contracts and the assets held, no amounts should be reclassified from other comprehensive income to profit or loss on a transfer of a group beyond any such amounts arising because of the change in carrying amount of the assets recognised in profit or loss in the period of the transfer.

## Pervasive issues

BC50  In developing the approach outlined in paragraph BC16, the Board considered the following pervasive issues:

(a) the level of aggregation;

(b) accounting mismatches; and

(c) the complexity of the Standard.

### The level of aggregation

BC51  An entity's rights and obligations arise from individual contracts with policyholders. However, a fundamental aspect of much insurance activity is that the entity issues a large number of similar contracts knowing that some will result in claims and others will not. The large number of contracts reduces the risk that the outcome across all the contracts will differ from that expected by the entity. This aspect of insurance activity, combined with the requirements of IFRS 17 that require different timing of recognition of gains and losses (for example losses on onerous contracts are recognised earlier than gains on profitable contracts), means that the level of aggregation at which contracts are recognised and measured is an important factor in the representation of an entity's financial performance.

BC52  In reaching a decision on the level of aggregation, the Board balanced the loss of information inevitably caused by the aggregation of contracts with the usefulness of the resulting information in depicting the financial performance of an entity's insurance activities and with the operational burden of collecting the information (see paragraphs BC115–BC139T).

### Accounting mismatches

BC53  The Board decided to set the scope of IFRS 17 as insurance contracts rather than insurance entities for the reasons set out in paragraphs BC63–BC64. The Board was aware that the development of an accounting model for insurance contracts would inevitably result in possible accounting mismatches because of the different basis of accounting for assets and liabilities in other Standards. Nonetheless the Board has minimised the extent of accounting mismatch, when possible, while recognising this limitation. Particular consideration was given to potential or perceived accounting mismatches arising from:

(a) the presentation of insurance finance income or expenses (see paragraphs BC38–BC49);

(b) risk mitigation activities (see paragraphs BC54–BC55);

(c) the measurement of underlying items for insurance contracts with direct participation features (see paragraph BC56); and

(d) reinsurance (see paragraph BC298).

BC54  Some stakeholders noted that the approach to accounting for risk mitigation activities in IFRS 17 does not fully eliminate accounting mismatches. In particular:

(a) some requested that the Board create a hedge accounting solution for insurance contracts without direct participation features;

(b) some noted that the Board is researching a model for dynamic risk management, and suggested aligning the projects; and

(c) some noted that the application of the risk mitigation requirements on a prospective basis would not eliminate accounting mismatches for relationships that started before the date of initial application.

BC55 The Board's decisions on risk mitigation techniques related to insurance contracts with direct participation features reduce the accounting mismatches that were introduced by the variable fee approach by providing an option to align the overall effect of the variable fee approach more closely to the model for other insurance contracts (see paragraphs BC250–BC256H). However, the Board concluded that it would not be appropriate to develop a bespoke solution for all hedging activities for insurance contracts, noting that such a solution should form part of a broader project. The Board did not want to delay the publication of IFRS 17 pending finalisation of that broader project. The Board also concluded that a prospective basis was necessary for the application of the risk mitigation requirements on transition, for the reasons set out in paragraph BC393.

BC56 Insurance contracts with direct participation features are measured by reference to the fair value of the underlying items (see paragraphs BC238–BC249D). This measurement reflects the investment-related nature of the contracts. Applying IFRS Standards, many underlying items will also be measured at fair value. The Board also decided to amend some IFRS Standards to enable additional underlying items to be measured at fair value (see paragraph BC65(c)). However, there could still be underlying items that cannot be measured at fair value applying IFRS Standards; for example, other insurance contracts or net assets of a subsidiary. The Board noted that all such mismatches would be eliminated only if all assets and liabilities were recognised and measured at fair value.

## Complexity of the Standard

BC57 The Board acknowledges that the following important aspects of IFRS 17 add complexity to the Standard, compared with the original proposals in the 2007 Discussion Paper:

(a) the existence and treatment of the contractual service margin, including:

(i) recognising it as profit over the coverage period of the contracts (see paragraph BC59);

(ii) adjusting it for changes in estimates of cash flows relating to future service, with different requirements for different types of insurance contracts (see paragraph BC60); and

(iii) the consequent need for a specified level of aggregation (see paragraphs BC51–BC52).

(b) the statement(s) of financial performance presentation, including:

(i) the presentation of revenue on a basis consistent with IFRS 15 (see paragraph BC61); and

(ii) the option to disaggregate insurance finance income or expenses between profit or loss and other comprehensive income (see paragraph BC62).

BC58 For each aspect, the Board was persuaded by stakeholder feedback that the requirements in IFRS 17 are necessary to provide useful information about insurance contracts issued by an entity.

BC59 The recognition of the contractual service margin as profit over the coverage period, rather than as a gain immediately on initial recognition of the group of insurance contracts, adds complexity for preparers because they will need to track and allocate the contractual service margin. This method of recognising the contractual service margin also may add complexity for users of financial statements because of the need to understand the amounts recognised in the statement of financial position and in the statement(s) of financial performance. However, the Board concluded that recognition of the profit in the group of insurance contracts over the coverage period is necessary to represent faithfully an entity's financial performance over the coverage period.

BC60 The requirement to adjust the contractual service margin for changes in estimates relating to future service increases complexity for both users and preparers of financial statements. For users of financial statements, complexity may arise from the need to understand how gains and losses arising from events of previous years affect current-year profit or loss. For preparers of financial statements, complexity arises from the need to identify the changes in estimates of future cash flows that adjust the contractual service margin separately from changes in estimates that do not adjust the contractual service margin. For both, a particular source of complexity arises from the distinction between changes in estimates relating to future service and changes relating to past service. That distinction may be subjective and may vary according to when the entity makes the change in estimate. An entity adjusts the contractual service margin for a change in estimates of cash flows that is made before the cash flows occur. In contrast, the entity recognises an experience adjustment in profit or loss and does not adjust the contractual service margin if there is no change in estimate before the cash flows occur. However, in the light of the feedback received, the Board concluded that adjusting the contractual service margin for changes in future service provides relevant information about the unearned profit in the group of insurance contracts and is consistent with the approach in IFRS 15 (see paragraphs BC222–BC224).

BC61 The requirement to present insurance revenue in the financial statements increases complexity for preparers because entities must identify investment components and exclude them from insurance revenue and from incurred claims presented in the statement of profit or loss. Some preparers expressed concern about the operational challenges of compliance. However, the Board decided that these potential challenges are outweighed by the following benefits of the requirements:

(a) distinguishing insurance revenue from investment components provides significant benefits for users of financial statements. For example, many users have indicated that if entities reported investment components as revenue, they would overstate revenue and could distort performance measures such as combined ratios. Such reporting would also hamper comparability between insurers and entities in other industries.

(b) measuring insurance revenue to depict the consideration the entity expects to receive in exchange for providing services would increase consistency between the measurement and presentation of insurance revenue and the revenue from other types of contracts with customers within the scope of IFRS 15. Such a measurement would reduce the complexity of financial statements overall.

BC62 Requiring an entity to make an accounting policy choice on how to present insurance finance income or expenses introduces complexity for both preparers of financial statements, who have to assess what choice to make, and for users of financial statements who have to understand what choice has been made and its implications on the amounts presented. The Board had proposed requiring insurance finance income or expenses to be disaggregated between profit or loss and other comprehensive income. However, the Board was persuaded that the balance between the costs and benefits of such disaggregation will vary significantly across entities depending on the type of insurance contracts that they issue and the information that the users of their financial statements find most useful. The Board therefore concluded that it should leave the assessment of that balance to be made by the entity.

# Scope of the Standard and definition of insurance contracts (paragraphs 3–8A and B2–B30 of IFRS 17)

BC63  Some argued that IFRS 17 should deal with all aspects of financial reporting by entities that issue insurance contracts to ensure that the financial reporting is internally consistent. They noted that regulatory requirements often cover all aspects of an entity's insurance business, as do some national accounting requirements. However, the Board decided that IFRS 17 should apply only to insurance contracts and should be applicable to all entities holding those contracts. The Board decided to base its approach on the type of activity rather than on the type of the entity because:

  (a)  a robust definition of an insurer that could be applied consistently from country to country would be difficult to create;

  (b)  entities that might meet the definition frequently have major activities in other areas as well as in insurance, and would need to determine how and to what extent these non-insurance activities would be accounted for in a manner similar to insurance activities or in a manner similar to how other entities account for their non-insurance activities;

  (c)  if an entity that issues insurance contracts accounted for a transaction in one way and an entity that does not issue insurance contracts accounted for the same transaction in a different way, comparability across entities would be reduced.

BC64  Accordingly, IFRS 17 applies to all insurance contracts (as defined in IFRS 17) throughout the duration of those contracts, regardless of the type of entity issuing the contracts.

BC65  IFRS 17 generally does not set requirements for the other assets and liabilities of entities that issue insurance contracts, because those assets and liabilities fall within the scope of other IFRS Standards. However, IFRS 17 provides the following exceptions:

  (a)  it applies to investment contracts with discretionary participation features, provided that the issuer also issues insurance contracts. In the Board's view, applying the requirements in IFRS 17 provides more relevant information about such contracts than would be provided by applying other Standards. The Board also noted that investment contracts with discretionary participation features are almost exclusively issued by entities that issue insurance contracts (see paragraphs BC82–BC86).

  (b)  it applies to financial guarantee contracts provided they meet the definition of insurance contracts in IFRS 17, the entity has previously asserted that it regards such contracts as insurance contracts and the entity has used accounting that is applicable to insurance contracts for such financial guarantee contracts. The Board noted that it has previously heard incompatible views on the appropriate accounting model for financial guarantee contracts and does not view work in this area as a high priority (see paragraphs BC91–BC94).

  (c)  it amends other IFRS Standards (see Appendix D of IFRS 17) to permit an entity to recognise its own shares as assets and to measure such assets, own debt and owner-occupied property at fair value when held in an investment fund that provides investors with benefits determined by units in the fund or when an entity holds the investment as an underlying item for insurance contracts with direct participation features. The Board decided that for many contracts that specify a link to returns on underlying items, those underlying items include a mix of assets that are almost all measured at fair value through profit or loss. Measurement of own shares, own debt and owner-occupied property at fair value

BC66 IFRS 17 does not set requirements for insurance contracts held by policyholders, other than reinsurance contracts held. Other IFRS Standards include requirements that may apply to some aspects of such contracts. For example, IAS 37 sets requirements for reimbursements from insurance contracts held that provide cover for expenditure required to settle a provision and IAS 16 *Property, Plant and Equipment* sets requirements for some aspects of reimbursement under an insurance contract held that provides coverage for the impairment or loss of property, plant and equipment. Furthermore, IAS 8 *Accounting Policies, Changes in Accounting Estimates and Errors* specifies a hierarchy that an entity should use when developing an accounting policy if no IFRS Standard applies specifically to an item. Accordingly, the Board did not view work on policyholder accounting as a high priority.

## Definition of an insurance contract (paragraph 6, Appendix A and paragraphs B2–B30 of IFRS 17)

BC67 The definition of an insurance contract determines which contracts are within the scope of IFRS 17 and outside the scope of other IFRS Standards. The definition of an insurance contract in IFRS 17 is the same as the definition in IFRS 4, with clarifications to the related guidance in Appendix B of IFRS 4 to require that:

(a) an insurer should consider the time value of money in assessing whether the additional benefits payable in any scenario are significant (see paragraph B20 of IFRS 17 and paragraph BC78); and

(b) a contract does not transfer significant insurance risk if there is no scenario with commercial substance in which the insurer can suffer a loss on a present value basis (see paragraph B19 of IFRS 17 and paragraph BC78).

BC68 The following aspects of the definition of an insurance contract are discussed below:

(a) the definition of a contract (see paragraphs BC69–BC70);

(b) the insurance risk (see paragraphs BC71–BC72);

(c) the insurable interest (see paragraphs BC73–BC75);

(d) the quantity of insurance risk (see paragraphs BC76–BC80); and

(e) the expiry of insurance-contingent rights and obligations (see paragraph BC81).

### Definition of a contract (paragraph 2 of IFRS 17)

BC69 IFRS 17 defines a contract as an agreement between two or more parties that creates enforceable rights and obligations, and explains that contracts can be written, oral or implied by an entity's business practices. IFRS 17 also requires an entity to consider all its substantive rights and obligations, whether they arise from contract, law or regulation. Thus, when referring to contractual terms the effects of law and regulation are also considered. These requirements are consistent with IFRS 15. They apply when an entity considers how to classify a contract and when assessing the substantive rights and obligations for determining the boundary of a contract. However, in measuring a group of insurance contracts, IFRS 17 requires an entity to include estimates of future cash flows that are at the discretion of the entity and hence may not be enforceable. The Board's reasons for requiring such cash flows to be included in the measurement are set out in paragraphs BC167–BC169.

BC70 IFRS 17 is consistent with the Board's principle set out in the 2015 Exposure Draft of *The Conceptual Framework* that contracts should be combined as necessary to report their substance.

## Insurance risk (Appendix A and paragraphs B7–B25 of IFRS 17)

BC71 The definition of an insurance contract in IFRS 17 focuses on the feature unique to insurance contracts—insurance risk.

BC72 Some contracts have the legal form of insurance contracts but do not transfer significant insurance risk to the issuer. IFRS 17 does not treat such contracts as insurance contracts even though the contracts are traditionally described as insurance contracts and may be subject to regulation by insurance supervisors. Similarly, some contracts may contain significant insurance risk and therefore may meet the definition of insurance contracts in IFRS 17, even though they do not have the legal form of insurance contracts. Thus, IFRS 17 adopts a definition of an insurance contract that reflects the contract's economic substance and not merely its legal form.

### Insurable interest (paragraphs B7–B16 of IFRS 17)

BC73 The definition of an insurance contract reflects the risk the entity accepts from the policyholders by agreeing to compensate the policyholders if they are adversely affected by an uncertain event (paragraph B12 of IFRS 17). The notion that the uncertain event must have an adverse effect on the policyholder is known as 'insurable interest'.

BC74 The Board considered whether it should eliminate the notion of insurable interest and replace it with the notion that insurance involves assembling risks into a pool in which they can be managed together. Some argued that doing so would appropriately include the following within the scope of the Standard:

(a) contracts that require payment if a specified uncertain future event occurs, causing economic exposure similar to insurance contracts, whether the other party has an insurable interest or not; and

(b) some contracts used as insurance that do not include a notion of insurable interest, for example, weather derivatives.

BC75 However, the Board decided to retain the notion of insurable interest because without the reference to 'adverse effect', the definition might have captured any prepaid contract to provide services with uncertain costs. Such a definition would have extended the meaning of the term 'insurance contract' beyond its traditional meaning, which the Board did not want to do. The notion of insurable interest is also needed to avoid including gambling in the definition of insurance. Furthermore, it is a principle-based distinction, particularly between insurance contracts and contracts used for hedging.

### Quantity of insurance risk (paragraphs B17–B25 of IFRS 17)

BC76 Paragraphs B17–B25 of IFRS 17 discuss how much insurance risk must be present before a contract qualifies as an insurance contract.

BC77 In developing this material, the Board considered the criteria in US GAAP for a contract to be treated as an insurance contract, which includes the notion that there should be a 'reasonable possibility' of a 'significant loss'. The Board observed that some practitioners use the following guideline when applying US GAAP: a reasonable possibility of a significant loss is at least a 10 per cent probability of a loss of at least 10 per cent of premium.

BC78 However, quantitative guidance risks creating an arbitrary dividing line that results in different accounting treatments for similar transactions that fall marginally on different sides of the line. Quantitative guidance also creates opportunities for accounting arbitrage by encouraging transactions that fall marginally on one side of the line or the other. For these reasons, IFRS 17 does not include quantitative guidance. Instead, noting the criteria applied in US GAAP, the Board decided to add the requirement that a contract transfers insurance risk only if there is a scenario with commercial substance in which the issuer has a possibility of a loss on a present value basis.

BC79 The Board also considered whether it should define the significance of insurance risk by referring to materiality, which the *Conceptual Framework for Financial Reporting*[6] describes as follows:

> Information is material if omitting it or misstating it could influence decisions that users make on the basis of financial information about a specific reporting entity.[7]

However, a single contract, or even a single book of similar contracts, would rarely generate a material loss in relation to the financial statements as a whole. Although entities manage contracts by portfolios, the contractual rights and obligations arise from individual contracts. Consequently, IFRS 17 defines the significance of insurance risk in relation to individual contracts (see paragraph B22 of IFRS 17).

BC80 The Board also rejected the notion of defining the significance of insurance risk by expressing the expected (ie probability-weighted) average of the present values of the adverse outcomes as a proportion of the expected present value of all outcomes, or as a proportion of the premium. This notion had some intuitive appeal because it would include both amount and probability. However, such a definition would have meant that a contract could start as a financial liability and become an insurance contract as time passes or probabilities are reassessed. In the Board's view, it would be too burdensome to require an entity to continuously monitor whether a contract meets the definition of an insurance contract over its duration. Instead, the Board adopted an approach that requires the decision about whether a contract is an insurance contract to be made once only, at contract inception (unless the terms of the contract are modified). The requirements in paragraphs B18–B24 of IFRS 17 focus on whether insured events could cause an entity to pay additional amounts, judged on a contract-by-contract basis. Further, paragraph B25 of IFRS 17 states that an insurance contract remains an insurance contract until all rights and obligations expire.

### Expiry of insurance-contingent rights and obligations

BC81 Some stakeholders suggested that a contract should not be accounted for as an insurance contract if the insurance-contingent rights and obligations expire after a very short time. IFRS 17 addresses aspects of this issue: paragraph B18 of IFRS 17 explains the need to ignore scenarios that lack commercial substance and paragraph B21(b) of IFRS 17 notes that there is no significant transfer of pre-existing risk in some contracts that waive surrender penalties on death.

---

[6] References to the *Conceptual Framework for Financial Reporting* (*Conceptual Framework*) in this Basis for Conclusions are to the *Conceptual Framework for Financial Reporting*, issued in 2010 and in effect when the Standard was developed.

[7] Amendments to the definition of material in the *Conceptual Framework for Financial Reporting* were issued in October 2018.

## Investment contracts with discretionary participation features (paragraphs 4(b) and 71 of IFRS 17)

BC82  The Board decided that issuers of investment contracts with discretionary participation features should apply IFRS 17 to those contracts provided that the issuer also issues insurance contracts. Because investment contracts with discretionary participation features do not transfer insurance risk, the requirements of IFRS 17 are modified for such contracts.

BC83  Although investment contracts with discretionary participation features do not meet the definition of insurance contracts, the advantages of treating them the same as insurance contracts rather than as financial instruments when they are issued by entities that issue insurance contracts are that:

(a) investment contracts with discretionary participation features and insurance contracts that specify a link to returns on underlying items are sometimes linked to the same underlying pool of assets. Sometimes investment contracts with discretionary participation features share in the performance of insurance contracts. Using the same accounting for both types of contracts will produce more useful information for users of financial statements because it enhances comparability within an entity. It also simplifies the accounting for those contracts. For example, some cash flow distributions to participating policyholders are made in aggregate both for insurance contracts that specify a link to returns on underlying items and for investment contracts with discretionary participation features. This makes it challenging to apply different accounting models to different parts of that aggregate participation.

(b) both of these types of contract often have characteristics, such as long maturities, recurring premiums and high acquisition cash flows that are more commonly found in insurance contracts than in most other financial instruments. The Board developed the model for insurance contracts specifically to generate useful information about contracts containing such features.

(c) if investment contracts with discretionary participation features were not accounted for by applying IFRS 17, some of the discretionary participation features might be separated into an equity component in accordance with the Board's existing requirements for financial instruments. Splitting these contracts into components with different accounting treatments would cause the same problems that would arise if insurance contracts were separated (see paragraph BC10(a)). Also, in the Board's view, the accounting model it has developed for insurance contracts, including the treatment of discretionary cash flows (see paragraphs BC167–BC170), is more appropriate than using any other model for these types of contracts.

BC84  Accordingly, the Board decided that entities that issue insurance contracts should apply IFRS 17 to account for investment contracts with discretionary participation features.

BC85  The Board considered whether IFRS 17 should be applied to all investment contracts with discretionary participation features regardless of whether they are issued by an entity that also issues insurance contracts. However, the Board was concerned that for the few entities that did not issue insurance contracts the costs of implementing IFRS 17 would outweigh the benefits.

BC86  Because investment contracts with discretionary participation features transfer no significant insurance risk, IFRS 17 made the following modifications to the general requirements for insurance contracts (see paragraph 71 of IFRS 17) for these contracts:

IFRS 17 BC

(a) the date of initial recognition is the date the entity becomes party to the contract, because there is no pre-coverage period and hence the practical concerns noted in paragraph BC141 do not arise;

(b) the contract boundary principle builds on the defining characteristic, namely the presence of the discretionary participation features, rather than on the existence of insurance risk; and

(c) the requirement for the recognition of the contractual service margin in profit or loss refers to the pattern of the provision of investment related services.

## Scope exclusions (paragraphs 7–8A of IFRS 17)

BC87 The scope of IFRS 17 excludes various items that may meet the definition of insurance contracts, such as:

(a) warranties provided by a manufacturer, dealer or retailer in connection with the sale of its goods or services to a customer (see paragraphs BC89–BC90).

(b) employers' assets and liabilities that arise from employee benefit plans, and retirement benefit obligations reported by defined benefit retirement plans (see IAS 19 *Employee Benefits*, IFRS 2 *Share-based Payment* and IAS 26 *Accounting and Reporting by Retirement Benefit Plans*).

(c) contractual rights or contractual obligations contingent on the future use of, or right to use, a non-financial item (see IFRS 15, IFRS 16 *Leases* and IAS 38 *Intangible Assets*).

(d) residual value guarantees provided by the manufacturer, dealer or retailer and lessees' residual value guarantees embedded in a lease (see IFRS 15 and IFRS 16). However, stand-alone residual value guarantees that transfer insurance risk are not addressed by other IFRS Standards and are within the scope of IFRS 17.

(e) some financial guarantee contracts (see paragraphs BC91–BC94).

(f) contingent consideration payable or receivable in a business combination (see IFRS 3 *Business Combinations*).

(g) insurance contracts in which the entity is the policyholder, unless those contracts are reinsurance contracts (see paragraph BC66).

(h) some credit card contracts and similar contracts that provide credit or payment arrangements (see paragraphs BC94A–BC94C).

BC88 IFRS 17 also allows an entity a choice of applying IFRS 17 or another IFRS Standard to some contracts, specifically:

(a) applying IFRS 17 or IFRS 15 to some fixed-fee service contracts (see paragraphs BC95–BC97); and

(b) applying IFRS 17 or IFRS 9 to specified contracts such as loan contracts with death waivers (see paragraphs BC94D–BC94F).

## Product warranties (paragraphs 7(a) and B26(g) of IFRS 17)

BC89 IFRS 17 includes the scope exclusion previously included in IFRS 4 for warranties provided by the manufacturer, dealer or retailer in connection with the sale of its goods or services to a customer. Such warranties might provide a customer with assurance that the related product will function as the parties intended because it complies with agreed-upon specifications, or they might provide the customer with a service in addition to the assurance that the product complies with agreed-upon specifications.

BC90 Such warranties meet the definition of an insurance contract. However, the Board decided to exclude them from the scope of IFRS 17. The Board noted that, if IFRS 17 were to apply, entities would generally apply the premium allocation approach to such contracts, which would result in accounting similar to that which would result from applying IFRS 15. Further, in the Board's view, accounting for such contracts in the same way as other contracts with customers would provide comparable information for the users of financial statements for the entities that issue such contracts. Hence, the Board concluded that changing the existing accounting for these contracts would impose costs and disruption for no significant benefit.

## Financial guarantee contracts (paragraph 7(e) of IFRS 17)

BC91 IFRS Standards define a financial guarantee contract as a contract that requires the issuer to make specified payments to reimburse the holder for a loss it incurs because a specified debtor fails to make payment when due in accordance with the original or modified terms of a debt instrument. These contracts transfer credit risk and may have various legal forms, such as a guarantee, some types of letters of credit, a credit default contract or an insurance contract.

BC92 Some view all contracts that transfer credit risk as financial instruments. However, a precondition for a payment in the contracts described in paragraph BC91 is that the holder has suffered a loss—a distinguishing feature of insurance contracts. The Board heard two incompatible views on the appropriate accounting model for financial guarantee contracts:

(a) financial guarantee contracts meet the definition of an insurance contract because the issuer of the contract agrees to compensate the holder when an uncertain future event (ie default) occurs that would adversely affect the holder. Consequently, an entity should account for financial guarantee contracts in the same way as other insurance contracts.

(b) financial guarantee contracts are economically similar to other credit-related contracts within the scope of IFRS 9. Similar accounting should apply to similar contracts. As a result, an entity should account for financial guarantee contracts in the same way as other financial instruments.

BC93 IFRS 4 included an option that permitted an issuer of a financial guarantee contract to account for it as if it were an insurance contract, if the issuer had previously asserted that it regards the contract as an insurance contract. This option had been intended as a temporary solution, pending the publication of IFRS 17. However, although the terms of the option may appear to be imprecise, in the vast majority of cases the accounting choice for financial guarantee contracts is clear and no implementation problems appear to have been identified in practice. Therefore, the Board decided to carry forward to IFRS 17 the option to account for a financial guarantee contract as if it were an insurance contract, without any substantive changes, because the option has worked in practice and results in consistent accounting for economically similar contracts issued by the same entity. The Board did not view it as a high priority to address the inconsistency that results from accounting for financial guarantee contracts differently depending on the issuer.

BC94 Some credit-related contracts lack the precondition for payment that the holder has suffered a loss. An example of such a contract is one that requires payments in response to changes in a specified credit rating or credit index. The Board concluded that those contracts are derivatives and do not meet the definition of an insurance contract. Therefore, such contracts will continue to be accounted for as derivatives. The Board noted that these contracts were outside the scope of the policy choice in IFRS 4 carried forward in IFRS 17, so continuing to account for them as derivatives would not create further diversity.

## Amendments to IFRS 17—scope exclusions

### Credit card contracts and similar contracts that provide credit or payment arrangements (paragraph 7(h) of IFRS 17)

BC94A  Some contracts that provide credit or payment arrangements meet the definition of an insurance contract—for example, some credit card contracts, charge card contracts, consumer financing contracts or bank account contracts. In June 2020, the Board amended IFRS 17 to exclude from the scope of the Standard such contracts if, and only if, an entity does not reflect an assessment of the insurance risk associated with an individual customer in setting the price of the contract with that customer. When the entity does not reflect such an assessment in the price of the contract, the Board concluded that IFRS 9 would provide more useful information about those contracts than would IFRS 17.

BC94B  The Board was aware that, applying IFRS 4, most entities separated the components of such contracts. For example, an entity applying IFRS 4 might have accounted for the credit card component applying IFRS 9, the insurance component applying IFRS 4 and any other service components applying IFRS 15. IFRS 17 has different criteria from IFRS 4 for separating components of an insurance contract. However, the Board acknowledged that entities had already identified methods to separate the components of the contracts described in paragraph BC94A, and concluded that prohibiting such separation would impose costs and disruption for no significant benefit.

BC94C  The Board instead decided to specify that an entity's rights and obligations that are financial instruments arising under such contracts are within the scope of IFRS 9. However, an entity is required to separate and apply IFRS 17 to an insurance coverage component if, and only if, that component is a contractual term of that financial instrument. In the Board's view, applying IFRS 17 to those insurance coverage components will result in the most useful information for users of financial statements. Applying IFRS 17 to those components will also increase comparability between insurance coverage provided as part of the contractual terms of a credit card contract and insurance coverage provided as a separate stand-alone contract. Other IFRS Standards, such as IFRS 15 or IAS 37, might apply to other components of the contract, such as other service components or insurance components required by law or regulation.

### Specified contracts such as loan contracts with death waivers (paragraph 8A of IFRS 17)

BC94D  In June 2020, the Board amended IFRS 17 to allow entities to apply either IFRS 17 or IFRS 9 to contracts that meet the definition of an insurance contract but limit the compensation for insured events to the amount otherwise required to settle the policyholder's obligation created by the contract (for example, loan contracts with death waivers).

BC94E  The Board noted that an entity would provide useful information about such contracts whether it applied IFRS 17 or IFRS 9. Hence, the Board concluded that requiring an entity to apply IFRS 17 to those contracts when the entity had previously been applying an accounting policy consistent with IFRS 9 or IAS 39 could impose costs and disruption for no significant benefit.

BC94F  An entity is required to choose whether to apply IFRS 17 or IFRS 9 for each portfolio of insurance contracts described in paragraph BC94D, and this choice is irrevocable. The Board concluded that such restrictions would mitigate the lack of comparability that might otherwise arise between similar contracts issued by the same entity.

### Fixed-fee service contracts (paragraphs 8 and B6 of IFRS 17)

BC95  A fixed-fee service contract is a contract in which the level of service depends on an uncertain event. Examples include roadside assistance programmes and maintenance contracts in which the service provider agrees to repair specified equipment after a malfunction. Such contracts meet the definition of an insurance contract because:

(a)  it is uncertain whether, or when, assistance or a repair will be needed;

(b)  the owner is adversely affected by the occurrence; and

(c)  the service provider compensates the owner if assistance or repair is needed.

BC96  Fixed-fee service contracts meet the definition of an insurance contract. However, the Board originally proposed to exclude from the scope of IFRS 17 fixed-fee service contracts whose primary purpose is the provision of service. Instead, entities would have been required to apply IFRS 15 to those contracts. The Board noted that, if IFRS 17 were to apply, entities would generally apply the premium allocation approach to such contracts, which would result in accounting similar to that which would result from applying IFRS 15. Further, the Board decided the practice of accounting for these contracts in the same way as other contracts with customers would provide useful information for the users of financial statements for the entities that issue such contracts. Hence, the Board thought that changing the accounting for these contracts would impose costs and disruption for no significant benefit.

BC97  However, some stakeholders noted some entities issue both fixed-fee service contracts and other insurance contracts. For example, some entities issue both roadside assistance contracts and insurance contracts for damage arising from accidents. The Board decided to allow entities a choice of whether to apply IFRS 17 or IFRS 15 to fixed-fee service contracts to enable such entities to account for both types of contract in the same way.

# Separating components from an insurance contract (paragraphs 10–13 and B31–B35 of IFRS 17)

BC98  Insurance contracts create rights and obligations that work together to generate cash inflows and cash outflows. Some insurance contracts may:

(a)  contain embedded derivatives that, if bifurcated, would be within the scope of IFRS 9;

(b)  contain investment components that, if they were provided under separate contracts, would be within the scope of IFRS 9; or

(c)  provide goods and non-insurance services that, if they were provided under separate contracts, would be within the scope of IFRS 15.

BC99  Separating such non-insurance components from an insurance contract can improve comparability. Accounting for such components using other applicable IFRS Standards makes them more comparable to similar contracts that are issued as separate contracts, and allows users of financial statements to better compare the risks undertaken by entities in different businesses or industries.

BC100　However, separating components also has limitations. Separating a single contract into components could result in complex accounting that does not provide useful information for interdependent cash flows attributable to the components. Furthermore, when cash flows are interdependent, separating the cash flows for each component can be arbitrary, particularly if the contract includes cross-subsidies between components or discounts. Also, as noted in paragraph BC10(a), when separation ignores interdependencies between components, the sum of the values of the components may not always equal the value of the contract as a whole, even on initial recognition.

BC101　The Board originally proposed that an entity separate a component not closely related to the insurance coverage specified in the contract and identified some common examples of such components. The term 'closely related' is used in IFRS 9 in the criteria that determine whether embedded derivatives must be bifurcated. However, stakeholders indicated that some were unsure how to interpret the term closely related for non-insurance components embedded in insurance contracts. The Board noted that the principles for separating embedded derivatives were long-established in IFRS 9 (and previously in IAS 39 *Financial Instruments: Recognition and Measurement*). However, IFRS 17 clarifies the principles for the separation of other non-insurance components from an insurance contract based on the principles developed in IFRS 15.

BC102　Hence, IFRS 17 includes requirements for the separation of the following non-insurance components:

　　(a)　embedded derivatives (see paragraphs BC104–BC107);

　　(b)　investment components (see paragraphs BC108–BC109); and

　　(c)　goods and non-insurance services (see paragraphs BC110–BC113).[8]

BC103　The criteria for separating such non-insurance components from insurance components differ to reflect the different characteristics of the non-insurance components. This is consistent with applying different accounting models to the equivalent contracts accounted for on a stand-alone basis.

## Embedded derivatives (paragraph 11(a) of IFRS 17)

BC104　When applying IFRS 9 (and previously IAS 39) entities are required to account separately for some derivatives embedded in hybrid contracts. The Board noted that accounting separately for some embedded derivatives in hybrid contracts:

　　(a)　ensures that contractual rights and obligations that create similar risk exposures are treated alike whether or not they are embedded in a non-derivative host contract.

　　(b)　counters the possibility that entities might seek to avoid the requirement to measure derivatives at fair value through profit or loss by embedding a derivative in a non-derivative host contract. In the Board's view, fair value through profit or loss is the only measurement basis that provides relevant information about derivatives. If derivatives were measured at cost or at fair value through other comprehensive income, their role in reducing or increasing risk would not be visible. In addition, the value of derivatives often changes disproportionately in response to market movements and fair value is the measurement basis that best captures such non-linear responses to changes in risk. That information is

---

[8]　In June 2020, the Board amended IFRS 17 and replaced 'non-insurance services' with 'services other than insurance contract services' (see paragraphs BC283A–BC283J).

essential to communicate the nature of the rights and obligations inherent in derivatives to users of financial statements.

BC105 IFRS 4 confirmed that the requirements of IAS 39 for embedded derivatives apply to derivatives embedded in insurance contracts. The Board has updated this requirement in IFRS 17 so that an entity applies IFRS 9 to determine whether a contract includes an embedded derivative to be separated and, if so, how entities account for that derivative. The Board's approach is consistent with the approach it has taken with hybrid contracts other than hybrid financial assets. This results in the following changes from the requirements of IFRS 4:

(a) IFRS 4 did not require the separation of an embedded derivative from the host contract if the contract and the embedded derivative are so interdependent that an entity cannot measure the derivative separately. By applying IFRS 9 to determine whether a contract includes an embedded derivative to be separated, the Board replaced this option with a prohibition from separating such closely related embedded derivatives from the host contract. The Board concluded that when embedded derivatives are closely related to the host insurance contract, the benefits of separating those embedded derivatives fail to outweigh the costs. Applying the measurement requirements of IFRS 17, such embedded derivatives are measured using current market-consistent information; and

(b) IFRS 17 removes the statement in IFRS 4 that an entity is not required to separate specified surrender options in an insurance contract. Instead, the entity applies the requirements in IFRS 9 to decide whether it needs to separate a surrender option.

BC106 Some respondents suggested that separating embedded derivatives from insurance contracts introduces excessive complexity with little additional benefit.

BC107 The Board agreed that when embedded derivatives are closely related to the host insurance contract, the benefits of separating those embedded derivatives do not outweigh the costs. However, the Board decided that those benefits would exceed the costs when the embedded derivatives are not closely related to the host insurance contract. Previous practice indicates that the costs of separating such embedded derivatives from host insurance contracts would not be excessive.

## Investment components (paragraphs 11(b) and B31–B32 of IFRS 17)

BC108 An investment component is the amount an insurance contract requires the entity to repay to the policyholder even if an insured event does not occur.[9] Many insurance contracts have an implicit or explicit investment component that would, if it were a separate financial instrument, be within the scope of IFRS 9. As explained in paragraph BC10(a), the Board decided that it would be difficult to routinely separate such investment components from insurance contracts. Accordingly, IFRS 17 requires an entity to:

(a) separate only any distinct investment components from insurance contracts. An investment component is distinct if the cash flows of the insurance contract are not highly interrelated with the cash flows from the investment component. Separating such components does not create the problems noted in paragraph BC10(a).

---

[9] In June 2020, the Board amended the definition of an investment component to clarify that an investment component is the amounts that an insurance contract requires the entity to repay to a policyholder in all circumstances, regardless of whether an insured event occurs (see paragraph BC34A).

(b) account for all investment components with cash flows that are highly interrelated with the insurance contract by applying IFRS 17, but, as explained in paragraphs BC33–BC34, eliminate any investment components from insurance revenue and insurance service expenses reported in accordance with paragraph 85 of IFRS 17.

BC109 IFRS 17 requires the cash flows allocated to a separated investment component to be measured on a stand-alone basis as if the entity had issued that investment contract separately. This requirement is consistent with the objective of separation, which is to account for a separated component the way stand-alone contracts with similar characteristics are accounted for. The Board concluded that, in all cases, entities would be able to measure the stand-alone value for an investment component by applying IFRS 9.[10]

## Goods and non-insurance services (paragraphs 12 and B33–B35 of IFRS 17)[11]

BC110 In principle, an entity should use similar principles to those in IFRS 15 to separate performance obligations to provide goods and non-insurance services[12] from the host contract, regardless of whether the host contract is within the scope of IFRS 17 or of IFRS 15. Accordingly, IFRS 17 requires entities to separate only the goods and services that are distinct from the provision of insurance coverage,[13] consistent with the separation criteria in IFRS 15.

BC111 Consistent with IFRS 15, IFRS 17 requires an entity to allocate the cash inflows of an insurance contract between the host insurance contract and the distinct good or non-insurance service,[14] based on the stand-alone selling price of the components. In the Board's view, in most cases, entities would be able to determine an observable stand-alone selling price for the goods or services bundled in an insurance contract if those components meet the separation criteria.

BC112 However, if the stand-alone selling price were not directly observable, an entity would need to estimate the stand-alone selling prices of each component to allocate the transaction price. This might be the case if the entity does not sell the insurance and the goods or services components separately, or if the consideration charged for the two components together differs from the stand-alone selling prices because the entity charges more or less for the bundled contract than the sum of the prices for each component. Applying IFRS 15, any discounts and cross-subsidies are allocated to components proportionately or on the basis of observable evidence. In the Board's view, this approach ensures that the allocation of cross-subsidies and discounts/supplements reflects the economics of the separated components.

BC113 IFRS 17 requires that cash outflows should be allocated to their related component, and that cash outflows not clearly related to one of the components should be systematically and rationally allocated between components. Insurance acquisition cash flows and some

---

[10] In June 2020, the Board amended paragraph 11(b) of IFRS 17 to clarify that an entity applies IFRS 17 to a separated investment component if that component meets the definition of an investment contract with discretionary participation features within the scope of IFRS 17.

[11] In June 2020, the Board amended IFRS 17 and replaced 'non-insurance services' with 'services other than insurance contract services' (see paragraphs BC283A–BC283J).

[12] In June 2020, the Board amended IFRS 17 and replaced 'non-insurance services' with 'services other than insurance contract services' (see paragraphs BC283A–BC283J).

[13] In June 2020, the Board amended IFRS 17 to require entities to separate only goods and services that are distinct from the provision of insurance contract services (see paragraphs BC283A–BC283J).

[14] In June 2020, the Board amended IFRS 17 and replaced 'non-insurance services' with 'services other than insurance contract services' (see paragraphs BC283A–BC283J).

fulfilment cash flows relating to overhead costs do not clearly relate to one of the components. A systematic and rational allocation of such cash flows is consistent with the requirements in IFRS 17 for allocating acquisition and fulfilment cash flows that cover more than one group of insurance contracts to the individual groups of contracts, and is also consistent with the requirements in other IFRS Standards for allocating the costs of production—the requirements in IFRS 15 and IAS 2 *Inventories*, for example.

## Prohibition on separating non-insurance components when not required (paragraph 13 of IFRS 17)

BC114 The Board considered whether to permit an entity to separate a non-insurance component when not required to do so by IFRS 17; for example, some investment components with interrelated cash flows, such as policy loans. Such components may have been separated when applying previous accounting practices. However, the Board concluded that it would not be possible to separate in a non-arbitrary way a component that is not distinct from the insurance contract nor would such a result be desirable. Permitting an entity to separate such components would mean that the entity measures the components in the contract on an arbitrary basis. The Board also noted that when separation ignores interdependencies between insurance and non-insurance components, the sum of the values of the components may not always equal the value of the contract as a whole, even on initial recognition. That would reduce the comparability of the financial statements across entities.

# Level of aggregation of insurance contracts (paragraphs 14–24 of IFRS 17)

## Background

BC115 A key issue in developing the measurement requirements for the contractual service margin in IFRS 17 was the level of aggregation of insurance contracts to which the requirements should be applied. Some aspects of the adjustments to the carrying amount of the contractual service margin result in gains being treated differently from losses or changes in estimates relating to current and past service being treated differently from changes in estimates relating to future service (see paragraphs BC21–BC24). These different treatments mean that the accounting result depends on the level of aggregation at which the adjustments are made, because amounts that would offset each other within the measurement of a group of insurance contracts would be treated differently (and hence not offset each other) if contracts were measured individually.

BC116 For example, suppose an entity issued a group of identical contracts expecting that there would be more claims from some of the contracts than others, but not knowing which contracts would be the ones with more claims. Subsequently it becomes apparent which contracts are likely to give rise to claims and which are not, and the number of contracts in each category is as expected. If the contracts were measured individually, the expected claims may cause the contracts for which they are likely to arise to become onerous, with an equal and opposite reduction in the fulfilment cash flows of the other contracts. The entity would recognise a loss for the onerous contracts immediately in profit or loss and an increase in the contractual service margin for the other contracts. That increase in the contractual service margin would not be recognised immediately in profit or loss but instead would be recognised over the current and future coverage period. In contrast, if the contracts were measured as one group, there would be no loss for a group of onerous contracts or increase in the contractual service margin to be recognised.

BC117 This issue does not arise in the measurement of the fulfilment cash flows. The fulfilment cash flows include all changes in estimates, regardless of whether they are gains or losses or they relate to past, current or future service. Hence, IFRS 17 allows an entity to estimate the fulfilment cash flows at whatever level of aggregation is most appropriate from a practical perspective. All that is necessary is that the entity is able to allocate such estimates to groups of insurance contracts so that the resulting fulfilment cash flows of the group comply with requirements of IFRS 17.

BC118 For the contractual service margin, the Board considered whether contracts should be measured individually despite the resulting lack of offsetting. Doing so would be consistent with the general requirements in IFRS 9 and IFRS 15 and would reflect the fact that the entity's rights and obligations arise from individual contracts with policyholders. Measuring contracts individually would also provide a clear measurement objective. However, the Board decided that such an approach would not provide useful information about insurance activities, which often rely on an entity issuing a number of similar contracts to reduce risk. The Board concluded, therefore, that the contractual service margin should be measured at a group level.

## Characteristics of a group

BC119 Once the Board had decided that the contractual service margin should be measured for a group, the Board considered what that group level should be. The Board considered whether it could draw on requirements for groups set by insurance regulators. However, as noted in paragraph BC15, regulatory requirements focus on solvency not on reporting financial performance. The decisions about grouping in IFRS 17 were driven by considerations about reporting profits and losses in appropriate reporting periods. For example, in some cases the entity issues two groups of insurance contracts expecting that, on average, the contracts in one group will be more profitable than the contracts in the other group. In such cases, the Board decided, in principle, there should be no offsetting between the two groups of insurance contracts because that offsetting could result in a loss of useful information. In particular, the Board noted that the less profitable group of contracts would have a lesser ability to withstand unfavourable changes in estimates and might become onerous before the more profitable group would do so. The Board regards information about onerous contracts as useful information about an entity's decisions on pricing contracts and about future cash flows, and wanted this information to be reported on a timely basis. The Board did not want this information to be obscured by offsetting onerous contracts in one group with profitable contracts in another.

BC120 The level of aggregation is also relevant to the recognition of the contractual service margin in profit or loss. Paragraph BC279 explains that, following the Board's principle for the allocation of the contractual service margin, an entity should systematically recognise the remaining contractual service margin in profit or loss over the current and remaining coverage period to reflect the remaining transfer of services to be provided by the insurance contracts.

BC121 In many cases, the coverage period of individual contracts in a group will differ from the average coverage period for the group. When this is the case, measuring the contracts on:

(a) an individual basis would mean that the contractual service margin associated with contracts with a shorter than average coverage period would be fully recognised in profit or loss over that shorter period;

(b) a group basis would mean that the contractual service margin associated with contracts with a shorter than average coverage period would not be fully recognised in profit or loss over that shorter period.

BC122 Thus, measuring the contracts as a group creates the risk that the contractual service margin for a group might fail to reflect the profit relating to the coverage[15] remaining in the group, unless the entity tracked the allocation of the contractual service margin separately for groups of insurance contracts:

(a) that have similar expected profitability, on initial recognition, and for which the amount and timing of cash flows are expected to respond in similar ways to key drivers of risk. In principle, this condition would ensure the contractual service margin of a particularly profitable individual contract within a group is not carried forward after the individual contract has expired.

(b) that have coverage periods that were expected to end at a similar time. In principle, this condition would ensure the contractual service margin of an individual contract that expired was not carried forward after the contract had expired.

BC123 The Board concluded that it was necessary to strike a balance between the loss of information discussed in paragraphs BC119 and BC121–BC122, and the need for useful information about the insurance activity as discussed in paragraphs BC118 and BC120. The Board:

(a) did not want entities to depict one type of contract as cross-subsidised by a different type of contract, but also did not want to recognise losses for claims developing as expected within a group of similar contracts; and

(b) did not want the contractual service margin of an expired contract to exist as part of the average contractual service margin of a group long after the coverage provided by the contract ended, but also did not want to recognise a disproportionate amount of contractual service margin for contracts lapsing as expected within a group of similar contracts.

BC124 The Board concluded that the balance described above could be achieved in principle by:

(a) requiring contracts in a group to have future cash flows the entity expects will respond similarly in amount and timing to changes in key assumptions—meaning that losses on insurance contracts for one type of insurance risk would not be offset by gains on insurance contracts for a different type of risk, and would provide useful information about the performance of contracts insuring different types of risk.

(b) requiring contracts in a group to have similar expected profitability—meaning that loss-making contracts could not be grouped with profitable contracts, whether at initial recognition or if changes in conditions make a previously profitable group loss-making. Hence, such a requirement would provide information about loss-making groups of insurance contracts.

(c) requiring groups not be reassessed after initial recognition.

BC125 The Board also noted that, in principle, it would be possible to meet the objective of the recognition of the contractual service margin in profit or loss discussed in paragraph BC120 either by grouping only contracts with a similar size of contractual service margin and the same remaining coverage period, or by reflecting the different duration and profitability of the contracts within the group in the allocation of the contractual service margin.

---

[15] In June 2020, the Board amended IFRS 17 to require an entity to recognise an amount of the contractual service margin in profit or loss in each period to reflect insurance contract services provided in that period (see paragraphs BC283A–BC283J).

## Practical considerations

BC126  The Board noted that entities could interpret the approach described in paragraphs BC124–BC125 as requiring an excessively large number of groups that may provide insufficiently useful information to justify the operational burden that would be imposed by extensive disaggregation of portfolios. Accordingly, the Board sought a balance to reflect profit and potential losses in the statement of financial performance in appropriate periods and the operational burden.

BC127  To achieve that balance, the Board concluded that an entity should be required to identify portfolios of contracts subject to similar risks and managed together, and to divide a portfolio into, at a minimum, groups of:

(a) contracts that are onerous at initial recognition, if any;

(b) contracts that are not onerous at initial recognition and that have no significant possibility of becoming onerous subsequently, if any; and

(c) all other contracts, if any.

BC128  The same principle of grouping applies to insurance contracts to which the premium allocation approach applies and to reinsurance contracts held, but the wording is adapted to reflect their specific characteristics.

BC129  The objective of the requirement to identify contracts that are onerous at initial recognition is to identify contracts that are onerous measured as individual contracts. An entity typically issues individual contracts and it is the characteristics of the individual contracts that determine how they should be grouped. However, the Board concluded this does not mean that the contracts must be measured individually. If an entity can determine using reasonable and supportable information that a set of contracts will all be in the same group, then the entity can measure that set to determine whether the contracts are onerous or not, because there will be no offsetting effects in the measurement of the set. The same principle applies to the identification of contracts that are not onerous at initial recognition and that have no significant possibility of becoming onerous subsequently—the objective is to identify such contracts at an individual contract level, but this objective can be achieved by assessing a set of contracts if the entity can conclude using reasonable and supportable information that the contracts in the set will all be in the same group.

BC130  To identify whether contracts (or sets of contracts) are onerous at initial recognition, an entity measures the contracts (or sets of contracts) applying the measurement requirements of IFRS 17. The Board decided that to assess whether contracts that are not onerous at initial recognition have no significant possibility of becoming onerous subsequently, an entity should use the information provided by its internal reporting system but need not gather additional information. The Board concluded that such information would provide a sufficient basis for making this assessment and that it would not be necessary to impose costs of gathering additional information. Some stakeholders nonetheless expressed the view that separating contracts that have no significant possibility of becoming onerous from other contracts that are not onerous was burdensome and unnecessary. The Board, however, concluded that in the absence of such a requirement, should the likelihood of losses increase, IFRS 17 would fail to require timely recognition of contracts that become onerous.

BC131  In some jurisdictions, law or regulation specifically constrains the entity's practical ability to set a different price or level of benefits for contracts or policyholders with different characteristics. The Board considered whether to give an exemption from dividing contracts into separate groups if the only reason that they would fall into different groups specified in paragraph BC127 is because of such constraints. In general, the Board seeks to minimise exemptions because they increase complexity for both users of financial statements and preparers and may have unintended consequences for future standard-setting activities. Further, providing an exemption for accounting for economic differences caused by the effect of law or regulation on pricing may create an undesirable precedent, given that such effects are not restricted to insurance contracts. However, the notion of grouping contracts to determine the profit or losses recognised is a specific feature of the requirements in IFRS 17. In deciding the appropriate grouping of contracts, the Board sought to balance the need to group contracts to reflect the economics of issuing insurance contracts against grouping at too high a level, which would reduce the usefulness of information produced (see paragraph BC123).

BC132 The Board concluded it would not provide useful information to group separately contracts that an entity is required by specific law or regulation to group together for determining the pricing or level of benefits. All market participants in that jurisdiction will be constrained in the same way, particularly if such entities are unable to refuse to provide insurance coverage solely on the basis of differences in that characteristic.

BC133 The Board considered whether to extend further any exemption from including contracts in separate groups, because it can be difficult to define when an entity's action is constrained by law or regulation and any distinction drawn by the Board could be considered arbitrary. The following situations could be considered economically similar to the situation in which an entity chooses to issue contracts in a jurisdiction where the law or regulation explicitly prohibits (or limits) the consideration of a specific characteristic in pricing the contract:

(a) the entity sets the price for contracts without considering differences in a specific characteristic because it thinks using that characteristic in pricing may result in a law or regulation prohibiting the use of that specified characteristic in the future or because doing so is likely to fulfil a public policy objective. These practices are sometimes termed 'self-regulatory practices'.

(b) the entity sets the price for contracts without considering differences in a specific characteristic because the law or regulation in a neighbouring jurisdiction explicitly prohibits consideration of differences in that specific characteristic.

(c) the entity sets the price for contracts without considering differences in a specific characteristic because using differences in that specific characteristic may have a negative effect on the entity's brand and reputation.

BC134 However, the Board decided that in these circumstances a difference in the likelihood of a contract being or becoming onerous is an important economic difference between groups of insurance contracts. Grouping contracts that have different likelihoods of becoming onerous reduces the information provided to users of financial statements. Hence, the exemption in IFRS 17 applies only when law or regulation specifically constrains the entity's practical ability to set a different price or level of benefits for policyholders with different characteristics.

BC135 Despite the development of an approach designed to respond to the practical concerns raised by stakeholders, some continued to argue that the level of aggregation set out in paragraph BC127 might lead to excessive granularity that is, in their view, contrary to the essence of the insurance business. These stakeholders do not think that contracts that have been priced on the same basis by the entity should be in different groups. The Board noted that applying IFRS 17, an entity would not be expected under normal circumstances to group separately contracts priced on the same basis by the entity. This is because:

(a) groups are determined on the basis of information available to the entity at initial recognition of the contracts, which will be at their inception if they are onerous at inception. In that case, the information that is used to determine the groups will be the same information that is available to the entity for pricing purposes. If contracts are onerous at inception, that will generally be the result of an intentional pricing strategy (and is likely to be relatively infrequent). If contracts are not onerous at inception, the date of initial recognition may be later than inception (see paragraphs BC140–BC144). Hence, the information used for determining the groups may differ from the information that had been available for pricing purposes. However, the difference between the information available at inception and initial recognition will often not be significant and stakeholders had indicated that always determining groups at inception (ie measuring the contracts at inception) would be unduly costly for little benefit (see paragraph BC141).

(b) IFRS 17 provides an exception for circumstances in which law or regulation specifically constrains the entity's practical ability to set a different price or level of benefits for contracts or policyholders with different characteristics.

BC136 The Board noted that the decisions outlined in paragraph BC127 could lead to perpetual open portfolios. The Board was concerned that this could lead to a loss of information about the development of profitability over time, could result in the contractual service margin persisting beyond the duration of contacts in the group, and consequently could result in profits not being recognised in the correct periods. Consequently, in addition to dividing contracts into the groups specified in paragraph BC127, the Board decided to prohibit entities from including contracts issued more than one year apart in the same group. The Board observed that such grouping was important to ensure that trends in the profitability of a portfolio of contracts were reflected in the financial statements on a timely basis.

BC137 The Board considered whether there were any alternatives to using a one-year issuing period to constrain the duration of groups. However, the Board considered that any principle-based approach that satisfied the Board's objective would require the reintroduction of a test for similar profitability, which as set out in paragraph BC126, was rejected as being operationally burdensome. The Board acknowledged that using a one-year issuing period was an operational simplification given for cost-benefit reasons.

BC138 The Board considered whether prohibiting groups from including contracts issued more than one year apart would create an artificial divide for contracts with cash flows that affect or are affected by cash flows to policyholders of contracts in another group. Some stakeholders asserted that such a division would distort the reported result of those contracts and would be operationally burdensome. However, the Board concluded that applying the requirements of IFRS 17 to determine the fulfilment cash flows for groups of such contracts provides an appropriate depiction of the results of such contracts (see paragraphs BC171–BC174). The Board acknowledged that, for contracts that fully share risks, the groups together will give the same results as a single combined risk-sharing portfolio, and therefore considered whether IFRS 17 should give an exception to the requirement to restrict groups to include only contracts issued within one year. However, the Board concluded that setting the boundary for such an exception would add complexity to IFRS 17 and create the risk that the boundary would not be robust or appropriate in all circumstances. Hence, IFRS 17 does not include such an exception. Nonetheless, the Board noted that the requirements specify the amounts to be reported, not the methodology to be used to arrive at those amounts. Therefore it may not be necessary for an entity to restrict groups in this way to achieve the same accounting outcome in some circumstances.

BC139 Once an entity has established a group of insurance contracts, it becomes the unit of account to which the entity applies the requirements of IFRS 17. However, as noted above, an entity will typically enter into transactions for individual contracts. IFRS 17 therefore includes requirements that specify how to recognise groups that include contracts issued in more than one reporting period, and how to derecognise contracts from within a group.

## Amendments to IFRS 17—feedback on the level of aggregation

BC139A    Entities implementing IFRS 17 raised concerns relating to the level of aggregation requirements. The Board therefore considered whether to amend the requirements, and if so, how (see paragraph BC139B). Having considered a number of possible amendments, the Board reaffirmed its view that the benefits of the level of aggregation requirements significantly outweigh the costs. The Board therefore decided to retain the requirements unchanged.

BC139B    The Board considered suggestions to:

(a)     replace all level of aggregation requirements in paragraphs 14–24 of IFRS 17 with approaches that reflect an entity's internal management (see paragraph BC139C);

(b)     reduce the minimum number of groups required by paragraph 16 of IFRS 17 (profitability groups) from three to two—contracts that are onerous at initial recognition and contracts that are not onerous at initial recognition (see paragraph BC139D); and

(c)     remove or exempt some groups of insurance contracts from the annual cohort requirement in paragraph 22 of IFRS 17 (see paragraph BC139E).

BC139C    The Board considered but rejected suggestions to replace all level of aggregation requirements with approaches that reflect an entity's internal management, for example approaches based on an entity's asset and liability management strategy or risk management strategy. The objective of the level of aggregation requirements in IFRS 17 is to provide useful information for users of financial statements. Aspects of internal management such as asset and liability management strategy or risk management strategy have different objectives. Hence an approach based on those aspects would not necessarily achieve the Board's objective.

BC139D    The Board considered but rejected the suggestion to reduce the minimum number of profitability groups from three to two (see paragraph BC127) for the reason set out in paragraph BC130. This suggestion would have removed the requirement to group separately insurance contracts that at initial recognition have no significant possibility of becoming onerous from other insurance contracts that are not onerous at initial recognition. The Board noted that an entity will generally issue contracts expecting them to be profitable, and losses will arise subsequently as a result of changes in expectations. Including all contracts that are profitable at initial recognition in a single group could significantly delay loss recognition or increase the risk of losses for onerous contracts never being recognised.

BC139E    Some suggestions to remove or exempt some groups of insurance contracts from the annual cohort requirement related to all insurance contracts issued (see paragraphs BC139F–BC139H). Other suggestions related to specific types of insurance contracts—those with intergenerational sharing of risks between policyholders (see paragraphs BC139I–BC139S).

### Annual cohort requirement—all insurance contracts

BC139F    The Board considered but rejected a suggestion to exempt contracts from the annual cohort requirement if an entity has reasonable and supportable information to conclude that contracts issued more than one year apart would be classified in the same profitability group. Such an exemption could result in a portfolio consisting of only the three groups of contracts described in paragraph BC127, that would each last for the entire life of the portfolio, which may be indefinite. The contractual service margin of each group would average the profitability of all contracts in the group over the life of the portfolio, resulting in the loss of useful information about trends in profitability. The contracts placed in any of the three profitability groups could be significantly more or less profitable than other contracts in the group. The effect of averaging profits of the contracts in the group could therefore be substantially increased, leading to a greater likelihood that:

(a) the contractual service margin of a contract would outlast the coverage period of that contract; and

(b) the continuing profitability of some contracts would absorb the subsequent adverse changes in expectations that make some contracts onerous.

BC139G Some stakeholders said that in some circumstances they could achieve at much less cost the same or a similar outcome without applying the annual cohort requirement as would be achieved applying that requirement. The Board concluded that it is unnecessary to amend IFRS 17 to reflect such circumstances. The Board reaffirmed its view that the requirements specify the amounts to be reported, not the methodology to be used to arrive at those amounts (see paragraph BC138). An entity is required to apply judgement and to consider all possible scenarios for future changes in expectations to conclude whether it could achieve the same accounting outcome without applying the annual cohort requirement.

BC139H The Board recognised that entities will incur costs to identify the contractual service margin for each group of insurance contracts that is an annual cohort. However, the Board concluded that information about higher or lower profits earned by an entity from different generations of contracts is sufficiently useful to justify such costs.

### *Annual cohort requirement—insurance contracts with intergenerational sharing of risks between policyholders*

BC139I The Board considered but rejected a suggestion to exempt from the annual cohort requirement insurance contracts with intergenerational sharing of risks between policyholders. Some stakeholders commented that:

(a) applying the requirement to such contracts requires arbitrary allocations, and the resulting information is therefore not useful; and

(b) implementing the requirement is particularly costly and complex for such contracts, and the cost exceeds the resulting benefit.

BC139J Intergenerational sharing of risks between policyholders is reflected in the fulfilment cash flows and therefore in the contractual service margin of each generation of contracts applying paragraphs B67–B71 of IFRS 17 (see paragraph BC171). However, each generation of contracts may be more or less profitable for an entity than other generations. Applying the variable fee approach (see paragraphs BC238–BC249) the profit for a group of insurance contracts reflects the entity's share in the fair value returns on underlying items. The entity's share in the fair value returns on underlying items is unaffected by the way the policyholders' share is distributed among generations of policyholders. For example, even if all generations of policyholders share equally in the fair value returns on the same pool of underlying items, the amount of the entity's share in those fair value returns created by each generation may differ. The entity's share in the fair value returns depends on the contractual terms of each annual cohort and the economic conditions during the coverage period of each annual cohort. For example, a 20 per cent share in fair value returns created by an annual cohort for which the fair value returns during the coverage period are 5 per cent is more profitable for an entity than a 20 per cent share in fair value returns created by an annual cohort for which the fair value returns during the coverage period are 1 per cent. Removing the annual cohort requirement for groups of insurance contracts with intergenerational sharing of risks between policyholders would average higher or lower profits from each generation of contracts, resulting in a loss of information about changes in profitability over time.

BC139K Nonetheless, the Board identified two aspects of applying the annual cohort requirement to some contracts with intergenerational sharing of risks between policyholders that could increase the costs of applying the requirement and reduce the benefits of the resulting information:

(a) distinguishing between the effect of risk sharing and the effect of discretion (paragraph BC139L); and

(b) allocating changes in the amount of the entity's share of the fair value of underlying items between annual cohorts that share in the same pool of underlying items (paragraph BC139M).

BC139L The aspect set out in paragraph BC139K(a) relates to circumstances in which an entity has discretion over the portion of the fair value returns on underlying items that the entity pays to policyholders and the portion that the entity retains. For example, an entity may be required under the terms of the insurance contracts to pay policyholders a minimum of 90 per cent of the total fair value returns on a specified pool of underlying items, but have discretion to pay more. The Board acknowledged that an entity with such discretion is required to apply additional judgement compared to an entity without such discretion to allocate changes in fulfilment cash flows between groups in a way that appropriately reflects the effect of risk sharing and the effect of the discretion. However, that judgement is required to measure new contracts recognised in a period, so would be needed even without the annual cohort requirement.

BC139M The aspect set out in paragraph BC139K(b) relates to insurance contracts with direct participation features. For such contracts, an entity adjusts the contractual service margin for changes in the amount of the entity's share of the fair value of underlying items. IFRS 17 does not include specific requirements for allocating those changes between annual cohorts that share in the same pool of underlying items. The Board acknowledged that an entity needs to apply judgement to choose an allocation approach that provides useful information about the participation of each annual cohort in the underlying items.

BC139N Nonetheless, in the Board's view, the information that results from the judgements an entity makes in determining the allocation approaches discussed in paragraphs BC139L–BC139M will provide users of financial statements with useful information about how management expects the performance of insurance contracts to develop.

BC139O Further, the Board identified specific insurance contracts with intergenerational sharing of risks for which the information provided by the annual cohort requirement is particularly useful. Those contracts:

(a) include features such as financial guarantees on the returns on underlying items or other cash flows that do not vary with returns on underlying items (for example, insurance claims); and

(b) do not share the changes in the effect of the features in (a) between the entity and policyholders, or share the changes in the effect between the entity and policyholders in a way that results in the entity bearing more than a small share.

BC139P The Board acknowledged that for some insurance contracts with substantial intergenerational sharing of risks, the effect of financial guarantees and other cash flows that do not vary with returns on underlying items would rarely cause an annual cohort to become onerous. However, the Board disagreed with stakeholders who said that the rarity of such an event makes less useful the information that results from applying the annual cohort requirement to such insurance contracts. The Board instead observed the rarity makes the information particularly useful to users of financial statements when such an event occurs. The Board identified such information about the effect of financial guarantees as being particularly important when interest rates are low.

BC139Q Consequently, the Board concluded the costs of the annual cohort requirement might exceed the benefits of the resulting information for only a very limited population of contracts. The population is much smaller than some stakeholders had suggested.

BC139R Nonetheless, the Board considered whether it could create an exemption from the annual cohort requirement that would capture only that very limited population of contracts, without the risk of capturing a wider population. However:

(a) any focused exemption would be complex because of the interaction between contract features that increase the costs and reduce the benefits. An exemption would therefore result in difficulties for entities and auditors in identifying which contracts would be exempted, and for users of financial statements in understanding which contracts had been exempted. A significant difference in outcomes could arise in some circumstances depending on whether the annual cohort requirement has been applied, and thus it would be essential that the scope of an exemption from that requirement is clear to understand.

(b) the purpose of any exemption would be to balance the costs and benefits. However, there is no way to specify the scope of the exemption other than by using arbitrary thresholds because the balance of costs and benefits for different contracts vary across a range and there is no clearly identifiable point at which the costs exceed the benefits. Entities would be able to avoid applying the annual cohort requirement by structuring contracts to meet those thresholds. The Board concluded there was a high risk that contracts for which the benefits of the annual cohort requirement heavily outweigh the costs would be included in the exemption, resulting in a loss of information critical for users of financial statements.

BC139S The Board concluded that for all but a very limited population of contracts there is no question that the benefits of the annual cohort requirement significantly outweigh the costs. For a very limited population of contracts the costs and benefits of the requirement are more finely balanced. However, it is not possible to define that population in a way that does not risk it becoming too broad. The Board therefore decided to retain the annual cohort requirement unchanged.

### *Annual cohort requirement—group based on issue date*

BC139T In June 2020, the Board amended paragraph 28 of IFRS 17 to clarify that an entity is required to add an insurance contract to a group of insurance contracts at the date the contract is recognised, instead of the date the contract is issued (see paragraph BC145A). The Board considered but rejected a suggestion to also amend the annual cohort requirement in paragraph 22 of IFRS 17 to base it on the date contracts are recognised, instead of the date they are issued. The objective of the annual cohort requirement is to facilitate timely recognition of profits, losses and trends in profitability. The profitability of a contract is initially set when the contract is issued, based on facts and circumstances at that date—for example, interest rates, underwriting expectations and pricing. Hence, the Board concluded that determining annual cohorts based on the date that contracts are issued is necessary to provide useful information about trends in profitability.

# Recognition (paragraphs 25–28F of IFRS 17)

BC140  The Board considered whether an entity should recognise the obligations and associated benefits arising from a group of insurance contracts from the time at which it accepts risk. Doing so would be consistent with the aspects of IFRS 17 that focus on measuring the obligations accepted by the entity. However, such an approach would differ from that required for revenue contracts within the scope of IFRS 15, which focuses on measuring performance. Under IFRS 15, an entity recognises no rights or obligations until one party has performed under the contract. That model would be consistent with the aspects of IFRS 17 that focus on measuring performance.

BC141  Further, some stakeholders were concerned that a requirement to recognise the group of insurance contracts from the time the entity accepts risk would mean that the entity would need to track and account for the group even before the coverage period begins. Those expressing that view stated that accounting for the group of insurance contracts before the coverage period begins would require system changes whose high costs outweigh the benefits of doing so, particularly because the amount recognised before the coverage period begins might be immaterial, or even nil. In the view of these respondents, even if amounts recognised before the coverage period begins are insignificant, requiring an entity to account for groups of insurance contracts in the pre-coverage period would impose on the entity the requirement to track groups to demonstrate that the amounts are insignificant.

BC142  The Board was sympathetic to those concerns. Accordingly, the Board adopted an approach that combines aspects of both approaches set out in paragraph BC140 by requiring that an entity recognise a group of insurance contracts from the earliest of:

(a) the beginning of the coverage period of the group of contracts;

(b) the date on which the first payment from a policyholder in the group becomes due; or

(c) for a group of onerous contracts, when the group becomes onerous.

BC143  Typically, the first premium is due at the start of the coverage period and the entity recognises the group of insurance contracts at that point. In the Board's view:

(a) the rationale described in paragraph BC141 for not recognising a group of insurance contracts in the pre-coverage period—ie tracking information before the coverage period begins does not generate benefits that outweigh costs—applies only to contracts before payments are due; and

(b) the benefits of reporting insurance contracts that are onerous in the pre-coverage period outweigh the costs of recognising the contracts.

BC144  In some cases, changes in circumstances make a group of insurance contracts onerous before coverage begins.[16] The Board decided that entities should recognise such onerous groups in the pre-coverage period. However, IFRS 17 requires onerous groups to be recognised only when facts and circumstances indicate that a group of insurance contracts is onerous. That approach ensures that entities recognise adverse changes in circumstances without the need to track groups before the coverage period begins.

BC145  The costs of originating insurance contracts are often incurred before the coverage period begins. As discussed in paragraph BC176, the Board concluded that an entity should not recognise such costs as separate assets. Instead, IFRS 17 requires such costs to be recognised as part of the cash flows of the group of insurance contracts once it qualifies for

---

[16] In June 2020, the Board amended the definition of a coverage period to be the period during which the entity provides insurance contract services (see paragraphs BC283A–BC283I).

initial recognition. The Board observed that, in effect, entities will recognise groups from the date that the insurance acquisition cash flows are incurred. However, although an asset or liability is recognised from that date, entities do not need to update assumptions until the date the group qualifies for initial recognition and they are required only to determine the contractual service margin at that later date.[17]

### Amendments to IFRS 17—recognition

BC145A In June 2020, the Board amended paragraph 28 of IFRS 17 to clarify that an entity is required to add an insurance contract to a group of insurance contracts (that is, to recognise an insurance contract) at the date the insurance contract meets any one of the recognition criteria in paragraph 25 of IFRS 17 (see paragraph BC142). That date may differ from the date on which the insurance contract is issued—for example, it may be the date that premiums become due.

## Measurement of fulfilment cash flows (paragraphs 29–37 and B36–B92 of IFRS 17)

BC146 As explained in paragraphs BC19–BC20, IFRS 17 requires an entity to measure the fulfilment cash flows at a risk-adjusted present value. The sections below discuss the measurement of the fulfilment cash flows, in particular:

(a) how an entity estimates the expected value of cash flows (see paragraphs BC147–BC157);

(b) which cash flows should be included in the expected value of cash flows (see paragraphs BC158–BC184N);

(c) how the cash flows are adjusted to reflect the time value of money and the financial risks, to the extent that the financial risks are not included in the estimates of future cash flows (see paragraphs BC185–BC205B); and

(d) how the cash flows are adjusted to depict the effects of non-financial risk (see paragraphs BC206–BC217).

### Estimates of future cash flows (paragraphs 33–35 and B36–B71 of IFRS 17)

BC147 This section discusses the requirements of IFRS 17 relating to how an entity estimates the future cash flows, including:

(a) the unbiased use of all reasonable and supportable information available without undue cost or effort (see paragraphs BC148–BC152);

(b) estimates that are consistent with available market information (see paragraphs BC153–BC154);

(c) current estimates at the reporting date (see paragraphs BC155–BC156); and

(d) explicit estimates (see paragraph BC157).

---

[17] In June 2020, the Board amended the requirements relating to assets for insurance acquisition cash flows (see paragraphs BC184A–BC184K). The Board also specified that an entity recognises an asset for insurance acquisition cash flows paid (or for which a liability has been recognised applying another IFRS Standard) (see paragraphs BC184L–BC184N).

## Unbiased use of all reasonable and supportable information available without undue cost or effort (paragraphs 33(a) and B37–B41 of IFRS 17)

BC148 Because insurance contracts transfer risk, the cash flows generated by insurance contracts are uncertain. Some argue that the measurement of insurance contracts should use a single estimate of the cash flows, for example, the most likely outcome or an outcome that is likely to prove 'sufficient' at an implicit or explicit level of confidence. However, the Board decided that a measure of insurance contracts is most useful if it captures information about the full range of possible outcomes and their probabilities.

BC149 Consequently, the Board concluded that the measurement of insurance contracts should start with an estimate of the expected present value of the cash flows generated by the contracts. The expected present value is the probability-weighted mean of the present value of the possible cash flows. The Board also noted that, because IFRS 17 sets the measurement requirement as the probability-weighted mean of the present value of the possible cash flows, when an entity determines that amount, estimates of the probabilities associated with each cash flow scenario should be unbiased. In other words, the estimates should not be biased by the intention of attaining a predetermined result or inducing particular behaviour. A lack of bias is important because biased financial reporting information cannot faithfully represent economic phenomena. A lack of bias requires that estimates of cash flows and the associated probabilities should be neither conservative nor optimistic.

BC150 In principle, determining an expected present value involves the following steps:

(a) identifying each possible scenario;

(b) measuring the present value of the cash flows in that scenario—paragraphs BC185–BC205B discuss the discount rate; and

(c) estimating the probability of that scenario occurring.

Consistent with the approach taken in IFRS 9, the Board decided to specify that an entity should use reasonable and supportable information available without undue cost or effort in determining an expected present value.

BC151 An expected present value is not a forecast of a particular outcome. Consequently, differences between the ultimate outcome and the previous estimate of expected value are not 'errors' or 'failures'. The expected value is a summary that incorporates all foreseeable outcomes. When one or more of those outcomes do not occur, that does not invalidate the previous estimate of the expected value.

BC152 Many insurance contracts contain significant embedded options and guarantees. Many previous insurance accounting models attributed no value to embedded options or guarantees that lack 'intrinsic value' (ie when they were 'out of the money'). However, such embedded options and guarantees also have a time value because they could be 'in the money' at expiry. To the extent that those options and guarantees remain embedded in the insurance contract (see paragraphs BC104–BC107), the expected present value of future cash flows is an estimate based on all possible outcomes about cash flows. IFRS 17 also requires the measurement to include the effect of financial risk, either in the estimates of future cash flows or in the discount rate. The measurement approach in IFRS 17, therefore, incorporates both the intrinsic value and the time value of embedded options and guarantees. The use of the IFRS 17 approach will mean that the measurement of any options and guarantees included in the insurance contracts is consistent with observable market variables (see paragraph B48 of IFRS 17). The Board concluded that this measurement approach provides the most relevant information about embedded options and guarantees.

### Estimates that are consistent with available market information (paragraphs 33(b) and B42–B53 of IFRS 17)

BC153  The Board decided that measurements are more relevant, have less measurement uncertainty, and are more understandable if they are consistent with observed market prices, because such measurements:

    (a)    involve less subjectivity than measurements that use entity-specific expectations that differ from market consensus;

    (b)    reflect all evidence available to market participants; and

    (c)    are developed using a common and publicly accessible benchmark that users of financial statements can understand more easily than information developed using a private, internal benchmark.

BC154  This view has the following consequences:

    (a)    an entity is required to use observable current market variables, such as interest rates, as direct inputs without adjustment when possible; and

    (b)    when variables cannot be observed in, or derived directly from, market prices, the estimates should not contradict current market variables. For example, estimated probabilities for inflation scenarios should not contradict probabilities implied by market interest rates.

### Current estimates at the reporting date (paragraphs 33(c) and B54–B60 of IFRS 17)

BC155  The Board concluded that estimates of cash flows should be based on current information, updated at the end of every reporting period. Insurance measurement models before IFRS 17 often required entities to make estimates at initial recognition and to use the same estimates throughout the duration of the contract, without updating to include information that became available later in the duration of the contract. However, the Board concluded that using current estimates:

    (a)    gives more relevant information about the entity's contractual obligations and rights by better reflecting information about the amounts, timing and uncertainty of the cash flows generated by those obligations and rights. Because of the uncertainty associated with insurance contract liabilities and the long duration of many insurance contracts, current information reflecting the amount, timing and uncertainty of cash flows is particularly relevant for users of financial statements.

    (b)    incorporates all reasonable and supportable information available without undue cost or effort in the measurement, thus avoiding the need for a separate test to ensure that the liability is not understated (sometimes known as a 'liability adequacy test'). Any liability adequacy test is likely to involve some arbitrary components. For example, any specified timing for such a test would inevitably be arbitrary, unless current information were required at each reporting date.

    (c)    is broadly consistent with other IFRS Standards for provisions (IAS 37) and financial liabilities (IFRS 9). That is, for liabilities with characteristics similar to insurance contract liabilities, both IAS 37 and IFRS 9 would require measurements based on current estimates of future cash flows.

BC156 The Board noted that IAS 37 includes in the measurement of liabilities the effect of possible new legislation only when the legislation is virtually certain to be enacted, and that IAS 12 *Income Taxes* includes in the measurement of income taxes only changes in legislation that are substantively enacted. Consistent with these Standards, the Board concluded that an entity should include the effect of possible changes in legislation on future cash flows only when the change in legislation is substantively enacted.

### Explicit estimates (paragraphs 33(d) and B46 of IFRS 17)

BC157 The Board concluded that explicit estimates of cash flows, which require an entity to consider actively whether circumstances have changed, result in more useful information about the entity's obligations to policyholders than estimates that combine cash flows with either the risk adjustment for non-financial risk or the adjustment to reflect the time value of money and financial risks. Explicit estimates also reduce the possibility that the entity does not identify some changes in circumstances. However, IFRS 17 allows an exception to the requirement to use explicit estimates of cash flows separate from the adjustment to reflect the time value of money and financial risks. This exception applies if the entity uses the fair value of a replicating portfolio of assets to measure some of the cash flows that arise from insurance contracts, which will combine the cash flows and the adjustment to reflect the time value of money and financial risks. The fair value of a replicating portfolio of assets reflects both the expected present value of the cash flows from the portfolio of assets and the risk associated with those cash flows (see paragraph B46 of IFRS 17).

## The cash flows used to measure insurance contracts (paragraphs 34–35 and B61–B71 of IFRS 17)

BC158 This section discusses which cash flows should be included in the expected value of cash flows, including:

(a) cash flows that arise from future premiums (see paragraphs BC159–BC164);

(b) deposit floors (see paragraphs BC165–BC166);

(c) cash flows over which the entity has discretion (see paragraphs BC167–BC170);

(ca) cash flows relating to policyholder taxes (see paragraph BC170A);

(d) cash flows that affect or are affected by cash flows to policyholders of other contracts (see paragraphs BC171–BC174);

(e) insurance acquisition cash flows (see paragraphs BC175–BC184K); and

(f) pre-recognition cash flows other than insurance acquisition cash flows (see paragraphs BC184L–BC184N).

### Cash flows that arise from future premiums (paragraphs 34–35 and B61–B66 of IFRS 17)

BC159 The measurement of a group of insurance contracts includes all the cash flows expected to result from the contracts in the group, reflecting estimates of policyholder behaviour. Thus, to identify the future cash flows that will arise as the entity fulfils its obligations, it is necessary to draw a contract boundary that distinguishes whether future premiums, and the resulting benefits and claims, arise from:

(a) existing insurance contracts. If so, those future premiums, and the resulting benefits and claims, are included in the measurement of the group of insurance contracts; or

(b) future insurance contracts. If so, those future premiums, and the resulting benefits and claims, are not included in the measurement of the group of existing insurance contracts.

BC160 The essence of a contract is that it binds one or both of the parties. If both parties are bound equally, the boundary of the contract is generally clear. Similarly, if neither party is bound, it is clear that no genuine contract exists. Thus:

(a) the outer limit of the existing contract is the point at which the entity is no longer required to provide coverage and the policyholder has no right of renewal. Beyond that outer limit, neither party is bound.[18]

(b) the entity is no longer bound by the existing contract at the point at which the contract confers on the entity the practical ability to reassess the risk presented by a policyholder and, as a result, the right to set a price that fully reflects that risk. Thus, any cash flows arising beyond that point occur beyond the boundary of the existing contract and relate to a future contract, not to the existing contract.

BC161 However, if an entity has the practical ability to reassess the risk presented by a policyholder, but does not have the right to set a price that fully reflects the reassessed risk, the contract still binds the entity. Thus, that point would lie within the boundary of the existing contract, unless the restriction on the entity's ability to reprice the contract is so minimal that it is expected to have no commercial substance (ie the restriction has no discernible effect on the economics of the transaction). In the Board's view, a restriction with no commercial substance does not bind the entity.

BC162 However, it may be more difficult to decide the contract boundary if the contract binds one party more tightly than the other. For example:

(a) an entity may price a contract so that the premiums charged in early periods subsidise the premiums charged in later periods, even if the contract states that each premium relates to an equivalent period of coverage. This would be the case if the contract charges level premiums and the risks covered by the contract increase with time. The Board concluded that the premiums charged in later periods would be within the boundary of the contract because, after the first period of coverage, the policyholder has obtained something of value, namely the ability to continue coverage at a level price despite increasing risk.[19]

(b) an insurance contract might bind the entity, but not the policyholder, by requiring the entity to continue to accept premiums and provide coverage but permitting the policyholder to stop paying premiums, although possibly incurring a penalty. In the Board's view, the premiums the entity is required to accept and the resulting coverage it is required to provide fall within the boundary of the contract.[20]

(c) an insurance contract may permit an entity to reprice the contract on the basis of general market experience (for example, mortality experience), without permitting the entity to reassess the individual policyholder's risk profile (for

---

[18] In June 2020, the Board amended the definition of a coverage period to be the period during which the entity provides insurance contract services (see paragraphs BC283A–BC283J).

[19] In June 2020, the Board amended the definition of a coverage period to be the period during which the entity provides insurance contract services (see paragraphs BC283A–BC283J).

[20] In June 2020, the Board amended the definition of a coverage period to be the period during which the entity provides insurance contract services (see paragraphs BC283A–BC283J).

example, the policyholder's health). In this case, the insurance contract binds the entity by requiring it to provide the policyholder with something of value: continuing insurance coverage without the need to undergo underwriting again. Although the terms of the contract are such that the policyholder has a benefit in renewing the contract, and thus the entity expects that renewals will occur, the contract does not require the policyholder to renew the contract. The Board originally decided that ignoring the entity's expectation of renewals would not reflect the economic circumstances created by the contract for the entity. Consequently, the Board originally proposed that if the entity can reprice an existing contract for general but not individual-specific changes in policyholders' risk profiles, the cash flows resulting from the renewals repriced in this way lie within the boundaries of the existing contract.

BC163 Many stakeholders suggested that the original proposal in paragraph BC162(c) resulted in some cash flows for which the entity was not bound being included within the boundary of some contracts. Even when an entity is prevented from repricing an existing contract using an individual policyholder's risk assessment, the entity may nonetheless be able to reprice a portfolio to which the contract belongs with the result that the price charged for the portfolio as a whole fully reflects the risk of the portfolio. As a result, these stakeholders argued that in such cases the entity is no longer bound by the existing portfolio of contracts and that any cash flows that arise beyond that repricing point should be considered to be beyond the boundary of the existing contract. To the extent that an entity would not be able to charge a price that fully reflects the risks of the portfolio as a whole, it would be bound by the existing contract. The Board was persuaded by this view and modified the contract boundary so that such cash flows are considered to be outside the contract boundary, provided the pricing of the premiums for coverage up to the date when the risks are reassessed does not take into account the risks that relate to periods subsequent to the reassessment date.[21]

BC164 Because the entity updates the measurement of the group of insurance contracts to which the individual contract belongs and, hence, the portfolio of contracts in each reporting period, the assessment of the contract boundary is made in each reporting period. For example, in one reporting period an entity may decide that a renewal premium for a portfolio of contracts is outside the contract boundary because the restriction on the entity's ability to reprice the contract has no commercial substance. However, if circumstances change so that the same restrictions on the entity's ability to reprice the portfolio take on commercial substance, the entity may conclude that future renewal premiums for that portfolio of contracts are within the boundary of the contract.

## Deposit floors

BC165 The Board also addressed how deposit floors are considered when measuring insurance contracts. The 'deposit floor' is a term used to describe the following requirement in paragraph 47 of IFRS 13:

> The fair value of a financial liability with a demand feature (eg a demand deposit) is not less than the amount payable on demand, discounted from the first date that the amount could be required to be paid.

BC166 If a deposit floor were to be applied when measuring insurance contracts, the resulting measurement would ignore all scenarios other than those involving the exercise of policyholder options in the way that is least favourable to the entity. Such a requirement would contradict the principle that an entity should incorporate in the measurement of an

---

[21] In June 2020, the Board amended the definition of a coverage period to be the period during which the entity provides insurance contract services (see paragraphs BC283A–BC283J).

insurance contract future cash flows on a probability-weighted basis. Consequently, IFRS 17 does not require or allow the application of a deposit floor when measuring insurance contracts. This applies both to the general measurement requirements of IFRS 17 and when IFRS 17 requires the use of fair value (see paragraphs BC327 and BC385). However, paragraph 132(c) of IFRS 17 requires entities to disclose the amount payable on demand in a way that highlights the relationship between such amounts and the carrying amount of the related contracts.

## Cash flows over which the entity has discretion (paragraph B65 of IFRS 17)

BC167   Some insurance contracts give policyholders the right to share in the returns on specified underlying items. In some cases, the contract gives the entity discretion over the resulting payments to the policyholders, either in their timing or in their amount. Such discretion is usually subject to some constraint, including constraints in law or regulation and market competition.

BC168   IFRS 17 requires the measurement of a group of insurance contracts to include an unbiased estimate of the expected cash outflows from the contracts. The expected cash outflows include outflows over which the entity has discretion. The Board decided to require this because:

(a) it can be difficult to determine whether an entity is making payments because it believes that it is obliged to do so, rather than for some other reason that does not justify the recognition of a stand-alone liability. Those reasons could be to maintain the entity's competitive position or because the entity believes it is under some moral pressure. Thus, it could be difficult to make a reasonable estimate of the level of distribution that would ultimately be enforceable in the unlikely event that an entity asserts that its discretion to pay or withhold amounts to policyholders is unfettered.

(b) even if it were possible to make a reasonable estimate of non-discretionary cash flows, users of financial statements would not benefit from knowing how much might be enforceable in the highly unlikely event that an entity tried to avoid paying amounts to policyholders of insurance contracts when the entity and its policyholders currently expect that such benefits will be paid. That amount does not provide relevant information about the amount, timing and uncertainty of future cash flows. On the other hand, users of financial statements would want to know:

(i) how much of the cash flows will be unavailable to investors because the entity expects to pay them to policyholders. The requirements in IFRS 17 convey that information by including those cash flows in the measurement of the liability.

(ii) how much of the risk in the contracts is borne by the policyholders through the participation mechanism and how much by the shareholders. This information is conveyed by the required disclosures about risk.

BC169   The Board considered whether payments that are subject to the entity's discretion meet the definition of a liability in the Conceptual Framework for Financial Reporting (the *Conceptual Framework*). The contract, when considered as a whole, clearly meets the *Conceptual Framework*'s definition of a liability. Some components, if viewed in isolation, may not meet the definition of a liability. However, in the Board's view, including such components in the measurement of insurance contracts would generate more useful information for users of financial statements.

BC170  The Board considered whether to provide specific guidance on amounts that have accumulated over many decades in participating funds and whose 'ownership' may not be attributable definitively between shareholders and policyholders. It concluded that it would not. In principle, IFRS 17 requires an entity to estimate the cash flows in each scenario. If that requires difficult judgements or involves unusual levels of uncertainty, an entity would consider those matters in deciding what disclosures it must provide to satisfy the disclosure objective in IFRS 17.

## Amendments to IFRS 17—cash flows relating to policyholder taxes (paragraphs B65–B66 of IFRS 17)

BC170A  In June 2020, the Board amended IFRS 17 to resolve an inconsistency between the description of cash flows within the boundary of an insurance contract in paragraph B65(m) of IFRS 17 and the description of cash flows outside the boundary of an insurance contract in paragraph B66(f) of IFRS 17. Before the amendment, paragraph B66(f) of IFRS 17 required an entity to exclude income tax payments and receipts not paid or received in a fiduciary capacity from the estimate of the cash flows that will arise as the entity fulfils an insurance contract. Some stakeholders said that some income tax payments and receipts, although not paid or received in a fiduciary capacity, are costs specifically chargeable to the policyholder under the terms of the contract. Accordingly, those costs should be included in the boundary of an insurance contract applying paragraph B65(m) of IFRS 17. The Board agreed that any costs specifically chargeable to the policyholder are cash flows that will arise as the entity fulfils an insurance contract. Therefore, the Board amended paragraph B66(f) of IFRS 17 to avoid excluding from the fulfilment cash flows income tax payments or receipts specifically chargeable to the policyholder under the terms of the contract. An entity recognises insurance revenue for the consideration paid by the policyholder for such income tax amounts when the entity recognises in profit or loss the income tax amounts. This treatment is consistent with the recognition of insurance revenue for other incurred expenses applying IFRS 17 (see paragraph BC37).

## Cash flows that affect or are affected by cash flows to policyholders of other contracts (paragraphs B67–B71 in IFRS 17)

BC171  Sometimes insurance contracts in one group affect the cash flows to policyholders of contracts in a different group. This effect is sometimes called 'mutualisation'. However, that term is used in practice to refer to a variety of effects, ranging from the effects of specific contractual terms to general risk diversification. Consequently, the Board decided not to use the term but instead to include in IFRS 17 requirements that ensure the fulfilment cash flows of any group are determined in a way that does not distort the contractual service margin, taking into account the extent to which the cash flows of different groups affect each other. Hence the fulfilment cash flows for a group:

(a) include payments arising from the terms of existing contracts to policyholders of contracts in other groups, regardless of whether those payments are expected to be made to current or future policyholders; and

(b) exclude payments to policyholders in the group that, applying (a), have been included in the fulfilment cash flows of another group.

BC172  The reference to future policyholders is necessary because sometimes the terms of an existing contract are such that the entity is obliged to pay to policyholders amounts based on underlying items, but with discretion over the timing of the payments. That means that some of the amounts based on underlying items may be paid to policyholders of contracts that will be issued in the future that share in the returns on the same underlying items, rather than to existing policyholders. From the entity's perspective, the terms of the existing contract require it to pay the amounts, even though it does not yet know when or to whom it will make the payments.

BC173  The Board considered whether it was necessary to amend the requirements in IFRS 17 relating to the determination of the contractual service margin for insurance contracts with cash flows that affect or are affected by cash flows to policyholders of contracts in another group. The Board concluded that it was not necessary because the fulfilment cash flows allocated to a group described in paragraph BC171 result in the contractual service margin of a group appropriately reflecting the future profit expected to be earned from the contracts in the group, including any expected effect on that future profit caused by other contracts.

BC174  The Board also considered whether it was necessary to amend the requirements in IFRS 17 restricting contracts in a group to those issued not more than one year apart, but concluded that it was not necessary (see paragraph BC138).[22]

## Insurance acquisition cash flows (paragraphs B65(e) and B125 of IFRS 17)

BC175  Entities often incur significant costs to sell, underwrite and start new insurance contracts. These costs are commonly referred to as 'insurance acquisition cash flows'. Insurance contracts are generally priced to recover those costs through premiums or through surrender charges, or both.

### Measurement approach

BC176  The measurement approach required in IFRS 17 represents a change from many previous accounting models that measure insurance contract liabilities initially at the amount of the premiums received, with deferral of insurance acquisition cash flows. Such models treat insurance acquisition cash flows as a representation of the cost of a recognisable asset, which, depending on the model, might be described as a contract asset or a customer relationship intangible asset. The Board concluded that such an asset either does not exist, if the entity recovers insurance acquisition cash flows from premiums already received, or relates to future cash flows that are included in the measurement of the contract.[23] The Board noted that an entity typically charges the policyholder a price the entity regards as sufficient to compensate it for undertaking the obligation to pay for insured losses and for the cost of originating the contracts. Thus, a faithful representation of the remaining obligation to pay for insured losses should not include the part of the premium intended to compensate for the cost of originating the contracts.

BC177  Consequently, the Board concluded that an entity should recognise insurance acquisition cash flows as an expense, and should recognise an amount of revenue equal to the portion of the premium that relates to recovering its insurance acquisition cash flows. IFRS 17

---

[22] When developing the June 2020 amendments to IFRS 17, the Board considered but rejected suggestions to exempt from the annual cohort requirement insurance contracts with intergenerational sharing of risks (see paragraphs BC139I–BC139S). These considerations were similar to those in developing the Standard as described in paragraph BC174.

[23] An asset for insurance acquisition cash flows is derecognised when those insurance acquisition cash flows are included in the measurement of the group of insurance contracts to which they have been allocated. In June 2020, the Board amended IFRS 17 so that allocation reflects an entity's expectations about future contract renewals (see paragraphs BC184A–BC184K).

BC178 achieves this by requiring that the cash flows for a group of insurance contracts include the insurance acquisition cash outflows or inflows associated with the group of contracts (including amounts received or to be received by the entity to acquire new insurance contracts).[24] This approach reduces the contractual service margin on initial recognition of the group of insurance contracts and has the advantage that the insurance acquisition cash flows are treated the same as other cash flows incurred in fulfilling contracts.

BC178 In many cases, insurance acquisition cash flows occur at the beginning of the coverage period of a group of insurance contracts, before any coverage or other service has been provided. Because insurance revenue is recognised in the same pattern as changes in the liability for remaining coverage, this would mean that some of the insurance revenue would be recognised when the insurance acquisition cash flows are paid, often at the beginning of the coverage period.

BC179 The Board was concerned that recognising insurance revenue at the beginning of the coverage period would be inconsistent with the principles in IFRS 15 because, at the beginning of the coverage period, the entity has not satisfied any of the obligations to the policyholder under the contract. In contrast, IFRS 15 requires an entity to recognise as revenue the consideration received from the customer as it satisfies its performance obligations under the contract. Accordingly, the Board decided to include an exception in IFRS 17 for the treatment of insurance acquisition cash flows so that the premium related to insurance acquisition cash flows is not recognised as revenue when the insurance acquisition cash flows occur, but is separately identified and recognised over the coverage period. IFRS 17 also requires the insurance acquisition cash flows to be recognised as an expense over the same period.

BC180 The requirement to recognise insurance acquisition cash flows as an expense over the coverage period differs from recognising an asset or an explicit or implicit reduction in the carrying amount of the group of insurance contracts. At all times, the liability for the group is measured as the sum of the fulfilment cash flows, including any expected future insurance acquisition cash flows, and the contractual service margin. Because the contractual service margin cannot be less than zero, the entity need not test separately whether it will recover the insurance acquisition cash flows that have occurred but have not yet been recognised as an expense. The measurement model captures any lack of recoverability automatically by remeasuring the fulfilment cash flows.[25]

### *Insurance acquisition cash flows included in measurement*

BC181 The Board considered whether only insurance acquisition cash flows that are incremental at a contract level should be included in the measurement of an insurance contract. Those cash flows can be clearly identified as relating specifically to the contract. Including cash flows that relate to more than one contract requires a more subjective judgement to identify which cash flows to include.

BC182 However, the Board noted that:

(a) including only insurance acquisition cash flows that are incremental at a contract level would mean that entities would recognise different contractual service margins and expenses depending on the way they structure their acquisition activities. For example, there would be different liabilities reported if the entity

---

[24] In June 2020, the Board amended IFRS 17 to clarify that insurance acquisition cash flows paid before a group of insurance contracts is recognised cannot be a liability.

[25] In June 2020, the Board amended IFRS 17 to include specific requirements relating to an asset for insurance acquisition cash flows recognised before a group of insurance contracts is recognised (see paragraphs BC184A–BC184K).

had an internal sales department rather than outsourcing sales to external agents. In the Board's view, differences in the structure of insurance acquisition activities would not necessarily reflect economic differences between insurance contracts issued by the entities.

(b) an entity typically prices insurance contracts to recover not only incremental costs, but also other direct costs and a proportion of indirect costs incurred in originating insurance contracts—such as costs of underwriting, medical tests and inspection, and issuing the policy. The entity measures and manages these costs for the portfolio, rather than for the individual contract. Accordingly, including insurance acquisition cash flows that are incremental at the portfolio level in the fulfilment cash flows of the insurance contracts would be consistent with identification of other cash flows that are included in the measurement of the contracts.

BC183 The Board also considered whether to restrict insurance acquisition cash flows to be included in the measurement of a group of insurance contracts to those cash flows related directly to the successful acquisition of new or renewed insurance contracts. The approach in IFRS 17 to the measurement of a group of insurance contracts is to estimate the profit expected to be generated over the duration of the group. In this context, excluding some insurance acquisition cash flows that relate to issuing a portfolio of contracts would result in an understatement of the fulfilment cash flows and an overstatement of the contractual service margins of groups in the portfolio. In addition, the Board wanted to avoid measuring liabilities and expenses at different amounts depending on how an entity structures its insurance acquisition activities, as described in paragraph BC182(a).

BC184 The Board also noted that the measurement approach in IFRS 17 automatically recognises as an immediate expense any insurance acquisition cash flows that cannot be recovered from the cash flows of the portfolio of contracts, because such cash flows reduce the contractual service margin below zero and must therefore be recognised as an expense. Hence, no amount can be recognised in the statement of financial position for insurance acquisition cash flows that are not recoverable.[26]

## *Amendments to IFRS 17—insurance acquisition cash flows (paragraphs 28A–28F and B35A–B35D of IFRS 17)*

BC184A In June 2020, the Board amended IFRS 17 to require an entity to use a systematic and rational method to allocate insurance acquisition cash flows that are directly attributable to a group of insurance contracts:

(a) to that group; and

(b) to groups that will include insurance contracts that are expected to arise from renewals of insurance contracts in that group (see paragraph B35A of IFRS 17).

BC184B Before the amendment, an entity was required to allocate insurance acquisition cash flows directly attributable to a group to only that group. In contrast, insurance acquisition cash flows directly attributable to a portfolio of insurance contracts but not directly attributable to a group of insurance contracts are systematically and rationally allocated to groups of insurance contracts in the portfolio.

---

[26] In June 2020, the Board amended IFRS 17 to include specific requirements relating to an asset for insurance acquisition cash flows recognised before a group of insurance contracts is recognised (see paragraphs BC184A–BC184K).

BC184C  Stakeholders said an entity that issues an insurance contract with a short coverage period, such as one year, might incur high up-front costs, such as commissions to sales agents, relative to the premium the entity will charge for the contract. The entity agrees to those costs because it expects that some policyholders will renew their contracts. Often, those costs are fully directly attributable to the initial insurance contract issued because those costs are non-refundable and are not contingent on the policyholder renewing the contracts.

BC184D  In some circumstances, such commissions are higher than the premium charged and applying IFRS 17 before it was amended would have resulted in the initial insurance contract being identified as onerous. In the Board's view, an entity recognising a loss in that circumstance would provide useful information to users of financial statements. The information would reflect that the entity does not have a right to either oblige policyholders to renew the contracts, or to reclaim the commissions from sales agents if policyholders choose not to renew the contracts.

BC184E  However, the Board was persuaded that an amendment to IFRS 17 requiring an entity to allocate insurance acquisition cash flows to expected renewal contracts (expected renewals) would also provide useful information to users of financial statements. Such a requirement depicts the payment of up-front costs such as commissions as an asset that an entity expects to recover through both initial insurance contracts issued and expected renewals. The asset reflects the right of an entity to not pay again costs it had already paid to obtain renewals. The Board noted that the information resulting from the amendment is comparable to the information provided by IFRS 15 for the incremental costs of obtaining a contract.

BC184F  The Board concluded it did not need to develop requirements to specify how to allocate insurance acquisition cash flows to expected renewals. It concluded that requiring a systematic and rational method of allocation, consistent with paragraph B65(l) of IFRS 17, is sufficient.

BC184G  The Board noted that if an entity allocates assets for insurance acquisition cash flows to groups expected to be recognised across more than one reporting period in the future, an entity would need to update its allocation at the end of each reporting period to reflect any changes in assumptions about expected renewals. The Board also decided to clarify that an entity must apply a consistent method across reporting periods by referring in the requirements to a systematic and rational method (rather than a systematic and rational basis).

BC184H  Amending IFRS 17 to require an entity to allocate insurance acquisition cash flows to expected renewals creates assets for insurance acquisition cash flows that will be recognised for longer than assets would have been recognised applying the requirements before the amendment. The amendment will therefore increase the carrying amount of assets for insurance acquisition cash flows. Accordingly, the Board considered whether it should specify requirements for:

(a) accretion of interest on assets for insurance acquisition cash flows. The Board decided against specifying such requirements because doing so would be inconsistent with IFRS 15.

(b) assessments of the recoverability of assets for insurance acquisition cash flows. The Board decided to specify such requirements for the reasons set out in paragraphs BC184I–BC184K.

BC184I  When the Board issued IFRS 17 in May 2017, it concluded that requiring an entity to assess the recoverability of an asset for insurance acquisition cash flows would be unnecessary. The asset was typically of relatively short duration and any lack of recoverability would be reflected on a timely basis when the asset was derecognised and the insurance acquisition cash flows were included in the measurement of a group of insurance contracts (see paragraph BC180). As a result of the June 2020 amendment set out in paragraph BC184A, the Board concluded that it needed to require an entity to assess the recoverability of an asset for insurance acquisition cash flows at the end of each reporting period if facts and circumstances indicate the asset may be impaired.

BC184J  Consistent with the impairment test in paragraph 101 of IFRS 15, an entity recognises an impairment loss in profit or loss and reduces the carrying amount of an asset for insurance acquisition cash flows so that the carrying amount does not exceed the expected net cash inflow for the related group.

BC184K  The Board noted that an entity measures an asset for insurance acquisition cash flows at the level of a group of insurance contracts. An impairment test at a group level compares the carrying amount of an asset for insurance acquisition cash flows allocated to a group with the expected net cash inflow of the group. That net cash inflow includes cash flows for contracts unrelated to any expected renewals but expected to be in that group. The Board therefore decided to require an additional impairment test specific to cash flows for expected renewals. This additional impairment test results in the recognition of any impairment losses when the entity no longer expects the renewals supporting the asset to occur, or expects the net cash inflows to be lower than the amount of the asset. Without the additional impairment test, cash flows from contracts unrelated to any expected renewals might prevent the recognition of such an impairment loss.

### *Amendments to IFRS 17—pre-recognition cash flows other than insurance acquisition cash flows (paragraphs 38, B66A and B123A of IFRS 17)*

BC184L  In June 2020, the Board amended IFRS 17 to address the treatment of assets or liabilities for cash flows related to a group of insurance contracts that have been recognised before the group of insurance contracts is recognised. Such assets and liabilities might have been recognised before the group of insurance contracts is recognised because the cash flows occur or because a liability is recognised applying another IFRS Standard. Cash flows are related to a group of insurance contracts if they would have been included in the fulfilment cash flows at the date of initial recognition of the group had they been paid or received after that date.

BC184M  The Board agreed with feedback that such cash flows should be included in the determination of the contractual service margin and insurance revenue for the group of insurance contracts. These cash flows should affect profit and revenue in the same way as the fulfilment cash flows regardless of their timing (or of the timing of their recognition as a liability).

BC184N  The amendment requires an entity to derecognise any asset or liability for such cash flows when the entity recognises the related group of insurance contracts to the extent that the asset or liability would not have been recognised separately from the group of insurance contracts if the cash flows (or the event that triggered their recognition as a liability) had occurred at the date of initial recognition of the group of insurance contracts. In addition the Board concluded that, to be consistent with the recognition of insurance revenue and incurred expenses required by IFRS 17, to the extent that an asset is derecognised when the entity recognises the related group of insurance contracts, insurance revenue and expenses should be recognised. In contrast, no insurance revenue or expenses arise on the derecognition of a liability at that date. The derecognition of a liability results either in the amounts expected to settle the liability being included in the fulfilment cash flows or the performance obligation depicted by the liability being subsumed within the recognition of the group of insurance contracts. For example, an entity that recognised a liability for premiums received in advance of the recognition of a group of insurance contracts would derecognise that liability when the entity recognises a group of insurance contracts to the extent the premiums relate to the contracts in the group. The performance obligation that was depicted by the liability would not be recognised separately from the group of insurance contracts had the premiums been received on the date of the initial recognition of the group. No insurance revenue arises on the derecognition of the liability.

## Discount rates (paragraphs 36 and B72–B85 of IFRS 17)

BC185 This section discusses:

(a) whether the measurement of all insurance contracts should be discounted (see paragraphs BC186–BC191);

(b) current, market-consistent estimates of the time value of money and financial risks, to the extent not included in the estimates of future cash flows (see paragraph BC192);

(c) the approach taken in respect of liquidity and own credit risk factors in determining the discount rate for a group of insurance contracts (see paragraphs BC193–BC197);

(d) disclosure of the yield curve (see paragraph BC198);

(e) reflecting dependence on underlying items in the discount rate (see paragraphs BC199–BC205); and

(f) subjectivity in determining discount rates (see paragraphs BC205A–BC205B).

### Discounting for all insurance contracts (paragraphs 36 and B72 of IFRS 17)

BC186 An amount payable tomorrow has a value different from that of the same amount payable in 10 years' time. In other words, money has a time value. The Board concluded that the measurement of all insurance contracts should reflect the effect of the timing of cash flows, because such a measure gives more relevant information about the entity's financial position.

BC187 When applying some previous accounting practices, entities did not discount their non-life (property and casualty) insurance contract liabilities. Some suggested that measuring non-life insurance contracts at a discounted amount would produce information that is less reliable (ie has more measurement uncertainty) than measuring it at its undiscounted amount because non-life insurance contracts are more uncertain than life insurance contracts with respect to:

(a) whether the insured event will occur, whereas the insured event in some life insurance contracts is certain to occur unless the policy lapses;

(b) the amount of the future payment that would be required if an insured event occurs, whereas the future payment obligation is generally specified in, or readily determinable from, a life insurance contract; and

(c) the timing of any future payments required when the insured event occurs, whereas the timing of future payments in a life insurance contract is typically more predictable.

BC188 These uncertainties mean that the cash flows for many non-life insurance contracts have greater variability than do the cash flows for many life insurance contracts. Some stakeholders argued that estimating the timing of payments and calculating a discount rate would introduce additional subjectivity into the measurement of insurance contracts and that this could reduce comparability and permit earnings management. Furthermore, these stakeholders stated that the benefits of presenting a discounted measure of non-life insurance contracts might not justify the costs of preparing that measure. These stakeholders stated that the timing of cash flows and the resulting interest is an essential component of the pricing and profitability of life insurance contracts, but is less relevant for non-life insurance contracts for which the stakeholders viewed underwriting results as the most critical component of pricing and profitability.

BC189 These arguments did not persuade the Board. Measuring a group of insurance contracts using undiscounted cash flows would fail to represent faithfully the entity's financial position and would be less relevant to users of financial statements than a measurement that includes the discounted amounts. The Board also concluded that discount rates and the amount and timing of future cash flows can generally be estimated without excessive measurement uncertainty at a reasonable cost. Absolute precision is unattainable, but it is also unnecessary. The Board is of the view that the measurement uncertainty caused by discounting does not outweigh the additional relevance of the resulting measurement of the entity's obligations. Furthermore, many entities have experience in discounting, both to support investment decisions and to measure items for which other IFRS Standards require discounting, such as financial instruments, employee benefit obligations and long-term non-financial liabilities. Additionally, the Board has learned that, for internal managerial purposes, some insurance entities discount some of their non-life insurance portfolios or groups of insurance contracts.

BC190 Some stakeholders suggested that measuring non-life insurance contracts at undiscounted amounts that ignore future inflation could provide a reasonable approximation of the value of the liability, especially for short-tail liabilities, at less cost and with less complexity than measuring such contracts at explicitly discounted amounts. However, this approach of implicitly discounting the liability makes the unrealistic assumption that two variables (claim inflation and the effect of timing) will more or less offset each other in every case. As this is unlikely, the Board concluded that financial reporting will be improved if entities estimate those effects separately.

BC191 As discussed in paragraphs BC292(a) and BC294, for contracts to which the entity applies the simpler premium allocation approach, the Board decided that an entity need not reflect the effects of discounting in some cases in which those effects would be generally expected to be insignificant.

## Current, market-consistent discount rates (paragraphs 36 and B74–B85 of IFRS 17)

BC192 Paragraphs BC20 and BC146–BC156 describe the Board's reasoning for using current, market-consistent estimates of cash flows. That reasoning also applies to the discount rate for those cash flows. Accordingly, IFRS 17 requires entities to discount cash flows using current, market-consistent discount rates that reflect the time value of money, the characteristics of the cash flows and the liquidity characteristics of the insurance contracts.

# Factors to include in the discount rate (paragraphs B78–B85 of IFRS 17)

## Liquidity

BC193 Discussions of the time value of money often use the notion of risk-free rates. Many entities use highly liquid, high-quality bonds as a proxy for risk-free rates. However, the holder can often sell such bonds in the market at short notice without incurring significant costs or affecting the market price. This means that the holder of such bonds effectively holds two things:

(a) a holding in an underlying non-tradable investment, paying a higher return than the observed return on the traded bond; and

(b) an embedded option to sell the investment to a market participant, for which the holder pays an implicit premium through a reduction in the overall return.

In contrast, for many insurance contracts, the entity cannot be forced to make payments earlier than the occurrence of insured events, or dates specified in the contract.

BC194 The Board concluded that, in principle, the discount rate for a group of insurance contracts should reflect the liquidity characteristics of the items being measured. Thus, the discount rate should equal the return on the underlying non-tradable investment (see paragraph BC193(a)), because the entity cannot sell or put the contract liability without significant cost. There should be no deduction in the rate for the implicit premium for the embedded put option, because no such put option is present in the liability.

BC195 The Board concluded that it is not appropriate in a principle-based approach:

(a) to ignore the liquidity characteristics of the item being measured, or to use an arbitrary benchmark (for example, high-quality corporate bonds) as an attempt to develop a practical proxy for measuring the specific liquidity characteristics of the item being measured; or

(b) to provide detailed guidance on how to estimate liquidity adjustments.

BC196 However, in response to feedback suggesting that it may be difficult to determine a liquidity premium in isolation, the Board observed that in estimating liquidity adjustments, an entity could apply either of the following:

(a) a 'bottom-up' approach based on highly liquid, high-quality bonds, adjusted to include a premium for the illiquidity.

(b) a 'top-down' approach based on the expected returns of a reference portfolio, adjusted to eliminate factors that are not relevant to the liability, for example market and credit risk. The Board expects a reference portfolio will typically have liquidity characteristics closer to the liquidity characteristics of the group of insurance contracts than highly liquid, high-quality bonds. Because of the difficulty in assessing liquidity premiums, the Board decided that in applying a top-down approach an entity need not make an adjustment for any remaining differences in liquidity characteristics between the reference portfolio and the insurance contracts.

## Own credit risk (paragraph 31 of IFRS 17)

BC197 IFRS 17 requires an entity to disregard its own credit risk when measuring the fulfilment cash flows. Some stakeholders expressed the view that information about own credit risk relating to a liability that must be fulfilled by the issuer, and about gains and losses arising from changes in the issuer's own credit risk, is not relevant for users of financial statements. The Board concluded that including the effect of a change in the entity's own non-performance risk in the measurement of an insurance contract liability would not provide useful information. The Board considered concerns that excluding own credit risk could lead to accounting mismatches, because the fair value of the assets viewed as backing insurance contracts includes changes in credit risk on those assets, while the measurement of a group of insurance contracts would exclude changes in the credit risk of the group of contracts. In the Board's view, such mismatches will often be economic in nature, because the credit risk associated with the insurance contracts differs from the credit risk of the assets held by the entity.

## Disclosure of yield curve (paragraph 120 of IFRS 17)

BC198   Paragraphs B80 and B81 of IFRS 17 note that the different approaches the Board allows for determining the discount rate could give rise to different rates. Accordingly, the Board decided that an entity should disclose the yield curve or range of yield curves used to discount cash flows that do not vary based on returns on underlying items to supplement the requirement in paragraph 117 of IFRS 17 that an entity disclose the methods and inputs that are used to estimate the discount rates. The Board decided that disclosure of the yield curves used will allow users of financial statements to understand how those yield curves might differ from entity to entity.

## Reflecting dependence on assets in the discount rate (see paragraphs 36 and B74–B85 of IFRS 17)

BC199   Some previous accounting approaches applied discount rates to insurance contract liabilities derived from the expected return on assets viewed as backing the liabilities, even when the cash flows arising from the liability do not vary based on the cash flows of the underlying items. Proponents of such approaches stated that doing so:

(a) prevents losses arising at initial recognition for groups of insurance contracts that are expected to be profitable overall and so reflects the most likely outcome of the insurance activity as a whole, taking into consideration the underwriting and investment functions together.

(b) prevents the volatility that would arise if short-term fluctuations in asset spreads affect the measurement of the assets, but not the measurement of the liabilities. Because an entity holds those assets for the long term to fulfil its obligations under the insurance contracts it has issued, some say that those fluctuations make it more difficult for users of financial statements to assess an entity's long-term performance.

BC200   However, the Board did not agree with these views. The Board decided that recognising a loss at contract inception is appropriate if the amount paid by the policyholder is insufficient to cover the expected present value of the policyholder's benefits and claims as well as to compensate the entity for bearing the risk that the benefits might ultimately exceed the expected premiums. Further, the Board noted that, to the extent that market spreads affect assets and insurance contracts differently, useful information is provided about economic mismatches, particularly about duration mismatches.

BC201   The Board rejected the application of an asset-based discount rate when the cash flows from the group of insurance contracts do not vary based on returns on assets, because those rates are unrelated to the cash flows. The objective of the discount rate is to adjust estimated future cash flows for the time value of money and for financial risks (for example, the liquidity risk), to the extent that they are not included in the estimated cash flows, in a way that captures the characteristics of the contract. To capture the characteristics of the contract:

(a) to the extent that the cash flows from assets (or other underlying items) affect the cash flows that arise from the liability, the appropriate discount rate should reflect the dependence on the underlying items; and

(b) to the extent that the cash flows that arise from the contracts are expected not to vary with returns on underlying items, the appropriate discount rate should exclude any factors that influence the underlying items that are irrelevant to the contracts. Such factors include risks that are not present in the contracts but are present in the financial instrument for which the market prices are observed. Thus, the discount rate should not capture all of the characteristics of those assets, even if the entity views those assets as backing those contracts.

BC202 Some view the cash flows that result from a guarantee embedded in an insurance contract as:

(a) variable in scenarios in which the guarantee amount is lower than the proportion of returns on underlying items promised to the policyholder; and

(b) fixed in scenarios in which the guaranteed amount is higher than the proportion of returns on underlying items promised to the policyholder.

BC203 However, the cash flows resulting from the guarantees do not vary directly with returns on underlying items because they are not expected to vary directly with such returns in all scenarios. Accordingly, an asset-based discount rate (from assets with variable returns) would be inappropriate for such cash flows.

BC204 The Board noted that a link between cash flows and underlying items could be captured by using replicating portfolio techniques, or portfolio techniques that have similar outcomes (see paragraphs B46–B48 of IFRS 17). A replicating portfolio is a theoretical portfolio of assets providing cash flows that exactly match the cash flows from the liability in all scenarios. If such a portfolio exists, the appropriate discount rate(s) for the replicating portfolio would also be the appropriate discount rate(s) for the liability. If a replicating portfolio existed and could be measured directly, there would be no need to determine separately the cash flows and the discount rate for the part of the liability replicated by that portfolio. The measurements of the replicating portfolio and the replicated cash flows arising from the contracts would be identical.

BC205 However, the Board also noted that using a replicating portfolio technique might require splitting the cash flows of the insurance contracts into those that match the cash flows from the asset portfolio and those that do not. As discussed in paragraph BC261, many stakeholders argued that it is impossible to split the cash flows in this way. Hence, IFRS 17 permits, but does not require, the use of a replicating portfolio technique and allows other approaches, such as risk-neutral modelling.

## Amendments to IFRS 17—feedback on the subjectivity in determining discount rates

BC205A When the Board considered feedback from entities implementing IFRS 17, it also considered feedback from users of financial statements that the principle-based requirements for determining discount rates could limit comparability between entities.

BC205B The Board made no amendments to IFRS 17 in response to that feedback. In the Board's view, requiring an entity to determine discount rates using a rule-based approach would result in outcomes that are appropriate only in some circumstances. IFRS 17 requires entities to apply judgement when determining the inputs most applicable in the circumstances. To enable users of financial statements to understand the discount rates used, and to facilitate comparability between entities, IFRS 17 requires entities to disclose information about the methods used and judgements applied.

## Risk adjustment for non-financial risk (paragraphs 37 and B86–B92 of IFRS 17)

BC206   IFRS 17 requires entities to depict the risk that is inherent in insurance contracts by including a risk adjustment for non-financial risk in the measurement of those contracts. The risk adjustment for non-financial risk directly measures the non-financial risk in the contract.

BC207   This section discusses:

(a) the reasons for including a risk adjustment for non-financial risk in the measurement of a group of insurance contracts (see paragraphs BC208–BC212);

(b) the techniques for estimating the risk adjustment for non-financial risk (see paragraphs BC213–BC214C); and

(c) the requirement to disclose a confidence level equivalent (see paragraphs BC215–BC217).

### Reasons for including a risk adjustment for non-financial risk in the measurement of insurance contracts (paragraphs 37 and B86–B89 of IFRS 17)

BC208   IFRS 17 requires the risk adjustment for non-financial risk to reflect the compensation that the entity requires for bearing the uncertainty about the amount and timing of the cash flows that arises from non-financial risk.

BC209   In developing the objective of the risk adjustment for non-financial risk, the Board concluded that a risk adjustment for non-financial risk should not represent:

(a) the compensation that a market participant would require for bearing the non-financial risk that is associated with the contract. As noted in paragraph BC17, the measurement model is not intended to measure the current exit value or fair value, which reflects the transfer of the liability to a market participant. Consequently, the risk adjustment for non-financial risk should be determined as the amount of compensation that the entity—not a market participant—would require.

(b) an amount that would provide a high degree of certainty that the entity would be able to fulfil the contract. Although such an amount might be appropriate for some regulatory purposes, it is not compatible with the Board's objective of providing information that will help users of financial statements make decisions about providing resources to the entity.

BC210   The Board considered arguments that it not include a risk adjustment for non-financial risk in the fulfilment cash flows because:

(a) no single well-defined approach exists for developing risk adjustments for non-financial risks that would meet the objective described in paragraph BC208 and provide consistency and comparability of results.

(b) some techniques are difficult to explain to users of financial statements and, for some techniques, it may be difficult to provide clear disclosures that would give users of financial statements an insight into the measure of the risk adjustment for non-financial risk that results from the technique.

(c) it is impossible to assess retrospectively whether a particular adjustment was reasonable, although preparers of financial statements may, in time, develop tools that help them to assess whether the amount of a risk adjustment for non-financial risk is appropriate for a given fact pattern. Over time, an entity may be able to assess whether subsequent outcomes are in line with its previous estimates of probability distributions. However, it would be difficult for the entity to assess whether, for example, a decision to set a confidence level at a particular percentile was appropriate.

(d) developing systems to determine risk adjustments for non-financial risk will involve cost, and some stakeholders doubt whether the benefits of such systems will be sufficient to justify that cost.

(e) the inclusion of an explicitly measured risk adjustment for non-financial risk in identifying a loss on initial recognition is inconsistent with IFRS 15.

(f) if the remeasurement of the risk adjustment for non-financial risk for an existing group of insurance contracts results in a loss, that loss will reverse in later periods as the entity is released from that risk. Reporting a loss followed by an expected reversal of that loss may confuse some users of financial statements.

(g) the risk adjustment for non-financial risk could be used to introduce bias into the measurement of an insurance contract.

BC211 However, even given some of the limitations noted above, IFRS 17 requires a separate risk adjustment for non-financial risk because the Board decided that such an adjustment:

(a) will result in an explicit measurement of the non-financial risk that will provide a clearer insight into the insurance contracts. In particular, it distinguishes risk-generating liabilities from risk-free liabilities. It will convey useful information to users of financial statements about the entity's view of the economic burden imposed by the non-financial risk associated with the entity's insurance contracts.

(b) will result in a profit recognition pattern that reflects both the profit recognised by bearing risk and the profit recognised by providing services. As a result, the profit recognition pattern is more sensitive to the economic drivers of the contract.

(c) will faithfully represent circumstances in which the entity has charged insufficient premiums for bearing the risk that the claims might ultimately exceed expected premiums.

(d) will report changes in estimates of risk promptly and in an understandable way.

BC212 IFRS 17 requires entities to consider the risk adjustment for non-financial risk separately from the adjustment for the time value of money and financial risks. The Board observed that some previous accounting models combined these two adjustments by using discount rates adjusted for non-financial risk. However, the Board concluded that combining the two adjustments is inappropriate unless the risk is directly proportional to both the amount of the liability and the remaining time to maturity. Insurance contract liabilities often do not have these characteristics. For example, the average risk in a group of claims liabilities may rise over time because more complex claims incurred may take longer to resolve. Similarly, lapse risk may affect cash inflows more than it affects cash outflows. A single risk-adjusted discount rate is unlikely to capture such differences in risk. The Board therefore decided to require a separate risk adjustment for non-financial risk.

## Techniques for measuring risk adjustments for non-financial risk (paragraphs B90–B92 of IFRS 17)

BC213   The Board decided a principle-based approach for measuring the risk adjustment for non-financial risk, rather than identifying specific techniques, would be consistent with the Board's approach on how to determine a similar risk adjustment for non-financial risk in IFRS 13. Furthermore, the Board concluded that:

(a)   limiting the number of risk adjustment techniques would conflict with the Board's desire to set principle-based IFRS Standards. In particular situations, some techniques may be more applicable, or may be easier to implement, and it would not be practicable for an IFRS Standard to specify in detail every situation in which particular techniques would be appropriate. Furthermore, techniques may evolve over time. Specifying particular techniques might prevent an entity from improving its techniques.

(b)   the objective of the risk adjustment for non-financial risk is to reflect the entity's perception of the economic burden of its non-financial risks. Specifying a level of aggregation for determining the risk adjustment for non-financial risk that was inconsistent with the entity's view of the burden of non-financial risk would contradict the objective of reflecting the entity's perception in the risk adjustment for non-financial risk.

BC214   As a result, IFRS 17 states only the principle that the risk adjustment for non-financial risk should be the compensation the entity requires for bearing the uncertainty arising from non-financial risk that is inherent in the cash flows that arise as the entity fulfils the group of insurance contracts. Accordingly, the risk adjustment for non-financial risk reflects any diversification benefit the entity considers when determining the amount of compensation it requires for bearing that uncertainty.

### *Amendments to IFRS 17—feedback on the subjectivity in determining the risk adjustment for non-financial risk*

BC214A   When the Board considered feedback from entities implementing IFRS 17, it also considered feedback from users of financial statements that the principle-based requirements for determining the risk adjustment for non-financial risk could limit comparability between entities. The Board made no amendments to IFRS 17 in response to that feedback, for the same reason it made no amendments in response to similar feedback on discount rates (see paragraph BC205B).

### *Amendments to IFRS 17—feedback on the risk adjustment for non-financial risk in consolidated financial statements*

BC214B   The Transition Resource Group for IFRS 17 discussed an implementation question on determining the risk adjustment for non-financial risk in the consolidated financial statements of a group of entities. Transition Resource Group members held different views. Some members thought the risk adjustment for non-financial risk for a group of insurance contracts must be the same in the issuing subsidiary's stand-alone financial statements as in the consolidated financial statements of the group of entities. Other members thought the risk adjustment for non-financial risk may be measured differently in the issuing subsidiary's stand-alone financial statements from how it is measured in the consolidated financial statements of the group of entities.

BC214C The Board considered whether it should clarify its intention for determining the risk adjustment for non-financial risk in the consolidated financial statements of a group of entities in response to those different views. The Board concluded that doing so would address only some differences that could arise in the application of the requirements for determining the risk adjustment for non-financial risk, given the judgement required to apply those requirements. The Board concluded that practice needs to develop in this area. If necessary, the Board will seek to understand how the requirements are being applied as part of the Post-implementation Review of IFRS 17.

### Confidence level disclosure (paragraph 119 of IFRS 17)

BC215 An important difference between IFRS 17 and IFRS 13 is that the risk adjustment for non-financial risk in IFRS 17 relies on an entity's own perception of its degree of risk aversion, rather than on a market participant's perception. This could result in entities determining different risk adjustments for non-financial risk for similar groups of insurance contracts. Accordingly, to allow users of financial statements to understand how the entity-specific assessment of risk aversion might differ from entity to entity, IFRS 17 requires entities to disclose the confidence level to which the risk adjustment for non-financial risk corresponds.

BC216 The Board acknowledges concerns that disclosure of the confidence level would be burdensome to prepare and may not provide information that is directly comparable. However, the Board did not identify any other approaches that would provide quantitative disclosure that would allow users of financial statements to compare the risk adjustments for non-financial risk using a consistent methodology across entities. In particular, the Board noted that this objective would not be achieved by:

(a) disclosing the range of values of key inputs used to measure the risk adjustment for non-financial risk from a market participant's perspective; or

(b) providing information about the relative magnitude of the risk adjustment for non-financial risk compared to total insurance contract liabilities.

BC217 The Board also considered whether a different technique, such as the cost of capital approach, should be used as the basis for comparison. Although the usefulness of the confidence level technique diminishes when the probability distribution is not statistically normal, which is often the case for insurance contracts, the cost of capital approach would be more complicated to calculate than would the confidence level disclosure. Also, the confidence level technique has the benefit of being relatively easy to communicate to users of financial statements and relatively easy to understand. The Board expects that many entities will have the information necessary to apply the cost of capital technique because that information will be required to comply with local regulatory requirements. However, the Board decided not to impose the more onerous requirements on entities when a simpler approach would be sufficient.

## Measurement of the contractual service margin (paragraphs 38, 43–46 and B96–B119B of IFRS 17)

BC218 The contractual service margin depicts the unearned profit the entity expects to generate from a group of insurance contracts (see paragraph BC21). The contractual service margin is determined on initial recognition of a group as the amount that eliminates any gains arising at that time. Subsequent adjustments to the carrying amount of the contractual service margin and its recognition in profit or loss determine how profit and revenue are recognised over the coverage period of the group.

BC219 The contractual service margin cannot depict unearned losses. Instead, IFRS 17 requires an entity to recognise a loss in profit or loss for any excess of the expected present value of the future cash outflows above the expected present value of the future cash inflows, adjusted for risk (see paragraphs BC284–BC287 on losses on onerous contracts).

BC220 IFRS 17 requires the carrying amount of the contractual service margin to be adjusted for (see paragraphs 44 and 45 of IFRS 17):

(a) changes in estimates of the future unearned profit (see paragraphs BC222–BC269);

(b) insurance finance income or expenses (see paragraphs BC270–BC276E); and

(c) currency exchange differences (see paragraphs BC277–BC278).

BC221 The resulting carrying amount at the end of the reporting period is allocated over the current and future periods, and the amount relating to the current period is recognised in profit or loss (see paragraphs BC279–BC283J).

## Changes in estimates of the future unearned profit (paragraphs 44, 45 and B96–B118 of IFRS 17)

BC222 The key service provided by insurance contracts is insurance coverage, but contracts may also provide investment-related or other services. The measurement of a group of insurance contracts at initial recognition includes a contractual service margin, which represents the margin the entity has charged for the services it provides in addition to bearing risk. The expected margin charged for bearing risk is represented by the risk adjustment for non-financial risk (see paragraphs BC206–BC214C).

BC223 IFRS 17 requires an entity to measure the contractual service margin, on initial recognition of the group of insurance contracts, as the difference between the expected present value of cash inflows and the expected present value of cash outflows, after adjusting for uncertainty and any cash flows received or paid before or on initial recognition. IFRS 17 also requires an entity to update the measurement of the contractual service margin for changes in estimates of the fulfilment cash flows relating to future service, for the following reasons:

(a) changes in estimates of the fulfilment cash flows relating to future service affect the future profitability of the group of insurance contracts. Thus, adjusting the contractual service margin to reflect these changes provides more relevant information about the remaining unearned profit in the group of insurance contracts after initial recognition than not adjusting the contractual service margin. Paragraphs BC227–BC237 discuss which changes in estimates relate to future service for insurance contracts without direct participation features, and paragraphs BC238–BC256H discuss which changes relate to future service for insurance contracts with direct participation features.

(b) increased consistency between measurement at initial recognition and subsequent measurement. If the contractual service margin were not adjusted for changes in estimates relating to future service, the estimates made at initial recognition would determine the contractual service margin, but changes in those estimates thereafter would not.

BC224 Having concluded that changes in estimates of the fulfilment cash flows relating to future service should adjust the contractual service margin, the Board further decided that:

(a) it would not limit the amount by which the contractual service margin could be increased. Favourable changes in estimates—whether lower than expected cash outflows, higher than expected cash inflows or reductions in the risk adjustment for non-financial risk—increase the profit that the entity will recognise from the group.

(b) the contractual service margin cannot be negative for a group of insurance contracts issued. Therefore, once the contractual service margin is reduced to zero, expected losses arising from the group will be recognised immediately in profit or loss. Any excess of the increase in the fulfilment cash flows over the contractual service margin means the group is expected to be onerous (ie loss-making) rather than profit-making in the future. Such losses are recognised as an increase in the liability and corresponding expense in the period.

(c) only changes in estimates of fulfilment cash flows relating to future service result in an adjustment to the contractual service margin. Consistent with viewing the contractual service margin as unearned future profit, changes that relate to current or past periods do not affect the contractual service margin. Paragraphs BC227–BC247 discuss which changes in estimates relate to future service.

(d) changes in estimates of fulfilment cash flows relating to future service include changes in the risk adjustment for non-financial risk that relate to future service.[27]

(e) adjustments to the contractual service margin are recognised prospectively using the latest estimates of the fulfilment cash flows. Except in the case of onerous groups of insurance contracts as explained in (b), any changes are recognised in profit or loss when the contractual service margin is recognised over the current period and the coverage period remaining after the adjustments are made. Revisions in estimates that adjust the contractual service margin result in a transfer between the components of the insurance contract liability, with no change in the total carrying amount of the liability. Therefore, the total insurance contract liability is remeasured for changes in estimates of expected cash flows only if there is an unfavourable change relating to future service that exceeds the remaining balance of the contractual service margin, ie if the group of insurance contracts becomes onerous. This remeasurement requirement is consistent with the measurement of contract liabilities under IFRS 15, which also does not remeasure performance obligations based on changes in estimates of future cash flows unless a contract is onerous.

---

[27] In June 2020, the Board amended paragraph B96(d) of IFRS 17 to clarify that if an entity chooses to disaggregate changes in the risk adjustment for non-financial risk between the insurance service result and insurance finance income or expenses, the entity should adjust the contractual service margin only for the changes related to non-financial risk (and not for changes in the risk adjustment for non-financial risk that result from the effects of the time value of money).

## Other approaches considered but rejected

### *Not adjusting the contractual service margin for subsequent changes in the future cash flows and risk adjustment for non-financial risk*

BC225　The Board originally proposed that the contractual service margin recognised at initial recognition should not be adjusted subsequently to reflect the effects of changes in the estimates of the fulfilment cash flows. The reasons underlying that view were that:

　(a)　changes in estimates during a reporting period are economic changes in the cost of fulfilling a group of insurance contracts in that period, even when they relate to future service. Recognising changes in estimates immediately in profit or loss would provide relevant information about changes in circumstances for insurance contracts.

　(b)　the contractual service margin represents an obligation to provide services that is separate from the obligation to make the payments required to fulfil the contracts. Changes in the estimates of the payments required to fulfil the contracts do not increase or decrease the obligation to provide services and consequently do not adjust the measurement of that obligation.

　(c)　there would be accounting mismatches for changes in the estimates of financial market variables, such as discount rates and equity prices, if the assets that back insurance contract liabilities were measured at fair value through profit or loss and the contractual service margin was adjusted for those changes rather than being recognised in profit or loss.

BC226　However, many stakeholders stated that the measurement of the insurance contract liability would not provide relevant information about the unearned profit that would be recognised over the remaining coverage period if the contractual service margin were not adjusted to reflect changes in estimates made after initial recognition. Those with this view argued that it would be inconsistent to prohibit the recognition of gains on initial recognition, but then to require the subsequent recognition of gains on the basis of changes in estimates made immediately after initial recognition. The Board, persuaded by these views, accordingly decided to adjust the contractual service margin for changes in estimates of fulfilment cash flows that relate to future service.

## Insurance contracts without direct participation features (paragraphs 44 and B96–B100 of IFRS 17)

BC227　In determining which changes in estimates relate to future service, IFRS 17 distinguishes two types of insurance contracts: those without direct participation features and those with direct participation features. Insurance contracts with direct participation features are discussed in paragraphs BC238–BC269C.

### Time value of money and changes in assumptions relating to financial risk (paragraph B97(a) of IFRS 17)

BC228　For insurance contracts without direct participation features, the Board concluded that changes in the effects of the time value of money and financial risk do not affect the amount of unearned profit. This is the case even if the payments to policyholders vary with returns on underlying items through a participation mechanism, for the reasons set out in paragraphs BC229–BC231. Accordingly, the entity does not adjust the contractual service margin to reflect the effects of changes in these assumptions.

BC229 For insurance contracts without direct participation features, the underwriting result is regarded as the difference between the amount of premiums the entity charges (less any investment component) and the payments the entity makes because of the occurrence of the insured event. The insurance finance result reflects the interest arising on the group of insurance contracts because of the passage of time and the effect of changes in assumptions relating to financial risk. The statement(s) of financial performance also reflect gains and losses from the investments in which the premiums are invested. Such gains and losses would be recognised in profit or loss according to other applicable IFRS Standards.

BC230 Thus, for insurance contracts without direct participation features, the entity's profit from financing activities arises from the difference between:

(a) the gains (or losses) from the investments; and

(b) the change in the insurance contract liability depicted by the insurance finance income or expenses including the gains (or losses) the entity passes to the policyholder through any indirect participation mechanism.

BC231 This approach to determining profit from financing activities reflects the separate accounting for the investment portfolio and the group of insurance contracts, regardless of any participation mechanism in the insurance contracts, consistent with the following:

(a) the entity controls the cash flows of the investments, even when the entity is required to act in a fiduciary capacity for the policyholder.

(b) in most cases, an entity would be unlikely to have a legally enforceable right to set off the insurance contract liability with the investment portfolio, even if the investment portfolio were to be invested in assets that exactly match the entity's obligation, because the entity retains the obligation to pay the policyholders the amounts that are determined on the basis of the investments in the portfolio, irrespective of the entity's investment strategy.

## Experience adjustments and changes in assumptions that do not relate to financial risk (Appendix A and paragraphs B96–B97 of IFRS 17)

BC232 The Board decided that all changes in estimates of the liability for incurred claims relate to current or past service because they relate to coverage in previous periods.

BC233 The Board defined experience adjustments as (a) differences between the premium receipts (and related cash flows) that were expected to happen in the period and the actual cash flows or (b) differences between incurred claims and expenses that were expected to happen in the period and the actual amounts incurred. The Board decided that for the liability for remaining coverage, in general, it was reasonable to assume that experience adjustments relate to current or past service. In contrast, changes in estimates of future cash flows in general can be assumed to relate to future service. The Board noted that experience adjustments relating to premiums received for future coverage relate to future service and are an exception to this general rule.

BC234 The Board considered whether to establish a further exception to the general rule, for situations in which an experience adjustment directly causes a change in the estimates of the future cash flows. In some such cases, the experience adjustment and the change in the estimates of the future cash flows largely offset and adjusting the contractual service margin for only one effect might not seem an appropriate depiction of the single event. However, in other cases, the experience adjustment and the change in the estimates of the future cash flows do not offset each other and recognising the experience adjustment in profit or loss in the current period while adjusting the contractual service margin for the

BC235   The Board also considered the treatment of investment components. The Board did not regard as useful information, for example, the recognition of a gain for a delay in repaying an investment component accompanied by a loss that adjusts the contractual service margin for the expected later repayment. Acceleration or delay in repayments of investment components only gives rise to a gain or loss for the entity to the extent that the amount of the repayment is affected by its timing. Also, IFRS 17 does not require an entity to determine the amount of an investment component until a claim is incurred (see paragraph BC34). Accordingly, when a claim is incurred, IFRS 17 requires an entity to determine how much of that claim is an investment component, and whether it was expected to become payable that period. IFRS 17 requires any unexpected repayment of an investment component to adjust the contractual service margin. The contractual service margin will also be adjusted for changes in future estimates of cash flows which will include (but not separately identify) the reduction in future repayments of investment components. This achieves the desired result of the net effect on the contractual service margin being the effect of the change in timing of the repayment of the investment component.[28]

BC236   Requiring the contractual service margin to be adjusted for changes in estimates of the fulfilment cash flows but not for experience adjustments has the consequence that the accounting depends on the timing of a reporting date. To avoid IAS 34 *Interim Financial Reporting* being interpreted as requiring the recalculation of previously reported amounts, the Board decided that IFRS 17 should specifically prohibit entities from changing the treatment of accounting estimates made in previous interim financial statements when applying IFRS 17 in subsequent interim financial statements or in the annual reporting period.[29]

## Amendments to IFRS 17—the effect of accounting estimates made in interim financial statements

BC236A   In June 2020, the Board amended IFRS 17 to require an entity to choose whether to change the treatment of accounting estimates made in previous interim financial statements when applying IFRS 17 in subsequent interim financial statements and in the annual reporting period.

BC236B   The requirement relating to accounting estimates made in interim financial statements as described in paragraph BC236 was developed in response to feedback during the development of IFRS 17 that recalculating the carrying amount of the contractual service margin from the beginning to the end of an annual reporting period, when an entity has prepared interim financial statements during that period, would be a significant practical burden. However, some entities implementing IFRS 17 as issued in May 2017 said that the requirement described in paragraph BC236 would result in a practical burden that would be more significant than the burden the Board had intended to alleviate. Some of those entities

---

[28] Paragraph B96(c) of IFRS 17 requires changes in fulfilment cash flows that arise from differences between any investment component expected to become payable in the period and the actual investment component that becomes payable in the period to adjust the contractual service margin. In June 2020, the Board amended IFRS 17 to specify that paragraph B96(c) of IFRS 17 does not apply to insurance finance income or expenses that depict the effect on the investment component of the time value of money and financial risk between the beginning of the period and the unexpected payment or non-payment of the investment component.

[29] In June 2020, the Board amended the requirements relating to the effect of accounting estimates made in interim financial statements (see paragraphs BC236A–BC236D).

said that the requirement was a burden particularly for entities in a consolidated group that report at different frequencies from each other, because there would be a need to maintain two sets of records to reflect the different treatments of the accounting estimates.

BC236C  The Board concluded that permitting an accounting policy choice as described in paragraph BC236A would ease IFRS 17 implementation by enabling an entity to assess which accounting policy would be less burdensome. To avoid a significant loss of useful information for users of financial statements, an entity is required to consistently apply its choice to all groups of insurance contracts it issues and groups of reinsurance contracts it holds (that is, the accounting policy choice is at the reporting entity level).

BC236D  The Board added a relief, related to the amendment, to the transition requirements for entities applying IFRS 17 for the first time (see paragraphs C14A and C19A of IFRS 17).

### Discretionary cash flows (paragraphs B98–B100 of IFRS 17)

BC237  Insurance contracts without direct participation features often give rise to cash flows to policyholders over which the entity has some discretion regarding the amount or timing (see paragraphs BC167–BC170). IFRS 17 requires an entity to distinguish between the effect of changes in assumptions that relate to financial risks (which do not adjust the contractual service margin) and the effect of changes in discretion (which do adjust the contractual service margin). The Board noted that there are potentially many ways in which an entity could make that distinction. To ensure a consistent approach, the Board decided to require an entity to specify at the inception of a contract the basis on which it expects to determine its commitment under the contract, for example, based on a fixed interest rate, or on returns that vary based on specified asset returns.

## Insurance contracts with direct participation features (the variable fee approach) (paragraphs 45 and B101–B118 of IFRS 17)

BC238  Insurance contracts with direct participation features are insurance contracts for which, on inception:

(a)  the contractual terms specify that the policyholder participates in a share of a clearly identified pool of underlying items;

(b)  the entity expects to pay to the policyholder an amount equal to a substantial share of the fair value returns from the underlying items; and

(c)  the entity expects a substantial proportion of any change in the amounts to be paid to the policyholder to vary with the change in fair value of the underlying items.

BC239  The Board views these contracts as creating an obligation to pay policyholders an amount equal in value to specified underlying items, minus a variable fee for service. That fee is an amount equal to the entity's share of the fair value of the underlying items minus any expected cash flows that do not vary directly with the underlying items.

BC240  IFRS 17 requires the contractual service margin for insurance contracts with direct participation features to be updated for more changes than those affecting the contractual service margin for other insurance contracts. In addition to the adjustments made for other insurance contracts, the contractual service margin for insurance contracts with direct participation features is also adjusted for the effect of changes in:

(a)  the entity's share of the underlying items; and

(b) financial risks other than those arising from the underlying items, for example the effect of financial guarantees.

BC241 The Board decided that these differences are necessary to give a faithful representation of the different nature of the fee in these contracts. As explained in paragraphs BC228–BC231, the Board concluded that for many insurance contracts it is appropriate to depict the gains and losses on any investment portfolio related to the contracts in the same way as gains and losses on an investment portfolio unrelated to insurance contracts. However, the Board also considered a contrasting view that, for some contracts, the returns to the entity from a pool of underlying items should be viewed as the compensation that the entity charges the policyholder for service provided by the insurance contract, rather than as a share of returns from an unrelated investment. Under this contrasting view, changes in the estimate of the entity's share of returns are regarded as a change in the entity's compensation for the contract. Such changes in the entity's compensation should be recognised over the periods in which the entity provides the service promised in the contract, in the same way that changes in the estimates of the costs of providing the contract are recognised.

BC242 In support of this view, the Board also noted that any benefit the entity receives from its share of the pool of underlying items can be regarded as a consequence of the entity holding those items to provide benefits to the policyholder. In addition, the Board also observed that the entity is often constrained when exercising its control over the underlying items because:

(a) the quantum of underlying items is determined entirely by the premiums paid by the policyholder;

(b) the entity is usually expected to manage the policyholder's invested premiums for the benefit of the policyholders, acting for them in a fiduciary capacity; and

(c) some aspects of the entity's management of the underlying items might be specified in the contract.

BC243 Because of these features, some believe that, in some cases, the entity's interest in the underlying items is not, in substance, the equivalent of a direct holding in assets, but is equivalent to a variable fee the entity charges the policyholder, expressed as a share of the fair value of the underlying items. When applying this view:

(a) the entity's obligation to the policyholder is considered to be the net of:

(i) the obligation to pay the policyholder an amount equal to the fair value of the underlying items; and

(ii) a variable fee that the entity deducts in exchange for the services provided by the insurance contract.

(b) changes in the estimate of the obligation to pay the policyholder an amount equal to the fair value of the underlying items would be recognised in profit or loss or other comprehensive income, just as would changes in the fair value of most underlying items.

(c) changes in the estimate of the variable fee for future service and changes in estimates of the cash flows relating to future service would be accounted for consistently. Accordingly, changes in the entity's share of the underlying items would adjust the contractual service margin so that the changes would be recognised in profit or loss over the coverage period.

(d) the financial statements of the entity report a net investment return only to the extent that the return on the assets the entity holds (if measured at fair value through profit or loss) do not match the returns on the promised underlying items.

BC244 The Board concluded that returns to the entity from underlying items should be viewed as part of the compensation the entity charges the policyholder for service provided by the insurance contract, rather than as a share of returns from an unrelated investment, in a narrow set of circumstances in which the policyholders directly participate in a share of the returns on the underlying items. In such cases, the fact that the fee for the contract is determined by reference to a share of the returns on the underlying items is incidental to its nature as a fee. The Board concluded, therefore, that depicting the gains and losses on the entity's share of the underlying items as part of a variable fee for service faithfully represents the nature of the contractual arrangement.

BC245 The Board then considered how to specify when the entity's share of underlying items is viewed as part of the variable fee for service. The Board decided the underlying items do not need to be a portfolio of financial assets. They can comprise items such as the net assets of the entity or a subsidiary within the group that is the reporting entity. The Board also decided that all the following conditions need to be met:

(a) the contract specifies a determinable fee. For this to be the case, the contract needs to specify that the policyholder participates in a share of a clearly identified pool of underlying items. Without a determinable fee, which can be expressed as a percentage of portfolio returns or portfolio asset values rather than only as a monetary amount, the share of returns on the underlying items the entity retains would be entirely at the discretion of the entity, and, in the Board's view, this would not be consistent with that amount being equivalent to a fee.

(b) the entity's primary obligation is to pay to the policyholder an amount equal to the fair value of the underlying items. For this to be the case:

(i) the entity should expect to pay to the policyholder an amount equal to a substantial share of the fair value returns on the underlying items. It would not be a faithful representation to depict an obligation to pay an amount equal to the fair value of the underlying items if the policyholder does not expect to receive a substantial part of the fair value returns on the underlying items.

(ii) the entity should expect a substantial proportion of any change in the amounts to be paid to the policyholder to vary with the change in fair value of the underlying items. It would not be a faithful representation to depict an obligation to pay an amount equal to the fair value of the underlying items if the entity were not to expect changes in the amount to be paid to vary with the change in fair value of the underlying items.

BC246 The Board used these conditions to define insurance contracts with direct participation features as described in paragraph BC238. The Board also decided that the entity need not hold the underlying items, because the measurement of insurance contracts should not depend on what assets the entity holds. The Board extended the adjustments to the contractual service margin as described in paragraphs BC239–BC240 to reflect the view that the entity's share of underlying items is part of the variable fee for service. In such cases, variability in the fee is driven by changes in assumptions relating to financial risk. Therefore, the Board decided that it is also appropriate to regard as part of the fee the effect of changes in assumptions relating to financial risk on the fulfilment cash flows that do not vary based on returns on the underlying items.

BC247 Hence, the additional adjustments to the contractual service margin described in paragraph BC246 are caused by changes in assumptions related to financial risk. However, the contractual service margin is adjusted only to the extent that it does not become negative. Beyond that, the changes in assumptions cause a gain or loss to be recognised in the statement(s) of financial performance. The Board considered whether such gains and losses should be included as losses on groups of onerous contracts in insurance service result or as insurance finance income or expenses. The Board concluded that the former provided information that was consistent with the treatment of such changes as being part of the variable fee for service.

BC248 For reinsurance contracts an entity holds, the entity and the reinsurer do not share in the returns on underlying items, and so the criteria in paragraph BC238 are not met, even if the underlying insurance contracts issued are insurance contracts with direct participation features. The Board considered whether it should modify the scope of the variable fee approach to include reinsurance contracts held, if the underlying insurance contracts issued are insurance contracts with direct participation features. But such an approach would be inconsistent with the Board's view that a reinsurance contract held should be accounted for separately from the underlying contracts issued.

BC249 Although some types of reinsurance contracts issued might meet the criteria in paragraph BC238, the Board decided that reinsurance contracts issued are not eligible for the variable fee approach. This is because the view that the returns to the entity from a pool of underlying items should be viewed as part of the compensation that the entity charges the policyholder for the service provided by the insurance contract (see paragraph BC241) does not apply to reinsurance contracts issued.[30]

## Amendments to IFRS 17—scope of the variable fee approach (paragraphs B101 and B107 of IFRS 17)

BC249A The requirements of IFRS 17 with the additional adjustments to the contractual service margin described in paragraph BC246 are referred to as the variable fee approach. Some entities implementing IFRS 17 suggested the Board expand the scope of the variable fee approach to include:

(a) insurance contracts that some stakeholders view as economically similar to insurance contracts with direct participation features, except that these contracts do not meet the criterion in paragraph B101(a) of IFRS 17; and

(b) reinsurance contracts issued and reinsurance contracts held, which are explicitly excluded from the scope of the variable fee approach applying paragraph B109 of IFRS 17.

BC249B The Board considered but rejected the suggestions described in paragraph BC249A(a). The additional adjustments to the contractual service margin in the variable fee approach were designed specifically to faithfully represent the profit from insurance contracts within the scope of the variable fee approach. Therefore, if the Board were to amend the scope of the variable fee approach, it would need to consider amending those adjustments. The Board also observed that whatever the scope of the variable fee approach, differences would arise between the accounting for contracts within the scope and contracts outside the scope.

BC249C The Board considered but rejected suggestions described in paragraph BC249A(b). The Board concluded that reinsurance contracts are not substantially investment-related service contracts. The variable fee approach was designed specifically so an entity issuing insurance contracts that are substantially investment-related service contracts would account for profit similarly to an entity issuing asset management contracts. Some stakeholders said that excluding reinsurance contracts held from the scope of the variable fee approach creates an accounting mismatch when a reinsurance contract held covers underlying insurance contracts that are within the scope of the variable fee approach. The

---

[30] The Board subsequently reaffirmed this view when it considered similar feedback from entities implementing IFRS 17 (see paragraph BC249C).

Board responded to that concern by amending the risk mitigation option (see paragraphs BC256A–BC256B).

BC249D  In June 2020, the Board amended paragraph B107 of IFRS 17 to replace a reference to 'the group of insurance contracts' with 'the insurance contract'. Applying paragraph B101 of IFRS 17, an entity assesses whether an insurance contract (rather than a group of insurance contracts) is within the scope of the variable fee approach. The reference to a group of insurance contracts in paragraph B107 of IFRS 17 was a drafting error and was inconsistent with the requirements in paragraph B101 of IFRS 17. Some stakeholders said this amendment would be a major change and disruptive to IFRS 17 implementation. Those stakeholders had assumed that an entity was required to apply the criteria for the scope of the variable fee approach at a group level. The Board concluded that it needed to fix the drafting error in paragraph B107 of IFRS 17 to enable consistent application of the requirements. The Board noted that some stakeholders had interpreted a contract-level assessment as being more burdensome than it is because they thought an individual assessment was required for every contract. However, the Board observed that one assessment should be sufficient for an entity to determine whether the criteria are met for each contract in a set of homogenous contracts issued in the same market conditions and priced on the same basis.

### Effect of risk mitigation (paragraphs B115–B118 of IFRS 17)

BC250  Amounts payable to policyholders create risks for an entity, particularly if the amounts payable are independent of the amounts that the entity receives from investments; for example, if the insurance contract includes guarantees. An entity is also at risk from possible changes in its share of the fair value returns on underlying items. An entity may purchase derivatives to mitigate such risks. When applying IFRS 9, such derivatives are measured at fair value.

BC251  For contracts without direct participation features, the contractual service margin is not adjusted for the changes in fulfilment cash flows the derivatives are intended to mitigate. Hence, both the change in the carrying amount of fulfilment cash flows and the change in the value of the derivative will be recognised in the statement(s) of financial performance. If the entity chooses to recognise all insurance finance income or expenses in profit or loss, there will be no accounting mismatch between the recognition of the change in the value of the derivative and the recognition of the change in the carrying amount of the insurance contract.

BC252  However, for contracts with direct participation features the contractual service margin would be adjusted for the changes in the fulfilment cash flows, including changes that the derivatives are intended to mitigate. Consequently, the change in the value of the derivative would be recognised in profit or loss, but, unless the group of insurance contracts was onerous, there would be no equivalent change in the carrying amount to recognise, creating an accounting mismatch.

BC253  A similar accounting mismatch arises if the entity uses derivatives to mitigate risk arising from its share of the fair value return on underlying items.

BC254  The Board concluded that, to avoid such accounting mismatches created by the variable fee approach, an entity should be allowed not to adjust the contractual service margin for the changes in the fulfilment cash flows and the entity's share in the fair value return on the underlying items that the derivatives are intended to mitigate.

BC255  Such an option reduces the comparability of the measurement of insurance contracts because the contractual service margin will be adjusted by a different amount depending on whether, and the extent to which, an entity chooses to apply this approach. To limit the reduction in comparability, the Board decided that an entity may make this choice only to the extent that, in accordance with a previously documented risk management objective and strategy for using derivatives to mitigate financial market risk arising from those fulfilment cash flows:[31]

(a) the entity uses a derivative to mitigate the financial risk arising from the group of insurance contracts.[32]

(b) an economic offset exists between the group of insurance contracts and the derivative, ie the values of the group of insurance contracts and the derivative generally move in opposite directions because they respond in a similar way to the changes in the risk being mitigated. An entity does not consider accounting measurement differences in assessing the economic offset.

(c) credit risk does not dominate the economic offset.

BC256 The Board considered an alternative approach to reducing accounting mismatches arising from such derivatives. This approach would have allowed an entity to recognise in profit or loss the change in fair value of a hypothetical derivative that matches the critical terms of the specified fulfilment cash flows or the entity's share of the fair value return on the underlying items. This might have resulted in a greater reduction in accounting mismatches, because a fair value measurement would have been used in profit or loss for both the 'hedged' fulfilment cash flows and the 'hedging' derivative, relative to the measurement being used for the fulfilment cash flows under IFRS 17. However, the Board concluded that such an approach would involve too much additional complexity.

## Amendments to IFRS 17—risk mitigation using instruments other than derivatives

BC256A In June 2020, the Board amended IFRS 17 to extend the risk mitigation option in paragraphs B115–B116 of IFRS 17 to apply when an entity uses:

(a) reinsurance contracts held to mitigate the effect of financial risk on the amount of the entity's share of the underlying items or the fulfilment cash flows set out in paragraph B113(b) of IFRS 17 (see paragraph BC256B); or

(b) non-derivative financial instruments measured at fair value through profit or loss to mitigate the effect of financial risk on the fulfilment cash flows set out in paragraph B113(b) of IFRS 17 (see paragraph BC256C).

BC256B Some stakeholders said that applying the requirements in IFRS 17 results in an accounting mismatch when an entity holds a reinsurance contract that covers insurance contracts with direct participation features. The entity accounts for the underlying insurance contracts issued, but not the reinsurance contract held, applying the variable fee approach. Reinsurance contracts that cover insurance contracts with direct participation features transfer both non-financial and financial risk to the reinsurer. The Board considered but rejected a suggestion to permit an entity to apply the variable fee approach to such reinsurance contracts held (see paragraph BC249C). However, the Board acknowledged that when an entity mitigates the effect of financial risk using a reinsurance contract held, an accounting mismatch could arise that is similar to the mismatch that could arise when an entity mitigates the effect of financial risk using derivatives (see paragraph BC252).

---

[31] In June 2020, the Board amended IFRS 17 to clarify that an entity ceases to apply the risk mitigation option if, and only if, the conditions described in paragraph BC255 cease to be met.

[32] In June 2020, the Board amended IFRS 17 so that the risk mitigation option also applies in specified circumstances when an entity mitigates financial risk using reinsurance contracts held or non-derivative financial instruments measured at fair value through profit or loss (see paragraphs BC256A–BC256F).

Accordingly, the Board amended IFRS 17 so that the risk mitigation option applies in the same way when an entity uses reinsurance contracts held as when an entity uses derivatives.

BC256C  Some stakeholders said that some entities mitigate the effect of some financial risk on fulfilment cash flows that do not vary with returns on underlying items (the cash flows set out in paragraph B113(b) of IFRS 17) using non-derivative financial instruments. The Board was persuaded that if such non-derivative financial instruments are measured at fair value through profit or loss, an accounting mismatch could arise, which is similar to the accounting mismatch for derivatives (see paragraph BC252). Accordingly, the Board extended the risk mitigation option to apply in such circumstances. The Board decided to limit the extension to only non-derivative financial instruments measured at fair value through profit or loss. For such non-derivative financial instruments, the extension resolves the accounting mismatch in the same way it resolves the accounting mismatch for derivatives (which are also measured at fair value through profit or loss).

BC256D  The Board considered but rejected a suggestion that an entity should be permitted to apply the risk mitigation option when it uses non-derivative financial instruments measured at fair value through other comprehensive income. The Board observed that in most circumstances the risk mitigation option would not resolve perceived mismatches between amounts recognised in profit or loss relating to:

(a) insurance contracts with direct participation features using the other comprehensive income option in IFRS 17; and

(b) assets measured at fair value through other comprehensive income.

BC256E  The amounts described in paragraph BC256D will differ depending on when the financial assets and the insurance liabilities are acquired or issued and depending on their duration. Further, the suggestion in paragraph BC256D would have resulted in any ineffectiveness of the risk mitigation strategy being recognised in other comprehensive income. That would be inconsistent with the hedge accounting requirements in IFRS 9 which result in the ineffectiveness of hedging strategies having a transparent effect on profit or loss. The Board observed that an entity could avoid mismatches by applying together the fair value option in IFRS 9 (to designate financial assets at fair value through profit or loss) and the risk mitigation option in IFRS 17.

BC256F  The Board also considered but rejected a suggestion that an entity should be permitted to apply the risk mitigation option when it uses non-derivative financial instruments to mitigate the effect of financial risk on the entity's share of the fair value of the underlying items (see paragraph B112 of IFRS 17). Some stakeholders said that an entity may mitigate such financial risk by investing premiums in assets other than the underlying items—for example, fixed rate bonds. The Board concluded that permitting an entity to apply the risk mitigation option in that circumstance would contradict the principle that an entity need not hold the underlying items for the variable fee approach to apply (see paragraph BC246).

### Amendments to IFRS 17—applying the risk mitigation option and the other comprehensive income option (paragraphs 87A–89 and B117A of IFRS 17)

BC256G  In June 2020, the Board amended IFRS 17 to specify that paragraphs 88 and 89 of IFRS 17 do not apply to the insurance finance income or expenses that arise from the application of the risk mitigation option. Instead, the Board specified that such insurance finance income or expenses are presented in:

(a) profit or loss if the entity mitigates financial risk using financial instruments measured at fair value through profit or loss; and

(b) profit or loss or other comprehensive income applying the same accounting policy the entity applies to a reinsurance contract held if the entity mitigates financial risk using that reinsurance contract held.

BC256H The amendment described in paragraph BC256G resolves a mismatch that would otherwise have arisen between amounts recognised in profit or loss for a group of insurance contracts with direct participation features and amounts recognised in profit or loss on the items used to mitigate financial risk arising from the insurance contracts. The mismatch would have arisen if an entity determined the amounts recognised in profit or loss on the group of insurance contracts by applying both paragraph 89 of IFRS 17 (to include some insurance finance income or expenses in other comprehensive income) and paragraph B115 of IFRS 17 (the risk mitigation option).

## Complexity

BC257 Treating insurance contracts with direct participation features differently from insurance contracts without direct participation features adds complexity for preparers and users of financial statements. Preparers have to determine the category in which their insurance contracts belong, and users need to understand the implications of the different accounting requirements. The Board noted that the measurement of the fulfilment cash flows is the same for both types of contract, and the differences are limited to the treatment of the contractual service margin. The Board was persuaded that those differences are necessary to provide a faithful representation of the different nature of the types of contract.

## Other approaches considered but rejected

### Adjusting the contractual service margin by changes in the carrying amount of underlying items for all contracts

BC258 Some stakeholders advocated adjusting the contractual service margin for changes in the carrying amount of underlying items whenever the insurance contracts require the amounts paid to policyholders to vary with returns on underlying items. However, the Board rejected that broad application of the variable fee concept, after deciding that it is useful only for insurance contracts that are substantially investment-related service contracts.

### A 'mirroring' approach

BC259 In the 2013 Exposure Draft, the Board proposed a 'mirroring approach' for the measurement and presentation of contracts that require an entity to hold underlying items and that specify a link to returns on those underlying items. The essence of the mirroring approach was that, to the extent that an entity expects to settle fulfilment cash flows payable to policyholders with assets or other underlying items it holds, the entity would measure those fulfilment cash flows just as it measures the underlying items. Similarly, an entity would recognise changes in fulfilment cash flows subject to the mirroring approach (those that are expected to vary directly with returns on underlying items) in profit or loss or other comprehensive income on the same basis as the recognition of changes in the value of the underlying items. All other cash flows would be measured using the general requirements.

BC260 Mirroring would have eliminated accounting, but not economic, mismatches between the cash flows from an insurance contract and underlying items when the terms of the contract mean that the entity will not suffer any economic mismatches. However, not all cash flows in an insurance contract will vary directly with returns on underlying items.

BC261 Many stakeholders endorsed the Board's intention to eliminate accounting mismatches for some participating contracts. However, many criticised the Board's approach as being unduly complex and questioned whether the proposals could be made workable. In particular, many stakeholders stated that it would be difficult for entities to separate and measure separately the different components of the insurance contract. Some suggested that any decomposition of interrelated cash flows would be arbitrary and that separate measurement would lead to different valuations of an insurance contract depending on arbitrary decisions.

BC262 Many stakeholders were also concerned because the mirroring proposals would mean that the measurement outcome for some participating contracts would differ markedly from the measurement outcome for other insurance contracts based on only subtle differences in the characteristics of the contracts. In addition, some preparers and regulators were concerned that when the underlying items are measured at cost, the carrying value of the insurance contract would not be a current value. As a result, mirroring would widen the difference between the liability measured for financial reporting purposes and the liability recognised for regulatory purposes.

BC263 Given this feedback, the Board rejected the mirroring approach and developed the variable fee approach instead.

### Insurers that are mutual entities

BC264 Some stakeholders supported the mirroring approach particularly for insurers that are mutual entities. They argued that mirroring was necessary for such insurers because the effect of accounting mismatches between assets that cannot be measured at fair value and fulfilment cash flows measured at current value can have a particularly significant effect on their reported financial position and financial performance.

BC265 A defining feature of an insurer that is a mutual entity is that the most residual interest of the entity is due to a policyholder and not a shareholder. When applying IFRS 17, payments to policyholders form part of the fulfilment cash flows regardless of whether those payments are expected to be made to current or future policyholders. Thus, the fulfilment cash flows of an insurer that is a mutual entity generally include the rights of policyholders to the whole of any surplus of assets over liabilities. This means that, for an insurer that is a mutual entity, there should, in principle, normally be no equity remaining and no net comprehensive income reported in any accounting period.[33]

BC266 However, there may be accounting mismatches between the measurement of insurance contracts and the measurement of the other net assets of an insurer that is a mutual entity. Insurance contracts are measured at current value, which, for an insurer that is a mutual entity, incorporates information about the fair value of the other assets and liabilities of the entity. Many of these other assets and liabilities are not required to be measured at fair value in applying IFRS Standards; for example, amortised cost financial assets, deferred tax balances, goodwill in subsidiaries and pension scheme surpluses and deficits. Furthermore, the carrying amounts of assets that are not measured at fair value are more likely to be measured at a value lower rather than higher than fair value because of requirements to recognise impairments.[34]

---

[33] When developing the June 2020 amendments to IFRS 17, the Board noted that some entities described in practice as mutual entities do not have the feature that the most residual interest of the entity is due to a policyholder (see paragraphs BC269A–BC269C). Paragraphs BC265–BC269 describe the outcome of applying IFRS 17 for entities for which the most residual interest of the entity is due to a policyholder.

[34] When developing the June 2020 amendments to IFRS 17, the Board noted that some entities described in practice as mutual entities do not have the feature that the most residual interest of the entity is due to a

BC267  Hence, when liabilities are measured in applying IFRS 17, insurers that are mutual entities might report liabilities greater than recognised assets in their financial statements, even though those entities are solvent for regulatory purposes and economically have no equity (rather than negative equity). To prevent insurers that are mutual entities from reporting negative equity, some stakeholders suggested that the mirroring approach be retained for such entities to eliminate or reduce the effect of accounting mismatches.[35]

BC268  However, the Board noted that one consequence of retaining the mirroring approach for insurers that are mutual entities would be that an identical insurance contract would be measured on a different basis only because it was issued by an insurer that is a mutual entity. Comparability across entities is enhanced if economically similar products are accounted for in a similar way regardless of the legal form of the entity holding or issuing the product. In addition, the Board noted that applying the mirroring approach would mean that part of the fulfilment cash flows of an insurer that is a mutual entity would not be measured at current value, which was a major concern about the mirroring approach for some regulators (see paragraph BC262). Hence, the Board concluded that it should not retain the mirroring approach for insurers that are mutual entities.[36]

BC269  The Board noted that to provide useful information about its financial position and financial performance, an insurer that is a mutual entity can distinguish:

(a) in the statement of financial position, the liability attributable to policyholders in their capacity as policyholders from the liability attributable to policyholders with the most residual interest in the entity; and

(b) in the statement(s) of financial performance, the income or expenses attributable to policyholders in their capacity as policyholders before determination of the amounts attributable to policyholders with the most residual interest in the entity.[37]

## Amendments to IFRS 17—feedback on insurers that are mutual entities

BC269A  Entities implementing IFRS 17 expressed the following concerns about mutual entities:

(a) applying IFRS 17 as described in paragraph BC265 would result in a misleading depiction of the financial position and financial performance of an entity with the feature that the most residual interest of the entity is due to a policyholder; and

(b) some entities described in practice as mutual entities do not have the feature that the most residual interest of the entity is due to a policyholder.

BC269B  The Board reaffirmed its decision that IFRS 17 should not include any specific requirements or exceptions to requirements in IFRS 17 for entities that issue insurance

---

[35] policyholder (see paragraphs BC269A–BC269C). Paragraphs BC265–BC269 describe the outcome of applying IFRS 17 for entities for which the most residual interest of the entity is due to a policyholder. When developing the June 2020 amendments to IFRS 17, the Board noted that some entities described in practice as mutual entities do not have the feature that the most residual interest of the entity is due to a policyholder (see paragraphs BC269A–BC269C). Paragraphs BC265–BC269 describe the outcome of applying IFRS 17 for entities for which the most residual interest of the entity is due to a policyholder.

[36] When developing the June 2020 amendments to IFRS 17, the Board noted that some entities described in practice as mutual entities do not have the feature that the most residual interest of the entity is due to a policyholder (see paragraphs BC269A–BC269C). Paragraphs BC265–BC269 describe the outcome of applying IFRS 17 for entities for which the most residual interest of the entity is due to a policyholder.

[37] When developing the June 2020 amendments to IFRS 17, the Board noted that some entities described in practice as mutual entities do not have the feature that the most residual interest of the entity is due to a policyholder (see paragraphs BC269A–BC269C). Paragraphs BC265–BC269 describe the outcome of applying IFRS 17 for entities for which the most residual interest of the entity is due to a policyholder.

contracts under which the most residual interest of the entity is due to a policyholder because:

- (a) a core principle of IFRS 17 applicable to all entities is the requirement to include in the fulfilment cash flows all the expected future cash flows that arise within the boundary of insurance contracts, including discretionary cash flows and those due to future policyholders;

- (b) if entities were required to account for the same insurance contract differently depending on the type of entity issuing the contract, comparability among entities would be reduced; and

- (c) a robust definition of entities to which different requirements would apply would be difficult to create.

BC269C    In response to the concern described in paragraph BC269A(b), the Board added the footnote to paragraphs BC265–BC269.

## Insurance finance income or expenses on the contractual service margin (paragraphs 44(b) and 45(b) of IFRS 17)

BC270    IFRS 17 requires an entity to adjust the contractual service margin for a financing effect. The contractual service margin is one part of an overall measure of insurance contracts, and including in it a financing effect is consistent with the measurement of the other part (the fulfilment cash flows), which is adjusted for the time value of money and the effect of financial risks. Some argued that the contractual service margin should not be adjusted for a financing effect on the grounds of simplicity and because they view the contractual service margin as being a deferred credit rather than a representation of a component of an obligation. However, adjusting the contractual service margin for a financing effect is consistent with IFRS 15.

BC271    The way in which a financing effect is included in the contractual service margin differs between insurance contracts without direct participation features and insurance contracts with direct participation features.

BC272    For insurance contracts without direct participation features, IFRS 17 requires an entity to calculate interest on the contractual service margin. In the Board's view, on initial recognition the contractual service margin can be viewed as an allocation of part of the transaction price, which is the consideration paid or payable by the policyholder. Calculating interest on the contractual service margin is consistent with IFRS 15, which requires an entity to adjust the promised consideration to reflect the time value of money if the contract has a significant financing component. As a result of that adjustment, the transaction price would reflect the amount the customer would pay in cash for the promised good or service when they receive the good or service. Consequently, an entity would recognise revenue at an amount that corresponds to the cash selling price of the good or service, with the effects of the financing presented separately from revenue (as interest expense or interest income).

BC273    Because the contractual service margin is measured at initial recognition of the group of insurance contracts, the Board decided that the interest rate used to accrete interest on the contractual service margin for insurance contracts without direct participation features should be locked in at initial recognition and not adjusted subsequently. The Board also decided, for the sake of simplicity, that the rate should be a rate applicable to nominal cash flows that do not vary based on asset returns. Locking in the rate is consistent with the

BC274  determination of the contractual service margin on initial recognition and making no adjustments for changes in assumptions relating to financial risk.

BC274  Some stakeholders argued that interest should be accreted at a current rate on the grounds that the current rate would be consistent with the measurement of the fulfilment cash flows. Also, a locked-in rate requires information about historical rates that would not otherwise be needed for entities not using the option to include insurance finance income or expenses in profit or loss using a systematic allocation (see paragraphs BC42–BC44). However, the Board noted that accreting interest on the contractual service margin for an accounting period at a current rate differs from measuring cash flows at a current rate. The contractual service margin does not represent future cash flows; it represents the unearned profit in the contract, measured at the point of initial recognition and adjusted only for specified amounts. For insurance contracts without direct participation features, the contractual service margin is not adjusted (remeasured) for changes in interest rates for the reasons set out in paragraphs BC228–BC231. Accreting interest for a period at a current rate without also remeasuring the contractual service margin at the start of the period would create an internally inconsistent measurement of the contractual service margin.

BC275  For insurance contracts without direct participation features, IFRS 17 requires the contractual service margin to be adjusted for changes in estimates of future cash flows that relate to future service. When measuring the fulfilment cash flows, these changes in estimates are measured consistently with all other aspects of the fulfilment cash flows using a current discount rate. However, the contractual service margin is determined using the discount rate that applies on initial recognition. To make the contractual service margin internally consistent, the Board decided that the adjustments for changes in estimates of future cash flows also need to be measured at the rate that applied on initial recognition. This leads to a difference between the change in the fulfilment cash flows and the adjustment to the contractual service margin—the difference between the change in the future cash flows measured at a current rate and the change in the future cash flows measured at the rate that had applied on initial recognition. That difference gives rise to a gain or loss that is included in profit or loss or other comprehensive income, depending on the accounting policy choice an entity makes for the presentation of insurance finance income or expenses.

BC276  For insurance contracts with direct participation features, IFRS 17 requires an entity to remeasure the contractual service margin for the entity's share in the change in the fair value of the underlying items. The remeasurement of the contractual service margin reflects current rates and changes in the value of the consideration received. Remeasuring the contractual service margin in this way is consistent with the view that the entity is earning a variable fee from the contract—the amount it deducts from its obligation to return the value of underlying items to the policyholder (see paragraphs BC238–BC247). A consequence of this is that insurance revenue includes changes in the entity's share in the change in the fair value of the underlying items. As set out in paragraphs B121–B124 of IFRS 17, insurance revenue includes the amount of contractual service margin allocated to the period for services provided in the period. The allocation of the contractual service margin amount is based on the remeasured contractual service margin. Insurance revenue for the period is therefore also based on that remeasured amount. The Board decided this appropriately reflects the variable nature of the fee for such contracts.

### Amendments to IFRS 17—feedback on discount rates used to determine adjustments to the contractual service margin

BC276A  For insurance contracts without direct participation features, differences arise between a change in the fulfilment cash flows measured using current discount rates, and the resulting adjustment to the contractual service margin measured using discount rates locked in at initial recognition (see paragraph BC275). Consistent with the feedback set out in paragraph BC274, entities implementing IFRS 17 continued to express concerns about such differences.

BC276B  Some stakeholders suggested that an amendment to require an entity to measure adjustments to the contractual service margin using the current discount rates used for the measurement of the fulfilment cash flows would reduce the operational burden of applying the Standard. Others said such an amendment would be conceptually appropriate.

BC276C  The fulfilment cash flows and the contractual service margin are the two components of the measurement of insurance contracts. The fulfilment cash flows are a current risk-adjusted estimate of future cash flows expected to arise from a group of insurance contracts. In contrast, the contractual service margin is the profit expected to arise from future service that an entity will provide for a group of insurance contracts. The contractual service margin on initial recognition of a group is the difference between the estimated cash inflows and estimated cash outflows (adjusted for the effect of the time value of money, non-financial risk and financial risk). The contractual service margin is not a future cash flow. When changes in fulfilment cash flows relate to future service, the expected profit relating to that future service changes. Accordingly, those changes in estimates adjust the contractual service margin.

BC276D  The Board considered but rejected the suggestions to amend IFRS 17 described in paragraph BC276B for the reasons that led it to conclude, while developing IFRS 17, that an entity should determine adjustments to the contractual service margin using locked-in discount rates (see paragraphs BC273–BC275). An entity would measure profit inconsistently if it were to measure the effect of future cash flows on the contractual service margin at discount rates that differed depending on when such future cash flows become part of the expected cash flows. The Board concluded that measuring the contractual service margin at the discount rates determined at the date of initial recognition (that is, locked-in discount rates) provides a faithful representation of the revenue earned as the entity provides services, reflecting the price set at the contract issue date for that service. In contrast, measuring changes in the contractual service margin using current rates would result in arbitrary amounts relating to the effects of changes in discount rates being reflected in the insurance service result rather than in insurance finance income or expenses. A core benefit introduced by IFRS 17 is the presentation of insurance finance income or expenses separately from the insurance service result.

BC276E  The Board disagreed with stakeholders who said that entities would have difficulty explaining to users of financial statements a gain or loss arising from the differences between a change in fulfilment cash flows and a change in the adjustment to the contractual service margin. The Board observed that the gain or loss provides information about the cumulative amount of insurance finance income or expenses that had been previously recognised and should be reversed, or the amount that was not previously recognised and now is.

## Foreign currency (paragraph 30 of IFRS 17)

BC277  When applying IAS 21 *The Effects of Changes in Foreign Exchange Rates*, the fulfilment cash flows are clearly monetary items. However, the contractual service margin component might be classified as non-monetary because it is similar to prepayments for goods and services. The Board decided that it would be simpler to treat all components of the measurement of an insurance contract denominated in a single currency as either monetary or non-monetary. Because the measurement in IFRS 17 is largely based on estimates of future cash flows, the Board concluded that it is more appropriate to view an insurance contract as a whole as a monetary item.

BC278  Accordingly, IFRS 17 requires an insurance contract to be treated as a monetary item for foreign currency translation in applying IAS 21. This applies for both the fulfilment cash flows and the contractual service margin. The Board's conclusion that the insurance contract is a monetary item does not change if an entity measures a group of insurance contracts using the simplified approach for the measurement of the liability for remaining coverage.

## Recognition in profit or loss (paragraphs 44(e), 45(e) and B119–B119B of IFRS 17)

BC279  As discussed in paragraph BC21, the Board views the contractual service margin as depicting the unearned profit for coverage and other services provided over the coverage period. Insurance coverage is the defining service provided by insurance contracts. The Board noted that an entity provides this service over the whole of the coverage period, and not just when it incurs a claim. Consequently, IFRS 17 requires the contractual service margin to be recognised over the coverage period in a pattern that reflects the provision of coverage as required by the contract. To achieve this, the contractual service margin for a group of insurance contracts remaining (before any allocation) at the end of the reporting period is allocated over the coverage provided in the current period and expected remaining future coverage, on the basis of coverage units, reflecting the expected duration and quantity of benefits provided by contracts in the group. The Board considered whether:

(a) the contractual service margin should be allocated based on the pattern of expected cash flows or on the change in the risk adjustment for non-financial risk caused by the release of risk. However, the Board decided the pattern of expected cash flows and the release of the risk adjustment for non-financial risk are not relevant factors in determining the satisfaction of the performance obligation of the entity. They are already included in the measurement of the fulfilment cash flows and do not need to be considered in the allocation of the contractual service margin. Hence, the Board concluded that coverage units better reflect the provision of insurance coverage.

(b) the contractual service margin should be allocated before any adjustments made because of changes in fulfilment cash flows that relate to future service. However, the Board concluded that allocating the amount of the contractual service margin adjusted for the most up-to-date assumptions provides the most relevant information about the profit earned from service provided in the period and the profit to be earned in the future from future service.[38]

BC280  The Board considered whether the allocation of the contractual service margin based on coverage units would result in profit being recognised too early for insurance contracts with fees determined based on the returns on underlying items. For such contracts, IFRS 17 requires the contractual service margin to be determined based on the total expected fee over the duration of the contracts, including expectations of an increase in the fee because of an increase in underlying items arising from investment returns and additional policyholder contributions over time. The Board rejected the view that the allocation based on coverage units results in premature profit recognition. The Board noted that the investment component of such contracts is accounted for as part of the insurance contract only when the cash flows from the investment component and from insurance and other services are highly interrelated and hence cannot be accounted for as distinct components. In such circumstances, the entity provides multiple services in return for an expected fee

---

[38] In June 2020, the Board amended the definition of a coverage period to be the period during which the entity provides insurance contract services (see paragraphs BC283A–BC283J).

BC281 based on the expected duration of contracts, and the Board concluded the entity should recognise that fee over the coverage period as the insurance services are provided, not when the returns on the underlying items occur.[39]

BC281 The Board also considered a proposal to constrain the amount of contractual service margin recognised in an accounting period just as IFRS 15 constrains the recognition of revenue. The approach would have constrained the cumulative amount of the contractual service margin that the entity recognised in profit or loss to the amount to which the entity is reasonably assured to be entitled. However, in the Board's view, it would be inconsistent with other aspects of IFRS 17 to constrain the amount of contractual service margin on a 'reasonably assured' basis. IFRS 17 requires a current measurement model based on a probability-weighted average of all possible scenarios and the contractual service margin depicts a current view of the unearned profit relating to services consistent with that measurement model.

BC282 IFRS 17 requires the contractual service margin remaining at the end of the reporting period to be allocated equally to the coverage units provided in the period and the expected remaining coverage units. IFRS 17 does not specify whether an entity should consider the time value of money in determining that equal allocation and consequently does not specify whether that equal allocation should reflect the timing of the expected provision of the coverage units. The Board concluded that should be a matter of judgement by an entity.

BC283 Consistent with the requirements in IFRS 15, the settlement of a liability is not considered to be a service provided by the entity. Thus, the recognition period for the contractual service margin is the coverage period over which the entity provides the coverage promised in the insurance contract, rather than the period over which the liability is expected to be settled. The margin the entity recognises for bearing risk is recognised in profit or loss as the entity is released from risk in both the coverage period and the settlement period.[40]

## Amendments to IFRS 17—contractual service margin attributable to investment-return service and investment-related service

BC283A In June 2020, the Board amended IFRS 17 to:

(a) require an entity to identify coverage units for insurance contracts without direct participation features considering the quantity of benefits and expected period of investment-return service, if any, in addition to insurance coverage. Paragraph B119B of IFRS 17 specifies criteria for when such contracts may provide an investment-return service.

(b) clarify that an entity is required to identify coverage units for insurance contracts with direct participation features considering the quantity of benefits and expected period of both insurance coverage and investment-related service.

(c) require an entity to include investment activity costs in the fulfilment cash flows, to the extent that the entity performs those activities to:

(i) enhance benefits from insurance coverage for policyholders (see paragraph B65(ka)(i) of IFRS 17);

(ii) provide investment-return service to policyholders of insurance contracts without direct participation features (see paragraph B119B of IFRS 17); or

---

[39] In June 2020, the Board amended the definition of a coverage period to be the period during which the entity provides insurance contract services (see paragraphs BC283A–BC283J).

[40] In June 2020, the Board amended the definition of a coverage period to be the period during which the entity provides insurance contract services (see paragraphs BC283A–BC283J).

(iii) provide investment-related service to policyholders of insurance contracts with direct participation features.

(d) define 'insurance contract services' as comprising insurance coverage, investment-return service and investment-related service.

(e) expand the definitions of a liability for remaining coverage and a liability for incurred claims to reflect an entity's obligation to provide insurance contract services and any other obligations arising from insurance contracts.

BC283B The Board was persuaded that some insurance contracts without direct participation features provide an investment-return service (see paragraph BC283A(a)). Recognising the contractual service margin considering both insurance coverage and an investment-return service will provide useful information to users of financial statements, particularly for contracts that have an insurance coverage period that differs from the period in which the policyholder benefits from an investment-return service.

BC283C The Board concluded that an investment-return service exists only if the contract includes an investment component or the policyholder has a right to withdraw an amount from the entity. Further, those amounts must be expected to include an investment return that the entity generates by performing investment activity. The Board concluded that if those conditions are not met, the policyholder has no right to benefit from investment returns. In this context, a 'right to withdraw an amount from the entity' includes a policyholder's right to:

(a) receive a surrender value or refund of premiums on cancellation of a policy; or

(b) transfer an amount to another insurance provider.

BC283D Without the Standard specifying conditions for the existence of an investment-return service, entities issuing the same type of contracts might make different decisions from each other about whether those contracts provide an investment-return service. Entities might also conclude that an investment-return service exists in circumstances in which the Board would conclude otherwise (for example, when an entity provides only custodial services relating to an investment component). On the other hand, specifying conditions creates the risk of an inappropriate outcome in some scenarios.

BC283E Balancing the potential risks described in paragraph BC283D, the Board decided to specify conditions that are necessary to identify, but are not determinative of, the existence of an investment-return service (see paragraph B119B of IFRS 17). An entity is required to apply judgement, considering the facts and circumstances, to determine whether an insurance contract that meets the conditions provides an investment-return service.

BC283F Including an investment-return service in addition to insurance coverage in determining coverage units for insurance contracts without direct participation features adds subjectivity and complexity to that determination. However, the Board noted that entities are required to make similar assessments for insurance contracts with direct participation features and for contracts that provide more than one type of insurance coverage. Furthermore, any additional subjectivity and complexity would be mitigated by the related disclosure required by paragraph 109 of IFRS 17, which provides users of financial statements with useful information about the pattern of service provision.

BC283G Applying IFRS 17 as amended in June 2020, an entity recognises the contractual service margin in profit or loss over the period the entity provides insurance contract services. Therefore, as part of the June 2020 amendments, the Board added 'insurance contract services' to the defined terms of IFRS 17 (see paragraph BC283A(d)) and inserted the defined term into the requirements in IFRS 17 for the recognition of the contractual service margin. Insurance contract services are the only services that an entity considers when determining coverage units and hence the recognition of the contractual service margin in profit or loss.

BC283H  The Board decided against inserting that defined term into the requirements in IFRS 17 relating to the recognition of insurance revenue (for example, paragraph 83 of IFRS 17). This is not because other services are considered in determining insurance revenue, but rather because inserting that defined term there might be interpreted as prohibiting an entity from recognising insurance revenue unrelated to the contractual service margin before the coverage period begins. Insurance revenue can be analysed as consisting of the amount of the contractual service margin allocated to the period, the release of the risk adjustment for non-financial risk in the period and the expenses the entity expected to incur in the period. Some insurance contracts include a pre-coverage period, between the date the contract is recognised and the date the entity first provides insurance contract services. In contracts with a pre-coverage period, an entity may be released from non-financial risk, or may incur expenses before the coverage period begins—in other words, before the entity starts providing insurance contract services. The Board did not want to preclude an entity from recognising the related insurance revenue in that pre-coverage period.

BC283I  Investment activity costs that an entity incurs are included in the fulfilment cash flows to the extent that the entity incurs those costs to provide investment-return service or investment-related service. The Board acknowledged that an entity may also incur investment activity costs to enhance benefits from insurance coverage for policyholders. Therefore, the Board amended IFRS 17 to specify that an entity is required to include investment activity costs in the fulfilment cash flows to the extent that the entity performs those activities to enhance benefits from insurance coverage for policyholders. The Board also specified when investment activities enhance benefits from insurance coverage. The Board noted that in determining whether investment activity costs enhance benefits from insurance coverage for policyholders, an entity needs to apply judgement in a similar manner to when an entity determines whether an investment-return service exists.

*Other approaches considered but rejected*

BC283J  Some stakeholders said the Board should replace the requirements for the recognition of the contractual service margin in profit or loss with a less specific requirement based on all services provided by the contract. Applying this suggestion, an entity would decide what services are provided by the contract, potentially including services other than insurance coverage or services related to investment returns. The Board concluded that specifying that an entity recognises the contractual service margin by considering all services would result in more subjectivity and complexity than entities already face when determining the pattern of service provision. Feedback the Board received when developing IFRS 17 supports that view. Furthermore, the Board noted that the concerns leading to this suggestion were generally about services related to investment returns. The Board concluded that the amendment described in paragraph BC283A(a) responds to feedback that some insurance contracts without direct participation features have two defining services—insurance coverage and investment-return service. Thus, the amendment balances the need for relevant information about the way in which profit from the contract is earned and the need for comparable information, as well as the costs of applying the coverage units requirement.

## Onerous contracts (paragraphs 47–52 of IFRS 17)

BC284  The contractual service margin represents the unearned profit arising from a group of insurance contracts. IFRS 17 prohibits the contractual service margin from becoming

**IFRS 17 BC**

negative (except in relation to reinsurance contracts held) because the Board decided that expected losses on groups of insurance contracts should be recognised immediately in profit or loss.[41] Doing so provides timely information about loss-making groups of insurance contracts, and is consistent with the recognition of losses for onerous contracts in accordance with IFRS 15 and IAS 37.

BC285 After an entity recognises a loss for a group of onerous contracts, there may subsequently be favourable changes in the estimates of the fulfilment cash flows relating to future service. The Board considered whether such changes should be recognised in profit or loss to the extent that they reverse previously recognised losses or whether the changes should adjust, or rebuild, the contractual service margin. In the 2013 Exposure Draft, the Board proposed that the changes adjust the contractual service margin, rather than being recognised in profit or loss, because of the complexity in assessing the extent to which the favourable changes reverse previous losses. However, some stakeholders stated that it would be counterintuitive to rebuild a contractual service margin for future profit from contracts that were considered loss-making overall.

BC286 The Board noted that, under the proposals in the 2013 Exposure Draft, the determination of insurance revenue required entities to exclude losses for groups of onerous contracts (see paragraph BC35). Subsequent changes in the fulfilment cash flows that relate to the losses for groups of onerous contracts would also need to be excluded from insurance revenue, otherwise insurance revenue would be understated or overstated. Hence, the Board decided that some tracking of the loss component of the liability for remaining coverage would be needed. Further, the Board concluded that the complexity added by requiring this tracking was outweighed by the benefits of the more faithful representation of performance that would be provided to users of financial statements if the effect of favourable changes were recognised in profit or loss to the extent that they reverse losses previously recognised in profit or loss. Accordingly, IFRS 17 requires that, to the extent that favourable changes in the estimates of the fulfilment cash flows relating to future service reverse losses previously recognised in profit or loss, the changes should also be recognised in profit or loss.

BC287 The Board considered whether to require specific methods to track the loss component, but concluded that any such methods would be inherently arbitrary. The Board therefore decided to require an entity to make a systematic allocation of changes in the fulfilment cash flows for the liability for remaining coverage that could be regarded as affecting either the loss component or the rest of the liability.

## Premium allocation approach (paragraphs 53–59 of IFRS 17)

BC288 IFRS 17 allows an entity to simplify the measurement of some groups of insurance contracts by applying a premium allocation approach.

BC289 The premium allocation approach permitted in IFRS 17 is similar to the customer consideration approach in IFRS 15. In the premium allocation approach, the initial measurement of the liability equals the premium received, and unless the group of insurance contracts is onerous, the entity does not identify explicitly the components otherwise used in IFRS 17 to build the measurement of the insurance contract, ie the estimate of future cash flows, the time value of money and the effects of risk. Nevertheless,

---

[41] In June 2020, the Board amended paragraphs 48(a) and 50(b) of IFRS 17 for measuring onerous insurance contracts to clarify that those paragraphs relate to both changes in estimates of future cash flows and changes in the risk adjustment for non-financial risk.

that initial measurement can be described as containing the components that build the measurement of the group of insurance contracts implicitly, as follows:

(a) an estimate of the future cash flows, made at initial recognition;

(b) the effect of the time value of money and of financial risks, measured at initial recognition;

(c) the effect of non-financial risk, measured at initial recognition; and

(d) a contractual service margin, if any, measured at initial recognition.

BC290 Subsequently, the liability for remaining coverage is recognised over the coverage period on the basis of the passage of time unless the expected pattern of release from risk differs significantly from the passage of time, in which case it is recognised based on the expected timing of incurred claims and benefits.

BC291 The Board decided that an entity should be permitted, but not required, to apply the premium allocation approach when that approach provides a reasonable approximation to the general requirements of IFRS 17. The Board views the premium allocation approach as a simplification of those general requirements. To simplify its application, the Board also decided to provide guidance that an entity could assume, without further investigation, that the approach provides a reasonable approximation of the general requirements of IFRS 17 if the coverage period of each contract in the group is one year or less.

BC292 To keep the approach simple, the Board decided that entities:

(a) should accrete interest on the liability for remaining coverage only for groups of insurance contracts that have a significant financing component. When the period between premiums being due and the provision of coverage is one year or less, the group is deemed not to have a significant financing component.[42]

(b) need to assess whether groups of insurance contracts are onerous only when facts and circumstances indicate that a group of insurance contracts has become onerous.

(c) are permitted to recognise all insurance acquisition cash flows as an expense when incurred for groups of insurance contracts each with a coverage period of one year or less.

BC293 The premium allocation approach measures the group of insurance contracts using estimates made at initial recognition and does not update those estimates in the measurement of the liability for remaining coverage unless the group is or becomes onerous. Accordingly, IFRS 17 requires that entities, when accreting interest on the liability for remaining coverage, set the discount rate when the group is initially recognised.

BC294 IFRS 17 also allows a simplification for the measurement of the liability for incurred claims—an entity need not discount claims that are expected to be paid within one year. The Board concluded that no other simplifications were needed for the measurement of the liability for incurred claims because it comprises only the fulfilment cash flows for settling the incurred claims and expenses, with no contractual service margin. However, in considering how to disaggregate insurance finance income or expenses between profit or loss and other comprehensive income (see paragraphs BC42–BC44), the Board considered requiring the interest expense for the liability for incurred claims to be measured using either:

(a) the discount rate at initial recognition of the contract; or

---

[42] In June 2020, the Board amended the definition of a coverage period to be the period during which the entity provides insurance contract services (see paragraphs BC283A–BC283J).

IFRS 17 BC

(b) the discount rate at the date the claims included in the liability for incurred claims occur.

BC295 In the 2013 Exposure Draft, the Board proposed using the discount rate at initial recognition to achieve consistency with the measurement of the liability for remaining coverage. However, both preparers and users of financial statements expressed the view that using the discount rate at the date the claim was incurred would be less complex than using the rate at the inception of the contract. The liability for incurred claims is zero when the group of insurance contracts is initially recognised and the entity may not have determined a discount rate at that time. The Board concluded that the premium allocation approach, which was developed as a simplification, should not burden entities by creating high costs and operational complexity. Consequently, IFRS 17 requires that entities measure the interest expense for the liability for incurred claims using the rate that applied when the liability for incurred claims was initially recognised, rather than when the group of insurance contracts was initially recognised.

## Reinsurance contracts (paragraphs 60–70A of IFRS 17)

BC296 A reinsurance contract is a type of insurance contract. The Board identified no reason to apply different requirements to reinsurance contracts from those applied to other insurance contracts an entity issues. Consequently, IFRS 17 requires entities that issue reinsurance contracts to use the same recognition and measurement approach as they use for other insurance contracts.

BC297 Although both an issuer of direct insurance contracts and a reinsurer of those contracts will measure their contractual rights and obligations on the same basis, in practice they will not necessarily arrive at the same amount. Differences between the estimates for the reinsurance contract and the underlying contracts may arise because the issuer of the underlying insurance contracts and the reinsurer may base estimates on access to different information; they may also make different adjustments for diversification effects.

BC298 IFRS 17 also applies to reinsurance contracts held by an entity (ie in which the entity is the policyholder). IFRS 17 requires a reinsurance contract held to be accounted for separately from the underlying insurance contracts to which it relates. This is because an entity that holds a reinsurance contract does not normally have a right to reduce the amounts it owes to the underlying policyholder by amounts it expects to receive from the reinsurer. The Board acknowledged that separate accounting for the reinsurance contracts and their underlying insurance contracts might create mismatches that some regard as purely accounting, for example on the timing of recognition (see paragraphs BC304–BC305), the measurement of the reinsurance contracts (see paragraphs BC310–BC312) and the recognition of profit (see paragraph BC313). However, the Board concluded that accounting for a reinsurance contract held separately from the underlying insurance contracts gives a faithful representation of the entity's rights and obligations and the related income and expenses from both contracts.

BC299 The amount an entity pays for reinsurance coverage consists of premiums the entity pays minus any amounts paid by the reinsurer to the entity to compensate the entity for expenses it incurs, such as underwriting or acquisition expenses (often referred to as 'ceding commissions'). The amount paid for reinsurance coverage by the entity can be viewed as payment for the following:

(a) the reinsurer's share of the expected present value of the cash flows generated by the underlying insurance contract(s). That amount includes an adjustment for the risk that the reinsurer may dispute coverage or fail to satisfy its obligations under the reinsurance contract held.

(b) a contractual service margin that makes the initial measurement of the reinsurance asset equal to the premium paid. This margin depends on the pricing of the reinsurance contract held and, consequently, may differ from the contractual service margin arising for the underlying insurance contract(s).

BC300 When estimating cash flows and the associated adjustments for the financial risk and the time value of money arising from reinsurance contracts held, the entity would use assumptions consistent with those it uses for the underlying contracts. As a result, the cash flows used to measure the reinsurance contracts held would reflect the extent to which those cash flows depend on the cash flows of the contracts they cover.

BC301 Consistent with the requirements for the measurement of insurance contracts an entity issues, the entity also may apply the premium allocation approach to simplify the measurement of reinsurance contracts held, provided that the resulting measurement is a reasonable approximation of the results that would be obtained by applying the general requirements of IFRS 17. The entity may also apply the premium allocation approach if the coverage period of each reinsurance contract held in the group is one year or less. Because groups of reinsurance contracts are separate from the groups of underlying insurance contracts, the assessment of whether a group of reinsurance contracts meets conditions for applying the premium allocation approach may differ from the assessment of whether the group(s) of underlying insurance contracts meet(s) those conditions.

BC302 IFRS 17 modifies the requirements for reinsurance contracts held to reflect the fact that:

(a) groups of reinsurance contracts held are generally assets, rather than liabilities; and

(b) entities holding reinsurance contracts generally pay a margin to the reinsurer as an implicit part of the premium, rather than making profits from the reinsurance contracts.

BC303 The following paragraphs discuss aspects of the general principles in IFRS 17 in relation to groups of reinsurance contracts held:

(a) recognition for groups of reinsurance contracts held (see paragraphs BC304–BC305);

(b) derecognition (see paragraph BC306);

(c) cash flows (see paragraphs BC307–BC309F); and

(d) contractual service margin (see paragraphs BC310–BC315L).

## Recognition for groups of reinsurance contracts held (paragraphs 62–62A of IFRS 17)

BC304 Many reinsurance arrangements are designed to cover the claims incurred under underlying insurance contracts written during a specified period. In some cases, the reinsurance contract held covers the losses of separate contracts on a proportionate basis. In other cases, the reinsurance contract held covers aggregate losses from a group of underlying contracts that exceed a specified amount.

BC305 The Board decided to simplify the application of the principle that a contract should be recognised from the date the entity is exposed to risk for reinsurance contracts as follows:

(a) when the group of reinsurance contracts held covers the loss of a group of insurance contracts on a proportionate basis, the group of reinsurance contracts held is recognised at the later of the beginning of the coverage period of the group of reinsurance contracts held or the initial recognition of any underlying contracts. This means that the entity will not recognise the group of reinsurance contracts until it has recognised at least one of the underlying contracts.

(b) when the group of reinsurance contracts held covers aggregate losses arising from a group of insurance contracts over a specified amount, the group of reinsurance contracts held is recognised when the coverage period of the group of reinsurance contracts begins. In these contracts the entity benefits from coverage—in case the underlying losses exceed the threshold—from the beginning of the group of reinsurance contracts held because such losses accumulate throughout the coverage period.

BC305A In June 2020, the Board amended IFRS 17 for reinsurance contracts held when underlying insurance contracts are onerous at initial recognition (see paragraphs BC315A–BC315L). As a consequence of that amendment, the Board also amended the requirement in paragraph 62 of IFRS 17 (for recognising a group of reinsurance contracts held) to require an entity to recognise a group of reinsurance contracts held when the entity recognises onerous underlying insurance contracts, if it does so earlier than when the entity would otherwise recognise the group of reinsurance contracts held. The Board concluded such an amendment was necessary for income to be recognised on a group of reinsurance contracts held at the same time that losses are recognised on initial recognition of onerous underlying insurance contracts.

## Derecognition of underlying contracts (paragraphs 74–75 of IFRS 17)

BC306 An entity does not derecognise an insurance contract until the contractual obligations are extinguished by discharge, cancellation or expiry (or on specified modifications of the contract). A reinsurance contract held typically protects the entity from the effects of some defined losses on the underlying group of insurance contracts, but does not eliminate the entity's responsibility for fulfilling its obligations under those contracts. It follows that the entity typically would not derecognise the related underlying insurance contracts upon entering into a reinsurance contract.

## Cash flows in reinsurance contracts held (paragraph 63 of IFRS 17)

### Expected credit losses

BC307 As required by paragraph 63 of IFRS 17, cash flows for a group of reinsurance contracts held should be estimated using assumptions that are consistent with those used for the group(s) of underlying insurance contracts. In addition, IFRS 17 requires entities to reflect expected credit losses in the measurement of the fulfilment cash flows. This is discussed in paragraphs BC308–BC309.

BC308 An entity holding reinsurance contracts faces the risk that the reinsurer may default, or may dispute whether a valid claim exists for an insured event. IFRS 17 requires the estimates of expected credit losses to be based on expected values. Hence, estimates of the amounts and timing of cash flows are probability-weighted outcomes after calculating the effect of credit losses.

BC309 IFRS 17 prohibits changes in expected credit losses adjusting the contractual service margin. In the Board's view, differences in expected credit losses do not relate to future service. Accordingly, any changes in expected credit losses are economic events that the Board decided should be reflected as gains and losses in profit or loss when they occur.

This would result in consistent accounting for expected credit losses between reinsurance contracts held and purchased, and originated credit-impaired financial assets accounted for in accordance with IFRS 9.

## Amendments to IFRS 17—feedback on the cash flows in the boundary of a reinsurance contract held

BC309A Estimates of future cash flows included in the measurement of a group of reinsurance contracts held include future cash flows that relate to insurance contracts an entity expects to be covered by the reinsurance contracts held in the group. Such cash flows include cash flows related to insurance contracts the entity expects to issue in the future if the entity has a substantive right to receive reinsurance coverage for those insurance contracts. The Board considered a suggestion from entities implementing IFRS 17 to amend IFRS 17 to exclude from the measurement of the group of reinsurance contracts held cash flows that relate to underlying insurance contracts that are yet to be issued.

BC309B The Board noted that the suggestion in paragraph BC309A, which is consistent with feedback during the development of IFRS 17, would achieve an outcome similar to the practice often used applying IFRS 4 whereby an entity measured reinsurance contracts held based on the measurement of existing underlying insurance contracts.

BC309C The Board reaffirmed its view that the accounting for a reinsurance contract held should be consistent with the accounting for insurance contracts issued (see paragraph BC298). Consistent accounting includes measuring the expected value of all the entity's rights and obligations arising from a contract. When an entity holds a reinsurance contract that provides the entity with a substantive right to receive reinsurance coverage for insurance contracts it expects to issue, cash flows arising from that substantive right are included in the measurement of the reinsurance contract held (that is, those cash flows are within the boundary of the reinsurance contract held applying paragraph 34 of IFRS 17). In contrast, if a reinsurance contract held provides an entity with neither substantive rights nor substantive obligations relating to insurance contracts it expects to issue, those insurance contracts would be outside the boundary of the reinsurance contract held. The requirements for expected future cash flows in paragraphs 33–35 of IFRS 17 form a core aspect of the Standard. The Board identified no reason for these requirements to be applied inconsistently—they should be applied both to insurance contracts issued and reinsurance contracts held.

BC309D The Board noted that including all expected future cash flows in the measurement of the contractual service margin at initial recognition of the group of reinsurance contracts held reflects the conditions under which the entity agreed, under specified terms, to receive services from the reinsurer for future insurance contracts it expects to issue.

BC309E Some stakeholders said that the requirements in IFRS 17 create an accounting mismatch when an entity has a substantive right to receive reinsurance coverage relating to insurance contracts it expects to issue. They said such a mismatch arises because expected future cash flows that relate to the reinsurance of those insurance contracts will be included in the measurement of the reinsurance contract held before those underlying insurance contracts are issued. The Board disagreed that differences between the carrying amount of the reinsurance contract held and the underlying insurance contracts are accounting mismatches. The carrying amount of a reinsurance contract held is nil before any cash flows occur or any service is received. Thereafter any differences that arise between the carrying amount of the reinsurance contract held and the underlying insurance contracts are not accounting mismatches. Rather they are differences caused by:

(a) the provision of coverage—for example, because the reinsurer provides coverage for less than 100 per cent of the risks the entity covers;

(b) the timing of cash flows; and

(c) interest accreted on the contractual service margin of the reinsurance contract held from an earlier period than, and at a different discount rate from, the interest accreted on the contractual service margin of the underlying insurance contracts, reflecting the different effects of the time value of money on the contractual service margin and fulfilment cash flows.

BC309F The Board acknowledged that some entities will incur costs implementing IFRS 17 for reinsurance contracts held because doing so would be a change from previous practice. However, the Board concluded that the benefits of appropriately reflecting an entity's rights and obligations as the holder of a reinsurance contract outweigh those costs. Accordingly, the Board rejected the suggestion to amend the contract boundary requirements in IFRS 17 for reinsurance contracts held.

## Gains and losses on buying reinsurance (paragraphs 65–65A, 66A–66B and B119D–B119F of IFRS 17)

BC310 The amount paid by the entity to buy reinsurance contracts would typically exceed the expected present value of cash flows generated by the reinsurance contracts held, plus the risk adjustment for non-financial risk. Thus, a debit contractual service margin, which represents the net expense of purchasing reinsurance, would typically be recognised on the initial recognition of a group of reinsurance contracts held. The Board considered whether the contractual service margin of the group of reinsurance contracts held could be a credit if, as happens in rare cases, the amount paid by the entity is less than the expected present value of cash flows plus the risk adjustment for non-financial risk. Such a credit contractual service margin would represent a net gain on purchasing reinsurance. The most likely causes of such a net gain would be either of the following:

(a) an overstatement of the underlying insurance contract(s). An entity would evaluate this by reviewing the measurement of the underlying insurance contract(s).

(b) favourable pricing by the reinsurer; for example, as a result of diversification benefits that are not available to the entity.

BC311 The Board originally proposed that entities should recognise a gain when such a negative difference arose. The Board proposed this for symmetry with the model for the underlying group of insurance contracts and for consistency with the Board's conclusion that the contractual service margin for the underlying group of insurance contracts should not be negative. However, IFRS 17 requires entities to instead recognise the negative difference over the coverage period of the group of reinsurance contracts held. The Board was persuaded by the view that the apparent gain at initial recognition represents a reduction in the cost of purchasing reinsurance, and that it would be appropriate for an entity to recognise that reduction in cost over the coverage period as services are received.

BC312 The Board also decided that the net expense of purchasing reinsurance should be recognised over the coverage period as services are received unless the reinsurance covers events that have already occurred. For such reinsurance contracts held, the Board concluded that entities should recognise the whole of the net expense at initial recognition, to be consistent with the treatment of the net expense of purchasing reinsurance before an insured event has occurred. The Board acknowledged that this approach does not treat the coverage period of the reinsurance contract consistently with the view that for some insurance contracts the insured event is the discovery of a loss during the term of the contract, if that loss arises from an event that had occurred before the inception of the contract. However, the Board concluded that consistency of the treatment of the net expense across all reinsurance contracts held would result in more relevant information.

BC313 The Board considered the view that the amount of the contractual service margin included in the measurement of the group of reinsurance contracts held should be proportional to the contractual service margin on the group of underlying contracts instead of being measured separately by reference to the reinsurance premium. Under this approach, any difference between the amount recognised for the group of underlying insurance contracts and the reinsurance premium would be recognised in profit or loss when the group of reinsurance contracts held is initially recognised. This approach would depict a gain or loss equal to the shortfall or excess of the reinsurance premium the entity pays to the reinsurer above or below the premium that the entity receives from the policyholder. Thereafter, unearned profit from the group of underlying contracts would be offset by an equal and opposite expense for the reinsurance premium. However, in the Board's view, measuring the group of reinsurance contracts held on the basis of the premium the entity receives for the underlying contracts when that premium does not directly affect the cash flows arising from the group of reinsurance contracts held would be contrary to viewing the group of reinsurance contracts held and the underlying contracts as separate contracts. Such a measurement approach would also not reflect the economics of the group of reinsurance contracts the entity holds—that the expense of purchasing the group of reinsurance contracts (that should be recognised over the coverage period) equals the whole of the consideration paid for the group of reinsurance contracts.

BC314 For the measurement of the group of insurance contracts the entity issues, IFRS 17 specifies that the contractual service margin can never be negative. IFRS 17 does not include a limit on the amount by which the contractual service margin of a group of reinsurance contracts held could be adjusted as a result of changes in estimates of cash flows. In the Board's view, the contractual service margin for a group of reinsurance contracts held is different from that for a group of insurance contracts issued—the contractual service margin for the group of reinsurance contracts held depicts the expense the entity incurs when purchasing reinsurance coverage rather than the profit it will make by providing services under the insurance contract. Accordingly, the Board placed no limit on the amount of the adjustment to the contractual service margin for the group of reinsurance contracts held, subject to the amount of premium paid to the reinsurer.

BC315 The Board considered the situation that arises when the underlying group of insurance contracts becomes onerous after initial recognition because of adverse changes in estimates of fulfilment cash flows relating to future service. In such a situation, the entity recognises a loss on the group of underlying insurance contracts. The Board concluded that corresponding changes in cash inflows from a group of reinsurance contracts held should not adjust the contractual service margin of the group of reinsurance contracts held, with the result that the entity recognises no net effect of the loss and gain in the profit or loss for the period. This means that, to the extent that the change in the fulfilment cash flows of the group of underlying contracts is matched with a change in fulfilment cash flows on the group of reinsurance contracts held, there is no net effect on profit or loss.

### Amendments to IFRS 17—recovery of losses on underlying insurance contracts (paragraphs 66A–66B and B119D–B119F of IFRS 17)

BC315A In June 2020, the Board amended IFRS 17 to require an entity to adjust the contractual service margin of a group of reinsurance contracts held, and as a result recognise income, when the entity recognises a loss on initial recognition of an onerous group of underlying insurance contracts or on addition of onerous contracts to a group. An entity determines the income on the reinsurance contract held (ie the amount of loss recovered) by multiplying:

(a) the loss recognised on the underlying insurance contracts; and

(b) the percentage of claims on underlying insurance contracts the entity expects to recover from the reinsurance contracts held.

BC315B As a practical assumption, the amendment treats:

(a) a loss recognised on an underlying insurance contract as the early recognition of a portion of expected claims; and

(b) a loss recovery recognised on the reinsurance contract held as the early recognition of a portion of expected claim recoveries.

BC315C For the amendment described in paragraph BC315A to apply, an entity must enter into the reinsurance contract held before or at the same time as the entity recognises the onerous underlying insurance contracts. The Board concluded it would not be appropriate for an entity to recognise a recovery of loss when the entity does not hold a reinsurance contract.

BC315D As a consequence of the amendment described in paragraph BC315A, the Board also:

(a) amended IFRS 17 to require an entity that has entered into a reinsurance contract held to recognise the related group of reinsurance contracts held when the entity recognises onerous underlying insurance contracts, if that is earlier than the date the entity would otherwise recognise the group of reinsurance contracts held (see paragraphs 62–62A of IFRS 17).

(b) added requirements to IFRS 17 relating to recovery of losses from a reinsurance contract held:

(i) in a transfer of insurance contracts that do not form a business and in a business combination within the scope of IFRS 3 (see paragraphs B95B–B95D of IFRS 17); and

(ii) in applying IFRS 17 for the first time (see paragraphs C16A–C16C and C20A–C20B of IFRS 17).

BC315E The amendment responds to concerns that, applying IFRS 17 before the amendment, an entity would have recognised a loss on initial recognition of an onerous group of insurance contracts (or on addition of onerous contracts to a group), without recognising corresponding income on a reinsurance contract held that covers that onerous group of insurance contracts. Some stakeholders said this is an accounting mismatch and suggested the Board amend IFRS 17 so that income is recognised on the reinsurance contract held at the same time losses are recognised on initial recognition of onerous underlying insurance contracts. That income would reflect the entity's right to recover those losses.

BC315F The Board was persuaded that such an amendment was justified because:

(a) paragraph 66(c) of IFRS 17 provides a similar exception from the general measurement requirements for changes in the measurement of a group of reinsurance contracts held that arise from changes in the measurement of underlying insurance contracts (see paragraph BC315).

(b) the amendment provides users of financial statements with useful information about expected loss recoveries on reinsurance contracts held that complements the information about expected losses on underlying insurance contracts. The information provided about onerous underlying contracts is unchanged. Losses and loss recoveries are presented in separate line items in the statement(s) of financial performance and are disclosed separately in the notes to the financial statements.

BC315G The Board acknowledged, however, that the amendment adds complexity to IFRS 17 because it requires an entity to track a loss-recovery component. On balance, the Board concluded that the added complexity is justified given the strong stakeholder support for the information that will result from entities applying the amendment. The Board also noted that, applying the amendment, the loss-recovery component of a reinsurance contract held is treated similarly to the loss component of insurance contracts issued. That similarity will help entities to understand how to apply the amendment, reducing the complexity caused.

BC315H An entity might group together onerous insurance contracts covered by a reinsurance contract held and onerous insurance contracts not covered by a reinsurance contract held. To apply the amendment described in paragraph BC315A in that circumstance, an entity needs to determine amounts at a level that is lower than the level of the group of insurance contracts. IFRS 17 does not require an entity to track insurance contracts at a level lower than the level of the group of insurance contracts. Accordingly, the Board specified that, in that circumstance, an entity applies a systematic and rational method of allocation to determine the portion of losses on a group of insurance contracts that relates to underlying insurance contracts covered by a reinsurance contract held. Requiring a systematic and rational method of allocation is consistent with other requirements in IFRS 17.

BC315I The Board noted that specifying that an entity use a systematic and rational method of allocation in a specified circumstance, such as the one described in paragraph BC315H, does not prohibit an entity from using a systematic and rational method of allocation as part of other estimation processes required in applying IFRS 17 if doing so meets the objective set by IFRS 17 for those estimation processes. The Board's decision to specify that an entity use a systematic and rational method of allocation in the specific circumstance described in paragraph BC315H was driven by the need to avoid the potential misinterpretation described in that paragraph. The need for such specification in this case does not imply that an entity cannot use a systematic and rational method of allocation in circumstances when it is not specified in the requirements of IFRS 17.

### *Other approaches considered but rejected*

BC315J In the 2019 Exposure Draft, the Board had proposed limiting the amendment to a defined population of reinsurance contracts held—those that provide proportionate coverage. For such contracts, an entity can easily identify the portion of losses on underlying insurance contracts that the entity has a right to recover. For other reinsurance contracts held, the Board was concerned that entities would have difficulty identifying that portion and thus may need to make arbitrary allocations. However, in the light of feedback on the Exposure Draft, the Board concluded that it should not impose that limitation. Respondents to the Exposure Draft reported that if the Board had limited the amendment in that way, the amendment would apply to few reinsurance contracts held in practice. Further, respondents said that an entity could identify the portion of losses the entity has a right to recover for any reinsurance contract held in a non-arbitrary way based on the expected claim recovery cash flows included in the measurement of the reinsurance contract held. For example, consider a reinsurance contract held that provides cover over an aggregate amount of claims on 100 underlying insurance contracts—some of which are in a profitable group and the others in an onerous group. The entity could determine the portion of losses on the onerous contracts that the entity has a right to recover by comparing:

(a) total expected claim recoveries from the reinsurance contract held; and

(b) total expected claims for all underlying insurance contracts.

BC315K The Board considered a view that the amendment described in paragraph BC315A should apply only when a reinsurance contract held is in a net gain position—in other words, when an entity expects to receive from the reinsurer claim recoveries that are higher than the premium the entity pays to the reinsurer (see paragraph BC310). The Board disagreed with this view because an entity has a right to recover claims from the reinsurance contract held regardless of whether claim recoveries are expected to be higher or lower than the premiums the entity pays to the reinsurer.

BC315L The Board also considered an alternative suggestion to require a loss on a group of insurance contracts to be treated as a negative contractual service margin to the extent that the contracts in the group are covered by a reinsurance contract held on a proportionate basis. The Board disagreed with this suggestion because it is inconsistent with the Board's objective to recognise losses on insurance contracts when expected.

## Modification and derecognition (paragraphs 72–77 of IFRS 17)

BC316 Paragraph B25 of IFRS 17 states that a contract that qualifies as an insurance contract remains an insurance contract until all rights and obligations are extinguished. An obligation is extinguished when it has expired or has been discharged or cancelled. However, in some cases, an entity may modify the terms of an existing contract in a way that would have significantly changed the accounting of the contract if the new terms had always existed. IFRS 17 specifies different requirements for these and other modifications. In some cases, insurance contract modifications will result in derecognising the insurance contract.

### Modifications that would have resulted in significantly different accounting for the contract (paragraphs 72, 76 and 77 of IFRS 17)

BC317 A modification of an insurance contract amends the original terms and conditions of the contract (for example, extending or shortening the coverage period or increasing the benefits in return for higher premiums). It differs from a change arising from either party to the contract exercising a right that is part of the original terms and conditions of the contract. If an insurance contract modification meets specific criteria (see paragraph 72 of IFRS 17), the contract is modified in a way that would have significantly changed the accounting of the contract had the new terms always existed. IFRS 17 therefore requires the original contract to be derecognised and a new contract based on the modified terms to be recognised. The consideration for the new contract (ie the implicit premium) is deemed to be the price the entity would have charged the policyholder had it entered into a contract with equivalent terms at the date of the modification. That deemed consideration determines:

(a) the adjustment to the contractual service margin of the group to which the existing contract belonged on derecognition of the existing contract; and

(b) the contractual service margin for the new contract.

BC318 The Board concluded that modifications to contracts that trigger derecognition should be measured using the premium the entity would have charged had it entered into a contract with equivalent terms as the modified contract at the date of the contract modification. Such an approach measures the modified contract consistently with the measurement of other insurance contract liabilities.

BC319 The Board considered whether the contractual service margin of the group to which the existing contract belonged should be adjusted for the gain or loss arising on the derecognition of the existing contract and recognition of the modified contract (paragraph BC317(a)). The alternative (not adjusting the contractual service margin) would result in a gain or loss in profit or loss. However, the Board concluded that: (a) not adjusting the contractual service margin of the group from which the existing contract is derecognised; and (b) establishing the contractual service margin for the group that includes the new modified contract based on the premiums that would have been charged for that new contract would result in the contractual service margin of the two groups double-counting the future profit to be earned from the contract. Hence, the Board decided that the contractual service margin of the group from which the existing contract has been derecognised should be adjusted.

### Modifications that would not have resulted in significantly different accounting for the contract (paragraph 73 of IFRS 17)

BC320 The Board decided that all modifications that would not have resulted in significantly different accounting for the contract should be accounted for in the same way as changes in estimates of fulfilment cash flows. Doing so results in symmetrical accounting for contract modifications that eliminate rights and obligations and for contract modifications that add rights and obligations. This reduces the potential for accounting arbitrage through contract modification.

### Derecognition (paragraphs 74–75 of IFRS 17)

BC321 IFRS 17 requires an entity to derecognise an insurance contract liability from its statement of financial position only when it is extinguished or modified in the way discussed in paragraph BC317. An insurance contract is extinguished when the obligation specified in the insurance contract expires or is discharged or cancelled. This requirement is consistent with requirements in other IFRS Standards, including the derecognition requirements for financial liabilities in IFRS 9. The requirement also provides symmetrical treatment for the recognition and derecognition of insurance contracts.

BC322 The Board considered concerns that an entity might not know whether a liability has been extinguished because claims are sometimes reported years after the end of the coverage period. It also considered concerns that an entity might be unable to derecognise those liabilities. Some argued that, in some cases, the delayed derecognition would result in unreasonable and unduly burdensome accounting. In the Board's view, ignoring contractual obligations that remain in existence and that can generate valid claims would not give a faithful representation of an entity's financial position. However, the Board expects that when the entity has no information to suggest there are unasserted claims on a contract with an expired coverage period, the entity would measure the insurance contract liability at a very low amount. Accordingly, there may be little practical difference between recognising an insurance liability measured at a very low amount and derecognising the liability.

### Transfers of insurance contracts and business combinations (paragraphs 39 and B93–B95F of IFRS 17)

BC323 IFRS 17 requires an entity to treat the consideration for insurance contracts acquired in a transfer of insurance contracts or a business combination, including contracts in their

BC324 settlement period, as a proxy for premiums received. This means that the entity determines the contractual service margin, in accordance with the general requirements of IFRS 17, in a way that reflects the consideration paid for the contracts.

BC324 Thus, when applying paragraph B95 of IFRS 17, the entity determines the contractual service margin or loss component of the liability for remaining coverage at initial recognition for a group of insurance contracts acquired in a transfer of insurance contracts or a business combination using the consideration received or paid for the contracts as a proxy for premiums received.[43] There is no contractual service margin if a group of insurance contracts issued is onerous. In those cases, the amount by which the group is onerous is recognised:

(a) immediately as an expense in profit or loss for a transfer of insurance contracts, in the same way as for insurance contracts that the entity issues.

(b) as an adjustment to the initial measurement of goodwill or gain from a bargain purchase, for a business combination. Although this requires a new measurement exception to the principle of fair value measurement in IFRS 3, similar exceptions are contained in that Standard for other cases in which liabilities, such as pension liabilities, are measured on a current value basis that is not fair value.

BC325 The requirements described in paragraphs BC323–BC324 mean that an entity will recognise insurance contracts it acquires in a transfer of insurance contracts or a business combination at the amount of the fulfilment cash flows rather than at the amount of the consideration (which equals the fair value in a business combination) when:

(a) the insurance contracts are in a liability position at the date of the transfer or business combination and the fulfilment cash flows are higher than the fair value; or

(b) the insurance contracts are in an asset position at the date of the transfer or business combination and the fulfilment cash flows are lower than the fair value.[44]

BC326 The Board considered how the amount of the fulfilment cash flows could differ as described in paragraph BC325 from the amount of the consideration received, ie the fair value. For transfers of insurance contracts, the most likely cause of the difference is that the fair value would include the risk of non-performance by the entity. The Board concluded that, for contracts in a liability position acquired in a transfer, the immediate recognition of a loss faithfully represents the entity's assumption of an obligation it expects to fulfil but for which it received a lower price because of the risk that it might not be able to fulfil the obligation.

BC327 For a business combination, the Board concluded that the most likely reason that fulfilment cash flows differ from the fair value is that the acquirer may have been willing to pay more for the contracts because of other synergies that might arise as the contracts are fulfilled. Consequently, the recognition of that difference as an adjustment to the gain on the business combination or goodwill is consistent with the accounting for similar effects in a business combination. The Board decided to clarify that in determining fair value of a group of insurance contracts, an entity should not apply the concept of a deposit floor set out in IFRS 13 (see paragraphs BC165–BC166).

---

[43] In June 2020, the Board amended IFRS 17 to replace references to 'a business combination' in paragraphs 39 and B93–B95 of IFRS 17 with 'a business combination within the scope of IFRS 3' (see paragraph BC327A).

[44] In June 2020, the Board amended IFRS 17 to replace references to 'a business combination' in paragraphs 39 and B93–B95 of IFRS 17 with 'a business combination within the scope of IFRS 3' (see paragraph BC327A).

## Amendments to IFRS 17—business combinations outside the scope of IFRS 3

BC327A  In June 2020, the Board amended IFRS 17 to specify that an entity is required to apply paragraph 38 of IFRS 17 in accordance with paragraphs B93–B95F of IFRS 17 to insurance contracts acquired in a business combination within the scope of IFRS 3. An entity is not required to apply the measurement requirements in those paragraphs to insurance contracts acquired in a business combination outside the scope of IFRS 3 (that is, a business combination under common control). The Board did not intend to set requirements for business combinations outside the scope of IFRS 3. Such business combinations are the subject of a separate Board project.

## Amendments to IFRS 17—feedback on insurance contracts acquired in a transfer of insurance contracts or in a business combination within the scope of IFRS 3

### Classification as an insurance contract

BC327B  Applying IFRS 4, an entity acquiring a contract in a business combination determined whether that contract met the definition of an insurance contract based on facts and circumstances at the date the contract was issued, instead of the date of the business combination transaction (the acquisition date). This requirement was an exception to the general principles in IFRS 3. In contrast, entities applying IFRS 17 assess the classification of contracts using the general principles in IFRS 3.

BC327C  When considering feedback from entities implementing IFRS 17, the Board considered but rejected a suggestion to reinstate that exception in IFRS 3 to continue to apply when an entity applies IFRS 17 instead of IFRS 4.

BC327D  By removing the exception described in paragraph BC327B, IFRS 17 makes the accounting for the acquisition of insurance contracts consistent with the accounting for acquisitions of other contracts acquired in a business combination. Differences in accounting between an acquirer's financial statements and an acquiree's financial statements can arise because of the requirements in IFRS 3. Such differences reflect changes in facts and circumstances at the acquisition date compared to facts and circumstances at the date the acquiree recognised the contracts. Such differences depict the economics of the acquisition, are not unique to insurance contracts and are not unusual when applying IFRS Standards.

### Contracts acquired in their settlement period

BC327E  The Board also considered but rejected a suggestion to create an exception to the general classification and measurement requirements in IFRS 17 for contracts acquired in their settlement period. The Board concluded that an entity that acquires a contract should, at the acquisition date, apply the requirements for identifying whether a contract has an insured event and meets the definition of an insurance contract—just as an entity that issues a contract applies the requirements at the issue date.

BC327F  An acquirer identifies assets and liabilities acquired based on the contractual terms, rights and obligations and economic conditions at the acquisition date, including the consideration to which the acquirer agreed at that date. The Board noted that for a contract to meet the definition of an insurance contract from the perspective of the acquirer at the acquisition date, the acquirer must compensate the policyholder for the adverse effect of an uncertain future event (that is, the acquirer must provide insurance coverage). If the acquirer provides insurance coverage, the contract is an insurance contract accounted for applying the requirements of IFRS 17. Contracts acquired in their settlement period with claim amounts that are uncertain in timing or amount could meet the definition of an insurance contract at the acquisition date.

BC327G The Board observed that some contracts acquired in their settlement period will not meet the definition of an insurance contract at the acquisition date. In some circumstances, all claim amounts are known at the acquisition date but remain unpaid. In such circumstances, the acquirer is not providing insurance coverage, the contract does not meet the definition of an insurance contract and the acquirer would account for the contract as a financial liability applying IFRS 3 and subsequently IFRS 9. The Board also observed that for contracts that meet the definition of an insurance contract at the acquisition date, an entity would need to consider whether any amounts payable to the policyholder meet the definition of an investment component (and are therefore excluded from insurance revenue).

## Amendments to IFRS 17—assets for insurance acquisition cash flows in a transfer of insurance contracts and in a business combination within the scope of IFRS 3 (paragraphs B95E–B95F of IFRS 17)

BC327H In June 2020, the Board amended IFRS 17 to require an entity that acquires insurance contracts in a transfer of insurance contracts that do not form a business or in a business combination within the scope of IFRS 3 to recognise an asset measured at fair value at the acquisition date for the rights to obtain:

(a) future insurance contracts that are renewals of insurance contracts recognised at that date; and

(b) future insurance contracts, other than those in (a), after the acquisition date without paying again insurance acquisition cash flows the acquiree has already paid.

BC327I Requiring an entity to recognise such assets at the acquisition date is consistent with the requirements in IFRS 17 for recognising an asset for insurance acquisition cash flows (paragraph 28B of IFRS 17). As a result, the contractual service margin for a group of insurance contracts recognised after the acquisition date will appropriately reflect the rights relating to that future group which the entity paid for as part of the consideration for the acquisition. The Board decided that to achieve consistency between the requirements at the acquisition date and after the acquisition date, an entity should determine the rights described in paragraph BC327H(b) by reference to insurance acquisition cash flows the acquiree has already paid. Otherwise, broader rights to obtain future contracts from intangible assets such as customer relationships, unconnected to any previously paid insurance acquisition cash flows, could be included in the assets for insurance acquisition cash flows and therefore subsequently included in the contractual service margin of future groups of insurance contracts. In contrast, the Board decided that such reference is unnecessary to determine the rights described in paragraph BC327H(a)—these rights relate only to renewals, so they are sufficiently constrained.

# Presentation in the statement of financial position and statement(s) of financial performance (paragraphs 78–92 and B120–B136 of IFRS 17)

BC328   IFRS 17 requires an entity to present the combination of rights and obligations arising from a group of insurance contracts as a single insurance contract asset or liability in the statement of financial position. This requirement is consistent with the measurement of a group of insurance contracts as a package of cash inflows and cash outflows. Consistent with the requirement in IAS 1 that an entity not offset assets and liabilities, IFRS 17 prohibits entities from offsetting groups of insurance contracts in an asset position with groups of insurance contracts in a liability position.[45]

BC329   IFRS 17 amended IAS 1, which specifies the line items that are required to be presented in the statement of financial position, to require an entity to present separately groups of insurance contracts issued and groups of reinsurance contracts held. The Board concluded that such contracts are sufficiently distinct to warrant separate presentation in the statement of financial position.[46]

BC330   Paragraphs BC27–BC37 discuss the presentation of insurance revenue and paragraphs BC38–BC49 discuss the presentation of insurance finance income and expenses. The Board considered and rejected:

(a)   other approaches to the presentation of insurance revenue, including:

(i)   the summarised-margin approach; and

(ii)   premium approaches; and

(b)   other approaches to the presentation of insurance finance income and expenses:

(i)   include all insurance finance income or expenses in profit or loss; and

(ii)   use the current period book yield for all contracts.

## Amendments to IFRS 17—presentation in the statement of financial position

BC330A   In June 2020, the Board amended IFRS 17 to require an entity to present separately in the statement of financial position the carrying amount of portfolios of insurance contracts issued that are assets and portfolios of insurance contracts issued that are liabilities. Before the amendment, IFRS 17 required an entity to present separately groups of insurance contracts issued that are assets and groups of insurance contracts issued that are liabilities (see paragraph BC328). The amendment also applies to portfolios of reinsurance contracts held.

BC330B   The presentation requirement prior to the amendment was consistent with the requirements for recognising and measuring groups of insurance contracts. However, entities implementing IFRS 17 told the Board that they would need to allocate some fulfilment cash flows to groups only for the purpose of presentation (for example, fulfilment cash flows for incurred claims). These entities said that an amendment to require an entity to

---

[45] In June 2020, the Board amended IFRS 17 to require an entity to present separately portfolios of insurance contracts that are assets and portfolios of insurance contracts that are liabilities (see paragraphs BC330A–BC330B).

[46] In June 2020, the Board amended IFRS 17 to require an entity to present separately portfolios of insurance contracts that are assets and portfolios of insurance contracts that are liabilities (see paragraphs BC330A–BC330B).

present insurance contracts at a portfolio level would provide significant operational relief. Feedback on the 2019 Exposure Draft, including from users of financial statements, suggested that the amendment would not significantly diminish the usefulness of information compared to that which would have been provided without the amendment.

### Other approaches considered but rejected

BC330C  Some stakeholders suggested the Board require an entity to present one insurance contract asset or liability for all insurance contracts issued by the entity (that is, present insurance contracts at an entity level). The Board rejected that suggestion because such presentation would risk an unacceptable loss of useful information for users of financial statements.

BC330D  Some stakeholders suggested a different, more disaggregated approach to presentation in the statement of financial position. Applying IFRS 4, some entities presented separately in the statement of financial position different amounts arising from an insurance contract, as if those different amounts were separate assets or liabilities. For example, some entities presented an insurance contract liability and line items labelled as premiums receivable, claims payable and deferred acquisition costs. Entities differed in what line items they presented and in the definitions of those line items. For example, some entities presented amounts that were not yet billed as premiums receivable whereas other entities presented only billed amounts that remain outstanding. Some stakeholders said they would like to continue further disaggregation because they view such disaggregated line items as providing meaningful information to users of financial statements. The Board disagreed with suggestions to permit an entity to continue such disaggregation because it could result in the presentation of amounts that are not separable assets or liabilities. For example, premiums receivable for future insurance coverage is not a gross asset separable from the related liability for the future insurance coverage.

## Presentation of insurance revenue

BC331  As noted in paragraph BC61, some complexity in the requirements of IFRS 17 arises from the need to eliminate investment components from insurance revenue. Investment components may be more significant in some contracts than in others. For example, significant investment components exist in many long-term life insurance contracts and in some large long-term or bespoke non-life insurance or reinsurance contracts. Some argued that any attempt to distinguish between investment components that have not been separated and the premium charged for insurance and other services would be arbitrary and complex to apply.

BC332  The Board considered an approach that avoided this issue: a 'summarised-margin approach' in profit or loss. This approach would have applied to most insurance contracts with a coverage period of more than one year. The summarised-margin approach would have been operationally less complex than any presentation that provides a gross performance measure in profit or loss. This is because the summarised-margin approach would not have distinguished between investment components and premiums for services provided. Further, the Board would not have needed an exception for the treatment of insurance acquisition cash flows (see paragraphs BC175–BC180) to avoid a situation in which an entity recognises insurance revenue before the coverage has been provided.[47]

---

[47]  In June 2020, the Board amended IFRS 17 to require an entity to recognise an amount of the contractual service margin in profit or loss in each period to reflect the insurance contract services provided in that period (see paragraph BC283H).

BC333 Nonetheless, the summarised-margin approach would have been a significant change from previous practice because it would have precluded presenting revenue-type line items in profit or loss. Furthermore:

(a) the summarised-margin approach would not have provided relevant information about the extent to which an entity provides services under an insurance contract because it would not have presented any amounts as revenue or expenses in profit or loss.

(b) the summarised-margin approach, as with other substitutes for revenue that are unique to insurance contracts, would have reduced the comparability between the financial reporting for insurance contracts and the financial reporting for other contracts.

(c) many of those who report, use and quote financial measures expect such financial measures to include a measure of gross performance. If IFRS 17 did not require the presentation of an amount that is measured using principles that are applicable to revenue from contracts with customers, preparers and users of financial statements might substitute other inconsistently calculated measures for them.

BC334 Accordingly, the Board rejected the summarised-margin approach.

BC335 The Board also considered two approaches for the presentation of insurance revenue that were often used in previous practice:

(a) a written-premium approach, which allocates the total expected insurance revenue to the period in which the contracts are initially recognised (written). At the same time, an expense is presented for the total expected claims and expenses relating to those contracts.

(b) a premiums-due approach, which allocates the total expected insurance revenue to the periods in which the premiums become unconditionally due to the entity, whether or not the premiums are collected in that period. At the same time, the entity recognises expenses which must be reconciled to the incurred claims (see paragraphs BC343–BC344).

BC336 A written-premium approach would have provided information about new business during the period, including the expected present value of the amounts to be received and the obligations assumed. The Board rejected this approach because the premiums, claims and expenses presented in profit or loss are not measured by applying commonly understood notions of revenue and expenses. In particular, the revenue is recognised before the entity has performed a service and the claims and expenses are recognised before they have been incurred.

BC337 Many entities that issue long-duration insurance contracts previously applied a premiums-due approach in profit or loss. A premiums-due approach would have:

(a) provided information about the additional premiums for services to which the entity has an unconditional right; and

(b) provided a measure of growth and a denominator for claims and expenses ratios that is objective, sufficient for that purpose and simpler to provide than insurance revenue.

BC338 However, the Board rejected this approach because:

(a) the gross performance measure presented using a premiums-due approach would be inconsistent with commonly understood concepts of revenue and would be likely to mislead non-specialist users of financial statements. In particular, in a premiums-due approach:

(i) revenue would typically be recognised before the entity has performed the corresponding service.

(ii) the amounts presented as revenue and claims, benefits and expenses would vary depending on when a contract requires payment of the premium. For example, if a premium is due at the start of the contract, then all revenue and expenses are presented in the period the contract is issued. If the premium is instead due annually, the revenue and expenses would be presented at that point in each year. Thus, revenue and expenses may not indicate when the entity performs the service.

(b) the premiums-due approach typically reports amounts billed in the period and includes in expenses an amount representing the premiums expected to relate to claims in the future. The Board decided that reporting claims and expenses when incurred would provide useful information to users of financial statements, as discussed in paragraphs BC343–BC344. As noted in paragraph BC344, when revenue is measured using a premium approach, the incurred claims must be reconciled to the amount of expenses presented in the period and a balancing figure must be presented in profit or loss. Feedback from users of financial statements suggested that this balancing figure is difficult for users to interpret when analysing insurers' performance in the period.

BC339 Although the Board rejected a premiums-due approach for the reasons given above, it noted that some of the information provided by a premiums-due approach could be useful. Hence IFRS 17 requires disclosure of other measures of gross performance (see paragraphs BC358–BC362).

## Presentation of insurance finance income or expenses

BC340 The Board considered requiring entities to include all insurance finance income or expenses in profit or loss. This would prevent accounting mismatches with finance income from assets measured at fair value through profit or loss, and could also reduce the complexity inherent in disaggregating changes in the liability. However, many stakeholders expressed concern that gains and losses from underwriting and investing activities would be obscured by more volatile gains and losses arising from changes in the current discount rate applied to the cash flows in insurance contracts. In addition, many preparers of financial statements expressed concern that they would be forced to measure their financial assets at fair value through profit or loss to avoid accounting mismatches. These preparers noted that the Board has indicated that amortised cost and fair value through other comprehensive income are appropriate measures for financial assets in some circumstances and that IFRS 9 would generally require an entity to measure financial liabilities at amortised cost. Accordingly, these preparers say that the volatility in profit or loss that would result from a current value measurement of insurance contracts would impair the faithful representation of their financial performance and users of financial statements would face difficulties in comparing insurers with entities that have no significant insurance contracts. The Board was not persuaded that entities that issue insurance contracts would be disadvantaged if insurance contracts were to be measured at current value. However, the Board was persuaded that users of financial statements may find that, for some contracts, the presentation of insurance finance income or expenses based on a systematic allocation in profit or loss would be more useful than the presentation of total insurance finance income or expenses in profit or loss.

BC341  The Board also considered requiring all insurance finance income or expenses to be included in profit or loss with separate presentation of some or all such income or expenses. Such presentation would provide disaggregated information about the effects of changes in insurance contract assets and liabilities in profit or loss. However, the Board rejected this approach for the same reasons given in paragraph BC340 and also because it would introduce operational complexity similar to that discussed in paragraph BC43(b)(ii).

BC342  The Board also considered requiring a current period book yield for all insurance contracts. The current period book yield is the change in the carrying amount of assets regarded as backing the insurance contracts that is recognised in profit or loss for the period. The Board rejected this approach, except as discussed in paragraph BC48, because recognising insurance finance income or expenses in profit or loss measured using a discount rate that has no relationship to the rate that is used to measure the group of insurance contracts does not provide useful information. In addition, it may be difficult in some circumstances to identify the assets that are held by the entities to back insurance contract liabilities.

## Amendments to IFRS 17—insurance finance income or expenses

BC342A  In June 2020, the Board amended paragraph B128 of IFRS 17 to clarify that changes in the measurement of a group of insurance contracts resulting from changes in underlying items are changes arising from the effect of the time value of money and assumptions that relate to financial risk for the purposes of IFRS 17. Otherwise, changes in underlying items could adjust the contractual service margin of insurance contracts without direct participation features. The Board considered a view that the effects of changes in cash flows resulting from the participation in underlying items that are not solely financial in nature (for example, insurance contracts) should be presented within the insurance service result, instead of within insurance finance income or expenses. The Board disagreed with this view because the requirement to reflect changes from participation in underlying items in insurance finance income or expenses appropriately depicts the nature of the participation—as an investment. The Board concluded that policyholder participation in underlying items, including underlying items that are not solely financial in nature such as insurance contracts, should have no effect on the depiction of the entity's insurance service result. Further, splitting the effect of changes in cash flows resulting from the participation in underlying items that are not solely financial in nature into an amount that should be included in the insurance service result and an amount that should be included in insurance finance income or expenses would be complex and could disrupt implementation for some entities.

BC342B  Some users of financial statements were concerned that the requirements in paragraphs 88–89 of IFRS 17 for disaggregating insurance finance income or expenses allow an accounting policy choice. They would rather IFRS 17 required one consistent presentation. The Board acknowledged that requiring entities to report insurance finance income or expenses entirely in profit or loss instead of permitting the choice in paragraphs 88–89 of IFRS 17 would improve comparability between entities. However, consistent with the Board's previous conclusion explained in paragraph BC340, the Board concluded that the presentation of insurance finance income or expenses as a systematic allocation in profit or loss may provide more useful information than total insurance finance income or expenses in profit or loss for some contracts and less useful information for other contracts.

BC342C  Some stakeholders said that accounting mismatches might arise between financial assets the entity holds and insurance contract liabilities if an entity were to apply the option in paragraph 88 of IFRS 17 to recognise some insurance finance income or expenses in other comprehensive income. That feedback led to no amendment because the Board noted that an entity can avoid such mismatches by not applying the option. The Board received similar feedback about accounting mismatches before IFRS 17 was issued (see paragraphs BC53–BC56).

### Recognition of incurred claims (paragraph 84 of IFRS 17)

BC343 Reporting claims and expenses (other than insurance acquisition expenses) when incurred is consistent with the reporting of expenses for other types of contracts and, the Board decided, provides useful information to users of financial statements.

BC344 Reporting claims and expenses in this way is only possible when insurance revenue is measured using changes in the liability for remaining coverage as a measure of progress towards satisfying an obligation. When insurance revenue is measured in any other way, the incurred claims must be reconciled to the amount of expenses that is presented in the period. This is because both insurance revenue and incurred claims and benefits are measures of changes in the liability for the group of insurance contracts relating to coverage in the period.

### Reinsurance contracts held (paragraphs 78, 82 and 86 of IFRS 17)

BC345 The Board noted that assets for reinsurance contracts held and liabilities for the underlying insurance contracts would rarely meet the criteria established by IAS 32 for offsetting financial assets against financial liabilities. Rather than incorporating those criteria in IFRS 17, the Board decided that it was simpler to prohibit an entity from offsetting reinsurance contract assets held against related insurance contract liabilities.

BC346 Consistent with the prohibition on offsetting reinsurance contracts assets against insurance contract liabilities, IFRS 17 requires an entity to present income or expenses from reinsurance contracts held separately from expenses or income from insurance contracts issued. However, IFRS 17 allows an entity to present income or expenses from reinsurance contracts held either as a single net amount or as separate amounts recovered from the reinsurer and an allocation of the premiums paid. If it presents separate amounts, IFRS 17 requires the entity to treat:

 (a) cash flows contingent on the claims or benefits in the underlying contracts, including ceding commissions, as part of the claims that are expected to be reimbursed under the reinsurance contracts held, unless those cash flows need to be accounted for as investment components. In the Board's view, the economic effect of changes in those cash flows is equivalent to the effect of reimbursing a different amount of claims than expected.

 (b) ceding commissions that are not contingent on claims of the underlying contracts as a reduction of the premiums to be paid to the reinsurer. The economic effect of such ceding commissions is equivalent to the effect of charging a lower premium with no ceding commission.

## Disclosure (paragraphs 93–132 of IFRS 17)

BC347 The Board decided that an entity should disclose information that gives a basis for users of financial statements to assess the effect that contracts within the scope of IFRS 17 have on the entity's financial position, financial performance and cash flows. To achieve this disclosure objective, information is needed about the amounts recognised in the financial statements, the significant judgements and changes in judgements made when applying IFRS 17, and the nature and extent of risks that arise from contracts within the scope of IFRS 17. The disclosure objective is supplemented with some specific disclosure requirements designed to help the entity satisfy this objective. By specifying the objective of the disclosures, the Board aims to ensure that entities provide the information that is most relevant for their circumstances and to emphasise the importance of communication to users of financial statements rather than compliance with detailed and prescriptive disclosure requirements. In situations in which the information provided to meet the specific disclosure requirements is not sufficient to meet the disclosure objective, paragraph 94 of IFRS 17 requires the entity to disclose additional information necessary to achieve that objective.

BC348 The Board used the disclosure requirements in IFRS 4, including the disclosure requirements in IFRS 7 *Financial Instruments: Disclosures* that are incorporated in IFRS 4 by cross-reference, as a basis for the requirements in IFRS 17. This is because stakeholders have indicated that such disclosures provide useful information to users of financial statements for understanding the amount, timing and uncertainty of future cash flows from insurance contracts. The disclosure requirements brought forward from IFRS 4 include information about:

(a) significant judgements in applying the Standard, including an explanation of methods used to measure contracts within the scope of the Standard, the processes for estimating the inputs to those methods, and any changes in those methods and processes (see paragraph 117 of IFRS 17); and

(b) the nature and extent of risks that arise from insurance contracts, including:

(i) the exposures to insurance risk and each type of financial risk and how they arise, and the entity's objectives, policies and processes for managing the risk and the methods used to measure those risks (see paragraphs 121–125 of IFRS 17);

(ii) concentrations of risk (see paragraph 127 of IFRS 17);

(iii) sensitivities to insurance risk and each type of market risk (see paragraphs 128–129 of IFRS 17);[48]

(iv) information about claims development (see paragraph 130 of IFRS 17);

(v) information about credit risk arising from insurance contracts, including the credit quality of reinsurance contracts held (see paragraph 131 of IFRS 17); and

(vi) information about liquidity risk arising from insurance contracts (see paragraph 132 of IFRS 17).

BC349 In addition, when developing IFRS 17 the Board identified key items it views as critical to understanding the financial statements of entities issuing insurance contracts, in the light of the requirement to update the measurement of insurance contracts at each reporting date. The Board therefore decided that entities should disclose the following items:

(a) reconciliations from the opening to closing balances for each of:

(i) changes in insurance contract liabilities (or assets), analysed to provide information about the determination of insurance revenue and the linkage between amounts in the statements of financial position and financial performance (see paragraph 100 of IFRS 17); and

---

[48] In June 2020, the Board amended IFRS 17 to correct the terminology used in paragraphs 128–129 of IFRS 17 by replacing 'risk exposures' with 'risk variables'.

(ii) changes in insurance contract liabilities (or assets), analysed to provide information about the measurement model (see paragraph 101 of IFRS 17).

These reconciliations are discussed in paragraphs BC350–BC356.

(b) an analysis of insurance revenue (see paragraph 106 of IFRS 17 and paragraphs BC352–BC353).

(c) information about the initial recognition of insurance contracts in the statement of financial position (see paragraphs 107–108 of IFRS 17 and paragraphs BC358–BC362).

(d) an explanation of when the entity expects to recognise the contractual service margin remaining at the end of the reporting period in profit or loss (see paragraph 109 of IFRS 17 and paragraph BC363).

(e) an explanation of the total amount of insurance finance income or expenses in the reporting period (see paragraph 110 of IFRS 17 and paragraphs BC364–BC366) and the composition and fair value of underlying items for contracts with direct participation features (see paragraph 111 of IFRS 17 and paragraphs BC238–BC247).

(f) to the extent not already included in meeting the requirements in paragraph 117(a) of IFRS 17, information about the entity's approach to determine (see paragraph 117(c) of IFRS 17):

(i) how to distinguish changes in estimates of future cash flows arising from the exercise of discretion from other changes in estimates of future cash flows (see paragraph BC237);

(ii) the risk adjustment for non-financial risk (see paragraphs BC213–BC217);

(iii) discount rates (see paragraphs BC193–BC205); and

(iv) investment components (see paragraphs BC33–BC34A).

(g) the confidence level used to determine the risk adjustment for non-financial risk (see paragraph 119 of IFRS 17 and paragraphs BC215–BC217).

(h) information about the yield curves used to discount cash flows that do not vary based on the returns on underlying items (see paragraph 120 of IFRS 17 and paragraph BC198).

(i) information about the effect of the regulatory framework in which the entity operates (see paragraph 126 of IFRS 17 and paragraphs BC369–BC371).

## Explanation of recognised amounts (paragraphs 97–116 of IFRS 17)

### Reconciliation of components of the insurance contract liability (paragraphs 98–105 of IFRS 17)

BC350　IFRS 17 requires an entity to disaggregate the insurance contract liability into components as follows (see paragraph 40 of IFRS 17):

(a) the liability for remaining coverage, excluding the amounts in (b) below. For liabilities measured using the premium allocation approach, this is the unearned premium, less any unamortised insurance acquisition cash flows.

IFRS 17 BC

(b) the loss component of the liability for remaining coverage (see paragraph 49 of IFRS 17). For liabilities measured using the premium allocation approach, this is the additional liability for onerous contracts (see paragraph 58 of IFRS 17).

(c) the liability for incurred claims.

BC351 IFRS 17 requires entities to disclose a reconciliation from the opening to the closing balance separately for each of the components listed in paragraph BC350 and separately for insurance contracts issued and reinsurance contracts held, to explain how insurance revenue is determined, and to show how the amounts in the statements of financial position and financial performance are linked.

BC352 The Board noted that insurance revenue can also be analysed as the total of the changes in the liability for remaining coverage in the period that relate to coverage or other services for which the entity expects to receive consideration. Those changes include insurance service expenses incurred in the period, the change in the risk adjustment for non-financial risk and the amount of the contractual service margin allocated to the period.

BC353 The Board concluded that requiring such an analysis of insurance revenue recognised in the period provides useful information about the drivers of insurance revenue and assists users of financial statements to understand how insurance revenue relates to more familiar metrics.

BC354 In addition, the Board decided that, except for insurance contracts to which an entity applies the premium allocation approach described in paragraphs 53–59 or 69–70 of IFRS 17, the entity must disclose a reconciliation as set out in paragraph 101 of IFRS 17 that shows the sources of profit for the period, by separately reconciling from the opening to the closing balances:

(a) the estimates of the present value of the future cash flows;

(b) the risk adjustment for non-financial risk; and

(c) the contractual service margin.

BC355 The Board concluded that a reconciliation showing sources of profit would provide useful information for users of financial statements. Furthermore, in the Board's view, information about changes in the components used in the measurement of insurance contracts will be important in the light of the Board's decision to adjust the contractual service margin for the effects of changes in estimates of fulfilment cash flows relating to future service (see paragraphs 44(c) and 45(c) of IFRS 17). That decision means that those effects do not appear directly in the statement(s) of financial performance.

BC356 As noted in paragraphs BC350 and BC354, entities are required to disclose two reconciliations from the opening to the closing carrying amounts in the statement of financial position, except for insurance contracts to which the premium allocation approach described in paragraphs 53–59 or 69–70 of IFRS 17 has been applied. The Board decided to require both reconciliations because feedback received from stakeholders generally indicated that the information required in each reconciliation will be useful. The Board considered the costs and benefits of requiring both reconciliations and concluded that the benefits of providing such information outweigh the costs of preparing two reconciliations. The Board noted that, in some cases, it may be possible to combine the information required into one reconciliation.

### Insurance revenue (paragraph 85 of IFRS 17)

BC357 IAS 1 requires an entity to present additional line items in the statement(s) of financial performance when such a presentation is relevant to an understanding of the entity's financial performance. However, IFRS 17 prohibits an entity from presenting information about premiums in profit or loss if that information is inconsistent with insurance revenue determined applying IFRS 17. Given the varied amounts presented under previous insurance accounting practices (see paragraphs BC335–BC339), the Board decided to prohibit entities from presenting information about premiums that is inconsistent with insurance revenue in additional line items in the statement(s) of financial performance.

## The effect of new contracts initially recognised in the period (paragraphs 107 and 108 of IFRS 17)

BC358 The Board considered arguments that it would be useful for entities to disclose information about the effect of new contracts initially recognised in the period. Such information differs from revenue. A measure of insurance revenue by itself provides only part of the information users of financial statements seek, and is not intended to measure an entity's insurance contracts business growth or shrinkage. In particular, many users of financial statements find information about the amount, and profitability, of new business written in each period to be important when assessing an entity's future prospects.

BC359 As noted in paragraphs BC28–BC29, the purpose of insurance revenue is to measure the consideration to which an entity expects to be entitled in exchange for services provided in the period. This consideration may differ from premiums from new contracts generated or cash collected. The Board noted, therefore, that the use of accruals-based accounting for any contract initiated in advance of services provided (ie any contract for which the performance obligation is not satisfied in the period in which the contract is written) can result in revenue increasing even if the volume of new contracts issued decreased. The Board noted that this effect is not unique to insurance contracts and sought to identify other ways to provide useful information regarding an entity's growth.

BC360 The Board agreed that information about the effect of new contracts initially recognised in the period would provide useful information for users of financial statements. In particular, information about the contractual service margin, and the risk adjustment for non-financial risk initially recognised in the period, would provide useful information about the profitability of new contracts issued in the period. Accordingly, unless the entity applies the premium allocation approach described in paragraphs 53–59 or 69–70 of IFRS 17, paragraph 107 of IFRS 17 requires an entity to disclose the effect of new contracts initially recognised in the period, showing separately their effect on:

(a) the estimates of the present value of future cash flows;

(b) the risk adjustment for non-financial risk; and

(c) the contractual service margin.

BC361 The estimates of the present value of future cash flows are further disaggregated into estimates of the present value of future cash outflows, showing separately the amount of insurance acquisition cash flows, and estimates of the present value of future cash inflows. The separate disclosure of the estimates of the present value of future cash inflows, including any investment components:

(a) provides useful information about the volume of sales that supplements the insurance revenue presented in the statement(s) of financial performance; and

(b) allows users of financial statements to compare the volume of business written in prior years with the volume of contracts written in the current year.

BC362 New contracts initially recognised in the period might include contracts issued by the entity and contracts acquired from other entities in transfers of insurance contracts or business combinations. IFRS 17 requires an entity to disclose separately the effects of new contracts

## Recognition of the contractual service margin (paragraph 109 of IFRS 17)

BC363   Many stakeholders suggested they would like to know when the contractual margin is expected to be recognised in profit or loss in future periods, because this information would be helpful in assessing future profitability. The Board agreed this information would be useful to users of financial statements. IFRS 17 requires entities to disclose when they expect to recognise the contractual service margin remaining at the end of the reporting period in profit or loss, either quantitatively, in appropriate time bands, or by providing qualitative information.[49]

## Insurance finance income or expenses (paragraphs 110–113 and 118 of IFRS 17)

BC364   Insurance finance income or expenses are expected to have a significant effect on the performance of an insurer, particularly if it issues long-duration contracts. IFRS 17 allows an entity to choose how to present insurance finance income or expenses; therefore, the Board concluded it is important for an entity to disclose or explain:

(a)   the total amount of its insurance finance income or expenses in each period;

(b)   the basis for any disaggregation of the total between amounts recognised in profit or loss and other comprehensive income; and

(c)   the relationship between insurance finance income or expenses and investment income on the related assets the entity holds.

BC365   For contracts with direct participation features, IFRS 17 allows an entity to choose how to recognise changes in the effect of financial risk (for example, the value of financial guarantees embedded in a group of insurance contracts or the entity's share of the underlying items), if the entity uses a derivative to mitigate the financial risk, and the criteria in paragraph B116 of IFRS 17 are met.[50] Such changes may be recognised either in profit or loss, or by adjusting the contractual service margin. Recognising the lack of comparability that this accounting policy choice creates, the Board decided to require an entity that chooses to recognise such changes in profit or loss to disclose the effect of that choice on the adjustment to the contractual service margin in the current period.

BC366   For contracts with direct participation features, an entity choosing to disaggregate insurance finance income or expenses between profit or loss and other comprehensive income might change the basis on which it determines the amounts to be included in profit or loss from a systematic allocation to the current period book yield (see paragraph BC48), or vice versa. A change of basis is required if the entity becomes eligible, or ceases to be eligible, to apply the current period book yield because it starts to hold, or ceases to hold, the

---

[49]   In June 2020, the Board amended IFRS 17 to require an entity to disclose when it expects to recognise the contractual service margin remaining at the end of the reporting period in profit or loss quantitatively, in appropriate time bands (see paragraph BC366B).

[50]   In June 2020, the Board extended the risk mitigation option to be applicable when an entity uses reinsurance contracts held or non-derivative financial instruments measured at fair value through profit or loss to mitigate financial risk (see paragraphs BC256A–BC256F).

underlying items for a group of insurance contracts. In such cases, IFRS 17 requires an entity to include in a specified way in profit or loss the accumulated amount previously recognised in other comprehensive income. The Board requires the specified method to prevent an entity from including or excluding gains and losses permanently in profit or loss simply by choosing to buy or sell underlying items. The Board also decided to require entities to disclose, in the period the change in basis occurs:

(a) the reason why the entity changed the basis of disaggregation;

(b) the amount of any adjustment for each financial statement line item affected; and

(c) the carrying amount of the groups of insurance contracts to which the change applied.

## Amendments to IFRS 17—disclosure of amounts recognised

### Insurance acquisition cash flows (paragraphs 105A–105B and 109A of IFRS 17)

BC366A  In June 2020, the Board amended IFRS 17 to require an entity to allocate insurance acquisition cash flows to future groups of insurance contracts that are expected to include contracts that are renewals of other contracts (see paragraphs BC184A–BC184K). That amendment extends the period for which an asset for insurance acquisition cash flows exists, and therefore increases the total amount of such assets at the end of each reporting period. In the light of the amendment, the Board amended the disclosure requirements in IFRS 17 to require an entity to disclose a reconciliation from the opening to the closing balance of any asset for insurance acquisition cash flows recognised applying paragraph 28B of IFRS 17. An entity is also required to provide quantitative disclosure, in appropriate time bands, of the expected inclusion of insurance acquisition cash flows recognised as an asset in the measurement of the group of insurance contracts to which they are allocated (see paragraph 105A of IFRS 17).

### Recognition of the contractual service margin (paragraphs 109 and 117 of IFRS 17)

BC366B  In June 2020, the Board amended IFRS 17 to require an entity to determine the quantity of benefits provided by an insurance contract considering either investment-return service or investment-related service in addition to insurance coverage (see paragraphs BC283A–BC283J). That amendment adds complexity and judgement to the determination of the quantity of benefits provided by an insurance contract for the purpose of recognising the contractual service margin in profit or loss. Accordingly, the Board decided to require an entity to disclose:

(a) quantitative information, in appropriate time bands, about when the entity expects to recognise in profit or loss the contractual service margin remaining at the end of the reporting period (instead of permitting an entity to provide only qualitative information); and

(b) the approach used to assess the relative weighting of the benefits from insurance coverage and either investment-return service or investment-related service.

*Other additional disclosures*

BC366C In June 2020, the Board also amended the disclosure requirements in IFRS 17 to clarify that an entity:

(a) is not required to disclose refunds of premiums separately from investment components in the reconciliation required by paragraph 100 of IFRS 17; and

(b) cannot present separately amounts relating to the risk adjustment for non-financial risk that are experience adjustments applying paragraph 104(b)(iii) of IFRS 17 if the entity already discloses those amounts applying paragraph 104(b)(ii) of IFRS 17 (to prevent double counting those amounts).

## Disclosures that the Board considered but did not include in IFRS 17

### Reconciliation of premium receipts to insurance revenue

BC367 The Board originally proposed that an entity reconcile the insurance revenue to the premium receipts in each period because it wanted entities to explain how insurance revenue differs from previously familiar metrics. However, the Board found that such information will be provided in the reconciliation of the insurance contract balance required by paragraph 100 of IFRS 17. Hence, a separate reconciliation, while permissible, is not required. Paragraphs BC27–BC37 and BC337–BC339 explain why IFRS 17 prohibits the use of premiums-due as a measure of insurance revenue.

### Measurement uncertainty analysis

BC368 The Board originally proposed the disclosure of an analysis of the measurement uncertainty in the inputs that have a material effect on the measurement. This would have been similar to the disclosure for unobservable inputs in fair value measurement considered by the Board when developing IFRS 13 (as described in paragraphs BC202–BC210 of the Basis for Conclusions on IFRS 13). When finalising IFRS 13, the Board decided not to require such a disclosure for unobservable inputs in IFRS 13 because of concerns about costs relative to benefits, but instead required more quantitative information about the inputs as well as narrative information about how those inputs influence the measurement (as described in paragraphs BC188–BC195 and BC206–BC208 of the Basis for Conclusions on IFRS 13). Accordingly, consistent with its decision for IFRS 13, the Board did not include such a disclosure requirement in IFRS 17.

### Regulatory capital

BC369 IFRS 17 requires an entity to disclose information about the effect of the regulatory frameworks in which it operates; for example, minimum capital requirements or required interest rate guarantees (see paragraph 126 of IFRS 17). Many users of financial statements indicated a desire for additional disclosures that would help them to understand and analyse those effects; in particular:

(a) information about how much regulatory capital an entity needs to hold for the new contracts written in the period, and when that capital will cease to be required; and

(b) information about the amount of equity generated in a reporting period that is not needed to service the regulatory capital requirements. That amount is sometimes referred to as 'free cash flow'.

BC370 Disclosure of the regulatory capital required could provide users of financial statements with information about:

(a) the entity's profitability, ongoing capital needs and, thus, financial flexibility;

(b) an entity's capacity to write new business in future periods, because the excess over regulatory capital held is available to support future new business; and

(c) improved understanding of the financial position, financial performance and cash flows during the reporting period.

BC371 However, entities that issue insurance contracts are not the only entities that operate in a regulated environment. Such disclosures might be useful for all entities operating in a regulated environment. The Board was concerned about developing such disclosures in isolation in a project on accounting for insurance contracts that would go beyond the existing requirements in paragraphs 134–136 of IAS 1. Accordingly, the Board decided to limit the disclosures about regulation to those set out in paragraph 126 of IFRS 17.

# Applying the Standard for the first time (Appendix C of IFRS 17)

BC372 IFRS 17 includes specific requirements for applying the Standard for the first time. An entity is therefore required to apply the IFRS 17 transition requirements instead of the general requirements of IAS 8 *Accounting Policies, Changes in Accounting Estimates and Errors*. In the light of the diversity in previous insurance accounting practices and the long duration of many types of insurance contracts, the Board decided that retrospective application of IFRS 17 provides the most useful information to users of financial statements by allowing comparisons between contracts written before and after the date of initial application of the Standard. Consistent with IAS 8, which requires retrospective application of a new accounting policy except when it would be impracticable, the Board concluded that entities should apply IFRS 17 retrospectively (see paragraphs BC374–BC378) and should be allowed to use alternatives only when retrospective application of IFRS 17 is impracticable.[51]

BC373 The Board developed two alternative transition methods that may be used when retrospective application is impracticable (see paragraphs BC379–BC384B for the alternative transition method referred to as the 'modified retrospective approach' and paragraphs BC385–BC386 for the alternative transition method referred to as the 'fair value approach'). The Board decided to permit an entity to choose between the modified retrospective approach and the fair value approach if the entity cannot apply IFRS 17 retrospectively. The Board acknowledged a choice of transition methods results in a lack of comparability of transition amounts but concluded it was appropriate for the following reasons. The objective of the modified retrospective approach is to achieve the closest outcome to a retrospective application of the Standard. The Board noted that the similarity between a modified retrospective approach and a full retrospective application would depend on the amount of reasonable and supportable information available to an entity. If

---

[51] In June 2020, the Board amended IFRS 17 to permit an entity that has the information to apply a fully retrospective approach to instead apply the fair value approach for transition for a group of insurance contracts with direct participation features when specified conditions relating to risk mitigation are met (see paragraph BC393A).

an entity has relatively little reasonable and supportable information available, and, therefore, would need to use many of the permitted modifications, the cost of the modified retrospective approach might exceed the benefits.

## Amendments to IFRS 17—feedback on transition approaches

BC373A When the Board considered feedback from entities implementing IFRS 17, the Board also considered feedback from users of financial statements that the optionality in the transition requirements reduces comparability between entities—in particular, the option to apply the modified retrospective approach or the fair value approach. The Board concluded that the choices provided are appropriate, for the reasons set out in paragraph BC373.

BC373B In the Board's view, providing practical one-off reliefs to help entities with their transition to IFRS 17 is worth a limited loss of comparability for a limited period. The Board therefore decided not to reduce the options available in the transition requirements, because doing so would be likely to cause undue disruption to implementation already under way. The Board noted the reduced comparability that the transition options cause has no effect on the current value measurement of the fulfilment cash flows. The Board also noted that entities are required to provide disclosures on the transition approaches used. Such disclosures assist users of financial statements in making comparisons between entities, and in understanding the transition reliefs used and how those reliefs affect reported information.

## Retrospective application (paragraphs C3–C5B of IFRS 17)

BC374 To apply IFRS 17 retrospectively, at the transition date an entity is required to:

(a) recognise and measure each group of insurance contracts as if IFRS 17 had always applied;[52]

(b) derecognise any existing balances that would not exist had IFRS 17 always applied; and

(c) recognise any resulting net difference in equity.

Consistent with retrospective application, the Board noted that an entity would need not only to adjust the measurement of its insurance contracts when first applying the Standard but also to eliminate any items such as deferred acquisition costs and some intangible assets that relate solely to existing contracts. The requirement to recognise any resulting net differences in equity means that no adjustment is made to the carrying amount of goodwill from any previous business combinations.

BC375 The measurement model in IFRS 17 comprises two components:

(a) a direct measurement, which is based on estimates of the present value of future cash flows and an explicit risk adjustment for non-financial risk; and

(b) a contractual service margin, which is measured on initial recognition of the group of insurance contracts, then adjusted for subsequent changes in estimates relating to future service and adjusted for subsequent changes in estimates

---

[52] In June 2020, the Board amended IFRS 17 to clarify that an entity recognises and measures any assets for insurance acquisition cash flows as if IFRS 17 had always applied, except that an entity is not required to assess the recoverability of any such assets before the transition date (see paragraphs BC184A–BC184K).

relating to future services and a financing component and recognised in profit or loss over the coverage period.

BC376 The Board identified no specific transition problems for the introduction of the direct measurement component of the insurance contracts, other than in the assessments made on initial recognition described in paragraphs BC381–BC382. That measurement reflects only circumstances at the measurement date. Consequently, provided an entity has sufficient lead time to set up the necessary systems, performing that direct measurement at the transition date will be no more difficult than performing it at a later date.

BC377 Measuring the remaining amount of the contractual service margin at the transition date, and the information needed for presentation in the statement(s) of financial performance in subsequent periods, is more challenging. These amounts reflect a revision of estimates for all periods after the initial recognition of the group of insurance contracts.

BC378 The Board concluded that measuring the following amounts needed for retrospective application would often be impracticable:

(a) the estimates of cash flows at the date of initial recognition;

(b) the risk adjustment for non-financial risk at the date of initial recognition;

(c) the changes in estimates that would have been recognised in profit or loss for each accounting period because they did not relate to future service, and the extent to which changes in the fulfilment cash flows would have been allocated to the loss component;

(d) the discount rates at the date of initial recognition; and

(e) the effect of changes in discount rates on estimates of future cash flows for contracts for which changes in financial assumptions have a substantial effect on the amounts paid to policyholders.

The Board therefore developed two transition methods entities are allowed to use for groups of insurance contracts for which retrospective application of IFRS 17 would be impracticable.

## Modified retrospective approach (paragraphs C6–C19A of IFRS 17)

BC379 Although many entities may not have sufficient information for retrospective application of IFRS 17, the Board was told that, in many cases, entities may have much of the information needed, and that some entities may face only a small number of limitations on retrospective application. In such situations, the Board concluded that more comparable information about insurance contracts could result if an entity were permitted to modify retrospective application only when needed because it lacked information to apply a fully retrospective approach. Furthermore, the Board concluded that an entity should:

(a) use the minimum modifications necessary for achieving the closest outcome to retrospective application that is possible using reasonable and supportable information; and

(b) be prohibited from disregarding any reasonable and supportable information that could be used in the retrospective application of IFRS 17 if that information is available without undue cost or effort.

BC380 The Board decided to specify some modifications that could be applied if retrospective application as defined in IAS 8 is impracticable, to address the issues noted in paragraph BC378. Those modifications are permitted only to the extent necessary because an entity does not have reasonable and supportable information to apply the retrospective approach. Those modifications:

(a) simplify the information necessary for an entity to make assessments about insurance contracts or groups of insurance contracts that would be made at the date of inception or initial recognition (see paragraphs BC381–BC382B).

(b) simplify how an entity determines amounts related to the contractual service margin (see paragraphs BC383–BC383B).

(c) simplify how an entity determines the information necessary to determine insurance revenue (see paragraphs BC383–BC383B).

(d) permit an entity to determine insurance finance income and expenses included in profit or loss using the discount rates at the transition date if an entity chooses to disaggregate insurance finance income or expenses into an amount included in profit or loss and an amount included in other comprehensive income. In addition, the modification provides an expedient for determining the amount of the accumulated balance in equity relating to insurance finance income and expenses (see paragraphs BC384–BC384B).

## Amendments to IFRS 17—feedback on using reasonable and supportable information and making estimates

BC380A Some entities implementing IFRS 17 suggested that to provide operational relief, the Board should remove from the modified retrospective approach the requirements to:

(a) maximise the use of reasonable and supportable information available without undue cost or effort that would have been used to apply a fully retrospective approach.

(b) use reasonable and supportable information to apply the modifications.

BC380B The Board considered but rejected the suggestions in paragraph BC380A because:

(a) with regards to the suggestion in paragraph BC380A(a), permitting an entity to ignore reasonable and supportable information available without undue cost or effort that the entity would have used to apply a fully retrospective approach would be contrary to the objective of the modified retrospective approach. The objective is to achieve the closest outcome to retrospective application possible using reasonable and supportable information available without undue cost or effort. The suggestion would also reduce comparability between contracts issued before and after the transition date.

(b) with regards to the suggestion in paragraph BC380A(b), permitting an entity to apply a modification when it does not have reasonable and supportable information to do so would undermine the credibility of information that results from applying IFRS 17. In the Board's view, applying a fair value approach would result in more useful information for users of financial statements than would applying a modified retrospective approach without the reasonable and supportable information necessary to do so.

BC380C Some entities implementing IFRS 17 suggested that the inclusion of specified modifications implies that an entity cannot make estimates in applying IFRS 17 retrospectively. The Board noted that paragraph 51 of IAS 8 acknowledges the need for estimates in retrospective application. This paragraph applies to entities applying IFRS 17 for the first time just as it does to entities applying other IFRS Standards for the first time.

The Board expects that entities will often need to make estimates when applying a specified modification in the modified retrospective approach.

BC380D Some stakeholders suggested that the Board could reduce the burden of applying the transition requirements by specifying methods that could be used—for example, methods using information from embedded value reporting or information prepared for regulatory reporting. The Board rejected this suggestion. The Board concluded that specifying methods would conflict with the approach in IFRS 17 of establishing measurement objectives that can be satisfied using various methods. The appropriateness of a method depends on facts and circumstances. Furthermore, if the Board were to specify methods, it could risk incorrectly implying that entities cannot use other methods that would satisfy the requirements of IFRS 17.

### Assessments made at inception or initial recognition of insurance contracts (paragraphs C9–C10 of IFRS 17)

BC381 IFRS 17 requires some assessments to be made at the inception or initial recognition of a contract, in particular:

(a) whether a contract is eligible for the variable fee approach;

(b) how to group contracts; and

(c) how to determine the effect of discretion on estimated cash flows for contracts subject to the general model.

BC382 The Board concluded that often it would be impracticable for entities to make such assessments using assumptions at the date of inception or initial recognition. Such assessments might be impossible without the use of hindsight (ie making an assumption of what an entity would have expected in the past). The need for hindsight could be avoided if the assessments were made at the transition date instead of at the date of inception or initial recognition of the contract. However, the Board noted that assessing contracts only at the transition date could impose grouping for entities that is significantly different from an assessment as at the date of the inception or initial recognition of the contract. Accordingly, the Board decided that entities should be allowed to make the assessments either:

(a) at the date of inception or initial recognition of a contract, if such assessments could be made based on reasonable and supportable evidence for what the entity would have determined given the terms of the contract and the market conditions at that time; or

(b) at the transition date.[53]

### Amendments to IFRS 17—classification of contracts acquired in their settlement period (paragraphs C9A and C22A of IFRS 17)

BC382A In June 2020, the Board considered but rejected a suggestion to create an exception to the general classification and measurement requirements in IFRS 17 for contracts acquired in their settlement period (see paragraphs BC327E–BC327G). However, the Board amended IFRS 17 to provide reliefs on transition in response to feedback that to apply IFRS 17 retrospectively to contracts acquired before the transition date (that is, to classify and measure those contracts as a liability for remaining coverage) would often be impracticable.

---

[53] In June 2020, the Board amended IFRS 17 to permit an entity to assess whether a contract meets the definition of an investment contract with discretionary participation features either at the date of initial recognition of the contract or at the transition date. This assessment is consistent with other assessments described in paragraph BC382.

Those reliefs permit an entity applying the modified retrospective approach or the fair value approach to classify as a liability for incurred claims a liability for the settlement of claims when:

(a) that liability relates to an insurance contract that was acquired in a transfer of insurance contracts that do not form a business or in a business combination within the scope of IFRS 3; and

(b) the acquisition date was before the transition date.

BC382B An entity applying the modified retrospective approach applies the relief in paragraph BC382A only to the extent permitted by paragraph C8 of IFRS 17.

### Determining amounts relating to the contractual service margin and insurance revenue (paragraphs C11–C17 of IFRS 17)

BC383 In many cases, the estimates described in paragraph BC378 can be determined only using hindsight, which would mean that the entity would not be able to apply IFRS 17 retrospectively. Accordingly, the Board decided that it would specify modifications that could be used for making those estimates. Those modifications:

(a) avoid the need for entities to measure the changes in estimates that would have been recognised in profit or loss because they did not relate to future service, or to assess the extent to which such changes in estimates had been reversed as claims were incurred;

(b) provide an objective way for entities to estimate what the risk adjustment for non-financial risk would have been at the date of initial recognition;

(c) provide a way for entities to estimate the discount rates at the date of initial recognition; and

(d) provide guidance on how an entity should determine how much of the estimated contractual service margin on initial recognition should remain at the date of transition.

*Amendments to IFRS 17—modifications considered but rejected*

BC383A The Board considered a suggestion from entities implementing IFRS 17 to permit an entity to develop the modifications that it thinks would achieve the closest possible outcome to retrospective application. The Board disagreed with this suggestion, because if such modifications were permitted:

(a) an entity could use modifications that would result in an outcome that the Board would consider insufficiently close to retrospective application; and

(b) each entity could use different modifications, reducing comparability and increasing complexity for users of financial statements.

BC383B Paragraph C17 of IFRS 17 provides a modification for determining the contractual service margin at the transition date for insurance contracts with direct participation features. An entity applying that modification determines the carrying amount of the contractual service margin at the transition date in a more direct way than the entity would by applying the modifications in paragraphs C11–C16 of IFRS 17 for determining the contractual service margin at the transition date for insurance contracts without direct participation features. An entity can determine the contractual service margin in this more direct way because of the extent to which the contractual service margin is remeasured for insurance contracts with direct participation features. Some stakeholders suggested that an entity should be able to apply the modifications in paragraphs C11–C16 of IFRS 17 to insurance contracts with direct participation features. The Board disagreed with this suggestion because applying those modifications to such contracts would be unlikely to achieve an outcome as close to retrospective application as would applying paragraph C17 of IFRS 17.

## Determining insurance finance income and expenses (paragraphs C18 and C19 of IFRS 17)

BC384  If an entity chooses to include some insurance finance income or expenses in other comprehensive income, applying IFRS 17 retrospectively, the entity would need to track historical information and make assessments about the allocation of amounts from other comprehensive income to profit or loss in each period to determine the accumulated balance recognised in other comprehensive income. This information would be particularly difficult to determine if, consistent with paragraph C10 of IFRS 17, the entity included within a group insurance contracts issued more than one year apart. Accordingly, the Board decided to provide modifications that would enable an entity to determine those amounts at the transition date.

### *Amendments to IFRS 17—feedback relating to the accumulated balance recognised in other comprehensive income*

BC384A  Some entities implementing IFRS 17 said they would prefer alternative modifications to the modifications set out in paragraphs C18–C19 of IFRS 17 for determining the amount of insurance finance income or expenses accumulated in other comprehensive income at the transition date. These entities suggested that for all insurance contracts (insurance contracts with and without direct participation features), an entity should be required to:

(a) deem as nil the accumulated amount in other comprehensive income for financial assets accounted for applying IFRS 9 that are related to insurance contracts; or

(b) deem the accumulated amount of insurance finance income or expenses in other comprehensive income as equal to the accumulated amount in other comprehensive income arising on financial assets accounted for applying IFRS 9 that are related to insurance contracts.

BC384B  The Board considered but rejected the suggestions in paragraph BC384A because:

(a) both suggested amendments involve significant subjectivity in determining which assets relate to insurance contracts.

(b) both suggested amendments could result in an outcome that the Board would consider to be insufficiently close to retrospective application of IFRS 17 requirements.

(c) the suggested amendment to IFRS 9 described in BC384A(a) would reduce comparability of entities first applying IFRS 9 and IFRS 17 at the same time choosing this approach with other entities that have already applied IFRS 9. The Board noted that the amount accumulated in other comprehensive income relating to financial assets measured at fair value through other comprehensive income includes amounts that relate to expected credit losses. Hence, setting the cumulative amount to nil on transition would affect the accounting for expected credit losses in future periods.

(d) the suggested amendment to IFRS 17 described in BC384A(b) would mean that insurance finance income or expenses recognised in profit or loss in future periods would reflect the historical discount rate for assets held at the transition date that an entity determines are related to insurance contracts. The Board concluded that using that historical discount rate could result in a significant loss of useful information, because of the subjectivity in determining which assets relate to insurance contracts and because comparability for insurance contracts would be reduced between entities that hold different assets.

## Fair value approach (paragraphs C20–C24B of IFRS 17)

BC385 The Board noted that in some cases an entity might not have reasonable and supportable information available without undue cost or effort to apply the modified retrospective approach. Accordingly, the Board specified that in such cases, an entity must apply a fair value approach in which the contractual service margin at the transition date is determined as the difference between the fulfilment cash flows and the fair value of the group of insurance contracts, determined in accordance with IFRS 13. The Board also decided to allow the use of the fair value approach whenever retrospective application is impracticable (see paragraph BC373). The Board decided to clarify that in determining fair value of a group of insurance contracts, an entity should not apply the concept of a deposit floor (see paragraphs BC165–BC166).

BC386 The fair value approach also permits the same modifications as the modified retrospective approach relating to:

(a) assessments about insurance contracts or groups of insurance contracts that would be made at the date of inception or initial recognition;[54] and

(b) determining the discount rates and the effect of changes in discount rates necessary to determine insurance finance income and expenses.

## Comparative information (paragraphs C25–C28 of IFRS 17)

BC387 IFRS 17 requires entities to present comparative information, applying the requirements of IFRS 17 for the period immediately before the date of initial application of IFRS 17, to provide the most useful information to users of financial statements by allowing comparisons among entities and using trend information. However, if an entity presents comparative information for earlier periods, that comparative information need not be restated applying the requirements of IFRS 17.

BC388 The Board concluded that providing restated comparative information for at least one reporting period was necessary because of the diversity of previous accounting and the extent of the changes introduced by IFRS 17. Because IFRS 17 only requires retrospective application on transition if practicable, and specifies simplified approaches when retrospective application is impracticable, the Board expects that determining the comparative amounts will not require significant incremental time and resources beyond those required to first apply IFRS 17. The Board set the effective date for IFRS 17 based on information given about the necessary time to prepare, in the knowledge that restated comparative information for one reporting period would be required.

BC389 The requirement to restate comparative information for one reporting period is different from the transition requirements of IFRS 9, which did not require restatement of

---

[54] An entity applying the fair value approach is permitted to classify as a liability for incurred claims a liability for the settlement of claims incurred before an insurance contract was acquired in a transfer of insurance contracts that do not form a business or in a business combination within the scope of IFRS 3 (see paragraph BC382A).

comparative amounts at transition to that Standard, including the fair value of financial instruments (and which did not allow restatement if doing so required the use of hindsight). However, the Board noted that different circumstances applied when it developed the transition requirements for IFRS 9, which were developed with the intention of minimising obstacles to voluntary application of IFRS 9 before its effective date. In addition, entities applying those transition requirements of IFRS 9 had all previously applied the same requirements, ie those in IAS 39. In contrast, the Board expects that most entities will apply IFRS 17 no earlier than the effective date and believes that the restatement of comparative amounts is particularly important, for the reasons given in paragraph BC388. Therefore, the Board decided not to provide relief from the restatement of comparative information to facilitate early application of IFRS 17.

BC389A  In June 2020, the Board deferred the effective date of IFRS 17 from 1 January 2021 to 1 January 2023 (see paragraphs BC404A–BC404F). The Board considered but rejected a suggestion to provide relief from the restatement of comparative information, because the Board concluded that restatement of comparative information is particularly important given the diversity in previous accounting practices and the extent of change introduced by IFRS 17.

## Other transition issues

### Contracts derecognised before the transition date

BC390  The Board decided that it would not provide a simplification for contracts that have been derecognised before the transition date. The Board noted that reflecting the effect of contracts derecognised before the transition date on the remaining contractual service margin was necessary to provide a faithful representation of the remaining profit of the group of insurance contracts. Furthermore, although entities may have difficulty obtaining details of cash flows for all contracts that have been derecognised, the Board concluded that an entity would be able to make estimates and extrapolations using reasonable and supportable information to enable the effect of derecognised contracts to be determined. Finally, the Board observed that when an entity is not able to make such estimates and extrapolations, the fair value approach would be available.

### Level of aggregation (paragraphs C9(a) and C10 of IFRS 17)

BC391  To apply the Standard retrospectively, an entity needs to determine the group of insurance contracts to which individual contracts would have belonged on initial recognition. The Standard requires entities to group only contracts written within one year.

BC392  The Board noted that it may not always be practicable for entities to group contracts written in the same one-year period retrospectively. Accordingly, the Board decided to provide a transition relief so that entities would not need to divide contracts into groups of contracts that were written within one year. In addition, entities are allowed to accrete and adjust the resulting contractual service margin after transition using the discount rates at the transition date. Furthermore, the Board decided that entities that choose to disaggregate insurance finance income or expenses between profit or loss and other comprehensive income in accordance with paragraphs 88(b) and 89(b) of IFRS 17 should be permitted to determine insurance finance income or expenses included in profit or loss using the discount rates at the transition date. Although this results in a different accumulated balance in equity compared with the amount that would result from a full retrospective approach, and hence different insurance finance income or expenses in profit or loss in the future, the Board

## Amendments to IFRS 17—feedback on applying the level of aggregation requirements on transition

BC392A  In the modified retrospective approach, an entity is permitted to group together contracts that were issued more than one year apart, to the extent that the entity does not have reasonable and supportable information to separately group those contracts—in other words, the entity is permitted not to apply the annual cohort requirement in paragraph 22 of IFRS 17. In the fair value approach, an entity is permitted a choice to group together contracts that were issued more than one year apart. Some stakeholders suggested the Board provide further relief by permitting an entity a choice to group together contracts issued more than one year apart in a fully retrospective approach and in the modified retrospective approach, regardless of whether the entity has reasonable and supportable information to apply the annual cohort requirement. The Board disagreed with the suggestion for such transition relief because permitting an entity not to apply the annual cohort requirement:

(a) when the entity has the information available to apply a fully retrospective approach would have the effect that the entity would not be applying a fully retrospective approach; and

(b) when the entity has reasonable and supportable information to apply that requirement in the modified retrospective approach would be inconsistent with the objective of the modified retrospective approach.

## Derivatives used to mitigate financial risk (paragraph C3(b) of IFRS 17)[55]

BC393  Paragraph B115 of IFRS 17 permits entities not to recognise a change in the contractual service margin for changes in fulfilment cash flows and the entity's share in the fair value returns on underlying items for which an entity uses derivatives to mitigate their financial risk.[56] However, an entity applying this option is required to document its risk management objective and the strategy for mitigating the risk before doing so. This documentation requirement is analogous to the documentation requirements for hedge accounting in IFRS 9. Consistent with the transition requirements for hedge accounting in IFRS 9, the Board concluded that retrospective application of the risk mitigation treatment would give rise to the risk of hindsight. In particular, the Board was concerned that documentation after the event could enable entities to choose the risk mitigation relationships to which it would apply this option, particularly because the application of this approach is optional. Consequently, IFRS 17, consistent with the transition requirements for hedge accounting in IFRS 9, requires prospective application of the risk mitigation option from the date of initial application of the Standard.[57]

---

[55] In June 2020, the Board extended the risk mitigation option to be applicable when an entity uses reinsurance contracts held and non-derivative financial instruments measured at fair value through profit or loss to mitigate financial risk (see paragraphs BC256A–BC256F).

[56] In June 2020, the Board extended the risk mitigation option to be applicable when an entity uses reinsurance contracts held and non-derivative financial instruments measured at fair value through profit or loss to mitigate financial risk (see paragraphs BC256A–BC256F).

[57] In June 2020, the Board amended IFRS 17 to require prospective application of the risk mitigation option from the transition date instead of the date of initial application (see paragraph BC393A).

## Amendments to IFRS 17—the prohibition from applying the risk mitigation option retrospectively (paragraphs C3(b) and C5A of IFRS 17)

BC393A    In June 2020, the Board amended the transition requirements relating to the risk mitigation option to:

(a) permit an entity to apply the risk mitigation option in paragraph B115 of IFRS 17 prospectively from the transition date instead of the date of initial application; and

(b) permit an entity that can apply IFRS 17 retrospectively to a group of insurance contracts to instead apply the fair value approach if, and only if:

(i) the entity chooses to apply the risk mitigation option to the group prospectively from the transition date; and

(ii) before the transition date, the entity had been using derivatives, reinsurance contracts held or non-derivative financial instruments measured at fair value through profit or loss to mitigate financial risk arising from the group of insurance contracts.

BC393B    The amendments described in paragraph BC393A respond to concerns that prohibiting retrospective application of the risk mitigation option reduces comparability between risk mitigation activities that took place before the date of initial application and those that take place after that date. Most stakeholders agreed with the Board that the amendments described in paragraph BC393A resolve these concerns.

BC393C    Nonetheless, some stakeholders suggested the Board amend IFRS 17 to permit retrospective application of the risk mitigation option, and so the Board considered whether it should make such an amendment. The Board observed that if an entity were permitted to apply the option retrospectively, it could decide the extent to which it reflects risk mitigation activities in the contractual service margin based on known accounting outcomes. The entity could apply the option in a way that differs from how the entity would have applied the option in previous periods without hindsight, had it always applied IFRS 17. Permitting retrospective application of the option would therefore affect the credibility of information presented on transition to IFRS 17 and in subsequent periods in which those groups of insurance contracts exist. The Board therefore reaffirmed its decision to prohibit retrospective application of the option because of the risk of the use of hindsight.

BC393D    Some stakeholders suggested the Board amend IFRS 17 to permit an entity to apply the risk mitigation option retrospectively if, and only if, the entity applies the option for all risk mitigation relationships that would meet the conditions in paragraphs B115–B116 of IFRS 17 (an 'all or nothing' approach). These stakeholders thought such an amendment would avoid the risk of hindsight. The Board considered what an 'all or nothing' approach would be and whether the Board should add such an approach to the IFRS 17 transition requirements. The Board noted that an 'all or nothing' approach would require:

(a) 'all' to mean all insurance contracts issued by the entity that exist at the transition date (that is, all would be at a reporting entity level);

(b) 'all' to mean all past and current risk mitigation relationships that meet the criteria in paragraph B116 of IFRS 17 at any point between initial recognition of a group of insurance contracts and the transition date;

(c) an entity to hold historical documentation of each of those risk mitigation relationships described in (b), and that documentation to have existed at the beginning of the first reporting period that the entity would have met the criteria in paragraph B116 of IFRS 17; and

(d) an entity to retrospectively determine the effect of applying the risk mitigation option for all relationships described in (b) at each reporting date between initial recognition of a group of insurance contracts and the transition date.

BC393E The Board noted that any approach other than the one described in paragraph BC393D would involve the risk of hindsight. The approach described in paragraph BC393D would not involve the risk of hindsight. However, the Board concluded that applying that approach would be impracticable in almost all cases. Meeting the conditions necessary for an 'all or nothing' approach would be a high hurdle that entities would overcome in only a narrow set of circumstances. Accordingly, the Board decided not to add those requirements to IFRS 17.

## Redesignation of financial assets (paragraphs C29–C33 of IFRS 17)

BC394 When first applying IFRS 17, an entity will either:

(a) have already applied IFRS 9; or

(b) also be applying IFRS 9 for the first time.

BC395 IFRS 9 includes requirements for the classification of financial assets. IFRS 9 also includes an option on the date of initial application of IFRS 9 for entities to designate financial assets as measured at fair value through profit or loss when doing so mitigates an accounting mismatch (the fair value option). An entity applying both IFRS 9 and IFRS 17 for the first time will be able to assess financial asset classifications, elections and designations while, at the same time, assessing the implications of the requirements of IFRS 17.

BC396 The Board considered whether an entity that has previously applied IFRS 9 when it first applies IFRS 17 should be permitted to revisit its IFRS 9 financial asset classifications, elections and designations. IFRS 9 determines classification based on the contractual cash flow characteristics of a financial asset and the business model in which it is held. After IFRS 9 is applied, changes in classification can only occur when an entity's business model changes; the Board expects such changes to be infrequent. In addition, IFRS 9 does not usually permit either subsequent redesignation under the fair value option or subsequent redesignation of equity instruments into, or out of, the category of equity instruments at fair value through other comprehensive income after initial recognition.

BC397 The interaction between the classification of financial assets and the presentation of changes in the insurance contract liability could create accounting mismatches in profit or loss. New accounting mismatches could arise on first applying IFRS 17 if an entity were unable to reconsider the classification of financial assets that were classified at an earlier date in accordance with IFRS 9. The Board concluded that entities should be able to designate financial assets using the fair value option on first applying IFRS 17 to the same extent that they would have been able to do so when first applying IFRS 9. In addition, the Board decided that, following earlier application of IFRS 9, an entity should be permitted to newly elect to use other comprehensive income to recognise changes in the fair value of some or all equity investments that are not held for trading, or to revoke such an election. The criterion for this classification option does not refer to accounting mismatches, so the Board decided that entities should be able to reconsider this election regardless of whether there is an effect on accounting mismatches when IFRS 17 is applied. Even though accounting mismatches do not determine the availability of this classification option, the Board noted that in practice entities may consider accounting mismatches when deciding whether to apply the option.

BC398　A major factor in the classification of financial assets in accordance with IFRS 9 is an entity's business model. The application of IFRS 17 would not of itself have been likely to have resulted in a change in an entity's business model in accordance with IFRS 9. However, the Board acknowledged that there is a relationship between how entities manage their financial assets and their insurance contract liabilities. Therefore, to reduce the risk of accounting mismatches arising, the Board decided to allow an entity to reassess its business models on the initial application of IFRS 17 if they have previously applied IFRS 9.

### Amendments to IFRS 17—feedback on redesignation of financial assets

BC398A　The Board considered but rejected a suggestion from entities implementing IFRS 17 that on initial application of IFRS 17 an entity that:

(a)　first applied IFRS 9 before IFRS 17 be permitted to apply the transition relief in paragraph C29 of IFRS 17 to redesignate financial assets that were derecognised during the IFRS 17 comparative period; and

(b)　first applied IFRS 9 at the same time it first applied IFRS 17 be permitted to apply IFRS 9 to financial assets that were derecognised during the IFRS 17 comparative period.

BC398B　The Board extensively discussed and consulted on the requirements in IFRS 9 relating to transition when IFRS 9 was being developed. Such requirements include prohibiting an entity from applying IFRS 9 to derecognised items, and permitting but not requiring an entity to restate comparative periods in some circumstances.

### Amendments to IFRS 17—transition requirements when an entity chooses to apply IFRS 9 to contracts specified in paragraph 8A of IFRS 17 (paragraphs 7.2.36–7.2.42 of IFRS 9)

BC398C　Some entities will first apply IFRS 17 after they first apply IFRS 9. In June 2020, the Board amended IFRS 9 to provide transition requirements for such entities that apply paragraph 8A of IFRS 17 and choose to apply IFRS 9 to insurance contracts that limit the compensation for insured events to the amount otherwise required to settle the policyholder's obligation created by the contract (see paragraphs BC94D–BC94F). The amendment enables those entities to use the transition requirements in Section 7.2 of IFRS 9 (as issued in 2014) when first applying IFRS 9 to those contracts.

BC398D　The Board also considered transition requirements related to the fair value option in IFRS 9. An entity's decision to apply IFRS 9 to insurance contracts that limit the compensation for insured events to the amount otherwise required to settle the policyholder's obligation created by the contract could change, either partially or in full, the classification and measurement of such contracts. Such changes may create or eliminate accounting mismatches between the contracts and financial liabilities an entity might consider to be related to the contracts. Therefore, the Board amended the IFRS 9 transition requirements to permit an entity to designate, or require an entity to revoke its previous designation of, a financial liability at the date of initial application of these amendments to the extent that a new accounting mismatch is created, or a previous accounting mismatch no longer exists, as a result of the application of these amendments.

BC398E　Consistent with the transition requirements in IFRS 9 and IFRS 17, the Board decided to specify that when an entity applies the amendment described in paragraph BC398C and chooses to apply IFRS 9 to such contracts, the entity:

| | |
|---|---|
| (a) | can choose to restate prior periods to reflect the effect of applying these amendments only if the entity can do so without the use of hindsight and if the restated financial statements reflect all the requirements in IFRS 9 for the affected financial instruments; |
| (b) | will be required to disclose information about the changes in the classification and measurement of contracts as a result of applying these amendments in addition to any disclosures required by other IFRS Standards; and |
| (c) | can choose to not disclose the quantitative information otherwise required by paragraph 28(f) of IAS 8 for the current period or any prior period presented. |

BC398F  The Board added these transition requirements as a consequence of adding paragraph 8A to the requirements of IFRS 17 (see paragraph BC398C). In June 2020, the Board also added a scope exclusion in paragraph 7(h) of IFRS 17 for some contracts that provide credit or payment arrangements such as particular credit card contracts (see paragraphs BC94A–BC94C). Stakeholders said that, for such contracts, many entities already apply IFRS 9 to the credit or payment arrangement component applying the separation requirements in IFRS 4. However, some may not have. Accordingly, the transition requirements discussed in paragraphs BC398A–BC398E will apply if an entity has already applied IFRS 9 but has not applied IFRS 9 to those components.

## Transition disclosures (paragraphs 114–116 of IFRS 17)

BC399  The Board expects that there will be some differences in the measurement of insurance contracts when applying the different transition approaches permitted in IFRS 17. Accordingly, the Board decided to require that an entity provides disclosures that enable users of financial statements to identify the effect of groups of insurance contracts measured at the transition date applying the modified retrospective approach or the fair value approach on the contractual service margin and revenue in subsequent periods. Furthermore, the Board decided that entities should explain how they determined the measurement of insurance contracts that existed at the transition date for all periods in which these disclosures are required, for users of financial statements to understand the nature and significance of the methods used and judgements applied.

### Disclosure of the amount of adjustment for each financial statement line item affected (paragraph 28(f) of IAS 8)

BC400  An entity is required to apply the disclosure requirements of IAS 8 unless another Standard specifies otherwise. The Board decided that entities should not be required to disclose, for the current period and for each prior period presented, the amount of the adjustment for each financial statement line item affected, as required by paragraph 28(f) of IAS 8. In the Board's view, the cost of providing this disclosure, which would include the running of parallel systems, would exceed the benefits, particularly because IFRS 4 permitted an entity to use a wide range of practices.

### Disclosure of claims development (paragraph 130 of IFRS 17)

BC401  Paragraph 44 of IFRS 4 exempted an entity from disclosing some information about claims development in prior periods on first application of that Standard. The Board decided to carry forward in IFRS 17 a similar exemption for cost-benefit reasons.

## Effective date (paragraphs C1 and C2 of IFRS 17)

BC402  The Board generally allows at least 12 to 18 months between the publication of a new Standard and its mandatory effective date. However, in the case of major Standards, such as IFRS 17, that have a pervasive effect on entities, the Board has allowed longer implementation periods to allow entities time to resolve the operational challenges in implementing those Standards. At the same time, the Board needs to balance the advantage of a longer implementation period for preparers against the disadvantages of allowing inferior accounting practices, arising from IFRS 4, to continue.

BC403  The Board noted that IFRS 17 will be complex for entities to apply. Accordingly, the Board decided that IFRS 17 should be applied by all entities for annual periods beginning on or after 1 January 2021, a period of approximately three and a half years from publication of the Standard. This allows entities a period of two and a half years to prepare, taking into account the need to restate comparative information.[58]

BC404  While the Board noted that this long implementation period may assist entities in meeting any increased regulatory capital requirements that follow the reporting of the higher liabilities that are expected in some jurisdictions, regulatory capital requirements and IFRS Standards have different objectives. The Board decided that the possible effects of regulatory capital requirements should not delay the implementation of a Standard intended to provide transparency about an entity's financial position.

### Amendments to IFRS 17—deferral of the effective date

BC404A  In June 2020, the Board deferred the effective date of IFRS 17 by two years to require entities to apply IFRS 17 for annual reporting periods beginning on or after 1 January 2023.

BC404B  In the 2019 Exposure Draft, the Board proposed a one-year deferral of the effective date to balance:

(a)  providing certainty about the effective date considering the uncertainty caused by the Board's decision in October 2018 to explore possible amendments to IFRS 17 (see paragraphs BC6A–BC6C); and

(b)  requiring IFRS 17 implementation as soon as possible because:

(i)  IFRS 17 is a Standard urgently needed to address many inadequacies in previous accounting practices for insurance contracts; and

(ii)  undue delay in the effective date of the Standard may increase workload and costs, particularly for entities that are advanced in their implementation projects.

BC404C  Feedback on the 2019 Exposure Draft generally supported the proposed deferral of the effective date. Some stakeholders, particularly users of financial statements and regulators, expressed concern about any deferral of the effective date beyond one year, but other stakeholders suggested a longer deferral was necessary.

BC404D  Some stakeholders said a longer deferral was necessary because some entities required more time to implement IFRS 17, for example because of challenges in developing systems and determining appropriate accounting policies, and because of the effect on implementation projects already under way of the amendments proposed in the 2019 Exposure Draft. The Board acknowledged that implementing IFRS 17 is a major undertaking. However, it noted that it had allowed an implementation period of three and a

---

[58]  In June 2020, the Board deferred the effective date of IFRS 17 by two years to require entities to apply IFRS 17 for annual reporting periods beginning on or after 1 January 2023 (see paragraphs BC404A–BC404F).

half years when it issued IFRS 17. Furthermore, given that IFRS 17 is urgently needed, the Board thought that a year's deferral of the effective date as proposed in the 2019 Exposure Draft ought to be sufficient to allow for the effects of any disruption caused by amending the Standard before its effective date. The Board was careful to propose only targeted amendments and not to reopen fundamental aspects of the Standard. The Board acknowledged, however, that implementing the Standard by 2022, as proposed in the 2019 Exposure Draft, would be demanding, in particular for smaller insurers.

BC404E Some stakeholders suggested a longer deferral was necessary to ensure that the initial application of IFRS 17 would be aligned in major markets around the world. These stakeholders were uncertain whether such an alignment would occur if the Board confirmed a one-year deferral. They commented on uncertainties and delays in jurisdictional endorsement and adoption processes and the consequential uncertainty about the effective dates that might be set in some jurisdictions. The Board noted that it had set the effective date of IFRS 17 so that jurisdictions would have sufficient time to adopt the new Standard. However, the Board acknowledged that considering amendments to the Standard before its effective date inevitably caused some disruption to those processes. The Board noted that the initial application of IFRS 17 will significantly affect insurers' financial statements and acknowledged that users of financial statements would benefit if the initial application of IFRS 17 were aligned around the world.

BC404F Accordingly, although the Board was aware of the costs of delaying the implementation of IFRS 17, particularly for users of financial statements, the Board decided to defer the effective date by two years to annual reporting periods beginning on or after 1 January 2023. The Board concluded that a two-year deferral should allow time for an orderly adoption of the amended IFRS 17 by jurisdictions. It should therefore enable more entities to initially apply IFRS 17 around the same time for the benefit of users of financial statements. The additional year's deferral compared to that proposed in the 2019 Exposure Draft should also assist those entities for whom implementing IFRS 17 by 2022 would have been challenging, including those entities for whom implementation projects were affected by the covid-19 pandemic in 2020. The deferral should thereby help to improve the quality of the initial application of the Standard.

## Early application (paragraphs C1 and C2 of IFRS 17)

BC405 IFRS 4 permitted an entity to change its accounting policies for insurance contracts if it showed that the change resulted in more relevant or reliable information. As a result, IFRS 4 would have permitted an entity to apply the requirements in IFRS 17, except for the requirements relating to other comprehensive income and transition relief. Accordingly, the Board concluded that it would be inappropriate to prohibit early application of IFRS 17.

BC406 However, because IFRS 17 was developed in the context of IFRS 15 and IFRS 9, and given the extent of changes the Board expects will be needed to apply IFRS 17, the Board concluded that an entity should be permitted to apply IFRS 17 only when it also applies IFRS 15 and IFRS 9.[59]

## First-time adopters of IFRS Standards (Appendix D of IFRS 17)

BC407 The Board sees no reason to give different transition approaches to first-time adopters of IFRS Standards from other entities. Consequently, the Board has amended IFRS 1 *First-*

---

[59] In June 2020, the Board amended IFRS 17. The reference to IFRS 15 in paragraph C1 of IFRS 17 was deleted, because IFRS 15 was effective at the time the June 2020 amendments were issued.

*time Adoption of International Financial Reporting Standards* to require the modified retrospective approach or the fair value approach in IFRS 17 when retrospective application of IFRS 17 is impracticable, as defined by IAS 8. The Board decided not to give any additional relief on the restatement of comparative amounts from that already in IFRS 1.

# Appendix A
# Summary of changes since the 2013 Exposure Draft

The following table summarises the main differences between the 2013 Exposure Draft and IFRS 17 *Insurance Contracts*.[60]

| Area of change | Description of change |
|---|---|
| **Scope** | |
| Fixed-fee service contracts | • Removed the requirement that an entity must apply IFRS 15 *Revenue from Contracts with Customers* to fixed-fee service contracts that meet the definition of an insurance contract. An entity is permitted, but not required, to apply IFRS 15 to those contracts. |
| Combination of contracts | • Revised the requirements on combining contracts so that insurance contracts should be combined only when a set of insurance contracts with the same or a related counterparty may achieve, or is designed to achieve, an overall commercial effect and combining those contracts is necessary to report the substance of those contracts. |
| **Measurement** | |
| Level of aggregation | • Revised the requirements to require disaggregation of a portfolio of insurance contracts at initial recognition into groups of insurance contracts that are onerous, profitable with no significant possibility of becoming onerous and other profitable contracts, with a narrow exemption for the effects of law or regulatory constraints on pricing. Groups cannot contain contracts that are written more than one year apart. A portfolio of insurance contracts is defined as insurance contracts subject to similar risks and managed together. |
| Discount rate | • Clarified the guidance when there is no, or little, observable market data. |
| Contractual service margin | • Clarified the principle for the recognition pattern of the contractual service margin by providing guidance that, for contracts other than investment contracts with discretionary participation features, an entity should recognise the contractual service margin in profit or loss on the basis of coverage units. |
| | • Revised the requirements so that an entity adjusts the contractual service margin for the changes in risk |

---

[60] This appendix compares IFRS 17 as issued in May 2017 with the 2013 Exposure Draft. In June 2020, the Board amended IFRS 17. A list summarising the June 2020 amendments, including references to the relevant paragraphs of this Basis for Conclusions, is included in Appendix C.

| Area of change | Description of change |
|---|---|
| | relating to future service, consistent with the changes in estimates of cash flows. |
| | • Revised the requirements so that favourable changes in estimates that arise after losses were previously recognised in profit or loss are recognised in profit or loss, to the extent that they reverse previously recognised losses. |
| | • Clarified what adjusts the contractual service margin. For example, changes in discretionary cash flows, as specified by the entity, are regarded as relating to future service. |
| Insurance contracts with participation features | • Eliminated the mirroring approach proposed in the 2013 Exposure Draft for insurance contracts that require an entity to hold underlying items and specify a link to returns on those underlying items. |
| | • Introduced a definition of an insurance contract with direct participation features—ie a contract for which: (a) the contractual terms specify that the policyholder participates in a share of a clearly identified pool of underlying items; (b) the entity expects to pay the policyholder an amount equal to a substantial share of the returns from the underlying items; and (c) the entity expects a substantial proportion of any change in the amounts to be paid to the policyholder to vary with the change in fair value of the underlying items. |
| | • Introduced a requirement that, for insurance contracts with direct participation features, changes in the estimate of the fee (equal to the entity's expected share of the returns on underlying items minus any expected cash flows that do not vary directly with the underlying items) that the entity expects to earn from a group of insurance contracts adjust the contractual service margin. |
| | • Introduced an option for an entity not to adjust the contractual service margin for changes in fulfilment cash flows or the entity's share of underlying items for which an entity uses derivatives to mitigate their financial risk in specified circumstances. |
| **Premium allocation approach** | |
| Measurement | • Revised the recognition of revenue over the coverage period to be according to the passage of time or, when the expected pattern of release of risk differs significantly from the passage of time, the expected timing of incurred insurance service expenses. |
| | • Revised to require an entity to determine the insurance finance income or expenses in profit or loss for the liability for incurred claims using the discount rates |

| Area of change | Description of change |
|---|---|
| | determined at the date the liability for incurred claims is recognised. This occurs when the entity applies the premium allocation approach to contracts for which the entity discounts the liability for incurred claims and chooses to present the effect of changes in discount rates in other comprehensive income. |
| **Reinsurance contracts held** | |
| Measurement | • Revised to require an entity that holds a group of reinsurance contracts to recognise immediately in profit or loss any changes in estimates of fulfilment cash flows that arise from changes in estimates of fulfilment cash flows for a group of underlying insurance contracts that are recognised immediately in profit or loss. |
| **Presentation and disclosure** | |
| Presentation of insurance revenue | • Amended to prohibit an entity from presenting premium information in profit or loss if that information is not consistent with insurance revenue determined by applying IFRS 17. |
| Presentation of insurance finance income or expenses | • Introduced an accounting policy choice for an entity to: (a) include insurance finance income or expenses for the period in profit or loss; or (b) disaggregate insurance finance income or expenses for the period into an amount recognised in profit or loss and an amount recognised in other comprehensive income.<br><br>• Specified that if the entity disaggregates insurance finance income or expenses into an amount recognised in profit or loss and an amount recognised in other comprehensive income:<br>   • in most circumstances, the amount included in profit or loss is determined by a systematic allocation of the total expected insurance finance income or expenses over the duration of the group of insurance contracts.<br>   • when the contracts are insurance contracts with direct participation features and the entity holds the underlying items (ie there is no economic mismatch between the group of insurance contracts and the related underlying items), the amount included in profit or loss is determined to eliminate accounting mismatches with the finance income or expenses arising on the underlying items held. |
| **Transition** | |
| When retrospective application is | • Revised to provide further simplifications for groups |

| Area of change | Description of change |
|---|---|
| impracticable | of insurance contracts for which retrospective application is impracticable, including allowing entities to choose between a modified retrospective approach and a fair value approach. The modified retrospective approach allows an entity to use specified simplifications to retrospective application, to the extent necessary because the entity lacks reasonable and supportable information to apply IFRS 17 retrospectively. The fair value approach requires an entity to determine the contractual service margin by reference to the fair value of the group of insurance contracts at the transition date. |
| Designation of financial instruments using IFRS 9 *Financial Instruments* | • Revised to permit an entity, when first applying IFRS 17 after having applied IFRS 9, to newly assess the business model for eligible financial assets based on facts and circumstances applicable at the date of initial application.<br><br>• Revised to require an entity to provide additional disclosures to assist users of financial statements in understanding those changes when the classification and measurement of financial assets change as a result of applying any of the transition reliefs in IFRS 17. |
| Comparative information | • Revised to require only one comparative period to be restated, applying IFRS 17 on transition. |

# Appendix B
# Amendments to the Basis for Conclusions on other IFRS Standards

*This appendix sets out the amendments to the Basis for Conclusions on other IFRS Standards that are a consequence of the International Accounting Standards Board issuing IFRS 17* Insurance Contracts.

\* \* \* \* \*

*The amendments contained in this appendix when this Standard was issued in 2017 have been incorporated into the Basis for Conclusions on the relevant Standards included in this volume.*

# Appendix C
# List of amendments issued in 2020

Table C lists the main amendments to IFRS 17 issued in June 2020 with a reference to the rationale for those amendments included in this Basis for Conclusions (see paragraphs BC6A–BC6C).

The Board also:

(a) made minor amendments to correct cases in which the drafting of IFRS 17 did not achieve the Board's intended outcome; and

(b) considered but rejected other amendments suggested by stakeholders—for example, suggestions to amend the annual cohort requirement (see paragraphs BC139A–BC139T).

**Table C Main amendments to IFRS 17 issued in June 2020**

| Area of amendment | Paragraphs in Basis for Conclusions on IFRS 17 |
|---|---|
| Scope exclusions—credit card contracts and similar contracts that provide credit or payment arrangements | BC94A–BC94C |
| Scope exclusions—specified contracts such as loan contracts with death waivers | BC94D–BC94F |
| Insurance acquisition cash flows | BC184A–BC184K BC327H–BC327I |
| The effect of accounting estimates made in interim financial statements | BC236A–BC236D |
| Risk mitigation option using instruments other than derivatives | BC256A–BC256F |
| Contractual service margin attributable to investment-return service and investment-related service | BC283A–BC283J |
| Reinsurance contracts—recovery of losses on underlying insurance contracts | BC315A–BC315L |
| Presentation in the statement of financial position | BC330A–BC330D |
| Applying the Standard for the first time—classification of contracts acquired in their settlement period | BC382A–BC382B |
| Applying the Standard for the first time—the prohibition from applying the risk mitigation option retrospectively | BC393A–BC393E |
| Applying the Standard for the first time—deferral of the effective date | BC404A–BC404F |